譯註 禮記集說大全
聘義

編　陳澔(元)

附　正義・訓纂・集解

譯註 禮記集說大全

聘義

編 陳澔(元)

附 正義·訓纂·集解

鄭秉燮 譯

學古房

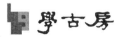

역자서문

『예기』「빙의(聘義)」편은 빙례(聘禮)의 의미를 풀이한 문헌이다. 앞의 「관의(冠義)」, 「혼의(昏義)」, 「향음주의(鄕飮酒義)」, 「사의(射義)」, 「연의(燕義)」편 등과 같이 『의례』의 경문 기록을 부연설명하거나 보충하는 형식을 취하고 있다. 특히 『의례』「빙례(聘禮)」편과 깊은 관련이 있는데, 빙례라는 것은 근례(覲禮)와 연관되고, 빙례를 진행하는 과정에서 빙문(聘問)을 받은 군주는 향례(饗禮), 사례(食禮), 연례(燕禮)를 베풀게 되므로, 『의례』의 「근례(覲禮)」, 「공사대부례(公食大夫禮)」, 「연례(燕禮)」편의 내용과도 밀접한 관련이 있다. 또한 「빙의」편의 기록은 『대대례기(大戴禮記)』「조사(朝事)」편의 내용과 대부분 일치한다. 내용적인 측면으로 보았을 때, 「조사」편이 세부적이며 군주와 신하에 대한 내용을 구분하여 서술한다는 측면에서 보다 완성도가 높다. 그리고 「빙의」편의 마지막 문단은 빙례와는 큰 관련이 없고, 그 기록은 『순자(荀子)』「법행(法行)」편 및 『공자가어(孔子家語)』「문옥(問玉)」편의 내용과 일치한다.

고대 유가의 의례를 연구하기 위해서는 『의례』의 기록을 기준으로 삼게 되지만, 『의례』 이후 예제(禮制)의 발달 및 예학(禮學)의 발달사를 연구하기 위해서는 『예기』를 징검다리로 삼아야 한다. 『예기』는 일반적으로 『의례』의 해설 및 주석으로 알려져 있지만, 실제적으로 『예기』의 대다수 편들은 『의례』와 직접적 관련성이 없다. 반면 '의(義)'자가 붙어 있는 편들은

『의례』와 직접적인 관련이 있으므로, 『의례』와 『예기』의 관련성을 검증하기 위해서는 바로 이러한 편들에 대한 연구로부터 시작해야 한다. 「빙의」편이 『의례』와 『예기』의 관련성을 모두 입증해줄 수 있는 자료는 아니지만, 그 단초를 엿볼 수 있는 귀중한 기록 중 하나이다.

다시 한권의 책을 내놓는다. 부끄러운 실력에 번역의 완성도를 자부할 수 없지만, 이 책을 발판으로 더 좋은 역서와 연구가 진행되었으면 하는 바람이다. 이 책에 나오는 오역은 전적으로 역자의 실력이 부족해서이다. 본 역서에 나온 오역과 역자의 부족함에 대해 일갈을 해주실 분들이 있다면, bbaja@nate.com 으로 연락을 주시거나 출판사에 제 연락처를 문의하셔서 가르침을 주신다면, 부족한 실력이지만 가르침을 받도록 최선을 다할 것이다.

역자는 성균관 대학교에서 유교철학(儒教哲學)을 전공했으며, 예악학(禮樂學) 전공으로 박사논문을 작성했다. 역자가 본격적으로 유가경전을 읽기 시작한 것은 경서연구회(經書硏究會)의 오경강독을 통해서이다. 이 모임을 만들어 후배들에게 경전에 대한 이해를 넓혀주신 임옥균 선생님, 경서연구회 역대 회장님인 김동민, 원용준, 김종석, 길훈섭 선배님께도 감사를 드리고, 역자의 뒤를 이어 경서연구회 현 회장으로 활동하고 있는 손정민 동학께도 감사를 드린다. 끝으로 「빙의」편을 출판할 수 있도록 허락해주신 학고방의 하운근 사장님께도 감사를 전한다.

일러두기 ⋙

1. 본 책은 역주서(譯註書)로써, 『예기집설대전(禮記集說大全)』의 「빙의(聘義)」편을 완역하고, 자세한 주석을 첨부했다. 송대(宋代) 이전의 주석을 포함하고자 하여, 『예기정의(禮記正義)』를 함께 수록하였다. 그리고 송대 이후의 주석인 청대(淸代)의 주석을 포함하고자 하여 『예기훈찬(禮記訓纂)』과 『예기집해(禮記集解)』를 함께 수록하였다.

2. 『예기』 경문(經文)의 경우, 의역으로만 번역하면 문장을 번역한 방식을 확인하기 어렵고, 보충 설명 없이 직역으로만 번역하면 내용을 이해하기 힘들다. 따라서 경문에 한하여 직역과 의역을 함께 수록하였다. 나머지 주석들에 대해서는 의역을 위주로 번역하였다.

3. 『예기』 경문에 대한 해석은 진호의 『예기집설』 주석에 근거하였다. 경문 해석에 있어서, 『예기정의』, 『예기훈찬』, 『예기집해』마다 이견(異見)이 많다. 『예기집섭대전』의 소주(小註) 또한 진호의 주장과 이견을 보이는 곳이 있고, 소주 사이에도 이견이 많다. 따라서 『예기』 경문 해석의 표준은 진호의 『예기집설』 주석에 근거했으며, 진호가 설명하지 않은 부분들은 『대전』의 소주를 참고하였다. 또한 경문 해석에 있어서 『예기정의』, 『예기훈찬』, 『예기집해』에 나타나는 이견들은 특별한 경우를 제외하고는 각각의 문장을 읽어보면, 경문에 대한 이견을 알 수 있기 때문에, 이러한 경우에는 주석처리를 하지 않았다.

4. 본 역서가 저본으로 삼은 책은 다음과 같다.
- 『禮記』, 서울 : 保景文化社, 초판 1984 (5판 1995)
- 『禮記正義』 1~4(전4권, 『十三經注疏 整理本』 12~15), 北京 : 北京大學出版社, 초판 2000
- 朱彬 撰, 『禮記訓纂』 上·下(전2권), 北京 : 中華書局, 초판 1996 (2쇄 1998)
- 孫希旦 撰, 『禮記集解』 上·中·下(전3권), 北京 : 中華書局, 초판 1989 (4쇄 2007)

5. 본 책은 『예기』의 경문, 진호의 『집설』, 호광 등이 찬정한 『대전』의 세주, 정현의 주, 육덕명의 『경전석문』, 공영달의 소, 주빈(朱彬)의 『훈찬』, 손희단(孫希旦)의 『집해』 순으로 번역하였다.

6. 본래 『예기』「빙의」편은 목차가 없으며, 내용 구분에 있어서도 학자들마다 의견차이가 있다. 또한 내용의 연관성으로 인하여, 장과 절을 나누기가 애매한 부분이 많다. 본 책의 목차는 역자가 임의대로 나눈 것이며, 세세하게 분절하여, 독자들이 관련내용들을 찾아보기 쉽게 하였다.

7. 본 책의 뒷부분에는 《聘義 人名 및 用語 辭典》을 수록하였다. 본문에 처음으로 등장하는 용어 및 인명에 대해서는 주석처리를 하였다. 이후에 같은 용어가 등장할 때마다 동일한 주석처리를 할 수 없어서, 뒷부분에 사전으로 수록한 것이다. 가나다순으로 기록하여, 번역문을 읽는 도중 앞부분에서 설명했던 고유명사나 인명 등에 대해서 쉽게 찾아볼 수 있도록 하였다.

【715a】

聘禮：上公七介，侯伯五介，子男三介，所以明貴賤也.

【715a】 등과 같이 【 】 안에 숫자가 기입되어 있는 것은 『예기』의 '경문'을 뜻한다. '715'는 보경문화사(保景文化社)판본의 페이지를 말한다. 'a'는 a단에 기록되어 있다는 표시이다. 밑의 그림은 보경문화사판본의 한 페이지 단락을 구분한 표시이다.

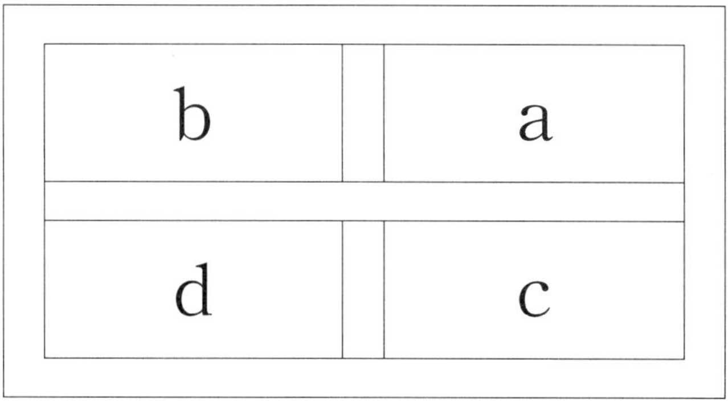

◆ **集說** 此言卿出聘之介數. 上公七介者, 上公親行則介九人.

"**集說**"로 표시된 것은 진호(陳澔)의 『예기집설(禮記集說)』 주석을 뜻한다.

◆ **大全** 嚴陵方氏曰: 上公, 卽九命作伯之上公也.

"**大全**"으로 표시된 것은 호광(胡廣) 등이 찬정(撰定)한 『예기집설대전』의 세주(細註)를 뜻한다.

◆ **鄭注** 此皆使卿出聘之介數也.

“**鄭注**”로 표시된 것은 『예기정의(禮記正義)』에 수록된 정현(鄭玄)의 주(注)를 뜻한다.

◆ **釋文** 介音界, 下及注同. 下, 戶嫁反.

“**釋文**”으로 표시된 것은 『예기정의』에 수록된 육덕명(陸德明)의 『경전석문(經典釋文)』을 뜻한다. 『경전석문』의 내용은 글자들의 음을 설명하고, 간략한 풀이를 한 것인데, 육덕명 당시의 음가로 기록이 되었기 때문에, 현재의 음과는 맞지 않는 부분이 많다. 단순히 참고만 하기 바란다.

◆ **孔疏** ●“聘禮”至“賤也”. ○正義曰: 此篇總明聘義, 各顯聘禮之經於上, 以義釋之於下.

“**孔疏**”로 표시된 것은 『예기정의』에 수록된 공영달(孔穎達)의 소(疏)를 뜻한다. 공영달의 주석은 경문과 정현의 주에 대해서 세분화하여 기록되어 있다. 따라서 ‘●’으로 표시된 부분은 공영달이 경문에 대해 주석을 한 부분이고, ‘◎’으로 표시된 부분은 정현의 주에 대해 주석을 한 부분이다. 한편 ‘○’으로 표시된 부분은 공영달의 주석 부분이다.

◆ **訓纂** 呂與叔曰: 不親饗食者, 聘禮所謂“大夫來使, 無罪饗之, 過則餼之”之意也.

“**訓纂**”으로 표시된 것은 『예기훈찬(禮記訓纂)』에 수록된 주석이다. 『예기훈찬』 또한 기존 주석들을 종합한 책이므로, 『예기집설대전』 및 『예기정의』와 중복되는 부분은 생략하였다.

◆ **集解** 愚謂: 圭璋無藉, 但以行禮; 璧琮加於束帛, 用爲貨財.

“**集解**”로 표시된 것은 『예기집해(禮記集解)』에 수록된 주석이다. 『예기집해』 또한 기존 주석들을 종합한 책이므로, 『예기집설대전』 및 『예기정의』와 중복되는 부분은 생략하였다.

◆ 원문 및 번역문 중 '▼'로 표시된 부분은 한글로 표기할 수 없는 한자를 기록한 부분이다. 예를 들어 '▼(冏/皿)'의 경우 맹(盟)자의 이체자인데, '明'자 대신 '冏'자가 들어간 한자를 프로그램상 삽입할 수가 없어서, '▼(冏/皿)'으로 표시한 것이다. 즉 '▼(A/B)'의 형식으로 기록된 경우, A에 해당하는 글자가 한 글자의 상단 부분에 해당하고, B에 해당하는 글자가 한 글자의 하단 부분에 해당한다는 표시이다. 또한 '▼(A+B)'의 형식으로 기록된 경우, A에 해당하는 글자가 한 글자의 좌측 부분에 해당하고, B에 해당하는 글자가 한 글자의 우측 부분에 해당한다는 표시이다. 또한 '▼((A-B)/C)'의 형식으로 기록된 경우, A에 해당하는 글자에서 B 부분을 뺀 글자가 한 글자의 상단 부분에 해당하고, C에 해당하는 글자가 한 글자의 하단 부분에 해당한다는 표시이다.

목차

그림목차

경문목차

【714d】

聘義 第四十八 /「빙의」 제 48 편

集解 呂氏曰: 天子之與諸侯, 諸侯之與鄰國, 皆有朝禮, 有聘禮. 朝則相見, 聘則相問也. 朝·宗·覲·遇·會·同, 皆朝也. 存·頫·省·聘·問, 皆聘也. 故聘禮有天子所以撫諸侯者, 大行人歲徧存, 三歲徧頫, 五歲徧省是也. 有諸侯所以事天子者, 大行人時聘以結諸侯之好, 殷頫以除邦國之慝是也. 有鄰國交修其好者, 大行人諸侯之邦交, 歲相問, 殷相聘是也. 儀禮所載, 鄰國交聘之禮也. 聘義者, 釋聘禮之義.

번역 여씨[1]가 말하길, 천자와 제후의 관계 및 제후와 이웃 제후국의 관계에서는 모두 조례(朝禮)와 빙례(聘禮)가 시행된다. '조(朝)'라는 것은 서로 만나보는 것이고, '빙(聘)'이라는 것은 서로 안부를 묻는 것이다. 조(朝)·종(宗)[2]·근(覲)·우(遇)[3]·회(會)·동(同)[4]은 모두 '조(朝)'에 해당한다. 존

1) 남전여씨(藍田呂氏, A.D.1040~A.D.1092) : =여대림(呂大臨)·여씨(呂氏)·여여숙(呂與叔). 북송(北宋) 때의 학자이다. 이름은 대림(大臨)이고, 자(字)는 여숙(與叔)이며, 호(號)는 남전(藍田)이다. 장재(張載) 및 이정(二程)형제에게서 수학하였다. 저서로는 『남전문집(藍田文集)』 등이 있다.

2) 조종(朝宗)은 제후가 봄과 여름에 천자를 조회하는 것을 뜻한다. '조종'의 '조(朝)'자는 제후가 봄에 천자를 찾아가 뵙는 것을 뜻하고, '종(宗)'자는 제후가 여름에 천자를 찾아가 뵙는 것을 뜻한다. 『주례』「춘관(春官)·대종백(大宗伯)」편에는 "春見曰<u>朝</u>, 夏見曰<u>宗</u>, 秋見曰覲, 冬見曰遇."라는 기록이 있다. 후대에는 신하가 군주를 찾아가 뵙는 것을 두루 지칭하는 용어로도 사용되었다.

3) 근우(覲遇)는 제후가 가을과 여름에 천자를 조회하는 것을 뜻한다. '근우'의 '근(覲)'자는 제후가 가을에 천자를 찾아가 뵙는 것을 뜻하고, '우(遇)'자는 제후가 겨울에 천자를 찾아가 뵙는 것을 뜻한다. 『주례』「춘관(春官)·대종백(大宗伯)」편에는 "春見曰朝, 夏見曰宗, 秋見曰<u>覲</u>, 冬見曰<u>遇</u>."라는 기록이 있다.

4) 회동(會同)은 제후들이 천자를 찾아뵙는 예법을 통칭하는 용어이다. 또한 각 계절마다 정기적으로 찾아뵙는 것을 회(會)라고 부르고, 제후들이 대규모로 찾아뵙는 것을 동(同)이라고 불러서, 구분을 짓기도 한다. 각종 회견 등을 가리키는 용어로도 사용된다. 『시』「소아(小雅)·거공(車攻)」편에는 "赤芾金舄, <u>會同</u>有繹."이라는 기록이 있는데, 이에 대한 모전(毛傳)에서는 "時見曰會, 殷見曰同. 繹, 陳也."라고 풀이했다.

(存)·부(頫)·성(省)[5]·빙(聘)·문(問)[6]은 모두 '빙(聘)'에 해당한다. 그렇기 때문에 빙례에는 천자가 제후를 보살펴주는 뜻이 포함되어 있는 것인데, 『주례』「대행인(大行人)」편에서 1년에 한 차례 두루 존(存)을 하고, 3년에 한 차례 두루 부(頫)를 하며, 5년에 한 차례 두루 성(省)을 한다는 것이 바로 이러한 사실을 나타낸다.[7] 그리고 빙례에는 제후가 천자를 섬기는 뜻도 포함되어 있는데, 「대행인」편에서 특별한 일이 있을 때 빙(聘)을 하여 제후들의 우호를 결집하고, 하나의 복(服)에 속한 제후들이 대규모로 부(頫)를 하여, 제후국들의 악함을 제거한다는 것이 바로 이러한 사실을 나타낸다.[8] 그리고 이웃 제후국과 서로 우호를 다지는 것도 포함되어 있는데, 「대행인」편에서 제후국 간에 우호를 다지며, 1년에 서로 문(問)을 하고, 대규모로 조(朝)를 할 때 서로 빙(聘)을 한다는 것이 바로 이러한 사실을 나타낸다.[9] 『의례』에 수록되어 있는 「빙례(聘禮)」편은 제후국 간에 서로 빙(聘)을 하는 예법에 해당한다. 한편 『예기』에 수록된 「빙의(聘義)」편은 빙례의 의미를 풀이한 것이다.

---

5) 존부성(存頫省)은 천자가 신하를 시켜서 제후국을 순시하던 예법이다. 존(存)은 1년에 한 차례 제후국을 두루 순시했던 예법이며, 부(頫)는 3년에 한 차례 제후국을 두루 순시했던 예법이고, 성(省)은 5년에 한 차례 제후국을 두루 순시했던 예법이다. 이러한 것들을 간문(間問)이라고도 부른다. 『주례』「추관(秋官)·대행인(大行人)」편에는 "王之所以撫邦國諸侯者, 歲遍存, 三歲遍覜, 五歲遍省."이라는 기록이 있는데, 이에 대한 정현의 주에서는 "存·覜·省者, 王使臣於諸侯之禮, 所謂間問也."라고 풀이했으며, 『주례』「추관(秋官)·소행인(小行人)」편에는 "存·頫·省·聘·問, 臣之禮也."라는 기록이 있는데, 이에 대한 가공언(賈公彦)의 소(疏)에서는 "存·頫·省三者, 天子使臣撫邦國之禮."라고 풀이했다.

6) 빙문(聘問) : '빙문'은 국가 간이나 개인 간에 사람을 보내서 상대방을 찾아가 안부를 묻는 의식 절차를 통칭하는 말이다. 또한 제후가 신하를 시켜서 천자에게 보내, 안부를 묻는 예법을 뜻하기도 한다.

7) 『주례』「추관(秋官)·대행인(大行人)」 : 王之所以撫邦國諸侯者, 歲遍存, 三歲遍覜, 五歲遍省.

8) 『주례』「추관(秋官)·대행인(大行人)」 : 時聘以結諸侯之好, 殷覜以除邦國之慝.

9) 『주례』「추관(秋官)·대행인(大行人)」 : 凡諸侯之邦交, 歲相問也, 殷相聘也, 世相朝也.

孔疏 陸曰: 鄭云, “名聘義者, 以其記諸侯之國交相聘問, 重禮輕財之義.”

번역 육덕명[10]이 말하길, 정현[11]은 “편명을 ‘빙의(聘義)’라고 지은 것은 제후국에서 상호간에 빙문(聘問)을 할 때에는 예법을 중시하고 재물을 경시한다는 의미를 기록했기 때문이다.”라고 했다.

孔疏 正義曰: 按鄭目錄云: “名曰聘義者, 以其記諸侯之國交相聘問之禮, 重禮輕財之義也. 此於別錄屬吉事.” 此聘義釋儀禮·聘禮之義. 但儀禮·聘禮者, 謂大聘使卿, 故經云“及竟張旜”, 旜是孤卿所建也. 聘禮謂侯伯之卿, 故經云: “上介奉束錦, 士介四人, 皆奉玉錦.” 介凡五人, 故知侯伯之卿. 此聘義所釋, 包五等之卿, 故此經云“上公七介, 侯伯五介, 子男三介”, 皆謂其卿也.

번역 『정의』에서 말하길, 정현의 『목록』[12]을 살펴보면, “편명을 ‘빙의(聘義)’라고 지은 것은 제후국에서 상호간에 빙문(聘問)을 할 때의 예법과 예법을 중시하고 재물을 경시한다는 의미를 기록했기 때문이다. 「빙의」편을 『별록』[13]에서는 ‘길사(吉事)’ 항목에 포함시켰다.”라고 했다. 이곳 「빙의」편은 『의례』「빙례(聘禮)」편의 의미를 풀이한 것이다. 다만 『의례』「빙례」편은 대빙(大聘)[14] 때 경(卿)을 사신으로 보내는 예절을 뜻한다. 그렇기 때문에

---

10) 육덕명(陸德明, A.D.550~A.D.630) : =육원랑(陸元朗). 당대(唐代)의 경학자이다. 이름은 원랑(元朗)이고, 자(字)는 덕명(德明)이다. 훈고학에 뛰어났으며, 『경전석문(經典釋文)』 등을 남겼다.

11) 정현(鄭玄, A.D.127~A.D.200) : =정강성(鄭康成)·정씨(鄭氏). 한대(漢代)의 유학자이다. 자(字)는 강성(康成)이다. 『주역(周易)』, 『상서(尙書)』, 『모시(毛詩)』, 『주례(周禮)』, 『의례(儀禮)』, 『예기(禮記)』, 『논어(論語)』, 『효경(孝經)』 등에 주석을 하였다.

12) 『목록(目錄)』은 정현이 찬술했다고 전해지는 『삼례목록(三禮目錄)』을 가리킨다. 『십삼경주소(十三經注疏)』에서 인용되고 있지만, 이 책은 『수서(隋書)』가 편찬될 당시에 이미 일실되어 존재하지 않았다. 『수서』「경적지(經籍志)」편에는 “三禮目錄一卷, 鄭玄撰, 梁有陶弘景注一卷, 亡.”이라는 기록이 있다.

13) 『별록(別錄)』은 후한(後漢) 때 유향(劉向)이 찬(撰)했다고 전해지는 책이다. 현재는 일실되어 존재하지 않으며, 『한서(漢書)』「예문지(藝文志)」편을 통해서 대략적인 내용만을 추측해볼 수 있다.

14) 대빙(大聘)은 본래 제후가 경(卿)을 시켜서 매해 천자를 찾아뵙는 것을 뜻한

경문에서는 "국경에 도착하면, 전(旃)[15]을 펼친다."[16]라고 한 것인데, 전(旃)이라는 것은 고(孤)와 경이 세우는 깃발이다. 「빙례」편에서 말하는 '경(卿)'은 후작과 백작에게 소속된 경이다. 그렇기 때문에 "상개(上介)[17]는 1속(束)[18]의 비단을 받들고, 사로 구성된 개(介) 4명은 모두 1속의 촘촘한 무늬가 들어간 비단을 받든다."[19]라고 한 것인데, 이 기록에 나온 개(介)는 모두 5명이므로, 이들이 후작과 백작에게 소속된 경임을 알 수 있다. 이곳 「빙의」편에서 풀이하는 내용은 다섯 등급의 제후들에게 속한 경(卿)을 모두 포함하고 있다. 그렇기 때문에 경문에서 "상공(上公)[20]은 7명의 개(介)

다. 제후는 천자에 대해서, 매년 소빙(小聘)을 하고, 3년에 1번 '대빙(大聘)'을 하며, 5년에 1번 조(朝)를 한다. 소빙을 할 때에는 대부(大夫)를 시키고, 조를 할 때에는 제후가 직접 찾아간다. 『예기』「왕제(王制)」편에는 "諸侯之於天子也, 比年一小聘, 三年一大聘, 五年一朝."라는 기록이 있고, 이에 대한 정현의 주에서는 "比年, 每歲也. 小聘使大夫, 大聘使卿, 朝則君自行."이라고 했다.

15) 전(旃)은 전(旜)이라고도 기록하는데, 본래 고(孤)나 경(卿) 등이 사용하는 깃발을 뜻한다. 순색의 비단을 이용하여 만든 깃발이며, 별다른 장식을 사용하지 않고, 굽어 있는 깃대를 사용하게 된다. 『주례』「춘관(春官)·사상(司常)」편에는 "掌九旗之物名, 各有屬以待國事. 日月爲常, 交龍爲旂, 通帛爲旜, 雜帛爲物, 熊虎爲旗, 鳥隼爲旟, 龜蛇爲旐, 全羽爲旞, 析羽爲旌."이라는 기록이 있다.

16) 『의례』「빙례(聘禮)」: 及竟, 張旜, 誓, 乃謁關人. 關人問從者幾人, 以介對.

17) 상개(上介)는 개(介) 중에서도 가장 직위가 높았던 자를 뜻한다. 빈객(賓客)이 방문했을 때, 빈객의 부관이 되어, 주인(主人)과의 사이에서 시행해야 할 일들을 도왔던 부관들을 '개'이라고 부른다.

18) 속(束)은 견직물을 헤아리는 단위이다. 1'속'은 10단(端)을 뜻하는데, 1단의 길이는 1장(丈) 8척(尺)이 되며, 2단이 합쳐서 1권(卷)이 되므로, 10단은 총 5필이 된다. 『주례』「춘관(春官)·대종백(大宗伯)」편에는 "孤執皮帛."이라는 기록이 있고, 이에 대한 가공언(賈公彦)의 소(疏)에서는 "束者十端, 每端丈八尺, 皆兩端合卷, 總爲五匹, 故云束帛也."라고 풀이했다.

19) 『의례』「빙례(聘禮)」: 上介奉束錦, 士介四人皆奉玉錦束, 請覿.

20) 상공(上公)은 주(周)나라 제도에 있었던 관직 등급이다. 본래 신하의 관직 등급은 8명(命)까지이다. 주나라 때에는 태사(太師), 태부(太傅), 태보(太保)와 같은 삼공(三公)들이 8명의 등급에 해당했다. 그런데 여기에 1명을 더하게 되면 9명이 되어, 특별직인 '상공'이 된다. 『주례』「춘관(春官)·전명(典命)」편에는 "上公九命爲伯, 其國家宮室車旗衣服禮儀, 皆以九爲節."이라는 기록이 있고, 이에 대한 정현의 주에서는 "上公, 謂王之三公有德者, 加命爲二伯. 二王之後亦爲上公."이라고 풀이하였다. 즉 '상공'은 삼공 중에서도 유덕(有德)한 자에게 1명을 더해주어, 제후들을 통솔하는 '두 명의 백(伯)[二

를 두고, 후작과 백작은 5명의 개(介)를 두며, 자작과 남작은 3명의 개(介)를 둔다."라고 한 것이니, 여기에서 말하는 자들은 실제로 제후들을 가리키는 것이 아니라 그들에게 속한 경들을 뜻한다.

集解 愚謂: 此釋儀禮聘禮之義也. 古者諸侯同在方嶽之內, 而有兄弟昏姻之好者, 久無事則相聘焉. 大聘使卿, 小聘使大夫. 而三等之國, 其出聘之卿·介有多少, 主國所以待之之禮亦有差降. 聘禮經云"五介", 又云"及竟張旜", 是侯伯之卿, 大聘之禮也. 故此篇言"以圭璋聘", 又言"出入三積"之等, 亦皆據侯伯之禮言之.

번역 내가 생각하기에, 「빙의」편은 『의례』「빙례(聘禮)」편의 뜻을 풀이한 것이다. 고대에 제후들은 같은 방악(方嶽)[21]에 속해 있고 형제나 혼인 등으로 인한 우호를 맺은 자들끼리는 오랜 기간 특별한 일이 없을 때 서로 빙례를 시행했다. 대빙(大聘)에는 경을 사신으로 보냈고, 소빙(小聘)[22]에는 대부를 사신으로 보냈다. 그리고 대국(大國)·차국(次國)·소국(小國)의 제후국에 있어서 그들이 빙례로 보내는 경과 개(介)에는 많고 적은 차이가 있었고, 빙례를 받는 제후국에서 그들을 대접하는 예법에 있어서도 그에

伯]'으로 삼았다. 또한 제후의 다섯 등급을 나열할 경우, 공작(公爵)을 '상공'이라고 부르기도 한다.

21) 방악(方岳)은 '방악(方嶽)' 또는 '사악(四嶽)'이라고도 부르며, 사방의 주요 산들을 뜻한다. 고대인들이 주요 산들로 오악(五嶽)을 두었는데, 그 중 중앙에 있는 숭산(嵩山)은 천자의 수도 부근에 있었으므로, '숭산'을 제외한 나머지 4개의 산을 '방악'이라고 부른 것이다. 동쪽 지역의 주요 산인 동악(東嶽)은 태산(泰山)이고, 남악(南嶽)은 형산(衡山: =霍山), 서악(西嶽)은 화산(華山), 북악(北嶽)은 항산(恒山)이 된다. 『춘추좌씨전』「소공(昭公) 4년」에 기록된 '사악(四嶽)'에 대해, 두예(杜預)의 주에서는 "東嶽岱, 西嶽華, 南嶽衡, 北嶽恒."이라고 풀이했다.

22) 소빙(小聘)은 본래 제후가 대부(大夫)를 시켜서 매해 천자를 찾아뵙는 것을 뜻한다. 제후는 천자에 대해서, 매년 '소빙'을 하고, 3년에 1번 대빙(大聘)을 하며, 5년에 1번 조(朝)를 한다. 대빙을 할 때에는 경(卿)을 시키고, 조를 할 때에는 제후가 직접 찾아간다. 『예기』「왕제(王制)」편에는 "諸侯之於天子也, 比年一小聘, 三年一大聘, 五年一朝."라는 기록이 있고, 이에 대한 정현의 주에서는 "比年, 每歲也. 小聘使大夫, 大聘使卿, 朝則君自行."이라고 했다.

따른 차등이 있었다. 「빙례」편의 경문에서 '5명의 개(介)'라고 했고, 또 "국경에 도착하면, 전(擅)을 펼친다."라고 했는데, 이것은 후작과 백작에게 소속된 경에 해당하니, 대빙의 예법이다. 그렇기 때문에 이곳 「빙의」편에서는 "규장(圭璋)으로 빙례를 한다."[23]라고 했고, 또 "빈객이 출입을 함에 모두 3개의 적(積)을 두게 된다."[24]라는 등의 언급을 했는데, 이 또한 후작과 백작에게 적용되는 예법을 기준으로 말한 것이다.

참고 『주례』「추관(秋官)·대행인(大行人)」 기록

경문 王之所以撫邦國諸侯者: 歲徧存; 三歲徧頫; 五歲徧省; 七歲屬象胥, 諭言語, 協辭命; 九歲屬瞽史, 諭書名, 聽聲音; 十有一歲達瑞節, 同度量, 成牢禮, 同數器, 修法則; 十有二歲王巡守殷國.

번역 천자가 제후들을 보살피는 방법으로는 1년에 두루 존(存)을 하고, 3년에 두루 부(頫)를 하며, 5년에 두루 성(省)을 하고, 7년에 상서(象胥)들을 불러들여 언어에 대해 가르치고 육사(六辭)에 따른 명령에 협조토록 하며, 9년에 악사 및 사관들을 불러들여 문자 기록하는 방법을 가르치고 음악 소리를 점검하며, 11년에는 신표로 보내는 부절을 보내서 맞추고, 도량형의 표준을 보내 동일하게 맞추며, 희생물 사용하는 제도를 맞추고, 저울의 표준을 맞추며, 팔법(八法)과 팔칙(八則)을 정돈하고, 12년에는 천자가 순수(巡守)를 하며 은국(殷國)을 한다.

---

23) 『예기』「빙의」【717b】: 以圭璋聘, 重禮也. 已聘而還圭璋, 此輕財而重禮之義也. 諸侯相厲以輕財重禮, 則民作讓矣.

24) 『예기』「빙의」【717c~d】: 主國待客, 出入三積. 餼客於舍, 五牢之具陳於內. 米三十車, 禾三十車, 芻薪倍禾, 皆陳於外. 乘禽日五雙, 群介皆有餼牢. 壹食再饗, 燕與時賜無數. 所以厚重禮也. 古之用財者不能均如此, 然而用財如此其厚者, 言盡之於禮也. 盡之於禮, 則內君臣不相陵而外不相侵, 故天子制之, 而諸侯務焉爾.

鄭注 撫猶安也. 存·頫·省者, 王使臣於諸侯之禮, 所謂間問也. 歲者, 巡守之明歲以爲始也. 屬猶聚也. 自五歲之後, 遂間歲徧省也. 七歲省而召其象胥, 九歲省而召其瞽史, 皆聚於天子之宮, 教習之也. 故書"協辭命"作"叶詞命". 鄭司農云: "象胥, 譯官也. 葉當爲協, 詞當爲辭, 書或爲汁辭命." 玄謂"胥"讀爲"諝". 王制曰: "五方之民, 言語不通, 嗜慾不同, 達其志, 通其慾. 東方曰寄, 南方曰象, 四方曰狄鞮, 北方曰譯." 此官正爲象者, 周始有越重譯而來獻, 是因通言語之官爲象胥云. 諝謂象之有才知者也. 辭命, 六辭之命也. 瞽, 樂師也. 史, 太史·小史也. 書名, 書文字也, 古曰名, 聘禮曰"百名以上". 至十一歲又徧省焉. 度, 丈尺也. 量, 豆區釜也. 數器, 銓衡也. 法, 八法也. 則, 八則也. 達·同·成·脩, 皆謂齎其法式, 行至則齊等之也. 成, 平也, 平其僭踰者也. 王巡守, 諸侯會者各以其時之方, 書曰"遂覲東后", 是也. 其殷國, 則四方四時分來如平時.

번역 '무(撫)'자는 편안하게 해준다는 뜻이다. '존(存)'·'부(頫)'·'성(省)'은 천자가 신하를 시켜 제후국에 사신을 보내는 예법이니, 이른바 '간문(間問)'이라는 것이다. '세(歲)'라는 것은 순수(巡守)[25]를 한 다음 해를 기점으로 삼는다. '속(屬)'자는 취합하다는 뜻이다. 5년 이후로부터는 한 해를 걸러서 두루 성(省)을 한다. 7년에 성(省)을 하며 상서(象胥)라는 관리들을

---

25) 순수(巡守)는 '순수(巡狩)'라고도 부른다. 천자가 수도를 벗어나 제후의 나라를 시찰하는 것을 뜻한다. '순수'의 '순(巡)'자는 그곳으로 행차를 한다는 뜻이고, '수(守)'자는 제후가 지키는 영토를 뜻한다. 제후는 천자가 하사해준 영토를 대신 맡아서 수호하는 것이기 때문에, 천자가 그곳에 방문하여, 자신의 영토를 어떻게 관리하고 있는지를 시찰하게 된다. 『서』「우서(虞書)·순전(舜典)」편에는 "歲二月, 東巡守, 至于岱宗, 柴."라는 기록이 있고, 이에 대한 공안국(孔安國)의 전(傳)에서는 "諸侯爲天子守土, 故稱守. 巡, 行之."라고 풀이했으며, 『맹자』「양혜왕하(梁惠王下)」편에서는 "天子適諸侯曰巡狩. 巡狩者, 巡所守也."라고 기록하였다. 한편 『예기』「왕제(王制)」편에는 "天子, 五年, 一巡守."라는 기록이 있고, 『주례』「추관(秋官)·대행인(大行人)」편에는 "十有二歲王巡守殷國."이라는 기록이 있다. 즉 「왕제」편에서는 천자가 5년에 1번 순수를 시행하고, 「대행인」편에서는 12년에 1번 순수를 시행한다고 기록하고 있는데, 이러한 차이점에 대해서 정현은 「왕제」편의 주에서 "五年者, 虞夏之制也. 周則十二歲一巡守."라고 풀이했다. 즉 5년에 1번 순수를 하는 제도는 우(虞)와 하(夏)나라 때의 제도이며, 주(周)나라에서는 12년에 1번 순수를 했다.

불러들이고, 9년에 성(省)을 하며 고사(瞽史)라는 관리들을 불러들이니, 이 모두에 대해서는 천자의 궁성으로 불러들여서 그들을 가르치고 관련 업무를 익히도록 만든다. 그렇기 때문에 '협사명(協辭命)'이라는 말을 '협사명(叶詞命)'이라고 기록했던 것이다. 정사농[26]은 "'상서(象胥)'는 역관이다. '엽(葉)'자는 마땅히 협(協)자가 되어야 하고, '사(詞)'자는 마땅히 사(辭)자가 되어야 하며, 협사명(汁辭命)이라고도 기록한다."라고 했다. 내가 생각하기에 '서(胥)'자는 서(諝)자로 풀이해야 한다. 『예기』「왕제(王制)」편에서는 "다섯 방위에 있는 백성들은 말과 글이 서로 통하지 않고 좋아하고 원하는 것이 같지 않다. 그렇기 때문에 그들의 뜻에 통달하고 그들이 요구하는 것을 알아차리기 위해서 통역관을 두니, 동이(東夷)의 통역관을 기(寄)라 부르고, 남만(南蠻)의 통역관을 상(象)이라 부르며, 서융(西戎)의 통역관을 적제(狄鞮)라 부르고, 북적(北狄)의 통역관을 역(譯)이라 부른다."[27]라고 했다. 이러한 관부의 수장을 상(象)이라고 했는데, 주나라 때 처음으로 월나라가 여러 단계를 거쳐 통역을 하며 찾아와 헌상을 했다. 이로 인해 말을 통역하는 관리를 '상서(象胥)'라고 부르게 된 것이다. '서(諝)'라는 것은 상(象) 중에서도 재주와 지혜가 뛰어난 자를 뜻한다. '사명(辭命)'은 육사(六辭)[28]에 따른 명령을 뜻한다. '고(瞽)'는 악사(樂師)를 뜻한다. '사(史)'는 태

---

26) 정중(鄭衆, ?~A.D.83) : =정사농(鄭司農). 후한(後漢) 때의 경학자이다. 자(字)는 중사(仲師)이다. 부친은 정흥(鄭興)이다. 부친에게 『춘추좌씨전(春秋左氏傳)』의 학문을 전수받았다. 또한 그는 대사농(大司農) 등의 관직을 역임하였기 때문에, '정사농'이라고도 불렀다. 한편 정흥과 그의 학문은 정현(鄭玄)에게 많은 영향을 주었기 때문에, 후대에서는 정현을 후정(後鄭)이라고 불렀고, 정흥과 그를 선정(先鄭)이라고도 불렀다. 저서로는 『춘추조례(春秋條例)』, 『주례해고(周禮解詁)』 등을 지었다고 하지만, 현재는 전해지지 않았다.

27) 『예기』「왕제(王制)」【165c】: 五方之民, 言語不通, 嗜欲不同. 達其志, 通其欲, 東方曰寄, 南方曰象, 西方曰狄鞮, 北方曰譯.

28) 육사(六辭)는 교류를 할 때 사용하게 되는 여섯 종류의 공식 문서 및 말을 뜻한다. 사(祠), 명(命), 고(誥), 회(會), 수(禱), 뢰(誄)가 여기에 해당한다. 정사농(鄭司農)의 주장에 따르면, '사'는 '사(辭)'자가 되어야 하며, 사람과 대할 때 사용하는 말을 뜻하고, '명'은 외교 문서를 뜻하며, '고'는 훈계하는 말을 뜻하고, '회'는 관부의 수장이 관부에 소속된 관리들과 회의를 하며 명령을 내리는 말을 뜻하며, '수'는 신들에게 기도를 올릴 때 쓰는 말을

사(太史)와 소사(小史)를 뜻한다. '서명(書名)'은 문자를 기록한다는 뜻인데, 문자(文字)를 고대에는 '명(名)'이라고 불렀으니, 『의례』「빙례(聘禮)」편에서는 '100글자 이상'[29]이라고 했다. 11년째가 되면 재차 두루 성(省)을 한다. '도(度)'자는 길이의 단위인 장(丈)이나 척(尺) 등을 뜻한다. '양(量)'은 용량의 단위인 두(豆)·구(區)·부(釜) 등을 뜻한다. '수기(數器)'는 무게를 재는 기구이다. '법(法)'은 팔법(八法)[30]을 뜻한다. '칙(則)'은 팔칙(八則)[31]을

뜻하고, '뢰'는 죽은 자의 일대기를 열거하며 그 사람의 덕행을 가려내어 시호를 지을 때 쓰는 말을 뜻한다고 설명한다. 한편 정현은 '사'는 서로 교류를 할 때 쓰는 말을 뜻하고, '회'는 회맹을 하여 맹약을 맺을 때 쓰는 말을 뜻하며, '수'는 경사스러운 일에 축복을 기원하는 말을 뜻한다고 설명한다. 『주례』「춘관(春官)·대축(大祝)」편에는 "作六辭, 以通上下親疏遠近, 一曰祠, 二曰命, 三曰誥, 四曰會, 五曰禱, 六曰誄."라는 기록이 있고, 이에 대한 정현의 주에서는 "鄭司農云, '祠當爲辭, 謂辭令也. 命, 論語所謂爲命裨諶草創之. 誥, 謂康誥·盤庚之誥之屬也. …… 會, 謂王官之伯, 命事於會, 胥命于蒲, 主爲其命也. 禱, 謂禱於天地·社稷·宗廟·主爲其辭也. …… 誄, 謂積累生時德行, 以錫之命, 主爲其辭也.' 玄謂一曰祠者, 交接之辭. …… 會, 謂會同盟誓之辭. 禱, 賀慶言福祚之辭."라고 풀이했다.

29) 『의례』「빙례(聘禮)」: 若有故, 則卒聘. 束帛加書將命, 百名以上書於策, 不及百名書於方.

30) 팔법(八法)은 관속(官屬), 관직(官職), 관련(官聯), 관상(官常), 관성(官成), 관법(官法), 관형(官刑), 관계(官計)를 뜻한다. 국가를 통치하기 위해 마련된 법(法)을 뜻하는 것으로, 앞서 열거했던 여덟 가지 항목들은 국가에 소속된 관리들과 백성들에게 통상적으로 적용되는 여덟 가지 법률 가리킨다. 첫 번째 '관속(官屬)'은 『주례』에 기록된 천관(天官), 지관(地官), 춘관(春官), 하관(夏官), 추관(秋官), 동관(冬官) 등 여섯 개의 관부를 뜻하는 말이며, 각각의 관부에는 60개의 관직이 소속되어 있다. 그렇기 때문에 '관속'이라고 부르는 것으로, 이러한 '관속'을 통해서 국가의 정치를 시행하게 된다. 두 번째 '관직(官職)'은 여섯 관부에서 각자 맡고 있는 직무를 뜻한다. 직무는 또한 그 분야에 따라 치직(治職), 교직(敎職), 예직(禮職), 정직(政職), 형직(刑職), 사직(事職) 등 여섯 가지로 나뉘는데, '관직'은 이러한 여섯 가지 직무를 통해 국가의 정치를 분야별로 구분하는 것이다. 세 번째 '관련(官聯)'은 국가의 큰 행사가 있을 때, 관련된 임무를 협조하여 함께 시행한다는 뜻으로, 이러한 '관련'을 통해 각 관부의 기능과 치적을 규합하게 된다. 네 번째 '관상(官常)'은 각 관부에게 고유하게 주어진 각자의 임무를 뜻한다. 이러한 임무들은 각 관부에서 일상적으로 시행하는 것들을 뜻한다. 다섯 번째 '관성(官成)'은 일종의 규범으로, 각 관부에서 업무를 처

뜻한다. '달(達)'·'동(同)'·'성(成)'·'수(脩)'는 모두 관련 법도와 제도를 보내고 해당하는 곳에 도착하면 법도와 제도를 동일하게 맞춘다는 뜻이다. '성(成)'자는 평평하게 한다는 뜻으로, 넘치는 것을 평평하게 만드는 것이다. 천자가 순수를 할 때, 제후들이 모이게 되는데 각각 해당 계절의 방위에 따르니, 『서』에서 "마침내 동쪽 제후들을 만나보았다."[32]라고 한 말이 이러

리하며 작성한 문서들이다. 각 사안마다 일을 처리하는 방식을 기록하여, 새로운 업무를 처리할 때 참고하여 따르게 된다. 여섯 번째 '관법(官法)'은 각 관부에서 따르고 있는 규율 및 법칙을 뜻한다. 즉 각 관부에서는 해당 부서의 규율 및 법칙에 따라 임무를 시행하며, 국가의 각 분야를 통치한다는 뜻이다. 일곱 번째 '관형(官刑)'은 각종 형벌 제도를 뜻한다. '관형'에 따라서 국가의 규율을 세우게 된다. 여덟 번째 '관계(官計)'는 각 관부의 치적을 평가하여 상벌을 시행하는 것이다. 『주례』「천관(天官)·대재(大宰)」편에는 "以八法治官府. 一曰官屬, 以擧邦治. 二曰官職, 以辨邦治. 三曰官聯, 以會官治. 四曰官常, 以聽官治. 五曰官成, 以經邦治. 六曰官法, 以正邦治. 七曰官刑, 以糾邦治. 八曰官計, 以弊邦治."라는 기록이 있다.

31) 팔칙(八則)은 제사(祭祀), 법칙(法則), 폐치(廢置), 녹위(祿位), 부공(賦貢), 예속(禮俗), 형상(刑賞), 전역(田役)을 뜻한다. 도비(都鄙)를 다스리던 여덟 가지 법령을 의미한다. '제사'는 채지(采地)에 포함된 대상들에 대해서 제사를 지냄으로써 귀신들을 좋은 쪽으로 인도하는 것이다. '법칙'은 관부에서 따르고 있는 제도이니, 제도에서 벗어나지 않게끔 하여 관부를 좋은 쪽으로 인도하는 것이다. '폐치'는 잘못을 저질렀거나 무능한 자라면 물러나게 하고 현명하고 유능한 자라면 등용하는 것으로, 이를 통해 아전들을 좋은 쪽으로 인도하는 것이다. '녹위'는 학사(學士)들 중에서 뛰어난 행실과 학문적 성취가 높은 자를 가려서 녹봉과 작위를 주는 것으로, 이를 통해 학사들을 좋은 쪽으로 인도하는 것이다. '부공'은 채지(采地)의 백성들에게서 세금을 거두고, 관부에서 재화의 쓰임을 절제함으로써 재화의 쓰임을 좋은 쪽으로 인도하는 것이다. '예속'은 예법에 따라 풍속을 변화하고, 백성들이 그에 따라 행동하도록 만들어서 백성들을 좋은 쪽으로 인도하는 것이다. '형상'은 죄를 지은 자에게는 형벌을 부여하고 공을 이룬 자에게는 상을 하사하여 백성들을 좋은 쪽으로 인도하고 위엄을 외경하게 만드는 것이다. '전역'은 사냥을 하며 백성들을 동원할 때, 그들이 농사를 지어야 할 시기를 놓치지 않게끔 하여 대중들을 좋은 쪽으로 인도하는 것이다. 『주례』「천관(天官)·대재(大宰)」편에는 "以八則治都鄙: 一曰祭祀, 以馭其神; 二曰法則, 以馭其官; 三曰廢置, 以馭其吏; 四曰祿位, 以馭其士; 五曰賦貢, 以馭其用; 六曰禮俗, 以馭其民; 七曰刑賞, 以馭其威; 八曰田役, 以馭其衆."이라는 기록이 있다.

32) 『서』「우서(虞書)·순전(舜典)」: 歲二月, 東巡守至于岱宗, 柴, 望秩于山川, 肆覲東后, 協時月正日, 同律度量衡, 修五禮, 五玉, 三帛, 二生, 一死贄, 如五器, 卒乃復.

한 사실을 나타낸다. 은국(殷國)[33]을 하게 되면 사방의 제후들이 사계절에 따라 각각 나뉘어 평상시처럼 찾아오게 된다.

賈疏 ●"王之"至"殷國". ○釋曰: 此經並是王撫諸侯之事, 對上經皆是諸侯上撫王室之事.

번역 ●經文: "王之"~"殷國". ○이곳 경문에서는 천자가 제후들을 보살피는 사안까지도 나타내고 있으니, 앞의 경문 내용이 모두 제후가 왕실을 보살피는 사안이라는 것과 대비된다.

賈疏 ◎注"撫猶"至"平時". ○釋曰: 云"存·頫·省者, 王使臣於諸侯之禮"者, 亦對上諸侯朝王之禮也. 云"所諸間問也"者, 卽上文云"間問以諭諸侯之志"者也. 知歲謂從巡守之明歲爲始者, 以其巡守已就撫諸侯訖, 明以後年爲始也. 云"屬猶聚也"者, 州長職云"正月之吉, 各屬其州之民而讀法", 故知屬爲聚也. 云"自五歲之後, 遂間歲徧省也"者, 但經一歲與三歲·五歲云存·頫·省, 至七歲·九歲·十一歲不云省. 不言者, 以五歲已言省, 義可知, 故直見其事意也, 是以鄭皆連省而言也. 云"皆聚於天子之宮, 教習之也"者, 旣言屬, 明聚於天子之宮, 若不聚于天子之宮, 焉得諭言語·諭書名·聽音聲之等乎? 明是皆聚于天子宮敎習之也. 玄謂"胥"讀爲"諝"者, 欲取諝爲有才智之意也. 引王制曰"五方之民"者, 謂四方與中國言語不通, 嗜慾不同, 達其志, 通其慾, 故云"東方曰寄"已下, 疏已具於序官. 云"辭命, 六辭之命也"者, 以辭命連言, 明是大祝六辭之敎命也. 云"瞽, 樂師也. 史, 太史·小史也"者, 樂師與大史·小史並是知天道者, 故國語云"吾非瞽史, 焉知天道". 鄭上注瞽卽大師是也. 云"書名,

---

33) 은국(殷國)은 주(周)나라 때 천자가 제후국에 머물게 되면, 그것을 기회로 주변의 제후들을 불러 모아서 성대한 조회(朝會)의 의례를 시행하였는데, 이러한 행사를 '은국'이라고 부른다. '은국'의 '은(殷)'자는 성대하다는 뜻이다. 『주례』「추관(秋官)·대행인(大行人)」편에는 "十有二歲, 王巡狩·殷國."이라는 기록이 있는데, 이에 대한 손이양(孫詒讓)의 『정의(正義)』에서는 "殷國者, 謂王出在侯國而行殷見之禮也 …… 卽於所至之國徵諸侯而行朝會之禮, 皆謂之殷國."이라고 풀이했다.

書之字也, 古曰名", 引聘禮記者, 證古曰名, 今世曰字. 云"度, 丈尺也"者, 按律曆志"以子穀秬黍中者, 一黍爲一分, 九十黍, 黃鍾之長, 十分爲寸, 十寸爲尺, 十尺爲丈, 十丈爲引. 千二百黍爲籥, 合籥爲合, 十合爲升, 十升爲斗, 十斗爲斛", 又云"百黍爲銖, 二十四銖爲兩, 十六兩爲斤, 三十斤爲鈞, 四鈞爲石", 此直云丈尺, 略言之也. 云"量, 豆區釜也"者, 據左氏傳晏子云: "齊舊四量, 豆·區·釜·鍾. 四升爲豆, 各自其四, 以登于釜, 釜十則鍾." 鍾爲六斛四斗. 云"數器, 銓衡也"者, 卽銖兩之等是也. 云"法, 八法也. 則, 八則也"者, 據大宰云: "八法治官府, 八則治都鄙." 諸侯國有都鄙官府, 以此法則治之, 故須脩之. 云"達·同·成·脩, 皆謂齎其法式"者, 經瑞節·度量·牢禮·數器, 下至法則等八者, 皆天子法式之等, 當豫脩治, 使輕重大小方圓皆正, 然後將以齊諸侯器物, 故云"行至則齊等之". 云"平其僭踰者也"者, 若牢禮云侯伯子男卿大夫士, 依上文及掌客, 多少皆有常, 不得僭上, 故云平其僭踰也. 云"王巡守, 諸侯會者各以其時之方"者, 謂歲二月東方, 五月南方之等. 據春而言, 故言書曰"遂覲東后", 是也. 並據虞書及王制而言, 亦有同度量等事, 故虞書云"脩五禮五玉"幷"協時月正日"之等. 云"殷國, 則四方四時分來如平時"者, 謂分四方, 各遂春夏秋冬如平時. 若六服盡來, 卽與平時別也.

번역 ◎鄭注: "撫循"~"平時". ○정현이 "'존(存)'·'부(頫)'·'성(省)'은 천자가 신하를 시켜 제후국에 사신을 보내는 예법이다."라고 했는데, 이 또한 앞의 제후가 천자에게 조회하는 예법과 대비된다. 정현이 "이른바 '간문(間問)'이라는 것이다."라고 했는데, 앞에서 "한 해를 걸러 제후국을 방문하여 제후국의 기록 관련 사항을 가르친다."라고 한 말에 해당한다. 정현이 "'세(歲)'라는 것은 순수(巡守)를 한 다음 해를 기점으로 삼는다."라고 했는데, 이 말이 사실임을 알 수 있는 이유는 순수를 했다면 이미 제후국으로 찾아가 제후들을 보살피는 일이 끝난 것이니, 이것은 그 다음해를 기점으로 삼는다는 사실을 나타낸다. 정현이 "'속(屬)'자는 취합하다는 뜻이다."라고 했는데, 『주례』「주장(州長)」편의 직무기록에서는 "정월 초하루에 각각 해당 주(州)의 백성들을 불러 모아서 법문을 읽어준다."[34]라고 했다. 그렇기 때문에 속(屬)자가 취합한다는 뜻이 됨을 알 수 있다. 정현이 "5년 이후로부터는 한 해를 걸러서 두루 성(省)을 한다."라고 했는데, 경문에서는 1년, 3년, 5년에 존(存)·부(頫)·성(省)을 한다고 했고, 7년, 9년, 11년에 대해서는 성(省)을 한다고 언급하지 않았다. 이러한 말을 언급하지 않은 것은 5년째에 이미 성(省)이라고 언급했으니, 그 의미를 추론해서 알 수 있다. 그렇기 때문에 단지 그 사안에 따른 의미만을 드러낸 것이다. 이러한 까닭으로 정현은 이 모두에 대해서 연속하여 성(省)을 한다고 말한 것이다. 정현이 "이 모두에 대해서는 천자의 궁성으로 불러들여서 그들을 가르치고 관련 업무를 익히도록 만든다."라고 했는데, 이미 속(屬)이라고 언급했으니, 이것은 천자의 궁성에 불러들인다는 사실을 나타낸다. 만약 천자의 궁성에 불러 모으지 않았다면, 어떻게 언어에 대해 가르치고 문자 기록하는 방법을 가르치며 음악소리를 점검한다는 등의 말을 할 수 있겠는가? 따라서 이 말은 이들 모두에 대해 천자의 궁성에 불러들여 그들을 가르치고 익히게 만든다는 사실을 나타낸다. 정현이 "내가 생각하기에 '서(胥)'자는 서(諝)자로 풀이해야 한다."라고 했는데, 이것은 서(諝)자가 재주와 지혜가 있다는 뜻이 됨을 따르고자 한 것이다. 정현이 「왕제」편을 인용해서 '다섯 방위에 있는 백성' 등의 말을 했는데, 동·서·남·북과 중원은 말이 서로 통하지 않았고, 바라거나 좋아하는 것도 동일하지 않았다. 그래서 그 뜻을 소통시키고 바라는 것을 통하도록 만들었다는 뜻이다. 그렇기 때문에 "동이(東夷)의 통역관을 기(寄)라 부른다."는 등의 말을 했는데, 이에 대한 자세한 풀이는 이미 「서관(序官)」의 소(疏)에서 설명했다. 정현이 "'사명(辭命)'은 육사(六辭)에 따른 명령을 뜻한다."라고 했는데, 사(辭)자와 명(命)자가 연결되어 언급되었으니, 이것은 『주례』「대축(大祝)」편에서 말한 육사(六辭)의 교령을 나타낸다. 정현이 "'고(瞽)'는 악사(樂師)를 뜻한다. '사(史)'는 태사(太史)와 소사(小史)를 뜻한다."라고 했는데, 악사 및 태사와 소사는 모두 천도를 아는 자들이다. 그렇기 때문에 『국어』에서는 "내가 고(瞽)와 사(史)가 아니라면 어떻게 천도를 알겠는가?"라고 했다. 정현이 앞의 주석에서 고(瞽)를 대사

---

34) 『주례』「지관(地官)·주장(州長)」: <u>正月之吉, 各屬其州之民而讀法</u>, 以攷其德行道藝而勸之, 以糾其過惡而戒之.

(大師)라고 했던 것도 바로 이러한 사실을 나타낸다. 정현이 "'서명(書名)'은 문자를 기록한다는 뜻인데, 문자(文字)를 고대에는 '명(名)'이라고 불렀다."라고 했고, 『의례』「빙례(聘禮)」편의 기문을 인용했는데, 이것은 옛날에는 명(名)이라 불렀고 지금에는 자(字)라고 부른다는 사실을 증명하고자 한 것이다. 정현이 "'도(度)'자는 길이의 단위인 장(丈)이나 척(尺) 등을 뜻한다."라고 했는데, 『한서』「율력지(律曆志)」를 살펴보면 "아직 도정하지 않는 알곡 중 중간 크기의 검은 기장 알곡에 있어, 낱알 1개는 1분(分)이 되고, 90개의 낱알은 황종의 길이가 되며, 10분은 1촌(寸)이 되고, 10촌은 1척(尺)이 되며, 10척은 1장(丈)이 되고, 10장은 1인(引)이 된다. 1,200개의 알곡은 피리의 관을 채우고, 피리 관에 채워진 알곡을 합한 것은 1합(合)이 되며, 10합은 1승(升)이 되고, 10승은 1두(斗)가 되며, 10두는 1곡(斛)이 된다."라고 했고, 또 "100개의 낱알은 1수(銖)가 되고, 24수는 1양(兩)이 되며, 16양은 1근(斤)이 되고, 30근은 1균(鈞)이 되며, 4균은 1석(石)이 된다."라고 했다. 이곳에서 단지 장(丈)과 척(尺)에 대해서만 말한 것은 간략히 기록했기 때문이다. 정현이 "'양(量)'은 용량의 단위인 두(豆)·구(區)·부(釜) 등을 뜻한다."라고 했는데, 『좌씨전』을 살펴보면 안자는 "제나라에는 예전부터 내려온 네 가지 용량의 기구가 있었으니, 두(豆)·구(區)·부(釜)·종(鍾)입니다. 4승(升)은 1두(豆)가 되는데 각각 4배를 하여 부(釜)를 채우게 되고, 부 10개가 모이면 종(鍾)이 됩니다."[35]라고 했다. 따라서 1종(鍾)은 6곡(斛) 4두(斗)의 용적이 된다. 정현이 "'수기(數器)'는 무게를 재는 기구이다."라고 했는데, 수(銖)나 양(兩) 등의 부류에 해당한다. 정현이 "'법(法)'은 팔법(八法)을 뜻한다. '칙(則)'은 팔칙(八則)을 뜻한다."라고 했는데, 『주례』「대재(大宰)」편을 살펴보면 "팔법으로 관부(官府)를 다스리고, 팔칙으로 도비

---

35) 『춘추좌씨전』「소공(昭公) 3년」: 晏子曰, "此季世也, 吾弗知齊其爲陳氏矣. 公棄其民, 而歸於陳氏. 齊舊四量, 豆·區·釜·鍾. 四升爲豆, 各自其四, 以登於釜. 釜十則鍾. 陳氏三量皆登一焉, 鍾乃大矣. 以家量貸, 而以公量收之. 山木如市, 弗加於山; 魚·鹽·蜃·蛤, 弗加於海. 民參其力, 二入於公, 而衣食其一. 公聚朽蠹, 而三老凍餒, 國之諸市, 屨賤踊貴. 民人痛疾, 而或燠休之. 其愛之如父母, 而歸之如流水. 欲無獲民, 將焉辟之? 箕伯·直柄·虞遂·伯戲, 其相胡公·大姬已在齊矣."

(都鄙)[36]를 다스린다."[37]라고 했다. 제후국에도 도비와 관부가 있었으니, 이러한 팔법과 팔칙으로 다스리는 것이다. 그렇기 때문에 이들에 대해서 정비할 필요가 있는 것이다. 정현이 "'달(達)'·'동(同)'·'성(成)'·'수(脩)'는 모두 관련 법도와 제도를 보내는 것이다."라고 했는데, 경문에 나온 서절(瑞節)·도량(度量)·뇌례(牢禮)·수기(數器)로부터 법(法)과 칙(則) 등에 이르기까지 8가지 것들에 대해서는 모두 천자가 제정한 법도와 제도의 등속이니, 미리 정비하고 다듬어서 무게·크기·방형 및 원형 등을 모두 바르게 만들어야 하며, 그런 뒤에 이것을 가지고 제후들이 사용하는 기물들을 동일하게 맞춰야 한다. 그렇기 때문에 "해당하는 곳에 도착하면 법도와 제도를 동일하게 맞춘다."라고 했다. 정현이 "넘치는 것을 평평하게 만드는 것이다."라고 했는데, 예를 들어 뇌례의 경우, 후작·백작·자작·남작·경·대부·사에게 있어서는 앞의 문장 및 『주례』「장객(掌客)」편에 따르게 되니, 그 수량에 있어서 모두 정해진 수치가 있으므로 참람되게 자신보다 상위 계급의 것을 따를 수 없다. 그렇기 때문에 "넘치는 것을 평평하게 만드는 것이다."라고 했다. 정현이 "천자가 순수를 할 때, 제후들이 모이게 되는데 각각 해당 계절의 방위에 따른다."라고 했는데, 순수를 하는 해 2월에 동쪽으로 찾아가고 5월에 남쪽으로 찾아가는 것 등을 뜻한다. 이곳에서는 봄을 기준으로 말한 것이다. 그렇기 때문에 『서』에서 "마침내 동쪽 제후들을 만나보았다."라고 했던 말을 인용한 것이다. 아울러 『서』「우서(虞書)」와 『예기』「왕제(王制)」

---

36) 도비(都鄙)는 천자의 수도에 있는 신하 및 자제들의 채지(采地)를 뜻한다. 『주례』「천관(天官)·대재(大宰)」편에는 "以八則治都鄙."라는 기록이 있는데, 이에 대한 정현의 주에서는 "都鄙, 公卿大夫之采邑, 王子弟所食邑."이라고 풀이했고, 손이양(孫詒讓)의 정의(正義)에서는 "凡公卿大夫貴戚有功德, 得世祿者, 皆頒邑以爲其祿, 是謂采邑. 在王子弟無官者, 雖無祿, 而得以恩澤食邑"이라고 풀이했다.

37) 『주례』「천관(天官)·대재(大宰)」 : 以<u>八法治官府</u>: 一曰官屬, 以擧邦治; 二曰官職, 以辨邦治; 三曰官聯, 以會官治; 四曰官常, 以聽官治; 五曰官成, 以經邦治; 六曰官法, 以正邦治; 七曰官刑, 以糾邦治; 八曰官計, 以弊邦治. 以<u>八則治都鄙</u>: 一曰祭祀, 以馭其神; 二曰法則, 以馭其官; 三曰廢置, 以馭其吏; 四曰祿位, 以馭其士; 五曰賦貢, 以馭其用; 六曰禮俗, 以馭其民; 七曰刑賞, 以馭其威; 八曰田役, 以馭其衆.

편을 근거로 말해보자면, 둘 모두 도량형 등을 동일하게 맞춘다는 사안이 나타난다. 그렇기 때문에 「우서」에서는 "오례(五禮)와 오옥(五玉)을 정비한다."라고 했고, "사계절과 각 월을 합치시켜 날짜를 바르게 한다."는 등의 말을 했던 것이다. 정현이 "은국(殷國)을 하게 되면 사방의 제후들이 사계절에 따라 각각 나뉘어 평상시처럼 찾아오게 된다."라고 했는데, 네 방위를 나눠서 각각 봄·여름·가을·겨울에 따르게 해서 평상시처럼 찾아오게 한다는 뜻이다. 육복(六服)[38]에 속한 제후들이 모두 찾아오는 경우라면, 평상시 때의 예법과는 달라진다.

---

38) 육복(六服)은 천자의 수도를 제외하고, 그 이외의 땅을 9개의 지역으로 구분한 구복(九服) 중에서 6개 지역을 뜻하는데, 천자의 수도로부터 6개 복(服)까지는 주로 중국의 제후들에게 분봉해주는 지역이었고, 나머지 3개의 지역은 주로 오랑캐들에게 분봉해주는 지역이었다. 따라서 중국(中國)이라는 개념을 거론할 때 주로 '육복'이라고 말한다. 천하의 정중앙에는 천자의 수도인 왕기(王畿)가 있고, 그 외에는 순차적으로 6개의 '복'이 있는데, 후복(侯服), 전복(甸服), 남복(男服), 채복(采服), 위복(衛服), 만복(蠻服)이 여기에 해당한다. '후복'은 천자의 수도 밖으로 사방 500리(里)의 크기이며, 이 지역에 속한 제후들은 1년에 1번 천자를 알현하며, 제사 때 사용하는 물건을 바친다. '전복'은 '후복' 밖으로 사방 500리의 크기이며, 이 지역에 속한 제후들은 2년에 1번 천자를 알현하고, 빈객(賓客)을 접대할 때 사용하는 물건을 바친다. '남복'은 '전복' 밖으로 사방 500리의 크기이며, 이 지역에 속한 제후들은 3년에 1번 천자를 알현하고, 각종 기물(器物)들을 바친다. '채복'은 '남복' 밖으로 사방 500리의 크기이며, 이 지역에 속한 제후들은 4년에 1번 천자를 알현하고, 의복류를 바친다. '위복'은 '채복' 밖으로 사방 500리의 크기이며, 이 지역에 속한 제후들은 5년에 1번 천자를 알현하고, 각종 재목들을 바친다. '만복'은 '요복(要服)'이라고도 부르는데, '만복'이라는 용어는 변경 지역의 오랑캐들과 접해 있으므로, 붙여진 용어이다. '만복'은 '위복' 밖으로 사방 500리의 크기이며, 이 지역에 속한 제후들은 6년에 1번 천자를 알현하고, 각종 재화들을 바친다. 『주례』「추관(秋官)·대행인(大行人)」편에는 "邦畿方千里, 其外方五百里謂之侯服, 歲壹見, 其貢祀物, 又其外方五百里謂之甸服, 二歲壹見, 其貢嬪物, 又其外方五百里謂之男服, 三歲壹見, 其貢器物, 又其外方五百里謂之采服, 四歲壹見, 其貢服物, 又其外方五百里謂之衛服, 五歲壹見, 其貢材物, 又其外方五百里謂之要服, 六歲壹見, 其貢貨物."이라는 기록이 있다.

참고 『주례』「추관(秋官)·대행인(大行人)」 기록

경문 時聘以結諸侯之好, 殷頫以除邦國之慝.

번역 천자에게 어떠한 일이 발생했을 때 제후국에서 사신을 보내 빙(聘)을 하면, 이를 통해 제후들의 우호를 결집하고, 하나의 복(服)에 속한 제후들이 조회를 하는 해에는 다른 복(服)에 속한 제후들도 사신을 보내 천자를 찾아뵙게 되니, 이를 통해 제후국에서 일어나는 악행을 제거한다.

鄭注 此二事者, 亦以王見諸侯之臣使來者爲文也. 時聘者, 亦無常期, 天子有事, 諸侯使大夫來聘, 親以禮見之, 禮而遣之, 所以結其恩好也. 天子無事則已. 殷頫, 謂一服朝之歲也. 慝猶惡也. 一服朝之歲, 五服諸侯皆使卿以聘禮來頫天子, 天子以禮見之, 命以政禁之事, 所以除其惡行.

번역 이 두 사안 또한 제후가 보낸 사신을 천자가 만나본다는 뜻으로 문장을 기록한 것이다. '시빙(時聘)'은 또한 정해진 기한이 없이 천자에게 어떠한 일이 발생했을 때, 제후가 대부를 사신으로 보내 빙(聘)을 하고, 천자가 직접 예법에 따라 그들을 만나보며, 예우를 하고 그들을 돌려보내는 것이니, 은덕과 우호를 결집시키는 방법이다. 천자에게 특별한 일이 없다면 시행하지 않는다. '은조(殷覜)'는 하나의 복(服)에 속한 제후들이 조회를 하는 해를 뜻한다. '특(慝)'자는 악함을 뜻한다. 하나의 복에 속한 제후들이 조회를 하는 해에는 나머지 다섯 개의 복(服)에 속한 제후들은 모두 경을 사신으로 보내 빙례를 실시하여 천자를 찾아뵙게 되고, 천자는 예법에 따라 그들을 만나보며 정령과 금령에 대한 사안을 명령하니, 악행을 제거하는 방법이다.

賈疏 ◎注"此二"至"惡行". ○釋曰: 云"此二事者, 亦以王見諸侯之臣使來者爲文", 言"亦", 亦上諸侯也. 此亦對宗伯. 彼無考績之事, 直相見, 故云"時聘曰問, 殷覜曰視", 以見王爲文. 此有好慝之事, 故以王下見爲文. 云"時聘者, 亦無常期"者, 亦諸侯云時會也. 云"天子有事, 諸侯使大夫來聘, 親以禮見之, 禮而遣之, 所以結恩好也"者, 此謂時會之年, 當方有諸侯不順服, 當方諸侯來,餘方無諸侯不順之事, 身不來, 卽大夫來聘天子, 亦有兵至, 助王討逆. 云"天子無事則已"者, 此聘事爲有事, 若王無事, 則不來也. "殷頫謂一服朝之歲也"者, 按宗伯注云: "一服朝, 在元年·七年·十一年." 以其朝者少, 聘者多, 故亦得稱殷, 殷, 衆也. 知亦"命以政禁之事"者, 以其言除邦國之慝, 大司馬九法九伐, 平正邦國, 所以除惡. 旣言除慝, 明亦命以政禁者也.

번역 ◎鄭注: "此二"~"惡行". ○정현이 "이 두 사안 또한 제후가 보낸 사신을 천자가 만나본다는 뜻으로 문장을 기록한 것이다."라고 했는데, '또한[亦]'이라고 말한 것은 이 또한 앞에 나온 제후에 대한 사안에 해당한다는 뜻이다. 그리고 이것은 또한 『주례』「대종백(大宗伯)」편의 기록과 대비된다. 「대종백」편의 내용은 실적을 살피는 일이 없고 단지 서로 만나보는 것이다. 그렇기 때문에 "시빙(時聘)을 문(問)이라 부르고, 은조(殷覜)를 시(視)라 부른다."[39]라고 했으니, 천자를 찾아뵙는다는 뜻으로 문장을 기록한 것이다. 이곳의 내용에는 우호를 다지거나 악행을 제거하는 사안이 포함된다. 그렇기 때문에 천자가 사신을 만나본다는 뜻으로 문장을 기록한 것이다. 정현이 "'시빙(時聘)'은 또한 정해진 기한이 없다."라고 했는데, 제후의 경우에도 '시회(時會)'라고 부른다. 정현이 "천자에게 어떠한 일이 발생했을 때, 제후가 대부를 사신으로 보내 빙(聘)을 하고, 천자가 직접 예법에 따라 그들을 만나보며, 예우를 하고 그들을 돌려보내는 것이니, 은덕과 우호를 결집시키는 방법이다."라고 했는데, 이것은 조회를 해야 하는 해에 해당 방위의 제후들 중 명령에 따르지 않는 자가 생긴 것이니, 해당 방위의 나머지 제후들이 찾아오는 것이고, 다른 방위의 제후들 중에는 명령에 따르지 않는 일이 없지만 직접 찾아오지 않고 대부가 와서 천자를 빙(聘)하고 또한 병력을 데려와서 천자가 거역한 자를 토벌하는 일에 협조한다는 뜻이다. 정현이 "천자에게 특별한 일이 없다면 시행하지 않는다."라고 했는데, 여기에서 말한 빙(聘)은 특별한 일이 있는 경우에 해당하니, 만약 천자에게 특별한 일이 없다면 찾아오지 않는 것이다. 정현이 "'은조(殷覜)'는 하나의

---

39) 『주례』「춘관(春官)·대종백(大宗伯)」: 以賓禮親邦國. 春見曰朝, 夏見曰宗, 秋見曰覲, 冬見曰遇, 時見曰會, 殷見曰同. 時聘曰問, 殷覜曰視.

복(服)에 속한 제후들이 조회를 하는 해를 뜻한다."라고 했는데, 「대종백」편의 주를 살펴보면 "하나의 복(服)에 속한 제후들이 조회를 하는 것은 1년·7년·11년에 해당한다."라고 했다. 즉 조회로 찾아오는 자는 적고 빙례로 찾아오는 자가 많기 때문에, 이러한 일에 대해서도 '은(殷)'자를 붙여서 부른 것이니, '은(殷)'자는 많다는 의미이다. 정현이 "정령과 금령에 대한 사안을 명령한다."라고 했는데, 이러한 사실을 알 수 있는 이유는 경문에서 제후국에서 일어나는 악행을 제거한다고 말했고, 『주례』「대사마(大司馬)」편에서는 구법(九法)[40]과 구벌(九伐)[41]로 제후국들을 편안하고 바르게 만든다고 했으니,[42] 이것은 악행을 제거하는 일이다. 이미 악행을 제거한다고 했으니, 이 또한 정령과 금령에 대한 사안으로 명령한다는 사실을 나타낸다.

---

40) 구법(九法)은 제후국들을 다스렸던 아홉 종류의 조치를 뜻한다. 첫 번째는 제후국들의 봉지와 그 경계를 확정하는 것이다. 두 번째는 제후와 그들의 신하가 따라야 하는 예법을 구별하여 신분질서를 확정하는 것이다. 세 번째는 현명한 자와 공적을 세운 자를 등용하고 작위를 올려주는 것이다. 네 번째는 일정 지역의 제후들을 통괄할 수 있는 대표를 세우는 것이다. 다섯 번째는 금령이나 감시와 조사를 통해 군대의 제도를 바로잡는 것이다. 여섯 번째는 바쳐야 하는 세금이나 공물을 정하는 것이다. 일곱 번째는 소속된 백성들의 수를 계산하여 부리는 것이다. 여덟 번째는 신분에 따라 토지를 차등적으로 분배하여 다스리도록 하는 것이다. 아홉 번째는 제후국간에 서열을 정하여 다스리고 복종하도록 만드는 것이다.

41) 구벌(九伐)은 아홉 종류의 죄악에 대해 토벌하는 조치를 뜻한다. 첫 번째는 약소국을 업신여기고 침범하면 그 땅을 삭감하여 강성해지지 못하게 하는 것이다. 두 번째는 현명한 자와 백성들에게 해악을 끼치면 군대를 이끌고 그 나라의 국경으로 들어가 북을 울리며 겁을 주는 것이다. 세 번째는 내적으로 폭정을 시행하고 외적으로 다른 나라를 침범하면 그 군주를 내치고 다른 군주를 세우는 것이다. 네 번째는 백성들이 황망하게 되어 흩어지게 된다면 그 땅을 삭감하는 것이다. 다섯 번째는 견고한 성벽이나 험준한 지형을 믿고 복종하지 않는다면 군대를 이끌고 국경으로 들어가되 병력을 조금만 사용하여 본보기를 보여주는 것이다. 여섯 번째는 친족을 죽이거나 해를 끼치면 잡아서 죄를 다스리는 것이다. 일곱 번째는 자신의 군주를 죽인 자가 발생하면 그를 찾아내 사형에 처하는 것이다. 여덟 번째는 명령에 어기고 정령을 경시한다면 국경을 통제하여 이웃 나라와의 소통을 단절시키는 것이다. 아홉 번째는 인륜을 문란하게 만들면 사형에 처해 제거하는 것이다.

42) 『주례』「하관(夏官)·대사마(大司馬)」 : 大司馬之職, 掌建邦國之九法, 以佐王平邦國. …… 以九伐之法正邦國.

참고 『주례』「추관(秋官)·대행인(大行人)」 기록

경문 凡諸侯之邦交, 歲相問也, 殷相聘也, 世相朝也.

번역 제후국 간에 우호를 다질 때에는 1년에 서로 문(問)을 하고, 중간에 특별한 일이 없을 때 대규모로 조(朝)를 하며 서로 빙(聘)을 하고, 세대가 바뀌었을 때 서로 조(朝)를 한다.

鄭注 小聘曰問. 殷, 中也. 久無事, 又於殷朝者及而相聘也. 父死子立曰世, 凡君卽位, 大國朝焉, 小國聘焉. 此皆所以習禮·考義·正刑·一德以尊天子也, 必擇有道之國而就脩之. 鄭司農說殷聘以春秋傳曰"孟僖子如齊殷聘, 是也".

번역 소빙(小聘)을 '문(問)'이라고 부른다. '은(殷)'은 중간[中]이라는 뜻이다. 오래도록 특별한 일이 없다면 또한 대규모로 조(朝)를 하는 자들이 도착했을 때 서로 빙(聘)을 한다. 부친이 돌아가셔서 자식이 그 지위에 오르게 되는 것을 '세(世)'라고 부르니, 군주가 즉위를 하게 되면 대국에서는 조(朝)를 하고 소국에서는 빙(聘)을 한다. 이러한 것들은 모두 예법을 익히고 도의를 고찰하며 형벌을 바르게 하고 덕을 한결같이 하여 천자를 존숭하는 방법이니, 반드시 도를 지키는 나라를 택해 그곳에 나아가 정비하게 된다. 정사농은 은빙(殷聘)에 대해서 『춘추전』에서 "맹희자가 제나라에 가서 은빙(殷聘)을 했다는 것이 바로 이것을 가리킨다."[43]라고 한 말로 설명했다.

賈疏 ◎注"小聘"至"是也". ○釋曰: 言"諸侯邦交", 謂同方岳者一往一來爲交, 謂己是小國朝大國, 己是大國聘小國. 若敵國, 則兩君自相往來. 故司儀有諸公諸侯皆言相爲賓是也. 但春秋之世有越方嶽相聘者, 是以秦使術來聘, 吳使札來聘, 時國數少, 故然, 非正法也. 云"小聘曰問"者, 聘禮文, 故彼云"小聘曰問, 不享", 是也. 大聘使卿, 小聘使大夫也. 云"殷, 中也. 久無事, 又於殷朝者及而相聘也"者, 聘義·王制皆云"三年一大聘", 此不言三年, 而云殷者, 欲見中間

43) 『춘추좌씨전』「소공(昭公) 9년」: 孟僖子如齊殷聘, 禮也.

久無事, 及殷朝者來及, 亦相聘, 故云殷, 不云三年也. 若然, 聘義與王制皆云“比年一小聘”, 此云“歲相問”, 不云比年者, 取歲歲之義也. “世相朝”者, 謂父死子立曰世, 是繼世之義也. 云“凡君卽位, 大國朝焉, 小國聘焉”者, 左氏傳文, 按文元年, 公孫敖如齊, 傳曰: “凡君卽位, 卿出並聘.” 謂己卿往聘他, 他卿來聘己, 是總語也. 云大國朝焉, 己是小國, 己往朝大國. 小國聘焉者, 己是大國, 使聘小國. 云“此皆所以習禮考義·正刑一德以尊天子也”者, 禮記文. 云“必擇有道之國而就脩之”者, 謂差擇有道之國, 亦先從近始, 故云“親仁善鄰, 國之寶也”, 是也. 先鄭“說殷聘以春秋傳”者, 按左氏昭公九年傳曰: “孟僖子如齊殷聘, 禮也.” 按服彼注云: “殷, 中也. 自襄二十年叔老聘於齊, 至今積二十一年聘齊, 故中復盛聘.” 與此中年數不相當. 引之者, 年雖差遠, 用禮則同, 故引爲證也.

번역 ◎鄭注: “小聘”~“是也”. ○“제후국 간에 우호를 다진다.”라고 했는데, 같은 방악(方岳)에 있는 자들이 한 차례 찾아가고 찾아오는 것을 ‘교(交)’라고 한 것이니, 자기 나라가 소국에 해당하면 대국에 조(朝)를 하는 것이고, 자기 나라가 대국에 해당하면 소국에 빙(聘)을 하는 것이다. 만약 대등한 나라끼리라면 두 나라의 군주가 서로 찾아가거나 찾아오게 된다. 그렇기 때문에 『주례』「사의(司儀)」편에서는 제공(諸公)과 제후(諸侯)에 대해서 모두 서로 빈객이 된다고 했다.[44] 다만 춘추시대에는 방악의 범위를 벗어나 서로 빙(聘)을 하는 경우가 있었다. 이러한 까닭으로 진나라는 술(術)을 시켜 찾아와 빙(聘)을 했다고 했고,[45] 오나라는 찰(札)을 시켜 찾아와 빙(聘)을 했다고 했는데,[46] 당시에는 제후국의 수가 적었기 때문에 그처럼 했던 것이나 이것은 정규 법도가 아니다. 정현이 “소빙(小聘)을 ‘문(問)’이라고 부른다.”라고 했는데, 이것은 『의례』「빙례(聘禮)」편의 기록이다. 그렇기 때문에 「빙례」편에서는 “소빙을 문(問)이라고 부르니, 향례(享禮)를 하지 않는다.”[47]라고 했던 것이

---

44) 『주례』「추관(秋官)·사의(司儀)」: 凡諸公相爲賓, …… 諸侯·諸伯·諸子·諸男之相爲賓也各以其禮, 相待也如諸公之儀.
45) 『춘추』「문공(文公) 12년」: 秦伯使術來聘.
46) 『춘추』「양공(襄公) 29년」: 吳子使札來聘.
47) 『의례』「빙례(聘禮)」: 小聘曰問. 不享, 有獻, 不及夫人. 主人不筵几, 不禮. 面不升. 不郊勞. 其禮如爲介. 三介.

다. 대빙(大聘)에는 경을 사신으로 보내며, 소빙(小聘)에는 대부를 사신으로 보낸다. 정현이 "'은(殷)'은 중간[中]이라는 뜻이다. 오래도록 특별한 일이 없다면 또한 대규모로 조(朝)를 하는 자들이 도착했을 때 서로 빙(聘)을 한다."라고 했는데, 『예기』「빙의」편[48]과 「왕제(王制)」편[49]에서는 모두 "3년에 한 차례 대빙을 한다."라고 했다. 그런데 이곳에서는 3년이라는 기간을 언급하지 않고 은(殷)이라고 했다. 그 이유는 중간에 오래도록 특별한 일이 없을 때, 대규모로 조(朝)를 하여 찾아오는 자들이 도착하게 되면 또한 서로 빙(聘)을 하게 됨을 드러내고자 한 것이다. 그렇기 때문에 은(殷)이라고 말하고 3년이라고 말하지 않았다. 만약 그렇다면 「빙의」편과 「왕제」편에서는 모두 "매년 한 차례 소빙(小聘)을 한다."라고 했고, 이곳에서는 "해마다 서로 문(問)을 한다."라고 하여, '비년(比年)'이라는 언급을 하지 않았는데, 그 이유는 해마다 하게 된다는 뜻에 따랐기 때문이다. "세대가 바뀌었을 때 서로 조(朝)를 한다."라고 했는데, 부친이 돌아가셔서 자식이 그 지위에 오르게 되는 것을 '세(世)'라고 부르니, 이것은 세대를 계승한다는 의미에 해당한다. 정현이 "군주가 즉위를 하게 되면 대국에서는 조(朝)를 하고 소국에서는 빙(聘)을 한다."라고 했는데, 이것은 『좌씨전』의 기록으로, 문공 1년을 살펴보면 공손오(公孫敖)가 제나라에 갔다고 했고,[50] 전문에서는 "군주가 즉위하게 되면 경이 출국하여 여러 나라를 빙(聘)한다."[51]라고 했으니, 자기 나라의 경이 찾아가 다른 나라에 빙(聘)을 하고, 다른 나라의 경이 찾아와 자기 나라에 빙(聘)을 한다는 뜻으로, 이것은 총괄적으로 말한 것이다. 정현이 "대국에서는 조(朝)를 한다."라고 했는데, 자기 나라가 소국에 해당하면 자기 나라에서

---

48) 『예기』「빙의」【716d】: 故天子制諸侯, 比年小聘, 三年大聘, 相厲以禮. 使者聘而誤, 主君弗親饗食也, 所以愧厲之也. 諸侯相厲以禮, 則外不相侵, 內不相陵. 此天子之所以養諸侯, 兵不用, 而諸侯自爲正之具也.

49) 『예기』「왕제(王制)」【151c】: 諸侯之於天子也, 比年一小聘, 三年一大聘, 五年一朝.

50) 『춘추』「문공(文公) 1년」: 公孫敖如齊.

51) 『춘추좌씨전』「문공(文公) 1년」: 穆伯如齊, 始聘焉, 禮也. 凡君卽位, 卿出并聘, 踐修舊好, 要結外援, 好事鄰國, 以衛社稷, 忠·信·卑讓之道也. 忠, 德之正也; 信, 德之固也; 卑讓, 德之基也.

찾아가서 대국에 조(朝)를 하는 것이다. 또 "소국에서는 빙(聘)을 한다."라고 했는데, 자기 나라가 대국에 해당하면 사신을 보내서 소국에 빙(聘)을 하는 것이다. 정현이 "이러한 것들은 모두 예법을 익히고 도의를 고찰하며 형벌을 바르게 하고 덕을 한결같이 하여 천자를 존숭하는 방법이다."라고 했는데, 이것은 『예기』의 기록이다.[52] 정현이 "반드시 도를 지키는 나라를 택해 그곳에 나아가 정비하게 된다."라고 했는데, 도를 지키는 나라를 선별하고 또 우선 그 나라에서 시행하는 것을 따라하는 것이다. 그렇기 때문에 "인자한 자를 가까이 하고 이웃나라와 친하게 지내는 것은 나라의 보배이다."[53]라고 말한 것이다. 정사농은 은빙(殷聘)에 대해서 『춘추전』의 기록으로 설명했는데, 『좌씨전』 소공 9년의 전문을 살펴보면 "맹희자가 제나라에 가서 은빙을 했는데 예법에 맞다."라고 했고, 복건[54]의 주석을 살펴보면 "은(殷)자는 중간이라는 뜻이다. 양공 20년에 숙로(叔老)가 제나라에 빙(聘)을 했던 것으로부터 지금에 이르러서는 21년이 지나서야 제나라에 빙(聘)을 한 것이다. 그렇기 때문에 그 중간에 재차 성대하게 빙(聘)을 한 것이다."라고 설명하여, 이곳에서 말한 중년(中年)이라는 수치와는 서로 해당하지 않는다. 그런데도 이 기록을 인용한 것은 몇 년이라는 기간에는 비록 차이가 있지만 예법에 따른다는 점은 동일하다. 그렇기 때문에 이 기록을 인용해서 증명한 것이다.

참고 『의례』「빙례(聘禮)」 기록

경문 及竟, 張旜, 誓.

번역 국경에 도착하면 전(旜)을 펼치고 예법을 어기지 않도록 주의를 준다.

---

52) 『예기』「왕제(王制)」【154a】: 天子無事, 與諸侯, 相見曰朝, 考禮, 正刑, 一德以尊于天子.
53) 『춘추좌씨전』「은공(隱公) 6년」: 五父諫曰, "親仁·善鄰, 國之寶也. 君其許鄭!"
54) 복건(服虔, ?~?): 후한대(後漢代)의 유학자이다. 자(字)는 자신(子愼)이다. 초명은 중(重)이었으며, 기(祇)라고도 불렀다. 후에 이름을 건(虔)으로 고쳤다. 『춘추좌씨전(春秋左氏傳)』에 주석을 남겼지만, 산일되어 전해지지 않는다. 현재는 『좌전가복주집술(左傳賈服注輯述)』로 일집본이 편찬되었다.

鄭注 及, 至也. 張旃, 明事在此國也. 張旃, 謂使人維之.

번역 '급(及)'자는 "~에 이르다[至]."는 뜻이다. 전(旃)을 펼치는 것은 시행해야 할 일이 도착한 나라에 대한 것임을 드러내기 위한 것이다. 전(旃)을 펼친다는 것은 사람을 시켜서 매다는 것이다.

賈疏 ●"及竟張旃誓". ◎注"及至"至"維之". ○釋曰: 自此盡"入境斂旃", 論賓至主國之境, 謁關人見威儀之事. 云"張旃, 明事在此國"者, 以其行道斂旃, 及境張旃, 明所聘之事在此國, 故張旃以表其事也. 是以鄭云明事在此國也. 云"張旃, 使人維之"者, 按禮緯·稽命徵云: 大夫杠五刃, 齊於較, 較崇八尺, 人又長八尺, 人維得手及之者. 蓋以物接之, 乃得維持之. 按節服氏"掌祭祀朝覲, 六人維王之大常, 諸侯則四人". 但大常十二旒, 人有六, 則一人維持二旒, 鄭云: "維之以縷." 用線維之. 大夫無文. 諸侯四人, 不依命數. 大夫或一人, 或二人維持之.

번역 ●經文: "及竟張旃誓". ◎鄭注: "及至"~"維之". ○이곳 구문으로부터 "국경으로 들어가게 되면 전(旃)을 거둔다."라는 구문까지는 빈객이 빙문할 나라의 국경에 도착하고, 관문을 지키는 관리에게 찾아온 사실을 알리며 위엄스러운 거동 예절을 드러내는 사안을 논의하고 있다. 정현이 "전(旃)을 펼치는 것은 시행해야 할 일이 도착한 나라에 대한 것임을 드러내기 위한 것이다."라고 했는데, 길에서 이동할 때에는 전(旃)을 거두고 국경에 도착해서야 전(旃)을 펼치는데, 이것은 빙(聘)을 하는 사안이 찾아간 나라에 대한 것임을 드러낸다. 그렇기 때문에 전(旃)을 펼쳐서 시행할 임무를 드러내는 것이다. 이러한 까닭으로 정현은 "시행해야 할 일이 도착한 나라에 대한 것임을 드러내기 위한 것이다."라고 했다. 정현이 "전(旃)을 펼친다는 것은 사람을 시켜서 매단다는 뜻이다."라고 했는데, 『예기』의 위서인 『계명징』을 살펴보면, 대부의 수레에 다는 강(杠)은 5인(刃)으로 수레의 가로대와 동일하게 맞추며, 가로대의 높이는 8척(尺)이고, 사람의 키는 8척 정도이니, 사람이 매달 때 손으로 닿을 수 있다고 했다. 사물을 그곳에

덧대어 매달아 지탱시킬 수 있는 것이다. 『주례』「절복씨(節服氏)」편을 살펴보면, "제사와 조근(朝覲)[55]을 담당하니, 6명이 천자의 대상(大常)[56]을 매달고, 제후의 경우에는 4명이 매단다."[57]라고 했다. 다만 대상에는 12개의 깃술이 들어가는데, 6명이 한다면 1명당 2개의 깃술을 매달았던 것이며, 정현은 "끈을 이용해서 매단다."라고 했으니, 실을 이용해서 매다는 것이다. 대부에 대한 기록은 남아있지 않다. 제후의 경우 4명이 매단다고 했다면, 신하들의 명(命) 등급에 따르지 않은 것이다. 따라서 대부의 경우에는 1명이나 2명이 매달았을 것이다.

참고 『의례』「빙례(聘禮)」 기록

경문 公降立. 擯者出請. 上介奉束錦, 士介四人皆奉玉錦束, 請覿.

번역 군주가 당하로 내려와 선다. 빈(擯)[58]은 밖으로 나와서 찾아온 이유를 청해 묻는다. 상개(上介)는 1속(束)의 비단을 받들고, 사로 구성된 개(介) 4명은 모두 촘촘한 무늬가 들어간 비단을 받들며 찾아뵙고자 청한다.

---

55) 조근(朝覲)은 군주가 신하를 만나보는 예법(禮法)을 뜻한다. 군주가 신하를 만나보는 예법에는 조(朝), 근(覲), 종(宗), 우(遇), 회(會), 동(同) 등이 있었는데, 이것을 총칭하여 '조근'으로 부르기도 한다. 한편 '조근'은 신하가 군주를 찾아뵙는 예법을 뜻하기도 한다. 고대에는 제후가 천자를 찾아뵐 때, 각 계절별로 그 명칭을 다르게 불렀다. 봄에 찾아뵙는 것을 조(朝)라고 부르며, 여름에 찾아뵙는 것을 종(宗)이라고 부르고, 가을에 찾아뵙는 것을 근(覲)이라고 부르며, 겨울에 찾아뵙는 것을 우(遇)라고 부른다. '조근'은 이러한 예법들을 총칭하는 말이다.

56) 대상(大常)은 상(常) 또는 태상(太常)이라고도 부른다. 군주가 사용하는 깃발 중 하나이다. 해[日]와 달[月]을 수놓았으며, 정폭으로 깃발을 만들고, 깃술을 달았다. 『주례』「춘관(春官)·건거(巾車)」편에는 "建大常, 十有二斿."라는 기록이 있고, 이에 대한 정현의 주에서는 "大常, 九旗之畫日月者, 正幅爲縿, 斿則屬焉."이라는 기록이 있다.

57) 『주례』「하관(夏官)·절복씨(節服氏)」: 節服氏; 掌祭祀朝覲袞冕, 六人維王之太常. 諸侯則四人, 其服亦如之. 郊祀裘冕, 二人執戈, 送逆尸從車.

58) 빈(擯)은 빈객(賓客)이 방문했을 때, 주인(主人)의 부관이 되어, 빈객과의 사이에서 시행해야 할 일들을 도왔던 부관들을 뜻한다.

鄭注 玉錦, 錦之文纖縟者也. 禮有以少文爲貴者, 後言束, 辭之便也.

번역 '옥금(玉錦)'은 비단 중에서도 무늬가 촘촘하게 들어간 것을 뜻한다. 예법에 따르면 무늬가 적은 것을 귀한 것으로 여기며, '속(束)'자를 뒤에 덧붙여 말한 것은 말을 편의에 따라 기록했기 때문이다.

賈疏 ●"公降"至"請覿". ◎注"玉錦"至"便也". ○釋曰: 自此盡"擧皮以東", 論上介·衆介行私覿之事. 云"玉錦, 錦之文纖縟者也"者, 按聘義孔子論玉而云"縝密以栗, 知也", 是玉有密致, 錦之纖縟似玉之密致者. 云"禮有以少文爲貴"者, 禮器直云有"以文爲貴者", 有"以少爲貴者", 無少文爲貴之語, 但有以少爲貴, 以文爲貴, 明亦有以少文爲貴, 故鄭以義而言之也.

번역 ●經文: "公降"~"請覿". ◎鄭注: "玉錦"~"便也". ○이곳 구문으로부터 "가죽을 들고서 동쪽으로 간다."라는 구문까지는 상개(上介) 및 개(介) 무리들이 사적으로 찾아뵙는 사안을 논의하고 있다. 정현이 "'옥금(玉錦)'은 비단 중에서도 무늬가 촘촘하게 들어간 것을 뜻한다."라고 했는데, 「빙의」편을 살펴보면 공자가 옥에 대해 논의하며 "조밀하면서도 견고한 것은 지(知)에 해당한다."[59]라고 했으니, 옥에는 촘촘한 무늬가 있는 것이며, 비단 중 무늬가 촘촘하게 들어간 것은 옥의 무늬가 촘촘한 것과 유사하다는 뜻이다. 정현이 "예법에 따르면 무늬가 적은 것을 귀한 것으로 여긴다."라고 했는데, 『예기』「예기(禮器)」편에서는 단지 "화려하게 꾸민 것을 귀한 것으로 삼는 경우도 있다."[60]라고 했고, 또 "적은 것을 귀한 것으로

59) 『예기』「빙의」【719b】: 子貢問於孔子曰: "敢問君子貴玉而賤碈者何也? 爲玉之寡而碈之多與?" 孔子曰: "非爲碈之多故賤之也, 玉之寡故貴之也. 夫昔者君子比德於玉焉: 溫潤而澤, 仁也; 縝密以栗, 知也; 廉而不劌, 義也; 垂之如隊, 禮也; 叩之其聲淸越以長, 其終詘然, 樂也; 瑕不揜瑜, 瑜不揜瑕, 忠也; 孚尹旁達, 信也; 氣如白虹, 天也; 精神見于山川, 地也; 圭璋特達, 德也; 天下莫不貴者, 道也. 詩云: '言念君子, 溫其如玉.' 故君子貴之也."

60) 『예기』「예기(禮器)」【301b】: 禮有以文爲貴者, 天子龍袞, 諸侯黼, 大夫黻, 士玄衣纁裳. 天子之冕朱綠藻, 十有二旒, 諸侯九, 上大夫七, 下大夫五, 士三. 此以文爲貴也.

삼는 경우도 있다."[61]라고 했지만, 무늬가 적게 들어간 것을 귀한 것으로 삼는다는 말은 없다. 다만 적은 것을 귀한 것으로 삼는 경우가 있고, 화려하게 꾸민 것을 귀한 것으로 삼는 경우가 있다고 한다면, 이것은 또한 무늬가 적게 들어간 것을 귀한 것으로 삼는 경우도 있음을 나타낸다. 그렇기 때문에 정현은 이러한 의미를 추론해서 이처럼 설명한 것이다.

61) 『예기』「예기(禮器)」【303a】: 禮之以少爲貴者, 以其內心也. 德産之致也精微, 觀天下之物無可以稱其德者, 如此則得不以少爲貴乎? 是故君子愼其獨也.

그림 0-1 ▣ 구복(九服)·육복(六服)·오복(五服)

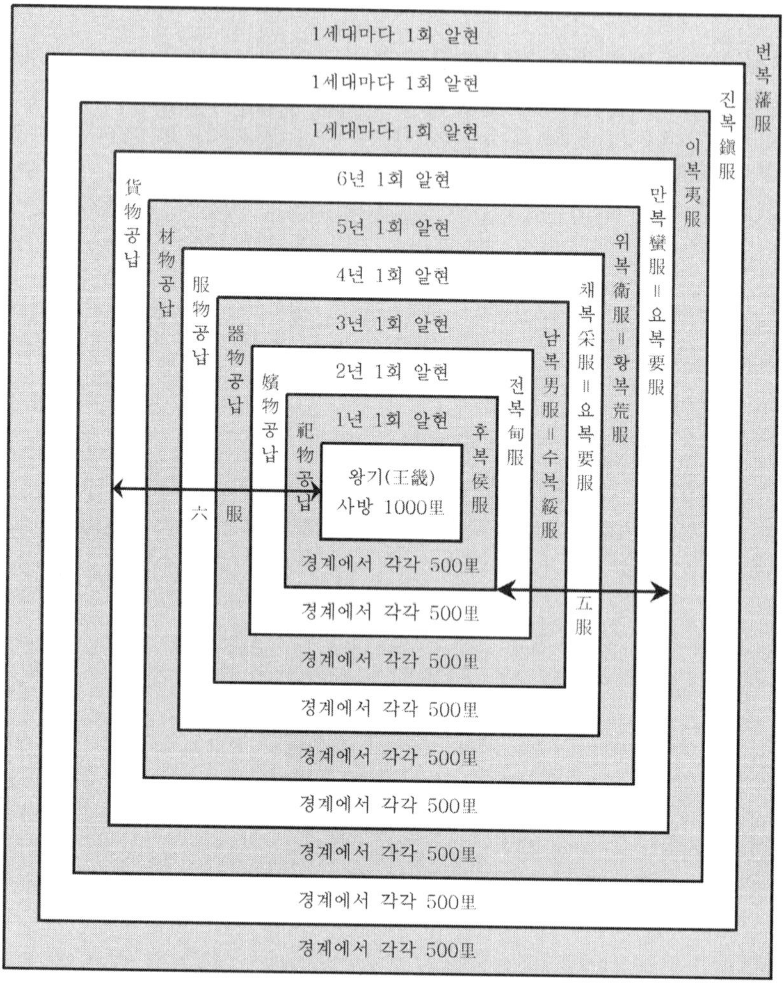

※ 참조: 『삼재도회(三才圖會)』「지리(地理)」 14권

그림 0-2 ■ 전(旃: =旜)

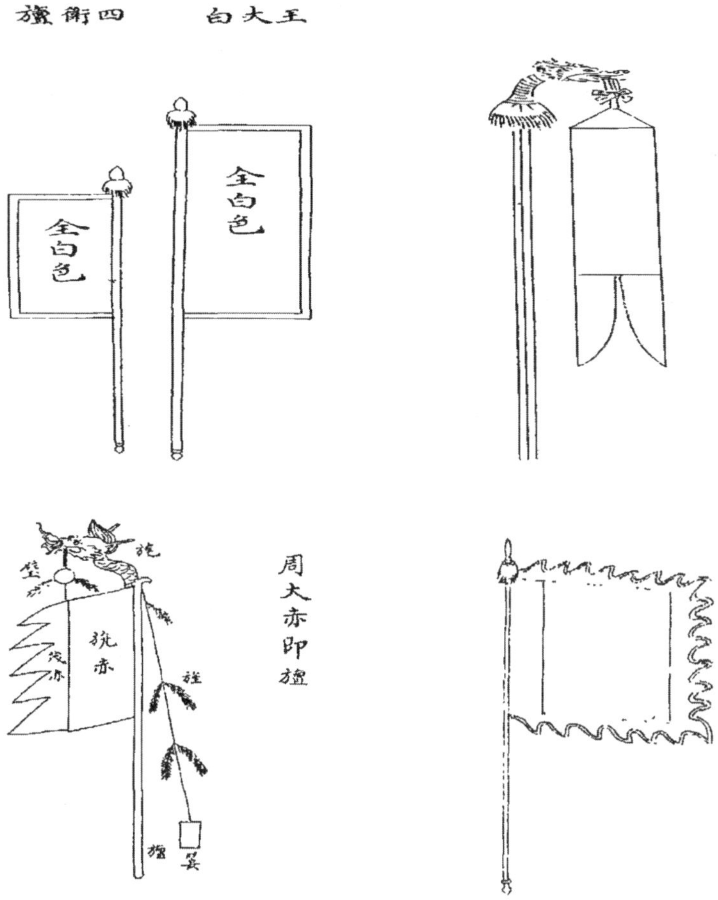

※ **출처:** 상좌-『주례도설(周禮圖說)』 하권 ; 상우-『삼례도집주(三禮圖集注)』 9권
하좌-『삼례도(三禮圖)』 2권 ; 하우-『육경도(六經圖)』 7권

그림 0-3 ■ 신하들의 명(命) 등급

	천자(天子) 신하	대국(大國) 신하	차국(次國) 신하	소국(小國) 신하
9명(九命)	상공(上公=二伯) 하(夏)의 후손 은(殷)의 후손			
8명(八命)	삼공(三公) 주목(州牧)			
7명(七命)	후작[侯] 백작[伯]			
6명(六命)	경(卿)			
5명(五命)	자작[子] 남작[男]			
4명(四命)	부용군(附庸君) 대부(大夫)	고(孤)		
3명(三命)	원사(元士=上士)	경(卿)	경(卿)	
2명(再命)	중사(中士)	대부(大夫)	대부(大夫)	경(卿)
1명(一命)	하사(下士)	사(士)	사(士)	대부(大夫)
0명(不命)				사(士)

◎ 『예기』와 『주례』의 기록에는 다소 차이가 있다.

※ **참조:** 『주례』「춘관(春官)·전명(典命)」 및 『예기』「왕제(王制)」

그림 0-4 ▣ 대상(大常)

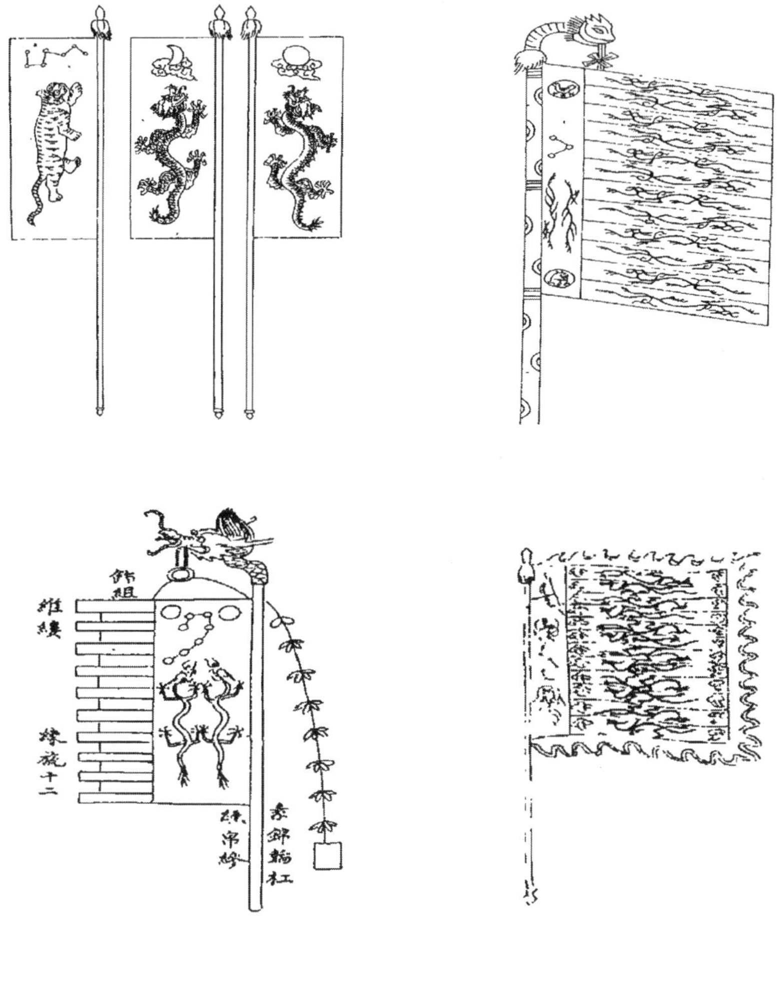

※ **출처:** 상좌-『주례도설(周禮圖說)』 하권 ; 상우-『삼례도집주(三禮圖集注)』 9권
하좌-『삼례도(三禮圖)』 2권 ; 하우-『육경도(六經圖)』 7권

• 제 1 절 •

개(介)의 차등과 신분질서

【715a】

聘禮: 上公七介, 侯伯五介, 子男三介, 所以明貴賤也.

직역 聘禮에서는 上公은 七介이고, 侯伯은 五介이며, 子男은 三介이니, 貴賤을 明하는 所以이다.

의역 빙례(聘禮)의 규정에 따르면, 상공(上公)의 사신으로 가는 경(卿)은 7명의 개(介)를 두고, 후작과 백작의 사신으로 가는 경은 5명의 개를 두며, 자작과 남작의 사신으로 가는 경은 3명의 개를 두니, 이처럼 하는 것은 신분의 귀천을 밝히는 방법이다.

集說 此言卿出聘之介數. 上公七介者, 上公親行則介九人. 諸侯之卿, 禮下於君二等, 故七介也. 以下放此.

번역 이 문장은 경이 국경을 벗어나 빙(聘)을 시행할 때 데려가는 개(介)의 수를 언급하고 있다. '상공칠개(上公七介)'라고 했는데, 상공(上公)이 직접 찾아가게 되면 개(介)는 9명을 둔다. 제후에게 소속된 경(卿)은 자신의 군주보다 2등급씩 예법을 낮추게 된다. 그렇기 때문에 상공에게 소속된 경은 7명의 개를 두는 것이다. 그 이하의 경우도 이와 같다.

集說 呂氏曰: 古者賓必有介. 介, 副也, 所以輔行斯事, 致文於斯禮者也.

번역 여씨가 말하길, 고대의 예법에 따르면 빈객은 반드시 개(介)를 두었다. '개(介)'는 부관을 뜻하니, 이러한 일들을 시행할 때 옆에서 도와서 해당하는 예의 형식을 제대로 갖추도록 하는 자들이다.

大全 嚴陵方氏曰: 上公, 卽九命作伯之上公也. 王之三公, 八命而已, 以其加三公之一命, 故以上言之. 周官行人, 上公介九人, 侯伯七人, 子男五人, 此言七介·五介·三介者, 以大聘使卿, 其禮各下其君二等故也. 以爵有貴賤, 則其介有多寡, 故曰所以明貴賤也.

번역 엄릉방씨[1]가 말하길, '상공(上公)'은 곧 9명(命)의 등급을 받아서, 백(伯)의 신분이 된 상공(上公)을 뜻한다. 천자에게 소속된 삼공(三公)[2]은 8명(命)의 등급일 따름인데, 특별히 삼공에게 1명(命)을 더해주었기 때문에, '상(上)'자를 붙여서 말한 것이다. 『주례』「대행인(大行人)」편에서는 상공(上公)은 9명의 개(介)를 두고, 후작과 백작은 7명의 개를 두며, 자작과 남작은 5명의 개를 둔다고 했는데,[3] 이곳에서는 7명의 개, 5명의 개, 3명의 개라고 하여 차이를 보이고 있다. 그 이유는 대빙(大聘)에서는 경을 사신으

---

1) 엄릉방씨(嚴陵方氏, ?~?) : =방각(方慤)·방씨(方氏)·방성부(方性夫). 송대(宋代)의 유학자이다. 이름은 각(慤)이다. 자(字)는 성부(性夫)이다. 『예기집해(禮記集解)』를 지었고, 『예기집설대전(禮記集說大全)』에는 그의 주장이 많이 인용되고 있다.

2) 삼공(三公)은 중앙정부의 가장 높은 관직자 3명을 합쳐서 부르는 말이다. '삼공'에 속한 관직명에 대해서는 각 시대별로 차이가 있다. 『사기(史記)』「은본기(殷本紀)」편에는 "以西伯昌, 九侯, 鄂侯, 爲三公."이라는 기록이 있다. 즉 은나라 때에는 서백(西伯)인 창(昌), 구후(九侯), 악후(鄂侯)들을 '삼공'으로 삼았다. 또한 주(周)나라 때에는 태사(太師), 태부(太傅), 태보(太保)를 '삼공'으로 삼았다. 『서』「주서(周書)·주관(周官)」편에는 "立太師·太傅·太保, 玆惟三公, 論道經邦, 燮理陰陽."이라는 기록이 있다. 한편 『한서(漢書)』「백관공경표서(百官公卿表序)」에 따르면 사마(司馬), 사도(司徒), 사공(司空)을 '삼공'으로 삼았다는 기록이 있다.

3) 『주례』「추관(秋官)·대행인(大行人)」: 上公之禮, 執桓圭九寸, 繅藉九寸, 冕服九章, 建常九斿, 樊纓九就, 貳車九乘, 介九人, 禮九牢, …… 諸侯之禮, 執信圭七寸, 繅藉七寸, 冕服七章, 建常七斿, 樊纓七就, 貳車七乘, 介七人, 禮七牢, …… 諸伯執躬圭, 其他皆如諸侯之禮. 諸子執穀璧五寸, 繅藉五寸, 冕服五章, 建常五斿, 樊纓五就, 貳車五乘, 介五人, 禮五牢, 諸男執蒲璧, 其他皆如諸子之禮.

로 보내게 되는데, 해당 예법에서는 각각 자신의 군주보다 2등급씩 낮추게 되어 있기 때문이다. 작위에 귀천의 등급이 있기 때문에 그들이 데려가는 개에 있어서도 명수의 차이가 있는 것이다. 그러므로 "귀천을 밝히는 방법이다."라고 말한 것이다.

鄭注 此皆使[4]卿出聘之介數也. 大行人職曰: "凡諸侯之卿, 其禮各下其君二等."

번역 이 내용은 모두 경을 시켜서 국경을 벗어나 빙(聘)을 시행할 때 데려가는 개(介)의 명수를 뜻한다. 『주례』「대행인(大行人)」편의 직무 기록에서는 "무릇 제후들에게 소속되어 있는 경들은 그 예법이 각각 자신의 군주보다 2등급씩 낮다."[5]라고 했다.

釋文 介音界, 下及注同. 下, 戶嫁反.

번역 '介'자의 음은 '界(계)'이고, 아래문장 및 정현의 주에 나오는 글자도 그 음이 이와 같다. '下'자는 '戶(호)'자와 '嫁(가)'자의 반절음이다.

孔疏 ●"聘禮"至"賤也". ○正義曰: 此篇總明聘義, 各顯聘禮之經於上, 以義釋之於下. 從首至末, 又明聘所執玉, 又因明有諸德之義. 今各依文解之. 今此一經以介數不同, 明貴賤有異, 皆謂使卿出聘之介數也.

번역 ●經文: "聘禮"~"賤也". ○「빙의」편은 빙(聘)의 의미를 총괄적으로 나타내고 있는데, 각 경문에서는 '빙례(聘禮)'라는 글자를 구문 앞에 내세우고, 그 뒤의 구문에서 그 의미를 풀이하였다. 편의 첫머리부터 편의 끝까지의 내용에 있어서, 또한 빙(聘)을 할 때 들게 되는 옥(玉)에 대해서도

---

4) '사(使)'자에 대하여. 『십삼경주소(十三經注疏)』 북경대 출판본에서는 "'사'자를 『예기훈찬(禮記訓纂)』에서는 '시(是)'자로 기록하고 있다."라고 했다.
5) 『주례』「추관(秋官)·대행인(大行人)」 : <u>凡諸侯之卿, 其禮各下其君二等以下</u>, 及其大夫士皆如之.

나타내고 있고, 또 그에 따라 제후의 덕을 드러내는 의미도 포함되어 있음을 나타내고 있다. 각각의 문장에 따라서 풀이하겠다. 현재 이곳 경문에서는 개(介)의 숫자가 서로 다르게 되어 있으니, 이것을 통해 귀천에 따라 차이가 있음을 나타낸 것이고, 이 모두는 경을 사신으로 보내서 국경을 벗어나 빙(聘)을 할 때 데려가는 개(介)의 명수를 뜻한다.

孔疏 ●"上公七介"者, 若上公親行則九介, 其卿降二等, 故"七介". 侯·伯·子·男以次差之, 義可知也.

번역 ●經文: "上公七介". ○만약 상공(上公)이 직접 찾아가게 된다면, 9명의 개(介)를 데려가게 되고, 그에게 속한 경(卿)은 2등급을 낮추게 된다. 그렇기 때문에 7명의 개(介)라고 한 것이다. 후작·백작·자작·남작에 있어서도, 순차적으로 차등을 두는데, 그 의미를 또한 이 내용을 통해서 알 수 있다.

集解 愚謂: 首言聘禮, 亦總目下文之事也.

번역 내가 생각하기에, 문장 첫 부분에서 '빙례(聘禮)'라고 말한 것은 아래문장에 기록된 사안에 대해서 총괄적으로 나타낸 것이다.

참고 구문비교

예기·빙의 聘禮: 上公七介, 侯伯五介, 子男三介, 所以明貴賤也.

대대례기·조사(朝事) 聘禮: 上公七介, 侯伯五介, 子男三介, 所以明貴賤也.

참고 『주례』「추관(秋官)·대행인(大行人)」 기록

경문 上公之禮, 執桓圭九寸, 繅藉九寸, 冕服九章, 建常九斿, 樊纓九就, 貳車九乘, 介九人, 禮九牢, 其朝位, 賓主之間九十步, 立當車軹, 擯者五人, 廟

中將幣三享, 王禮再祼而酢, 饗禮九獻, 食禮九擧, 出入五積, 三問三勞. 諸侯之禮, 執信圭七寸, 繅藉七寸, 冕服七章, 建常七斿, 樊纓七就, 貳車七乘, 介七人, 禮七牢, 朝位賓主之間七十步, 立當前疾, 擯者四人, 廟中將幣三享, 王禮壹祼而酢, 饗禮七獻, 食禮七擧, 出入四積, 再問再勞. 諸伯執躬圭, 其他皆如諸侯之禮. 諸子執穀璧五寸, 繅藉五寸, 冕服五章, 建常五斿, 樊纓五就, 貳車五乘, 介五人, 禮五牢, 朝位賓主之間五十步, 立當車衡, 擯者三人, 廟中將幣三享, 王禮壹祼不酢, 饗禮五獻, 食禮五擧, 出入三積, 壹問壹勞. 諸男執蒲璧, 其他皆如諸子之禮.

번역 상공(上公)의 예법에 있어서는 환규(桓圭)[6]는 9촌(寸)으로 된 것을 잡고, 소자(繅藉)는 9촌으로 된 것을 사용하며, 면복(冕服)[7]에는 9개의 무늬[8]가 들어가고, 깃발을 세우며 9개의 유(斿)를 달며, 번영(樊纓)[9]은 9취(就)로 하고, 이거(貳車)[10]는 9대이며, 개(介)는 9명이고, 성대한 예식에서

6) 환규(桓圭)는 조회 때 천자 및 각 신하들이 잡게 되는 육서(六瑞) 중의 하나이다. 공작이 잡던 규(圭)이다. 한 쌍의 기둥을 '환(桓)'이라고 부르는데, 이 무늬를 '규'에 새겼기 때문에, '환규'라고 부른다. '규'의 길이는 9촌(寸)으로 만들었다.

7) 면복(冕服)은 대부(大夫) 이상의 계층이 착용하는 예관(禮冠)과 복식을 뜻한다. 무릇 길례(吉禮)를 시행할 때에는 모두 면류관[冕]을 착용하는데, 복장의 경우에는 시행하는 사안에 따라서 달라진다.

8) 구장(九章)은 의복에 수 놓았던 9가지의 문양을 말한다. 『주례』「춘관(春官)·사복(司服)」편에는 "享先王則袞冕"이란 기록이 있는데, 이에 대한 정현의 주에서는 "冕服九章, 登龍於山, 登火於宗彝, 尊其神明也. 九章, 初一曰龍, 次二曰山, 次三曰華蟲, 次四曰火, 次五曰宗彝, 皆畫以爲繢, 次六曰藻, 次七曰粉米, 次八曰黼, 次九曰黻, 皆希以爲繡, 則袞之衣五章, 裳四章, 凡九也."이라고 풀이했다. 즉 '구장'은 용(龍), 산(山), 화충(華蟲), 화(火), 종이(宗彝)라는 상의에 수 놓는 5가지 문양과 조(藻), 분미(粉米), 보(黼), 불(黻)이라는 하의에 수 놓는 4가지 문양이다.

9) 번영(樊纓)은 말을 수레에 연결할 때 사용하는 기물로, '번(樊)'은 말의 배를 감싸며 묶어두는 것이고, '영(纓)'은 말의 가슴 쪽에 걸어서 연결하는 가죽 끈이다.

10) 이거(貳車)는 해당 주인이 타는 수레를 뒤따르는 수레이다. '부거(副車)'라고 부른다. 조회나 제사 등에 사용하는 부거를 '이거'라고 부르며, 전쟁과 사냥 등에 사용하는 부거를 '좌거(佐車)'라고 부른다. 『예기』「소의(少儀)」편에는 "乘貳車則式, 佐車則否."라는 기록이 있고, 이에 대한 정현의 주에서

는 9뇌(牢)를 사용하며, 조위(朝位)에 있어서 빈객과 주인의 거리는 90보이고, 서 있게 되는 위치는 수레의 굴대가 있는 지점에 해당하며, 늘어서는 빈(擯)은 5명이고, 묘(廟) 안에서는 폐물을 가지고 세 차례 향(享)을 하며, 천자는 예우를 하며 두 차례 관(祼)[11]을 하고 술잔을 돌리고, 향례(饗禮)에서는 9번 헌(獻)을 하며, 사례(食禮)에서는 9번 밥을 뜨고, 찾아오고 떠날 때에는 5개의 적(積)을 마련하여 보내며, 3번의 문(問)과 3번의 노(勞)를 한다. 후작의 예법에 있어서는 신규(信圭)[12]는 7촌으로 된 것을 잡고, 소자는 7촌으로 된 것을 사용하며, 면복에는 7개의 무늬가 들어가고, 깃발을 세우며 7개의 유를 달며, 번영은 7취로 하고, 이거는 7대이며, 개는 7명이고, 성대한 예식에서는 7뇌를 사용하며, 조위에 있어서 빈객과 주인의 거리는 70보이고, 서 있게 되는 위치는 수레 끌채의 앞부분에 해당하며, 늘어서는 빈은 4명이고, 묘 안에서는 폐물을 가지고 세 차례 향을 하며, 천자는 예우를 하며 한 차례 관을 하고 술잔을 돌리고, 향례에서는 7번 헌을 하며, 사례에서는 7번 밥을 뜨고, 찾아오고 떠날 때에는 4개의 적을 마련하여 보내며, 2번의 문과 2번의 노를 한다. 백작의 예법에 있어서는 궁규(躬圭)[13]를 잡

는 "貳車·佐車, 皆副車也. 朝祀之副曰貳, 戎獵之副曰佐."라고 풀이했다.

11) 관(祼)은 본래 향기로운 술을 땅에 부어서 신을 강림시키는 의식인데, 조회를 온 제후 등을 대면하며 관(祼)을 시행하면, 술잔에 향기로운 술을 따라서 빈객을 공경한다는 뜻을 나타내기도 했다. 즉 본래는 제사의 절차였지만, 이러한 절차에 기인하여 빈객에게 따라준 술을 빈객이 마시는 것까지도 관(祼)이라고 불렀다.

12) 신규(信圭)는 신규(身圭)이다. '신(信)'자와 '신(身)'자의 소리가 비슷하기 때문에 잘못 전이된 것이다. '신규'는 후작이 들게 되는 규(圭)이다. 사람의 형상을 새겨 넣었기 때문에 '신규'라고 부르는 것이며, 그 무늬는 궁규(躬圭)에 비해 세밀하다. 신중하게 행동하여 자신의 몸을 잘 보호하고자 이러한 형상을 새겨 넣은 것이다. 그리고 '신규'의 길이는 7촌(寸)이 된다. 『주례』「춘관(春官)·대종백(大宗伯)」편에는 "侯執信圭. 伯執躬圭."라는 기록이 있고, 이에 대한 정현의 주에서는 "信當爲身, 聲之誤也. 身圭·躬圭, 蓋皆象以人形爲瑑飾, 文有麤縟耳. 欲其愼行以保身. 圭皆長七寸."이라고 풀이했다.

13) 궁규(躬圭)는 백작이 들게 되는 규(圭)이다. 사람의 형상을 새겨 넣었기 때문에 '궁규'라고 부르는 것이며, 그 무늬는 신규(信圭)에 비해 거칠다. 신중하게 행동하여 자신의 몸을 잘 보호하고자 이러한 형상을 새겨 넣은 것이다. 그리고 '궁규'의 길이는 7촌(寸)이 된다. 『주례』「춘관(春官)·대종백(大宗

고, 나머지 절차는 모두 후작의 예법처럼 한다. 자작은 5촌으로 된 곡벽(穀璧)[14]을 잡고 소자는 5촌으로 된 것을 사용하며, 면복에는 5개의 무늬가 들어가고, 깃발을 세우며 5개의 유를 달며, 번영은 5취로 하고, 이거는 5대이며, 개는 5명이고, 성대한 예식에서는 5뇌를 사용하며, 조위에 있어서 빈객과 주인의 거리는 50보이고, 서 있게 되는 위치는 수레의 가로대에 해당하며, 늘어서는 빈은 3명이고, 묘 안에서는 폐물을 가지고 세 차례 향을 하며, 천자는 예우를 하며 한 차례 관을 하지만 술잔을 돌리지 않고, 향례에서는 5번 헌을 하며, 사례에서는 5번 밥을 뜨고, 찾아오고 떠날 때에는 3개의 적을 마련하여 보내며, 1번의 문과 1번의 노를 한다. 남작은 포벽(蒲璧)[15]을 잡고, 나머지 절차는 모두 자작의 예법처럼 한다.

鄭注 繅藉, 以五采韋衣板, 若奠玉, 則以藉之. 冕服, 著冕所服之衣也. 九章者, 自山龍以下. 七章者, 自華蟲以下. 五章者, 自宗彝以下也. 常, 旌旂也. 旂, 其屬幓垂者也. 樊纓, 馬飾也, 以罽飾之, 每一處五采備爲一就. 就, 成也. 貳, 副也. 介, 輔己行禮者也. 禮, 大禮饔餼也. 三牲備爲一牢. 朝位, 謂大門外賓下車及王車出迎所立處也. 王始立大門內, 交擯三辭乃乘車而迎之, 齊僕爲之節. 上公立當軹, 侯伯立當疾, 子男立當衡, 王立當軫與. 廟, 受命祖之廟也. 饗, 設盛禮以飮賓也. 問, 問不恙也. 勞, 謂苦倦之也. 皆有禮, 以幣致之. 故書“祼”作“果”. 鄭司農云: “車軹, 軹也. 三享, 三獻也. 祼讀爲灌. 再灌, 再飮公也. 而酢, 報飮王也. 擧, 擧樂也. 出入五積, 謂饋之芻米也. 前疾, 謂駟馬車轅前胡

伯)」편에는 “侯執信圭. 伯執躬圭.”라는 기록이 있고, 이에 대한 정현의 주에서는 “信當爲身, 聲之誤也. 身圭·躬圭, 蓋皆象以人形爲瑑飾, 文有麤縟耳. 欲其愼行以保身. 圭皆長七寸.”이라고 풀이했다.

14) 곡벽(穀璧)은 조회 때 천자 및 각 신하들이 잡게 되는 육서(六瑞) 중의 하나이다. 자작이 잡던 벽(璧)이다. 곡식을 무늬로 새겨 넣었기 때문에 ‘곡(穀)’자를 붙여서 ‘곡벽’이라고 부르는 것이다. ‘벽’의 지름은 5촌(寸)이었다.

15) 포벽(蒲璧)은 조회 때 천자 및 각 신하들이 잡게 되는 육서(六瑞) 중의 하나이다. 남작이 잡던 벽(璧)이다. ‘포(蒲)’는 자리를 짜는 왕골을 뜻하는데, 왕골이 만개하여 꽃을 피운 모습을 무늬로 새겨 넣었기 때문에 ‘포벽’이라고 부르는 것이다. ‘벽’의 지름은 5촌(寸)이었다.

下垂柱地者." 玄謂三享皆束帛加璧, 庭實惟國所有. 朝士儀曰: "奉國地所出重物而獻之, 明臣職也." 朝先享, 不言朝者, 朝正禮, 不嫌有等也. 王禮, 王以鬱鬯禮賓也. 鬱人職曰: "凡祭祀賓客之祼事, 和鬱鬯以實彝而陳之." 禮者使宗伯攝酌圭瓚而祼, 王旣拜送爵, 又攝酌璋瓚而祼, 后又拜送爵, 是謂再祼. 再祼賓乃酢王也. 禮侯伯一祼而酢者, 祼賓, 賓酢王而已, 后不祼也. 禮子男一祼不酢者, 祼賓而已, 不酢王也. 不酢之禮, 聘禮禮賓是與. 九擧, 擧牲體九飯也. 出入, 謂從來訖去也. 每積有牢禮米禾芻薪, 凡數不同者, 皆降殺.

번역 '소자(繅藉)'는 다섯 가지 채색을 한 가죽으로 나무판에 옷을 입힌 것이니, 만약 옥을 바치게 된다면 이것으로 옥을 받친다. '면복(冕服)'은 면류관을 쓰고 그에 해당하는 의복을 입는 것이다. '구장(九章)'은 산과 용의 무늬로부터 그 이하의 무늬를 뜻한다. '칠장(七章)'은 화충(華蟲)으로부터 그 이하의 무늬를 뜻한다. '오장(五章)'은 종이(宗彝)로부터 그 이하의 무늬를 뜻한다. '상(常)'은 깃발을 뜻한다. '유(斿)'는 깃발에 매달아 휘날리도록 하는 것이다. '번영(樊纓)'은 말에 하는 장식이니, 모직물로 장식을 하며, 한 지점마다 다섯 가지 채색을 갖추게 되면 1취(就)[16]가 된다. '취(就)'자는 완성한다는 뜻이다. '이(貳)'자는 돕는다는 뜻이다. '개(介)'는 자신을 도와 의례를 진행하는 자이다. '예(禮)'는 성대한 예식인 옹희(饔餼)[17]를 뜻한다. 3가지 희생물이 갖춰지면 1뇌(牢)로 삼는다. '조위(朝位)'는 대문 밖에서 빈객이 수레에서 내리고 천자가 수레를 타고 나와서 맞이할 때 서게 되는 위치를 뜻한다. 천자는 최초 대문 안쪽에 서 있게 되고, 빈(擯)과 개(介)가 서로 세 차례 사양을 하게 되면 수레를 타고 나가 빈객을 맞이하며, 제복(齊僕)이라는 관리가 그에 대

---

16) 취(就)는 고대의 복식과 장식에 있어서, 다섯 가지 채색의 끈을 이용하여, 한 번 두르는 것을 뜻한다.

17) 옹희(饔餼)는 빈객(賓客)과 상견례(相見禮)를 하고 나서 성대하게 음식을 마련해 접대하는 것을 뜻한다. 『주례』「추관(秋官)·사의(司儀)」편에는 "致飧如致積之禮."라는 기록이 있는데, 이에 대한 정현의 주에서는 "小禮曰飧, 大禮曰饔餼."라고 풀이하였다. 즉 '옹희'와 '손'은 모두 빈객 등을 접대하는 예법들인데, '옹희'는 성대한 예법에 해당하여, '손'보다도 융숭하게 대접하는 것이다.

한 절도를 정하게 된다. 상공(上公)이 서 있는 위치는 수레의 굴대가 있는 지점이며, 후작과 백작이 서 있는 위치는 수레 끌채의 앞부분에 해당하고, 자작과 남작이 서 있는 위치는 수레의 가로대에 해당하니, 천자가 서 있는 위치는 수레의 뒤턱에 해당할 것이다. '묘(廟)'는 명령을 받게 되는 조상의 묘(廟)를 뜻한다. '향(饗)'은 성대한 예식과 기물을 설치하여 빈객에게 술을 대접하는 것이다. '문(問)'은 수고롭지 않았는지를 묻는 것이다. '노(勞)'는 고충에 대해 위로한다는 뜻이다. 모두 관련 예법을 시행하여 예물을 바치게 된다. 그렇기 때문에 '관(祼)'자를 관(果)자로 기록한 것이다. 정사농은 "거지(車軹)는 수레의 굴대를 뜻한다. 삼향(三享)은 3번 헌(獻)을 한다는 뜻이다. 관(祼)자는 관(灌)자로 풀이한다. 재관(再灌)은 공에게 두 차례 술을 마시게 하는 것이다. 이초(而酢)는 보답하는 의미에서 천자에게 술을 마시게 하는 것이다. 거(擧)는 음악을 연주한다는 뜻이다. 출입오적(出入五積)은 말에게 먹이는 꼴과 사람이 먹는 양식을 보낸다는 뜻이다. 전질(前疾)은 네 마리의 말이 끄는 수레에 있어서 끌채 앞에 밑으로 늘어트려 지면과 닿게 되는 부위를 뜻한다."라고 했다. 내가 생각하기에 삼향(三享)에는 모두 속백(束帛)[18]에 벽(璧)을 추가해서 올리며 마당에 채워 넣는 것은 그 나라에서 소유하고 있는 것으로 한다. 「조사의」에서는 "봉지에서 산출된 중대한 사물을 받들어 바쳐서 신하의 직분을 드러낸다."라고 했다. 조(朝)는 향(享)보다 먼저 하게 되는데, '조(朝)'를 언급하지 않은 것은 조(朝)는 정규 예법에 해당하여 등급에 따른 차등이 있다는 것에 대해 혐의를 두지 않기 때문이다. '왕례(王禮)'는 천자가 울창주를 따라서 빈객을 예우하는 것이다. 『주례』「울인(鬱人)」편의 직무기록에서는 "제사를 지내거나 빈객을 대접함에 있어서 관(祼)의 절차를 치르게 되면 울금초를 창주에 섞어 맛을 낸 뒤 이것을 술동이에 채우고 진설

---

18) 속백(束帛)은 한 묶음의 비단으로, 그 수량은 다섯 필(匹)이 된다. 빙문(聘問)을 하거나 증여를 할 때 가져가는 예물(禮物) 등으로 사용되었다. '속(束)'은 10단(端)을 뜻하는데, 1단의 길이는 1장(丈) 8척(尺)이 되며, 2단이 합쳐서 1권(卷)이 되므로, 10단은 총 5필이 된다. 『주례』「춘관(春官)·대종백(大宗伯)」편에는 "孤執皮帛."이라는 기록이 있고, 이에 대한 가공언(賈公彦)의 소(疏)에서는 "束者十端, 每端丈八尺, 皆兩端合卷, 總爲五匹, 故云束帛也."라고 풀이했다.

한다."[19]라고 했다. 예법에 따르면 종백을 시켜 규찬(圭瓚)으로 술을 따라 관(祼)하는 절차를 대신하도록 하는데, 천자가 절을 하여 술잔을 건네게 되면, 또한 장찬(璋瓚)으로 술을 따라 관(祼)하는 절차를 대신하고, 왕후가 재차 절을 하여 술잔을 건네게 되는데, 이것을 '재관(再祼)'이라고 부른다. 빈객에게 재관을 하게 되면 천자에게 술잔을 돌린다. 예법에 따르면 후작과 백작은 한 차례 관(祼)을 하고서 술잔을 돌리게 되는데, 빈객에게 관(祼)을 하고 빈객이 천자에게 술잔을 돌리고서 그치며 왕후는 관(祼)을 하지 않는다. 예법에 따르면 자작과 남작은 한 차례 관(祼)만 하고 술잔을 돌리지 않으니, 빈객에게 관(祼)만 할 따름이며, 천자에게 술잔을 돌리지 않는다. 술잔을 돌리지 않는 예법이란 『의례』「빙례(聘禮)」편에서 빈객을 예우한다는 것을 뜻할 것이다. '구거(九擧)'는 희생물의 고기를 들며 아홉 차례 밥을 뜬다는 뜻이다. '출입(出入)'은 찾아와서 만나보는 절차를 끝내고 떠난다는 뜻이다. 적(積)마다 뇌례(牢禮)와 쌀알 및 꼴이 포함되는데, 그 수치가 다른 것은 모두 등급에 따라 낮췄기 때문이다.

賈疏 ●"上公"至"之禮". ○釋曰: 此一經總列五等諸侯來朝天子, 天子以禮迎待之法. 云"上公之禮"至"三問三勞", 偏論上公之禮. 但上公之禮一句, 總與下爲目. "執桓圭九寸, 繅藉九寸", 此主行朝禮, 於朝所執, 其服則皮弁. 若行三享, 則執璧琮. 自"冕服九章"已下至"將幣三享", 見行三享已前之事. 自"王禮"已下至"三勞", 見王禮上公之禮. 云"執桓圭九寸"者, 以桓楹爲飾. "繅藉九寸"者, 所以藉玉. "冕服九章"者, 袞龍已下, 衣五章, 裳四章. "建常九斿"者, 但對文, 日月爲常, 交龍爲旂, 而云"常"者, 常, 總稱, 故號旂爲常也. "樊纓九就"者, 樊, 馬腹帶. 纓, 馬鞅, 以五采罽飾之而九成. "貳車九乘"者, 按覲禮記云"偏駕不入王門", 鄭云: "在傍與己同曰偏, 同姓金路, 異姓象路, 四衛革路, 蕃國木路." 此等不入王門, 舍於館, 乘墨車龍旂以朝. 彼據覲禮. 覲禮天子不下堂而見諸侯, 故諸侯不得申偏駕. 今此春夏受贄在朝, 無迎法, 亦應偏駕不來. 今行朝後, 行三享在廟, 天子親迎, 並申上服, 明乘金路之等. 若不申上車, 何得有樊

19) 『주례』「춘관(春官)·울인(鬱人)」: 凡祭祀·賓客之祼事, 和鬱鬯, 以實彝而陳之.

繅九就之等, 以此知皆乘所得之車也. 但貳車所飾無文, 未知諸侯貳車得與上車同否. 但數依命, 九乘·七乘·五乘. "介九人"者, 陳於大門外, 賓北面時, 介皆西北陳之也. "禮九牢"者, 此謂饔餼大禮, 朝享後乃陳於館, 以數有九, 故進之與介同在上. "其朝位, 賓主之間九十步"者, 上公去門九十步, 王未迎之時, 在大門內與賓相去之數也. "立當車軹"者, 軹, 謂轂末. 車轅北向, 在西邊, 亦去大門九十步. 公於車東, 東西相望, 當轂末. "擯者五人"者, 大宗伯爲上擯, 小行人爲承擯, 嗇夫爲末擯, 其餘二人是士. "廟中將幣三享"者, 此謂行朝禮在朝訖, 乃行三享在廟, 乃有此迎賓之法也. "王禮"者, 此與下爲目, 則自此已下皆王禮耳. "再祼而酢"者, 大宗伯代王祼賓, 君不酌臣故也. 次宗伯又代后祼賓. 祼訖, 賓以玉爵酢王. 是再祼而酢也. "饗禮九獻"者, 謂後日王速賓, 賓來就廟中行饗. 饗者, 亨大牢以飮賓, 設几而不倚, 爵盈而不飮. 饗以訓恭儉. 九獻者, 王酌獻賓, 賓酢主人, 主人酬賓, 酬後更八獻, 是爲九獻. "食禮九擧"者, 亦亨大牢以食賓, 無酒, 行食禮之時, 九擧牲體而食畢. "出入五積"者, 謂在路供賓, 來去皆五積, 視飧牽, 但牽牲布之於道. "三問"者, 按司儀, 諸公相爲賓, 云: "主國五積三問, 皆三辭, 拜受, 皆旅擯." 注云: "間闊則問, 行道則勞, 其禮皆使卿大夫致之." 若然, 天子於諸侯之禮, 亦當使卿大夫問之, 亦有禮以致之, 所行三處, 亦當與三勞同處也. "三勞"者, 按小行人, 逆勞於畿. 按覲禮云: "至于郊, 王使人皮弁用璧勞." 注云: "郊謂近郊." 其遠郊勞無文, 但近郊與畿, 大小行人勞, 則遠郊勞, 亦使大行人也. 按書傳略說云: "天子太子年十八, 授孟侯. 孟侯者, 四方諸侯來朝, 迎於郊." 或可遠郊勞, 使世子爲之, 是以孝經注亦云"世子郊迎". 郊迎, 卽郊勞也. 彼雖據夏法, 周亦然. 諸侯之禮者, 餘文云"諸侯"者兼五等, 而此諸侯, 惟據單侯也. 其禮皆降上公二等. 又自擯者已下, 亦皆降殺.

번역 ●經文: "上公"~"之禮". ○이곳 경문은 다섯 등급의 제후들이 찾아와 천자를 조회하고, 천자가 예법에 따라 그들을 맞이하고 대접하는 법도를 총괄적으로 나타내고 있다. '상공지례(上公之禮)'라고 한 말로부터 '삼문삼로(三問三勞)'라는 말까지는 상공(上公)의 예법에 대해 두루 논의한 것이다. 다만 '상공지례(上公之禮)'라는 한 구문은 아래문장까지도 포함해서 총괄적인 항목이 된다. "환규(桓圭)는 9촌(寸)으로 된 것을 잡고, 소자(繅藉)는 9촌으로 된 것을 사용한다."라고 했는데, 이것은 조례(朝禮)를 시행하는 것에 주안점을 둔 것이니, 조례를 시행할 때 잡는 것이고, 그때의 복장은 피변복(皮弁服[20])이 된다. 세 차례의 향(享)을 하게 되면 둥근 옥으로 된 부절을 잡는다. '면복구장(冕服九章)'이라는 말로부터 그 이하로 '장폐삼향(將幣三享)'이라는 말까지는 세 차례의 향(享)을 하기 이전의 사안에 대해 나타내고 있다. '왕례(王禮)'라는 말로부터 그 이하로 '삼로(三勞)'라는 말까지는 천자가 상공을 예우하는 예법을 나타내고 있다. "환규는 9촌으로 된 것을 잡는다."라고 했는데, 몸체를 크게 만들어서 장식으로 삼는다. "소자는 9촌으로 된 것을 사용한다."라고 했는데, 옥을 받치기 위한 것이다. "면복(冕服)에는 9개의 무늬가 들어간다."라고 했는데, 곤룡(袞龍) 이하로, 상의에는 5개의 무늬가 들어가고 하의에는 4개의 무늬가 들어간다. "깃발을 세우며 9개의 유(斿)를 단다."라고 했는데, 이것은 단지 문구를 대비한 것이니, 해와 달을 그린 깃발은 상(常)이 되고, 두 마리의 용이 교차하도록 그린 깃발은 기(旂)가 된다. 그런데도 '상(常)'이라고 말한 것은 상(常)은 총괄하는 명칭이기 때문에 기(旂)를 상(常)이라고 부른 것이다. "번영(樊纓)은 9취(就)로 한다."라고 했는데, '번(樊)'은 말의 복대를 뜻한다. '영(纓)'은 말의 가슴걸이를 뜻하는데, 다섯 가지 채색의 모직물로 장식하여 9성(成)을 한다. "이거(貳車)는 9대이다."라고 했는데, 『의례』「근례(覲禮)」편의 기문을 살펴보면 "편가(偏駕)[21]는 천자의 궁성 문으로 들어가지 못한다."[22]라고 했고, 정현은 "측면에 해당하지만 본체와 동일한 경우를 편(偏)이라고 부르니, 동성의 제후는 금로(金路)[23]를 타고, 이성의 제후는 상로(象路)[24]를 타며, 사

---

20) 피변복(皮弁服)은 호의(縞衣)라고도 부르며, 주로 군주가 조회를 하거나 고삭(告朔)을 할 때 착용하는 복장이다. 흰색 비단으로 만들었으며, 옷에 착용하는 관(冠) 또한 백색 사슴 가죽으로 만들었다. 『의례』「기석례(既夕禮)」편에는 "薦乘車, 鹿淺幦, 干笮革靾, 載旜載皮弁服, 纓轡貝勒, 縣于衡."이라는 기록이 있고, 이에 대한 정현의 주에서는 "皮弁服者, 視朔之服."이라고 풀이했다.

21) 편가(偏駕)는 제후가 타는 수레를 뜻하는 용어이다.

22) 『의례』「근례(覲禮)」: 偏駕不入王門.

23) 금로(金路)는 금로(金輅)라고도 부른다. 천자가 사용하는 다섯 가지 수레 중 하나이다. 금(金)으로 수레를 치장했기 때문에, '금로'라고 부르게 되었다. 대기(大旂)라는 깃발을 세웠고, 빈객(賓客)을 접대하거나, 동성(同姓)인 자를 분봉할 때 사용하였다. 『주례』「춘관(春官)·건거(巾車)」편에는 "金路,

위(四衛)[25]는 혁로(革路)[26]를 타고, 번국(蕃國)[27]은 목로(木路)[28]를 탄다."라고 했다. 이러한 수레들은 천자의 궁성 문으로 들어가지 못하니, 객사에 남겨

鉤樊纓九就, 鉤, 樊纓九就, 建大旂, 以賓, 同姓以封."라는 기록이 있고, 이에 대한 정현의 주에서는 "金路, 以金飾諸末."이라고 풀이했다.

24) 상로(象路)는 상로(象輅)라고도 부른다. 천자가 사용하는 다섯 가지 수레 중 하나이다. 상아로 수레를 치장했기 때문에, '상로'라고 부르게 되었다. 대적(大赤)이라는 깃발을 세웠으며, 조회를 보거나, 이성(異姓)인 자를 분봉할 때 사용하였다. 『주례』「춘관(春官)·건거(巾車)」편에는 "象路, 朱樊纓, 七就, 建大赤, 以朝, 異姓以封."이라는 기록이 있고, 이에 대한 정현의 주에서는 "象路, 以象飾諸末."이라고 풀이했다.

25) 사위(四衛)는 사방의 위복(衛服)에 속한 제후국을 뜻한다. 위복은 채복(采服)과 요복(要服: =蠻服) 사이에 있는 땅을 뜻한다. 천자의 수도 밖으로 사방 2000리(里)와 2500리 사이에 있었던 땅을 가리킨다. '위복'의 '위(衛)'자는 수호한다는 뜻으로, 천자를 위해서 외부의 침입을 막는다는 의미이다. 따라서 이 지역에 속한 제후국들을 '사위'라고 부르는 것이다.

26) 혁로(革路)는 혁로(革輅)라고도 부른다. 천자가 사용하는 다섯 가지 수레 중 하나이다. 전쟁용으로 사용했던 수레인데, 간혹 제후의 나라에 순수(巡守)를 갈 때 사용하기도 하였다. 가죽으로 겉을 단단하게 동여매서 고정시키고, 옻칠만 하고, 다른 장식을 하지 않았기 때문에, '혁로'라고 부르는 것이다. 『주례』「춘관(春官)·건거(巾車)」편에는 "革路, 龍勒, 條纓五就, 建大白, 以卽戎, 以封四衛."라는 기록이 있고, 이에 대한 정현의 주에서는 "革路, 鞔之以革而漆之, 無他飾."이라고 풀이했다.

27) 번국(蕃國)은 본래 주(周)나라 때의 구주(九州) 밖의 나라들을 지칭하는 말이다. 후대에는 오랑캐 나라들을 범칭하는 용어로도 사용되었다. 주나라 때에는 구복(九服)으로 천하의 땅을 구획하였는데, 구복 중 육복(六服)까지는 중원 지역으로 구분되며, 육복 이외의 세 개의 지역은 오랑캐 땅으로 분류하였다. 이 세 개의 지역은 이복(夷服)·진복(鎭服)·번복(藩服)이며, 이 지역에 세운 나라를 '번국'이라고 부른다. 『주례』「추관(秋官)·대행인(大行人)」편에는 "九州之外, 謂之蕃國."이라는 기록이 있는데, 이에 대한 손이양(孫詒讓)의 『정의(正義)』에서는 "職方氏九服, 蠻服以外, 有夷·鎭·藩三服. …… 是此蕃國卽職方外三服也."라고 풀이했다.

28) 목로(木路)는 목로(木輅)라고도 부른다. 천자가 사용하는 다섯 가지 수레 중 하나이다. 단지 옻칠만 하고, 가죽으로 덮지 않았으며, 다른 치장을 하지 않았기 때문에, '목로'라고 부르게 되었다. 대휘(大麾)라는 깃발을 세웠고, 사냥을 하거나, 구주(九州) 지역 이외의 나라를 분봉해줄 때 사용하였다. 『주례』「춘관(春官)·건거(巾車)」편에는 "木路, 前樊鵠纓, 建大麾, 以田, 以封蕃國."이라는 기록이 있고, 이에 대한 정현의 주에서는 "木路, 不鞔以革, 漆之而已."라고 풀이했다.

두고 묵거(墨車)[29]를 타고 용기(龍旂)를 세우고서 조회를 한다. 「근례」편의 기록은 근례(覲禮)에 기준을 둔 것이다. 근례에서 천자는 당하로 내려가지 않고서 제후를 만나본다. 그렇기 때문에 제후도 편가를 이용할 수 없는 것이다. 그런데 이곳에서 말하는 의례는 봄과 여름에 조정에서 예물을 받는 것이며, 맞이하는 예법이 없으므로 이러한 경우에도 편가를 타고 올 수 없다. 그런데 조회를 바친 이후 묘(廟)에서 세 차례 향(享)을 하게 되면 천자가 직접 맞이하게 되므로 상등의 복장을 착용할 수 있게 되니, 이것은 금로 등을 탈 수 있음을 나타낸다. 만약 상등의 수레를 사용할 수 없다면 어떻게 번영 등을 9취로 한다는 등의 규정에 따를 수 있겠는가? 이러한 사실을 통해서 그들이 본래 소유하고 있는 수레를 탈 수 있음을 알 수 있다. 다만 이거에 대해 어떻게 장식했는지는 기록이 남아있지 않아서, 제후의 이거가 상등의 수레와 동일한 장식을 했는지 아닌지는 알 수 없다. 다만 그 수는 명(命)의 등급에 따르게 되어 9대, 7대, 5대가 된다. "개(介)는 9명이다."라고 했는데, 대문 밖에 도열을 하니, 빈객이 북쪽을 바라볼 때, 개는 모두 서북쪽으로 도열하게 된다. "성대한 예식에서는 9뇌(牢)를 사용한다."라고 했는데, 이것은 옹희(饔餼) 등의 성대한 예식을 뜻하니, 조례에서 향(享)을 한 이후에는 숙소에 진설을 하는데, 그 수에 있어서 9개가 동원된다. 그렇기 때문에 그 내용을 앞당겨서 개(介)에 대한 내용과 동일하게 앞부분에 기록한 것이다. "조위(朝位)에 있어서 빈객과 주인의 거리는 90보이다."라고 했는데, 상공은 대문과 90보 떨어진 곳에 위치하니, 천자가 아직 맞이하지 않았을 때, 대문 안쪽에서 빈객과 서로 거리를 벌리는 수치에 해당한다. "서 있게 되는 위치는 수레의 굴대가 있는 지점에 해당한다."라고 했는데, '지(軹)'는 수레바퀴의 중심부 끝부분을 뜻한다. 수레의 끌채는 북쪽을 향해 있으며 서쪽 측면에 있게 되는데, 이 또한 대문과 90보 떨어진 곳에 있게 된다. 상공은 수레의 동쪽에 위치하여 동서 방향으로 서로 바라보게 되니, 굴대의 끝부분에 해당한다. "늘어서는 빈(擯)은 5명이다."라고 했는데, 대종백(大宗

29) 묵거(墨車)는 별다른 장식을 하지 않고, 흑색으로 칠하기만 한 수레를 뜻한다. 주(周)나라 때에는 주로 대부(大夫)들이 탔다. 『주례』「춘관(春官)·건거(巾車)」편에는 "大夫乘墨車."라는 기록이 있고, 이에 대한 정현의 주에서는 "墨車, 不畫也."라고 풀이했다.

伯)은 상빈(上擯)[30]이 되고 소행인(小行人)은 승빈(承擯)[31]이 되며, 색부(嗇夫)는 말단 빈(擯)이 되며, 나머지 2명은 사가 담당하게 된다. "묘(廟) 안에서는 폐물을 가지고 세 차례 향(享)을 한다."라고 했는데, 이것은 조정에서 조례(朝禮) 시행하는 일이 끝나면 곧 묘(廟)에서 세 차례 향(享)을 시행하게 되며, 이러한 절차에는 여기에서 말한 것과 같은 빈객을 맞이하는 예법이 포함되어 있었다는 뜻이다. '왕례(王禮)'라고 했는데, 이것은 이 문장과 아래문장에 대한 항목이 되니, 이곳 구문으로부터 그 이하의 내용은 모두 천자에게 적용되는 예법일 따름이다. "두 차례 관(祼)을 하고 술잔을 돌린다."라고 했는데, 대종백이 천자를 대신해서 빈객에게 관(祼)을 하니, 군주는 신하에게 술을 따라주지 않기 때문이다. 그 다음에 종백은 재차 왕후를 대신해서 빈객에게 관(祼)을 한다. 관(祼)하는 것이 끝나면 빈객은 옥작(玉爵)[32]을 이용해서 천자에게 술을 권한다. 이것이 바로 두 차례 관(祼)을 하고 술잔을 돌린다는 뜻이다. "향례(饗禮)에서는 9번 헌(獻)을 한다."라고 했는데, 후일에 천자는 빈객을 초대하고 빈객이 찾아오면 묘(廟) 안에서 향례를 시행한다. '향(饗)'이라는 것은 태뢰(太牢)[33]를 삶아서 빈객에게 술을 대접하니, 안석을 설치하지만 기대지 않고 잔을 채우지만 마시지는 않는다. 향례에서는 이러한 행사를 통해 공손함과 검소함을 가르치기 때문이다. '구헌(九獻)'이라고 했는데, 천자가 술을 따라 빈객에게 바치고, 빈객이 주인에게 술을 권하며, 주인이 빈객에게 여수(旅酬)[34]를

---

30) 상빈(上擯)은 빈(擯)들 중에서도 가장 직위가 높았던 자를 뜻한다. 빈객(賓客)이 방문했을 때, 주인(主人)의 부관이 되어, 빈객과의 사이에서 시행해야 할 일들을 도왔던 부관들을 '빈'이라고 부른다.

31) 승빈(承擯)은 상빈(上擯)의 부관 역할을 하는 자로써, 상빈을 돕는 빈(擯)을 뜻한다. '승(承)'자는 '승(丞)'자와 통용되므로, 승빈(丞擯)이라고도 부른다. 또한 부관 역할을 한다는 뜻에서, 좌빈(佐儐)이라고도 부른다.

32) 옥작(玉爵)은 옥(玉)을 가공하여 만든 술잔이다. 『예기』「곡례상(曲禮上)」편에는 "飮玉爵者弗揮."라는 기록이 있는데, 이에 대한 공영달(孔穎達)의 소(疏)에서는 "玉爵, 玉杯也."라고 풀이했다.

33) 태뢰(太牢)는 제사에서 소[牛], 양(羊), 돼지[豕] 3가지 희생물을 갖춘 것을 뜻한다. 『장자』「지악(至樂)」편에는 "具太牢以爲膳."이라는 기록이 있는데, 이에 대한 성현영(成玄英)의 소(疏)에서는 "太牢, 牛羊豕也."라고 풀이하였다.

34) 여수(旅酬)는 본래 제사가 끝난 후에, 제사에 참가했던 친족 및 빈객(賓客)들이 술잔을 들어 술을 마시고, 서로 공경의 예(禮)를 표하며, 잔을 권하는 의

하고, 여수를 한 이후에 재차 8번 술을 따라 바치니, 이것을 구헌(九獻)이라고 한다. "사례(食禮)에서는 9번 밥을 뜬다."라고 했는데, 이것 또한 태뢰를 삶아서 빈객에게 음식을 대접하는 것이며 술은 포함되지 않는데, 사례를 시행할 때 아홉 차례 희생물의 고기를 들어 밥을 먹고서 끝낸다. "찾아오고 떠날 때에는 5개의 적(積)을 마련하여 보낸다."라고 했는데, 도로에 있을 때 빈객에게 공급하는 것으로, 찾아올 때와 떠날 때 모두 5개의 적(積)을 마련하니, 익힌 음식과 희생물의 수에 견주어서 하게 된다. 다만 끌고 가는 희생물은 도로에 묶어둔다. '삼문(三問)'이라는 것은 『주례』「사의(司儀)」편을 살펴보면 제공(諸公)이 상호 빈객이 되었을 때, "방문을 받은 나라에서는 5개의 적(積)을 마련하고 3번의 문(問)을 하는데 모두 3번의 사양을 하고 절을 하며 받고 모두 빈(擯)을 도열시킨다."[35]라고 했고, 정현의 주에서는 "오랜 기간 보지 못해서 묻는 것은 문(問)이고 여정 중에 힘든 것을 묻는 것은 노(勞)인데, 그 예법에서는 모두 경과 대부를 시켜 치르도록 한다."라고 했다. 만약 그렇다면 천자가 제후를 대하는 예법에서도 경과 대부를 시켜서 문(問)을 해야 하는 것이며, 예법을 갖춰서 치르도록 하니, 문(問)을 시행하는 세 지점은 또한 3번의 노(勞)를 하는 지점과 동일하게 해야 한다. '삼로(三勞)'라는 것은 『주례』「소행인(小行人)」편을 살펴보면 기(畿)에서 맞이하며 노고를 위로한다고 했다.[36] 『의례』「근례(覲禮)」편을 살펴보면 "교(郊)에 당도하면, 천자는 사신을 보내 피변복을 입고 벽(壁)을 가지고 가서 노고를 위로토록 한다."[37]라고 했고, 정현의 주에서는 "교(郊)자는 근교(近郊)를 뜻한다."라고 했다. 원교(遠郊)에서 노고를 위로한다는 일에 대해서는 관련 기록이 없는데, 근교와 기에서 대행인과 소행인이 노고를 위로한다고 했다면, 원교에서 노고를 위로하는 일 또한 대행인(大行人)을 시켰을 것이다. 『사전약설』을 살펴보면 "천자의 태자는 나이가 18세가 되면 맹후(孟侯)라는 직함을 받는다. '맹후(孟侯)'라는 것은 사

례(儀禮)이다. 연회에서도 서로에게 술을 권하는 절차를 '여수'라고 부른다.

35) 『주례』「추관(秋官)·사의(司儀)」: 主國五積, 三問, 皆三辭拜受, 皆旅擯. 再勞, 三辭, 三揖, 登, 拜受, 拜送.

36) 『주례』「추관(秋官)·소행인(小行人)」: 凡諸侯入王, 則逆勞于畿.

37) 『의례』「근례(覲禮)」: 覲禮. 至于郊, 王使人皮弁用璧勞. 侯氏亦皮弁, 迎于帷門之外, 再拜.

방의 제후들이 찾아와서 조회를 할 때 교(郊)에서 맞이하는 자이다."라고 했다. 따라서 원교에서 노고를 위로할 때에는 세자를 시켜서 했을 수도 있으니, 이러한 이유로 『효경』의 주에서도 "세자가 교(郊)에서 맞이한다."라고 했던 것이다. '교영(郊迎)'이라는 것은 교(郊)에서 노고를 위로하는 것을 뜻한다. 『효경』의 주가 비록 하나라 때의 예법에 기준을 둔 것이지만, 주나라 때에도 이처럼 했다. '제후지례(諸侯之禮)'라고 했는데, 다른 기록에서 '제후(諸侯)'라고 한 말은 다섯 등급의 제후들을 모두 포함하는 용어이지만, 이곳에서 말한 '제후(諸侯)'는 단지 후작만을 가리키는 것이다. 그 예법은 모두 상공에 비해 2등급씩 낮추게 된다. 또 빈(擯)에 대한 내용으로부터 그 이하의 것들 또한 모두 등급별로 낮추게 된다.

賈疏 ◎注"繅藉"至"降殺". ○釋曰: 云"繅藉, 以五采韋衣板"者, 按聘禮記云: "公侯伯三采, 朱·白·倉. 子男二采, 朱·綠." 典瑞天子乃五采, 此諸侯禮而言五采者, 此注合三采二采而言五, 非謂得有五采也. 云"若奠玉, 則以藉之"者, 按覲禮"侯氏入門右, 奠圭, 再拜稽首", 此時奠玉則以藉之. 若然, 未奠之時, 於廟門外, 上介授時, 已有繅藉矣. 云"冕服, 著冕所服之衣也"者, 凡服皆以冠冕表衣, 故言衣先言冕. 鄭恐冕服是服此冕, 故云著冕所服之衣也. 云"九章者, 自山龍以下. 七章者, 自華蟲以下. 五章者, 自宗彝以下", 已具於司服. 云"常, 旌旗也"者, 鄭欲見常與旌旗皆總稱, 非日月爲常者. 云"斿, 其屬幓垂者也"者, 爾雅云"纁帛幓, 練旒九", 正幅爲幓, 謂旌旗之幅也, 其下屬旒, 故云屬幓垂者也. 云"樊纓, 馬飾也, 以罽飾之, 每一處五采備爲一就. 就, 成也"者, 此云五采備, 卽巾車注五采罽, 一也. 此等諸侯皆用五采罽, 與繅藉異, 似繅藉之上絢組, 亦同五采也. 云"三牲備爲一牢"者, 聘禮致饔餼云"牛一·羊一·豕一爲一牢", 故知也. 云"朝位, 謂大門外賓下車及王車出迎所立處也"者, 約聘禮, 在大門外, 去門有立位·陳介之所. 云"王始立大門內"者, 亦約聘禮. 聘禮雖後亦不出迎, 要陳擯介時, 主君在大門內. 云"交擯三辭乃乘車而迎之"者, 王與諸侯行禮, 與諸侯待諸侯同. 按司儀云: "諸公相爲賓, 及將幣, 交擯三辭, 車迎拜辱." 玄謂"旣三辭, 主君則乘車, 出大門而迎賓", 是也. 必知天子待諸侯敵禮者, 按下文, 大國之孤, 繼小國之君, 不交擯, 其他皆視小國之君, 則諸侯於天子交擯. 交擯是敵禮也. 是以齊僕云: "朝覲宗遇饗食, 皆乘金路, 其法儀, 各以其等爲車送逆之節", 亦是敵禮, 故鄭此卽取之爲證也. 言"王立當軫與"者, 差約小向後爲尊, 故疑云"與"也. 云"廟, 受命祖之廟也"者, 此約覲禮. 覲在文王廟, 故覲禮云"前朝皆受舍于朝", 注云: "受舍, 受次於文王廟門之外." 聘禮受朝聘於先君之祧, 故知王受覲在受命祖廟, 在文王廟, 不在武王廟可知, 是於受命祖廟也. 云"饗, 設盛禮以飮賓也"者, 云"盛禮"者, 以其饗有食有酒, 兼燕與食, 故云盛禮也. "問, 問不恙也"者, 恙, 憂也, 問賓得無憂也. 云"皆有禮, 以幣致之"者, 按聘禮勞以幣, 覲禮使人以璧, 璧則兼幣, 是有幣致之也. 先鄭云"擧, 擧樂也"者, 按襄二十六年左氏傳云: "將刑, 爲之不擧, 不擧, 則徹樂." 後鄭易之以爲"擧牲體"者, 但此經食禮九擧, 與饗禮九獻相連, 故以食禮九擧爲擧牲體. 其實擧中可以兼樂, 以其彼傳亦因擧食而言也. 先鄭云"前疾, 謂駟馬車轅前胡下垂柱地"者, 謂若輈人"輈深四尺七寸, 軾前曲中", 是也. "玄謂三享皆束帛加璧庭實惟國所有"者, 聘禮與覲禮, 行享皆有庭實, 鄭又引朝士儀, 爲證貢國所有也. 云"朝先享, 不言朝者, 朝正禮, 不嫌有等也"者, 按覲禮, 行朝訖, 乃行享. 此經"冕服九章"以下唯言享, 不見朝禮, 故鄭言之. 云"朝正禮, 不嫌有等"者, 朝屬路門外, 正君臣尊卑之禮, 不嫌有九十·七十·五十步之差等相迎之法, 故云不嫌有等也. 旣有[38]等, 故不言之也. 宗伯攝祼, 王與后皆同拜送爵者, 恭敬之事不可使人代也. 云"不酢之禮, 聘禮禮賓是與"者, 聘禮禮賓用醴. 子男雖一祼不酢, 與聘禮禮賓同. 子男用鬱鬯, 不用醴, 則別. 約同之, 故云"與"以疑之也. 云"九擧, 擧牲體九飯也"者, 見特牲饋食禮, 尸食擧, 尸三飯, 佐食擧肝, 尸又三飯, 擧骼及獸·魚, 公食不云擧, 文不具也. 王日一擧, 亦謂擧牲體, 故知生人食有擧法, 故爲"九擧, 擧牲體", 不爲擧樂也. 云"出入, 從來訖去也"者, 謂從來時有積, 訖去亦有積, 不謂從來訖去共五積. 若然, 來去皆五積也. 知積皆有芻·薪·米·禾者, 掌客積視飧牽, 飧有米禾芻薪, 明在道致積者可知. 云"凡數不同者皆降殺"者, 五等諸侯爲三等者, 以依命數爲差故也.

---

38) 유(有)자에 대하여. '유'자는 본래 '무(無)'자로 기록되어 있었는데, 문맥에 따라 글자를 수정하였다.

번역 ◎鄭注: "繅藉"~"降殺". ○정현이 "'소자(繅藉)'는 다섯 가지 채색을 한 가죽으로 나무판에 옷을 입힌 것이다."라고 했는데, 『의례』「빙례(聘禮)」편의 기문을 살펴보면 "공작·후작·백작은 세 가지 채색을 사용하니 주색·백색·푸른색이다. 자작과 남작은 두 가지 채색을 사용하니 주색과 녹색이다."[39]라고 했다. 『주례』「전서(典瑞)」편에서 천자의 경우 다섯 가지 채색을 사용한다고 했는데, 이곳에서는 제후의 예법을 언급하며 다섯 가지 채색이라고 했다. 이곳 주석은 세 가지 채색을 쓰는 경우와 두 가지 채색을 쓰는 경우를 합쳐서 다섯 가지라고 말한 것이니, 다섯 가지 채색을 모두 쓸 수 있다는 뜻이 아니다. 정현이 "만약 옥을 바치게 된다면 이것으로 옥을 받친다."라고 했는데, 『의례』「근례(覲禮)」편을 살펴보면 "제후가 문으로 들어가 오른쪽으로 가서 자리에 앉아 규(圭)를 내려놓고 재배를 하며 머리를 조아린다."[40]라고 했다. 이러한 시기에 옥을 내려놓게 된다면 이것을 이용해서 옥을 받치게 된다. 만약 그렇다면 아직 옥을 내려놓지 않았을 때, 묘문의 밖에서 상개(上介)가 건네는 시기에 이미 소자가 포함되어 있는 것이다. 정현이 "'면복(冕服)'은 면류관을 쓰고 그에 해당하는 의복을 입는 것이다."라고 했는데, 모든 복장에서는 면류관을 써서 해당하는 의복을 드러내게 된다. 그렇기 때문에 의복에 앞서 면류관에 대해 언급한 것이다. 정현은 아마도 이곳에 나온 '면복(冕服)'이라는 말을 단순히 면류관을 착용한다는 뜻으로 오해할 것을 염려했기 때문에, "면류관을 쓰고 그에 해당하는 의복을 입는 것이다."라고 말한 것이다. 정현이 "'구장(九章)'은 산과 용의 무늬로부터 그 이하의 무늬를 뜻한다. '칠장(七章)'은 화충(華蟲)으로부터 그 이하의 무늬를 뜻한다. '오장(五章)'은 종이(宗彝)로부터 그 이하의 무늬를 뜻한다."라고 했는데, 이것에 대한 설명은 이미 『주례』「사복(司服)」편에서 했다. 정현이 "'상(常)'은 깃발을 뜻한다."라고 했는데, 정현은 상(常)이라는 말이 상(常)이라는 깃발과 다른 깃발들을 모두 총칭하는 용어이며, 해와 달이 새겨진

---

39) 『의례』「빙례(聘禮)」: 所以朝天子, 圭與繅皆九寸, 剡上寸半, 厚半寸, 博三寸. 繅三采六等, 朱白倉. 問諸侯, 朱綠繅八寸. 皆玄纁繫, 長尺, 絢組. 問大夫之幣侯于郊, 爲肆, 又齎皮馬.

40) 『의례』「근례(覲禮)」: 侯氏入門右, 坐奠圭, 再拜稽首.

상(常)이라는 깃발을 가리키는 것이 아님을 드러내고자 한 것이다. 정현이 "'유(斿)'는 깃발에 매달아 휘날리도록 하는 것이다."라고 했는데, 『이아』에서는 "분홍색의 비단으로 삼(縿)을 만들고, 진홍색의 누인 천으로 유(旒) 9개를 만든다."[41]라고 했는데, 정폭을 삼(縿)이라고 하니, 깃발의 폭을 의미하며, 그 밑에 유(旒)를 단다. 그렇기 때문에 삼(縿)에 달아서 늘어트리는 것이라고 했다. 정현이 "'번영(樊纓)'은 말에 하는 장식이니, 모직물로 장식을 하며, 한 지점마다 다섯 가지 채색을 갖추게 되면 1취(就)가 된다. '취(就)' 자는 완성한다는 뜻이다."라고 했는데, 여기에서는 다섯 가지 채색이 갖춰진다고 했으니, 『주례』「건거(巾車)」편의 주에서 '오채계(五采罽)'라고 한 것과 동일하다. 이러한 것들에 대해서 제후는 모두 다섯 가지 채색이 들어간 모직물을 사용하니, 소자의 경우와 차이를 보이는데, 소자에 다는 끈이 또한 동일하게 다섯 가지 채색을 사용하는 것과 유사하다. 정현이 "3가지 희생물이 갖춰지면 1뇌(牢)로 삼는다."라고 했는데, 「빙례」편에서는 옹희(饔餼)를 하며, "소 1마리, 양 1마리, 돼지 1마리를 1뇌(牢)로 삼는다."라고 했기 때문에 이러한 사실을 알 수 있다. 정현이 "'조위(朝位)'는 대문 밖에서 빈객이 수레에서 내리고 천자가 수레를 타고 나와서 맞이할 때 서게 되는 위치를 뜻한다."라고 했는데, 이것은 「빙례」편의 기록을 요약한 것으로, 대문 밖에 있을 때 대문과 거리를 벌리며 서게 되는 위치와 개(介)가 도열하는 장소를 의미한다. 정현이 "천자는 최초 대문 안쪽에 서 있는다."라고 했는데, 이 또한 「빙례」편의 내용을 요약한 것이다. 「빙례」편에서는 비록 그 이후의 기록에서 밖으로 나가서 맞이하지 않는다고 했지만, 요점은 빈(擯)과 개(介)가 도열할 때, 빙문을 받는 군주는 대문 안쪽에 있다는 것이다. 정현이 "빈(擯)과 개(介)가 서로 세 차례 사양을 하게 되면 수레를 타고 나가 빈객을 맞이한다."라고 했는데, 천자와 제후가 의례를 시행하는 것은 제후가 제후를 대접하는 경우와 동일하다. 『주례』「사의(司儀)」편을 살펴보면 "제공(諸公)이 서로 빈객이 되어, 폐물을 가지고 갈 때가 되면 빈(擯)과 개(介)가 서로 세 차례 사양하고, 수레를 이용해 맞이하며 수고롭게 찾아온 것에 대해 절을

41) 『이아』「석천(釋天)」: 素錦綢杠, 纁帛縿, 素陞龍于縿, 練旒九, 飾以組, 維以縷.

한다."[42]라고 했고, 정현은 "세 차례 사양을 하게 되면 방문을 받은 나라의 군주는 수레에 타고 대문 밖으로 나가서 빈객을 맞이한다."라고 했다. 천자가 제후를 대접하며 신분이 대등할 때의 예법에 따른다는 사실을 분명히 알 수 있는 것은 아래문장을 살펴보면 대국에 속한 고(孤)[43]는 소국의 군주 뒤에 서며 교빈(交擯)을 하지 않는데, 나머지 것들은 모두 소국의 군주가 시행하는 것에 견주어 한다고 했다.[44] 따라서 제후는 천자에 대해서 교빈(交擯)을 하는 것이다. '교빈(交擯)'은 신분이 서로 대등할 때 따르는 예법이다. 이러한 까닭으로 『주례』「제복(齊僕)」편에서는 "조(朝)·근(覲)·종(宗)·우(遇)·향(饗)·사(食)를 할 때에는 모두 금로(金路)에 타며, 법도와 의례는 각각 그들의 등급에 따라서 수레로 전송하고 맞이하는 절도로 삼는다."[45]라고 했으니, 이 또한 신분이 대등할 때의 예법에 해당한다. 그렇기 때문에 정현은 이곳에서 그 내용을 가져다가 증거로 삼은 것이다. 정현이 "천자가 서 있는 위치는 수레의 뒤턱에 해당할 것이다."라고 했는데, 등차에 따라 요약해보면 조금 뒤에 위치하는 것이 존귀한 자의 것이 된다. 그렇기 때문에 추측한다는 뜻에서 '여(與)'자를 붙인 것이다. 정현이 "'묘(廟)'는 명령을 받게 되는 조상의 묘(廟)를 뜻한다."라고 했는데, 이것은 「근례」편의 내용을 요약한 것이다. 근례는 문왕의 묘에서 시행된다. 그렇기 때문에 「근례」편에서는 "조근을 하기에 앞서 모두들 조(朝)에서 임시로 머물 장소를 지정받는다."[46]라고 했고, 정현의 주에서는 "수사(受舍)는 문왕의 묘문 밖에 임시로 머물 장소를 지정받는 것이다."라고 했다. 또 「빙례」편에서는 선군의 조

42) 『주례』「추관(秋官)·사의(司儀)」 : 及將幣, 交擯, 三辭, 車逆, 拜辱, 賓車進, 答拜, 三揖三讓, 每門止一相, 及廟, 唯上相入. 賓三揖三讓, 登, 再拜, 授幣, 賓拜送幣. 每事如初, 賓亦如之. 及出, 車送, 三請三進, 再拜, 賓三還三辭, 告辟.

43) 고(孤)는 고대의 작위이다. 천자에게 소속된 '고'는 삼공(三公) 밑의 서열에 해당하며, 육경(六卿)보다 높았다. 고대에는 소사(少師)·소부(少傅)·소보(少保)를 삼고(三孤)라고 불렀다.

44) 『주례』「추관(秋官)·대행인(大行人)」 : 凡大國之孤, 執皮帛以繼小國之君, 出入三積, 不問, 壹勞, 朝位當車前, 不交擯, 廟中無相, 以酒禮之. 其他皆視小國之君.

45) 『주례』「하관(夏官)·제복(齊僕)」 : 朝·覲·宗·遇·饗·食皆乘金路, 其法儀各以其等, 爲車送逆之節.

46) 『의례』「근례(覲禮)」 : 諸侯前朝, 皆受舍于朝. 同姓西面北上, 異姓東面北上.

(祧)[47]에서 조빙(朝聘)[48]을 받는다고 했다. 그렇기 때문에 천자가 근례를 받는 것은 명령을 받게 되는 조상의 묘(廟)라는 사실을 알 수 있고, 아울러 이것은 구체적으로 문왕의 묘이고 무왕의 묘가 아니라는 사실도 알 수 있으니, 이것이 바로 명령을 받게 되는 조상의 묘에서 시행한다는 사실을 나타낸다. 정현이 "'향(饗)'은 성대한 예식과 기물을 설치하여 빈객에게 술을 대접하는 것이다."라고 했는데, '성례(盛禮)'라고 하는 이유는 향례(饗禮)에는 밥과 술이 포함되니, 연례(燕禮)와 사례(食禮)를 아우르는 것이다. 그렇기 때문에 성대한 예식이라고 했다. 정현이 "'문(問)'은 수고롭지 않았는지를 묻는 것이다."라고 했는데, '양(恙)'자는 괴롭다는 뜻이니, 빈객이 괴로웠는지 아닌지를 묻는 것이다. 정현이 "모두 관련 예법을 시행하여 예물을 바치게

---

47) 조묘(祧廟)는 천묘(遷廟)와 같은 뜻이다. '천묘'는 대수(代數)가 다한 신주(神主)를 모시는 묘(廟)를 뜻한다. 예를 들어 天子의 경우, 7개의 묘(廟)를 설치하는데, 가운데의 묘에는 시조(始祖) 혹은 태조(太祖)의 신주(神主)를 모시며, 이곳의 신주는 다른 곳으로 옮기지 않는 불천위(不遷位)에 해당한다. 그리고 좌우에는 각각 3개의 묘(廟)를 설치하여, 소목(昭穆)의 순서에 따라 6대(代)의 신주를 모신다. 현재의 천자가 죽게 되어, 그의 신주를 묘에 모실 때에는 소목의 순서에 따라 가장 끝 부분에 있는 묘로 신주가 들어가게 된다. 만약 소(昭) 계열의 가장 끝 묘에 새로운 신주가 들어서게 되면, 밀려나게 된 신주는 바로 위의 소 계열 묘로 들어가게 되고, 최종적으로 밀려나서 더 이상 갈 곳이 없는 신주는 '천묘'로 들어가게 된다. 또한 '천묘'는 위에서 서술한 것처럼 신구(新舊)의 신주가 옮겨지게 되는 의식 자체를 지칭하기도 하며, '천묘'된 신주 자체를 가리키기도 한다. 주(周)나라 때에는 문왕(文王)과 무왕(武王)의 묘를 '천묘'로 사용하였다.

48) 조빙(朝聘)은 본래 제후가 주기적으로 천자를 찾아뵙는 것을 뜻한다. 고대에는 제후가 천자에 대해서 매년 1번씩 소빙(小聘)을 했고, 3년에 1번씩 대빙(大聘)을 했으며, 5년에 1번씩 조(朝)를 했다. '소빙'은 제후가 직접 찾아가지 않았고, 대부(大夫)를 대신 파견하였으며, '대빙' 때에는 경(卿)을 파견하였다. '조'에서만 제후가 직접 찾아갔는데, 이것을 합쳐서 '조빙'이라고 부른다. 춘추시대(春秋時代) 때에는 진(晉)나라 문공(文公)과 같은 패주(覇主)에게 '조빙'을 하기도 하였다. 『예기』「왕제(王制)」편에는 "諸侯之於天子也, 比年一小聘, 三年一大聘, 五年一朝."라는 기록이 있고, 이에 대한 정현의 주에서는 "比年, 每歲也. 小聘, 使大夫, 大聘, 使卿, 朝, 則君自行. 然此大聘與朝, 晉文霸時所制也."라고 풀이했다. 후대에는 서로 찾아가서 만나보는 것을 '조빙'이라고 범칭하기도 했다.

된다."라고 했는데, 「빙례」편을 살펴보면 폐물을 가지고 노고를 위로하고, 「근례」편에서는 사신이 벽(璧)을 가지고 가는데, 벽(璧)이라고 했다면 폐물도 함께 가져가는 것이다. 이것은 곧 폐물을 가져가서 상대에게 전한다는 사실을 나타낸다. 정사농은 "거(擧)는 음악을 연주한다는 뜻이다."라고 했는데, 양공 26년에 대한 『좌전』의 기록을 살펴보면 "형벌을 시행하려고 할 때에는 형벌 받는 자를 위해 성찬을 들지 않고, 성찬을 들지 않는다면 음악을 연주하지 않는다."[49]라고 했다. 그런데 정현은 이 문장을 바꿔서 "희생물의 고기를 먹는다."라고 했다. 그 이유는 이곳 경문에서 사례에서 아홉 차례 거(擧)를 한다는 기록은 향례에서 아홉 차례 헌(獻)을 한다는 기록과 연이어 있다. 그렇기 때문에 사례에서 아홉 차례 거(擧)를 한다는 것을 희생물의 고기를 먹는다는 뜻으로 여긴 것이다. 실제로 거(擧)라는 말은 음악을 연주하는 일까지도 포함할 수 있으니, 『좌전』의 기록 또한 음식을 먹는 것에 연유해서 음악에 대한 일까지도 언급했기 때문이다. 정사농은 "전질(前疾)은 네 마리의 말이 끄는 수레에 있어서 끌채 앞에 밑으로 늘어트려 지면과 닿게 되는 부위를 뜻한다."라고 했는데, 『주례』「주인(輈人)」편에서 "끌채의 깊이는 4척 7촌으로, 식(軾)의 앞으로 굽은 부위 중앙을 뜻한다."라고 했다. 정현이 "내가 생각하기에 삼향(三享)에는 모두 속백(束帛)에 벽(璧)을 추가해서 올리며 마당에 채워 넣는 것은 그 나라에서 소유하고 있는 것으로 한다."라고 했는데, 「빙례」편과 「근례」편에서는 향(享)을 시행하며 모두 마당에 물건들을 늘어놓게 되고, 정현은 또한 「조사의」의 기록을 인용하여, 공납품이 그 나라에서 소유했던 것임을 증명하였다. 정현이 "조(朝)는 향(享)보다 먼저 하게 되는데, '조(朝)'를 언급하지 않은 것은 조(朝)는 정규 예법에 해당하여 등급에 따른 차등이 있다는 것에 대해 혐의를 두지 않기 때문이다."라고 했는데, 「근례」편을 살펴보면, 조(朝)를 시행하고 그 일이 끝나면 향(享)을 시행한다. 이곳 경문에서는 '면복구장(冕服九章)'이라는 구문 뒤에 오직 향(享)에 대해서만 언급했고, 조례(朝禮)에 대한 항목은 나타나지 않는

---

49) 『춘추좌씨전』「양공(襄公) 26년」: 將刑, 爲之不擧, 不擧則徹樂, 此以知其畏刑也.

다. 그렇기 때문에 정현이 이 사실을 지적한 것이다. 정현이 “조(朝)는 정규 예법에 해당하여 등급에 따른 차등이 있다는 것에 대해 혐의를 두지 않기 때문이다.”라고 했는데, 조정은 노문(路門)[50] 밖에 위치하고, 조례는 군주와 신하에 대해 존비의 층위를 바르게 하는 예법이니, 90보·70보·50보 등의 차등을 두어 서로 맞이한다는 예법이 있음을 의심하지 않는다. 그렇기 때문에 “차등이 있다는 것에 대해 혐의를 두지 않기 때문이다.”라고 했다. 즉 그 자체에 이미 등급이 정해지기 때문에 언급하지 않은 것이다. 종백이 대신 관(祼)을 하지만, 천자와 왕후는 모두 동일하게 절을 하며 잔을 전하게 되는데, 이것은 공손함을 표하는 일이니, 다른 사람을 대신 시킬 수 없다. 정현이 “술잔을 돌리지 않는 예법이란 「빙례」편에서 빈객을 예우한다는 것을 뜻할 것이다.”라고 했는데, 「빙례」편에서 빈객을 예우할 때에는 예(醴)를 한다. 자작과 남작은 비록 한 차례 관(祼)을 하지만 초(酢)를 하지 않으니, 「빙례」편에서 빈객을 예우하는 경우와 동일하다. 자작과 남작은 울창주를 사용하고 예(醴)를 사용하지 않는다는 점이 구별된다. 그러나 대략적으로 동일하기 때문에 ‘여(與)’자를 붙여서 확정하지 않은 것이다. 정현이 “‘구거(九擧)’는 희생물의 고기를 들며 아홉 차례 밥을 뜬다는 뜻이다.”라고 했는데, 『의례』「특생궤식례(特牲饋食禮)」편에 나오는 것으로, 시동이 밥을 먹고 음식을 뜰 때, 시동이 세 차례 밥을 뜨면 좌식(佐食)[51]은 희생물의 간을 들어 권하고, 시동이 재차 세 차례 밥을 뜨면 희생물이 넓적다리 고기 및 다른 육고기와 물고기 등을 들어 권하게 되며, 군주가 밥을 먹을 때에는 ‘거(擧)’라는 말을 하지 않았는데, 이것은 문장을 생략해서 기록했기 때문이다. 천자

50) 노문(路門)은 고대 궁실(宮室) 건축물 중에서도 가장 안쪽에 있었던 정문이다. 여러 문들 중에서 노침(路寢)에 가장 가까운 위치에 있었기 때문에, ‘노문’이라는 명칭이 붙게 되었다. 『주례』「동관고공기(冬官考工記)·장인(匠人)」편에는 “路門不容乘車之五个.”라는 기록이 있는데, 이에 대한 정현의 주에서는 “路門者, 大寢之門.”라고 풀이하였고, 가공언(賈公彦)의 소(疏)에서는 “路門以近路寢, 故特小爲之.”라고 풀이하였다.

51) 좌식(佐食)은 제사를 지낼 때, 시동의 옆에서 시동이 제사 음식을 흠향할 수 있도록 시중을 드는 사람이다. 『의례』「특생궤식례(特牲饋食禮)」편에는 “佐食北面, 立於中庭.”이라는 기록이 있는데, 이에 대한 정현의 주에서는 “佐食, 賓佐尸食者.”라고 풀이했다.

는 날마다 한 차례 거(擧)를 하는데, 이 또한 희생물의 고기를 먹는다는 뜻이다. 그렇기 때문에 살아있는 사람들이 밥을 먹을 때에는 거(擧)를 하는 법도가 있었음을 알 수 있다. 그렇기 때문에 "구거(九擧)는 희생물의 고기를 드는 것이다."라고 말하고, 음악을 연주한다는 뜻으로 여기지 않은 것이다. 정현이 "'출입(出入)'은 찾아와서 만나보는 절차를 끝내고 떠난다는 뜻이다."라고 했는데, 찾아왔을 때에도 적(積)을 마련하고, 그 일이 끝나 떠날 때에도 적(積)을 마련한다는 뜻이니, 찾아와서 일을 끝낸 뒤 떠날 때에만 5개의 적(積)을 공급한다는 의미가 아니다. 만약 그렇다면 찾아왔을 때와 떠날 때에는 모두 5개의 적(積)을 마련해서 주는 것이다. 적(積)이라는 것에 모두 꼴이나 땔감 및 곡식 등이 포함된다는 사실을 알 수 있는 이유는 『주례』「장객(掌客)」편에서 적(積)은 손견(飧牽)에 견준다고 했는데, 손(飧)에는 곡식과 꼴 및 땔감이 포함되니, 이것은 여정 중에 있을 때 적(積)을 보내게 된다는 사실을 나타낸다. 정현이 "그 수치가 다른 것은 모두 등급에 따라 낮췄기 때문이다."라고 했는데, 다섯 등급의 제후를 세 부류로 구분하니, 명(命)의 등급에 따라 차등으로 삼았기 때문이다.

참고 『주례』「추관(秋官)·대행인(大行人)」 기록

경문 凡諸侯之卿, 其禮各下其君二等以下, 及其大夫士皆如之.

번역 제후들에게 소속되어 있는 경들에 대해서는 그 예법을 각각 자신의 군주보다 2등급씩 낮추며, 대부와 사에 대해서도 모두 이처럼 한다.

鄭注 此亦以君命來聘者也, 所下其君者, 介與朝禮·賓主之間也. 其餘則自以其爵. 聘義曰: "上公七介, 侯伯五介, 子男三介", 是謂使卿之聘之數也. 朝位, 則上公七十步, 侯伯五十步, 子男三十步與.

번역 이 또한 군주의 명령을 받들고 찾아와 빙(聘)을 하는 자들이니, 자신의 군주보다 낮추는 것은 개(介)나 조례(朝禮) 및 빈객과 주인 사이의 간

격 등을 뜻한다. 나머지 것들은 그들의 작위에 따르게 된다. 『예기』「빙의」편에서는 "상공은 7명의 개(介)이고, 후작과 백작은 5명의 개이며, 자작과 남작은 3명의 개이다."라고 했는데, 이것은 경을 사신으로 보내 빙(聘)을 할 때 데려가는 개(介)의 수를 뜻한다. 조위(朝位)의 경우 상공은 70보이고, 후작과 백작은 50보이며, 자작과 남작은 30보였을 것이다.

賈疏 ◎注"此亦"至"步與". ○釋曰: 云"各下其君二等", 則五等諸侯據上文三等命而言, 上公以九, 侯伯以七, 子男以五. 卿自各下其君二等, 若公之卿以七, 侯伯卿以五, 子男卿以三也. 云"及其大夫士皆如之"者, 大夫又各自下卿二等. 士無聘之介數, 而言如之者, 士雖無介與步數, 至於牢禮之等, 又降殺大夫. 大行人首云"以九儀", 注云"九儀, 謂命者五, 爵者四". 爵者四中有士, 故於此連言士. 其於此經, 介與步數則無士也. 引聘義者, 唯卿各下其君二等, 仍不見大夫下卿二等. 按聘禮云: "小聘使大夫, 其禮如爲介, 三介." 彼侯伯之大夫三介, 則亦三十步. 若上公大夫五介五十步, 子男大夫一介一十步可知. 鄭不言者, 擧卿則大夫見矣, 故不言之也.

번역 ◎鄭注: "此亦"~"步與". ○"각각 자신의 군주보다 2등급씩 낮춘다."라고 했다면, 다섯 등급의 제후의 경우 앞에서 세 부류의 명(命) 등급에 따라 말한 것에 따르니, 상공은 9로 하고 후작과 백작은 7로 하며 자작과 남작은 5로 한다. 경은 각각 자신의 군주보다 2등급을 낮추게 되니, 만약 공에게 소속된 경이라면 7로 하고, 후작이나 백작에게 소속된 경이라면 5로 하며, 자작이나 남작에게 소속된 경이라면 3으로 한다. "대부와 사에 대해서도 모두 이처럼 한다."라고 했는데, 대부 또한 각각 경보다 2등급씩 낮추게 된다는 뜻이다. 사에 대해서는 빙(聘)을 하며 데려가는 개(介)의 수치라는 것이 없는데도 "~와 같다."라고 말한 것은 사에게 비록 개(介)가 없더라도 서로 간격을 두는 거리나 뇌례(牢禮) 등에 있어서 또한 대부보다 낮추기 때문이다. 『주례』「대행인(大行人)」편의 첫머리에서는 "구의(九儀)[52]로써 한다."[53]라고 했고, 정현

52) 구의(九儀)는 천자가 제후들이 조빙(朝聘)하러 찾아왔을 때 접대하는 아홉 가지 의례절차를 뜻한다. 명(命)에는 공(公), 후(侯), 백(伯), 자(子), 남(男) 다섯

의 주에서는 "구의(九儀)는 명(命)의 등급에 다섯 가지가 있고, 작위의 등급에 네 가지가 있다는 것을 뜻한다."라고 했다. 작위의 네 등급에는 사(士) 계층이 포함된다. 그렇기 때문에 이곳에서 연이어 사에 대해서도 언급한 것이다. 이곳 경문에 있어서 개(介)의 수나 서로 간격을 벌리는 수치에 있어서 사에 대한 것이 없다. 정현이 『예기』「빙의」편을 인용한 것은 단지 경이 각각 그들의 군주에 비해 2등급씩을 낮춘다는 뜻이니, 대부가 경보다 2등급씩 낮춘다는 것을 드러낸 말이 아니다. 『의례』「빙례(聘禮)」편을 살펴보면 "소빙(小聘)에서는 대부를 사신으로 보내며, 그 예법은 대빙(大聘)에서 개(介)를 대접하는 경우와 같고, 개(介)는 3명을 둔다."[54]라고 했다. 「빙례」편에서 후작과 백작에게 소속된 대부는 3명의 개(介)를 둔다고 했으니, 또한 30보의 간격을 두는 것이다. 만약 상공에게 소속된 대부라면 5명의 개(介)를 두고 50보의 간격을 두며, 자작이나 남작에게 소속된 대부라면 1명의 개(介)를 두고 10보의 간격을 둔다는 사실을 알 수 있다. 정현이 이러한 사실을 언급하지 않은 것은 경의 경우를 제시하면 대부의 경우까지도 드러나기 때문이다. 그래서 언급하지 않은 것이다.

종류가 있고, 작(爵)에는 공(公), 경(卿), 대부(大夫), 사(士) 네 종류가 있다.

53) 『주례』「추관(秋官)·대행인(大行人)」: 以九儀辨諸侯之命, 等諸臣之爵; 以同邦國之禮, 而待其賓客.

54) 『의례』「빙례(聘禮)」: 小聘曰問. 不享, 有獻, 不及夫人. 主人不筵几, 不禮. 面不升. 不郊勞. 其禮如爲介. 三介.

그림 1-1 ▣ 환규(桓圭)·신규(信圭)·궁규(躬圭)

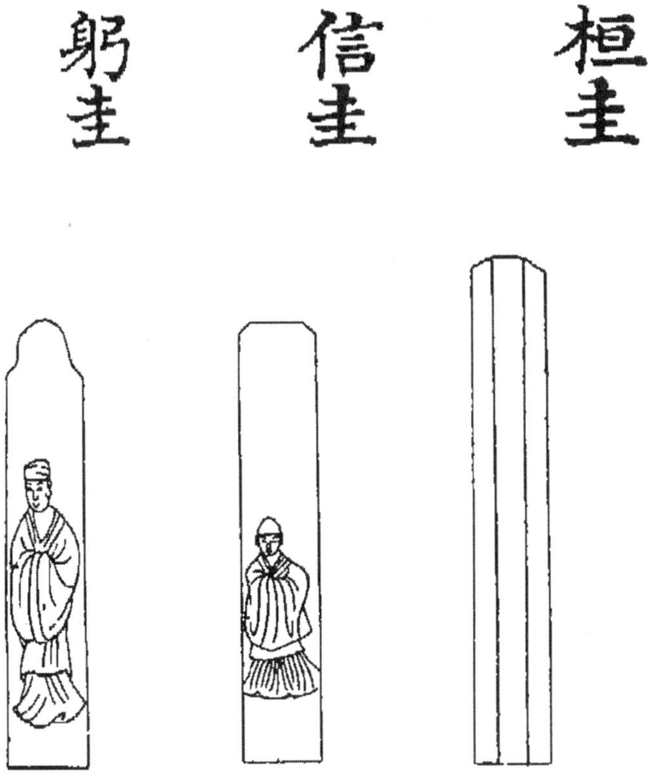

◎ 공작의 환규, 후작의 신규, 백작의 궁규

※ **출처:** 『삼례도집주(三禮圖集注)』 10권

그림 1-2 ▣ 곡벽(穀璧)과 포벽(蒲璧)

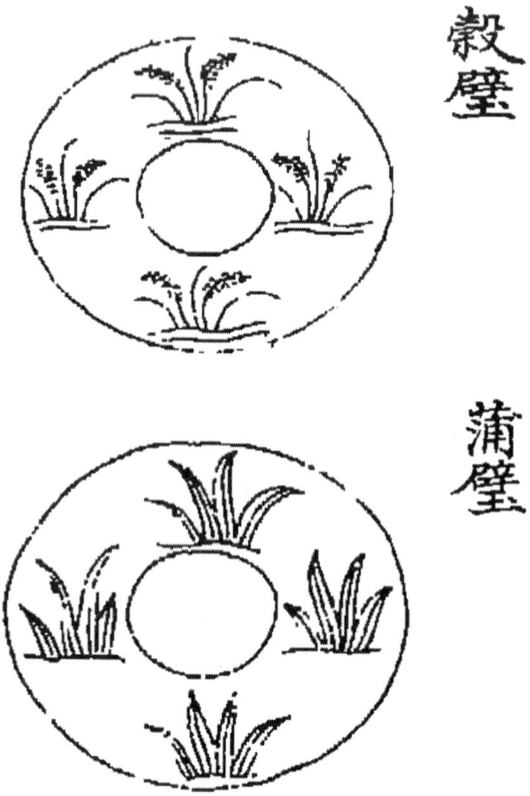

◎ 자작의 곡벽, 남작의 포벽

※ **출처:** 『삼례도집주(三禮圖集注)』 10권

그림 1-3 ▣ 조자(繅藉)

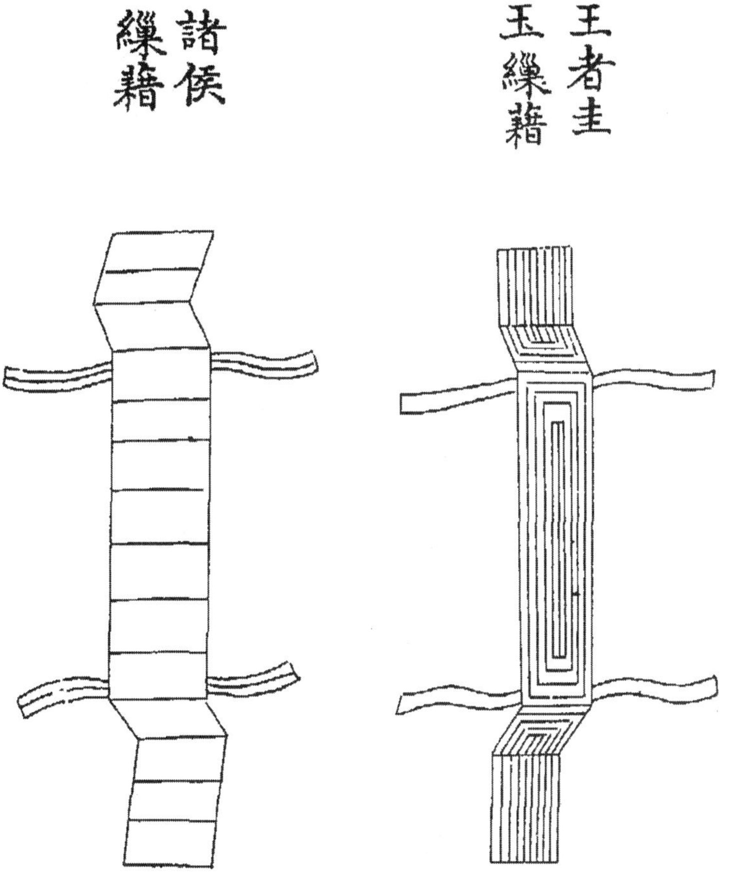

※ **출처:** 『삼례도집주(三禮圖集注)』 10권

그림 1-4 ▣ 십이장(十二章) 중 상의의 6가지 무늬

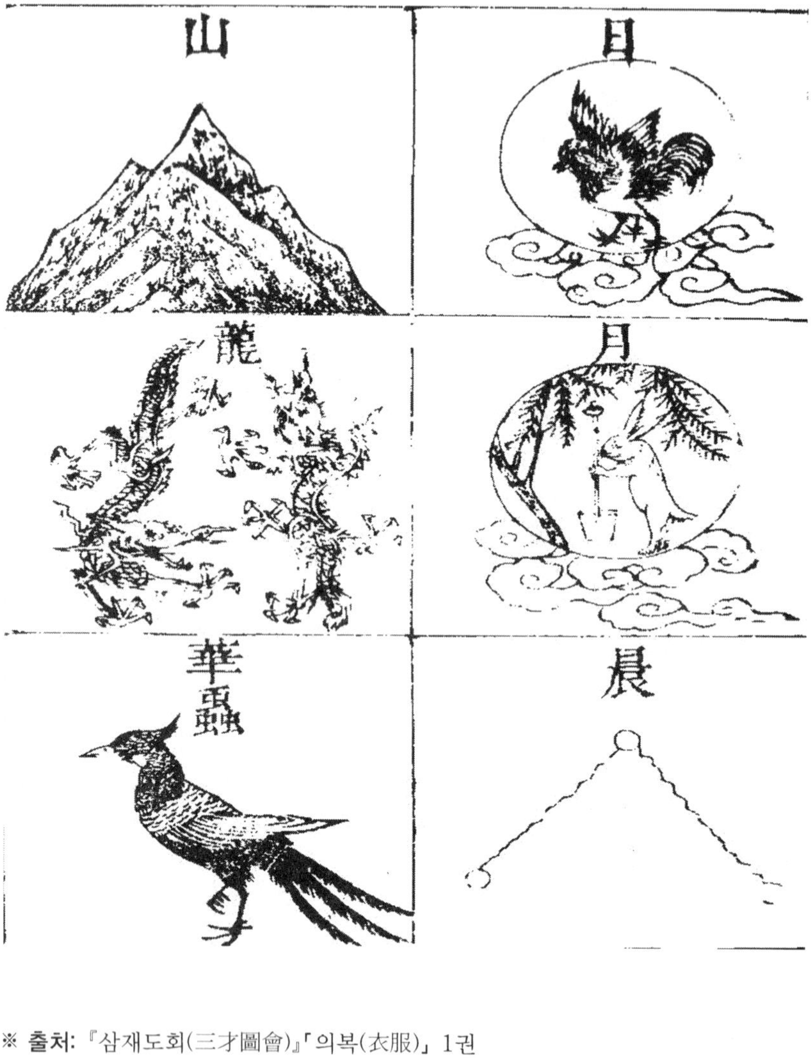

※ 출처: 『삼재도회(三才圖會)』「의복(衣服)」 1권

그림 1-5 ▣ 십이장(十二章) 중 하의의 6가지 무늬

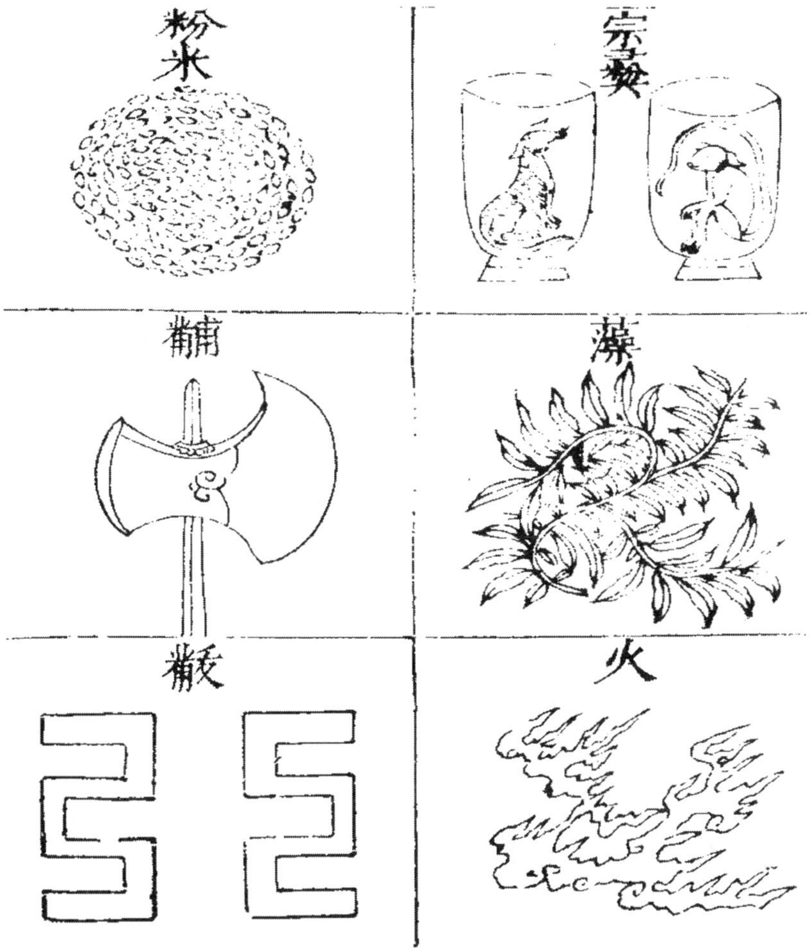

※ **출처:** 『삼재도회(三才圖會)』「의복(衣服)」 1권

그림 1-6 ▣ 규찬(圭瓚)과 장찬(璋瓚)

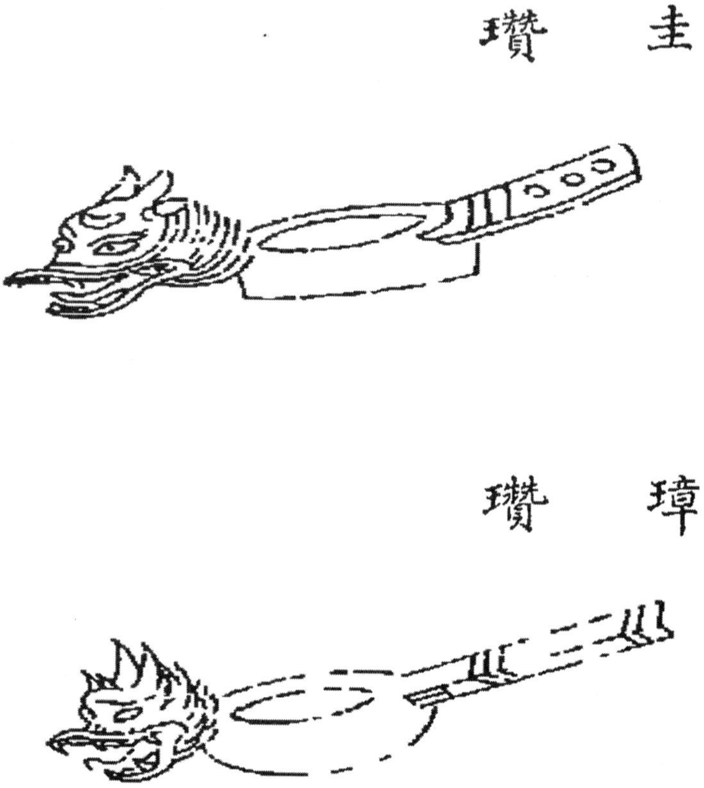

※ 출처: 『삼례도집주(三禮圖集注)』 14권

그림 1-7 ■ 피변복(皮弁服)

※ **출처:** 『삼례도집주(三禮圖集注)』 1권

그림 1-8 ▣ 금로(金路)

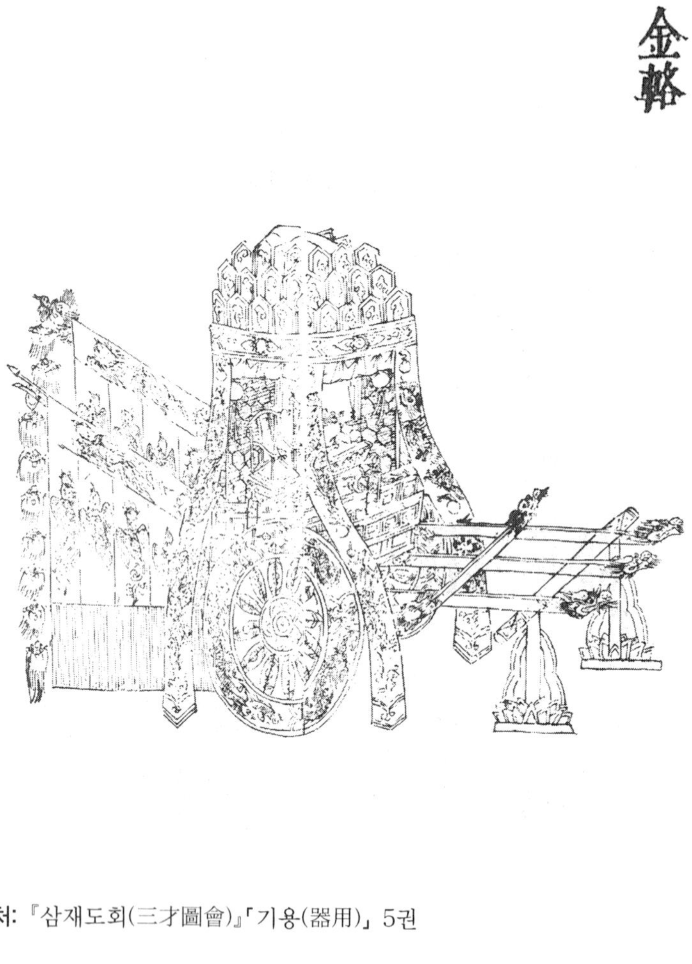

※ 출처: 『삼재도회(三才圖會)』「기용(器用)」 5권

그림 1-9 ▣ 상로(象路)

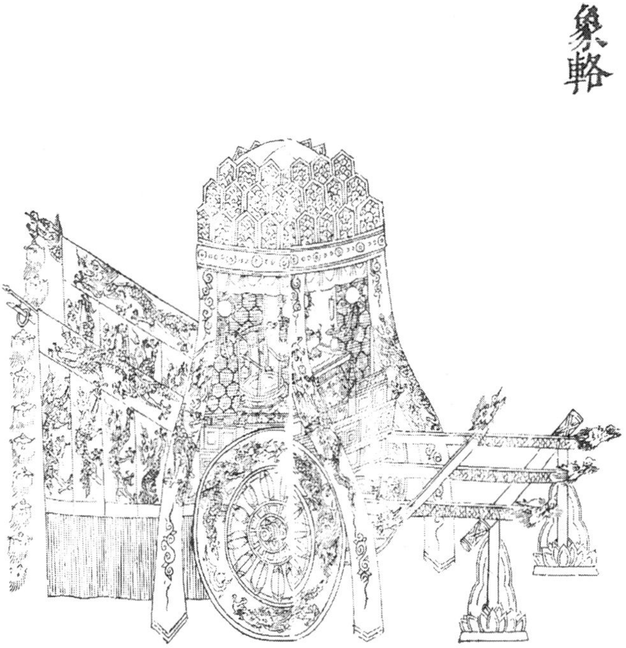

※ **출처:** 『삼재도회(三才圖會)』「기용(器用)」 5권

그림 1-10 ■ 혁로(革路)

※ 출처: 『삼재도회(三才圖會)』「기용(器用)」 5권

그림 1-11 ▣ 목로(木路)

※ **출처:** 『삼재도회(三才圖會)』「기용(器用)」 5권

그림 1-12 ▣ 묵거(墨車)

※ **출처:** 『삼례도집주(三禮圖集注)』 2권

그림 1-13 ▣ 궤(几)

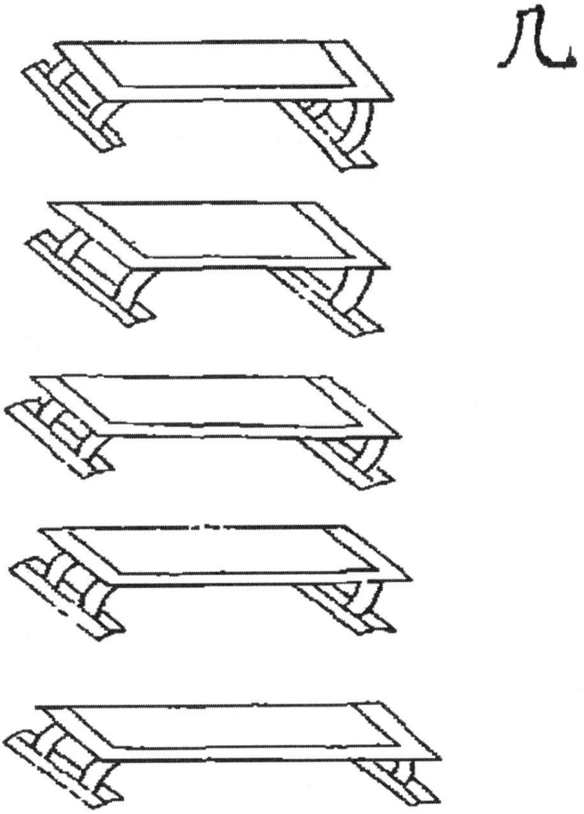

※ **출처:** 『삼례도집주(三禮圖集注)』 8권

그림 1-14 ▣ 천자오문삼조도(天子五門三朝圖)

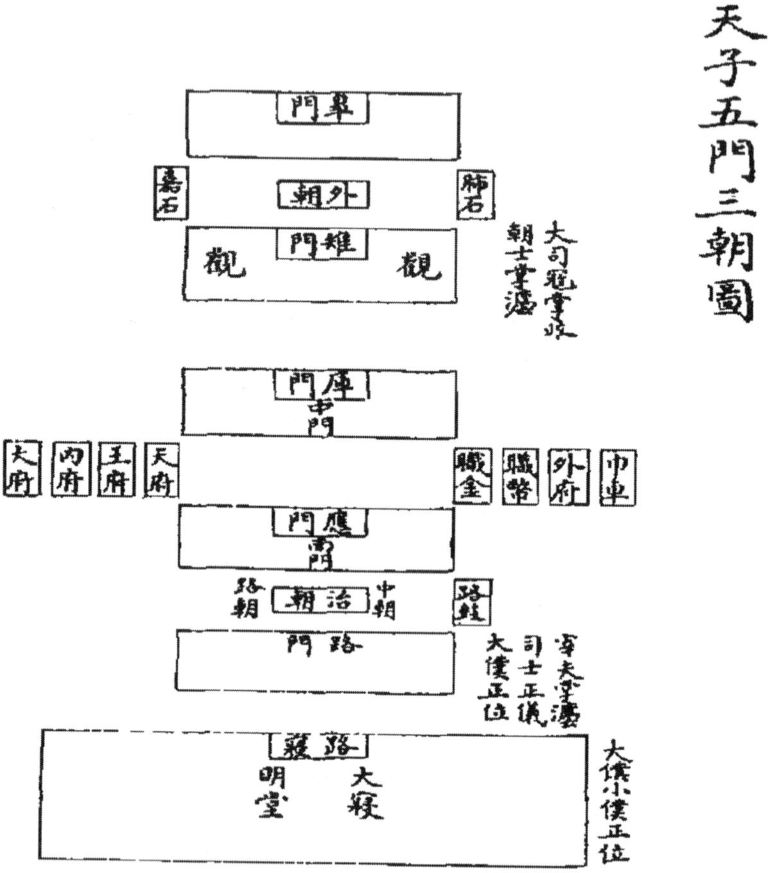

◎ 노침(路寢)의 앞마당=연조(燕朝)

※ 출처: 『주례도설(周禮圖說)』 상권

• 제 2 절 •

개(介)의 역할과 공경의 지극함

【715b】

介紹而傳命, 君子於其所尊弗敢質, 敬之至也.

직역 介가 紹하여 命을 傳하니, 君子가 그 尊한 所에 質을 弗敢함은 敬의 至이다.

의역 빈객과 주인은 직접 마주하지 않고, 개(介)가 연이어 늘어서서 명령을 주고받으니, 군자는 존귀하게 높이는 대상에 대해 감히 마주할 수 없는 것이며, 이처럼 하는 것은 공경함을 지극히 나타내는 것이다.

集說 紹, 繼也, 其位相承繼也. 先時上擯入受主君之命, 出而傳與承擯, 承擯傳與末擯, 此是傳而下也. 賓之末介受命於末擯, 而傳與次介, 次介傳與上介, 上介傳與賓, 是傳而上也. 此所謂介紹而傳命也. 質, 正也. 於所尊者不敢正自相當, 故以介傳命, 敬之至也. 賓在大門外西北面, 介自南向北爲序. 主君在內迎, 擯者出大門自北向南爲序.

번역 ‘소(紹)’자는 “잇다[繼].”는 뜻이니, 그 자리가 서로 연접해 있다는 의미이다. 앞서 상빈(上擯)[1]이 안으로 들어가서 주군의 명령을 받고, 그 뒤에 밖으로 나와서 승빈(承擯)[2]에게 명령을 전달하며, 승빈은 가장 끝에

1) 상빈(上擯)은 빈(擯)들 중에서도 가장 직위가 높았던 자를 뜻한다. 빈객(賓客)이 방문했을 때, 주인(主人)의 부관이 되어, 빈객과의 사이에서 시행해야 할 일들을 도왔던 부관들을 ‘빈’이라고 부른다.

2) 승빈(承擯)은 상빈(上擯)의 부관 역할을 하는 자로써, 상빈을 돕는 빈(擯)을 뜻한다. ‘승(承)’자는 ‘승(丞)’자와 통용되므로, 승빈(丞擯)이라고도 부른

위치하는 빈(擯)에게 명령을 전달하니, 이것은 명령이 전달되어 밑으로 내려가는 과정이다. 빈객의 가장 끝에 있던 개(介)는 가장 끝에 있던 빈(擯)에게 명령을 전달받고, 그것을 차개(次介)[3]에게 전달하고, 차개는 상개(上介)에게 전달하며, 상개는 빈객에게 전달하니, 이것은 명령이 전달되어 위로 올라가는 과정이다. 이러한 과정들을 이른바 "개(介)가 연이어서 명령을 전달한다."라고 하는 것이다. '질(質)'자는 정면[正]이라는 뜻이다. 즉 존귀하게 여기는 대상에 대해서는 감히 서로 마주할 수가 없다. 그렇기 때문에 개(介)를 시켜서 명령을 전달하니, 공경함을 지극히 나타내는 것이다. 빈객은 대문 밖의 서쪽에서 북쪽을 바라보며 서 있게 되고, 개(介)는 남쪽에서 북쪽 방향으로 차례대로 서 있게 된다. 주군에 해당하는 자는 대문 안에서 빈객을 맞이하고, 빈(擯)들은 대문 밖으로 나와서 북쪽에서 남쪽 방향으로 차례대로 서 있게 된다.

大全 嚴陵方氏曰: 介有三等, 末介傳中介, 中介傳上介, 以相繼而傳之, 故曰介紹而傳命也. 紹而傳命, 則命不直達矣. 蓋以主君之尊而使臣之卑, 不敢與之亢禮故也. 故曰弗敢質, 質, 對也.

번역 엄릉방씨가 말하길, 개(介)에는 세 등급이 있으니, 말개(末介)는 중개(中介)에게 전달하고, 중개는 상개(上介)에게 전달하여, 서로 연접해서 명령을 전달한다. 그렇기 때문에 "개(介)가 연이어서 명령을 전달한다."라고 말한 것이다. 연이어서 명령을 전달한다면, 명령은 직접적으로 전달되지 않는 것이다. 주군은 존귀한 존재이고 사신으로 찾아온 자는 신분이 미천하므로, 감히 서로 대등한 예법을 적용할 수 없기 때문이다. 그래서 "감히 질(質)을 할 수 없다."라고 했는데, 이때의 '질(質)'자는 "마주하다[對]."는 뜻이다.

다. 또한 부관 역할을 한다는 뜻에서, 좌빈(佐儐)이라고도 부른다.

3) 차개(次介)는 빈(擯)들 중 승빈(承擯)과 비슷한 역할을 하는 자로, 상개(上介)를 돕는 부관이다.

鄭注 質, 謂正自相當.

번역 '질(質)'자는 정면으로 서로 마주한다는 뜻이다.

釋文 傳, 丈專反, 下同.

번역 '傳'자는 '丈(장)'자와 '專(전)'자의 반절음이며, 아래문장에 나오는 글자도 그 음이 이와 같다.

孔疏 ●"介紹"至"至也". ○正義曰: 此一節明聘禮之有介傳達賓主之命, 敬之至極也.

번역 ●經文: "介紹"~"至也". ○이곳 문단은 빙례(聘禮)를 시행할 때, 개(介)를 두어서 빈객과 주인 사이의 오가는 명령을 전달하도록 한 것은 지극한 공경함에 해당한다는 사실을 나타내고 있다.

集解 愚謂: "介紹而傳命"以下, 明所以賓必有介之義也. 紹, 繼也. 介紹而傳命, 謂陳列衆介, 相繼而立, 而後傳聘君之命也. 兩君相朝, 主君迎於大門外, 各陳擯·介, 擯傳主君之命, 以請於介, 介以告於朝君, 介又傳朝君之命, 以告於擯, 擯以告於主君, 司儀謂之交擯, 謂擯·介傳辭相交也. 若聘賓, 則主君迎於大門內, 上擯出請事, 而賓與上擯相對傳命, 司儀謂之"旅擯", 謂但陳列擯·介而不交辭也. 旅擯之禮, 介雖不傳辭, 然亦繼賓而陳列, 故曰"介紹而傳命"也. 質, 謂質慤也. 禮以文爲敬, 若傳命之時不用衆介, 則過於質慤, 而非所以爲敬矣. 故介紹而傳命, 乃聘賓所以致敬於主國也. 禮器曰"七介以相見, 不然則已慤", 是也.

번역 내가 생각하기에, "개(介)가 연이어서 명령을 전달한다."라고 한 구문으로부터 그 이하의 내용은 빈객이 반드시 개(介)를 두게 되는 의미를 나타낸 것이다. '소(紹)'자는 "잇다[繼]."는 뜻이다. 개(介)가 연이어서 명령을 전달한다는 것은 여러 개(介)들을 도열시켜 서로 자리를 연이어 서게 하고,

그런 이후 빙문으로 찾아온 군주의 명령을 전달한다는 뜻이다. 두 나라의 제후가 서로 조회를 할 때, 빙문을 받은 나라의 군주는 대문 밖에서 맞이하고, 각각 빈(擯)과 개(介)를 도열시키는데, 빈(擯)은 빙문을 받는 나라의 군주 명령을 전달하여 개(介)에게 전해줄 것을 청하고, 개(介)는 이러한 사실을 조회로 찾아온 군주에게 아뢴다. 개(介) 또한 조회로 찾아온 군주의 명령을 전달하여 빈(擯)에게 이러한 사실을 알리고, 빈(擯)은 이러한 사실을 빙문을 받는 군주에게 아뢰니, 『주례』「사의(司儀)」편에서 말한 '교빈(交擯)'[4]이라는 것으로, 빈(擯)과 개(介)가 상호 교대로 말을 전달한다는 의미이다. 만약 빙문으로 찾아온 빈객의 경우라면, 빙문을 받는 군주는 대문 안에서 맞이하여, 상빈(上擯)이 밖으로 나가서 어떤 일로 찾아왔는지를 청해 묻고, 빈객과 상빈은 서로 마주보며 명령을 전달하게 되니, 「사의」편에서 말한 '여빈(旅擯)'[5]이라는 것으로, 단지 빈(擯)과 개(介)를 도열만 시키며 서로 교대로 말을 주고받지 않는다는 뜻이다. 여빈의 예법에서 개(介)가 비록 명령을 전달하지 않지만, 이러한 경우에도 빈객의 자리에 연이어 도열하게 된다. 그렇기 때문에 "개(介)가 연이어서 명령을 전달한다."라고 말한 것이다. '질(質)'자는 질박하고 소략하다는 뜻이다. 예법에서는 격식을 갖춘 것을 공경으로 삼는데, 만약 명령을 전달할 때 개(介)들을 이용하지 않는다면, 너무 질박하고 소략하게 되어 공경을 드러내는 방법이 아니게 된다. 그렇기 때문에 개(介)가 연이어서 명령을 전달한다는 것은 빙문으로 찾아온 빈객이 빙문을 받는 나라의 군주에게 공경을 지극히 드러내는 방법이다. 『예기』「예기(禮器)」편에서 "7명의 개(介)를 두게 해서 서로 만나보게 했던 것이니, 이처럼 하지 않는다면 너무 소박하게 된다."[6]라고 한 말이 이러한 사실을 나타낸다.

---

4) 『주례』「추관(秋官)·사의(司儀)」: 主君郊勞, 交擯, 三辭, 車逆, 拜辱, 三揖三辭, 拜受, 車送, 三還, 再拜.

5) 『주례』「추관(秋官)·사의(司儀)」: 主國五積, 三問, 皆三辭拜受, 皆旅擯. 再勞, 三辭, 三揖, 登, 拜受, 拜送.

6) 『예기』「예기(禮器)」【308b】: 是故, 君子之於禮也, 非作而致其情也, 此有由始也. 是故, 七介以相見也, 不然則已愨; 三辭三讓而至, 不然則已蹙.

참고 구문비교

예기·빙의 介紹而傳命, 君子於其所尊弗敢質, 敬之至也.

대대례기·조사(朝事) 介紹而相見, 君子於其所尊不敢質, 敬之至也.

대대례기·조사(朝事) 介紹而傳命, 君子於其所尊不敢質, 敬之至也.

참고 『주례』「추관(秋官)·사의(司儀)」 기록

경문 主君郊勞, 交擯, 三辭, 車逆, 拜辱, 三揖三辭, 拜受, 車送, 三還, 再拜.

번역 빙문을 받은 나라의 군주는 교외에서 노(勞)를 하고, 상호의 부관들이 늘어서 명령을 전달하며, 3번의 사양을 하고, 수레를 이용해 맞이하며, 욕되이 찾아온 것에 대해 절을 하고, 3번의 읍을 하고 3번의 사양을 하며, 절을 하며 받고, 수레를 이용해 전송하며, 3번 물리고, 재배를 한다.

鄭注 主君郊勞, 備三勞而親之也. 鄭司農云: "交擯三辭, 謂擯主之擯者俱三辭也. 車逆, 主人以車迎賓於館也. 拜辱, 賓拜謝辱也." 玄謂交擯者, 各陳九介, 使傳辭也. 車迎拜辱者, 賓以主君親來, 乘車出舍門而迎之, 若欲遠就之然. 見之則下拜, 迎謝其自屈辱來也. 至去又出車, 若欲遠送然. 主君三還辭之, 乃再拜送之也. 車送迎之節, 各以其等, 則諸公九十步, 立當車軹也. 三辭重者, 先辭辭其以禮來於外, 後辭辭升堂.

번역 빙문을 받은 나라의 군주가 교외에서 노(勞)를 한다는 것은 3번의 노(勞) 절차를 갖추고 직접 시행하는 것이다. 정사농은 "'교빈삼사(交擯三辭)'라는 것은 주군을 돕는 빈(擯)이 모두 3번 사양하는 것을 뜻한다. '거역(車逆)'이라는 것은 주인이 수레를 이용해 숙소에서 빈객을 맞이하는 것이다. '배욕(拜辱)'은 빈객이 절을 하여 욕되이 찾아온 것에 대해 사례하는 것이다."라고 했다. 내가 생각하기에 '교빈(交擯)'이라는 것은 각각 9명의 개(介)를 도열시켜 말을 전달하도록 시킨다는 뜻이다. '거영배욕(車迎拜辱)'이라는 것은 빙문을 받는 군주가 직접 찾아온 것에 대해 빈객이 수레에 타서 임시숙소 문을 빠져나가 맞이하는 것이니, 멀리에서 찾아온 것처럼 보이기 위해서이다. 상대를 보게 되면 수레에서 내려 절을 하니, 자신의 신분을 굽혀 욕되이 찾아온 것에 대해 맞이하며 사례하는 것이다. 떠나갈 때에도 수레를 타고 나가니, 멀리까지 전송하는 것처럼 보이기 위해서이다. 주군이 3번 물리며 사양을 하면 곧 재배를 하고 전송하게 된다. 수레를 이용해 전송하거나 맞이하는 절차에 있어서 각각 그들의 등급에 따르게 되니, 제공(諸公)의 경우 90보를 벌려서 있는 위치는 수레의 굴대가 있는 지점에 해당한다. 3번 사양한다는 말이 중복되어 있는데, 앞서 사양한 것은 밖에서 예물을 가지고 찾아온 것에 대해 사양하는 것이며, 이후에 사양한 것은 사양을 하여 당상에 오르는 것이다.

賈疏 ●"主君"至"再拜". ○釋曰: 此當近郊勞, 交擯三辭者, 主君至郊, 郊有館舍, 賓在內. 主君至館大門外, 主君北面而陳此九介, 去門九十步, 東面. 賓在大門內, 於門外之東, 亦陳九介, 西面. 不陳五擯者, 非主君, 從賓禮故也. "三辭"者, 賓三辭, 主君以禮來於外. "車迎拜辱"者, 傳辭旣訖, 賓乘車出大門迎主君, 至主君處下車, 拜主君屈辱, 自至郊也. "三揖"者, 入門及當曲·當碑爲三揖. "三辭"者, 辭讓升堂, 拜受, 賓再拜, 乃受幣, 主君亦當拜送, 不言, 省文也. "車送"者, 賓乘車出門就主君, 若欲遠送之. "三還"者, 主君見賓送已, 三還辭之. "再拜"者, 賓見主君辭, 遂再拜送主君也.

번역 ●經文: "主君"~"再拜". ○이것은 근교에서 노(勞)를 하는 것에 해당하는데, '교빈삼사(交擯三辭)'라는 것은 빙문을 받은 군주가 교외에 당도하면 교외에는 숙소가 마련되어 있고 빈객은 그 안에 위치하게 된다. 빙문을 받은 군주가 숙소의 대문 밖에 도착하면 빙문을 받은 군주는 북쪽을 바라보며 9명의 개(介)를 도열시키고, 문으로부터 90보가 떨어진 지점에서 동쪽을 바라보게 된다. 빈객은 대문 안쪽에 위치하며, 문밖의 동쪽에 또한 9명의 개(介)를 도열시키며 서쪽을 바라보게 된다. 5명의 빈(擯)을 도열시키지 않는 것은 빙문을 받은 군주가 아니라서 빈객의 예법에 따르기 때문이다. '삼사(三辭)'라고 했는데, 빈객이 3차례 사양하는 것으로, 빙문을 받은 군주가 밖에서 예물을 가지고 찾아왔기 때문이다. '거영배욕(車迎拜辱)'이라고 했는데, 말을 전달하는 절차가 끝나면 빈객은 수레에 올라 대문을 빠져나가 빙문을 받은 군주를 맞이하고, 빙문을 받은 군주가 있는 지점에 도달하면 수레에서 내리고, 빙문을 받은 군주가 자신의 신분을 굽혀 수고롭게 찾아온 것에 대해 절을 하니, 직접 교외까지 찾아왔기 때문이다. '삼읍(三揖)'이라고 했는데, 문으로 들어설 때, 곡(曲)에 당도했을 때, 비(碑)에 당도했을 때 읍을 하는 것이 3번 읍을 하는 것이다. '삼사(三辭)'라고 했는데, 사양하며 당상으로 올라가는 것이고, '배수(拜受)'는 빈객이 재배를 하면 예물을 받는 것인데, 빙문을 받은 군주 또한 마땅히 절을 하며 전송하게 되지만 이러한 사실을 언급하지 않은 것은 문장을 생략했기 때문이다. '거송(車送)'이라고 했는데, 빈객이 수레에 타서 문밖으로 나와 빙문을 받은 군주에게 나아가는 것이니, 멀리까지 전송하는 것처럼 보이고자 한 것이다. '삼환(三還)'이라고 했는데, 빙문을 받은 군주가 빈객이 자신을 전송하는 일을 보게 되면 3번 물려서 사양하는 것이다. '재배(再拜)'라고 했는데, 빈객은 빙문을 받은 군주가 사양하는 것을 보게 되면, 마침내 재배를 하며 빙문을 받은 군주를 전송하는 것이다.

賈疏 ◎注"主君"至"升堂". ○釋曰: 云"備三勞而親之也"者, 大行人有"三問三勞"之文也. 主君身自勞, 是親之也. 先鄭云"車逆, 主人以車迎賓於館也. 拜辱, 賓拜謝辱也." 後鄭不從者, 此直是備三勞, 旣來至國, 何有輒迎賓於館乎? 玄謂"各陳九介"者, 以其在道, 俱不爲主, 故無五擯之事, 故各陳九介也. 云"立當車軹也"者, 賓主俱立當軹, 大行人文. 云"後辭辭升堂"者, 按鄕飮酒禮"主人取爵降洗, 賓降, 主人坐奠爵于階前, 辭", 注云: "事同曰讓, 事異曰辭." 禮, 升堂是事同, 不云讓而云辭者, 此賓主敵者, 主人之意欲有受於庭之心, 故從事異曰辭. 是以下諸公之臣等升堂皆云讓, 依事同曰讓, 非敵. 故聘義云: "三讓而後傳命, 三讓而後入廟門", 並事異, 不云辭者, 欲取致尊讓之意, 變文耳. 又彼記文, 非正經, 故不爲例也.

번역 ◎鄭注: "主君"~"升堂". ○정현이 "3번의 노(勞) 절차를 갖추고 직접 시행하는 것이다."라고 했는데, 『주례』「대행인(大行人)」편에는 '삼문삼로(三問三勞)'[7]라는 기록이 있기 때문이다. 빙문을 받은 군주 본인이 직접 노(勞)를 하는 것이 바로 친지(親之)의 뜻이다. 정사농은 "'거역(車逆)'이라는 것은 주인이 수레를 이용해 숙소에서 빈객을 맞이하는 것이다. '배욕(拜辱)'은 빈객이 절을 하여 욕되이 찾아온 것에 대해 사례하는 것이다."라고 했는데, 정현이 이러한 주장에 따르지 않은 것은 단지 3번의 노(勞)를 갖춘다는 것에 해당하며, 이미 그 나라에 당도하였는데, 갑작스럽게 숙소에서 빈객을 맞이한다는 일이 발생할 수 있겠는가? 정현이 "각각 9명의 개(介)를 도열시킨다."라고 했는데, 도로에 있기 때문으로, 둘 모두 주인을 위해서 하는 것이 아니다. 그렇기 때문에 5명의 빈(擯)이 도열하는 사안이 없다. 그래서 각각 9명의 개(介)를 도열시킨다. 정현이 "서 있는 위치는 수레의 굴대가 있는 지점에 해당한다."라고 했는데, 빈객과 주인 모두 서 있는 지점이 수레의 굴대가 있는 곳에 해당하니, 이것은 「대행인」편에 나오는 기록이다. 정현이 "이후에 사양한 것은 사양을 하여 당상에 오르는 것이다."라고 했는데, 『의례』「향음주례(鄕飮酒禮)」편을 살펴보면 "주인은 술잔을 가져다가 당하로 내려가서 술잔을 씻고, 빈객이 당하로 내려가며, 주인은 앉아서 계단 앞에 술잔을 내려놓고 빈객이 뒤따라 내려오는 것을 사양한다."[8]라고 했고, 정현의 주에서는 "사안이 동일할 때 사양하는 것은 '양(讓)'이라 부르고, 사안이 다를 때 사양하는 것은 '사(辭)'라고 부른다."라고 했다. 예법에 따르면 당상에 올라가는 것은 사안이 동일한 경우에 해당한다. 그런데도 양(讓)이라 부르지 않고 사(辭)라고 부른 것은 빈객과 주인의 신분이 대등한 경우, 주인의 심중에는 마당에서 받고자 하는 마음이 있기 때문에, 사안이 다를 경우에 부르는 용례에 따라 사(辭)라고 한 것이다. 이

---

7) 『주례』「추관(秋官)·대행인(大行人)」: 上公之禮, 執桓圭九寸, 繅藉九寸, 冕服九章, 建常九斿, 樊纓九就, 貳車九乘, 介九人, 禮九牢, 其朝位, 賓主之間九十步, 立當車軹, 擯者五人, 廟中將幣三享, 王禮再祼而酢, 饗禮九獻, 食禮九擧, 出入五積, 三問三勞.

8) 『의례』「향음주례(鄕飮酒禮)」: 主人坐取爵于篚, 降洗. 賓降. 主人坐奠爵于階前, 辭.

러한 까닭으로 아래 제공(諸公)의 신하 등이 당상에 올라갈 때에는 모두 양(讓)이라고 했으니, 사안이 같은 경우에 따라 양(讓)이라고 한 것으로, 신분이 대등하지 않기 때문이다. 그래서 「빙의」편에서는 "3번 양(讓)을 한 이후에 군주의 명령을 전달하고, 3번 양(讓)을 한 이후에 묘문으로 들어간다."라고 했던 것인데, 이 모두는 사안이 다른데도 사(辭)라고 말하지 않은 것은 지극히 존귀한 자가 양(讓)을 한다는 뜻을 따르고자 했기 때문에 문장을 바꿔서 쓴 것일 뿐이다. 또한 『예기』의 기록은 경문에 해당하는 것이 아니다. 그렇기 때문에 일반적인 용례가 될 수 없다.

참고 『주례』「추관(秋官)·사의(司儀)」 기록

경문 主國五積, 三問, 皆三辭拜受, 皆旅擯. 再勞, 三辭, 三揖, 登, 拜受, 拜送.

번역 방문을 받은 나라에서는 5개의 적(積)을 마련하고, 3번의 문(問)을 하는데, 모두 3번의 사양을 하고 절을 하며 받고, 모두 개(介)와 빈(擯)을 도열만 시킨다. 2번의 노(勞)를 하고, 3번의 사양을 하며, 3번의 읍을 하고, 올라가며, 절을 하며 받고, 절을 하며 전송한다.

鄭注 賓所停止則積, 間闊則問, 行道則勞. 其禮皆使卿大夫致之, 從來至去, 數如此也. 三辭, 辭其以禮來於外也. 積問不言登, 受之於庭也. 鄭司農云: "旅讀爲'旅於太山'之旅, 謂九人傳辭, 相授於上下竟, 問賓從末上行, 介還受, 上傳之." 玄謂旅讀爲鴻臚之臚, 臚陳之也. 賓之介九人, 使者七人, 皆陳擯位, 不傳辭也. 賓之上介出請, 使者則前對, 位皆當其末擯焉. 三揖, 謂庭中時也, 拜送, 送使者.

번역 빈객이 머무는 곳에 필요한 것들을 마련해주는 것은 '적(積)'이고, 오랜 기간 보지 못해서 안부를 묻는 것은 '문(問)'이며, 여정 중에 힘든 것을 묻는 것은 '노(勞)'이다. 그 예법에서는 모두 경과 대부를 시켜 치르도록 하며, 찾아왔을 때로부터 떠날 때까지 시행하는 수치는 이와 같다. '삼사(三辭)'라고 했는데, 밖에서 예물을 가지고 찾아온 것에 대해 사양하는 것이다. 적(積)

과 문(問)에 대해서는 "오른다[登]."라고 말하지 않았으니, 마당에서 받는 것이다. 정사농은 "'여(旅)'자는 '태산에 여제사를 지냈다.'[9]라고 했을 때의 여(旅)자로 풀이하니, 9명이 말을 전달하며, 맨 위와 맨 아래에 있는 자가 서로 전달하게 되니, 빈객에게 문(問)을 하며 가장 끝에서부터 위로 전달되고, 개(介)가 다시 받아서 위에서 전달하게 된다."라고 했다. 내가 생각하기에, '여(旅)'자는 홍려(鴻臚)라고 할 때의 '여(臚)'자로 풀이하니, 펼쳐놓는다는 뜻이다. 빈객의 개(介)는 9명이고, 사자(使者)의 경우 개(介)는 7명인데, 모두 빈(擯)의 자리에 도열하되 말을 전달하지는 않는다. 빈객의 상개(上介)가 나와서 청하니, 사자의 경우에는 앞으로 나가 응대하게 되어, 그 자리는 모두 말단의 빈(擯)이 위치하던 곳에 해당한다. 3번의 읍을 하는 것은 마당에 있을 때를 뜻하며, 절을 하며 전송한다는 것은 사자를 전송하는 것이다.

賈疏 ◎注"賓所"至"使者". ○釋曰: 云"賓所停止則積"者, 謂遺人云"十里有廬, 廬有飲食, 三十里有宿, 宿有委, 五十里有市, 市有積", 是也. 云"間闊則問"者, 上注"問, 問不恙也". 云"行道則勞"者, 謂勞苦之. 云"皆使卿大夫致之"者, 按聘禮, 遣卿行勞禮. 臣來尙遣卿勞, 明君來遣卿勞可知. 此再勞, 一勞在境, 一勞在遠郊, 皆使卿. 其近郊勞, 當主君親爲之也. 其積問, 當使大夫, 故下句云"致飧如致積之禮", 注云: "俱使大夫, 禮同也." 知致飧使大夫者, 見聘禮宰夫朝服設飧. 宰夫卽大夫. 問亦小禮, 明亦使大夫也. 云"從來至去數如此也"者, 五積·三問·再勞, 來去皆有此數, 故云數如此也. 先鄭云"旅讀爲'旅於大山'之旅, 謂九人傳辭, 相授於上下竟, 問賓從末上行, 介還受, 上傳之"者, 此先鄭以爲旅擯與交擯同之. 後鄭不從者, 此臣禮云"旅擯", 下文云"主君郊勞, 交擯三辭", 明其別. 旅直陳擯介, 不傳辭, 交則一往一來傳辭也. 云"玄謂旅讀爲鴻臚之臚, 臚陳之也"者, 按爾雅·釋詁云: "尸·旅, 陳也." 釋言云: "豫·臚, 敍也." 注云: "皆陳敍也." 後鄭不從旅大山之旅, 從臚者, 欲取敍義也. 云"賓之介九人"者, 自從公介九人之禮. 云"使者七人"者, 自從降二等之禮. 云"皆陳擯位, 不傳辭也. 賓之

---

9) 『논어』「팔일(八佾)」: 季氏旅於泰山. 子謂冉有曰, "女弗能救與?" 對曰, "不能." 子曰, "嗚呼! 曾謂泰山不如林放乎?

上介出請, 使者則前對, 位皆當其末擯焉”者, 此皆約聘禮, 主君大門內迎聘賓之位也. 云“三揖, 謂庭中時也”者, 如聘禮, 入門揖, 當曲揖, 當碑揖是也.

번역 ◎鄭注: “賓所”～“使者”. ○정현이 “빈객이 머무는 곳에 필요한 것들을 마련해주는 것은 ‘적(積)’이다.”라고 했는데, 『주례』「유인(遺人)」편에서 “10리마다 여(廬)를 두니, 여에는 음식이 마련되어 있고, 30리마다 숙(宿)을 두니, 숙에는 위(委)가 마련되어 있고, 50리마다 시(市)를 두니, 시에는 적(積)이 마련되어 있다.”[10]라고 했다. 정현이 “오랜 기간 보지 못해서 안부를 묻는 것은 ‘문(問)’이다.”라고 했는데, 앞의 주에서는 “문(問)은 수고롭지 않았는지를 묻는 것이다.”라고 했다. 정현이 “여정 중에 힘든 것을 묻는 것은 ‘노(勞)’이다.”라고 했는데, 노고를 위로한다는 뜻이다. 정현이 “그 예법에서는 모두 경과 대부를 시켜 치르도록 한다.”라고 했는데, 『의례』「빙례(聘禮)」편을 살펴보면, 경을 파견하여 노(勞)의 의례를 시행한다고 했다. 신하가 찾아왔는데 오히려 경을 파견하여 노(勞)를 한다면, 군주가 찾아왔을 때에도 경을 파견하여 노(勞)를 한다는 사실을 알 수 있다. 이곳에서 재로(再勞)라고 했는데, 한 차례의 노(勞)는 국경에서 하는 것이고, 또 한 차례의 노(勞)는 원교에서 시행하는데, 둘 모두에 대해 경을 시키게 된다. 근교에서 노(勞)를 할 때에는 마땅히 빙문을 받는 나라의 군주가 직접 해당 의례를 시행하게 된다. 적(積)과 문(問)에 대해서는 마땅히 대부를 시켜야 한다. 그렇기 때문에 아래구문에서 “손(飧)[11]을 보낼 때에는 적(積)을 보낼 때의 예법처럼 한다.”[12]라고 했고, 정현의 주에서는 “둘 모두 대부를 시킨다는 점에서 예법이 동일하다.”라고 했다. 손(飧)을 보낼 때 대부를 시킨다는 사실을 알 수 있는 것은 「빙례」편을 살펴보면 재부가 조복(朝服)[13]을 입고 손(飧)을 마련한다고 했다. 재부는 대부의

10) 『주례』「지관(地官)·유인(遺人)」 : 凡賓客·會同·師役, 掌其道路之委積. 凡國野之道, 十里有廬, 廬有飮食; 三十里有宿, 宿有路室, 路室有委; 五十里有市, 市有候館, 候館有積.

11) 손(飧)은 빈객이 처음 이르렀을 때, 간단히 음식을 차려서, 접대하는 것을 뜻한다.

12) 『주례』「추관(秋官)·사의(司儀)」 : 致飧如致積之禮.

13) 조복(朝服)은 군주와 신하가 조회를 열 때 착용하는 복장을 뜻한다. 중요한 의식을 치를 때 착용하는 예복(禮服)을 가리키기도 한다.

신분이다. 문(問) 또한 약소한 예식에 해당하니, 이러한 의례에서도 대부를 시킨다는 사실을 나타낸다. 정현이 "찾아왔을 때로부터 떠날 때까지 시행하는 수치는 이와 같다."라고 했는데, 5개의 적(積), 3번의 문(問), 2번의 노(勞)에 있어서, 찾아왔을 때와 떠날 때 모두 이와 같은 수치에 맞춘다. 그렇기 때문에 "수치는 이와 같다."라고 했다. 정사농은 "'여(旅)'자는 '태산에 여제사를 지냈다.'라고 했을 때의 여(旅)자로 풀이하니, 9명이 말을 전달하며, 맨 위와 맨 아래에 있는 자가 서로 전달하게 되니, 빈객에게 문(問)을 하며 가장 끝에서부터 위로 전달되고, 개(介)가 다시 받아서 위에서 전달하게 된다."라고 했는데, 이것은 정사농이 여빈(旅擯)을 교빈(交擯)과 동일하게 여겼음을 나타낸다. 정현이 이러한 주장에 따르지 않았던 것은 이곳에서 말한 것은 신하의 예법인데 '여빈(旅擯)'이라고 했고, 아래문장에서 "주군이 교외에서 위로를 할 때, 교빈(交擯)을 하며 3번 사양한다."[14]라고 했으니, 이것은 서로 구별됨을 나타낸다. 여빈(旅擯)이라는 것은 단지 빈(擯)과 개(介)만 도열시키고 말을 전달하지 않는 것이니, 교빈(交擯)은 한 차례 가면 한 차례 오며 말을 전달하는 것이다. 정현이 "내가 생각하기에, '여(旅)'자는 홍려(鴻臚)라고 할 때의 '여(臚)'자로 풀이하니, 펼쳐놓는다는 뜻이다."라고 했는데, 『이아』「석고(釋詁)」편을 살펴보면 "시(尸)자와 여(旅)자는 진(陳)자의 뜻이다."[15]라고 했고, 『이아』「석언(釋言)」편에서는 "예(豫)자와 여(臚)자는 서(敍)자의 뜻이다."[16]라고 했으며, 주에서는 "모두 차례대로 나열한다는 뜻이다."라고 했다. 정현은 태산에서 여제사를 지낸다고 했을 때의 여(旅)자로 풀이하지 않고, 여(臚)자의 뜻에 따랐으니, 서(敍)자의 의미를 취하고자 했기 때문이다. 정현이 "빈객의 개(介)는 9명이다."라고 했는데, 공작의 개(介)가 9명이라고 한 예법에 따른 것이다. 정현이 "사자(使者)의 경우 개(介)는 7명이다."라고 했는데, 자기 군주에 비해 2등급씩 낮추는 예법에 따른 것이다. 정현이 "모두 빈(擯)의 자리에 도열하되 말을 전달하지는 않는다. 빈객의 상개(上介)가 나와

---

14) 『주례』「추관(秋官)·사의(司儀)」: 主君郊勞, 交擯, 三辭, 車逆, 拜辱, 三揖三辭, 拜受, 車送, 三還, 再拜.

15) 『이아』「석고(釋詁)」: 矢·雉·引·延·順·薦·劉·繹·尸·旅, 陳也.

16) 『이아』「석언(釋言)」: 豫·臚, 敍也.

서 청하니, 사자의 경우에는 앞서 응대하게 되어, 그 자리는 모두 말단의 빈(擯)이 위치하던 곳에 해당한다."라고 했는데, 이러한 기록들은 모두 「빙례」편을 요약한 것으로, 빙문을 받은 군주가 대문 안에서 빙문으로 찾아온 빈객을 맞이하는 자리에 해당한다. 정현이 "3번의 읍을 하는 것은 마당에 있을 때를 뜻한다."라고 했는데, 「빙례」편에서 대문으로 들어와서 읍을 하고 곡(曲)에 이르면 읍을 하며 비(碑)에 이르면 읍을 한다고 했던 경우와 같다.

참고 『예기』「예기(禮器)」 기록

경문-308b 是故, 君子之於禮也, 非作而致其情也, 此有由始也. 是故, 七介以相見也, 不然則已愨; 三辭三讓而至, 不然則已蹙.

번역 이러한 까닭으로, 군자는 예에 대해서 인위적으로 만들어내어 사람의 정감을 지극히 하는 것이 아니니, 여기에는 고대로부터 유래되어 옴이 있었기 때문이다. 이러한 까닭으로, 선왕은 7명의 개(介)를 두게 해서 서로 만나보게 했던 것이니, 이처럼 하지 않는다면 너무 소박한 것처럼 되며, 세 차례 사양을 하고 또 세 차례 양보를 하게 하여, 종묘(宗廟)로 들어서게 했던 것이니, 이처럼 하지 않는다면 너무 재촉하는 것처럼 된다.

鄭注 作, 起也. 敬非己情也, 所以下彼. 有所法也. 已猶甚也. 愨·蹙, 愿貌, 大愿則辭不見, 情無由至也.

번역 '작(作)'자는 "일으킨다[起]."는 뜻이다. 공경[敬]이라는 것은 자신의 감정[情]에 따르는 것이 아니며, 상대방보다 낮추는 방법이다. 유래되어 시작된 바가 있다는 말은 법칙으로 삼는 것이 있다는 뜻이다. '이(已)'자는 매우[甚]라는 뜻이다. '각(愨)'과 '축(蹙)'은 초라한 모습을 뜻하니, 너무 초라하게 되면, 사양함이 나타나지 않게 되어, 정감도 비롯되어 나타나게 될 것이 없게 된다.

孔疏 ●"是故七介以相見也"者, 行敬旣非直起己情, 皆有所由爲始, 故陳七介以相見, 申賓主之情也. 此言七介者, 擧中言之也.

번역 ●經文: "是故七介以相見也". ○공경함을 행위로 나타낼 때에는 단지 자신의 감정에만 내맡겨서 인위적으로 행동하는 것이 아니니, 모든 경우에 있어서 본받아서 시초로 삼은 것이 있었다. 그렇기 때문에 7명의 개(介)를 두어서, 서로를 만나보게 하여, 빈객과 주인의 감정을 모두 펼칠 수 있게 했던 것이다. 이곳 문장에서 '7명의 개(介)'를 언급한 이유는 여러 등급 중에서도 중간에 해당하는 등급을 예시로 언급했기 때문이다.

孔疏 ●"不然則已慤"者, 已, 甚也. 慤, 愿貌. 若不如是陳擯介相見, 則甚爲愿慤, 言愿慤大甚也.

번역 ●經文: "不然則已慤". ○'이(已)'자는 매우[甚]라는 뜻이다. '각(慤)'자는 초라한 모습을 뜻한다. 만약 이처럼 빈(擯)과 개(介)를 두어 서로 만나보지 않는다면, 매우 초라한 모습이 되니, 이 말은 곧 초라함이 매우 심하다는 뜻이다.

集解 作, 起也. 作而致其情, 謂本無此情, 而起而强致之也. 內有恭敬之情, 則外有交接之禮, 故禮之所由始, 始於心之敬也. 七介以相見, 謂諸侯相朝, 陳擯·介以交辭也. 七介者, 侯伯之禮, 擧中以言之也. 已, 甚也. 慤, 謂質慤也. 三辭者, 主君迎賓於大門外, 交擯, 三辭, 辭主國以客禮待己也. 三讓者, 讓入門也. 至, 至廟中也. 蹙, 謂急迫也. 君子於所尊敬者不敢質, 若已慤已蹙, 則情文不足, 而無以將其敬矣. 故擯介辭讓之禮, 雖在於外, 而實本於心之不容已也, 夫豈作而致之乎? 前此以內心·外心二者發明義理之文, 上節言祭祀之尙臭不尙味, 則歸重於內心之義, 至此言禮之由於心, 而非作致於外, 又以見義理之文莫不根於忠信之本也.

번역 '작(作)'자는 "일으킨다[起]."는 뜻이다. 일으켜서 그 감정을 지극하게 한다는 말은 본래부터 이러한 감정이 없었는데, 인위적으로 그 감정을 만들어내어 억지로 나타낸다는 뜻이다. 내면에 공경하는 감정이 있게 되면, 외면에는 서로 교류하는 예가 있게 된다. 그렇기 때문에 예가 유래되어 시초로 삼는 것은 곧 마음의 공경함으로부터 시작되는 것이다. 7명의 개(介)를 두어서 서로 만나본다는 것은 제후들이 서로 만나보게 되어, 빈(擯)과 개(介)가 늘어서서 서로 말을 전달하는 일을 뜻한다. 7명의 개(介)를 두는 것은 후작[侯]과 백작[伯]에게 해당하는 예이니, 이곳 문장에서는 여러 등급 중 중간에 해당하는 것을 제시하여 기록한 것이다. '이(已)'자는 매우[甚]라는 뜻이다. '각(愨)'자는 매우 소략하다는 뜻이다. '삼사(三辭)'라는 것은 주인의 역할을 하는 군주가 대문(大門) 밖으로 나와서 빈객을 맞이하고, 부관들이 늘어서서 서로 말을 주고받을 때, 세 차례 사양을 하게 되는데, 이것은 주인의 역할을 하는 제후국에서 자신을 빈객에 대한 예로 대우해줌에 대해서 사양을 하는 것이다. '삼양(三讓)'라는 것은 문으로 먼저 들어가는 것에 대해서 양보를 한다는 뜻이다. '지(至)'자는 종묘 안으로 들어간다는 뜻이다. '축(蹙)'자는 급박하다는 뜻이다. 군자는 존경하는 자에 대해서 감히 질박하게만 할 수 없으니, 만약 너무 소략하고, 너무 급박한 것처럼 된다면, 정감과 예의 형식들이 부족하게 되어, 공경함을 끌어낼 것이 없게 된다. 그렇기 때문에 빈(擯)과 개(介)를 두는 것이며, 또 사양하고 양보하는 예를 둔 것인데, 이것들이 비록 겉으로 표출되는 것이라고 하지만, 실제로는 마음의 그만둠을 용납할 수 없음에 근본을 두고 있는 것이니, 어찌 인위적으로 이러한 감정들을 끌어내어 표출할 수가 있겠는가? 앞 문장에서는 마음을 안으로 두고 또 밖으로 둔다는 두 가지 사안을 통해서 의리의 절문을 드러낸다고 하였는데, 앞 절에서는 제사에서는 희생물의 냄새를 숭상하며, 맛 자체를 숭상하지 않는다고 언급하였으므로, 이것은 곧 마음을 안으로 둔다는 뜻에 그 중점을 두고 있는 것이며, 이곳 문장에 이르러서 예가 마음으로부터 비롯되는 것이며, 인위적으로 외부로 표출하는 것이 아니라고 하였으니, 이것은 또한 의리의 절문이 충신의 근본에 근거를 두고 있지 않음이 없다는 사실을 드러낸 것이다.

• 제 3 절 •

삼양(三讓)·삼읍(三揖)과 존양(尊讓)

【715c】

三讓而后傳命, 三讓而后入廟門, 三揖而后至階, 三讓而后升, 所以致尊讓也.

직역 三讓하고 后에 命을 傳하며, 三讓하고 后에 廟門에 入하고, 三揖하고 后에 階에 至하며, 三讓하고 后에 升함은 尊讓을 致하는 所以이다.

의역 세 차례 사양을 한 이후에야 군주의 명령을 상대방 제후에게 전달하며, 세 차례 사양을 한 이후에야 묘문(廟門)으로 들어가게 되고, 세 차례 읍을 한 이후에야 계단에 도달하게 되며, 세 차례 사양을 한 이후에야 계단에 오르게 되니, 이처럼 하는 것은 상대방을 존귀하게 높이고 예양(禮讓)하는 행위를 지극히 하는 방법이다.

集說 疏曰: 三讓而后傳命者, 謂賓在大門外, 見主人陳擯, 以大客之禮待己, 己不敢當, 三度辭讓, 主人不許, 乃後傳聘君之命也. 三讓而后入廟門者, 謂賓旣傳命之後, 主君延賓而入, 至廟, 將欲廟受, 賓不敢當之, 故三讓而後入. 主君在東, 賓差退在西, 相向三讓, 乃入廟門也. 三揖而後至階者, 初入廟門, 一揖也; 當階北面又揖, 二揖也; 當碑又揖, 三揖也. 三讓而後升者, 謂主君揖賓至階, 主君讓賓升, 賓讓主君, 如此者三, 主君乃先升, 賓乃升也.

번역 공영달[1]의 소에서 말하길, "세 차례 사양을 한 이후에 명령을 전달

---

1) 공영달(孔穎達, A.D.574 ~ A.D.648) : =공씨(孔氏). 당대(唐代)의 경학자이다. 자(字)는 중달(仲達)이고, 시호(謚號)는 헌공(憲公)이다. 『오경정의(五經正義)』를 찬정(撰定)하는데 중심적인 역할을 했다.

한다."라는 말은 빈객이 대문 밖에 서 있을 때, 주인이 빈(擯)들을 도열시켜서 큰 빈객을 맞이하는 예법으로 자신을 예우하려는 것을 보았고, 본인은 그것을 감당할 수 없으므로 세 차례 사양을 하는데, 주인이 끝까지 사양한 것을 받아들이지 않는다면, 그런 이후에는 곧 빙문(聘問)을 보낸 자신의 군주가 내린 명령을 전달하게 된다는 뜻이다. "세 차례 사양을 한 이후에 묘문(廟門)[2]으로 들어간다."는 말은 빈객이 이미 명령을 전달했다면, 그런 뒤에 빙문을 받은 군주가 빈객을 맞이하여 안으로 들어가고, 묘(廟)에 도달하여 장차 묘로 들이려고 한다면, 빈객은 그러한 예우를 감당할 수 없기 때문에 세 차례 사양을 한 이후에 들어가게 된다는 뜻이다. 빙문을 받은 군주는 동쪽에 위치하고, 빈객은 서쪽에서 그보다 조금 뒤로 물러선 위치에 자리하여, 서로 마주한 뒤 세 차례 사양을 하게 되는데, 그런 뒤에 묘문으로 들어가게 된다. "세 차례 읍을 한 이후에 계단에 이른다."는 말은 최초 묘문으로 들어갔을 때, 첫 번째 읍을 하는 것이며, 계단에 도달하면 북쪽을 바라보며 또한 읍을 하니, 이것이 두 번째 읍을 하는 것이고, 비석이 세워진 곳에 당도하면 재차 읍을 하니, 이것이 세 번째 읍을 하는 것이다. "세 차례 사양을 한 이후에 오른다."는 말은 빙문을 받은 군주가 빈객에게 읍을 하고 계단에 도달하면, 빙문을 받은 군주는 빈객이 먼저 오르도록 사양하고, 빈객은 빙문을 받은 군주에게 사양을 하는데, 이처럼 하길 세 차례 반복하면, 빙문을 받은 군주가 먼저 계단에 오르고, 빈객은 뒤따라 오르게 된다는 뜻이다.

鄭注 此"揖"·"讓", 主謂賓也. "三讓而後傳命", 賓至廟門, 主人請事時也. 賓見主人陳擯, 以大客禮當己, 則三讓之, 不得命, 乃傳其君之聘命也. "三讓而後入廟門", 讓主人廟受也. 小行人職曰: "凡四方之使者, 大客則擯, 小客則受其幣, 聽其辭."

---

2) 묘문(廟門)은 종묘(宗廟)의 정문을 뜻한다. 『서』「주서(周書)·고명(顧命)」편에는 "諸侯出廟門俟."라는 용례가 나온다. 한편 '묘문'은 빈궁(殯宮)의 문을 뜻하는 용어로도 사용된다. 『예기』「상복소기(喪服小記)」편에는 "無事不辟廟門, 哭皆於其次."라는 기록이 있는데, 이에 대한 공영달(孔穎達)의 소(疏)에서는 "廟門, 殯宮門也."라고 풀이했다.

번역 이곳에서 '읍(揖)'을 한다고 하고 '양(讓)'을 한다고 했는데, 이러한 행위의 주체는 빈객을 뜻한다. "세 차례 사양을 한 이후에 명령을 전달한다."라고 했는데, 빈객이 묘문(廟門)에 도달하여, 주인이 그 사안에 대해서 청해 물어볼 때를 뜻한다. 빈객은 주인이 빈(擯)들을 도열시켜서 큰 빈객을 맞이하는 예법으로 자신을 예우하는 것을 보았으므로, 세 차례 사양을 하며, 상대방이 받아들이지 않는다면, 곧 자신의 군주가 내린 빙문(聘問)의 명령을 전달하게 된다. "세 차례 사양을 한 이후에 묘문으로 들어간다."라고 했는데, 주인이 묘문으로 들이는 것에 대해 사양을 하는 것이다. 『주례』「소행인(小行人)」편의 직무 기록에서는 "무릇 사방에서 찾아온 사신들의 경우, 큰 빈객인 경우에는 빈(擯)을 하고, 작은 빈객인 경우에는 그 폐물을 받고, 그 말을 듣는다."[3]라고 했다.

釋文 擯, 必刃反, 本又作儐, 下文及注皆同. 說文云: "擯, 或儐字." 使, 所吏反.

번역 '擯'자는 '必(필)'자와 '刃(인)'자의 반절음이며, 판본에 따라서는 또한 '儐'자로도 기록하고, 아래문장 및 정현의 주에 나오는 글자들도 모두 이와 같다. 『설문해자』[4]에서는 "'擯'자를 '儐'자로도 기록한다."라고 했다. '使'자는 '所(소)'자와 '吏(리)'자의 반절음이다.

孔疏 ●"三讓"至"讓也". ○正義曰: 上經明設介傳命致敬之義, 此經明欲傳命之時, 先須三讓; 又傳命之後, 入廟門及升階揖讓之節, 明賓所以尊讓主人.

번역 ●經文: "三讓"~"讓也". ○앞의 경문에서는 개(介)를 두어 명령을 전달하며 공경을 지극히 한다는 뜻을 나타내었고, 이곳 경문에서는 명령을 전달하려고 할 때, 그보다 앞서 세 차례 사양을 해야 하고, 또한 명령을

---

3) 『주례』「추관(秋官)·소행인(小行人)」: 凡四方之使者, 大客則擯, 小客則受其幣而聽其辭.

4) 『설문해자(說文解字)』는 후한(後漢) 때의 학자인 허신(許愼, ?~?)이 찬(撰)했다고 전해지는 자서(字書)이다. 『설문(說文)』이라고도 칭해진다. A.D.100년경에 완성되었다고 전해진다. 글자의 형태, 뜻, 음운(音韻)을 수록하고 있다.

전달한 이후, 묘문(廟門)으로 들어서고, 계단에 오를 때, 읍을 하고 사양을 하는 법도에 대해서 나타내었으니, 이것은 빈객이 주인에 대해서 존귀하게 여겨서 사양하는 방법에 대해 나타낸 것이다.

孔疏 ●"三讓而后傳命"者, 謂賓在大門外, 見主人陳擯, 以大客之禮待己, 己不敢當, 三度辭讓, 主人不許, 乃後傳聘君之命.

번역 ●經文: "三讓而后傳命". ○빈객이 대문 밖에 있을 때, 주인이 빈(擯)들을 도열시켜서 큰 빈객에 대한 예법으로 자신을 예우하는 것을 보게 되어, 자신이 그것을 감당할 수 없으므로, 세 차례 사양을 하게 되는 것이고, 주인이 사양함을 받아들이지 않는다면, 그런 뒤에야 곧 빙문(聘問)을 보낸 자신의 군주로부터 받은 명령을 전달하게 된다는 뜻이다.

孔疏 ●"三讓而后入廟門"者, 謂賓既傳命之後, 主君延賓而入至廟, 將欲廟受, 賓不敢當之, 故"三讓而后入廟門". 主君在東, 賓差退在西, 相嚮三讓乃入廟門也.

번역 ●經文: "三讓而后入廟門". ○빈객이 군주로부터 받은 명령을 전달한 이후, 빙문을 받은 군주가 빈객을 맞이하여, 들어가서 묘(廟) 앞에 당도하게 되면, 빈객을 인도하여 묘로 들이려고 하는데, 빈객은 그러한 예우를 감당할 수 없기 때문에, "세 차례 사양을 한 이후에야 묘문(廟門)으로 들어간다."라고 한 것이다. 빙문을 받은 군주는 동쪽에 위치하고, 빈객은 서쪽에서 그보다 조금 뒤로 물러나 위치하며, 서로 마주보고 세 차례 사양을 한 이후에야 묘문으로 들어가게 된다.

孔疏 ●"三揖而后至階"者, 初入廟門, 一揖也; 當階北[5]面又揖, 二揖也; 當碑又揖, 三揖也.

---

5) '계북(階北)'에 대하여. '계북'은 본래 '명북(命北)'으로 기록되어 있었는데, 완원(阮元)은 '계북'으로 교정하였고, "『민본(閩本)』·『모본(毛本)』에도 이처럼 기록되어 있으며, 위씨(衛氏)의 『집설(集說)』에도 이처럼 기록되어 있다. 『감본(監本)』에서는 '북(北)'자를 '비(比)'자로 잘못 기록하였다."라고 했다.

번역 ●經文: "三揖而后至階". ○최초 묘문(廟門)으로 들어갔을 때, 첫 번째 읍을 하게 되고, 계단에 당도하면 북쪽을 바라보고 재차 읍을 하니, 이것이 두 번째 읍이 되며, 비석에 당도하여 또한 읍을 하게 되니, 이것이 세 번째 읍이 된다.

孔疏 ●"三讓而后升"者, 謂主君揖賓至階, 主君讓賓升, 賓讓主君, 如此者三, 主君乃先升, 賓乃升也.

번역 ●經文: "三讓而后升". ○빙문을 받은 군주가 빈객에게 읍을 하여 계단에 당도하면, 빙문을 받은 군주는 빈객에게 먼저 올라가라고 양보하고, 빈객은 재차 빙문을 받은 군주에게 사양하니, 이처럼 하길 세 차례 반복하게 되면, 빙문을 받은 군주는 먼저 계단에 오르게 되고, 빈객은 뒤따라 계단에 오른다는 뜻이다.

孔疏 ●"所以致尊讓也", 言如此者, 是賓致其尊敬, 讓主人之心也.

번역 ●經文: "所以致尊讓也". ○이와 같이 행동한다는 것은 곧 빈객이 존귀하게 높이며 공경을 다하여, 주인의 배려에 대해 사양하는 것에 해당한다는 뜻이다.

孔疏 ◎注"此揖"至"其辭". ○正義曰: 知"此揖·讓, 主謂賓"者, 以三讓而后傳命, 及三讓而后入廟門, 皆賓先讓也. 三揖至階, 三讓而后升, 雖主人爲首, 皆賓讓而後至於主人. 若賓不讓, 則不至於三. 是揖讓之事, 皆賓爲主. 故云"此揖·讓, 主謂賓也". 云"三讓而後傳命, 賓至廟門, 主人請事時也"者, 鄭解三讓而後傳命之節, 正當賓至主人大門, 主人請事之時. 按聘禮, 賓至大門, 主人陳擯[6]而請事. 此云"廟門"者, 有"廟"字者誤也. 按鄭注鄉飮酒云: "事同曰

6) '빈(擯)'자에 대하여. '반'자는 본래 '개(介)'자로 기록되어 있었는데, 완원(阮元)의 『교감기(校勘記)』에서는 "노문초(盧文弨)는 '개'자는 마땅히 '빈'자가 되어야 한다고 했다."라고 했다.

讓, 事異曰辭." 此主人以大客禮賓, 賓不敢當大客之禮, 乃是"事異", 應云"三辭", 而云"三讓"者, 但鄭於儀禮自上下爲例. 此云"三讓", 記者之言, 辭之與讓, 其義亦通也. 云"乃傳其君之聘命也", 解經"傳命"之言. 按聘禮注云"賓至末介, 上擯至末擯, 亦相去三丈六尺", 賓乃傳聘君之命於上擯也, 故云"傳其君之聘命也". 按司儀職, 兩君相見則交擯, 若臣聘於君則旅擯. 交擯傳命者, 聘禮注云: "其傳命[7], 各鄕本受命, 反面傳而下; 及末, 則鄕受之, 反面傳而上, 又受命傳而下." 其旅擯之時, 不上下相傳, 直賓及上擯相對而語. 交擯與旅擯雖別, 總而言之, 皆是傳命, 故注聘禮引此"介紹而傳命", 謂時交擯而傳命也. 今此聘義介紹傳命, 論相聘也. 及"三讓而后傳命", 皆聘之旅擯, 亦是傳命也. 熊氏·皇氏皆以此介紹傳命爲朝之交擯. 今此聘義不釋朝, 乃於聘義之中而記朝之傳命, 理爲不可. 又鄭此注傳其聘君之命, 其義分明, 熊氏·皇氏之說未可善也. 云"三讓而後入廟門"者, 按聘禮入廟門之時, 無三讓之文, 不備也. 云"讓主人廟受也"者, 解入廟門三讓之意·主人於廟受賓之禮, 言賓不敢當其廟受, 故云"讓主人之廟受也". 引小行人職者, 證大客來, 主人有擯迎之法.

번역 ◎鄭注: "此揖"~"其辭". ○정현이 "이곳에서 '읍(揖)'을 한다고 하고 '양(讓)'을 한다고 했는데, 이러한 행위의 주체는 빈객을 뜻한다."라고 했는데, 이 말이 사실임을 알 수 있는 이유는 세 차례 사양을 한 이후에 명령을 전달하고, 세 차례 사양을 한 이후에 묘문(廟門)으로 들어서는데, 모두 빈객이 먼저 사양을 하게 되기 때문이다. 세 차례 읍을 하고 계단에 당도하게 되면, 세 차례 사양을 한 이후에 올라가게 되는데, 비록 주인이 먼저 올라가게 되지만, 이러한 경우에 있어서도 모두 빈객이 먼저 사양을 한 이후에 주인이 사양을 하게 된다. 만약 빈객이 사양을 하지 않는다면, 세 차례까지 반복되지 못한다. 이것은 읍을 하고 사양을 하는 일들에 있어서, 모든 경우 빈객이 주체가 됨을 나타낸다. 그렇기 때문에 "이곳에서 '읍(揖)'을 한다고 하고 '양(讓)'을 한다고 했는데, 이러한 행위의 주체는 빈객을 뜻한다."라고 말한 것이다. 정현이 "세

7) '명(命)'자에 대하여. 『십삼경주소(十三經注疏)』 북경대 출판본에서는 "'명'자는 본래 '운(云)'자로 기록되어 있었는데, 『의례』「빙례(聘禮)」편의 주 기록에 근거해서 글자를 고쳤다."라고 했다.

차례 사양을 한 이후에 명령을 전달한다고 했는데, 빈객이 묘문(廟門)에 도달하여, 주인이 그 사안에 대해서 청해 물어볼 때를 뜻한다."라고 했는데, 정현은 세 차례 사양을 한 이후에야 명령을 전달하는 예법 절차가 있게 되는데, 이것은 곧 빈객이 주인집의 대문에 당도하여, 주인이 그 사안에 대해서 청해 물어보는 시기에 해당한다고 풀이한 것이다. 『의례』「빙례(聘禮)」편을 살펴보면, 빈객이 대문에 당도하게 되면, 주인은 빈(擯)을 도열시켜서, 찾아온 사안에 대해서 청해 묻게 된다. 이곳에서는 '묘문(廟門)'이라고 언급했는데, '묘(廟)'자를 덧붙인 것은 아마도 잘못 기록된 것 같다. 『의례』「향음주례(鄕飮酒禮)」편에 대한 정현의 주를 살펴보면, "사안이 동일할 때 사양을 하는 것에 대해서는 '양(讓)'이라 부르고, 사안이 다를 때 사양을 하는 것에 대해서는 '사(辭)'라고 부른다."[8]라고 했다. 즉 이 말은 주인이 큰 빈객에 대한 예법으로 빈객을 예우하면, 빈객은 큰 빈객에 대한 예법을 감당할 수 없게 되는데, 이러한 경우는 '사안이 다른 경우'에 해당하므로, 마땅히 '삼사(三辭)'라고 해야 한다. 그런데 이곳에서는 '삼양(三讓)'이라고 했다. 그 이유는 정현은 『의례』에 대해서 앞뒤의 기록을 통해 그 용례를 정립한 것일 뿐이다. 이곳에서 '삼양(三讓)'이라고 한 것은 『예기』를 기록한 자의 말인데, '사(辭)'자와 '양(讓)'자는 그 의미가 또한 서로 통용된다. 정현이 "곧 자신의 군주가 내린 빙문(聘問)의 명령을 전달하게 된다."라고 했는데, 이것은 경문에 기록된 "명령을 전달한다."라는 말에 대해서 풀이한 기록이다. 『의례』「빙례」편에 대한 정현의 주를 살펴보면, "빈객으로부터 말개(末介)에 이르기까지, 상빈(上擯)으로부터 말빈(末擯)에 이르기까지, 또한 서로의 거리는 3장(丈) 6척(尺)이 된다."[9]라고 했으니, 빈객은 곧 빙문을 보낸 군주의 명령을 상빈에게 전달하는 것이다. 그렇기 때문에 "군주가 내린 빙문의 명령을 전달한다."라고 말한 것이다. 『주례』「사의(司儀)」편의 직무 기록을 살펴보면, 두 나라의 제후가 서로 만나보는 경우라면, 부관들끼리 서로 말을 전달하게 되고, 만약 신하가 사신으로 가서

8) 이 문장은 『의례』「향음주례(鄕飮酒禮)」편의 "主人坐, 奠爵于階前. 辭."라는 기록에 대한 정현의 주이다.

9) 이 문장은 『의례』「빙례(聘禮)」편의 "卿爲上擯, 大夫爲承賓, 士爲紹擯. 擯者出請事."라는 기록에 대한 정현의 주이다.

다른 나라의 제후를 빙문하는 경우라면, 부관 무리들만 도열하고 말은 전달하지 않는다고 했다. '교빈전명(交擯傳命)'에 대해서, 「빙례」편에 대한 정현의 주에서는 "명령을 전달할 때, 각각 본래 명령을 받는 방향으로 하고 있다가 방향을 돌려서 명령을 전달하여, 아래로 내려 보내고, 가장 끝에 도달하게 되면, 명령을 받는 쪽으로 향했다가 몸을 다시 돌려서 명령을 전달하여, 위로 올려 보내고, 또한 명령을 받고서, 그 명령을 전달하며 아래로 보낸다."[10]라고 했다. 여빈(旅擯)을 할 때에는 위아래로 서로 전달하지 않고, 단지 빈객 및 상빈(上擯)이 서로 마주보고 말을 하게 된다. '교빈(交擯)'의 방법과 '여빈(旅擯)'의 방법이 비록 다르지만, 총괄적으로 말을 하게 된다면, 이 모두는 명령을 전달하는 것이 된다. 그렇기 때문에 「빙례」편에 대한 정현의 주에서는 이곳 문장에 기록된 "개(介)들이 연이어서 명령을 전달한다."라는 문장을 인용했던 것이니, 이 말은 곧 때에 따라 교빈(交擯)의 방법으로 명령을 전달한다는 뜻이 된다. 그런데 이곳 「빙의」편의 내용은 개(介)들이 연이어서 명령을 전달한다고 했으니, 이것은 서로 빙문을 했을 때에 대해 논의한 것이다. 그리고 "세 차례 사양을 한 이후에 명령을 전달한다."라고 한 말은 모두 빙(聘) 중에서도 여빈(旅擯)의 방법을 사용할 때에 해당하니, 이 또한 명령을 전달하는 일에 해당한다. 웅안생[11]과 황간[12]은 모두 이러한 개(介)가 늘어서서 명령을 전달하는 방법을 조(朝)를 할 때의 교빈(交擯)하는 방법이라고 여겼다. 그런데 이곳 「빙의」편은 조(朝)에 대해서는 설명하고 있지 않으니, 두 사람의

---

10) 이 문장은 『의례』「빙례(聘禮)」편의 "卿爲上擯, 大夫爲承賓, 士爲紹擯. 擯者出請事."라는 기록에 대한 정현의 주이다.

11) 웅안생(熊安生, ?~A.D.578) : =웅씨(熊氏). 북조(北朝) 때의 경학자이다. 자(字)는 식지(植之)이다. 『주례(周禮)』, 『예기(禮記)』, 『효경(孝經)』 등 많은 전적에 의소(義疏)를 남겼지만, 모두 산일되어 남아 있지 않다. 현재 마국한(馬國翰)의 『옥함산방집일서(玉函山房輯佚書)』에 『예기웅씨의소(禮記熊氏義疏)』 4권이 남아 있다.

12) 황간(皇侃, A.D.488~A.D.545) : =황씨(皇氏). 남조(南朝) 때 양(梁)나라의 경학자이다. 『주례(周禮)』, 『의례(儀禮)』, 『예기(禮記)』 등에 해박하여, 『상복문구의소(喪服文句義疏)』, 『예기의소(禮記義疏)』, 『예기강소(禮記講疏)』 등을 지었지만, 현재는 전해지지 않는다. 그 일부가 마국한(馬國翰)의 『옥함산방집일서(玉函山房輯佚書)』에 수록되어 있다.

주장은 곧 「빙의」편의 내용 속에 조(朝)를 하며 명령을 전달하는 조목을 기술한 것이 되므로, 이치상 불가한 일이다. 또한 정현은 이곳 주석에서 빙문을 보낸 군주의 명령을 전달한다고 했으니, 그 의미가 매우 분명하다. 따라서 웅안생과 황간의 주장은 합당하지 못하다. 정현이 "세 차례 사양을 한 이후에 묘문으로 들어간다."라고 했는데, 「빙례」편을 살펴보면, 묘문으로 들어갈 때 세 차례 사양을 한다는 기록이 없다. 그 이유는 「빙례」편의 기록이 간략히 기록되었기 때문이다. 정현이 "주인이 묘문으로 들이는 것에 대해 사양을 하는 것이다."라고 했는데, 이 말은 묘문으로 들어설 때 세 차례 사양을 하는 의미와 주인이 묘에서 빈객을 안으로 들이는 예법에 대해 풀이한 말이니, 곧 빈객은 주인이 묘로 본인을 들이는 예우에 대해 감당할 수 없다는 뜻이다. 그렇기 때문에 "주인이 묘문으로 들이는 것에 대해 사양을 하는 것이다."라고 말한 것이다. 정현이 『주례』「소행인(小行人)」편의 직무 기록을 인용한 이유는 큰 빈객이 찾아왔을 때, 주인에게는 빈(擯)을 두어서 빈객을 맞이해야 하는 예법이 있음을 증명하기 위한 것이다.

集解 敖氏繼公曰: 於賓入門左而揖; 參分庭一, 在南而揖; 又偕行至參分庭一, 在北而揖, 是三揖也. 賓至西方之中庭, 公乃與之偕行.

번역 오계공[13]이 말하길, 빈객이 문으로 들어서서 좌측으로 갈 때 읍을 하고, 마당을 3등분 했을 때 1만큼 도달하면 남쪽에 위치하여 읍을 하며, 또한 함께 나아가 3분의 1만큼을 더 갔을 때 북쪽에 위치하여 읍을 하니, 이것이 세 차례 읍을 하는 것이다. 빈객이 마당 중 남쪽 부근에 도달하게 되면, 군주는 그와 함께 나아가게 된다.

集解 愚謂: 三讓而后傳命者, 賓見主君, 使上卿請事, 不敢當而讓之, 三讓不得命, 乃傳其君之聘命也. 事同曰讓, 事異曰辭. 此宜曰辭, 而曰讓者, 辭·讓

13) 오계공(敖繼公, ?~?) : 원(元)나라 때의 학자이다. 자(字)는 군선(君善)·군수(君壽)이다. 이름이 계옹(繼翁)이었다고 하기도 한다. 저서로는 『의례집설(儀禮集說)』 등이 있다.

亦通名爾. 按聘禮, "卿爲上擯, 大夫爲承擯, 士爲紹擯. 擯者出請事, 公皮弁, 迎賓于大門內, 大夫納賓." 是始而請事, 繼而納賓者惟上擯, 而承擯·紹擯未嘗出也. 然則謂"讓主君陳擯"者, 不然矣. 三讓而后入廟門者, 謂"入及廟門, 公揖, 入, 立於中庭", "擯者納賓", 於此時而賓與擯者三讓也. 凡賓主相與入門, 皆主先入以道賓, 三讓者, 擯者以先入讓賓, 賓三讓, 然後擯者先入而賓從之也. 按聘禮賓入門, "公揖, 入, 每門每曲揖." 若讓廟受, 則與公每門每曲揖時當讓; 若至廟門, 則蚤知其當廟受, 不必讓矣, 故知讓非讓廟受也. 三揖而后至階者, 賓與主君相與揖也. 賓入廟門時, 公先立於中庭, 賓至西方之中庭, 公乃與之偕行. 前二揖, 公立於其位而與賓揖; 後一揖, 公乃與賓偕行而揖也. 三讓而后升者, 賓與主君讓升也. 凡升階, 亦皆主人先升而賓從, 賓與主君將升, 主君以先升讓賓, 賓三讓, 而後主君先升也. 凡此揖讓之禮, 皆聘賓所以致尊讓於主國也. 三讓而后傳命, 三讓而后入廟門, 聘禮皆無此文, 不備也.

번역 내가 생각하기에, "세 차례 사양을 한 이후에 명령을 전달한다."라고 했는데, 빈객이 빙문을 받은 군주를 찾아뵙게 되면, 상경을 시켜서 찾아온 일을 청해 묻는데, 그 예법을 감당할 수 없어서 사양을 하고, 세 차례 사양을 했음에도 허락을 받지 못하면, 그제야 군주가 빙문으로 보낸 명령을 전달하는 것이다. 사안이 동일할 때 사양하는 것에 대해서는 '양(讓)'이라 부르고, 사안이 다를 때 사양하는 것에 대해서는 '사(辭)'라고 부른다. 이곳에서는 마땅히 사(辭)라고 해야 함에도 양(讓)이라고 말한 것은 사(辭)자와 양(讓)자는 통용되는 명칭이기 때문이다. 『의례』「빙례(聘禮)」편을 살펴보면 "경은 상빈(上擯)이 되고, 대부는 승빈(承擯)이 되며, 사는 소빈(紹擯)이 된다. 빈(擯)은 밖으로 나와서 찾아온 사안에 대해 청해 묻고, 군주는 피변(皮弁)을 입고서 대문 안쪽에서 빈객을 맞이하며, 대부가 빈객을 안으로 들인다."[14]라고 했다. 이것은 처음에 찾아온 사안을 청해 묻고, 이어서 빈객을 들이는 것은 오직 상빈일 뿐이며, 승빈이나 소빈은 일찍이 밖으로 나간 적이 없다. 그렇다면 "빙문을 받은 군주가 빈(擯)들을 도열시키는 것

14) 『의례』「빙례(聘禮)」 : 卿爲上擯, 大夫爲承賓, 士爲紹擯. 擯者出請事. 公皮弁, 迎賓于大門內. 大夫納賓.

에 대해 사양한다."라고 한 말은 사실과 다르다. 세 차례 사양을 한 이후 묘문으로 들어간다고 했는데, "들어가서 묘문에 당도하면, 군주가 읍을 하고 들어가서 마당에 선다."[15]라고 한 말에 해당하고, "빈(擯)이 빈객을 들인다."라고 했는데, 이 시기에 빈객과 빈(擯)이 세 차례 사양하는 것이다. 빈객과 주인은 함께 문으로 들어가는데, 모두 주인이 먼저 들어가서 빈객을 인도하게 되며, 세 차례 사양을 함에 있어서는 빈(擯)이 먼저 들어가길 빈객에게 사양하고, 빈객이 세 차례 사양을 한 연후에 빈(擯)이 먼저 들어가고 빈객이 그를 뒤따르는 것이다. 「빙례」편을 살펴보면 빈객이 문으로 들어섰을 때, "군주가 읍을 하고 들어가서 문과 곡(曲)마다 읍을 한다."[16]라고 했다. 만약 묘로 들이는 것을 사양하는 경우라면, 군주와 함께 문과 곡(曲)에 당도할 때마다 읍을 할 때 사양을 해야 하며, 만약 묘문에 당도한 경우라면 묘로 들이는 것을 미리 예측해서 알 수 있기 때문에 반드시 사양할 필요는 없다. 그렇기 때문에 사양을 한다는 것이 묘로 들이는 일에 대해 사양하는 것이 아님을 알 수 있다. 세 차례 읍을 한 이후에 계단에 당도한다고 했는데, 빈객과 빙문을 받은 군주가 서로 읍을 하는 것이다. 빈객이 묘문으로 들어갔을 때, 군주는 앞서 마당에 서 있게 되고, 빈객이 마당의 서쪽에 도착했을 때, 군주는 그와 함께 걸어가게 된다. 앞서 두 차례 읍을 하는데, 군주는 자신의 자리에 서서 빈객과 읍을 하는 것이며, 이후에 한 차례 읍을 하는데, 군주가 빈객과 함께 걸어가며 읍을 하는 것이다. 세 차례 사양을 한 이후에 올라간다고 했는데, 빈객과 빙문을 받은 군주가 사양을 하며 올라가는 것이다. 계단을 오를 때에도 모든 경우에 있어서 주인이 먼저 올라가고 빈객이 뒤따르니, 빈객과 빙문을 받은 군주가 계단을 오르려고 할 때, 빙문을 받은 군주는 먼저 올라가길 빈객에게 사양하고, 빈객이 세 차례 사양을 한 이후에 빙문을 받은 군주가 먼저 올라가는 것이다. 이러한 읍과 사양하는 예법은 모두 빙문으로 찾아온 빈객이 빙문을 받은 제후국에 대해 존귀하게 높이고 사양하는 예법을 지극히 하는 방법이다. 세 차례 사양을

15) 『의례』「빙례(聘禮)」: 及廟門, 公揖入, 立于中庭.
16) 『의례』「빙례(聘禮)」: 公揖入, 每門·每曲揖.

한 이후에 명령을 전달하고, 세 차례 사양을 한 이후에 묘문으로 들어간다는 일에 대해서 「빙례」편에는 모두 이 기록들이 없는데, 문장을 자세히 기록하지 않았기 때문이다.

참고 구문비교

예기 · 빙의 三讓而后傳命, 三讓而后入廟門, 三揖而后至階, 三讓而后升, 所以致尊讓也.

대대례기 · 조사(朝事) 三讓而後傳命, 三讓而後入廟門, 三揖而後至階, 三讓而後升, 所以致尊讓也.

예기 · 향음주의 三揖而后至階, 三讓而后升, 所以致尊讓也.

참고 『예기』「향음주의(鄕飮酒義)」 기록

경문-696b 鄕飮酒之義: 主人拜迎賓于庠門之外, 入, 三揖而后至階, 三讓而后升, 所以致尊讓也. 盥洗揚觶, 所以致絜也. 拜至·拜洗·拜受·拜送·拜旣, 所以致敬也. 尊讓·絜·敬也者, 君子之所以相接也. 君子尊讓則不爭, 絜·敬則不慢; 不慢不爭, 則遠於鬪辨矣. 不鬪辨, 則無暴亂之禍矣. 斯君子所以免於人禍也.

번역 향음주례(鄕飮酒禮)의 의미를 설명해보자면, 주인은 향(鄕)의 학교인 상(庠)의 문밖에서 빈객에게 절을 하며 맞이하고, 안으로 들어와서는 세 차례 읍을 한 이후에 계단에 도달하며, 세 차례 사양을 한 이후에 당상에 오르니, 존귀하게 대하며 겸양하는 도의를 다하는 방법이다. 손과 술잔을 물로 닦고서 치(觶)를 드는 것은 청결함을 다하는 방법이다. 배지(拜至)·배세(拜洗)·배수(拜受)·배송(拜送)·배기(拜旣)를 하는 것은 공경함을 다하는 방법이다. 존귀하게 대하고 겸양을 하며, 청결하게 하고, 공경하는 것은 군자가 서로를 대접하는 방법이다. 군자가 존귀하게 대하며 겸양을 한다면 다투지 않게 되고, 청결하게 하고 공경한다면 태만해지지 않으며, 태만하지 않고 다투지 않는다면 싸움과 멀어진다. 싸우지 않는다면 난폭하게 되고 혼란스럽게 되는 화근이 없게 된다. 이것이 군자가 인위적인 재앙에서 벗어날 수 있는 이유이다.

鄭注 庠, 鄕學也. 州黨曰序. 揚, 擧也, 今禮皆作騰. 拜至, 謂始升時拜, 拜賓至. 道, 謂此禮.

번역 '상(庠)'은 향(鄕)에 있는 학교이다. 주(州)와 당(黨)에 있는 학교는 '서(序)'라고 부른다. '양(揚)'자는 "든다[擧]."는 뜻이니, 현행본 『의례』에는 모두 '등(騰)'자로 기록되어 있다. '배지(拜至)'는 처음으로 당상에 올라갔을 때 절을 하는 것으로, 빈객이 도달한 것에 대해 절을 하는 것이다. '도(道)'자는 이러한 예(禮)를 뜻한다.

참고 『주례』「추관(秋官)·소행인(小行人)」 기록

경문 凡四方之使者, 大客則擯, 小客則受其幣而聽其辭.

번역 무릇 사방에서 찾아온 사신들의 경우, 큰 빈객인 경우에는 빈(擯)을 하고, 작은 빈객인 경우에는 그 폐물을 받고, 그 말을 듣는다.

鄭注 擯者, 擯而見之王, 使得親言也. 受其幣者, 受之以入告其所爲來之事.

번역 '빈(擯)'이라는 것은 보좌하여 천자를 뵙게 해서 그로 하여금 직접 말을 할 수 있도록 하는 것이다. 폐물을 받는 것은 그것을 받아들고 들어가서 찾아오게 된 사안에 대해 아뢰는 것이다.

賈疏 ●"凡四"至"其辭". ○釋曰: 云"凡四方之使者", 此文與下爲目, 則於大小客而言也. "大客則擯"者, 大客, 則大行人云"大客之儀", 一也. 彼鄭云:

"大賓, 要服以內諸侯, 大客謂其孤卿", 則此大客爲要服以內諸侯之使臣也, 小客謂蕃國諸侯之使臣也.

번역 ●經文: "凡四"～"其辭". ○'무릇 사방에서 찾아온 사신들'이라고 했는데, 이것은 이 문장과 아래문장에 대한 항목이 되니, 큰 빈객이나 작은 빈객에 대해 말한 것이다. "큰 빈객인 경우에는 빈(擯)을 한다."라고 했는데, '대객(大客)'이라는 것은 『주례』「대행인(大行人)」편에서 '큰 빈객에 대한 거동의칙'[17]이라고 했을 때의 큰 빈객과 같다. 「대행인」편에 대한 정현의 주에서는 "대빈(大賓)이란 요복(要服)[18] 이내의 제후를 뜻하고, 대객(大客)은 그들에게 소속된 고(孤)나 경을 뜻한다."라고 했으니, 여기에서 말한 대객(大客)은 요복 이내의 제후가 사신으로 보낸 신하를 뜻하고, 소객(小客)은 번국(蕃國)의 제후가 사신으로 보낸 신하를 뜻한다.

賈疏 ◎注"擯者"至"之事". ○釋曰: 云"擯者, 擯而見之王, 使得親言也"者, 則時聘殷頫之時, 行旅擯入見王, 王與使之親言也. 云"受其幣者, 受之以入告其所爲來之事"者, 蕃國諸侯雖子男, 皆是中國之人, 鄭義, 此皆在朝之卿大夫有過, 放之於四夷爲諸侯, 卿爲子, 大夫爲男, 是以世一見. 來時, 王親見之. 蕃國之使臣本是夷人, 不能行禮, 故直聽其辭而已.

---

17) 『주례』「추관(秋官)·대행인(大行人)」: 大行人; 掌大賓之禮及<u>大客之儀</u>, 以親諸侯.

18) 요복(要服)은 위복(衛服)과 이복(夷服) 사이에 있는 땅을 뜻한다. 천자의 수도 밖으로 사방 2500리(里)와 3000리 사이에 있었던 땅을 가리킨다. '요복'의 '요(要)'자는 결속시킨다는 뜻으로, 중원의 문화를 수호하며 지킨다는 의미이다. '복(服)'자는 천자를 위해 복종한다는 뜻이다. 한편 '요복'은 '만복(蠻服)'이라고도 부른다. '만복'의 '만(蠻)'자는 오랑캐들의 지역과 인접해 있기 때문에 붙여진 명칭으로, 교화를 베풀어 오랑캐들도 교화되도록 한다는 뜻이다. 『서』「우서(虞書)·우공(禹貢)」편에는 "五百里<u>要服</u>."이라는 기록이 있고, 이에 대한 공안국(孔安國)의 전(傳)에서는 "綏服外之五百里, 要束以文敎."라고 풀이했으며, 『주례』「하관(夏官)·직방씨(職方氏)」편에는 "又其外方五百里曰衛服, 又其外方五百里曰<u>蠻服</u>, 又其外方五百里曰夷服."이라는 기록이 있고, 이에 대한 가공언(賈公彦)의 소(疏)에서는 "言蠻者, 近夷狄, 蠻之言縻, 以政敎縻來之, 自北已下皆夷狄."이라고 풀이했다.

번역 ◎鄭注: "擯者"~"之事". ○정현이 "'빈(擯)'이라는 것은 보좌하여 천자를 뵙게 해서 그로 하여금 직접 말을 할 수 있도록 하는 것이다."라고 했는데, 시빙(時聘)[19]이나 은조(殷覜)[20]를 할 때, 여빈(旅擯)[21]을 시행하고 들어가서 천자를 뵈며, 천자가 사신으로 찾아온 자들과 친히 말하는 것을 뜻한다. 정현이 "폐물을 받는 것은 그것을 받아들고 들어가서 찾아오게 된 사안에 대해 아뢰는 것이다."라고 했는데, 번국(蕃國)의 제후는 비록 자작이나 남작의 작위에 해당하지만 모두 중국에 속한 사람들이다. 정현의 의중은 이들 모두는 천자의 조정에 속한 경이나 대부에 대한 처우보다 지나친 점이 있어, 사방 오랑캐 중 제후의 신분이 된 자에 견주어서, 경은 자작으로 여기고 대부는 남작으로 여기니, 이러한 까닭으로 세대마다 한 번 찾아뵙는 것으로 여긴 것이다. 이들이 찾아왔을 때 천자는 직접 그들을 만나보게 된다. 번국의 사신은 본래 오랑캐에 해당하여 예법을 제대로 시행할 수 없다. 그렇기 때문에 단지 그들의 말만을 들을 따름이다.

참고 『의례』「향음주례(鄕飮酒禮)」 기록

경문 主人坐奠爵于階前, 辭.

번역 주인은 앉아서 계단 앞에 술잔을 내려놓고 빈객이 뒤따라 내려오는 것을 사양한다.

鄭注 重以己事煩賓也. 事同曰讓, 事異曰辭.

---

19) 시빙(時聘)은 천자에게 특별한 일이 발생했을 때, 제후들이 사신을 파견해서 빙문(聘問)하는 것을 뜻한다.

20) 은조(殷覜)는 하나의 복(服)에 속한 제후들이 조회를 하는 해에 다른 복(服)에 속한 제후들도 사신을 보내 천자를 찾아뵈어, 대규모로 조회하는 것을 뜻한다.

21) 여빈(旅擯)은 빙문(聘問) 등의 의례에서, 상대방이 도착했을 때, 문 앞에 부관에 해당하는 개(介)나 빈(擯) 등이 도열하는 것을 뜻한다. 그러나 개나 빈을 통해 말을 전달하지는 않는다.

번역 자신이 시행하는 일로 인해 빈객을 번거롭게 만드는 것을 조심하기 때문이다. 사안이 동일할 때 사양하는 것은 '양(讓)'이라 부르고, 사안이 다를 때 사양하는 것은 '사(辭)'라고 부른다.

賈疏 ◎注"重以"至"曰辭". ○釋曰: 主人獻賓, 乃是主人事, 故云"重以己事煩賓也". 云"事同曰讓, 事異曰辭"者, 事同, 謂若上文主人與賓俱升階, 而云三讓是也; 事異, 若此文主人有事, 賓無事, 是事異則曰辭. 此對文爲義, 若散文則通. 是以周禮·司儀云: "主君郊勞, 交擯, 三辭, 車逆, 拜辱, 三揖, 三辭, 拜受." 注云: "三辭重者, 先辭, 辭其以禮來於外, 後辭, 辭升堂." 事同而云辭, 是其通也.

번역 ◎鄭注: "重以"~"曰辭". ○주인이 빈객에게 술을 따라서 바치는 것은 주인의 일이다. 그렇기 때문에 정현이 "자신이 시행하는 일로 인해 빈객을 번거롭게 만드는 것을 조심하기 때문이다."라고 했다. 정현이 "사안이 동일할 때 사양하는 것은 '양(讓)'이라 부르고, 사안이 다를 때 사양하는 것은 '사(辭)'라고 부른다."라고 했는데, 사안이 동일하다는 것은 앞에서 주인과 빈객이 모두 계단을 오르며 세 차례 양(讓)을 한다고 했던 부류와 같다. 사안이 다르다는 것은 이곳에서 주인은 시행할 일이 있지만 빈객은 시행할 일이 없는 것과 같으니, 이것은 사안이 다른 것이기 때문에 '사(辭)'라고 했다. 이곳에서는 문장을 대비시켜서 그 의미를 드러낸 것이지만, 만약 범범하게 말하게 된다면 두 글자는 통용된다. 이러한 까닭으로 『주례』「사의(司儀)」편에서는 "빙문을 받은 나라의 군주는 교외에서 노(勞)를 하고, 상호의 부관들이 늘어서 명령을 전달하며, 3번의 사양을 하고, 수레를 이용해 맞이하며, 욕되이 찾아온 것에 대해 절을 하고, 3번의 읍을 하고 3번의 사양을 하며, 절을 하며 받는다."라고 했고, 정현의 주에서는 "3번 사양한다는 말이 중복되어 있는데, 앞서 사양한 것은 밖에서 예물을 가지고 찾아온 것에 대해 사양하는 것이며, 이후에 사양한 것은 사양을 하여 당상에 오르는 것이다."라고 했다. 이것은 사안이 동일한데도 '사(辭)'라고 말한 것이니, 통용해서 사용함을 나타낸다.

참고 『의례』「빙례(聘禮)」 기록

경문 卿爲上擯, 大夫爲承擯, 士爲紹擯. 擯者出請事.

번역 빙문을 받은 나라의 경은 상빈(上擯)이 되고, 대부는 승빈(承擯)이 되며, 사는 소빈(紹擯)이 된다. 빈(擯)은 밖으로 나가서 찾아온 사안을 청해 묻는다.

鄭注 擯, 謂主國之君所使出接賓者也. 紹, 繼也, 其位相承繼而出也. 主君, 公也, 則擯者五人; 侯伯也, 則擯者四人; 子男也, 則擯者三人. 聘義曰: "介紹而傳命, 君子於其所尊不敢質, 敬之至也." 旣知其所爲來之事, 復請之者, 賓來當與主君爲禮, 爲其謙不敢斥尊者, 啓發以進之. 於是時, 賓出次, 直闑西, 北面. 上擯在闑東閾外, 西面. 其相去也, 公之使者七十步, 侯伯之使者五十步, 子男之使者三十步. 此旅擯耳, 不傳命. 上介在賓西北, 東面. 承擯在上擯東南, 西面, 各自次序而下. 末介·末擯, 旁相去三丈六尺. 上擯之請事, 進南面, 揖賓俱前, 賓至末介, 上擯至末擯, 亦相去三丈六尺. 止揖而請事, 還入告于公. 天子諸侯朝覲, 乃命介紹傳命耳. 其儀, 各鄕本受命, 反面傳而下, 及末, 則鄕受之, 反面傳而上. 又受命傳而下, 亦如之. 此三丈六尺者, 門容二徹參个, 旁加各一步也. 今文無擯.

번역 '빈(擯)'은 빙문을 받은 나라의 군주가 임무를 맡겨 밖으로 나가 빈객을 접대하도록 시킨 자이다. '소(紹)'자는 "잇다[繼]."는 뜻이니, 그 자리는 서로 연이어져서 바깥 방향으로 도열되는 것이다. 빙문을 받은 나라의 군주가 공작의 신분이라면 빈(擯)은 5명이고, 후작이나 백작이라면 빈(擯)은 4명이며, 자작이나 남작이라면 빈(擯)은 3명이다. 「빙의」편에서는 "개(介)가 연이어 늘어서서 명령을 주고받으니, 군자는 존귀하게 높이는 대상에 대해 감히 마주할 수 없는 것이며, 이처럼 하는 것은 공경함을 지극히 나타내는 것이다."라고 했다. 이미 찾아온 연유에 대해 알고 있으면서 재차 청해 묻는 것은 빈객이 찾아왔다면 빙문을 받은 군주와 의례를 시행해야 하는데, 감히 존귀한 자와 마주하지 못할까 염려하기 때문에, 그 뜻을 열어주어 진작시킨 것이다. 이 시기에 빈객은 임시로 머물던 곳에서 나와 문의 말뚝 서쪽에서 북쪽을 바라보게 된다. 상빈(上擯)은 문 말뚝의 동쪽에서 문지방 바깥에 서서 서쪽을 바라본다. 서로 거리를 벌림에 있어서 공작의 사신은 70보를 벌리고, 후작이나 백작의 사신은 50보를 벌리며, 자작이나 남작의 사신은 30보를 벌린다. 이러한 경우에는 여빈(旅擯)만 할 뿐이며 명령을 전달하지는 않는다. 상개(上介)는 빈객의 서북쪽에서 동쪽을 바라본다. 승빈(承擯)은 상빈(上擯)의 동남쪽에서 서쪽을 바라보며, 각각 순차에 따라 아래로 도열한다. 말개(末介)와 말빈(末擯)은 측면의 거리가 3장(丈) 6척(尺)이다. 상빈(上擯)이 무슨 연유로 찾아왔는지 청해 물을 때에는 앞으로 나아가 남쪽을 바라보며 빈객에게 읍을 하여 함께 앞으로 가며, 빈객이 말개(末介)가 있는 곳에 당도하고 상빈(上擯)이 말빈(末擯)이 있는 곳에 당도했을 때에도 서로간의 거리는 3장 6척이다. 멈춰서 읍을 하고 어떤 연유로 찾아왔는지 청해 묻고 돌아서서 안으로 들어가 군주에게 그 사실을 아뢴다. 천자와 제후가 조근(朝覲)을 하게 되면 개(介)에게 명령하여 연이어 서서 명령을 전달할 따름이다. 그 의례에 있어서는 각각 그 말이 전해지는 방향을 향하여 명령을 받고 얼굴을 돌려 말을 전하여 밑으로 내려가고, 끝에 이르게 되면 다시 전해지는 곳을 향하여 명령을 받고 얼굴을 돌려 말을 전하여 위로 올라가게 된다. 또한 명령을 받아 전달해서 밑으로 내려갈 때에도 이처럼 한다. 이곳에서 3장 6척이라고 한 것은 문은 2개의 수레바퀴 폭에 3배를 한 것과 측면으로 각각 1보씩을 더한 너비가 되기 때문이다. 금문에는 빈(擯)자가 없다.

賈疏 ●"卿爲"至"請事". ◎注"擯謂"至"無擯". ○釋曰: 此擯陳在主國大門外, 主君之擯與賓之介東西相對, 南北陳之. 云"其位相承繼而出也"者, 從門向南陳, 爲繼而出. 云"主君, 公也, 則擯者五人; 侯伯也, 則擯者四人; 子男也, 則擯者三人"者, 按周禮·大行人天子待諸侯, 云上公之禮擯者五人, 侯伯之禮擯者四人, 子男則擯者三人. 今以諸侯待聘賓, 用天子待己之擯數者, 以諸侯自相待, 無文, 鄭以意解之. 但天子尊, 得分辨諸侯尊卑以待之. 諸侯卑,降天子, 不敢分辨. 前人故據己國大小而爲擯數, 且春秋又有大國朝焉, 小國聘焉, 又有卿出並聘之事, 則小國有朝大國法, 無大國下朝小國之禮. 若相聘問, 大小皆得. 若然, 待其臣, 據此文與待君等, 天子待諸侯之臣亦宜與君同也. 又按周禮大宗伯爲上擯, 小行人爲承擯, 覲禮嗇夫爲末擯, 若待子男, 三人足矣. 若侯伯少一人, 待上公少二人, 一人·二人, 皆以士充數也. 引聘義者, 按彼鄭注: "質, 謂正自相當." 故設擯介通情乃相見, 是敬之至. 引之者, 證須擯介之意也. 云"旣知其所爲來之事"者, 在道已遣士請事·大夫問行郊勞致館之等, 是足知來事矣. 云"復請之者, 賓來當與主君爲禮, 爲其謙不敢斥尊者, 啓發以進之"者, 亦解所以立擯介通情, 及進相見之義也. 云"於是時, 賓出次, 直闑西, 北面"者, 按玉藻云: "君入門, 介拂闑, 大夫中棖與闑之間, 士介拂棖." 此謂朝君. 又云"賓入不中門", 此謂聘賓, 云不中門, 則此闑西北面者. 若然, 聘賓入門, 還依作介入時同, 亦拂闑也. 云"上擯在闑東閾外, 西面"者, 主位在東, 故賓在闑西. 上擯在闑東, 以擯位並門東西面, 故上擯亦西面向君也. 云"其相去也, 公之使者七十步, 侯伯之使者五十步, 子男之使者三十步"者, 此依大行人云: "諸侯之卿, 其禮各下其君二等." 鄭注云: "所下者, 介與賓主之間." 是以步數與介數亦降二等也. 云"此旅擯耳"者, 按司儀云"三問, 旅擯", 鄭云: "旅, 陳, 陳擯介, 不傳辭." 故鄭此云不傳命也. 若然, 上注下注皆引聘義云"介紹而傳命"者, 若交擯傳命, 則是賓介傳命. 此旅擯傳命者, 直是賓來至末介下, 對上擯傳本君之命也. 其介相紹繼, 則交擯旅擯同, 唯傳命, 不傳辭, 有異矣. 是以司儀云: "及將幣交擯." 鄭注亦引聘義"介紹而傳命"爲證, 以其皆是相連繼於位也. 云"上介在賓西北, 東面. 承擯在上擯東南, 西面", 此謂賓直闑西北面, 主君在門內南面, 列位時云西北東南者, 據賓西北望上介, 介仍向正北陳之矣. 上擯東南望承擯等, 仍向正南陳之矣. 不謂介西北邪陳, 擯東南向邪陳也. 云"各自次序而下"者, 賓之介或七, 或五, 或三, 從南向北, 次序上次, 下至末介; 主人之擯, 或五, 或四, 或三, 從承擯向南上次, 下至末擯也; 東西相去三丈六尺. 云"上擯之請事, 進南面, 揖賓俱前"者, 謂上擯入, 向公前北面受命, 出門南面遙揖賓使前, 擯者漸南行, 賓至末介北, 東面, 上擯至末擯南, 西面, 東西相去亦三丈六尺. 云"止揖而請事"者, 二人俱立定, 乃揖而請所爲來之事. 云"還入告于公"者, 賓對訖, 上擯入告公, 公乃有命納賓也. 云"天子諸侯朝覲, 乃命介紹傳命耳"者, 此引聘義文. 自此以下, 論天子諸侯交擯法. 云"紹"者, 亦謂使介相紹繼以傳命, 傳命卽擯介相傳賓主之命也. 此交擯謂在大門外, 初未迎賓時. 按曲禮注: "春夏受摯於朝, 受享於廟, 秋冬一受之於廟." 覲禮"天子不下堂而見諸侯", 則秋冬受摯·受享皆無迎法. 無迎法, 則無此交擯之義. 若春夏受摯於朝, 無迎法, 受享於廟則迎之, 故大行人云"廟中將幣三享", 鄭注: "朝, 先享不言朝者, 朝正禮, 不嫌有等也." 是正朝無迎法. 若然, 覲禮無迎法, 此云朝覲, 彼言覲者, 覲雖無迎法, 饗食則有迎法. 故齊僕云朝覲宗遇, 饗食皆乘金路, 其法儀各以其等, 爲車送逆之節, 故連覲也. 云"其儀, 各鄉本受命, 反面傳而下"者, 雖言各鄉本受命, 非一時之事, 先上擯入受命, 出, 傳與承擯, 承擯傳與末擯, 此是上擯鄉本受命. 反面傳而下, 末介向末擯邊受命傳與次介, 次介傳與上介, 上介傳與賓, 是及其末, 則鄉受之, 反面傳而上也. 云"又受命傳而下, 亦如之"者, 此乃發賓傳向主君, 一如前發主君傳而向下, 故云亦如之. 如此三回, 爲交擯三辭, 此則司儀云"諸公相爲賓, 交擯三辭"者也. 諸侯·伯·子·男相爲賓, 如諸公之儀, 其交擯則同也. 云"此三丈六尺"者, 此則却計前云相去三丈六尺. 云"門容二徹參个"者, 冬官·匠人云天子五門. 匠人直計應門, 直擧應門, 則皐·庫·雉亦同. 云"二徹參个"者, 轍廣八尺, 參个三八二十四, 門容二丈四. 云"傍加各壹步也"者, 此無正文, 但人之進退周旋, 不過再擧足一步, 故門傍各空一步, 丈二添二丈四尺, 爲三丈六尺.

번역 ●經文: "卿爲"~"請事". ◎鄭注: "擯謂"~"無擯". ○이것은 빈(擯)이 빙문을 받은 나라의 대문 밖에 도열하는 것으로, 빙문을 받은 나라 군주의 빈(擯)과 빈객의 개(介)는 동서 방향으로 서로 마주하며 남북 방향으로 도열하게 된다. 정현이 "그 자리는 서로 연이어져서 바깥 방향으로 도열되는 것이다."라고 했는데, 문으로부터 남쪽을 향해서 도열하니, 이것이 서로 연이어서 바깥 방향으로 도열하는 것이다. 정현이 "빙문을 받은 나라의 군주가 공작의 신분이라면 빈(擯)은 5명이고, 후작이나 백작이라면 빈(擯)은 4명이며, 자작이나 남작이라면 빈(擯)은 3명이다."라고 했는데, 『주례』「대행인(大行人)」편을 살펴보면 천자가 제후를 대접할 때, 상공의 예법에 있어서 빈(擯)은 5명이고, 후작과 백작의 예법에 있어서 빈(擯)은 4명이며,

자작과 남작의 경우 빈(擯)은 3명이라고 했다. 이곳에서 말한 상황은 제후가 빙문으로 찾아온 빈객을 대접하는 것인데, 천자가 제후를 대접할 때의 빈(擯) 숫자대로 사용하는 것은 제후들끼리 서로 대접할 때의 경우에 대해서는 경문 기록이 없어서, 정현이 그 의미를 추론하여 해석했기 때문이다. 다만 천자는 존귀한 신분이므로, 제후들에 대해서 신분의 고하를 구분하여 대접할 수 있다. 제후는 상대적으로 신분이 낮아서 천자보다 낮추기 때문에 감히 상대의 신분을 구별할 수 없다. 이전의 학자들은 자기 나라의 크기에 준거해서 빈(擯)의 수를 정한다고 했고, 또 『춘추』에는 대국에서는 조(朝)를 하고 소국에서는 빙(聘)을 한다는 기록이 있으며, 또 경이 출국하여 여러 나라를 빙(聘)한다는 사안이 수록되어 있으니, 소국에서는 대국에게 조(朝)를 하는 법도가 있지만, 대국에서 스스로를 낮춰 소국에게 조(朝)를 하는 예법은 없다. 만약 상호 빙문을 하는 경우라면 대국이나 소국 모두 할 수 있다. 만약 그렇다면 상대 나라의 신하를 대접할 때에는 이곳 문장에 근거하면 상대 나라의 군주를 대접할 때와 동일하니, 천자가 제후의 신하를 대접할 때에도 마땅히 그 나라의 군주를 대접하는 경우와 동일하게 해야 한다. 또 『주례』를 살펴보면 대종백(大宗伯)이 상빈(上擯)이 되고, 소행인(小行人)이 승빈(承擯)이 된다고 했으며, 『의례』「근례(覲禮)」편에서는 색부(嗇夫)가 말빈(末擯)이 된다고 했는데, 자작이나 남작을 대접하는 경우라면 세 사람이면 족하다. 후작이나 백작을 대접하는 경우보다 한 사람이 적고, 상공을 대접하는 경우보다 두 사람이 적은데, 한 사람이나 두 사람은 모두 사로 그 수를 충당하게 된다. 정현이 「빙의」편을 인용했는데, 「빙의」편에 대한 정현의 주를 살펴보면 "'질(質)'자는 정면으로 서로 마주한다는 뜻이다."라고 했다. 그렇기 때문에 빈(擯)과 개(介)를 두어 실정을 통하게 한 뒤에야 서로 만나보는 것으로, 이것은 공경함이 지극한 것이다. 이 내용을 인용한 것은 빈(擯)과 개(介)가 필요한 의미를 증명하기 위해서이다. 정현이 "이미 찾아온 연유에 대해 알고 있다."라고 했는데, 여정 중에 있을 때 이미 사를 파견하여 찾아온 연유를 청해 물었고, 대부는 행차 중에 문(問)을 하고 교외에서 노(勞)를 하며 숙소에 찾아가는 등의 절차가 진행되므로, 충분히 찾아오게 된 연유를 알 수 있다. 정현이 "재차 청해 묻는 것은 빈객이 찾아왔다면 빙문을 받은 군주와 의례를 시행해야 하는데, 감히 존귀한 자와 마주하지 못할까 염려했기 때문에, 그 뜻을 열어주어 진작시킨 것이다."라고 했는데, 이 또한 빈(擯)과 개(介)를 세워서 실정을 통하게 하고 나아가게 하여 서로 만나보게 되는 뜻을 풀이한 것이다. 정현이 "이 시기에 빈객은 임시로 머물던 곳에서 나와 문의 말뚝 서쪽에서 북쪽을 바라보게 된다."라고 했는데, 『예기』「옥조(玉藻)」편을 살펴보면 "양국의 제후가 접견을 하면, 군주가 문으로 들어설 때 얼(闑)과 정(棖) 사이로 들어가며, 개(介)는 얼(闑)을 스칠 듯한 곳에 위치하고, 대부는 정(棖)과 얼(闑) 사이에 위치하며, 사 중의 개(介)가 된 자는 정(棖)을 스칠 듯한 곳에 위치한다."[22]라고 했는데, 이것은 군주에게 조(朝)를 하는 예법을 뜻한다. 또 "경이나 대부가 빈객이 되어 빙문을 할 때에는 문의 중앙으로 들어가지 않는다."[23]라고 했는데, 이것은 빙문으로 찾아온 빈객의 경우를 뜻한다. 문의 중앙으로 들어가지 않는다고 했다면, 이곳에서 얼(闑)의 서쪽에서 북쪽을 바라본다고 한 것에 해당한다. 만약 그렇다면 빙문으로 찾아온 빈객이 문으로 들어가면 개(介)가 들어설 때와 동일하게 따랐을 것이니, 얼(闑)을 스칠 듯한 곳에 위치했을 것이다. 정현이 "상빈(上擯)은 문 말뚝의 동쪽에서 문지방 바깥에 서서 서쪽을 바라본다."라고 했는데, 주인의 자리는 동쪽에 위치한다. 그렇기 때문이 빈객은 얼(闑)의 서쪽에 있는 것이다. 상빈(上擯)은 얼(闑)의 동쪽에 있는데, 빈(擯)의 자리는 모두 문의 동쪽에서 서쪽을 바라보기 때문에, 상빈(上擯) 또한 서쪽을 바라보아 군주를 향하는 것이다. 정현이 "서로 거리를 벌림에 있어서 공작의 사신은 70보를 벌리고, 후작이나 백작의 사신은 50보를 벌리며, 자작이나 남작의 사신은 30보를 벌린다."라고 했는데, 이것은 「대행인」편의 기록에 따른 것으로, "제후들에게 소속되어 있는 경에 대해서는 그 예법을 각각 자신의 군주보다 2등급씩 낮춘다."[24]라고 했고, 정현의 주에서는 "낮추는 것은 개(介)나 빈객과 주인 사

---

22) 『예기』「옥조(玉藻)」【393a】: 君入門, 介拂闑, 大夫中棖與闑之間, 士介拂棖.
23) 『예기』「옥조(玉藻)」【393b】: 賓入不中門, 不履閾, 公事自闑西, 私事自闑東.
24) 『주례』「추관(秋官)·대행인(大行人)」: 凡諸侯之卿, 其禮各下其君二等以下, 及其大夫士皆如之.

이의 간격 등을 뜻한다."라고 했다. 이러한 까닭으로 서로 간격을 벌리는 수치와 개(介)를 두는 수치 또한 2등급씩 낮추는 것이다. 정현이 "이러한 경우에는 여빈(旅擯)만 할 뿐이다."라고 했는데, 『주례』「사의(司儀)」편을 살펴보면 "3번의 문(問)을 하고 여빈(旅擯)을 한다."[25]라고 했고, 정현은 "여(旅)자는 펼친다는 뜻으로, 빈(擯)과 개(介)를 도열만 하고 말을 전달하지 않는다."라고 했다. 그러므로 정현은 이곳 문장에 대해서 명령을 전달하지 않는다고 한 것이다. 만약 그렇다면 앞의 주석과 뒤의 주석에서는 모두 「빙의」편을 인용하여 "개(介)가 연이어 늘어서서 명령을 전달한다."라고 했는데, 교빈(交擯)[26]을 하여 명령을 전달하는 경우라면, 빈객의 개(介)가 명령을 전달하게 된다. 이곳에서 '여빈전명(旅擯傳命)'이라고 한 것은 단지 빈객이 찾아와서 말개(末介)의 끝까지 이르면 상빈(上擯)과 마주하여 자신의 군주가 전한 명령을 전달하는 것이다. 개(介)가 서로 연이어 늘어서는 것은 교빈이나 여빈이나 동일하지만, 다만 명령을 전달하거나 말을 전달하지 않는 것에 있어서 차이가 있을 뿐이다. 이러한 까닭으로 「사의」편에서는 "폐물을 가지고 갈 때가 되면 교빈을 한다."[27]라고 했고, 정현의 주에서는 또한 「빙의」편에서 "개(介)가 연이어 늘어서서 명령을 전달한다."라고 했던 말을 인용하여 증명했으니, 모두 그 자리에 있어서 서로 연이어 도열하기 때문이다. 정현이 "상개(上介)는 빈객의 서북쪽에서 동쪽을 바라본다. 승빈(承擯)은 상빈(上擯)의 동남쪽에서 서쪽을 바라본다."라고 했는데, 이것은 빈객이 얼(闑)의 서쪽에서 북쪽을 바라보고, 빙문을 받은 군주가 문의 안쪽에서 남쪽을 바라보는 것을 뜻하는데, 자리를 나열할 때에 대해서 서북이나 동남이라고 한 것은 빈객이 서쪽에서 북쪽으로 상개(上介)를 바라보고, 개는 정북방향으로 도열하는 것에 기준을 둔 것이다. 또 상빈(上擯)

25) 『주례』「추관(秋官)·사의(司儀)」 : 主國五積, 三問, 皆三辭拜受, 皆旅擯. 再勞, 三辭, 三揖, 登, 拜受, 拜送.

26) 교빈(交擯)은 빙문(聘問) 등의 의례에서, 상대방이 도착했을 때, 문 앞에 부관에 해당하는 개(介)나 빈(擯) 등이 도열하여, 명령을 전달하는 것을 뜻한다.

27) 『주례』「추관(秋官)·사의(司儀)」 : 及將幣, 交擯, 三辭, 車逆, 拜辱, 賓車進, 答拜, 三揖三讓, 每門止一相, 及廟, 唯上相入. 賓三揖三讓, 登, 再拜, 授幣, 賓拜送幣. 每事如初, 賓亦如之. 及出, 車送, 三請三進, 再拜, 賓三還三辭, 告辟.

이 동쪽에서 남쪽으로 승빈(承擯)을 바라보는 것 등도 정남방향으로 도열하는 것이 된다. 따라서 이것은 개(介)가 서북방향으로 비스듬하게 도열하거나 빈(擯)이 동남방향으로 비스듬하게 도열한다는 말이 아니다. 정현이 "각각 순차에 따라 아래로 도열한다."라고 했는데, 빈객의 개(介)는 7명일 경우도 있고 5명일 경우도 있으며 3명일 경우도 있는데, 남쪽에서부터 북쪽으로 도열하게 되고, 상등의 자리에 차례대로 도열하여 밑으로 말개(末介)에 이르게 된다. 또 주인의 빈(擯)은 5명일 경우도 있고 4명일 경우도 있으며 3명일 경우도 있는데, 승빈(承擯)을 따라 남쪽으로 상등의 자리 다음에 차례대로 도열하여 밑으로 말빈(末擯)에 이르게 된다. 동서방향으로 서로의 거리는 3장(丈) 6척(尺)이 된다. 정현이 "상빈(上擯)이 무슨 연유로 찾아왔는지 청해 물을 때에는 앞으로 나아가 남쪽을 바라보며 빈객에게 읍을 하여 함께 앞으로 간다."라고 했는데, 상빈(上擯)은 안으로 들어가서 군주 앞으로 나아가 북쪽을 바라보며 명령을 받고, 다시 문밖으로 나와 남쪽을 바라보며 멀리서 빈객에게 읍을 하여 그를 앞으로 나오게 하고, 빈(擯)은 점차 남쪽으로 이동하며, 빈객이 말개(末介)의 북쪽에 당도하여 동쪽을 바라보고, 상빈(上擯)이 말빈(末擯)의 남쪽에 당도하여 서쪽을 바라보게 되는데, 동서방향으로 서로의 거리는 또한 3장 6척이 된다. 정현이 "멈춰서 읍을 하고 어떤 연유로 찾아왔는지 청해 묻는다."라고 했는데, 두 사람 모두 그 자리에 당도하면 읍을 해서 찾아온 사안에 대해 청해 묻는 것이다. 정현이 "돌아서서 안으로 들어가 군주에게 그 사실을 아뢴다."라고 했는데, 빈객의 대답이 끝나면 상빈(上擯)은 안으로 들어가서 군주에게 그 사실을 아뢰고, 군주는 명령을 내려 빈객을 안으로 들이게 한다. 정현이 "천자와 제후가 조근(朝覲)을 하게 되면 개(介)에게 명령하여 연이어 서서 명령을 전달할 따름이다."라고 했는데, 이것은 「빙의」편의 문장을 인용한 것이다. 이곳 구문으로부터 그 이하의 내용은 천자와 제후가 교빈(交擯)하는 예법을 논의하고 있다. '소(紹)'라고 한 것은 또한 개(介)를 시켜 서로 연이어 서서 명령을 전달하게 하는 것이며, 명령을 전달하게 된다면 빈(擯)과 개(介)는 서로 빈객과 주인의 명령을 전달하게 된다. 여기에서 교빈(交擯)이라고 말한 것은 대문 밖에서 최초 아직 빈객을 맞이하지 않았을 때를 뜻한다. 『예기』「곡례(曲禮)」편에 대한 정현의 주를 살펴보면, "봄과 여름에는 조정에서 예물을 받고 종묘에서 향(享)을 받으며, 가을과 겨울에는 모두 종묘에서 받는다."[28]라고 했고, 『의례』「근례(覲禮)」편에서는 "천자는 당하로 내려가지 않고 제후를 만나본다."라고 했으니, 가을과 겨울에 예물을 받고 향(享)을 받을 때에는 모두 맞이하는 예법이 없다. 맞이하는 예법이 없다면, 이곳에서 교빈(交擯)을 한다는 뜻도 없는 것이다. 봄과 여름에 조정에서 예물을 받을 때에는 맞이하는 예법이 없지만, 종묘에서 향(享)을 받을 때라면 빈객을 맞이하게 된다. 그렇기 때문에 「대행인」편에서는 "종묘에서 폐물을 바치며 3번의 향(享)을 한다."[29]라고 했고, 정현의 주에서는 "조(朝)는 향(享)보다 먼저 하는 것인데, 조(朝)를 언급하지 않은 것은 조(朝)는 정규 예법에 해당하여 등급에 따른 차등이 있다는 것에 대해 혐의를 두지 않기 때문이다."라고 했다. 이것은 정규 예법인 조(朝)에는 맞이하는 예법이 없음을 나타낸다. 만약 그렇다면 「근례」편에 맞이하는 예법이 없다고 했는데, 이곳에서 조근(朝覲)이라고 한 것은 「근례」편에서 근(覲)을 말한 것은 근례(覲禮)에 비록 맞이하는 예법이 없지만, 향례(饗禮)와 사례(食禮)를 하게 되면 맞이하는 예법이 있는 것이다. 그렇기 때문에 『주례』「제복(齊僕)」편에서는 조(朝)·근(覲)·종(宗)·우(遇)에서 향례와 사례를 할 때 모두 금로(金路)에 타며, 그 법도와 거동 준칙은 각각 그들의 등급에 따라 수레로 전송하고 맞이하는 절도로 삼는다고 했다. 그렇기 때문에 연이어 근(覲)에 대해서도 말한 것이다. 정현이 "그 의례에 있어서는 각각 그 말이 전해지는 방향을 향하여 명령을 받고 얼굴을 돌려 말을 전하여 밑으로 내려간다."라고 했는데, 비록 각각 명령이 전해지는 곳을 향하여 명령을 받는다고 했지만, 이것은 동시에 일어나는 일이 아니니, 우선 상빈(上擯)이 들

28) 이 문장은 『예기』「곡례하(曲禮下)」【57b~c】의 "天子當依而立, 諸侯北面而見天子曰覲. 天子當宁而立, 諸公東面·諸侯西面曰朝."라는 기록에 대한 정현의 주이다.

29) 『주례』「추관(秋官)·대행인(大行人)」 : 上公之禮, 執桓圭九寸, 繅藉九寸, 冕服九章, 建常九斿, 樊纓九就, 貳車九乘, 介九人, 禮九牢, 其朝位, 賓主之間九十步, 立當車軹, 擯者五人, 廟中將幣三享, 王禮再祼而酢, 饗禮九獻, 食禮九舉, 出入五積, 三問三勞.

어가서 명령을 받고, 밖으로 나와서 승빈(承擯)에게 전달하며, 승빈(承擯)은 말빈(末擯)에게 전달하게 되니, 이것은 상빈(上擯)이 명령이 전해지는 곳을 향하여 명령을 받는다는 것을 뜻한다. 또 얼굴을 돌려 말을 전하여 밑으로 내려간다고 했는데, 말개(末介)는 말빈(末擯)을 향하여 곁에서 명령을 받아 차개(次介)에게 전달하고, 차개(次介)는 상개(上介)에게 전달하며, 상개(上介)는 빈객에게 전달하는데, 이것은 그 끝에 이르게 되면 그 방향으로 향하여 받고 얼굴을 돌려 전달하여 위로 전하는 것이다. 정현이 "또한 명령을 받아 전달해서 밑으로 내려갈 때에도 이처럼 한다."라고 했는데, 이것은 빈객이 명령을 전달하여 빙문을 받은 군주에게 전해지도록 할 때에도 앞서 빙문을 받은 군주가 명령을 전달하여 밑으로 내려 보낸 것과 동일하게 하는 것이다. 그렇기 때문에 "또한 이처럼 한다."라고 했다. 이처럼 세 차례 반복하는 것은 교빈(交擯)을 하여 3번 사(辭)를 하는 것이니, 이것은 「사의」편에서 "제공(諸公)이 상호 빈객이 되었을 때 교빈(交擯)하여 3번 사(辭)를 한다."라고 한 것에 해당한다. 후작·백작·자작·남작들이 상호 빈객이 되었을 때에는 제공들의 의례 준칙처럼 따르니, 교빈(交擯)을 하는 경우도 동일하다. 정현이 "이곳에서 3장 6척이라고 했다."라고 했는데, 이것은 앞에서 상호간의 거리는 3장 6척이라고 한 말을 계산한 것이다. 정현이 "문은 2개의 수레바퀴 폭에 3배를 한 것을 수용한다."라고 했는데, 『주례』「동관(冬官)·장인(匠人)」편에서는 천자의 궁성에 5개의 문을 설치한다고 했다. 그리고 「장인」편에서는 응문(應門)[30]의 치수만을 계산하고 있는데, 응문의 치수만을 제시했다면, 고문(皐門)[31]·고문(庫門)[32]·치문(雉門)[33]의 경

30) 응문(應門)은 궁(宮)의 정문을 가리킨다. 『시』「대아(大雅)·면(緜)」편에는 "迺立應門, 應門將將."이라는 기록이 있는데, 이에 대한 모전(毛傳)에서는 "王之正門曰應門."이라고 풀이하였다.

31) 고문(皐門)은 천자의 궁(宮)에 설치된 문들 중에서 가장 바깥쪽에 설치하는 문이다. 높다는 의미의 '고(高)'자가 '고(皐)'자와 통용되므로, 붙여진 명칭이다. 『시』「대아(大雅)·면(緜)」편에는 "迺立皐門, 皐門有伉."이라는 용례가 있고, 『예기』「명당위(明堂位)」편의 "大廟, 天子明堂. 庫門, 天子皐門. 雉門, 天子應門."이라는 기록에 대해, 정현의 주에서는 "皐之言高也."라고 풀이했다.

32) 고문(庫門)에 대해서는 크게 두 가지 해설이 있다. 첫 번째는 치문(雉門)에 대한 해설처럼, 제후의 궁(宮)에 있는 문으로, 천자의 궁에 있는 고문(皐

우 또한 동일한 것이다. 정현이 '2개의 수레바퀴 폭에 3배를 한 것'이라고 했는데, 바퀴의 너비는 8척이고, 3배를 하면 3곱하기 8은 24가 되니, 문은

門)에 해당한다고 보는 의견이다. 이것은 치문과 마찬가지로 『예기』「명당위(明堂位)」편의 "大廟, 天子明堂. 庫門, 天子皐門. 雉門, 天子應門."이라는 기록에 근거한 해설이다. 손희단(孫希旦)의 『집해(集解)』에서는 이 문장 및 『시(詩)』, 『서(書)』, 『예(禮)』, 『춘추(春秋)』에 나타난 기록들을 근거로, 천자 및 제후는 실제로 3개의 문(門)만 설치했다고 풀이한다. 그러나 정현은 이 문장에 대해서, "言廟及門如天子之制也. 天子五門, 皐庫雉應路. 魯有庫雉路, 則諸侯三門與."라고 풀이하였다. 즉 종묘(宗廟) 및 문(門)에 대한 제도에서, 천자와 제후 사이에는 차등이 있다. 따라서 천자는 5개의 문을 궁에 설치하는데, 그 문들은 고문(皐門), 고문(庫門), 치문(雉門), 응문(應門), 노문(路門)이다. 제후의 경우에는 천자보다 적은 3개의 문을 궁에 설치하는데, 그 문들은 고문(庫門), 치문(雉門), 노문(路門)이다. 두 번째 설명은 천자의 궁에 설치된 문들 중에서, 치문(雉門) 밖에 설치하는 문으로 해석하는 의견이다. 즉 이때의 고문(庫門)은 치문과 고문(皐門) 사이에 설치하는 문이 된다. 『예기』「교특생(郊特牲)」편에는 "獻命庫門之內, 戒百官也."라는 기록이 있는데, 이에 대한 정현의 주에서는 "庫門, 在雉門之外. 入庫門則至廟門外矣."라고 풀이하고 있다.

33) 치문(雉門)에 대해서는 크게 두 가지 해설이 있다. 첫 번째는 제후의 궁(宮)에 있는 문으로, 천자의 궁에 있는 응문(應門)에 해당한다는 주장이다. 두 번째는 천자의 궁에는 다섯 개의 문이 있는데, 그 중 네 번째 위치한 문으로, 바깥쪽에 위치한 문을 가리킨다는 주장이다. 첫 번째 주장은 『예기』「명당위(明堂位)」편의 "大廟, 天子明堂. 庫門, 天子皐門. 雉門, 天子應門."이라는 기록에 근거한 해설이다. 이 기록에 대한 손희단(孫希旦)의 『집해(集解)』에서는 유창(劉敞)의 말을 인용하여, "此經有五門之名, 而無五門之實. 以詩書禮春秋考之, 天子有皐, 應, 畢, 無皐, 雉, 路. 諸侯有庫, 雉, 路, 無皐, 應, 畢. 天子三門, 諸侯三門, 門同而名不同."이라고 했다. 즉 천자의 궁에는 5개의 문이 있다고 하지만, 실제적으로 천자나 제후는 모두 3개의 문만을 설치해었다. 『시(詩)』, 『서(書)』, 『예(禮)』, 『춘추(春秋)』에 나타난 기록들을 고증해보면, 천자는 고(皐), 응(應), 필(畢)이라는 3개의 문을 설치하고, 고(皐), 치(雉), 노(路)라는 문은 없다. 또한 제후는 고(庫), 치(雉), 노(路)라는 3개의 문을 설치하고, 고(皐), 응(應), 필(畢)이라는 문은 없다. 두 번째 주장은 『주례』「천관(天官)·혼인(閽人)」편의 "閽人掌守王宮之中門之禁."이라는 기록에 근거한 해설이다. 이 기록에 대해 정현은 정사농(鄭司農)의 말을 인용하여, "王有五門, 外曰皐門, 二曰雉門, 三曰庫門, 四曰應門, 五曰路門."이라고 풀이하였다. 즉 천자는 5개의 문을 설치하는데, 가장 안쪽에 있는 노문(路門)으로부터 응문(應門), 고문(庫門), 치문(雉門), 고문(皐門) 순으로 설치해 두었다.

2장 4척의 너비를 수용하게 된다. 정현이 "측면으로 각각 1보씩을 더한다." 라고 했는데, 여기에 대해서는 경문의 기록이 없다. 다만 사람들이 나아가고 물러나며 몸을 돌릴 때에는 발을 재차 들어 1보를 가는 것을 벗어나지 않는다. 그렇기 때문에 문의 측면에는 각각 1보씩의 공간을 두는 것으로, 1장 2척의 너비를 2장 4척에 더하게 되면, 3장 6척이 된다.

경문 公皮弁, 迎賓于大門內. 大夫納賓.

번역 군주는 피변복(皮弁服)을 입고 대문 안쪽에서 빈객을 맞이한다. 대부는 빈객을 안으로 들인다.

鄭注 公不出大門, 降于待其君也. 大夫, 上擯也, 謂之大夫者, 上序可知. 從大夫總, 無所別也. 於是賓主人皆裼.

번역 군주는 대문 밖으로 나가지 않으니, 그들의 군주를 대접하는 경우보다 낮추기 때문이다. '대부(大夫)'는 상빈(上擯)을 뜻하는데, 이를 '대부(大夫)'라고 불렀는데 위로부터 차례대로 나열한 것임을 알 수 있다. 대부라는 명칭으로 총괄하게 되면 구별되는 바가 없게 된다. 이 시기에 빈객과 주인은 모두 석(裼)[34]을 한다.

賈疏 ◎注"公不"至"皆裼". ○釋曰: 云"降于待其君也"者, 按司儀諸公相爲賓, 公皮弁, 交擯, 車迎, 拜辱, 出大門. 此於門內, 是降於待其君也. 云"從大夫總, 無所別也"者, 春秋之義, 卿稱大夫. 王制云"上大夫卿", 是總無別也. 云"於是賓主人皆裼"者, 按玉藻云: "不文飾也不裼." 又云: "執龜玉襲." 下文行聘時執玉, 賓主人皆襲, 此時未執玉, 正是文飾之時, 明賓主人皆裼也.

---

34) 석(裼)은 고대에 의례를 시행할 때 하는 복장 방식 중 하나이다. 좌측 소매를 걷어 올려서, 안에 입고 있는 석의(裼衣)를 드러내는 것이다. 한편 '석'은 비교적 성대하지 않은 의식 때 시행하는 복장 방식으로도 사용되어, 좌측 소매를 걷어 올려서 공경의 뜻을 표하기도 했다.

번역 ◎鄭注: "公不"~"皆裼". ○정현이 "그들의 군주를 대접하는 경우보다 낮추기 때문이다."라고 했는데, 『주례』「사의(司儀)」편을 살펴보면, 제공(諸公)들이 상호 빈객이 되었을 때, 군주는 피변복을 입고 교빈(交擯)을 하며, 수레로 맞이하고 욕되이 찾아온 것에 대해 절을 하고, 대문 밖으로 나간다고 했다. 이곳에서는 문의 안쪽에 있다고 했으니, 이것은 그들의 군주를 대접하는 경우보다 낮춘다는 사실을 나타낸다. 정현이 "대부라는 명칭으로 총괄하게 되면 구별되는 바가 없게 된다."라고 했는데, 『춘추』의 도의에 따르면, 경(卿)에 대해서 대부(大夫)라고 지칭한다. 『예기』「왕제(王制)」편에서는 '상대부인 경'[35]이라고 했으니, 이것은 대부라는 명칭으로 총괄하여 구별이 없다는 것을 나타낸다. 정현이 "이 시기에 빈객과 주인은 모두 석(裼)을 한다."라고 했는데, 『예기』「옥조(玉藻)」편을 살펴보면 "문식을 꾸미지 않으므로, 석(裼)을 하지 않는 것이다."[36]라고 했고, 또 "거북껍질이나 옥을 잡았을 때에는 습(襲)[37]을 한다."[38]라고 했다. 아래문장에서 빙(聘)을 시행할 때 옥을 잡는다고 했으니, 빈객과 주인은 모두 습(襲)을 하는 것이고, 이곳에서 말하는 시기에는 아직 옥을 잡지 않은 상태이니, 이것은 문식을 꾸미는 시기에 해당하여, 빈객과 주인이 모두 석(裼)을 한다는 사실을 나타낸다.

경문 賓入門左.

번역 빈객이 문으로 들어와 좌측으로 간다.

---

35) 『예기』「왕제(王制)」【143b】: 諸侯之上大夫卿, 下大夫, 上士, 中士, 下士, 凡五等.
36) 『예기』「옥조(玉藻)」【382d】: 犬羊之裘不裼, 不文飾也, 不裼.
37) 습(襲)은 고대에 의례를 시행할 때 하는 복장 방식 중 하나이다. 겉옷으로 안에 입고 있던 옷들을 완전히 가리는 방식이다. 한편 '습'은 비교적 성대한 의식 때 시행하는 복장 방식으로도 사용되어, 안에 있고 있는 옷을 드러내지 않음으로써, 공경의 뜻을 표하기도 했다.
38) 『예기』「옥조(玉藻)」【383a】: 服之襲也, 充美也. 是故尸襲, 執玉龜襲. 無事則裼, 弗敢充也.

鄭注 內賓位也. 衆介隨入, 北面西上少退, 擯者亦入門而右, 北面東上, 上擯進相君.

번역 대문 안에 있는 빈객의 자리이다. 여러 개(介)들은 뒤따라 들어오고, 북쪽을 바라보며 서쪽 끝에서부터 차례대로 도열하며 조금 뒤로 물러나 서고, 빈(擯) 또한 문으로 들어와서 우측으로 가고, 북쪽을 바라보며 동쪽 끝에서부터 차례대로 도열하며, 상빈(上擯)은 앞으로 나아가 군주를 돕는다.

賈疏 ●"賓入門左". ◎注"內賓"至"相君". ○釋曰: 知"衆介隨入, 北面西上少退"者, 約下文入廟行聘享時, 衆介入廟, 隨賓入門左, 北面西上, 少退, 不敢與賓齊也. 知"擯者亦入門而右, 北面東上"者, 亦約衆介統於賓, 北面西上, 明擯者北面東上, 亦約朝君揖位亦北面東上而知之也. 知"上擯進相君"者, 鄉黨云"君召使擯", 鄭云: "有賓客, 使迎之." 彼據初迎賓時, 至於入門之後, 每事皆上擯相君也.

번역 ●經文: "賓入門左". ◎鄭注: "內賓"~"相君". ○정현이 "여러 개(介)들은 뒤따라 들어오고, 북쪽을 바라보며 서쪽 끝에서부터 차례대로 도열하며 조금 뒤로 물러나 선다."라고 했는데, 이러한 사실을 알 수 있는 것은 아래문장에서 종묘로 들어와 빙향(聘享)[39]을 할 때 여러 개(介)들이 종묘로 들어오는데, 빈객을 뒤따라 문으로 들어와 좌측으로 가고 북쪽을 바라보며 서쪽 끝에서부터 차례대로 도열하는데 조금 물러나 서 있다는 내용을 요약해보면 알 수 있으니, 감히 빈객과 나란히 서 있을 수 없기 때문이다. 정현이 "빈(擯) 또한 문으로 들어와서 우측으로 가고, 북쪽을 바라보며 동쪽 끝에서부터 차례대로 도열한다."라고 했는데, 이러한 사실을 알

---

39) 빙향(聘享)은 빙문(聘問)의 의례를 시행하며 선물로 가지고 간 폐백을 바치는 의식이다. '빙문'을 하게 되면, 폐백을 받은 자는 상대방에게 반드시 연회를 베풀어주게 된다. 따라서 빙문(聘問)에서의 빙(聘)자와 연회를 뜻하는 향(享)자를 합쳐서, 이러한 의식을 '빙향'이라고 부르게 되었다. 『의례』「빙례(聘禮)」편에는 "受夫人之聘璋, 享玄纁."이라는 기록이 있고, 이에 대한 정현의 주에서는 "享, 獻也. 既聘又享, 所以厚恩惠也."라고 풀이했다.

수 있는 이유는 여러 개(介)들이 빈객에게 통솔되어 북쪽을 바라보며 서쪽 끝에서부터 도열한다는 사실을 요약해보면, 빈(擯)은 북쪽을 바라보며 동쪽 끝에서부터 도열한다는 사실을 나타내며, 군주에게 조(朝)를 하며 읍하고 서 있을 때에도 북쪽을 바라보며 동쪽 끝에서부터 차례대로 도열한다는 사실을 요약해보더라도 이러한 사실을 알 수 있다. 정현이 "상빈(上擯)은 앞으로 나아가 군주를 돕는다."라고 했는데, 『논어』「향당(鄕黨)」편에서는 "군주가 불러 빈(擯)을 시켰다."[40]라고 했고, 정현은 "빈객이 있을 경우 그로 하여금 맞이하게 한 것이다."라고 했다. 「향당」편에서는 최초 빈객을 맞이하는 시기를 기준으로 하였는데, 문으로 들어온 이후가 되면 매사에 상빈(上擯)이 군주를 돕게 된다.

경문 公再拜.

번역 군주가 재배를 한다.

鄭注 南面拜迎.

번역 남쪽을 바라보며 절을 하여 맞이하는 것이다.

賈疏 ●"公再拜". ◎注"南面拜迎". ○釋曰: 知"君南面"者, 經雖不見君面位, 主君尊於外國, 臣猶南面, 故郊特牲云: "君之南鄕, 答陽之義." 故知君南面也.

번역 ●經文: "公再拜". ◎鄭注: "南面拜迎". ○"군주가 남쪽을 바라본다."라고 했는데, 이러한 사실을 알 수 있는 이유는 경문에는 비록 군주가 바라보는 방향과 자리가 나타나지 않지만, 빙문을 받은 군주는 외국에서 찾아온 사신보다 존귀하며, 신하임에도 오히려 남쪽을 바라보고 있다. 그렇기 때문에 『예기』「교특생(郊特牲)」편에서는 "군주가 남쪽을 바라보는 것

---

40) 『논어』「향당(鄕黨)」: 君召使擯, 色勃如也, 足躩如也. 揖所與立, 左右手, 衣前後, 襜如也. 趨進, 翼如也. 賓退, 必復命曰, "賓不顧矣."

은 양(陽)을 대하는 도리이다."[41]라고 했다. 그러므로 군주가 남쪽을 바라본다는 사실을 알 수 있다.

경문 賓辟, 不答拜.

번역 빈객은 자리를 피하며 답배를 하지 않는다.

鄭注 辟位逡遁, 不敢當其禮.

번역 자리를 피하여 뒷걸음질 치는 것은 그 예법을 감당할 수 없기 때문이다.

賈疏 ◎注"不敢當其禮". ○釋曰: 云"不敢當其禮"者, 以卿奉君命使, 不敢賓辟, 當相酬亢之禮, 故不答拜, 直逡遁而已.

번역 ◎鄭注: "不敢當其禮". ○정현이 "그 예법을 감당할 수 없기 때문이다."라고 했는데, 경이 군주의 명령을 받들고 사신으로 왔는데, 감히 빈객처럼 자리를 피하지 않는 것은 신분이 서로 대등할 때의 예법에 해당한다. 그렇기 때문에 답배를 하지 않고 단지 뒷걸음질만 칠 따름이다.

경문 公揖入, 每門·每曲揖.

번역 군주는 읍을 하고 안으로 들어가는데, 문과 꺾이는 지점에 당도할 때마다 읍을 한다.

鄭注 每門輒揖者, 以相人偶爲敬也. 凡君與賓入門, 賓必後君, 介及擯者隨之, 並而鴈行. 旣入, 則或左或右, 相去如初. 玉藻曰: "君入門, 介拂闑, 大夫中棖與闑之間, 士介拂棖. 賓入不中門, 不履閾." 此賓, 謂聘卿大夫也. 門中, 門之正也. 不敢與君並由之, 敬也. 介與擯者鴈行, 卑不踰尊者之迹, 亦敬也.

---

41) 『예기』「교특생(郊特牲)」【323d】: <u>君之南鄉, 答陽之義也</u>. 臣之北面, 答君也.

賓之介, 猶主人之擯.

번역 문마다 갑작스럽게 읍을 하는 것은 상대와 짝을 이루는 것을 공경스러운 태도로 여기기 때문이다. 군주가 빈객과 함께 문으로 들어갈 때, 빈객은 반드시 군주보다 뒤에 들어가게 되며, 개(介)와 빈(擯)은 그 뒤를 따르며 나란히 나아가며 기러기가 대오를 갖추듯 도열하여 이동한다. 들어가게 되면 어떤 무리들은 좌측으로 가고 또 어떤 무리들은 우측으로 가는데, 상호간의 거리는 처음에 유지했던 간격대로 한다. 『예기』「옥조(玉藻)」편에서는 "양국의 제후가 접견을 하면, 군주가 문으로 들어설 때 얼(闑)과 정(棖) 사이로 들어가며, 개(介)는 얼(闑)을 스칠 듯한 곳에 위치하고, 대부는 정(棖)과 얼(闑) 사이에 위치하며, 사 중의 개(介)가 된 자는 정(棖)을 스칠 듯한 곳에 위치한다. 경이나 대부가 빈객이 되어 빙문을 할 때에는 문의 중앙으로 들어가지 않고 문지방을 밟지 않는다."[42]라고 했는데, 여기에서 말하는 빈객은 빙문으로 찾아온 경과 대부를 뜻한다. '문중(門中)'은 문의 중앙을 뜻한다. 감히 군주와 나란히 같은 곳을 경유하지 않으니 공경함에 해당하기 때문이다. 개(介)와 빈(擯)이 기러기처럼 대열을 이루어 이동하는 것은 신분이 낮은 자는 존귀한 자의 행적을 뛰어넘을 수 없으니, 이 또한 공경함에 해당한다. 빈객의 개(介)는 주인의 빈(擯)과 같다.

賈疏 ●"公揖"至"曲揖". ◎注"每門"至"之擯". ○釋曰: 諸侯三門, 皐·應·路, 則應門爲中門, 左宗廟, 右社稷. 入大門東行, 卽至廟門, 其間得有每門者, 諸侯有五廟, 大祖之廟居中, 二昭居東, 二穆居西. 廟皆別門, 門外兩邊皆有南北隔牆, 隔牆中夾通門. 若然, 祖廟已西, 隔牆有三, 則閤門亦有三. 東行經三門, 乃至大祖廟, 門中則相逼, 入門則相遠, 是以每門皆有曲, 有曲卽相揖, 故"每曲揖"也. 是以司儀亦云"每門止一相", 亦據閤門而言也. 云"以相人偶"者, 以人意相存偶也. 云"凡君與賓入門, 賓必後君"者, 以賓主不敵, 是以玉藻云"於異國之君稱外臣某", 故知聘賓後於主國君也. 言"凡"者, 非直聘享向祖廟,

---

42) 『예기』「옥조(玉藻)」【393a~b】: <u>君入門, 介拂闑, 大夫中棖與闑之間, 士介拂棖. 賓入不中門, 不履閾</u>, 公事自闑西, 私事自闑東.

若饗食向禰廟, 燕禮向路寢, 皆當後於主君, 故言凡以廣之. 云“介及擯者隨之, 並前而鴈行”者, 言並, 上擯與上介並, 次擯與次介並, 末擯與末介並, 各自鴈行於後也. 云“旣入, 則或左或右”者, 東行, 賓介於左, 君擯於右也. 云“相去如初”者, 初謂大門外相去三丈六尺也. 玉藻曰: “君入門, 介拂闑, 大夫中棖與闑之間, 士介拂棖.” 鄭注云: “此謂兩君相見也. 君入必中門, 上介夾闑, 大夫介·士介鴈行於後, 示不相沿也. 君若迎聘客, 擯者亦然.” 又云: “賓入不中門, 不履閾.” 鄭注云: “辟尊者所從也.” 此經謂聘客, 鄭君幷引朝君, 欲見卿大夫聘來, 還與從君爲介時入門同, 故幷引之也. 云“君入門介拂闑”, 又云“門中, 門之正”, 又云“卑不踰尊者之迹”, 若然, 聊爲一闑言之, 君最近闑, 亦拂之而過, 上介則隨君而行, 拂闑而過, 所以與君同行者, 臣自爲一列. 主君旣出迎賓, 主君與君並入, 主君於東闑之內, 賓於西闑之內, 並行而入. 上介於西闑之外, 上擯於東闑之外, 皆拂闑. 次介·次擯皆大夫, 中棖與闑之間, 末介·末擯皆士, 各自拂棖, 如是得君入中門之正. 上擯·上介俱得拂闑, 又得不踰尊者之迹矣. 又云“賓入不中門”者, 此謂聘賓, 大聘大夫, 故鄭卿·大夫並言入門之時, 還依與君爲介來入相似, 賓入還拂闑, 故上注賓自闑西, 擬入時拂闑西故也. 云“門中, 門之正也”者, 謂兩闑之間. 云“卑不踰尊者之迹”者, 士以大夫爲尊, 大夫以上介爲尊, 上介以君爲尊也. 云“賓之介, 猶主人之擯”者, 欲見擯介鴈行, 不別也.

번역 ●經文: “公揖”～“曲揖”. ◎鄭注: “每門”～“之擯”. ○제후는 궁성에 3개의 문을 두니 고문(皐門)·응문(應門)·노문(路門)으로, 응문은 중문(中門)에 해당하고, 좌측에는 종묘가 있고 우측에는 사직이 있다. 대문으로 들어서서 동쪽으로 이동하면 묘문에 당도하게 되는데, 그 사이마다 문들을 마주할 수 있는 것은 제후는 5개의 묘를 두는데, 태조의 묘는 중앙에 위치하고, 2개의 소묘(昭廟)는 동쪽에 위치하며 2개의 목묘(穆廟)는 서쪽에 위치한다. 묘는 모두 별도의 문을 두고, 문 밖의 양쪽 측면에는 모두 남북 방향으로 담장을 두르고, 담장에는 좁은 통문이 있다. 만약 그렇다면 조묘가 이미 서쪽에 위치하면 담장은 3개가 있게 되니, 측면에 있는 좁은 문 또한 3개가 있게 된다. 동쪽으로 이동하여 3개의 문을 경유하게 되면 태조의 묘에 도달하게 되고, 문으로 들어갈 때에는 서로 가까워지고 문으로 들어간 뒤에는 서로 멀어진다. 이러한 까닭으로 문마다 모두 굽어진 곳이 있으니, 굽어진 곳이 있는 곳에서는 서로 읍을 한다. 그렇기 때문에 "곡(曲)마다 읍을 한다."라고 했다. 이러한 까닭으로 『주례』「사의(司儀)」편에서도 "매 문마다 한 명의 부관을 멈추게 한다."[43]라고 했는데, 이 또한 합문(閤門)을 기준으로 말한 것이다. 정현이 "상대와 짝을 이룬다."라고 했는데, 의도적으로 서로 짝을 맞추기 때문이다. 정현이 "군주가 빈객과 함께 문으로 들어갈 때, 빈객은 반드시 군주보다 뒤에 들어가게 된다."라고 했는데, 빈객과 주인의 신분이 대등하지 않기 때문으로, 『예기』「옥조(玉藻)」편에서는 "다른 나라의 군주에 대해서는 외신(外臣) 아무개라고 칭한다."라고 했다. 그러므로 빙문으로 온 빈객은 빙문을 받은 군주보다 뒤에 들어간다는 사실을 알 수 있다. '범(凡)'이라고 말한 것은 빙향(聘享)을 하여 조묘로 향할 때만 가리키는 것이 아니라 향례(饗禮)나 사례(食禮)에서 부친의 묘로 향하고, 연례(燕禮)에서 노침(路寢)[44]으로 향할 때에도 방문을 받은 군주보다 뒤에 들어가야 한다는 뜻이다. 그렇기 때문에 '범(凡)'자를 덧붙여서 폭넓게 설명한 것이다. 정현이 "개(介)와 빈(擯)은 그 뒤를 따르며 나란히 나아가며 기러기가 대오를 갖추듯 도열하여 이동한다."라고 했는데, '병(並)'이라고 말한 것은 상빈(上擯)과 상개(上介)가 나란히 이동하고, 차빈(次擯)과 차개(次介)가 나란히 이동하며, 말빈(末擯)과 말개(末介)가 나란히 이동하는데, 각각 기러기가 그 뒤에서 대오를 맞춰 이동하는 것처럼 한다. 정현이 "들어가게 되면 어떤 무리들은 좌측으로 가고 또 어떤 무리들은 우측으로 간다."라고 했는데, 동쪽으로 이동할 때 빈객의 개(介)는 좌측에 위치하고, 군주의 빈(擯)은 우측에 위치한다. 정현이 "상호간의 거리는 처

---

43) 『주례』「추관(秋官)·사의(司儀)」: 及將幣, 交擯, 三辭, 車逆, 拜辱, 賓車進, 答拜, 三揖三讓, <u>每門止一相</u>, 及廟, 唯上相入. 賓三揖三讓, 登, 再拜, 授幣, 賓拜送幣. 每事如初, 賓亦如之. 及出, 車送, 三請三進, 再拜, 賓三還三辭, 告辟.

44) 노침(路寢)은 천자나 제후가 정무를 처리하던 정전(正殿)이다. 『시』「노송(魯頌)·민궁(閟宮)」편에는 "松桷有舃, <u>路寢</u>孔碩."이라는 기록이 있는데, 이에 대한 모전(毛傳)에서는 "路寢, 正寢也."라고 풀이했고, 『문선(文選)』에 수록된 장형(張衡)의 '서경부(西京賦)'에는 "正殿<u>路寢</u>, 用朝群辟."이라는 기록이 있는데, 이에 대한 설종(薛綜)의 주에서는"周曰路寢, 漢曰正殿."이라고 하여, 주(周)나라에서는 '정전'을 '노침'으로 불렀다고 풀이했다.

음에 유지했던 간격대로 한다."라고 했는데, '초(初)'자는 대문 밖에서 상호 3장(丈) 6척(尺)만큼 거리를 벌렸던 것을 뜻한다. 『예기』「옥조(玉藻)」편에서는 "양국의 제후가 접견을 하면, 군주가 문으로 들어설 때 얼(闑)과 정(棖) 사이로 들어가며, 개(介)는 얼(闑)을 스칠 듯한 곳에 위치하고, 대부는 정(棖)과 얼(闑) 사이에 위치하며, 사 중의 개(介)가 된 자는 정(棖)을 스칠 듯한 곳에 위치한다."라고 했고, 정현의 주에서는 "이것은 양국의 제후가 서로 접견하는 경우를 뜻한다. 군주가 들어갈 때에는 반드시 문의 중앙으로 가며, 상개(上介)는 얼(闑)을 끼고 있고, 대부 중 개(介)가 된 자와 사 중 개(介)가 된 자는 그 뒤에 위치하여 기러기가 편대를 유지하듯이 서서 이동하니, 서로 같은 자리를 따르지 않는다는 뜻을 나타낸다. 군주가 만약 빙문으로 찾아온 빈객을 맞이하는 경우라면, 군주의 빈(擯)들 또한 이처럼 위치한다."라고 했고, 또한 "경이나 대부가 빈객이 되어 빙문을 할 때에는 문의 중앙으로 들어가지 않고 문지방을 밟지 않는다."라고 했으며, 정현의 주에서는 "존귀한 자가 따르는 것을 피하기 위해서이다."라고 했다. 이곳 경문의 내용은 빙문으로 찾아온 객(客)에 대한 것인데, 정현은 군주에게 조(朝)를 하는 경우까지도 함께 인용했으니, 경과 대부가 빙문으로 찾아왔을 때에는 군주를 뒤따라 개(介)가 되어 문으로 들어가는 것과 동일하다는 뜻을 드러내고자 한 것이다. 그렇기 때문에 함께 인용한 것이다. "군주가 문으로 들어설 때 얼(闑)과 정(棖) 사이로 들어가며, 개(介)는 얼(闑)을 스칠 듯한 곳에 위치한다."라고 했고, 또 "'문중(門中)'은 문의 중앙을 뜻한다."라고 했으며, 또한 "신분이 낮은 자는 존귀한 자의 행적을 뛰어넘을 수 없다."라고 했는데, 만약 그렇다면 1개의 얼(闑)을 통해 말했을 때, 군주는 얼(闑)과 가장 가까이 있음에도 또한 스치듯이 지나가고, 상개(上介)는 군주를 뒤따라 이동하며 얼(闑)을 스치듯이 지나가니, 군주와 이동하는 것이 같은 이유는 신하는 별도로 한 대열을 이루기 때문이다. 빙문을 받은 군주가 이미 밖으로 나와서 빈객을 맞이했고, 빙문을 받은 군주와 빈객이 나란히 들어가게 되면, 빙문을 받은 군주는 동쪽 얼(闑)의 안쪽에서 빈객은 서쪽 얼(闑)의 안쪽에서 나란히 걸어서 들어간다. 상개(上介)는 서쪽 얼(闑)의 바깥에서 상빈(上擯)은 동쪽 얼(闑)의 바깥에서 모두 얼(闑)을 스치며 지나간다. 차개(次介)와 차빈(次擯)은 모두 대부의 신분인데, 정(棖)과 얼(闑) 사이의 중앙으로 지나가며, 말개(末介)와 말빈(末擯)은 모두 사의 신분인데, 각각 정(棖)을 스치듯 지나가게 되니, 이처럼 한다면 군주는 중문의 중앙으로 들어갈 수 있다. 상빈(上擯)과 상개(上介)는 모두 얼(闑)을 스치듯 지나갈 수 있지만 또한 존귀한 자의 행적을 뛰어넘지 않을 수 있다. 또 "빈객은 문의 중앙으로 들어가지 않는다."라고 했는데, 여기에서 말한 것은 빙문으로 찾아온 빈객으로, 대빙(大聘)에는 대부가 오게 된다. 그렇기 때문에 정현은 경과 대부의 경우를 아울러 문으로 들어가는 때를 언급했는데, 이것은 군주와 함께 와서 개(介)의 역할을 하며 들어가는 경우와 유사하니, 빈객이 들어갈 때에는 얼(闑)을 스치듯 지나가게 된다. 그렇기 때문에 앞의 주에서 빈객은 얼(闑)의 서쪽으로 지나간다고 했으니, 문으로 들어갈 때 얼(闑)의 서쪽에서 스치듯 지나가기 때문일 것이다. 정현이 "'문중(門中)'은 문의 중앙을 뜻한다."라고 했는데, 양쪽 얼(闑)의 사이를 뜻한다. 정현이 "신분이 낮은 자는 존귀한 자의 행적을 뛰어넘을 수 없다."라고 했는데, 사는 대부를 존귀한 자로 여기고, 대부는 상개(上介)를 존귀한 자로 여기며, 상개(上介)는 군주를 존귀한 자로 여긴다. 정현이 "빈객의 개(介)는 주인의 빈(擯)과 같다."라고 했는데, 빈(擯)과 개(介)가 기러기처럼 대오를 이루어 이동하는데 차이가 없음을 드러내고자 한 것이다.

경문 及廟門, 公揖入, 立于中庭.

번역 묘문에 이르게 되면 군주가 읍을 하고 안으로 들어가서 마당에 선다.

鄭注 公揖先入, 省內事也. 既則立於中庭以俟賓, 不復出. 如此, 得君行一臣行二, 於禮可矣. 公迎賓于大門內, 卿大夫以下入廟門卽位而俟之.

번역 군주가 읍을 하고 먼저 들어가는 것은 안에서 진행되는 사안을 살피기 위해서이다. 그 일이 끝나면 마당에 서서 빈객을 기다리니 다시 밖으로 나가지 않는다. 이처럼 한다면 군주는 한 번 이동하고 신하는 두 번 이동하게 되어 예법에 따르면 옳은 것이다. 군주가 대문 안쪽에서 빈객을 맞이할 때, 경과 대부로부터 그 이하의 자들은 묘문으로 들어가 자신의 자리로 나아가 기다린다.

賈疏 ●"及廟"至"中庭". ◎注"公揖"至"俟之". ○釋曰: 自此盡公"裼降立", 論行聘之事. 云"公揖先人, 省內事也"者, 曲禮云"請人爲席", 彼卿大夫士禮, 是以鄭注云"雖君亦然", 省內事卽請入爲席之類也. 云"如此, 得君行一臣行二, 於禮可矣"者, 言得君行一臣行二者, 按下文三揖言之, 初揖注云: "將曲揖, 謂在內霤之間住, 主君先立, 無過近於內霤間." 若然, 去門旣近, 去階又遠也, 以此不得君行一, 臣行二. 下文受玉于東楹之間, 彼得爲君行一, 臣行二矣. 下文又云"公升二等, 賓升", 君階七等, 君升二等, 賓升一等, 已上仍有五階, 亦不得爲君行一, 臣行二, 與此同. 欲見君行近, 臣行遠之義. 皆據大判而言, 不可細分之矣. 言於禮可者, 以其尊者宜逸, 卑者宜勞, 故言於禮可也. 云"公迎賓於大門內, 卿大夫以下, 入廟門卽位而俟之"者, 上初命拜迎賓于館之時, 卿大夫士固在朝矣, 及賓來大門外陳介之時, 主君之擯亦在大門外之位, 君在大門內時, 其卿大夫不以無事亂有事, 當於廟中在位矣. 必知義然, 當見行事之時, 公授宰玉, 又云士受皮, 又云宰夫授公几, 皆是於外無事, 在廟始有事, 更不見此官等命入廟之文, 明君未入廟時, 此官已在位而俟. 公食大夫以其官各具饌物, 皆有事, 不預入廟, 故公迎賓入, 後乃見卿大夫以下之位, 與此異也.

번역 ●經文: "及廟"~"中庭". ◎鄭注: "公揖"~"俟之". ○이곳 구문으로부터 군주에 대해 "석(裼)을 하고 내려가서 선다."라고 한 구문까지는 빙(聘)을 시행하는 사안에 대해 논의하고 있다. 정현이 "군주가 읍을 하고 먼저 들어가는 것은 안에서 진행되는 사안을 살피기 위해서이다."라고 했는데, 『예기』「곡례(曲禮)」편에서는 "주인은 빈객에게 양해를 구하며, 자신이 먼저 들어가서 자리를 마련하겠다고 청한다."[45]라고 했고, 「곡례」편의 내용은 경·대부·사의 예법에 해당한다. 이러한 까닭으로 정현의 주에서는

---

45) 『예기』「곡례상(曲禮上)」【18c】: 凡與客入者, 每門讓於客. 客至於寢門, 則主人請入爲席, 然後出迎客. 客固辭, 主人肅客而入.

“비록 군주의 신분이라 하더라도, 또한 이처럼 하는 것이다.”라고 했던 것이니, 안에서 진행되는 사안을 살피기 위해서라는 것은 곧 먼저 들어가서 자리를 마련하겠다고 청한다는 부류에 해당한다. 정현이 “이처럼 한다면 군주는 한 번 이동하고 신하는 두 번 이동하게 되어 예법에 따르면 옳은 것이다.”라고 했는데, 군주는 한 번 이동하고 신하는 두 번 이동할 수 있다는 것은 아래문장을 살펴보면 3번 읍을 한다고 했고, 최초 읍을 한다는 기록의 주에서는 “굽어지는 곳에 당도하려고 할 때 읍을 한다는 것은 문의 지붕 뒤에 있는 처마 사이에 당도했을 때를 뜻하니, 빙문을 받은 군주가 먼저 서며, 문의 지붕 뒤에 있는 처마 사이를 지나가거나 가까이 가지 않는다.”라고 했다. 만약 그렇다면 문과의 거리는 가깝고 계단과의 거리는 멀어서 군주가 한 번 이동하고 신하가 두 번 이동하게 할 수 없다. 아래문장에서는 동쪽 기둥 사이에서 옥을 받는다고 했는데, 그 상황에서는 군주가 한 번 이동하고 신하가 두 번 이동할 수 있다. 아래문장에서는 또한 “군주가 계단 2칸을 오르면 빈객이 올라간다.”라고 했는데, 군주의 계단은 7칸이고, 군주가 2칸의 계단을 오르고 빈객이 1칸의 계단을 오르게 되면, 군주에게는 앞으로 5칸의 계단이 남아있게 되어, 이러한 경우에도 군주가 한 번 이동하고 신하가 두 번 이동할 수 없으니, 이러한 경우와 동일하다. 즉 군주가 조금 이동하고 신하가 멀리 이동한다는 뜻을 드러내고자 한 것이다. 이 모두는 큰 분류로 말한 것이니, 세세하게 구분해서 말할 수는 없다. 예법에 따르면 옳은 것이라고 했는데, 존귀한 자는 편안해야 하고 미천한 자는 수고로워야 한다. 그렇기 때문에 예법에 따르면 옳은 것이라고 했다. 정현이 “군주가 대문 안쪽에서 빈객을 맞이할 때, 경과 대부로부터 그 이하의 자들은 묘문으로 들어가 자신의 자리로 나아가 기다린다.”라고 했는데, 앞에서 최초 명령을 하여 숙소에서 빈객에게 절을 하며 맞이했을 때, 경·대부·사는 진실로 조정에 있게 되는데, 빈객이 찾아와 대문 밖에서 개(介)를 도열시킬 때, 빙문을 받은 군주의 빈(擯) 또한 대문 밖의 자리에 있게 되며, 군주가 대문 안에 있을 때 그에게 속한 경·대부는 맡은 일이 없으면서 일을 맡고 있는 자를 어지럽힐 수 없으므로, 묘 안에서 자리를 잡고 있어야 한다. 의미상 이러하다는 사실을 분명히 알 수 있는 것은 일을 시행하는 것을 보았을 때, 군주는 재에게 옥을 건네고, 또 사는 가죽을 받는다고 했으며, 대부는 군주의 안석을 건넨다고 했는데, 이들 모두는 대문 밖에서 맡고 있는 일이 없으며, 묘 안에 있을 때에야 비로소 시행할 일이 생기며, 이러한 관리들에 대해서 묘로 들어가라고 명령하는 기록이 보이지 않으니, 이것은 군주가 아직 묘로 들어오지 않았을 때, 이러한 관리들은 그 자리에 위치하여 기다리고 있음을 나타낸다. 『의례』「공사대부례(公食大夫禮)」편에서 관리들에 따라 각각 찬과 기물을 갖추어 모두 맡고 있는 일이 있으며 미리 묘로 들어가지 않는다고 했다. 그러므로 군주가 빈객을 맞이하여 들어간 이후에야 경·대부로부터 그 이하의 자들이 자리 잡는 위치가 나타나니, 이곳의 경우와는 다른 것이다.

• 제 4 절 •

상접(相接)과 경양(敬讓)

【715d】

君使士迎于竟, 大夫郊勞. 君親拜迎于大門之內而廟受, 北面拜貺. 拜君命之辱, 所以致敬也. 敬讓也者, 君子之所以相接也. 故諸侯相接以敬讓, 則不相侵陵.

직역 君은 士를 使하여 竟에서 迎하고, 大夫는 郊에서 勞한다. 君은 親히 大門의 內에서 拜하고 迎하며 廟에서 受하고, 北面하여 貺에 拜한다. 君命의 辱에 拜함은 敬을 致하는 所以이다. 敬하여 讓함은 君子가 相히 接하는 所以이다. 故로 諸侯가 相히 接함에 敬讓으로써 한다면, 相히 侵陵을 不한다.

의역 빙문(聘問)을 받는 제후는 사를 시켜서 국경에서 사신을 영접하도록 하고, 대부로 하여금 근교(近郊)에서 이곳까지 찾아온 노고를 위로하게 한다. 그리고 제후 본인은 직접 대문 안에서 빈객에게 절을 하며 맞이하고, 묘(廟)에서 영접을 하고, 북쪽을 바라보며, 보내온 선물에 대해서 절을 한다. 군주의 명령이 수고롭게도 이곳까지 당도한 것에 대해서 절을 하는 것이니, 이것은 공경함을 지극히 나타내는 방법이다. 공경하고 사양을 한다는 것은 군자가 서로 영접하는 방법이다. 그렇기 때문에 제후들이 공경함과 사양함으로 서로 영접하게 된다면, 서로 침략하는 일이 없게 된다.

集說 郊勞, 勞之于近郊也. 用束帛北面拜貺, 亦主君之拜也. 其拜於阼階上拜君命之辱者, 釋北面拜貺之義也.

번역 '교로(郊勞)'는 근교(近郊)에서 노고를 위로한다는 뜻이다. 속백(束帛)[1]을 이용해서, 북쪽을 바라보며 선물을 보내온 것에 대해 절을 한다는 것은 또한 빙문을 받은 군주가 절을 한다는 뜻이다. 동쪽 계단 위에서 군주의 명령을 수고롭게 한 것에 대해 절을 하게 되는데, 이것은 북쪽을 바라보며 선물을 보내온 것에 대해 절을 하게 되는 뜻을 풀이한 것이다.

大全 嚴陵方氏曰: 迎於竟則使士, 勞于郊則使大夫, 因爲之隆殺焉. 廟受者, 受使者所銜之命也. 受必於廟, 所以致敬也. 拜貺者, 拜受所賜之物也. 拜辱, 見曲禮解, 侵言自此以侵彼, 陵言自下以陵上.

번역 엄릉방씨가 말하길, 국경에서 맞이할 때에는 사를 보내고, 근교(近郊)에서 노고를 위로할 때에는 대부를 보내니, 이에 따라 예법에 대한 층차로 삼는 것이다. 묘(廟)에서 받는다는 것은 사신이 가져온 상대방 군주의 명령을 받는다는 뜻이다. 명령을 받을 때 반드시 묘(廟)에서 받게 되는 이유는 공경함을 지극히 나타내기 위해서이다. 황(貺)에 대해서 절을 한다는 것은 절을 하고 선물로 보내온 물건을 받는다는 뜻이다. 수고로움에 대해 절을 한다는 것은 『예기』「곡례(曲禮)」편의 해석에 나와 있다. '침(侵)'이라는 것은 이곳으로부터 저곳으로 가서 침략한다는 뜻이며, '능(陵)'이라는 것은 아래로부터 위를 넘본다는 뜻이다.

鄭注 貺, 賜也. 賓致命, 公當楣再拜. 拜[2]聘君之恩惠, 辱命來聘者也. 君子之相接, 賓讓而主人敬也.

---

1) 속백(束帛)은 한 묶음의 비단으로, 그 수량은 다섯 필(匹)이 된다. 빙문(聘問)을 하거나 증여를 할 때 가져가는 예물(禮物) 등으로 사용되었다. '속(束)'은 10단(端)을 뜻하는데, 1단의 길이는 1장(丈) 8척(尺)이 되며, 2단이 합쳐서 1권(卷)이 되므로, 10단은 총 5필이 된다. 『주례』「춘관(春官)·대종백(大宗伯)」편에는 "孤執皮帛."이라는 기록이 있고, 이에 대한 가공언(賈公彦)의 소(疏)에서는 "束者十端, 每端丈八尺, 皆兩端合卷, 總爲五匹, 故云束帛也."라고 풀이했다.

2) '재배배(再拜拜)'에 대하여. '배(拜)'자는 본래 중복되어 있지 않았는데, 완원(阮元)의 『교감기(校勘記)』에서는 "『악본(岳本)』·『가정본(嘉靖本)』에는 '재배(再拜)' 뒤에 '배(拜)'자가 기록되어 있고, 『고문(考文)』에서 인용하고 있는 『고본(古本)』도 동일하게 기록되어 있다. 『정의(正義)』를 살펴보니, '배(拜)'자는 마땅히 중복해서 기록되어야 한다."라고 했다.

번역 '황(貺)'은 선물을 뜻한다. 빈객이 명령을 전달하면, 군주는 들보가 있는 곳에서 재배를 하게 된다. 빙문을 보낸 상대방 군주가 은혜를 베풀어 욕되이 명령하여 찾아와 빙문을 하게 한 것에 대해 절을 하는 것이다. 군자가 서로 영접을 할 때, 빈객은 사양하고 주인은 공경을 표한다.

釋文 竟音境. 勞, 力報反. 拜況, 本亦作貺, 音同. 楣音眉.

번역 '竟'자의 음은 '境(경)'이다. '勞'자는 '力(력)'자와 '報(보)'자의 반절음이다. '拜況'에서의 '況'자는 판본에 따라 또한 '貺'자로도 기록하는데, 두 글자의 음은 동일하다. '楣'자의 음은 '眉(미)'이다.

孔疏 ●"君使"至"敬也". ○正義曰: 前經明賓致尊讓於主君, 故此經明主君尊敬聘客, 所以致敬於彼君之命也.

번역 ●經文: "君使"~"敬也". ○앞의 경문에서는 빈객이 빙문을 받은 군주를 존귀하게 받들고 사양을 다하는 사안에 대해 나타냈다. 그렇기 때문에 이곳 경문에서는 빙문을 받은 군주가 빙문으로 찾아온 빈객을 존중하고 공경하는 것이 상대방 군주의 명령에 대해 공경함을 지극히 하는 방법임을 나타내고 있다.

孔疏 ●"君使士迎於竟", 謂主君使士迎客於竟, 故聘禮"賓及竟, 張旃", "君使士請事, 遂以入", 是也.

번역 ●經文: "君使士迎於竟". ○빙문을 받은 군주는 사를 시켜서 국경에서 빈객을 맞이하게 한다. 그렇기 때문에 『의례』「빙례(聘禮)」편에서 "빈객이 국경에 도달하면, 전(旃)을 펼친다."라고 하고, 또 "군주는 사를 시켜서 찾아온 사안에 대해 청해 묻고, 마침내 들어간다."라고 한 말이 바로 이러한 사실을 나타낸다.[3)]

---

3) 『의례』「빙례(聘禮)」 : 及竟, 張旜, 誓, 乃謁關人. 關人問從者幾人, 以介對.

孔疏 ●"大夫郊勞"者, 聘禮云: "賓至於近郊, 君使下大夫請行", "君又使卿朝服, 用束帛勞". 此"大夫郊勞"者, 卽卿也.

번역 ●經文: "大夫郊勞". ○『의례』「빙례(聘禮)」편에서는 "빈객이 근교(近郊)에 도착하면, 제후는 하대부를 시켜서 찾아가는 곳에 대해 청해 묻는다."라고 했고, 또 "제후는 또한 경을 시켜서 조복(朝服)을 착용하게 하고, 속백(束帛)을 가져가서 노고를 위로하도록 시킨다."라고 했다.[4] 이곳에서는 "대부가 교(郊)에서 노고를 위로한다."라고 했는데, 이때의 '대부(大夫)'는 곧 경(卿)에 해당한다.

孔疏 ●"君親拜迎于大門之內而廟受", 按聘禮, "賓入門左, 公再拜", 是君拜迎於大門之內. 聘禮又云"及廟門, 公揖入", "納賓, 賓入門左", "賓升, 西楹西, 東面". 是"廟受"也. "北面拜貺"者, 君於阼階之上, 北面再拜, 拜聘君之貺. 貺, 謂惠賜也. 聘禮云"公當楣再拜", 是也.

번역 ●經文: "君親拜迎于大門之內而廟受". ○『의례』「빙례(聘禮)」편을 살펴보면, "빈객이 문으로 들어와서 좌측으로 이동하면, 군주는 재배를 한다."[5]라고 했는데, 이것은 군주가 대문 안에서 빈객을 맞이하며 절을 한다는 사실을 나타낸다. 「빙례」편에서는 또한 "묘문(廟門)에 도달하면, 군주는 읍을 하고 들어간다."라고 했고, "빈객을 들이게 되면, 빈객은 문으로 들어가서 좌측으로 이동한다."라고 했으며, "빈객이 오르게 되면, 서쪽 기둥의 서쪽에 위치하여 동쪽을 바라본다."라고 했는데,[6] 이것이 바로 "묘(廟)에서 받는다."는 절차에 해당한다. "북쪽을 바라보며 황(貺)에 대해서 절을

君使士請事, 遂以入竟.

4) 『의례』「빙례(聘禮)」: 賓至于近郊, 張旜. 君使下大夫請行, 反. 君使卿朝服, 用束帛勞.

5) 『의례』「빙례(聘禮)」: 公皮弁, 迎賓于大門內. 大夫納賓. 賓入門左. 公再拜.

6) 『의례』「빙례(聘禮)」: 及廟門, 公揖入, 立于中庭. 賓立接西塾. 几筵既設, 擯者出請命. 賈人東面坐, 啓櫝, 取圭, 垂繅, 不起而授上介. 上介不襲, 執圭屈繅授賓. 賓襲執圭. 擯者入告, 出辭玉, 納賓. 賓入門左. 介皆入門左, 北面, 西上. 三揖至于階, 三讓. 公升二等, 賓升, 西楹西, 東面.

한다."는 말은 군주가 동쪽 계단 위에서 북쪽을 바라보고 재배를 하는데, 빙문을 보낸 상대방 군주의 선물에 대해서 절을 하는 것이다. '황(貺)'이라는 것은 상대방 군주가 보낸 선물을 뜻한다. 「빙례」편에서 "제후는 들보가 있는 곳에서 재배를 한다."[7]라고 한 말이 바로 이러한 절차를 가리킨다.

孔疏 ●"拜君命之辱"者, 釋此"北面拜貺"之義也. 言主君所以"北面拜貺"者, 拜聘君之命來屈辱也.

번역 ●經文: "拜君命之辱". ○이 구문은 "북쪽을 바라보고 선물에 대해 절을 한다."라고 한 말의 의미를 풀이한 것이다. 즉 빙문을 받은 군주가 "북쪽을 바라보고 선물에 대해서 절을 한다."고 한 이유는 빙문을 보낸 상대방 군주의 명령이 수고롭게도 이곳에 당도한 일에 대해 절을 한다는 뜻이다.

孔疏 ●"所以致敬也", 言主君致敬於聘君.

번역 ●經文: "所以致敬也". ○빙문을 받은 군주가 빙문을 보낸 상대방 군주에 대해서 공경을 다한다는 뜻이다.

孔疏 ●"敬讓"至"侵陵". ○正義曰: 此一經總結上賓致尊讓於主君, 主君又致敬於聘君, 故賓主交相敬讓者, 是君子所以相接待也.

번역 ●經文: "敬讓"~"侵陵". ○이곳 경문은 앞의 내용에 대해 총괄적으로 결론을 맺은 문장으로, 앞에서 빈객은 빙문을 받은 군주를 존귀하게 받들고 사양하게 되며, 빙문을 받은 군주 또한 빙문을 보낸 상대방 군주에 대해 공경을 지극히 한다. 그렇기 때문에 빈객과 주인이 서로 공경함과 사양함으로 교류하는 것은 바로 군자가 서로를 영접하는 방법이 되는 것이다.

孔疏 ●"敬讓, 則不相侵陵"者, 以主人致敬, 賓致讓, 同心以禮相接, 故"不

7) 『의례』「빙례(聘禮)」: 公左還北鄕. 擯者進. 公當楣再拜.

相侵陵".

번역 ●經文: "敬讓, 則不相侵陵". ○주인이 공경함을 다하고 빈객이 사양함을 다하여, 마음을 함께 해서 예법에 따라 서로를 영접하게 된다. 그렇기 때문에 "서로 침범하지 않는다."라고 한 것이다.

集解 愚謂: 上言"敬之至", 賓之敬也; 此言"敬之至", 主君之敬也.

번역 내가 생각하기에, 앞에서 '경지지(敬之至)'라고 한 말은 빈객의 공경함을 나타내고, 이곳에서 '경지지(敬之至)'라고 한 말은 빙문을 받은 군주의 공경함을 나타낸다.

集解 合結上文三節之意.

번역 경문의 "敬讓也"~"不相侵陵"에 대하여. 앞 문장에 나온 세 문절의 의미를 종합적으로 결론 맺은 글이다.

참고 구문비교

예기·빙의 君使士迎于竟, 大夫郊勞. 君親拜迎于大門之內而廟受, 北面拜貺. 拜君命之辱, 所以致敬也. 敬讓也者, 君子之所以相接也. 故諸侯相接以敬讓, 則不相侵陵.

대대례기·조사(朝事) 君使大夫迎於境, 卿勞於道, 君親郊勞致館. 及將幣, 拜迎於大門外而廟受, 北面拜貺, 所以致敬也. 三讓而後升, 所以致尊讓也. 敬讓也者, 君子之所以相接也. 諸侯相接以敬讓, 則不相侵陵也.

대대례기·조사(朝事) 君使士迎於境, 大夫郊勞, 君親拜迎大門之內而廟受, 北面拜貺, 拜君命之辱, 所以致敬讓也. 致敬讓者, 君子之所以相接也. 致諸侯相接以敬讓, 則不相欺陵也.

참고 『의례』「빙례(聘禮)」 기록

경문 君使士請事, 遂以入竟.

번역 군주는 사를 시켜서 찾아온 사안에 대해 청해 묻고, 마침내 그들을 데리고 국경 안으로 들어간다.

鄭注 請猶問也, 問所爲來之故也. 遂以入, 因道之.

번역 '청(請)'자는 묻는다는 뜻이니, 찾아오게 된 이유를 묻는 것이다. "마침내 그들을 데리고 들어간다."는 말은 묻는 것에 연유하여 그들을 인도한다는 뜻이다.

賈疏 ●"君使"至"入竟". ◎注"請猶"至"道之". ○釋曰: 君得關人告, 卽知爲聘來, 使士迎之, 故聘義云"君使士迎于竟", 是也. 而云使士請事, 君子不必人, 故知而猶問也. 云"遂以入竟"者, 若然, 向來賓之問, 猶停關外, 君使士請訖, 乃導以入竟.

번역 ●經文: "君使"~"入竟". ◎鄭注: "請猶"~"道之". ○군주는 관문을 지키는 자가 아뢴 말을 들었으니, 그들이 빙문으로 찾아왔음을 알게 되어, 사를 시켜서 그들을 맞이하도록 한 것이다. 그렇기 때문에 「빙의」편에서는 "군주는 사를 시켜서 국경에서 사신을 영접하도록 한다."라고 했다. 그런데도 "사를 시켜서 찾아온 사안에 대해 청해 묻는다."라고 말한 것은 군자는 어떤 사람에 대해 기필하지 않기 때문에 알고 있으면서도 묻는 것이다. "마침내 그들을 데리고 국경 안으로 들어간다."라고 했는데, 만약 그렇다면 이전에 찾아온 빈객에 대해 문(問)을 했던 것은 관문 밖에 머물 때에 해당하니, 군주는 사를 시켜 이유를 청해 묻고, 그것이 끝나면 그들을 인도하여 국경 안으로 들어오는 것이다.

참고 『의례』「빙례(聘禮)」 기록

경문 賓至于近郊, 張旜. 君使下大夫請行, 反. 君使卿朝服, 用束帛勞.

번역 빈객이 근교(近郊)에 도착하면 전(旜)을 펼친다. 군주는 하대부를 시켜서 어디로 행차할 것인지를 청해 묻고, 되돌아와 그 사실을 보고한다. 군주는 경을 시켜서 조복(朝服)을 착용하게 하고, 속백(束帛)을 가져가서 노고를 위로하도록 시킨다.

鄭注 請行, 問所之也. 雖知之, 謙不必也. 士請事, 大夫請行, 卿勞, 彌尊賓也. 其服皆朝服.

번역 '청행(請行)'은 가고자 하는 곳을 묻는 것이다. 비록 그 사실을 알고 있더라도 겸손히 행동하여 기필하지 않는 것이다. 사는 찾아온 이유를 청해 묻고, 대부는 행선지를 청해 물으며, 경은 노고를 위로하니, 점진적으로 빈객을 존귀하게 높이기 때문이다. 그들의 복장은 모두 조복(朝服)에 해당한다.

賈疏 ●"賓至"至"帛勞". ◎注"請行"至"朝服". ○釋曰: 自此盡"遂以賓入", 論主君使大夫及卿行請勞之事. 入近郊張旜者, 示將有事以自表也. 知皆朝服者, 以卿勞禮重, 尙朝服, 明以外士大夫輕者, 朝服可知也, 故擧後以明前也.

번역 ●經文: "賓至"～"帛勞". ◎鄭注: "請行"～"朝服". ○이곳 구문으로부터 "마침내 빈객을 인도하여 들어간다."라고 한 구문까지는 빙문을 받은 군주가 대부 및 경을 시켜 행선지를 청해 묻고 노고를 위로하는 사안 등을 논의하고 있다. 근교로 들어서서 전(旜)을 펼치는 것은 장차 어떤 일을 시행한다는 사실을 드러내어 스스로 표시하기 위해서이다. 군주가 보낸 자들이 모두 조복(朝服)을 착용한다는 사실을 알 수 있는 이유는 경은 노고를 위로하는데 관련 예법은 중대한 것이다. 그런데도 오히려 조복을 착용한다면, 그 외의 사나 대부가 상대적으로 덜 중요한 의례 절차를 시행할 때에도 모두 조복을 입는다는 사실을 알 수 있다. 그렇기 때문에 이후의 사안을 제시하여 앞의 사안까지도 드러낸 것이다.

참고 『의례』「빙례(聘禮)」 기록

경문 納賓, 賓入門左.

번역 빈(擯)이 빈객을 안으로 들이면, 빈객은 묘문 안으로 들어가 좌측으로 이동한다.

鄭注 公事自闑西.

번역 공적인 일을 처리할 때에는 문 말뚝의 서쪽을 통해 들어간다.

賈疏 ●"納賓賓入門左". ◎注"公事自闑西". ○釋曰: 按玉藻云: "公事自闑西." 注云: "聘享也." 又云: "私事自闑東." 注云: "覿面也." 故鄭引之以證此入門左是聘享. 賓入自闑西, 入門左也.

번역 ●經文: "納賓賓入門左". ◎鄭注: "公事自闑西". ○『예기』「옥조(玉藻)」편을 살펴보면 "공적인 사안이라면 얼(闑)의 서쪽을 통해서 들어간다."라고 했고, 정현의 주에서는 "빙문을 하고 선물을 바치는 경우를 뜻한다."라고 했다. 또 "개인적인 사안이라면 얼(闑)의 동쪽을 통해서 들어간다."라고 했고,[8] 정현의 주에서는 "개인적으로 찾아뵙고 만나보는 경우를 뜻한다."라고 했다. 그렇기 때문에 정현은 이 문장을 인용하여 문으로 들어가 좌측으로 이동하는 것은 빙문을 하고 선물을 바치는 경우가 됨을 증명한 것이다. 빈객이 들어가며 얼(闑)의 서쪽을 통해 들어간다는 것은 문으로 들어가 좌측으로 이동한다는 뜻이다.

---

8) 『예기』「옥조(玉藻)」【393b】: 賓入不中門, 不履閾, 公事自闑西, 私事自闑東.

참고 『의례』「빙례(聘禮)」 기록

경문 賓升, 西楹西, 東面.

번역 빈객이 오르게 되면, 서쪽 기둥의 서쪽에 위치하여 동쪽을 바라본다.

鄭注 與主君相鄉.

번역 빙문을 받는 군주와 서로 마주보기 위해서이다.

참고 『의례』「빙례(聘禮)」 기록

경문 公當楣再拜.

번역 들보가 있는 곳에서 재배를 한다.

鄭注 拜貺也. 貺, 惠賜也. 楣謂之梁.

번역 황(貺)에 대해 절을 하는 것이다. '황(貺)'은 상대방 군주가 은혜를 베풀어 보낸 선물이다. '미(楣)'는 들보를 뜻한다.

賈疏 ●"公當楣再拜". ◎注"拜貺"至"賜也". ○釋曰: 拜貺之言, 文出聘義. 彼云"北面拜貺, 拜君命之辱", 是也.

번역 ●經文: "公當楣再拜". ◎鄭注: "拜貺"~"賜也". ○황(貺)에 대해 절을 한다는 말은 「빙의」편에서 도출된 기록이다. 「빙의」편에서는 "북쪽을 바라보며 보내온 선물에 대해서 절을 하니, 군주의 명령이 수고롭게 이곳까지 당도한 것에 대해서 절을 하는 것이다."라고 했다.

• 제 5 절 •

빈객지의(賓客之義)와 군신지의(君臣之義)

【716a】

卿爲上擯，大夫爲承擯，士爲紹擯．君親禮賓，賓私面私覿．致饔餼還圭璋，賄贈·饗·食·燕，所以明賓客君臣之義也．

직역 卿을 上**擯**으로 爲하고, 大夫를 承**擯**으로 爲하며, 士를 紹**擯**으로 爲한다. 君은 親히 賓을 禮하고, 賓은 私面하고 私**覿**한다. **饔餼**를 致하고 圭璋을 還하며, 賄贈·饗·食·燕은 賓客과 君臣의 義를 明하는 所以이다.

의역 빙문(聘問)을 받는 제후국에서는 경을 상빈(上**擯**)으로 삼고, 대부를 승빈(承**擯**)으로 삼으며, 사를 소빈(紹**擯**)으로 삼는다. 군주는 직접 빈객을 예우하고, 그 일이 끝나면 빈객은 사사롭게 찾아간 나라의 경이나 대부를 만나보거나 사사롭게 제후를 찾아뵙는다. 빈객이 숙소로 돌아가게 되면, 제후는 숙소로 옹희(**饔餼**)를 보내주고, 규(圭)와 장(璋)을 되돌려주며, 회증(賄贈)을 주고, 향례(饗禮)·사례(食禮)·연례(燕禮)를 베푸니, 이러한 의례들은 빈객과 주인의 관계 및 군주와 신하의 관계에서 시행되는 도의를 밝히는 방법이다.

集說 卿, 主國之卿也. 承擯者, 承副上擯也. 紹擯者, 繼續承擯也. 賓行聘事畢, 主國君親執醴以禮賓, 是君親禮賓也. 私面, 謂私以己禮物面見主國之卿大夫也. 私覿, 私以己禮物覿見主國之君也. 牲殺者曰饔, 生者曰餼, 致饔餼者, 聘覿皆畢, 賓介就館, 主君使卿致饔餼之禮於賓也. 還圭璋者, 賓來時執以爲信, 主君旣受之矣; 今將去, 君使卿送至賓館以還之也. 還玉畢, 加以賄贈之禮. 經云: "賄用束紡." 紡, 今之絹也. 饗禮·食禮皆在朝, 燕禮在寢. 一食再饗,燕無常數.

번역 '경(卿)'은 빙문(聘問)을 받는 제후국의 경을 뜻한다. '승빈(承擯)'이라는 것은 상빈(上擯)을 보좌하는 자이다. '소빈(紹擯)'이라는 것은 승빈(承擯) 옆에 나열해서 서 있는 자들이다. 빈객이 찾아와서 빙문을 시행하고, 그 일이 모두 끝나면 빙문을 받는 제후국의 군주는 직접 단술[醴]을 들고서 빈객을 예우하니, 이것이 바로 군주가 직접 빈객을 예우한다는 뜻이다. '사면(私面)'은 사사로이 자신이 가지고 온 예물을 들고서, 찾아간 제후국의 경이나 대부들을 만나본다는 뜻이다. '사적(私覿)'은 사사로이 자신이 가지고 온 예물을 들고서, 찾아간 제후국의 군주를 만나 뵙는다는 뜻이다. 희생물을 도축한 것을 '옹(饔)'이라고 부르며, 살아있는 것을 '희(餼)'라고 부르는데, 옹희(饔餼)[1]를 보낸다는 것은 곧 빙례(聘禮)와 사사롭게 만나보는 일들이 모두 끝나면, 빈객과 개(介)는 숙소로 가게 되며, 빙문을 받은 제후는 경을 시켜서, 옹희의 예법 절차를 빈객에게 베풀게 된다. 규(圭)와 장(璋)을 돌려보낸다는 것은 빈객이 찾아왔을 때 이것을 들고서 신표로 삼게 되는데, 빙문을 받은 제후는 그것을 받게 된다. 그런데 현재 그가 떠나가려고 하므로, 빙문을 받은 군주는 경을 시켜서 그것을 들고 빈객이 머물고 있는 숙소로 가게 해서 되돌려주는 것이다. 옥을 되돌려주는 절차가 끝나면, 선물을 주는 예법 절차를 첨가하게 된다. 『의례』의 경문에서는 "회(賄)에는 1속(束)의 방(紡)을 사용한다."[2]라고 했는데, '방(紡)'이라는 것은 오늘날의 명주[絹]에 해당한다. '향례(饗禮)'와 '사례(食禮)'는 모두 조정에서 시행하는데, 연례(燕禮)는 침(寢)에서 시행한다. 한 차례 사례를 하고 두 차례 향례를 하게 되는데, 연례에는 규정된 횟수가 없다.

---

1) 옹희(饔餼)는 빈객(賓客)과 상견례(相見禮)를 하고 나서 성대하게 음식을 마련해 접대하는 것을 뜻한다. 『주례』「추관(秋官)·사의(司儀)」편에는 "致飧如致積之禮."라는 기록이 있는데, 이에 대한 정현의 주에서는 "小禮曰飧, 大禮曰饔餼."라고 풀이하였다. 즉 '옹희'와 '손'은 모두 빈객 등을 접대하는 예법들인데, '옹희'는 성대한 예법에 해당하여, '손'보다도 융숭하게 대접하는 것이다.

2) 『의례』「빙례(聘禮)」: 賓裼, 迎. 大夫賄用束紡.

集說 呂氏曰: 擯者, 主國之君所使接賓者也. 主之有擯猶賓之有介也. 擯有三者, 以多爲文也. 大宗伯, 朝覲會同則爲上相. 相, 卽擯也. 入詔禮曰相, 出接賓曰擯. 宗伯, 卿也, 故曰卿爲上擯. 小行人, 諸侯入王則爲承而擯. 行人, 大夫也, 故曰大夫爲承擯. 士職卑, 承官之乏以繼擯之事, 故曰士爲紹擯也. 使臣之義, 則致其君臣之敬於所聘之君. 主君之義, 則致其賓主之敬於來聘之臣也.

번역 여씨가 말하길, '빈(擯)'은 빙문(聘問)을 받는 제후국의 군주가 빈객을 영접하도록 시키는 자를 뜻한다. 주인이 의례절차를 도와줄 빈(擯)을 두는 것은 빈객이 부관인 개(介)를 두는 것과 같다. 빈(擯)에는 세 종류가 있는데, 많은 사람을 두는 것을 화려한 형식으로 삼는다. 『주례』「대종백(大宗伯)」편에서는 조근(朝覲)과 회동(會同)을 하게 되면, 상상(上相)의 역할을 맡는다고 했다.[3] 여기에서 말하는 상(相)은 곧 빈(擯)에 해당한다. 들어와서 예법절차에 대해 알려줄 때에는 그 자를 '상(相)'이라 부르고, 밖으로 나가서 빈객을 영접하게 될 때에는 그 자를 '빈(擯)'이라 부른다. 종백(宗伯)은 경의 신분이다. 그렇기 때문에 경을 상빈(上擯)으로 삼는다고 말한 것이다. 『주례』「소행인(小行人)」편에서는 제후들이 천자에게 조회를 하기 위해 천자의 수도로 들어오게 되면, 승(承)이 되어 돕는다고 했다.[4] 행인(行人)은 대부의 신분이다. 그렇기 때문에 대부를 승빈(承擯)으로 삼는다고 말한 것이다. 사의 직위는 미천하여, 관리 중 부족한 자리를 메워서 빈(擯)의 일들을 돕는다. 그렇기 때문에 사를 소빈(紹擯)으로 삼는다고 말한 것이다. 사신으로 찾아가 빙문객으로 실천하는 도의는 군주와 신하 사이에서 지켜야 하는 공경스러운 태도를 빙문을 받는 상대방 군주에게 지극히 나타내는 것이다. 빙문을 받는 군주가 실천하는 도의는 빈객과 주인 사이에서 지켜야 하는 공경스러운 태도를 빙문으로 찾아온 상대방 나라의 신하에게 지극히 나타내는 것이다.

---

3) 『주례』「춘관(春官)·대종백(大宗伯)」: 朝覲會同, 則爲上相, 大喪亦如之, 王哭諸侯亦如之.

4) 『주례』「추관(秋官)·소행인(小行人)」: 凡諸侯入王, 則逆勞于畿. 及郊勞·視館·將幣, 爲承而擯.

大全 嚴陵方氏曰: 擯者, 主國接賓之人, 而爲之執事者也. 周官司儀所謂掌賓客擯相之禮, 是矣. 言上擯, 則知承之爲中擯, 紹之爲末擯矣. 見主國之臣則曰面, 見主國之君則曰覿者, 與君言鄕, 臣言面, 同義.

번역 엄릉방씨가 말하길, '빈(擯)'은 빙문(聘問)을 받는 나라에서 빈객을 접대하는 사람으로, 군주를 대신하여 실무를 처리하는 자들이다. 『주례』「사의(司儀)」편에서 이른바 "빈객에 대해 돕는 예법을 담당한다."[5]라고 한 말이 바로 이러한 사실을 나타낸다. 상빈(上擯)이라고 말했다면, '승(承)'에 해당하는 자가 중빈(中擯)에 해당하고, '소(紹)'에 해당하는 자가 말빈(末擯)에 해당한다는 사실을 알 수 있다. 빙문을 받는 나라의 신하를 만나볼 때에는 '면(面)'이라 부르고, 빙문을 받는 나라의 군주를 만나볼 때에는 '적(覿)'이라 부르는데, 이것은 군주에 대해서 그 방향을 말할 때 '향(鄕)'이라 말하고, 신하에 대해서 '면(面)'이라 말하는 것과 같은 뜻이다.

鄭注 設大禮, 則賓客之也. 或不親而使臣, 則爲君臣也.

번역 성대한 예법을 시행한다면, 빈객에 대한 예법으로 대접하는 것이다. 간혹 군주가 직접 시행하지 않고 신하를 대신 시키게 된다면, 이러한 경우에는 군주와 신하의 관계가 된다.

釋文 覿, 大歷反, 見也. 雍, 字又作饔, 音同. 餼, 許旣反. 還音旋, 下及注同. 璋音章. 賄, 呼罪反, 字林音悔. 享, 許兩反, 本又作"饗". 食音嗣, 下同.

번역 '覿'자는 '大(대)'자와 '歷(력)'자의 반절음이며, 만나본다는 뜻이다. '雍'자는, 자형에 따라 또한 '饔'자로도 기록하는데, 그 음은 같다. '餼'자는 '許(허)'자와 '旣(기)'자의 반절음이다. '還'자의 음은 '旋(선)'이며, 아래문장 및 정현의 주에 나오는 글자도 그 음이 이와 같다. '璋'자의 음은 '章(장)'이

5) 『주례』「추관(秋官)·사의(司儀)」: 司儀掌九儀之賓客擯相之禮, 以詔儀容·辭令·揖讓之節.

다. '賄'자는 '呼(호)'자와 '罪(죄)'자의 반절음이며, 『자림』[6]에서는 그 음을 '悔(회)'라고 했다. '享'자는 '許(허)'자와 '兩(량)'자의 반절음이며, 판본에 따라서 또한 '饗'자로도 기록한다. '食'자의 음은 '嗣(사)'이고, 아래문장에 나오는 글자도 그 음이 이와 같다.

孔疏 ●"卿爲"至"義也". ○正義曰: 主國之卿爲上擯, 接迎於賓.

번역 ●經文: "卿爲"~"義也". ○빙문(聘問)을 받는 제후국의 경이 상빈(上擯)을 담당하여, 빈객을 영접하는 것이다.

孔疏 ●"大夫爲承擯"者, 承副上擯也.

번역 ●經文: "大夫爲承擯". ○상빈(上擯)을 보좌하는 것이다.

孔疏 ●"士爲紹擯"者, 紹, 繼也, 謂繼續承擯. 按聘禮注"其位相承繼". 又聘禮注云: "主君公也, 則擯者五人. 侯伯也, 則擯者四人. 子男也, 則擯者三人." 其待聘客及朝賓, 其擯數皆然. 故大行人云上公擯者五人, 侯伯四人, 子男三人. 謂迎朝賓也. 若擯者五人, 則士爲紹擯者三人; 若擯者四人, 則士爲紹擯者二人; 若擯者三人, 則士爲紹擯一人.

번역 ●經文: "士爲紹擯". ○'소(紹)'자는 "잇다[繼]."는 뜻이니, 승빈(承擯) 다음에 연이어 서 있는 자들을 뜻한다. 『의례』「빙례(聘禮)」편에 대한 정현의 주를 살펴보면, "그 위치는 서로 연이어 있다."[7]라고 했다. 또한 「빙례」편에 대한 정현의 주에서는 "빙문을 받는 제후가 공작이라면 빈(擯)은 5명을 둔다. 후작이나 백작이라면 빈은 4명을 둔다. 자작이나 남작이라면

---

6) 『자림(字林)』은 고대의 자서(字書)이다. 진(晉)나라 때 학자인 여침(呂忱)이 지었다. 원본은 일실되어 전해지지 않고, 다른 문헌들 속에 일부 기록들만 남아 있다.

7) 이 문장은 『의례』「빙례(聘禮)」편의 "卿爲上擯, 大夫爲承賓, 士爲紹擯. 擯者出請事."라는 기록에 대한 정현의 주이다.

빈은 3명을 둔다."[8]라고 했다. 빙문으로 찾아온 객(客)과 조회로 찾아온 빈(賓)을 접대할 때 두게 되는 빈(擯)의 수는 모두 이와 같다. 그렇기 때문에 『주례』「대행인(大行人)」편에서는 상공(上公)은 빈(擯)을 5명 두고, 후작과 백작은 4명을 두며, 자작과 남작은 3명을 둔다고 했던 것이다.[9] 이 내용은 곧 조회를 위해 찾아온 빈(賓)을 맞이할 때에 해당한다. 만약 빈(擯)을 5명 두게 된다면, 사의 신분으로 소빈(紹擯)을 맡는 자는 3명이 되고, 만약 빈(擯)을 4명 두게 된다면, 사의 신분으로 소빈을 맡는 자는 2명이 되며, 만약 빈(擯)을 3명 두게 된다면, 사의 신분으로 소빈을 맡는 자는 1명이 된다.

孔疏 ●"君親禮賓"者, 謂行聘已訖, 君親執醴以禮賓, 故聘禮賓行聘訖, "宰夫徹几, 改筵. 公出, 迎賓以入", "公側受醴, 賓受醴, 公拜送醴", 是也.

번역 ●經文: "君親禮賓". ○빙문(聘問)의 의례가 모두 끝나게 되면, 빙문을 받는 군주는 직접 단술[醴]을 들고서 빈객을 예우하게 된다. 그렇기 때문에 『의례』「빙례(聘禮)」편에서는 빈객이 빙문의 의례를 모두 끝냈을 때, "재부(宰夫)가 안석을 치우고, 자리를 고쳐서 편다. 군주가 밖으로 나가서, 빈객을 맞이하여 들어온다."라고 했고, 또 "군주는 혼자서 단술을 받고 빈객은 단술을 받는데, 군주는 절을 하고 단술을 빈객에게 보낸다."라고 한 말들이 바로 이러한 사실을 나타낸다.[10]

---

8) 이 문장은 『의례』「빙례(聘禮)」편의 "卿爲上擯, 大夫爲承賓, 士爲紹擯. 擯者出請事."라는 기록에 대한 정현의 주이다.

9) 『주례』「추관(秋官)·대행인(大行人)」: 上公之禮, 執桓圭九寸, 繅藉九寸, 冕服九章, 建常九斿, 樊纓九就, 貳車九乘, 介九人, 禮九牢, 其朝位, 賓主之間九十步, 立當車軹, 擯者五人, …… 諸侯之禮, 執信圭七寸, 繅藉七寸, 冕服七章, 建常七斿, 樊纓七就, 貳車七乘, 介七人, 禮七牢, 朝位賓主之間七十步, 立當前疾, 擯者四人, …… 諸伯執躬圭, 其他皆如諸侯之禮。諸子執穀璧五寸, 繅藉五寸, 冕服五章, 建常五斿, 樊纓五就, 貳車五乘, 介五人, 禮五牢, 朝位賓主之間五十步, 立當車衡, 擯者三人, …… 諸男執蒲璧, 其他皆如諸子之禮.

10) 『의례』「빙례(聘禮)」: 宰夫徹几, 改筵. 公出, 迎賓以入, 揖讓如初. …… 公側受醴. 賓不降, 壹拜, 進筵前受醴, 復位. 公拜送醴.

孔疏 ●"賓私面私覿"者, 私面, 謂私以己禮面見主國之卿大夫也. 私覿者, 私以己禮覿主國之君. 以其非公聘正禮, 故謂之"私". 按聘禮私面在後, 此先云私面者, 記者便文, 無義例也. 面, 亦見也. 以其於臣禮質, 故以"面"言之. 故聘禮注云"面, 亦見也. 其謂之面, 威儀質也". 此於臣謂之面. 而司儀云"諸公之臣, 相爲國客", "私面私獻". 注云: "私面, 私覿也." 又以"私面"爲"私覿"者, 以司儀之文, 但云"私面私獻", 不云"私覿", 故以私面爲私覿也. 昭六年左傳楚公子弃疾見鄭伯, 以其乘馬八匹私面. 於君而稱"面"者, 因行過鄭而面鄭伯, 非正禮, 故雖君亦稱"面"也.

번역 ●經文: "賓私面私覿". ○'사면(私面)'은 사적으로 개인이 가지고 온 예물을 들고 빙문(聘問)으로 찾아간 나라의 경과 대부를 만나보는 것을 뜻한다. '사적(私覿)'은 사적으로 개인이 가지고 온 예물을 들고 빙문으로 찾아간 나라의 제후를 만나보는 것이다. 공적으로 시행되는 빙문의 정규 예법이 아니기 때문에, '사(私)'자를 붙여서 언급한 것이다. 『의례』「빙례(聘禮)」편을 살펴보면, 사면(私面)에 대한 내용은 뒤에 기록되어 있는데, 이곳에서는 먼저 사면(私面)에 대해서 언급했다. 그 이유는 『예기』를 기록한 자가 문장을 편리에 따라 기록한 것으로, 특별한 의미에 따른 배열은 아니다. '면(面)'자 또한 "만나보다[見]."는 뜻이다. 신하에게 적용되는 예법은 질박한 수준이기 때문에, '면(面)'자를 붙여서 말한 것이다. 그래서 「빙례」편에 대한 정현의 주에서는 "면(面) 또한 만나본다는 뜻이다. 그 예법에 대해서 '면(面)'이라고 부른 이유는 시행되는 의례절차가 질박하기 때문이다."[11]라고 한 것이다. 이것은 신하에 대한 예법에 대해 '면(面)'자를 붙여서 부른다는 사실을 나타낸다. 그런데 『주례』「사의(司儀)」편에서는 "제공(諸公)의 신하는 상호 빙문을 하여 국객(國客)이 된다."[12]라고 했고, 또 "사면(私面)을 하고 사헌(私獻)을 한다."[13]라고 했다. 이 문장에 대한 정현의

---

11) 이 문장은 『의례』「빙례(聘禮)」편의 "擯者出請事. 賓面, 如覿幣."라는 기록에 대한 정현의 주이다.

12) 『주례』「추관(秋官)·사의(司儀)」: 諸公之臣相爲國客.

13) 『주례』「추관(秋官)·사의(司儀)」: 及禮·<u>私面·私獻</u>, 皆再拜稽首, 君答拜.

주에서는 “사면(私面)은 사적(私覿)에 해당한다.”라고 했다. 또 ‘사면(私面)’을 ‘사적(私覿)’으로 여긴 이유는 「사의」편의 문장에는 단지 “사면(私面)을 하고 사헌(私獻)을 한다.”라고만 기록했고, ‘사적(私覿)’에 대해서는 언급하지 않았기 때문에, 사면(私面)을 사적(私覿)으로 여긴 것이다. 소공(昭公) 6년에 대한 『좌전』의 기록에서는 초(楚)나라 공자(公子) 기질(弃疾)이 정(鄭)나라 백작을 만나보았는데, 그 때 승마(乘馬) 8필을 가지고 사면(私面)을 했다고 했다.[14] 군주에 대한 일에 대해 ‘면(面)’자를 붙여서 부른 이유는 정(鄭)나라를 지나쳐 가다가 정나라 백작을 만나보았으므로 정규 예법이 아니다. 그렇기 때문에 비록 군주에 대한 일이었지만, 이러한 일에 대해서 또한 ‘면(面)’자를 붙여서 부른 것이다.

孔疏 ●“致饔餼”者, 謂行聘之日, 主君使卿致饔餼之禮於賓館. 按聘禮: “君使卿韋弁, 歸饔餼五牢.” 注云: “牲, 殺曰饔, 生曰餼.” 又曰: “餼一牢鼎九, 設於西階前. 腥二牢鼎二七, 設于阼階前. 餼二牢陳于門西, 北面東上.” 是也. 按聘禮餼旣爲生, 而左傳僖三十三年云“餼牽竭矣”, 服虔云“死曰餼”者, 以餼與牽相對, 牽旣爲生, 餼則爲死. 故詩·瓠葉篇云: “牲牢·饔餼.” 鄭注云“腥曰餼”者, 以牲牢·饔餼相對, 以牲牢旣爲生, 饔又爲熟, 故以餼爲腥也.

번역 ●經文: “致饔餼”. ○빙문(聘問)을 시행한 날, 빙문을 받는 군주는 경을 시켜서 빈객이 머무는 숙소로 옹희(饔餼)를 보내 예우를 한다는 뜻이다. 『의례』「빙례(聘禮)」편을 살펴보면, “군주는 경을 시켜서 위변(韋弁)을 착용하게 하고, 옹희(饔餼) 5뢰(牢)를 보낸다.”[15]라고 했고, 이 문장에 대한 정현의 주에서는 “희생물에 있어서 그것을 도축시켰다면 옹(饔)이라고 부르고, 살아있다면 희(餼)라고 부른다.”라고 했으며, 또 「빙례」편에서는 “희(餼) 1뢰(牢)와 정(鼎) 9개를 서쪽 계단 앞에 진설한다. 생고기 2뢰(牢)와 정(鼎) 27개를 동쪽 계단 앞에 진설한다. 희(餼) 2뢰(牢)를 문의 서쪽에 진

---

14) 『춘추좌씨전』「소공(昭公) 6년」 : 楚公子棄疾如晉, 報韓子也. 過鄭, 鄭罕虎·公孫僑·游吉從鄭伯以勞諸柤, 辭不敢見. 固請, 見之. 見如見王. 以其乘馬八匹私面.
15) 『의례』「빙례(聘禮)」 : 君使卿韋弁歸饔餼五牢. 上介請事. 賓朝服, 禮辭.

설하며, 북쪽을 바라보게 하고 동쪽 끝에서부터 진설한다."[16]라고 한 말이 바로 이러한 사실을 나타낸다. 「빙례」편의 기록을 살펴보면, '희(餼)'라는 것은 이미 살아있는 희생물을 뜻하는데, 『좌전』 희공(僖公) 33년의 기록에서는 "희(餼)와 견(牽)이 떨어졌다."[17]라고 했고, 복건[18]은 "죽어있는 희생물을 '희(餼)'라고 부른다."라고 했다. 이처럼 차이를 보이는 이유는 '희(餼)'를 '견(牽)'과 대비가 되도록 기록했기 때문이니, 견(牽: 가축)은 이미 살아있는 생물이므로, 희(餼)를 죽은 동물로 여긴 것이다. 그래서 『시』「호엽(瓠葉)」편에서는 "생뢰(牲牢)와 옹희(饔餼)이다."[19]라고 한 것이고, 이 문장에 대한 정현의 주에서는 "생고기를 희(餼)라고 부른다."라고 한 것인데, 이 문장에서는 생뢰(牲牢)와 옹희(饔餼)를 서로 대비가 되도록 기록했으며, 생뢰(牲牢)가 이미 살아있는 생물이고, 옹(饔)은 또한 익힌 고기가 되므로, 희(餼)를 생고기로 여긴 것이다.

孔疏 ●"還圭璋"者, 謂賓將去時, 君使卿就賓館, 還其所聘之圭璋. 故聘禮云"君使卿皮弁, 還玉于館", 是也. "賄贈"者, 因其還玉之時, 主人之卿并以賄而往, 還玉旣畢, 以賄贈之, 故聘禮還圭璋畢, "大夫賄用束紡", 是也.

번역 ●經文: "還圭璋". ○빈객이 떠나려고 할 때, 군주는 경을 시켜서

---

16) 『의례』「빙례(聘禮)」: 飪一牢, 鼎九, 設于西階前. 陪鼎當內廉. 東面, 北上, 上當碑, 南陳. 牛·羊·豕·魚·腊·腸胃同鼎·膚·鮮魚·鮮腊. 設扃鼏. 膷·臐·膮, 蓋陪牛·羊·豕. 腥二牢, 鼎二七, 無鮮魚·鮮腊, 設于阼階前, 西面, 南陳, 如飪鼎, 二列. …… 餼二牢陳于門西, 北面, 東上, 牛以西羊豕, 豕西牛羊豕.

17) 『춘추좌씨전』「희공(僖公) 33년」: 曰, "吾子淹久於敝邑, 唯是脯資·餼牽竭矣, 爲吾子之將行也, 鄭之有原圃, 猶秦之有具囿也, 吾子取其麋鹿, 以閒敝邑, 若何? 杞子奔齊, 逢孫·楊孫奔宋. 孟明曰, "鄭有備矣, 不可冀也. 攻之不克, 圍之不繼, 吾其還也."

18) 복건(服虔, ?~?): 후한대(後漢代)의 유학자이다. 자(字)는 자신(子愼)이다. 초명은 중(重)이었으며, 기(祇)라고도 불렀다. 후에 이름을 건(虔)으로 고쳤다. 『춘추좌씨전(春秋左氏傳)』에 주석을 남겼지만, 산일되어 전해지지 않는다. 현재는 『좌전가복주집술(左傳賈服注輯述)』로 일집본이 편찬되었다.

19) 『시』「소아(小雅)·호엽(瓠葉)」편의 모서(毛序): 瓠葉, 大夫刺幽王也. 上棄禮而不能行, 雖有牲牢饔餼, 不肯用也. 故思古之人不以微薄廢禮焉.

빈객이 머무는 숙소로 가게 하여, 그가 빙문(聘問)을 할 때 가져왔던 규(圭)와 장(璋)을 되돌려주도록 한다는 뜻이다. 그렇기 때문에 『의례』「빙례(聘禮)」편에서 “군주는 경을 시켜서 피변(皮弁)을 착용하도록 하고, 숙소로 옥을 되돌려주도록 한다.”[20]라고 한 말이 바로 이러한 사실을 나타낸다. ‘회증(賄贈)’이라는 것은 옥을 되돌려줄 때를 틈타서, 군주가 임무를 맡긴 경이 선물도 시참하여 찾아가고, 옥을 되돌려주는 절차가 끝나면 선물을 증여하게 된다. 그렇기 때문에 「빙례」편에서는 규(圭)와 장(璋)을 되돌려주고서, “대부는 선물로 1속(束)의 방(紡)을 사용한다.”[21]라고 한 것이다.

孔疏 ●“饗·食·燕”者, 謂主君設大禮以饗賓, 設食禮以食賓, 皆在朝也; 又設燕以燕之, 燕在寢也. 故聘禮云“公於賓, 壹食, 再饗, 燕與羞, 俶獻, 無常數”, 是也.

번역 ●經文: “饗·食·燕”. ○빙문을 받은 제후는 성대한 예법을 시행하여 빈객에게 향례(饗禮)를 베풀고, 사례(食禮)를 베풀어서 빈객에게 밥을 대접하는데, 이러한 일들은 모두 조정에서 시행하게 된다. 또한 연례(燕禮)를 베풀어서 연회를 즐기도록 하는데, 연례는 침(寢)에서 시행하게 된다. 그렇기 때문에 『의례』「빙례(聘禮)」편에서 “군주는 빈객에 대해서 한 차례 사례(食禮)를 베풀고, 두 차례 향례(饗禮)를 베풀며, 연례(燕禮)를 시행하고, 맛있는 음식을 대접하며, 제철 음식을 대접할 때에는 정해진 수치가 없다.”[22]라고 한 말이 바로 이러한 사실을 나타낸다.

孔疏 ●“所以明賓客·君臣之義也”, 謂君親禮賓, 賓用私覿, 及致饔餼·饗·食之屬, 或主人敬賓, 或賓答主人, 或君親接賓, 或使臣致之, 是顯明賓客·君臣之義也.

---

20) 『의례』「빙례(聘禮)」: 君使卿皮弁還玉于館. 賓皮弁, 襲, 迎于外門外, 不拜, 帥大夫以入.

21) 『의례』「빙례(聘禮)」: 大夫賄用束紡, 禮玉束帛乘皮, 皆如還玉禮. 大夫出. 賓送, 不拜.

22) 『의례』「빙례(聘禮)」: 公于賓, 壹食, 再饗, 燕與羞俶, 獻無常數.

번역 ●經文: "所以明賓客·君臣之義也". ○군주가 직접 빈객을 예우하고, 빈객은 사적(私覿)을 실시하며, 또 옹희(饔餼)를 베풀어주고, 향례(饗禮)·사례(食禮) 등의 부류를 베풀어주는데, 어떤 것은 주인이 빈객을 공경하는 것에 해당하고, 또 어떤 것은 빈객이 주인에게 답례하는 것에 해당하며, 어떤 것은 군주가 직접 빈객을 영접하는 것에 해당하고, 또 어떤 것은 신하를 시켜서 보내주는 것에 해당하니, 이러한 것들은 빈객과 군신의 도의를 드러내는 일에 해당한다는 뜻이다.

孔疏 ◎注"設大"至"臣也". ○正義曰: 鄭解賓客君臣之義也. "設大禮", 謂饗·食之屬, 則以賓客禮待之, 使人延賓於館, 則主君親待之, 是賓客其使人也. 云"或不親而使臣, 則爲君臣也"者, 謂主君或不親饗, 則使人致禮於賓. 若致饔餼·致饗·致食, 及還圭·贈賄之屬, 皆主君不親, 使臣致禮於客. 客則臣, 故使臣獻之, 是君臣之義也.

번역 ◎鄭注: "設大"~"臣也". ○정현이 빈객과 군신의 도의에 대해서 풀이한 말이다. "성대한 예법을 시행한다."라고 했는데, 이 말은 향례(饗禮)와 사례(食禮) 등은 빈객에 대한 예법으로 상대방을 대우하는 것이며, 사람을 시켜서 숙소에서 빈객을 모셔오도록 한다면, 빙문을 받은 제후는 직접 그를 대접하게 되니, 이것은 사인(使人)을 빈객으로 대우하는 것이다. 정현이 "간혹 군주가 직접 시행하지 않고 신하를 대신 시키게 된다면, 이러한 경우에는 군주와 신하의 관계가 된다."라고 했는데, 빙문을 받은 군주가 간혹 직접 향례(饗禮)를 시행하지 않는다면, 사람을 시켜서 빈객에게 이러한 예법을 베풀어주게 된다. 옹희(饔餼)를 보내주고, 향례를 베풀어주며, 사례를 베풀어주고, 규(圭)를 되돌려주며, 선물을 증여하는 것 등의 부류들은 모두 빙문을 받은 군주가 직접 시행하지 않고, 신하를 시켜서 빈객에게 이러한 의례를 실시하도록 한다. 빈객은 곧 신하의 신분이 되기 때문에, 신하를 시켜서 그에게 부여하는 것이니, 이것은 곧 군신간의 도의에 해당한다.

集解 敖氏繼公曰: 承·紹者, 皆有爲之先之辭. 周官言天子之擯者, 其於上公則五人, 於侯伯則四人, 於子男則三人, 皆以朝者之爵爲差也. 此但言"上擯"·"承擯"·"紹擯"而不言其人數, 則是諸侯之擯者三人而已, 不以己爵及朝聘者之尊卑而異, 所以別於天子也. 此擯者雖有三人, 惟上擯專相禮事, 乃必立承·紹者, 所以別於諸臣之禮也.

번역 오계공이 말하길, '승(承)'자와 '소(紹)'자에는 모두 그를 대신하여 먼저 시행한다는 뜻이 포함되어 있다. 『주례』에서는 천자의 빈(擯)을 언급하며, 상공(上公)에 대해서는 5명을 둔다고 했고, 후작이나 백작에 대해서는 4명을 둔다고 했으며, 자작이나 남작에 대해서는 3명을 둔다고 했는데, 이 모두는 조회를 온 자의 작위에 따라서 차등을 둔 것이다. 이곳에서는 단지 '상빈(上擯)'·'승빈(承擯)'·'소빈(紹擯)'이라고 했고 그 인원수를 언급하지 않았는데, 이것은 제후의 빈(擯)은 3명일 뿐임을 나타내며, 본인의 작위나 조빙으로 찾아온 자의 신분으로 차이를 두지 않는 것으로, 천자의 예법과 구별하기 위한 것이다. 따라서 이곳에서 말한 빈(擯)은 비록 3명일 따름이지만, 상빈의 경우에는 전적으로 예의 진행을 돕게 되니, 반드시 승빈과 소빈을 두게 되는데, 이것은 여러 신하들에 대한 예법과 구별하기 위한 것이다.

集解 愚謂: 大行人上公九介, 而王之"擯者五人", 侯伯七介, 而"擯者四人", 子男五介, 而"擯者三人", 則擯用介數之半, 蓋以示其自降於賓之意, 亦所以爲謙讓也. 王待諸侯之禮如此, 則諸侯於朝聘之賓可知. 上公之卿七介, 則主國之擯者五人, 上擯一人, 承擯·紹擯各二人也. 侯伯之卿五介, 則主國之擯者三人, 上擯·承擯·紹擯各一人也. 子男之卿三介, 則主國之擯者二人, 上擯·承擯各一人而已. 聘禮乃侯伯之國使卿大聘之禮, 故曰"卿爲上擯, 大夫爲承擯, 士爲紹擯", 擯者三人也. 於君言"覿"者, 尊辭也; 於臣言"面"者, 質辭也. 致饔餼兼有醯·醢·簠·簋·米·禾·薪·芻之屬, 獨言"饔餼"者, 以牢禮爲重也. 圭所以聘君, 璋所以聘夫人, 典瑞"瑑圭·璋·璧·琮", "以覜聘", 是也. 聘禮記云"所以朝天子, 圭與繅皆九寸", "問諸侯, 朱綠繅八寸", 此謂上公之禮也. 上公問諸侯, 繅八寸, 則圭亦八寸, 降於其命圭一寸. 以此推之, 侯伯聘圭當六寸,子男用璧, 當四寸也. 賄, 謂於還玉之時而賄之, 聘禮"賄用束紡", 是也. 贈, 謂賓出舍於郊而贈之, 聘禮"遂行, 舍于郊, 公使卿贈, 如覿幣", 是也. 賄所以答其聘, 贈所以答其私覿也. 饗禮今亡, 食則公食大夫之禮是也. 燕則燕禮記云"若與四方之賓燕, 則公迎之于大門內, 揖·讓·升, 賓爲苟敬", 是也. 凡此諸禮, 君之所致於賓, 及賓所致於主國之臣者, 皆所以明賓客之義也. 君之所致於賓, 而差降於其君, 及賓所致於主國之君者, 皆所以明君臣之義也.

번역 내가 생각하기에, 『주례』「대행인(大行人)」편에서는 상공(上公)은 9명의 개(介)를 둔다고 했고, 천자에 대해서는 "빈(擯)은 5명이다."라고 했으며, 후작과 백작은 7명의 개를 둔다고 했고, 천자에 대해서는 "빈은 4명이다."라고 했으며, 자작과 남작은 5명의 개를 둔다고 했고, 천자에 대해서는 "빈은 3명이다."라고 했으니, 빈(擯)은 개(介)의 수치에서 반만큼만 사용하는 것이다. 이처럼 하는 이유는 스스로 빈객보다 낮춘다는 뜻을 드러내는 것으로, 이 또한 겸양의 뜻을 표현하는 방법이다. 천자가 제후를 대접하는 예법이 이와 같다면, 제후가 조빙으로 찾아온 빈객에 대한 예법도 알 수 있다. 상공에게 소속된 경은 7명의 개를 둔다고 했으니, 빙문을 받은 제후국의 빈은 5명으로, 상빈(上擯)은 1명이고, 승빈(承擯)과 소빈(紹擯)은 각각 2명이다. 후작과 백작에게 소속된 경은 5명의 개를 둔다고 했으니, 빙문을 받은 제후국의 빈은 3명으로, 상빈·승빈·소빈이 각각 1명이다. 자작과 남작에게 소속된 경은 3명의 개를 둔다고 했으니, 빙문을 받은 제후국의 빈은 2명으로, 상빈과 승빈이 각각 1명일 따름이다. 빙례(聘禮)는 곧 후작과 백작의 제후국에서 경을 사신으로 보내는 대빙(大聘)의 예법이다. 그렇기 때문에 "경은 상빈이 되고, 대부는 승빈이 되며, 사는 소빈이 된다."라고 했으니, 빈(擯)은 3명이다. 군주를 찾아뵙는 것에 대해서 '적(覿)'이라고 말한 것은 존귀하게 높여서 한 말이며, 신하를 만나보는 것에 대해서 '면(面)'이라고 말한 것은 꾸밈없이 말한 것이다. 옹희(饔餼)를 보낼 때에는 육장(肉醬)에 해당하는 혜(醯)·해(醢), 음식을 담은 보(簠)·궤(簋), 양식에 해당하는 미(米)·화(禾), 여정에 필요한 신(薪)·추(芻) 등도 포함되는데, 유독 '옹희(饔餼)'라고만 말한 것은 뇌례(牢禮)[23]를 중요한 대상으로 여기기 때문이다.

규(圭)는 군주를 빙문할 때 사용하는 것이고, 장(璋)은 군주의 부인을 빙문할 때 사용하는 것이니, 『주례』「전서(典瑞)」편에서 “규(圭)·장(璋)·벽(璧)·종(琮)을 새긴다.”라고 했고, “이를 통해 조빙(覜聘)[24]을 한다.”라고 한 말[25]이 이러한 사실을 나타낸다. 『의례』「빙례(聘禮)」편의 기문에서는 “천자에게 조회를 할 때 사용하는 규와 받침은 모두 9촌이다.”라고 했고, “제후를 빙문할 때에는 주색과 녹색으로 받침을 만드는데 그 길이는 8촌이다.”라고 했는데,[26] 이것은 상공의 예법을 뜻한다. 상공이 제후에게 문(問)을 하며 8촌의 받침을 사용한다면, 규 또한 8촌의 것을 사용하니, 본인의 명(命) 등급에 따른 규보다 1촌만큼 낮추는 것이다. 이를 통해 추론해보면, 후작과 백작이 빙(聘)을 할 때 사용하는 규는 6촌에 해당하고, 자작과 남작이 사용하는 벽(璧)은 4촌에 해당한다. ‘회(賄)’는 옥을 되돌려줄 때 선물로 주는 것을 뜻하니, 「빙례」편에서 “회(賄)에는 1속(束)의 방(紡)을 사용한다.”[27]라고 한 말이 바로 이것을 가리킨다. ‘증(贈)’은 빈객이 밖으로 나가 교외에 잠시 머물게 될 때 증여하는 것을 뜻하니, 「빙례」편에서 “마침내 길을 떠나 교외에 잠시 머물게 되면, 군주는 경을 시켜 예물을 증여하니, 적(覿)을 했을 때의 예물과 같은 것으로 한다.”[28]라고 한 말이 바로 이것을 가리킨다. 회(賄)는

---

23) 뇌례(牢禮)는 소[牛], 양[羊], 돼지[猪] 등의 세 가지 희생물을 써서, 빈객(賓客)을 대접하는 예(禮)를 말한다. 『주례』「천관(天官)·재부(宰夫)」편에는 “凡朝覲會同賓客, 以牢禮之法, 掌其牢禮委積膳獻飮食賓賜之飧牽, 與其陳數.”라는 기록이 있고, 이에 대한 정현의 주에서는 “牢禮之法, 多少之差及其時也. 三牲牛羊豕具爲一牢.”라고 풀이하였다. 또 『주례』「지관(地官)·우인(牛人)」편에는 “凡賓客之事, 共其牢禮積膳之牛.”라는 기록이 있고, 이에 대한 정현의 주에서는 “牢禮, 飧饔也.”라고 풀이하였다.

24) 조빙(覜聘)은 신하가 군주를 찾아뵙거나 서로 만나볼 때의 예법에 해당한다. 찾아갈 때 딸려오는 대부(大夫) 무리가 많을 때 그것을 ‘조(覜)’라고 부르며, 무리가 적을 때에는 ‘빙(聘)’이라고 부른다. 『주례』「춘관(春官)·전서(典瑞)」편에는 “瑑圭璋璧琮, 繅皆二采一就, 以覜聘.”이라는 기록이 있고, 이에 대한 정현의 주에서는 “大夫衆來曰覜, 寡來曰聘.”이라고 풀이했다.

25) 『주례』「춘관(春官)·전서(典瑞)」 : 瑑圭璋璧琮, 繅皆二采一就, 以覜聘.

26) 『의례』「빙례(聘禮)」 : 所以朝天子, 圭與繅皆九寸, 剡上寸半, 厚半寸, 博三寸. 繅三采六等, 朱白倉. 問諸侯, 朱綠繅八寸. 皆玄纁繫, 長尺, 絇組.

27) 『의례』「빙례(聘禮)」 : 賓裼, 迎. 大夫賄用束紡.

28) 『의례』「빙례(聘禮)」 : 遂行, 舍于郊. 公使卿贈, 如覿幣.

빙(聘)에 답례하기 위한 것이며, 증(贈)은 사적(私覿)에 답례하기 위한 것이다. 향례(饗禮)에 대한 『의례』의 기록은 현재는 망실되어 없어졌는데, 사례(食禮)의 경우라면 『의례』「공사대부례(公食大夫禮)」편의 내용이 여기에 해당한다. 연례(燕禮)의 경우 『의례』「연례(燕禮)」편의 기문에서는 "만약 사방의 제후국에서 찾아온 빈객과 연회를 한다면, 군주는 대문 안에서 그를 맞이하고, 읍과 사양을 하며 당상에 올라간다. 빈객은 구경(苟敬)이 된다."[29]라고 했다. 이러한 여러 의례들은 군주가 빈객에게 베풀어주는 것이며 또 빈객이 빙문을 받는 나라의 신하에게 베푸는 것이니, 이 모두는 빈객의 도의를 드러내는 것이다. 군주가 빈객에게 베풀어주는 것에 있어서는 빈객의 군주에 대한 경우보다 차등적으로 낮추고, 또 빈객이 빙문을 받는 나라의 군주에게 전하는 것 등은 모두 군신의 도의를 드러내는 것이다.

참고 구문비교

예기 · 빙의 卿爲上擯, 大夫爲承擯, 士爲紹擯. 君親禮賓, 賓私面私覿. 致饔餼還圭璋, 賄贈·饗·食·燕, 所以明賓客君臣之義也.

대대례기 · 조사(朝事) 卿爲上擯, 大夫爲丞擯. 君親醴賓, 賓私面私覿. 致饔餼, 旣還圭璋, 賄贈·饗·食·燕, 所以明賓主君臣之義也.

의례 · 빙례(聘禮) 卿爲上擯, 大夫爲承擯, 士爲紹擯.

주례 · 추관(秋官) · 사의(司儀) 致饔餼·還圭·饗食·致贈·郊送, 皆如將幣之儀.

참고 『주례』「추관(秋官)·사의(司儀)」 기록

경문 致饔餼·還圭·饗食·致贈·郊送, 皆如將幣之儀.

---

29) 『의례』「연례(燕禮)」: 若與四方之賓燕, 則公迎之于大門內, 揖·讓升. 賓爲苟敬, 席之于阼階之西, 北面.

번역 옹희(饔餼)를 보내주고, 규(圭)를 되돌려주며, 향례(饗禮)와 사례(食禮)를 베풀고, 예물로 답례하며, 교외에서 전송하는데, 모두 예물을 가져왔을 때의 의례절차처럼 한다.

鄭注 此六禮者, 惟饗食速賓耳. 其餘主君親往. 親往者, 賓爲主人, 主人爲賓. 君如有故, 不親饗食, 則使大夫以酬幣侑幣致之. 鄭司農云: "還圭, 歸其玉也. 故公子重耳受飧反璧." 玄謂聘以圭璋, 禮也; 享以璧琮, 財也. 已聘而還圭璋, 輕財而重禮. 贈, 送以財, 旣贈又送至于郊.

번역 여기에서 말한 여섯 가지 의례 중 오직 향례(饗禮)와 사례(食禮)에서만 빈객을 불러들일 따름이다. 나머지 의례에서는 방문을 받은 제후가 직접 찾아가게 된다. 직접 찾아가는 경우 빈객은 주인의 역할을 하고, 본래 주인인 제후는 빈객의 역할을 한다. 군주에게 만약 특별한 사정이 있어서 직접 향례와 사례를 시행하지 못하게 된다면, 대부를 시켜 되갚고 권유하는 예물을 보내게 된다. 정사농은 "환규(還圭)는 옥을 되돌려주는 것이다. 그렇기 때문에 공자 중이는 손(飧)만 받고 벽(璧)은 되돌려주었다.[30]"라고 했다. 내가 생각하기에 빙(聘)을 할 때 규(圭)와 장(璋)을 가지고 하는 것은 예법에 따른 것이며, 향(享)을 할 때 벽(璧)과 종(琮)을 가지고 하는 것은 재물을 바치는 것이다. 빙(聘)을 끝내고서 규와 장을 되돌려주는 것은 재물을 경시하고 예법을 중시하기 때문이다. '증(贈)'은 재물을 지참시켜 전송하는 것이니, 증(贈)을 하고서도 재차 전송하며 교외에 도달하게 된다.

賈疏 ◎注"此六"至"于郊". ○釋曰: 知"饗食速賓"者, 按公食大夫禮, 君親食之, 君不親食, 則以侑幣致之. 聘禮云: "公於賓, 一食再饗, 上介一食一饗, 若不親食, 致之以侑幣, 致饗以酬幣." 以此知二者皆速賓也. 云"其餘主君親往. 親往者, 賓爲主人, 主人爲賓"者, 見聘禮云"君使卿歸饔餼", 又云"賓迎于外門外", 又云"大夫東面致命, 君使卿還玉于館, 賓迎于外門外, 不拜, 帥大夫以入". 鄭君

---

30) 『춘추좌씨전』「희공(僖公) 23년」: 乃饋盤飧, 寘璧焉. 公子受飧反璧.

以此二者知賓爲主人, 主人爲賓, 致贈郊送亦然可知也. 聘禮乃君於臣, 此兩君敵, 明主君親爲之矣. 先鄭云公子重耳事, 見僖公二十三年, 公子重耳反國, "及曹, 曹共公聞其駢脅, 欲觀其祼. 浴, 薄而觀之. 僖負羈之妻曰: '吾觀晉公子之從者, 皆足以相國. 若以相, 夫子必反其國. 反其國, 必得志於諸侯. 得志於諸侯而誅無禮者, 曹其首也. 子盍蚤自貳焉.' 乃饋盤飧, 寘璧焉. 公子受飧反璧". 是其事. 引之者, 證還圭之事. 但彼反璧者, 義取不貪寶, 意非還圭. 故後鄭不從也. "玄謂聘以圭璋, 禮也"者, 聘義云"以圭璋聘, 重禮也", 謂行聘禮也. 云"享以璧琮, 財也"者, 貢財貨時, 用璧琮以致之, 故云財也. 云"已聘而還圭璋, 輕財而重禮"者, 還圭璋是重禮, 璧琮不還, 是輕財也. 云"贈, 送以財"者, 聘禮"賓遂行, 舍于郊, 公使卿贈如覿幣". 注云: "言如覿幣, 見爲反報." 是贈幷送至于郊.

번역 ◎鄭注: "此六"~"于郊". ○정현이 "향례(饗禮)와 사례(食禮)에서 빈객을 불러들인다."라고 했는데, 이 말이 사실임을 알 수 있는 이유는 『의례』「공사대부례(公食大夫禮)」편을 살펴보면, 군주가 직접 사례를 베풀고, 군주가 직접 사례를 베풀지 못한다면, 답례의 예물을 보내게 된다. 『의례』「빙례(聘禮)」편에서는 "군주는 빈객에 대해서 한 차례 사례를 베풀고 두 차례 향례를 베풀며, 상개(上介)에 대해서는 한 차례 사례를 베풀고 두 차례 향례를 베푸는데, 만약 직접 사례를 베풀지 못하는 경우라면, 답례의 예물을 보내며, 권유하는 예물을 보내며 향례를 치른다."[31]라고 했다. 따라서 이를 통해 두 사안에 대해서는 모두 빈객을 부르게 된다는 사실을 알 수 있다. 정현이 "나머지 의례에서는 방문을 받은 제후가 직접 찾아가게 된다. 직접 찾아가는 경우 빈객은 주인의 역할을 하고, 본래 주인인 제후는 빈객의 역할을 한다."라고 했는데, 「빙례」편에서 "군주가 경을 시켜서 옹희(饔餼)를 보낸다."[32]라고 했고, 또 "빈객이 외문 밖에서 맞이한다."[33]라고 했으며, 또 "대부는 동쪽을 바라보며 군주의 명령을 전달하고, 군주는 경을

31) 『의례』「빙례(聘禮)」 : 公于賓, 壹食, 再饗, 燕與羞俶獻, 無常數. 賓介皆明日拜于朝. 上介壹食, 壹饗. 若不親食, 使大夫各以其爵朝服致之以侑幣, 如致饔, 無儐. 致饗以酬幣, 亦如之.

32) 『의례』「빙례(聘禮)」 : 君使卿韋弁歸饔餼五牢.

33) 『의례』「빙례(聘禮)」 : 賓皮弁, 迎大夫于外門外, 再拜.

시켜서 숙소로 옥을 되돌려주며, 빈객은 외문 밖에서 맞이하는데 절을 하지 않고 대부를 이끌고서 들어간다."[34]라고 했다. 정현은 이러한 두 사안을 통해서 빈객이 주인의 역할을 하고, 주인이 빈객의 역할을 하게 됨을 알았으니, 증(贈)을 보내고 교외에서 전송할 때에도 이처럼 하게 된다는 사실을 알 수 있다. 「빙례」편의 기록은 군주가 신하를 대면하는 경우인데, 이곳에서는 양측 제후국의 군주가 만나 신분이 대등한 경우이니, 방문을 받은 군주가 직접 이러한 일을 시행하게 된다는 사실을 나타낸다. 정사농은 공자 중이의 일화를 언급했는데, 이것은 희공 23년의 기록에 보이며, 공자 중이가 본국으로 되돌아갈 때, "조(曹)나라에 도착하자 조나라 공공(共公)은 중이의 갈비뼈가 하나로 붙어 있다는 소문을 듣고 그의 벗은 몸을 관찰하고자 했다. 중이가 목욕을 하자 가까이 가서 살펴보았다. 희부기의 아내는 '내가 살펴보니 진(晉)나라 공자를 따르는 자들은 모두 한 나라의 재상이 되기에 충분한 재목입니다. 만약 그들을 재상으로 삼는다면 중이는 반드시 본국으로 되돌아갈 것입니다. 또한 그가 본국으로 되돌아간다면 분명히 제후들의 패주가 될 것이며, 제후들의 패주가 되어 무례한 나라를 주살한다면 조나라는 제일 먼저 당하게 될 것입니다. 그런데 어찌하여 당신은 조나라 군주에 대해 일찍이 두 마음을 품었다는 것을 중이에게 알리지 않는 것입니까.'라고 했다. 그러자 곧 소반에 밥을 담아 보내며 그 안에 벽(璧)을 숨겼다. 공자는 손만 받고 벽은 되돌려주었다."라고 했다. 이것이 그 일화에 해당한다. 이 일화를 인용한 것은 환규(還圭)의 사안을 증명하기 위해서이다. 다만 『좌전』에서는 벽(璧)을 되돌려주었다고 했는데, 그 의미는 보물을 탐내지 않는다는 뜻에 따른 것이며, 규를 되돌려주는 의미는 아니다. 그렇기 때문에 정현이 그 주장에 따르지 않은 것이다. 정현이 "내가 생각하기에 빙(聘)을 할 때 규(圭)와 장(璋)을 가지고 하는 것은 예법에 따른 것이다."라고 했는데, 「빙의」편에서는 "규와 장을 가지고 빙(聘)을 하는 것은 그 예법을 중시하기 때문이다."라고 했는데, 이것은 빙례(聘禮)를 시행한다는

34) 『의례』「빙례(聘禮)」: 大夫東面致命. …… 君使卿皮弁還玉于館. 賓皮弁, 襲, 迎于外門外, 不拜, 帥大夫以入.

의미이다. 정현이 "향(享)을 할 때 벽(璧)과 종(琮)을 가지고 하는 것은 재물을 바치는 것이다."라고 했는데, 재물을 바칠 때 벽과 종을 이용해서 바친다. 그렇기 때문에 '재(財)'라고 했다. 정현이 "빙(聘)을 끝내고서 규와 장을 되돌려주는 것은 재물을 경시하고 예법을 중시하기 때문이다."라고 했는데, 규와 장을 되돌려주는 것은 예법을 중시하는 것에 해당하며, 벽과 종을 되돌려주지 않는 것은 재물을 경시하는 것에 해당한다. 정현이 "'증(贈)'은 재물을 지참시켜 전송하는 것이다."라고 했는데, 「빙례」편에서는 "빈객이 마침내 떠나가 교외에 잠시 머물게 되면, 군주는 경을 시켜 예물을 증여하니, 적(覿)을 했을 때의 예물과 같은 것으로 한다."라고 했고, 정현의 주에서는 "적을 했을 때의 예물과 같은 것으로 한다고 말한 것은 되갚아 보답한다는 뜻이 됨을 드러내고자 해서이다."라고 했다. 이것은 증(贈)을 하고 아울러 전송하며 교외에 도달하게 됨을 나타낸다.

참고 『의례』「빙례(聘禮)」 기록

경문 賓裼, 迎. 大夫賄用束紡.

번역 빈객은 석(裼)을 하고 맞이한다. 대부는 회(賄)에 1속(束)의 방(紡)을 사용한다.

鄭注 賄, 予人財之言也. 紡, 紡絲爲之, 今之縳也, 所以遺聘君, 可以爲衣服, 相厚之至.

번역 '회(賄)'는 남에게 재물을 준다는 말이다. '방(紡)'은 실을 직조하여 만드는 것이니, 오늘날의 명주[縳]에 해당하는 것으로, 빙문을 보내기 위한 것이며, 이것으로 의복을 만들어 입을 수 있으니, 서로 정감을 두터이 나타내는 것이 지극한 것이다.

賈疏 ●"賓裼"至"束紡". ◎注"賄予"至"至也". ○釋曰: 此則未知何用之財, 若是報享之物, 不應在禮玉之上. 今言此"束紡"者, 以其上圭璋是彼國之物, 下云"禮玉束帛", 報聘君之享物, 彼君厚禮於此, 此亦當厚禮於彼, 故特加此束紡, 是以鄭云"相厚之至"也. 云"賄, 予人財之言也"者, 按下記云"賄, 在聘于賄", 又云"無行則重賄反幣". 鄭注周禮云: "布帛曰賄." 是賄爲財物, 是與人財物謂之賄也. 云"紡, 紡絲爲之"者, 因名此物爲紡. 云"今之縛也"者, 鄭注周禮·內司服亦云"素紗者, 今之白縛也." 則此束紡者, 素紗也, 故據漢法況之.

번역 ●經文: "賓裼"~"束紡". ◎鄭注: "賄予"~"至也". ○여기에서 말하는 것은 어느 용도로 사용하는 재물인지 알 수 없는데, 만약 이것이 향(享)에서 바친 재물에 대해 보답하는 것이라면, 예물로 옥을 준다는 내용 앞에 와서는 안 된다. 현재 여기에서는 '속방(束紡)'이라고 했는데, 앞에 나온 규(圭)와 장(璋)은 빙문을 보낸 나라의 기물이며, 뒤에서 "예물로 옥을 주며 1속(束)의 백(帛)을 사용한다."라고 했으니, 빙문을 보낸 군주가 향(享)에서 바친 재물에 대해 보답하는 것으로, 상대방 군주가 여기에 나온 것보다 더 좋은 예물을 보내주었으니, 여기에서도 마땅히 상대방 군주가 보낸 것보다 더 좋은 예물로 답례해야 한다. 그렇기 때문에 특별히 1속의 방(紡)을 추가한 것이며, 이러한 까닭으로 정현이 "서로 정감을 두터이 나타내는 것이 지극한 것이다."라고 했다. 정현이 "'회(賄)'는 남에게 재물을 준다는 말이다."라고 했는데, 아래 기문을 살펴보면 "회(賄)는 빙문 때 보내온 예물에 견주어서 그에 걸맞게 준비한다."[35]라고 했고, 또한 "다시 다른 나라로 찾아가지 않는 경우라면, 회(賄)를 더욱 두터이 하며 가져온 예물도 되돌려준다."[36]라고 했다. 『주례』에 대한 정현의 주에서는 "포(布)와 백(帛)을 회(賄)라고 부른다."라고 했다. 이것은 회(賄)자가 재물을 뜻한다는 사실을 나타내며, 또 남에게 재물을 줄 때 이것을 '회(賄)'라고 부른다는 사실을 나타낸다. 정현이 "'방(紡)'은 실을 직조하여 만든다."라고 했는데, 이로 인해 이러한 사물을 '방(紡)'이라고 하는 것이다. 정현이 "오늘날의

---

35) 『의례』「빙례(聘禮)」: 賄, 在聘于賄.
36) 『의례』「빙례(聘禮)」: 無行則重賄, 反幣.

명주[縛]에 해당한다."라고 했는데, 『주례』「내사복(內司服)」편에 대한 정현의 주에서도 "소사(素紗)라는 것은 오늘날의 흰색 명주[縛]에 해당한다."라고 했으니, 여기에서 말한 속방(束紡)이라는 것은 소사(素紗)라는 것에 해당한다. 그렇기 때문에 한나라 때의 법도를 기준으로 비유를 들었다.

참고 『주례』「춘관(春官)·대종백(大宗伯)」 기록

경문 朝覲會同, 則爲上相, 大喪亦如之, 王哭諸侯亦如之.

번역 조(朝)·근(覲)·회(會)·동(同)을 하게 되면 상상(上相)을 맡으니, 대상(大喪)[37] 때에도 이처럼 하고, 천자가 제후에게 곡을 할 때에도 이처럼 한다.

鄭注 相, 詔王禮也. 出接賓曰擯, 入詔禮曰相. 相者五人, 卿爲上擯. 大喪, 王后及世子也. 哭諸侯者, 謂薨於國, 爲位而哭之. 檀弓曰: "天子之哭諸侯也, 爵弁絰, 緇衣."

번역 '상(相)'자는 천자에게 관련 예법을 알려준다는 뜻이다. 밖으로 나가서 빈객을 영접하게 되면 '빈(擯)'이라 부르고, 안으로 들어와 관련 예법을 알려주게 되면 '상(相)'이라 부른다. 상(相)은 5명으로 경은 상빈(上擯)을 맡게 된다. '대상(大喪)'은 왕후 및 세자의 상을 뜻한다. 제후에게 곡을 한다는 것은 제후국에 상이 발생했을 때, 자리를 마련하여 그에게 곡을 한

37) 대상(大喪)은 천자(天子)·왕후(王后)·세자(世子) 등의 상(喪)을 가리킨다. 이들은 가장 존귀한 자들에 해당하기 때문에, 그들에 대한 상(喪) 또한 '대(大)'자를 붙여서, '대상'이라고 부르는 것이다. 『주례』「천관(天官)·재부(宰夫)」편에는 "大喪小喪, 掌小官之戒令, 帥執事而治之."라는 기록이 있는데, 이에 대한 정현의 주에서는 "大喪, 王·后·世子之喪也."라고 풀이했다. 한편 '대상'은 부모의 상(喪)을 가리키기도 한다. 부모는 자식의 입장에서 가장 중대한 대상에 해당하기 때문에, 부모의 상(喪)을 '대상'이라고 부르는 것이다. 『춘추공양전』「선공(宣公) 1년」편에는 "古者臣有大喪, 則君三年不呼其門."이라는 용례가 있다.

다는 뜻이다. 『예기』「단궁(檀弓)」편에서는 "천자가 제후의 상에 대해 곡을 할 때에는 작변(爵弁)을 쓰고, 치의(緇衣)[38]를 착용한다."[39]라고 했다.

賈疏 ●"朝覲"至"如之". ○釋曰: 朝覲會同, 卽兼四時朝覲. 云"則爲上相"者, 此則大行人云"上公之禮, 擯者五人, 侯伯四人, 子男三人", 是也. 云"大喪亦如之"者, 后及世子喪, 王爲此主哭及拜賓, 則宗伯亦爲上相也. 云"哭諸侯亦如之"者, 謂諸侯薨於本國, 赴告天子, 天子爲位哭之, 大宗伯亦爲上相, 與王爲擯耳.

번역 ●經文: "朝覲"~"如之". ○조(朝)·근(覲)·회(會)·동(同)은 곧 사계절마다 조근(朝覲)하는 것을 포함한다. "상상(上相)을 맡는다."라고 했는데, 이것은 『주례』「대행인(大行人)」편에서 "상공(上公)에 대한 예법에 있어서 빈(擯)은 5명이고, 후작과 백작에 대한 경우에는 4명이며, 자작과 남작에 대한 경우에는 3명이다."라고 한 말에 해당한다. "대상(大喪) 때에도 이처럼 한다."라고 했는데, 왕후 및 세자의 상이 발생하면, 천자는 그들에 대한 상주가 되어 곡을 주관하고 빈객에게 절을 하게 되니, 종백은 또한 상상을 맡게 된다. "제후에게 곡을 할 때에도 이처럼 한다."라고 했는데, 제후가 자신의 나라에서 죽어 천자에게 부고를 알리게 되면, 천자는 그를 위한 자리를 마련하여 곡을 하고, 대종백은 또한 상상을 맡게 되니, 천자에 대해서 빈(擯)의 역할을 할 따름이다.

賈疏 ◎注"相詔"至"緇衣". ○釋曰: 云"相, 詔王禮也"者, 經三事爲相, 皆是詔告王禮也. 云"出接賓曰擯"者, 據大行人云擯者五人·四人·三人而言也. 云"入詔禮曰相"者, 此據司儀云"每門止一相, 及廟, 唯上相入." 是入廟詔禮曰相, 此對文義爾. 通而言之, 出入皆稱擯也. 云"相者五人, 卿爲上擯"者, 依大行人據

---

38) 치의(緇衣)는 본래 검은색의 비단으로 만든 복장이다. 조복(朝服)으로 사용되기도 하였다. 『시』「정풍(鄭風)·치의(緇衣)」편에는 "緇衣之宜兮, 敝予又改爲兮."라는 기록이 있고, 이에 대한 모전(毛傳)에서는 "緇, 黑也, 卿士聽朝之正服也."라고 풀이했다. 한편 '치의'는 검은색으로 되어 있었기 때문에, 일반적으로 검은색의 옷을 가리키는 용어로도 사용되었다.

39) 『예기』「단궁상(檀弓上)」【105b】: 天子之哭諸侯也, 爵弁絰, 紂衣.

上公而言, 此大宗伯爲上擯. 若大朝覲, 則肆師爲承擯; 四時來朝, 小行人爲承擯. 按覲禮, 嗇夫爲末擯. 若待子男, 則三人足矣. 若侯伯四人者, 加一士; 上公五人者, 加二士. 今鄭云"相者五人, 卿爲上擯". 據此, 大宗伯是卿, 故指此上擯而言也. 云"大喪, 王及后世子也"者, 以其與王爲上相, 則王在矣. 而云大喪, 明是王后及世子矣. 亦得見大喪所相或嗣王, 則大喪中兼王喪也. 云"哭諸侯者, 謂薨於國, 爲位而哭之"者, 若來朝, 薨於王國, 則王爲之緦麻, 不應直哭之而已, 故引檀弓云"天子之哭諸侯也, 爵弁絰, 緇衣". 按: 彼注云"麻不加於采", 絰, 衍字, 以其遙哭諸侯, 著爵弁緇衣而已, 不合加麻絰於緇衣爵弁之上也.

번역 ◎鄭注: "相詔"~"緇衣". ○정현이 "'상(相)'자는 천자에게 관련 예법을 알려준다는 뜻이다."라고 했는데, 세 사안을 치르게 되어 상(相)을 하게 되는데, 이 모두는 천자에게 관련 예법을 알려주는 것에 해당한다. 정현이 "밖으로 나가서 빈객을 영접하게 되면 '빈(擯)'이라 부른다."라고 했는데, 『주례』「대행인(大行人)」편에서 빈(擯)이 5명이고, 4명이며, 3명이라고 한 말에 근거해서 말한 것이다. 정현이 "안으로 들어와 관련 예법을 알려주게 되면 '상(相)'이라 부른다."라고 했는데, 『주례』「사의(司儀)」편에서 "매 문마다 한 명의 부관을 멈추게 하고, 묘에 이르게 되면 상상(上相)만 들어간다."라고 한 말에 근거한 것이니, 이것은 묘로 들어가서 관련 예법을 알려줄 때 상(相)이라 부른다는 사실을 나타내며, 이것은 문장과 그 뜻을 대비한 것일 뿐이다. 통괄적으로 말하게 되면 나가거나 들어왔을 때 모두 빈(擯)이라고 통칭한다. 정현이 "상(相)은 5명으로 경은 상빈(上擯)을 맡게 된다."라고 했는데, 「대행인」편에서 상공을 기준으로 말한 것에 의거해보면, 대종백은 상빈이 된다. 만약 성대한 규모의 조근을 하게 된다면 사사(肆師)가 승빈(承擯)을 맡고, 사계절마다 찾아와서 조(朝)를 하는 경우라면 소행인(小行人)이 승빈을 맡는다. 『의례』「근례(覲禮)」편을 살펴보면, 색부(嗇夫)가 말빈(末擯)을 맡는다고 했다. 만약 자작이나 남작을 대하는 경우라면, 세 사람이면 충분하다. 후작이나 백작을 대할 경우 네 사람이 동원된다고 했는데 사 1명이 추가되는 것이고, 상공의 경우 다섯 사람이 동원된다고 했는데 사 2명이 추가되는 것이다. 이곳에서 정현은 "상은 5명으로 경은 상빈을 맡게 된다."라고 했다. 이 기록에 근거해보면, 대종백은 경의 신분이 된다. 그렇기 때문에 이러한 상빈을 가리켜서 말한 것이다. 정현이 "'대상(大喪)'은 왕후 및 세자의 상을 뜻한다."라고 했는데, 천자의 상빈이 된다면 천자는 아직 생존해 있는 것이다. 그런데도 '대상(大喪)'이라고 했다면, 이것은 왕후와 세자의 상을 나타낸다. 또한 대상에서 돕게 되는 대상이 천자의 지위를 계승할 자인 경우를 포함할 수 있으니, 대상이라는 말에는 천자의 상까지도 포함하게 된다. 정현이 "제후에게 곡을 한다는 것은 제후국에 상이 발생했을 때, 자리를 마련하여 그에게 곡을 한다는 뜻이다."라고 했는데, 찾아와서 조회를 하다가 천자의 나라에서 죽게 된다면, 천자는 그를 위해 시마복(緦麻服)[40]을 착용하므로, 단지 곡만 해서는 안 될 따름이다. 그렇기 때문에 『예기』「단궁(檀弓)」편에서 "천자가 제후의 상에 대해 곡을 할 때에는 작변(爵弁)을 쓰고, 치의(緇衣)를 착용한다."라고 했던 말을 인용한 것이다. 살펴보면 「단궁」편에 대한 주에서는 "마(麻)에 채색을 가미하지 않는다."라고 했고, 질(絰)은 연문으로 들어간 글자이니, 천자는 제후에 대해 멀리 떨어진 본인의 나라에서 곡을 하며 작변에 치의를 착용할 따름이며, 치의와 작변에 마로 만든 질을 추가하는 것은 부합하지 않는다.

참고 『주례』「추관(秋官)·소행인(小行人)」 기록

경문 凡諸侯入王, 則逆勞于畿.

번역 제후들이 천자의 수도로 들어오게 되면, 기(畿)에서 맞이하며 노고를 위로한다.

---

40) 시마복(緦麻服)은 상복(喪服) 중 하나로, 오복(五服)에 속한다. 가장 조밀한 삼베를 사용해서 만든다. 이 복장을 입게 되는 기간은 상황에 따라서 차이가 있지만, 일반적으로 3개월이 된다. 친족의 백숙부모(伯叔父母)나 친족의 형제(兄弟)들 및 혼인하지 않은 친족의 자매(姊妹) 등을 위해서 입는다.

鄭注 鄭司農云: "入王, 朝於王也." 故春秋傳曰"宋公不王", 又曰"諸侯有王, 王有巡守".

번역 정사농은 "천자의 수도로 들어온다는 말은 천자에게 조회하는 것이다."라고 했다. 그렇기 때문에 『춘추전』에서는 "송나라 공작이 천자에게 조회를 하지 않았다."[41]라고 했고, 또 "제후가 천자를 조회하고 천자가 순수를 한다."[42]라고 했다.

賈疏 ◎注"鄭司"至"巡守". ○釋曰: 隱九年, 宋公不王, 不宗覲于王. 鄭伯爲王左卿士, 以王命討之, 伐宋也. 莊二十三年夏, 公如齊觀社, 非禮. 曹劌諫曰: "不可. 諸侯有王, 王有巡守, 非是, 君不擧矣", 注云"有王, 朝於王", 是也.

번역 ◎鄭注: "鄭司"～"巡守". ○은공 9년에 송나라 공작은 천자에게 조회를 하지 않았다고 했는데, 천자에게 종(宗)과 근(覲) 등을 하지 않은 것이다. 정나라 백작은 천자의 좌경사(左卿士)가 되어 천자의 명령에 따라 토벌했으니, 송나라를 토벌한 것이다. 장공 23년 여름에 장공은 제나라로 가서 사제사를 살펴보았는데 비례에 해당한다. 조궤가 간언을 하며 "불가한 일입니다. 제후는 천자를 조회하게 되며, 천자는 순수를 하게 되는데, 이러한 일이 아니라면 군주는 움직이지 않습니다."라고 했고, 주에서는 "유왕(有王)은 천자에게 조회하는 것을 뜻한다."라고 했다.

경문 及郊勞·視館·將幣, 爲承而擯.

번역 교외에 이르러 노고를 위로하고 숙소를 제공하며 예물을 가져갈

---

41) 『춘추좌씨전』「은공(隱公) 9년」 : 宋公不王, 鄭伯爲王左卿士, 以王命討之. 伐宋. 宋以入郛之役怨公, 不告命. 公怒, 絶宋使.

42) 『춘추좌씨전』「장공(莊公) 23년」 : 二十三年夏, 公如齊觀社, 非禮也. 曹劌諫曰, "不可. 夫禮, 所以整民也. 故會以訓上下之則, 制財用之節; 朝以正班爵之義, 帥長幼之序; 征伐以討其不然. 諸侯有王, 王有巡守, 以大習之. 非是, 君不擧矣. 君擧必書. 書而不法, 後嗣何觀?"

때에는 승(承)이 되어 돕는다.

鄭注 視館, 致館也. 承猶丞也. 王使勞賓於郊, 致館於賓, 至將幣, 使宗伯爲上擯, 皆爲之丞而擯之.

번역 '시관(視館)'은 숙소를 제공하는 것이다. '승(承)'자는 "돕는다[丞]."는 뜻이다. 천자가 신하를 시켜 교외에서 빈객의 노고를 위로하도록 하며, 빈객에 대해 숙소를 제공하고, 예물을 가져갈 때가 되면, 종백을 상빈(上擯)으로 삼게 되는데, 이 모든 경우 그를 보좌하여 돕게 된다.

賈疏 ●"及"至"而擯". ○釋曰: 此經三事, 皆爲丞而擯之.

번역 ●經文: "及"～"而擯". ○이곳 경문에 나온 세 가지 사안에 대해서 모두 보좌하여 돕게 된다는 뜻이다.

賈疏 ◎注"視館"至"擯之". ○釋曰: 云"視館, 致館也"者, 聘禮及下司儀皆云致館, 故同之也. 云視者, 使卿大夫往視, 觀其可否. 云致者, 致使有之. 云"王使勞視於郊"者, 謂王使大行人勞於郊也. "至將幣"者, 謂至廟將幣三享. 云"使宗伯爲上擯"者, 惟謂將幣時, 大宗伯爲上擯. 於郊勞及視館二者, 不使大宗伯爲上擯者, 以其使者或大行人, 官卑何得使大宗伯爲擯也. 當別遣餘官爲上擯, 小行人爲承擯. 而言宗伯爲上擯者, 取宗伯成文, 爲將幣而言也.

번역 ◎鄭注: "視館"～"擯之". ○정현이 "'시관(視館)'은 숙소를 제공하는 것이다."라고 했는데, 『의례』「빙례(聘禮)」편과 아래 『주례』「사의(司儀)」편에서 모두 '치관(致館)'이라고 했기 때문에 동일하게 여긴 것이다. '시(視)'라고 말한 것은 경과 대부를 시켜 찾아가 살펴보도록 하여, 괜찮은지 그렇지 않은지를 관찰하도록 시키기 때문이다. '치(致)'라고 말한 것은 보내서 상대로 하여금 그곳을 잠시 소유토록 하기 때문이다. 정현이 "천자가 신하를 시켜 교외에서 빈객의 노고를 위로하도록 한다."라고 했는데, 천자가 대행인(大行人)을 시켜서 교외에서 빈객의 노고를 위로토록 한다는 뜻이다. 정현이 "예물을 가져갈 때가 된다."라고 했는데, 묘에 도착하여 예물을 가지고 세 차례 향(享)을 시행한다는 뜻이다. 정현이 "종백을 상빈(上擯)으로 삼게 된다."라고 했는데, 오직 예물을 바치려고 할 때에만 대종백이 상빈을 맡게 된다는 뜻이다. 교외에서 노고를 위로하거나 숙소를 살펴 제공하는 사안에 있어서는 대종백을 상빈으로 삼지 않으니, 사신의 임무를 맡은 자가 대행인일 경우도 있는데, 그의 관직은 미천하니 어떻게 대종백을 빈(擯)으로 삼을 수 있겠는가. 따라서 별도의 다른 관리를 파견하여 상빈으로 삼고, 소행인을 승빈(承擯)으로 삼아야 한다. 그런데도 종백을 상빈으로 삼는다고 말한 것은 『주례』「대종백(大宗伯)」편의 기록에 따라 문장을 작성했기 때문으로, 예물을 바치는 것에 기준을 두어 말한 것이다.

참고 『주례』「추관(秋官)·사의(司儀)」 기록

경문 司儀; 掌九儀之賓客擯相之禮, 以詔儀容·辭令·揖讓之節.

번역 사의(司儀)는 구의(九儀)의 빈객에 대해 돕는 예법을 담당하여, 의례의 행동거지, 말과 명령, 읍과 사양하는 절차를 아뢴다.

鄭注 出接賓曰擯, 入贊禮曰相. 以詔者, 以禮告王.

번역 밖으로 나가서 빈객을 영접하게 되면 '빈(擯)'이라 부르고, 들어와서 예법의 절차를 돕게 되면 '상(相)'이라 부른다. '이조(以詔)'는 관련 예법을 천자에게 아뢰는 것이다.

賈疏 ●"司儀"至"之節". ○釋曰: 此經總與下諸侯文爲目. 言"九儀", 是大行人九儀, 命者五, 爵者四, 是儀容·辭令·揖讓之節, 並見下文也.

번역 ●經文: "司儀"~"之節". ○이곳 경문은 아래 제후에 대한 문장과 더불어서 총괄적인 항목이 된다. '구의(九儀)'라고 했는데, 이것은 『주례』 「대행인(大行人)」편에 나오는 구의(九儀)라는 것으로, 명(命)의 등급에 다섯 종류가 있고 작위[爵]의 등급에 네 가지가 있으며, 의례의 행동거지, 말과 명령, 읍과 사양하는 절차 등은 모두 아래문장에 나타난다.

賈疏 ◎注"出接"至"告王". ○釋曰: 云"出接賓曰擯"者, 卽下文交擯而在門外是也. 云"入贊禮曰相"者, 下文及廟惟上相入是也. 云"詔者, 以禮告王"者, 卽下云"詔王儀", 是也.

번역 ◎鄭注: "出接"~"告王". ○정현이 "밖으로 나가서 빈객을 영접하게 되면 '빈(擯)'이라 부른다."라고 했는데, 아래문장에서 교빈(交擯)을 하며 문밖에 있다고 한 말에 해당한다. 정현이 "들어와서 예법의 절차를 돕게 되면 '상(相)'이라 부른다."라고 했는데, 아래문장에서 묘에 이르러 상상(上相)만이 들어간다고 한 말이 이러한 사실을 나타낸다. 정현이 "'이조(以詔)'는 관련 예법을 천자에게 아뢰는 것이다."라고 했는데, 아래문장에서 "천자의 행동예절을 아뢴다."라고 한 말에 해당한다.

참고 『의례』「빙례(聘禮)」 기록

경문 宰夫徹几改筵.

번역 재부(宰夫)는 안석을 치우고 자리를 바꿔서 편다.

鄭注 宰夫, 又主酒食者也. 將禮賓, 徹神几, 改神席, 更布也. 賓席東上. 公食大夫禮曰: "蒲筵常, 緇布純, 加萑席尋, 玄帛純." 此筵上·下大夫也. 周禮曰: 筵國賓于牖前, 莞筵紛純, 加繅席畫純, 左彤几者, 則是筵孤也. 孤, 彤几, 卿大夫其漆几與.

번역 '재부(宰夫)'는 또한 술과 음식을 담당하는 자이다. 빈객을 예우하려고 하기 때문에 신을 위해 설치해둔 안석을 치우고, 신을 위해 펴둔 자리를 바꿔서 다시 펴는 것이다. 빈객의 자리는 머리 부분을 동쪽으로 둔다. 『의례』「공사대부례(公食大夫禮)」편에서는 "1장(丈) 6척(尺)[43]의 크기인 부들로 짠 자리에 검은 포로 가선을 두르고, 그 위에 덧까는 자리는 8척의 크기인 가는 갈대로 짠 자리에 검은 비단으로 가선을 두른다."[44]라고 했는데, 이것은 상대부와 하대부를 위해 까는 자리이다. 『주례』에서는 들창 앞에 국빈을 위해 자리를 까는데, 왕골로 짠 자리에 무늬가 있고 폭이 좁은 가선을 두르며, 그 위에 덧까는 자리는 다섯 가지 채색이 들어간 부들자리에 구름무늬를 그린 가선을 두른 것이며, 붉은 옻칠을 한 안석은 좌측으로 둔다고 했는데,[45] 이것은 고(孤)에게 깔아주는 자리가 된다. 고(孤)에 대해서 동궤(彤几)를 설치한다면, 경이나 대부에 대해서는 칠궤(漆几)를 사용했을 것이다.

賈疏 ●"宰夫徹几改筵". ◎注"宰夫"至"几與". ○釋曰: 云"宰夫, 又主酒食者也"者, 對上宰夫設飧, 今又主酒食以禮賓也. 云"賓席東上"者, 對前爲神而西上也. 云"公食大夫禮曰蒲筵及萑席, 此筵上·下大夫也"者, 以公食蒲筵·萑席二者是爲上·下大夫法. 又引周禮者, 鄭欲推出上·下大夫用漆几也. 按司几筵云: 諸侯酢席, 莞筵紛純, 加繅席畫純, 筵國賓于牖前, 亦如之, 左彤几. 注云"國賓諸侯來朝, 孤卿大夫來聘, 後言几者, 使不蒙如也. 朝者, 彫几. 聘者, 彤几". 但司几筵是天子之官, 几筵又是諸侯之法, 又鄭云"國賓諸侯來朝, 孤卿大夫來聘", 是諸侯與孤卿大夫朝聘天子法, 則孤卿大夫是諸侯之臣也. 以此言之, 則天子孤卿大夫几筵與諸侯之臣同可知. 若然, 公食大夫筵, 上·下大夫禮同用蒲筵莞席, 與此席不同. 鄭注此國賓中卿大夫得與孤同者, 鄭欲廣國賓之義, 其實此國賓中, 唯有諸侯與孤無卿大夫也. 鄭必知卿大夫漆几者, 司

---

43) 상(常)은 자리의 크기가 1장(丈) 6척(尺)이 되는 것을 뜻한다.
44) 『의례』「공사대부례(公食大夫禮)」: 司宮具几與蒲筵常, 緇布純. 加萑席尋, 玄帛純. 皆卷自末. 宰夫筵出自東房.
45) 『주례』「춘관(春官)·사궤연(司几筵)」: 昨席莞筵紛純, 加繅席畫純, 筵國賓于牖前亦如之, 左彤几.

几筵有五几, 從上向下序之: 天子玉几, 諸侯彫几, 孤彤几, 卿大夫漆几, 下有素几, 喪事所用, 差次然也. 無正文, 故云"與"之疑之.

번역 ●經文: "宰夫徹几改筵". ◎鄭注: "宰夫"~"几與". ○정현이 "'재부(宰夫)'는 또한 술과 음식을 담당하는 자이다."라고 했는데, 앞에서 재부가 손(飧)을 진설한다고 한 것과 대비되는 것이니, 이곳에서 재차 술과 음식을 주관하여 빈객을 예우한다고 한 것이다. 정현이 "빈객의 자리는 머리 부분을 동쪽으로 둔다."라고 했는데, 앞에서 신을 위해 자리를 마련할 때 머리 부분을 서쪽으로 두는 것과 대비된다. 정현이 "「공사대부례」편에서 포연(蒲筵)과 추석(萑席)을 언급했는데, 이것은 상대부와 하대부를 위해 까는 자리이다."라고 했는데, 「공사대부례」편에 나온 포연과 추석이라는 두 자리는 상대부와 하대부를 위한 법도이다. 또 『주례』를 인용했는데, 정현은 그 기록을 미루어서 상대부나 하대부를 위해서는 칠궤(漆几)를 사용하게 됨을 도출하고자 했던 것이다. 『주례』「사궤연(司几筵)」편을 살펴보면, 제후가 술잔을 돌릴 때의 자리는 분순(紛純)을 한 완연(莞筵)을 설치하고 화순(畫純)을 한 소석(繅席)을 그 위에 더하며, 국빈을 위해 들창 앞에 자리를 설치할 때에도 이처럼 하고, 동궤(彤几)를 좌측으로 둔다고 했다. 또 정현의 주에서는 "'국빈(國賓)'은 제후들 중 찾아와서 조회를 하는 자나 고·경·대부들 중 찾아와서 빙문을 하는 자들을 뜻한다. 뒤에 궤(几)에 대해 언급한 것은 '~와 같다.[如].'라는 말에 포함되지 않도록 하기 위해서이다. 조회를 온 자에 대해서는 조궤(彫几)를 설치하고, 빙문을 온 자에 대해서는 동궤(彤几)를 설치한다."라고 했다. 다만 사궤연은 천자에게 소속된 관리이고, 안석과 자리는 또한 제후에 대한 법도가 되며, 또한 정현은 "국빈은 제후들 중 찾아와서 조회를 하는 자나 고·경·대부들 중 찾아와서 빙문을 하는 자들을 뜻한다."라고 했으니, 이것은 제후 및 고·경·대부가 천자를 조회하거나 빙문하는 법도에 해당하며, 고·경·대부는 제후에게 소속된 신하가 된다. 이를 통해 말해보자면, 천자에게 소속된 고·경·대부에 대해 설치하는 안석과 자리는 제후의 신하에 대해 설치하는 것과 동일하다는 사실을 알 수 있다. 만약 그렇다면 「공사대부례」편에서 언급한 자리의 설명은 상대부나 하대부에 대한 예법에 있어 동일하게 포연(蒲筵)과 완석(莞席)을 사용하니, 이곳에 나온 자리와는 다른 것이다. 정현은 이곳의 주석에서 국빈(國賓) 중 경·대부가 고와 함께 포함된다고 했는데, 그 이유는 정현이 국빈의 뜻을 폭넓게 설명하고자 했기 때문이며, 실제로 국빈 중에는 오직 제후나 고만 포함되며 경과 대부는 포함되지 않는다. 정현이 경과 대부에게는 칠궤를 사용한다고 했는데 이러한 사실을 분명히 알 수 있는 이유는 「사궤연」편에는 다섯 가지 안석이 나오는데, 상등의 것으로부터 그 밑으로 차례대로 서술하면, 천자는 옥궤(玉几)를 사용하고 제후는 조궤(彫几)를 사용하며 고는 동궤(彤几)를 사용하고 경과 대부는 칠궤(漆几)를 사용하며, 가장 하등에 해당하는 것으로 소궤(素几)가 있는데, 이것은 상사에 사용하는 것으로, 순서에 따른 배열이 이러하다. 그러나 경문에 명확한 기록이 없기 때문에 '여(與)'자를 덧붙여서 확신하지 않았던 것이다.

경문 公出, 迎賓以入, 揖讓如初.

번역 군주가 묘문 밖으로 나가서 빈객을 맞이하여 들어오고, 읍과 사양을 할 때에는 처음에 했던 것처럼 한다.

鄭注 公出迎者, 己之禮更端也.

번역 군주가 밖으로 나가서 맞이하는 것은 자신의 사적인 예에 해당하여 그 단초를 바꾸기 위해서이다.

賈疏 ●"公出"至"如初". ◎注"公出"至"端也". ○釋曰: 云"公出迎者, 己之禮更端也"者, 前聘享俱是公禮, 故不出迎. 此禮賓私禮, 改更其端序, 故公出迎也.

번역 ●經文: "公出"~"如初". ◎鄭注: "公出"~"端也". ○정현이 "군주가 밖으로 나가서 맞이하는 것은 자신의 사적인 예에 해당하여 그 단초를 바꾸기 위해서이다."라고 했는데, 앞서 시행한 빙(聘)과 향(享)은 모두 공적인 의례에 해당한다. 그렇기 때문에 밖으로 나가서 맞이하지 않는다. 그런데 이곳에서 빈객을 예우한다는 것은 사적인 의례에 해당하여 그 단초를 바꾸는 것이다. 그렇기 때문에 군주가 밖으로 나가서 맞이한다.

참고 『의례』「빙례(聘禮)」 기록

경문 公側受醴.

번역 군주는 도움 없이 혼자서 단술을 받는다.

鄭注 將以飮賓.

번역 빈객에게 술을 마시게끔 하기 위해서이다.

경문 賓不降, 壹拜, 進筵前受醴, 復位. 公拜送醴.

번역 빈객은 내려가지 않고 한 차례 절을 하며 자리 앞으로 나아가 단술을 받고 자신의 자리로 되돌아간다. 군주는 절을 하며 단술을 건넨다.

鄭注 賓壹拜者, 醴質, 以少爲貴.

번역 빈객이 한 차례 절을 한다는 것은 예주는 질박한 것에 해당하니, 적은 것을 존귀한 것으로 삼기 때문이다.

賈疏 ◎注"賓壹"至"爲貴". ○釋曰: 禮器云禮有"以少爲貴者", 今賓於上下皆再拜稽首, 獨此一拜, 故鄭據大古之醴質, 無玄酒配之, 故壹拜, 以少爲貴也.

번역 ◎鄭注: "賓壹"~"爲貴". ○『예기』「예기(禮器)」편에서는 예에는 "적은 것을 귀한 것으로 삼는다."[46]는 경우가 있다고 했고, 이곳에서 빈객은 당상이나 당하에서 모두 재배를 하며 머리를 조아렸는데, 유독 이곳에서만 한 차례 절을 한다고 했다. 그렇기 때문에 정현은 태고 때의 술인 단술이 질박한 것에 해당하며 현주(玄酒)[47]를 짝해서 설치하지 않는다는 사실에 근거한 것이다. 그렇기 때문에 한 차례 절을 하는 것은 적은 것을 존귀한 것으로 삼는 경우라고 했다.

참고 『의례』「빙례(聘禮)」 기록

경문 擯者出請事. 賓面, 如覿幣.

번역 빈(擯)이 밖으로 나와서 찾아온 사안을 청해 묻는다. 빈객은 면(面)을 하며 적(覿)을 할 때의 예물과 동일하게 한다.

鄭注 面, 亦見也. 其謂之面, 威儀質也.

번역 '면(面)'자 또한 만나본다는 뜻이다. 이것을 '면(面)'이라고 부르는 이유는 의례 절차와 행동규범이 질박하기 때문이다.

賈疏 ●"擯者"至"覿幣". ◎注"面亦"至"質也". ○釋曰: 自此至"授老幣", 論賓行私面於卿之事. 賓私面於卿, 其幣多少與私覿於君同, 故云"如覿幣". 賓

---

46) 『예기』「예기(禮器)」【303a】: 禮之以少爲貴者, 以其內心也. 德産之致也精微, 觀天下之物無可以稱其德者, 如此則得不以少爲貴乎? 是故君子愼其獨也.

47) 현주(玄酒)는 고대의 제례(祭禮)에서 술 대신 사용한 물[水]을 뜻한다. '현주'의 '현(玄)'자는 물은 흑색을 상징하므로, 붙여진 글자이다. '현주'의 '주(酒)'자의 경우, 태고시대 때에는 아직 술이 없었기 때문에, 물을 술 대신 사용했다. 따라서 후대에는 이 물을 가리키며 '주'자를 붙이게 된 것이다. '현주'를 사용하는 것은 가장 오래된 예법 중 하나이므로, 후대에도 이러한 예법을 존숭하여, 제사 때 '현주' 또한 사용했던 것이며, '현주'를 술 중에서도 가장 귀한 것으로 여겼다. 『예기』「예운(禮運)」편에는 "故玄酒在室, 醴醆在戶."라는 기록이 있는데, 이에 대한 공영달(孔穎達)의 소(疏)에서는 "玄酒, 謂水也. 以其色黑, 謂之玄. 而太古無酒, 此水當酒所用, 故謂之玄酒."라고 풀이했다.

私覿之時, 用束錦·乘馬, 則此私面於卿, 亦用束錦·乘馬可知也. 云"面, 亦見也. 其謂之面, 威儀質也"者, 覿面並文, 其面爲質. 若散文, 面亦爲覿, 故鄭司儀注云: "私面, 私覿也." 又左傳云"楚公子弃疾以乘馬八匹私面鄭伯", 是也.

번역 ●"擯者"至"覿幣". ◎注"面亦"至"質也". ○이곳 구문으로부터 "가신에게 예물을 건넨다."라고 한 구문까지는 빈객이 사적으로 경을 만나보는 사안을 논의하고 있다. 빈객이 경에 대해서 사적으로 면(面)을 할 때 가져가는 예물의 수량은 군주에 대해 사적으로 적(覿)을 할 때의 예물과 동일하다. 그렇기 때문에 "적(覿)을 할 때의 예물과 동일하다."라고 했다. 빈객이 사적으로 적(覿)을 할 때에는 1속의 비단과 수레를 끄는 말을 사용하니, 이곳에서 경에게 사적으로 면(面)을 한다고 했을 때에도 1속의 비단과 수레를 끄는 말을 사용한다는 사실을 알 수 있다. 정현이 "'면(面)'자 또한 만나본다는 뜻이다. 이것을 '면(面)'이라고 부르는 이유는 의례 절차와 행동규범이 질박하기 때문이다."라고 했는데, 적(覿)과 면(面)을 함께 기록했을 때 면(面)은 상대적으로 질박한 의례가 된다. 만약 범범하게 기록한다면 면(面) 또한 적(覿)을 뜻하기도 한다. 그렇기 때문에 『주례』「사의(司儀)」편에 대한 정현의 주에서는 "사면(私面)은 사적(私覿)이다."라고 말한 것이고, 『좌전』에서는 "초나라 공자 기질은 수레를 끄는 말 8필을 가지고 정나라 백작을 사면(私面)했다."[48]라고 했다.

참고 『주례』「추관(秋官)·사의(司儀)」 기록

경문 諸公之臣相爲國客.

번역 제공(諸公)의 신하가 상호 빙문을 하여 국객(國客)이 된다.

鄭注 謂相聘也.

---

48) 『춘추좌씨전』「소공(昭公) 6년」: 楚公子棄疾如晉, 報韓子也. 過鄭, 鄭罕虎·公孫僑·游吉從鄭伯以勞諸柤, 辭不敢見. 固請, 見之. 見如見王. 以其乘馬八匹私面.

번역 서로 빙(聘)을 한다는 뜻이다.

賈疏 ●"諸公"至"國客". ○釋曰: 謂上諸公之臣相聘往來爲國客相待相送之儀, 此法皆備於下文也.

번역 ●經文: "諸公"~"國客". ○앞에서는 제공의 신하가 상호 빙(聘)을 하여 왕래하며 상대방 나라의 국객(國客)이 되고, 그에 따라 상호 접대하고 전송하는 의례를 나타내고 있으니, 이러한 예법은 모두 아래문장에 기술되어 있다.

참고 『주례』「추관(秋官)·사의(司儀)」 기록

경문 及禮·私面·私獻, 皆再拜稽首, 君答拜.

번역 빈객을 예우하고 사면(私面)하며 사헌(私獻)을 할 때에는 모두 재배를 하며 머리를 조아리고 군주는 답배를 한다.

鄭注 禮, 以醴禮客. 私面, 私覿也, 旣覿則或有私獻者. 鄭司農說私面以春秋傳曰: "楚公子弃疾見鄭伯, 以其乘馬私面."

번역 '예(禮)'자는 단술로 빈객을 예우한다는 뜻이다. '사면(私面)'은 사적으로 찾아뵙는다는 뜻이니, 이미 적(覿)을 했다면 간혹 사사롭게 예물을 바치는 경우도 있다. 정사농은 사면(私面)에 대해 『춘추전』에서 "초나라 공자 기질이 정나라 백작을 만나보며 수레를 끄는 말을 가지고 사적으로 만나본 것이다."라고 했던 말로 풀이했다.

賈疏 ◎注"禮以"至"私面". ○釋曰: 此三者皆於聘日行之, 故并言之. 云"君答拜"者, 雖是異國之臣, 當空首拜也. 知"禮, 以醴禮客"者, 按聘禮, 禮客用醴齊, 異於君鬱鬯也. 云"私面, 私覿也"者, 按聘禮"賓奉束錦請覿", 又云"問卿訖, 賓面, 如覿幣", 注云: "面亦見也, 其謂之面, 威儀質也." 彼不見有私獻, 又於君謂之覿, 於卿謂之面. 覿面別, 此云私面·私覿爲一者, 以彼文兩見, 則私覿據君, 私面據卿. 此文不見有私覿, 直言私面, 豈不見君直見臣也? 明此私面主於君, 故以私面爲私覿也. 彼無私獻, 非常, 故彼記云"旣覿, 賓若私獻, 奉獻將命", 故此注云"旣覿則或有私獻者"也. 云春秋者, 按左氏昭六年, "楚公子弃疾如晉, 過鄭, 見鄭伯如見王, 以其乘馬八匹私面. 見子皮如上卿, 以馬六匹. 見子產以馬四匹. 見子大叔以馬二匹". 稱面者, 以其面亦覿也. 且過鄭非正聘, 故以面言之.

번역 ◎鄭注: "禮以"~"私面". ○여기에서 말한 세 가지 절차는 모두 빙(聘)을 한 날 시행하는 것이다. 그렇기 때문에 함께 언급했다. "군주는 답배를 한다."라고 했는데, 비록 이들이 다른 나라에 속한 신하들이지만 공수(空首)[49]로 절을 해야만 한다. 정현이 "'예(禮)'자는 단술로 빈객을 예우한다는 뜻이다."라고 했는데, 이 말이 사실임을 알 수 있는 이유는 『의례』「빙례(聘禮)」편을 살펴보면 빈객을 예우할 때에는 예제(醴齊)[50]를 사용하여 군주에게 울창주를 사용하는 것과 차이를 보이기 때문이다. 정현이 "'사면(私面)'은 사적으로 찾아뵙는다는 뜻이다."라고 했는데, 「빙례」편을 살펴보면 "빈객이 1속(束)의 비단을 받들고 찾아뵙고자 청한다."[51]라고 했고, 또 "경에게 방문하는 일이 끝나면 빈객은 면(面)을 하며 적(覿)을 할 때의 예물과 동일하게 한다."[52]라고 했고, 정현의 주에서는 "'면(面)'자 또한 만나본다는 뜻이다. 이것을 '면(面)'이라고 부르는 이유는 의례 절차와 행동규범이 질박하기 때문이다."라고 했다. 「빙례」편의 기록에는 '사헌(私獻)'을 한다는 기록이 나타나지 않고, 또 군주를 만나보는 것에 대해서 '적(覿)'이라고 했고, 경을 만나보는 것에 대해서 '면(面)'이라고 했다. 따라서 적(覿)과 면(面)은 구별되는 것인데, 이곳에서는 사면(私面)과 사적(私覿)을 동일한 것이라고 했다. 「빙례」편의

49) 공수(空首)는 구배(九拜) 중 하나이다. 절을 하며 머리가 손을 포갠 곳에 닿도록 하는 것이니, '배수(拜手)'라고도 부른다.
50) 예제(醴齊)는 오제(五齊) 중 하나이다. 비교적 탁한 술에 해당한다. 술이 익고 나서 앙금을 한 차례 걸러낸 것으로 염주(恬酒)와 같은 술이다.
51) 『의례』「빙례(聘禮)」: 公降立. 擯者出請. 上介奉束錦, 士介四人皆奉玉錦束, 請覿.
52) 『의례』「빙례(聘禮)」: 賓朝服問卿. …… 擯者出請事. 賓面, 如覿幣.

기록은 두 차례 만나보는 것이 나타나니, 사적(私覿)이라는 말은 군주를 기준으로 한 것이며, 사면(私面)이라는 말은 경을 기준으로 한 것이다. 이곳 기록에는 사적(私覿)이라는 기록이 나타나지 않고 단지 사면(私面)이라고만 했지만, 어떻게 군주를 만나보지 않고 단지 그 신하만 만나볼 수 있겠는가? 따라서 여기에서 사면(私面)이라고 한 말은 군주를 만나보는 것을 위주로 말한 것임을 나타낸다. 그렇기 때문에 사면(私面)을 사적(私覿)으로 여긴 것이다. 「빙례」편에는 사헌(私獻)이라는 기록이 없는데, 일상적이지 않은 일이다. 그렇기 때문에 「빙례」편의 기문에서는 "이미 적(覿)을 했는데, 빈객이 만약 사적으로 예물을 헌상하게 된다면, 예물을 받들어 바치며 군주의 명령이라 칭한다."[53]라고 했다. 그렇기 때문에 이곳 주석에서는 "이미 적(覿)을 했다면 간혹 사사롭게 예물을 바치는 경우도 있다."라고 말한 것이다. 『춘추』라고 말한 것은 『좌전』 소공 6년의 기록으로, "초나라 공자 기질이 진(晉)나라로 가다가 정나라를 지나치게 되었는데, 정나라 백작을 만나보며 마치 초나라 왕을 만나볼 때처럼 하여 수레를 끄는 말 8필을 가지고 사면(私面)을 했다. 또 자피를 만나볼 때에는 마치 초나라 상경을 만나볼 때처럼 하여 말 6필을 예물로 바쳤다. 자산을 만나볼 때에는 말 4필을 바쳤다. 자대숙을 만나볼 때에는 말 2필을 바쳤다."라고 했다. '면(面)'이라고 지칭했는데, 이때의 면(面) 또한 적(覿)에 해당한다. 또한 정나라를 지나친 것으로 정식 빙(聘)이 아니다. 그렇기 때문에 면(面)이라고 말한 것이다.

참고 『춘추좌씨전』 소공(昭公) 6년 기록

전문 楚公子弃疾如晉, 報韓子也①. 過鄭, 鄭罕虎·公孫僑·游吉從鄭伯以勞諸柤, 辭不敢見②. 固請見之, 見如見王③.

번역 초나라 공자 기질이 진나라로 갔으니, 한자에게 보답하기 위해서였다. 기질이 정나라를 지나가게 되었는데, 정나라 한호·공손교·유길이 정나

53) 『의례』「빙례(聘禮)」: 旣覿, 賓若私獻, 奉獻將命.

라 백작을 따라 사에서 기질의 노고를 위로하려고 했는데, 기질은 감히 만나 뵐 수 없다고 사양하였다. 정나라 백작이 굳이 청하여 만나보게 되었는데, 기질이 정나라 백작을 만나보며 마치 초나라 왕을 만나볼 때처럼 했다.

杜注-① 報前年送女.

번역 전년에 진나라 여식을 전송해준 것에 보답하기 위한 것이다.

杜注-② 不敢當國君之勞. 柤, 鄭地.

번역 제후가 노고를 위로해주는 것을 감당할 수 없기 때문이다. '사(柤)'는 정나라 땅이다.

杜注-③ 見鄭伯如見楚王. 言弃疾共而有禮.

번역 정나라 백작을 만나보며 마치 초나라 왕을 만나보는 것처럼 했다. 기질이 공손한 태도를 취하며 예를 지켰다는 의미이다.

孔疏 ◎注"共而有禮". ○正義曰: 見如見王, 是共也. 辭不敢見, 是禮也.

번역 ◎杜注: "共而有禮". ○만나볼 때 초나라 왕을 만나볼 때처럼 했다는 것은 공손한 태도에 해당한다. 감히 만나 뵐 수 없다고 사양하는 것은 예를 지켰다는 것에 해당한다.

전문 以其乘馬八匹私面①. 見子皮如上卿②, 以馬六匹. 見子産, 以馬四匹. 見子大叔, 以馬二匹③. 禁芻牧採樵, 不入田④. 不樵樹, 不采蓺⑤.

번역 기질은 자신이 소유한 수레를 끄는 말 8필을 예물로 바치며 개인적으로 만나보았다. 자피를 만나볼 때에는 초나라 상경을 만나볼 때처럼 하고 말 6필을 바쳤다. 자산을 만나볼 때에는 말 4필을 바쳤다. 자대숙을 만나볼 때에는 말 2필을 바쳤다. 기질은 자신을 따르는 자들에게 꼴을 베거나 방목하거나 땔감 채집하는 일을 금지시키고, 농경지로 들어가지 못하게 했다. 나무를 베지 못하게 했고 농작물을 채집하지 못하게 했다.

杜注-① 私見鄭伯.

번역 정나라 백작을 개인적으로 만나보았다는 뜻이다.

杜注-② 如見楚卿.

번역 마치 초나라 경을 만나볼 때처럼 했다는 뜻이다.

杜注-③ 降殺以兩.

번역 2만큼씩 낮춘 것이다.

杜注-④ 不犯田種.

번역 농경지의 경작물을 침범하지 못하게 한 것이다.

杜注-⑤ 蓺, 種也.

번역 '예(蓺)'는 파종된 종자이다.

孔疏 ●"不樵樹不采蓺". ○正義曰: 不樵樹, 不伐樹以爲樵. 不采蓺, 不采所種之菜果.

번역 ●傳文: "不樵樹不采蓺". ○'불초수(不樵樹)'는 나무를 벌목하여 땔감으로 삼지 못하도록 했다는 뜻이다. '불채예(不采蓺)'는 파종되어 기르고 있는 채소나 과일 등을 채집하지 못하도록 했다는 뜻이다.

참고 『의례』「빙례(聘禮)」 기록

경문 君使卿韋弁, 歸饔餼五牢.

번역 군주는 경을 시켜서 위변(韋弁)을 착용하게 하고, 옹희(饔餼) 5뢰(牢)를 보낸다.

鄭注 變皮弁, 服韋弁, 敬也. 韋弁, 韎韋之弁, 兵服也. 而服之者, 皮韋同類, 取相近耳. 其服蓋韎布以爲衣, 而素裳. 牲, 殺曰饔, 生曰餼. 今文歸或爲饋.

번역 피변(皮弁)을 바꿔서 위변(韋弁)을 착용시키는 것은 공경함에 해당한다. '위변(韋弁)'은 부드럽게 가공한 옅은 적색의 가죽으로 만든 변(弁)으로 군복에 해당한다. 그런데도 이 복장을 착용하는 것은 피변과 위변은 같은 부류이니 서로 비슷한 것을 따른 것일 뿐이다. 그에 해당하는 복장은 아마도 부드럽게 가공한 옅은 적색의 포로 상의를 만들고 흰색으로 하의를 만들었을 것이다. 희생물의 경우 도축을 하게 되면 '옹(饔)'이라 부르고 살아있는 상태에서는 '희(餼)'라고 부른다. 금문본에는 '귀(歸)'자가 간혹 궤(饋)자로 기록되어 있기도 한다.

賈疏 ●"君使"至"五牢". ◎注"變皮"至"爲饋". ○釋曰: 自此盡"無儐", 論主君使卿歸饔餼於賓介之事. 云"變皮弁, 服韋弁, 敬也"者, 按周禮·春官·司服王之吉服有九, 祭服之下先云兵事韋弁服, 後云視朝皮弁服, 則韋弁尊於皮弁. 今行聘享之事等皆皮弁, 至歸饔餼則韋弁, 故云敬也. 云"韋弁, 韎韋之弁, 兵服也"者, 鄭知弁用韎韋者, 按司服注, 鄭引春秋傳曰: "晉郤至衣韎韋之跗." 注又云: "今時五伯緹衣, 古兵服之遺色." 故知用韎韋也. 韎卽赤色, 以赤韋爲弁也. 云兵服者, 司服云"凡兵事韋弁服", 故云兵服也. 云"服之者, 皮韋同類, 取相近耳"者, 有毛則曰皮, 去毛熟治則曰韋, 本是一物, 有毛無毛爲異, 故云取相近耳. 云"其服蓋韎布以爲衣, 而素裳"者, 此無正文, 但正服則鄭注司服云"韋弁, 以韎韋爲弁, 又以爲衣裳", 又晉郤至衣韎韋之跗注, 鄭志解此跗注,以跗爲幅, 以注爲屬, 謂制韋如布帛之幅, 而連屬爲衣及裳. 今此鄭云以韎布爲衣而素裳, 全與兵服異者, 鄭以意量之. 此爲賓館於大夫士之廟, 旣爲入廟之服, 不可純如兵服, 故爲韎布爲衣而素裳. 鄭志兵服以其與皮弁同白舄, 故以素裳解之. 此言素裳, 又與鄭志同. 若然, 唯變其衣耳, 以無正文, 故云"蓋"以疑之也. 云"殺曰饔, 生曰餼"者, 周禮有內饔·外饔, 皆掌割亨之事. 詩云: "有母之尸饔." 故知殺曰饔, 生曰餼者, 以其對饔是腥飪, 故知餼是生. 故下云"餼二牢", 皆活陳之也.

번역 ●經文: "君使"~"五牢". ◎鄭注: "變皮"~"爲饋". ○이곳 구문부터 "빈(儐)이 없다."라는 구문까지는 빙문을 받은 군주가 경을 시켜 빈객과 개(介)에게 옹희(饔餼)를 보내주는 사안에 대해 논의하고 있다. 정현이 "피변(皮弁)을 바꿔서 위변(韋弁)을 착용시키는 것은 공경함에 해당한다."라고 했는데, 『주례』「춘관(春官)·사복(司服)」편을 살펴보면 천자의 길복에는 아홉 종류가 있고, 제복에 대한 기술 뒤에 우선적으로 "군사와 관련해서는 위변복(韋弁服)을 착용한다."[54]고 했으며, 그 뒤에서는 "조정에 참관하게 되면 피변복(皮弁服)을 착용한다."[55]라고 했으니, 위변은 피변보다도 존귀한 복식이 된다. 이곳에서는 빙(聘)과 향(享) 등의 사안을 진행하면서 모두 피변을 착용한다고 했고, 옹희를 보내주게 되자 위변을 착용한다고 했다. 그렇기 때문에 "공경함에 해당한다."라고 했다. 정현이 "'위변(韋弁)'은 부드럽게 가공한 옅은 적색의 가죽으로 만든 변(弁)으로 군복에 해당한다."라고 했는데, 변(弁)을 만들며 부드럽게 가공한 옅은 적색의 가죽을 사용한다는 사실을 정현이 알 수 있었던 것은 「사복」편에 대한 주를 살펴보면, 정현은 『춘추전』을 인용하여, "진나라 극지는 매위(韎韋)로 만든 군복을 착용했다."[56]라고 했고, 주에서는 또한 "오늘날 오패가 붉은 옷을 착용하는 것은 고대 군복에 들어갔던 색깔에 따른 것이다."라고 했다. 그렇기 때문에 매위

54) 『주례』「춘관(春官)·사복(司服)」: 凡兵事, 韋弁服.
55) 『주례』「춘관(春官)·사복(司服)」: 眡朝, 則皮弁服.
56) 『춘추좌씨전』「성공(成公) 16년」: 郤至三遇楚子之卒, 見楚子, 必下, 免冑而趨風. 楚子使工尹襄問之以弓, 曰, "方事之殷也, 有韎韋之跗注, 君子也. 識見不穀而趨, 無乃傷乎?"

(韎韋)를 사용한다는 사실을 알 수 있다. '매(韎)'는 적색을 뜻하니, 적색의 부드러운 가죽으로 변(弁)을 만든 것이다. '병복(兵服)'이라고 했는데, 「사복」편에서 "군사와 관련해서는 위변복을 착용한다."라고 했다. 그렇기 때문에 '병복(兵服)'이라고 말한 것이다. 정현이 "이 복장을 착용하는 것은 피변과 위변은 같은 부류이니 서로 비슷한 것을 따른 것일 뿐이다."라고 했는데, 털이 붙어 있다면 '피(皮)'라고 부르고, 털을 제거하고 부드럽게 가공한다면 '위(韋)'라고 부르는데, 본래는 동일한 사물이며, 털이 있느냐 없느냐의 차이가 있는 것이다. 그렇기 때문에 "서로 비슷한 것을 따른 것일 뿐이다."라고 했다. 정현이 "그에 해당하는 복장은 아마도 부드럽게 가공한 옅은 적색의 포로 상의를 만들고 흰색으로 하의를 만들었을 것이다."라고 했는데, 이것과 관련해서는 경문의 기록이 없다. 다만 정규 복장의 경우 정현은 「사복」편에 대한 주에서 "위변(韋弁)은 부드럽게 가공한 옅은 적색의 가죽으로 변(弁)을 만들고, 또한 이것으로 상의와 하의를 만든다."라고 했고, 또 진나라 극지가 매위(韎韋)로 만든 군복을 착용했다고 했는데, 『정지』[57]에서는 '부주(跗注)'라는 것을 풀이하며, '부(跗)'자를 폭(幅)으로 여기고, '주(注)'자를 연결한다는 뜻으로 여겼으니, 부드러운 가죽을 재단하여 마치 포나 비단의 폭처럼 만들고 이것을 연결하여 상의와 하의를 만든 것이라고 했다. 이곳에서 정현은 "부드럽게 가공한 옅은 적색의 포로 상의를 만들고 흰색으로 하의를 만든다."라고 하여, 군복을 설명한 것과는 전혀 다른데, 정현은 그 의미에 따라 추론을 했던 것이다. 이곳에서 말한 것은 대부나 사의 묘에 빈객의 숙소를 마련해주는 것이니, 이미 묘로 들어온 상태의 복장이 되므로 완전히 군복과 동일하게 만들 수 없다. 그렇기 때문에 부드럽게 가공한 옅은 적색의 포로 상의를 만들고 흰색으로 하의를 만들었던 것이다. 그리고 『정지』에서 설명한 군복은 피변과 동일하게 백색의 신발을 신는다. 그렇기 때문에 흰색의 하의를 착용한다고 풀이했던 것이다.

57) 『정지(鄭志)』는 정현(鄭玄)과 그의 제자들이 오경(五經)에 대해서 문답을 주고받은 내용을 기록한 문헌이다. 『논어』의 형식에 의거하여, 정현의 제자들이 편찬하였다. 『후한서(後漢書)』「장조정열전(張曹鄭列傳)」편에는 "門人相與撰玄荅諸弟子問五經, 依論語作鄭志八篇."라는 기록이 있다.

이곳에서 '소상(素裳)'이라고 말한 것은 『정지』에서 말한 것과 동일하다. 만약 그렇다면 단지 상의에 대해서만 바꾼 것일 뿐인데, 경문에 관련 기록이 없기 때문에 '개(蓋)'자를 덧붙여서 확정하지 않은 것이다. 정현이 "도축을 하게 되면 '옹(饔)'이라 부르고 살아있는 상태에서는 '희(餼)'라고 부른다."라고 했는데, 『주례』에는 내옹(內饔)과 외옹(外饔)이라는 관리가 있는데, 모두 희생물을 가르거나 삶는 등의 일을 담당한다. 『시』에서는 "모친이 옹(饔)을 진설하는구나."[58]라고 했다. 그렇기 때문에 도축을 하게 되면 '옹(饔)'이라 부르고 살아있는 상태에서는 '희(餼)'라고 부른다는 사실을 알 수 있는데, 옹(饔)이 날것과 익힌 것을 뜻한다는 사실과 대비가 된다. 그렇기 때문에 '희(餼)'가 살아있는 것을 뜻하고 있음을 알 수 있다. 그래서 아래문장에서는 "희(餼)는 2뢰(牢)로 한다."라고 했는데, 이 모두는 살아있는 상태로 진열하는 것이다.

참고 『의례』「빙례(聘禮)」 기록

경문 饔.

번역 옹(饔)을 진설한다.

鄭注 謂飪與腥.

번역 익힌 고기와 생고기를 뜻한다.

賈疏 ●"饔". ◎注"謂飪與腥". ○釋曰: 知者, 上總言"饔餼五牢", 下陳有三處, 據此, 饔下云"飪一牢", "腥二牢", 下又別云"餼二牢", 故知饔別飪·腥二者也. 若然, 飪與腥共以饔目之者, 以其同是死, 列之以鼎故也.

번역 ●經文: "饔". ◎鄭注: "謂飪與腥". ○이 말이 사실임을 알 수 있는

58) 『시』「소아(小雅)·기부(祈父)」: 祈父. 亶不聰. 胡轉予于恤, 有母之尸饔.

이유는 앞에서 총괄적으로 "옹희(饔餼)는 5뢰(牢)로 한다."라고 했고, 그 뒤에서 세 곳에 나눠 기술을 했는데, 이를 근거로 해보면, 옹(饔)은 아래에서 "임(飪)은 1뢰이다."라고 했고, "성(腥)은 2뢰이다."라고 했으며, 그 뒤에서는 또한 별도로 "희(餼)는 2뢰이다."라고 했다. 그렇기 때문에 옹(饔)이라는 것이 익힌 고기와 생고기 두 종류로 구별된다는 사실을 알 수 있다. 만약 그렇다면 익힌 고기와 생고기는 모두 옹(饔)을 가리키는 항목이 되는데, 둘 모두 동일하게 죽은 상태이고 솥을 이용해서 진열하기 때문이다.

경문 飪一牢, 鼎九, 設于西階前, 陪鼎當內廉, 東面, 北上, 上當碑, 南陳; 牛·羊·豕·魚·腊·腸胃同鼎, 膚·鮮魚·鮮腊, 設扃鼏. 膷·臐·膮, 蓋陪牛·羊·豕.

번역 익힌 고기 1뢰(牢)는 솥 9개에 담아 서쪽 계단 앞에 진설하고, 배정(陪鼎)[59]은 안쪽 모서리에 해당하는 곳에 진설하며 동쪽을 향하도록 하며 북쪽 끝에서부터 진열하고 가장 끝에 있는 것은 비(碑)가 있는 지점이 되며 그 남쪽으로 진열한다. 소·양·돼지·물고기·육포·창자와 위장은 같은 솥에 담고, 껍질·신선한 물고기·신선한 육포를 담으며, 경(扃)과 덮개를 설치한다.

---

59) 배정(陪鼎)은 추가적으로 설치하는 정(鼎)을 뜻한다. 의식 행사 때 본래 차려내야 하는 음식들을 담은 정(鼎)은 정정(正鼎)에 해당하고, 그 이외에 추가적으로 차려내는 음식들을 담은 정(鼎)은 '배정'이 된다. 『춘추좌씨전』「소공(昭公) 5년」에는 "宴有好貨, 飧有陪鼎."이라는 기록이 있는데, 이에 대한 두예(杜預)의 주에서는 "陪, 加也. 加鼎所以厚殷勤."이라고 풀이했으며, 양백준(楊伯峻)의 주에서는 "據儀禮·聘禮, 賓始入客館, 宰夫卽設飧, 有九鼎, 牛鼎一·羊鼎一·豕鼎一·魚鼎一·腊鼎一·腸胃鼎一·膚鼎一·鮮魚鼎一·鮮腊鼎一. 陪鼎一曰羞鼎, 有三, 牛羹鼎·羊羹鼎·豕羹鼎各一."이라고 풀이했다. 즉 『의례』「빙례(聘禮)」편의 기록에 따르면, 빈객(賓客)이 처음으로 숙소에 들어가게 되면, 음식을 담당하는 재부(宰夫)는 식사를 차려내게 되며, 9개의 정(鼎)을 설치한다. 소를 담은 정(鼎)이 1개이고, 양을 담은 정(鼎)이 1개이며, 돼지를 담은 정(鼎)이 1개이고, 물고기를 담은 정(鼎)이 1개이며, 말린 고기를 담은 정(鼎)이 1개이고, 창자와 위를 담은 정(鼎)이 1개이며, 고기를 잘게 저민 정(鼎)이 1개이고, 물고기 회를 담은 정(鼎)이 1개이다. 그리고 '배정'의 경우에는 '수정(羞鼎)'이라고도 부르는데, 3가지가 있으며, 소고기 국을 담은 정(鼎)이 1개이고, 양고기 국을 담은 정(鼎)이 1개이며, 돼지고기 국을 담은 정(鼎)이 1개이다.

쇠고깃국·양고깃국·돼지고깃국은 소·양·돼지를 담은 솥에 짝지어 진설한다.

鄭注 陪鼎三牲, 臛, 膷·膮·膮陪之, 庶羞加也. 當內廉, 辟堂塗也. 腸胃次腊, 以其出牛羊也. 膚, 豕肉也, 唯燖者有膚. 此饌先陳其位, 後言其次, 重大禮, 詳其事也. 宮必有碑, 所以識日景, 引陰陽也. 凡碑, 引物者, 宗廟則麗牲焉, 以取毛血. 其材, 宮廟以石, 窆用木.

번역 배정(陪鼎)에는 3가지 희생물을 담고, 고깃국으로 쇠고깃국 양고깃국 돼지고깃국을 추가적으로 진설하니, 서수(庶羞)[60]를 추가하기 때문이다. 안쪽 모서리에 해당하는 곳에 두는 것은 당으로 오르는 길을 피하기 위해서이다. 창자와 위장을 육포 다음에 두는 것은 그것들이 소와 양에서 나온 것이기 때문이다. 부(膚)는 돼지의 껍데기를 뜻하니, 데치는 것에만 껍데기가 있게 된다. 이러한 음식들에 대해 먼저 그 자리를 진술하고 그 뒤에 순서를 언급했는데, 성대한 예법을 중요하게 여겨 그 사안을 상세히 기록했기 때문이다. 궁에는 반드시 비(碑)를 세워두니, 해의 그림자를 파악하기 위한 것으로 음양의 기운을 인도하는 것이다. 비(碑)라는 것은 사물을 끌 때 사용하는 것인데, 종묘의 경우에는 희생물을 매어두어 털과 피를 취하게 된다. 사용되는 재료는 궁묘에 하는 것은 돌로 만들고 하관할 때 사용하는 것은 나무로 만든다.

賈疏 ◎注"陪鼎"至"用木". ○釋曰: 按公食大夫庶羞也, 以非正饌, 故在正鼎後, 而言"加"也. 云"當內廉, 辟堂塗也"者, 正鼎九, 雖大判繼階而言, 其云于階前, 則階東稍遠, 故陪鼎猶當內廉也, 而辟堂塗, 堂塗之內也. 云"腸胃次腊, 以其出牛羊"也, 鄭言此者, 以其膚是豕肉, 腸胃是腹內之物, 而在肉前者,

---

60) 서수(庶羞)는 여러 종류의 맛좋은 음식들을 뜻한다. 수(羞)자는 맛좋은 음식을 뜻하고, 서(庶)자는 음식 종류가 많다는 뜻이다. 『의례』「공사대부례(公食大夫禮)」편에는 "上大夫庶羞二十, 加於下大夫以雉兎鶉鴽."라는 기록이 있는데, 이에 대한 호배휘(胡培翬)의 정의(正義)에서는 학경(郝敬)의 말을 인용하여, "肴美曰羞, 品多曰庶."라고 풀이했다.

以其腸胃出於牛羊, 故在膚前列之也. 云"膚, 豕肉也, 唯燖者有膚"者, 君子不食圂腴, 犬豕曰圂. 若然, 牛羊有腸胃而無膚, 豕則有膚而無腸胃也. 且豕則有膚, 豚則無膚, 故士喪禮豚皆無膚. 以其皮薄故也. 縱豕以四解, 亦無膚, 故旣夕大遣奠少牢無膚, 以比豚解故也. 云"此饌先陳其位, 後言其次, 重大禮, 詳其事也"者, 先陳其位者, "南陳"已上是也, 後言其次者, "牛羊豕"已下是也. 按設飧時, 直云飪一牢在西, 鼎九, 羞鼎三, 腥一牢在東, 鼎七. 直言西九東七, 不言次陳位, 飧是小禮, 輕之故也. 云"宮必有碑, 所以識日景, 引陰陽也"者, 言宮必有碑者, 按諸經云"三揖"者, 鄭注皆云: 入門將曲揖, 旣北面揖, 當碑揖. 若然, 士昏及此聘禮是大夫士廟內皆有碑矣. 鄕飮酒·鄕射言三揖, 則庠序之內亦有碑矣. 祭義云: "君牽牲, 麗于碑." 則諸侯廟內有碑明矣. 天子廟及庠序有碑可知. 但生人寢內不見有碑, 雖無文, 兩君相朝, 燕在寢, 豈不三揖乎? 明亦當有碑矣. 言所以識日景者, 周禮·匠人云"爲規識日出之景, 與日入之景"者, 自是正東西南北. 此識日景, 唯可觀碑景邪正, 以知日之早晩也. 又云"引陰陽"者, 又觀碑景南北長短, 十一月, 日南至, 景南北最長, 陰盛也. 五月, 日北至, 景南北最短, 陽盛也. 二至之間, 景之盈縮·陰陽進退可知. 云"凡碑, 引物者, 宗廟則麗牲焉, 以取毛血"者, 云凡碑引物, 則識日景·引陰陽皆是引物, 則宗廟之中是引物. 但廟碑又有麗牲, 麗, 繫也. 按祭義云: "君牽牲, 麗于碑." 以其鸞刀以取血毛, 毛以告純, 血以告殺, 兼爲此事也. 云"其材, 宮廟以石, 窆用木"者, 此雖無正文, 以義言之, 葬碑取縣繩繂暫時之間, 往來運載, 當用木而已. 其宮廟之碑, 取其妙好, 又須久長, 用石爲之, 理勝於木, 故云宮廟以石窆用木也. 是以檀弓云: "公室視豐碑, 三家視桓楹." 時魯與大夫皆僭, 言視桓楹, 桓楹, 宮廟兩楹之柱, 是葬用木之驗也.

번역 ◎鄭注: "陪鼎"~"用木". ○『의례』「공사대부례(公食大夫禮)」편을 살펴보면 서수(庶羞)라는 것은 정식으로 차려내는 음식들이 아니기 때문에 정식으로 진설하는 솥 뒤에 위치한다. 그래서 '가(加)'라고 말한 것이다. 정현이 "안쪽 모서리에 해당하는 곳에 두는 것은 당으로 오르는 길을 피하기 위해서이다."라고 했는데, 정식으로 진설하는 솥은 9개이며, 비록 큰 구분에 따라 계단과 연계해서 말했지만, 계단 앞이라고 했다면, 계단의 동쪽에서 점점 멀어지게 진설된다. 그렇기 때문에 배정(陪鼎)은 오히려 안쪽 모서리에 해당하는 곳에 있게 되며, 이것은 당으로 오르는 길을 피하게 되므로, 당으로 오르는 길 안쪽에 해당한다. 정현이 "창자와 위장을 육포 다음에 두는 것은 그것들이 소와 양에서 나온 것이기 때문이다."라고 했는데, 정현이 이처럼 말한 것은 껍질은 돼지고기에 해당하고, 창자와 위장은 희생물의 뱃속에 있는 것인데, 이것이 고기에 대한 내용 앞에 기록되어 있으니, 창자와 위장이 소와 양에게서 나왔기 때문이다. 그래서 껍질에 대한 것 앞에 나열하였다. 정현이 "부(膚)는 돼지의 껍데기를 뜻하니, 데치는 것에만 껍데기가 있게 된다."라고 했는데, 군자는 환(圂)의 창자를 먹지 않으니,[61] 개와 돼지를 '환(圂)'이라고 부른다. 만약 그렇다면 소와 양에 대해서는 창자와 위장을 진설하지만 껍데기는 진설하지 않는 것이고, 돼지의 경우에는 껍데기는 진설하지만 창자와 위장은 진설하지 않는 것이다. 또 큰 돼지의 경우에는 껍데기를 진설하지만, 작은 돼지의 경우에는 껍데기를 진설하지 않는다. 그렇기 때문에 『의례』「사상례(士喪禮)」편에는 돈(豚)에 대해서 모두 껍데기를 진설한다는 기록이 없는 것이다. 그 이유는 작은 돼지의 경우 껍데기가 얇기 때문이다. 그러나 시(豕)의 경우라도 네 부위로 해체하게 되면 또한 껍데기는 포함되지 않는다. 그렇기 때문에 『의례』「기석례(旣夕禮)」편에는 성대한 견전(遣奠)[62]에 소뢰(少牢)[63]를 사용했음에도 껍데기가 포함되지 않으니, 돈해(豚解)[64]에 견주기 때문이다. 정현이 "이러한 음식들에 대해 먼저 그 자리를 진술하고 그 뒤에 순서를 언급했는데, 성대한 예법을 중요하게 여겨 그 사안을 상세히 기록했기 때문이다."라고 했는데,

---

61) 『예기』「소의(少儀)」【441a】: 君子不食圂腴.

62) 견전(遣奠)은 장차 장례(葬禮)를 치르고자 할 때, 지내게 되는 전제사[奠祭]를 뜻한다.

63) 소뢰(少牢)는 제사에서 양(羊)과 돼지[豕] 두 가지 희생물을 사용하는 것을 뜻한다. 『춘추좌씨전』「양공(襄公) 22년」편에는 "祭以特羊, 殷以少牢."라는 기록이 있는데, 이에 대한 두예(杜預)의 주에서는 "四時祀以一羊, 三年盛祭以羊豕. 殷, 盛也."라고 풀이하였다.

64) 돈해(豚解)는 고대에 제사를 지내며 희생물을 해체할 때 4개의 다리, 1개의 등골, 2개의 갈비로 나눠 총 7개 덩어리로 만드는 것을 뜻한다.

먼저 그 자리를 진술했다는 것은 "남쪽으로 진설한다."라고 한 말로부터 그 이상의 기록을 뜻하며, 그 뒤에 순서를 언급했다는 것은 '소·양·돼지'라고 한 말로부터 그 이하의 기록을 뜻한다. 손(飧)을 진설할 때를 살펴보면, 단지 익힌 고기 1뢰를 서쪽에 두며 솥은 9개이고, 음식을 담은 솥은 3개이며, 생고기 1뢰는 동쪽에 두며 솥은 7라고 했다. 단지 서쪽에 9개를 두고 동쪽에 7개를 둔다고 했으며, 그 뒤에 나열하는 위치를 언급하지 않았는데, 손(飧)은 작은 예법에 해당하니, 상대적으로 덜 중요하게 여겼기 때문이다. 정현이 "궁에는 반드시 비(碑)를 세워두니, 해의 그림자를 파악하기 위한 것으로 음양의 기운을 인도하는 것이다."라고 했는데, 궁에 반드시 비(碑)를 둔다고 말한 것은 여러 경문들의 기록을 살펴보면 '삼읍(三揖)'이라고 했고, 정현의 주에서는 모두 문으로 들어와서 굽어지는 곳에 이르게 될 때 읍을 하고, 북쪽을 바라본 뒤에 읍을 하며 비(碑)에 당도하면 읍을 한다고 했다. 만약 그렇다면 『의례』「사혼례(士昏禮)」편과 이곳 「빙례」편에서 말한 것은 대부와 사의 묘에 해당하므로 그 안쪽에는 모두 비(碑)가 있는 것이다. 또 『의례』「향음주례(鄕飮酒禮)」편과 「향사례(鄕射禮)」편에서도 '삼읍(三揖)'이라고 했으니, 상서(庠序)[65]의 안쪽에도 비(碑)가 있었던 것이다. 『예기』「제의(祭義)」편에서는 "군주는 직접 희생물을 끌고, 비(碑)에 매어 둔다."[66]라고 했으니, 제후의 묘 안쪽에도 비(碑)가 있었다는 것이 나타난다. 따라서 천자의 묘 및 상서에도 비(碑)가 있었음을 알 수 있다. 다만 살아 있는 사람이 사용하는 침(寢)의 안쪽에 있어서 비(碑)가 있었다는 기록은 나타나지 않는데, 비록 그와 관련된 경문의 기록이 없지만, 두 나라의 군주가 상호 조회를 할 때 연례(燕禮)는 침에서 시행하니 어찌 세 차례 읍을 하지 않을 수 있겠는가? 따라서 여기에도 비(碑)가 있어야만 한다는 사실

65) 상서(庠序)는 상(庠)과 서(序)를 합쳐서 부르는 말이다. '상'은 향(鄕) 밑의 행정단위인 당(黨)에 건립된 학교를 뜻하고, '서'는 향(鄕) 밑의 행정단위인 주(州)에 건립된 학교를 뜻한다. 주로 지방의 학교를 통칭하는 말로 사용된다.

66) 『예기』「제의(祭義)」【559b】: 祭之日, 君牽牲, 穆答君, 卿大夫序從. 旣入廟門, 麗于碑; 卿大夫袒, 而毛牛尙耳. 鸞刀以刲, 取膟膋, 乃退; 爓祭·祭腥而退, 敬之至也.

을 나타낸다. 정현이 "해의 그림자를 파악하기 위한 것이다."라고 했는데, 『주례』「장인(匠人)」편에서는 "규(規)를 만들어 해가 떠오를 때의 그림자와 해가 질 때의 그림자를 식별한다."67)라고 했으니, 이것을 통해 동서남북의 방향을 바르게 만드는 것이다. 여기에서 해의 그림자를 파악한다고 한 것은 단지 비(碑)의 그림자가 기운 정도를 살펴서 해의 이름과 늦음을 알 수 있는 것 뿐이다. 또한 "음양의 기운을 인도한다."라고 했는데, 비(碑)의 그림자가 남북 방향으로 뻗은 길이를 살펴보면, 11월에는 해가 동지에 이르렀을 때 그림자는 남북 방향으로 가장 길게 늘어지니 음의 기운이 융성하기 때문이다. 5월에는 해가 하지에 이르렀을 때 그림자는 남북 방향으로 가장 짧게 늘어지니 양의 기운이 융성하기 때문이다. 동지와 하지 사이에 그림자가 늘어나고 줄어두는 것에 따라 음양의 기운이 나오고 물러나는 것을 알 수 있다. 정현이 "비(碑)라는 것은 사물을 끌 때 사용하는 것인데, 종묘의 경우에는 희생물을 매어두어 털과 피를 취하게 된다."라고 했는데, "비(碑)라는 것은 사물을 끌 때 사용하는 것이다."라고 했다면, 해의 그림자를 식별하고 음양의 기운을 이끄는 것들은 모두 해당 대상들을 당기는 것에 해당하므로, 종묘 안에 있는 것도 해당 대상을 당기는 것이 된다. 다만 묘에 있는 비(碑)는 희생물을 매어두는 용도도 있으니, '여(麗)'는 매어둔다는 뜻이다. 「제의」편을 살펴보면 "군주는 직접 희생물을 끌고, 비(碑)에 매어둔다."라고 했으니, 난도(鸞刀)를 이용해 희생물의 피와 털을 취하여, 털을 통해서는 희생물이 순일한 색임을 아뢰는 것이고 피를 통해서는 희생물을 도축했음을 아뢰는 것으로, 둘 모두 이러한 일을 시행하기 위한 것이다. 정현이 "사용되는 재료는 궁묘에 하는 것은 돌로 만들고 하관할 때 사용하는 것은 나무로 만든다."라고 했는데, 여기에 대해서는 비록 경문에 해당하는 기록이 없지만, 그 의미에 따라 말해보자면 장례를 치를 때의 비(碑)는 상여에 매단 줄을 거는 잠깐의 틈에 사용하는 것으로 왕래하며 싣고 가야하니 마땅히 나무를 이용해야 한다. 궁묘의 비(碑)는 정교하고 아름다운 것을 사용하고 또 오랜 기간 사용해야하니, 돌을 이용해서 만들어, 나무보

67) 『주례』「동관고공기(冬官考工記)·장인(匠人)」 : 爲規, 識日出之景與日入之景.

다 튼튼하고 좋게 한다. 그렇기 때문에 "궁묘에 하는 것은 돌로 만들고 하관할 때 사용하는 것은 나무로 만든다."라고 했다. 이러한 까닭으로 『예기』「단궁(檀弓)」편에서는 "공실(公室)에서는 풍비(豐碑)에 견주어서 그에 합당한 것을 사용하고, 삼가(三家)에서는 환영(桓楹)에 견주어서 그에 합당한 것을 사용한다."[68]라고 했는데, 당시 노나라와 노나라의 대부들은 모두 참람되었고, "환영(桓楹)에 견주었다."라고 했는데, 환영(桓楹)이라는 것은 궁묘 양쪽 기둥에 해당하는 것으로, 이것은 장례에서 나무로 만든 것을 이용한다는 증거가 된다.

경문 腥二牢, 鼎二七, 無鮮魚·鮮腊, 設于阼階前, 西面, 南陳如飪鼎, 二列.

번역 생고기 2뢰(牢)는 솥 14개에 담는데 신선한 물고기와 신선한 육포는 없으며 동쪽 계단 앞에 진설하고 서쪽을 향하도록 하며 남쪽 방향으로 늘어놓는데 익힌 고기를 담은 솥처럼 하되 7개씩 2열로 놓는다.

鄭注 有腥者, 所以優賓也.

번역 생고기가 포함되는 것은 빈객을 우대하기 위해서이다.

賈疏 ●"腥二"至"二列". ◎注"有腥"至"賓也". ○釋曰: 云"優賓"者, 按下文士四人皆餼大牢, 無腥, 是不優之也.

번역 ●經文: "腥二"~"二列". ◎鄭注: "有腥"~"賓也". ○"빈객을 우대한다."라고 했는데, 아래문장을 살펴보면 사 4명에게 모두 태뢰(太牢)를 차려주지만 생고기는 포함되지 않으니 이것은 빈객만큼 우대하지 않기 때문이다.

경문 堂上八豆, 設于戶西, 西陳, 皆二以並, 東上, 韭菹, 其南醓醢, 屈.

---

68) 『예기』「단궁하(檀弓下)」【127a】 : 公室視豐碑, 三家視桓楹.

번역 당상에는 8개의 두(豆)를 두는데 방문의 서쪽에 진설하며 서쪽 방향으로 진열하고 모두 2개씩 짝지어서 나란히 놓으며 동쪽 끝에는 부추절임을 놓고 그 남쪽에는 육장을 두어 섞어놓는다.

鄭注 戶, 室戶也. 東上, 變于親食賓也. 醓醢, 汁也. 屈猶錯也. 今文並皆爲併.

번역 '호(戶)'는 방문을 뜻한다. 동쪽 끝에서부터 놓는 것은 직접 빈객에게 사례(食禮)를 시행하는 것에서 변화를 주기 위해서이다. '탐해(醓醢)'는 즙이다. '굴(屈)'은 "뒤섞는다[錯]."는 뜻과 같다. 금문에서는 '병(並)'자를 모두 병(併)자로 기록했다.

賈疏 ●"堂上"至"醓屈". ◎注"戶室"至"爲併". ○釋曰: 云"設于戶西, 西陳, 皆二以並, 東上, 韭菹, 其南醓醢, 屈"者, 謂其東上醓醢, 醓醢西昌本, 昌本西麋臡, 麋臡西菁菹, 菁菹北鹿臡, 鹿臡東葵菹, 葵菹東蝸醢, 蝸醢東韭菹. 按周禮·天官·醢人朝事之豆有八: 韭菹·醓醢·昌本·麋臡·菁菹·鹿臡·茆菹·麇臡. 饋食之豆: 葵菹·嬴醢. 此經直云韭菹·醓醢, 屈, 知此昌本以下八豆者, 按公食下大夫六豆, 韭菹·醓醢·昌本·麋臡·菁菹·鹿臡; 又云"上大夫八豆", 鄭注云: 記公食上大夫異於下大夫之豆數, 加葵菹·蝸醢, 以充八豆. 若然, 按朝事八豆, 菁菹·鹿臡下, 仍有茆菹·麇臡不取, 而取饋食葵菹·蝸醢者, 按少牢正祭用韭菹·醓醢·葵菹·蝸醢, 朝事饋食之豆兼用之, 明此賓上大夫亦兼用朝事饋食之豆以充八豆可知. 云"東上者, 變於親食賓也"者, 按公食大夫公親食賓, 云"宰夫自東房薦豆六, 設于醬東, 西上", 此云東上, 是變於親食賓也. 云"屈猶錯也"者, 猶下經錯黍, 此經菹, 菹不自相, 當皆交錯陳之, 故云錯也.

번역 ●經文: "堂上"~"醓屈". ◎鄭注: "戶室"~"爲併". ○"방문의 서쪽에 진설하며 서쪽 방향으로 진열하고 모두 2개씩 짝지어서 나란히 놓으며 동쪽 끝에는 부추절임을 놓고 그 남쪽에는 육장을 두어 섞어놓는다."라고 했는데, 동쪽 끝에 육장이 있고, 육장의 서쪽에 창포의 뿌리가 있으며, 창포의 뿌리 서쪽에 큰 사슴의 뼈가 섞인 젓갈이 있고, 큰 사슴의 뼈가 섞인 젓갈 서쪽에 순무절임이 있으며, 순무절임의 북쪽에 사슴의 뼈가 섞인 젓갈이 있고, 사슴의 뼈가 섞인 젓갈 동쪽에 아욱절임이 있으며, 아욱절임의 동쪽에 달팽이 젓갈이 있고, 달팽이 젓갈 동쪽에 부추절임이 있다는 뜻이다. 『주례』「천관(天官)·해인(醢人)」편을 살펴보면 조사(朝事)[69]의 두(豆)는 8개가 있으니, 부추절임·육장·창포의 뿌리·큰 사슴의 뼈가 섞인 젓갈·순무질임·사슴의 뼈가 섞인 짓갈·순채절임·노루의 뼈가 섞인 젓갈이라고 했다.[70] 또 궤식(饋食)[71]의 두에 대해서는 아욱절임과 소라 젓갈이라고 했다.[72] 이곳 경문에서는 단지 부추절임과 육장만 언급하며 섞어놓는다고 했는데, 이러한 것들이 창포의 뿌리로부터 그 이하의 8개 두에 올리던 음식임을 알 수 있는 이유는 『의례』「공사대부례(公食大夫禮)」편을 살펴보면, 하대부에 대해서는 6개의 두에 음식을 차리는데, 부추절임·육장·창포의 뿌리·큰 사슴의 뼈가 섞인 젓갈·순무절임·사슴의 뼈가 섞인 젓갈이라고 했고,[73] 또 "상대부에 대해서는 8개의 두에 음식을 차린다."[74]라고 했으며, 정현의 주에서는 「공사대부례」편에서 상대부에 대한 것은 하대부에게 차려주는 두의 수치에서 차이를 보인다고 하며 아욱절임과 달팽이 젓갈을 추가하여 8개의 두를 채운다고 했다. 만약 그렇다면 조사에서 8개의 두를

---

69) 조사(朝事)는 종묘(宗廟)의 제사를 지낼 때, 새벽에 지내는 제사 절차들을 가리킨다. 『예기』「제의(祭義)」편에는 "建設朝事, 燔燎羶薌."이라는 기록이 있고, 이에 대한 진호(陳澔)의 『집설(集說)』에서는 "朝事, 謂祭之日, 早朝而行之事也."라고 풀이했다.

70) 『주례』「천관(天官)·해인(醢人)」 : 醢人; 掌四豆之實. 朝事之豆, 其實韭菹·醓醢, 昌本·麋臡, 菁菹·鹿臡, 茆菹·麇臡.

71) 궤식(饋食)은 음식을 바친다는 뜻이다. 고대에는 천자 및 제후들이 매월 초하루마다 종묘(宗廟)에서 음식을 바치는 의식을 치렀는데, 이것을 '궤식'이라고도 부른다. 『주례』「춘관(春官)·대종백(大宗伯)」편에는 "以饋食享先王."이라는 기록이 있다. 한편 조사(朝事)를 시행할 때, 조천(朝踐)을 끝낸 뒤, 생고기를 삶아서 재차 바치는 의식을 가리키기도 한다.

72) 『주례』「천관(天官)·해인(醢人)」 : 饋食之豆, 其實葵菹·蠃醢·脾析·蠯醢, 蜃·蚳醢, 豚拍·魚醢.

73) 『의례』「공사대부례(公食大夫禮)」 : 宰夫自東房薦豆六, 設于醬東, 西上, 韭菹, 以東醓醢·昌本, 昌本南麋臡, 以西菁菹·鹿臡.

74) 『의례』「공사대부례(公食大夫禮)」 : 上大夫八豆·八簋·六鉶·九俎, 魚·腊皆二俎.

차리게 되니 순무절임과 사슴의 뼈가 섞인 젓갈 이하가 되며, 순채절임과 노루의 뼈가 섞인 젓갈을 사용하지 않고, 궤식에서 사용하는 아욱절임과 달팽이 젓갈을 사용하는 것은 『의례』「소뢰궤식례(少牢饋食禮)」편을 살펴보면 정규 제사에서는 부추절임·육장·아욱절임·달팽이 젓갈을 사용하며, 조사와 궤식에 차려내는 두의 음식들을 함께 사용한다고 했으니, 이것을 통해 빈객이 상대부일 때에는 조사와 궤식에 사용하는 두의 음식들을 함께 이용하여 8개의 두를 충당한다는 사실을 알 수 있다. 정현이 "동쪽 끝에서부터 놓는 것은 직접 빈객에게 사례(食禮)를 시행하는 것에서 변화를 주기 위해서이다."라고 했는데, 「공사대부례」편을 살펴보면 군주가 직접 빈객에게 사례를 시행하며 "재부가 동쪽 방으로부터 두 6개를 바치며 육장의 동쪽에 진설하며 서쪽 끝에서부터 차례대로 놓는다."라고 했고, 이곳에서는 동쪽 끝에서부터 놓는다고 했으니, 이것은 직접 빈객에게 사례를 시행하는 것에서 변화를 준 것이다. 정현이 "'굴(屈)'은 '뒤섞는다[錯].'는 뜻과 같다." 라고 했는데, 아래경문에서 서(黍)를 뒤섞는다고 한 것과 같고, 이곳 경문에서는 절임을 말했는데 절임들은 그 자체로는 보조할 수 없으므로, 모두 뒤섞어서 진설해야만 한다. 그렇기 때문에 '착(錯)'이라고 했다.

경문 八簋繼之, 黍其南稷, 錯.

번역 8개의 궤(簋)를 이어서 진설하니, 메기장밥을 두고 그 남쪽에 차기장밥을 두어 섞어 놓는다.

鄭注 黍在北.

번역 메기장밥이 북쪽에 놓이는 것이다.

賈疏 ●"八簋"至"稷錯". ◎注"黍在北". ○釋曰: 云"繼"者, 繼八豆以西陳之. 云"八簋"者, 此陳之次第與八豆同, 故鄭云"屈猶錯也". 八豆言屈, 八簋言錯者, 以八豆之實各別, 直次第屈陳之, 則得相變, 故云"屈"也. 八簋唯有黍·

稷二種, 雖屈陳之, 則間雜錯陳之, 使當行黍·稷間錯, 不得並陳, 設亦相變, 故鄭下注"凡饌屈錯要相變", 是也.

번역 ●經文: "八簋"~"稷錯". ◎鄭注: "黍在北". ○'계(繼)'라고 했는데, 8개의 두(豆)에 이어서 그 서쪽으로 진설한다는 뜻이다. '팔궤(八簋)'라고 했는데, 이것들을 진설하는 순서는 8개의 두를 진설하는 것과 동일하다. 그렇기 때문에 정현이 "'굴(屈)'은 '뒤섞는다[錯].'는 뜻과 같다."라고 했다. 8개의 두에 대해서 굴(屈)이라고 했고, 8개의 궤에 대해서 착(錯)이라고 했는데, 8개의 두에 담아내는 음식들은 각각 구별되므로, 단지 차례대로 뒤섞어서 진설한다면 상호 변화를 줄 수 있다. 그렇기 때문에 '굴(屈)'이라고 했다. 그런데 8개의 궤에 담아내는 것으로는 단지 메기장밥과 차기장밥 두 종류만 있으니, 비록 섞어서 진설하더라도, 그 사이에서도 섞어서 진설하여 메기장밥과 차기장밥이 간격을 보이며 섞여서 나란히 진설되지 않도록 해야 하니, 진설하면서 상호 변화를 주어야 한다. 그렇기 때문에 정현은 아래 주석에서 "음식들에 대해서 굴(屈)을 하고 착(錯)을 하는 것은 상호 변화를 주고자 함이다."라고 한 것이다.

경문 六鉶繼之, 牛以西羊·豕, 豕南牛, 以東羊·豕.

번역 6개의 형(鉶)을 이어서 진설하니, 쇠고깃국을 담은 형을 두고 그 서쪽으로 양고깃국과 돼지고깃국을 두며, 돼지고깃국을 담은 형 남쪽에 쇠고깃국을 두고, 그 동쪽으로 양고깃국과 돼지고깃국을 둔다.

鄭注 鉶, 羹器也.

번역 '형(鉶)'은 국을 담는 그릇이다.

賈疏 ●"六鉶"至"羊豕". ◎注"鉶羹器也". ○釋曰: 此不言綒屈錯者, 綒文自具, 故不言之也. 按此文上下綒屈錯似各別, 鄭此注屈猶錯. 士喪禮"陳衣於房中, 南領, 西上綪", 注云: "綪猶屈." 又似不別者. 云綪屈二者, 下手陳之少異, 屈者, 句而屈陳之; 綪者, 直屈陳之; 不爲句陳訖則相似. 故注士喪禮云: "綪猶屈." 言錯者, 間雜而陳之, 與綪屈同. 或句屈陳而錯, 此文是也; 或綪陳如錯, 公食大夫是也. 故公食大夫云: "宰夫設黍稷六簋于俎西, 二以並, 東北上, 黍當牛俎, 其西稷, 錯以終, 南陳." 是其直綪錯之也.

번역 ●經文: "六鉶"~"羊豕". ◎鄭注: "鉶羹器也". ○이곳에서는 섞어놓는다는 뜻에서 쟁(綪)·굴(屈)·착(錯) 등을 언급하지 않았는데, 섞어놓는다는 말은 문장 자체에 드러나기 때문에 언급하지 않은 것이다. 이곳 문장의 앞뒤 내용을 살펴보면 쟁(綪)·굴(屈)·착(錯)은 각각 구별되는 것처럼 보이는데, 정현은 이곳 주석에서 굴(屈)은 착(錯)과 같다고 했다. 또 『의례』「사상례(士喪禮)」편에서는 "방안에 옷을 진설하며 옷깃을 남쪽으로 두고 서쪽 끝에서부터 진설하며 쟁(綪)을 한다."[75]라고 했고, 정현의 주에서는 "쟁(綪)은 굴(屈)과 같다."고 했다. 따라서 구별되지 않는 것처럼도 보인다. 쟁(綪)이나 굴(屈)이라고 말한 것은 손을 대어 진열하는 것으로 차이가 크지 않은데, 굴(屈)이라는 것은 휘어서 굽어지도록 진설하는 것이고, 쟁(綪)이라는 것은 단지 굽어지도록 진설하는 것이니, 휘어지게 진설하지 않는다면 서로 비슷한 것이다. 그렇기 때문에 「사상례」편에 대한 주에서 "쟁(綪)은 굴(屈)과 같다."라고 했다. 착(錯)이라는 것은 사이마다 뒤섞어서 진열하는 것으로 쟁(綪)이나 굴(屈)과 같은 뜻이다. 혹은 휘어서 굽어지게 진설하여 뒤섞이도록 하니, 이곳 문장의 내용이 이러한 경우에 해당하고, 혹은 굽어지도록 진설하여 착(錯)처럼 하니, 『의례』「공사대부례(公食大夫禮)」편의 내용이 이러한 경우에 해당한다. 그러므로 「공사대부례」편에서는 "재부(宰夫)가 서(黍)와 직(稷)을 담은 6개의 궤를 도마의 서쪽에 진설하며 2개씩 나란히 하되 동북쪽 끝에서부터 두며, 서는 소고기를 담은 도마 쪽에 두며 그 서쪽으로 직을 두고 뒤섞어서 마무리하는데 남쪽 방향으로 진설한다."라고 했으니, 이것은 단지 쟁(綪)하여 착(錯)한 것에 해당한다.

---

75) 『의례』「사상례(士喪禮)」: 厥明, 陳衣于房, 南領, 西上, 綪. 絞橫三縮一, 廣終幅, 析其末.

경문 兩簠繼之, 粱在北.

번역 2개의 보(簠)를 이어서 진설하니, 조밥을 담은 보는 북쪽에 둔다.

鄭注 簠不次簋者, 粱稻加也. 凡饌屈錯要相變.

번역 보(簠)를 궤(簋) 다음에 두지 않는 것은 조밥과 쌀밥은 추가적으로 올리는 것이기 때문이다. 음식들에 대해서 굴(屈)을 하고 착(錯)을 하는 것은 상호 변화를 주고자 함이다.

賈疏 ◎注"凡饌"至"相變". ○釋曰: 凡豆及簋之數皆耦, 兩自相對而陳之. 屈錯不相對者, 欲使陳設者, 其要殺各得相變, 不使相當. 其六鉶錚者, 牛及豕二者相變, 羊豕相當, 不相變, 以其大牢牛·羊·豕不耦, 故羊豕不得變也.

번역 ◎鄭注: "凡饌"~"相變". ○두(豆)와 궤(簋)의 수는 모두 짝수가 되니, 2개씩 서로 대칭이 되도록 진설한다. 굴(屈)을 하고 착(錯)을 하여 서로 대칭이 되지 않도록 하는 것은 진설하는 자로 하여금 낮추며 각각 서로 변화를 주어 서로 같은 것끼리 두지 않고자 해서이다. 6개의 형(鉶)에 대해서 쟁(錚)을 할 때, 쇠고깃국과 돼지고깃국은 상호 변화가 되지만 양고깃국과 돼지고깃국은 서로 같은 것끼리 되어 상호 변화를 주지 않는데, 태뢰에 사용되는 소·양·돼지는 짝수로 맞추지 않는다. 그렇기 때문에 양고깃국과 돼지고깃국에 대해서는 변화를 줄 수 없는 것이다.

경문 八壺設于西序, 北上, 二以並, 南陳.

번역 8개의 호(壺)는 서쪽 서(序)에 진설하며 북쪽 끝에서부터 두고 2개씩 짝을 이루며 남쪽으로 진설한다.

鄭注 壺, 酒尊也. 酒蓋稻酒·粱酒. 不錯者, 酒不以雜錯爲味.

번역 '호(壺)'는 술을 담는 술동이다. 술은 아마도 쌀로 빚은 술과 조로 빚은 술일 것이다. 뒤섞어서 진설하지 않는 것은 술에 있어서는 뒤섞는 것을 맛으로 여기지 않기 때문이다.

賈疏 ●"八壺"至"南陳". ◎注"壺酒"至"爲味". ○釋曰: 鄭云"蓋稻酒粱酒也"者, 以下夫人歸禮, 醙黍淸各兩壺, 此中若有黍, 不得各二壺. 若三者各二壺, 則止有六壺, 與夫人歸禮同. 又不得各三壺, 若三者各三壺, 則九壺, 不合八數. 止有稻·粱, 無正文, 故云"蓋"以疑之. 鄭知不直有稻黍而爲稻粱者, 稻粱是加相對之物, 故爲稻粱也. 此陳饔餼, 堂上及東西夾簋有二十, 簠六. 上文設飧時, 與此堂上及西夾, 其對則簋十四, 簠四. 按掌客設飧, 公·侯·伯·子·男簋同十二, 公簠十, 侯伯簠八, 子男簠六, 又皆陳饔餼, 其死牢加飧之陳, 如何此中飧之簋數及饔餼之簠數皆多於君者? 彼是君禮, 自上下爲差, 此乃臣禮, 或多或少, 自是一法, 不可以彼相並. 又此中致饔餼於賓, 醯醢百甕, 米百筥. 周禮上公甕筥百二十, 侯伯甕筥百, 子男甕筥八十. 子男少於此卿大夫禮, 禮或損之而益, 此其類也.

번역 ●經文: "八壺"~"南陳". ◎鄭注: "壺酒"~"爲味". ○정현이 "아마도 쌀로 빚은 술과 조로 빚은 술일 것이다."라고 했는데, 아래문장에서 부인이 예물을 보내준다고 했을 때 쌀로 빚은 백주·메기장으로 빚은 술·조로 빚은 청주를 각각 2개의 호(壺)에 담는다고 했는데, 이것들 중에 메기장으로 빚은 술이 포함된다면 각각 2개의 호에 담을 수 없다. 만약 3가지 술에 대해서 각각 2개씩의 호에 담는다면, 단지 6개의 호에 그치게 되니 부인이 예물을 보내줄 때와 동일하게 된다. 또한 각각 3개의 호에 담을 수 없으니, 만약 3가지 술에 대해서 각각 3개의 호에 담는다면 9개의 호가 되어, 8이라는 수치에 부합되지 않는다. 따라서 단지 쌀로 빚은 술과 조로 빚은 술만 있는 것인데, 경문에 관련 기록이 없기 때문에 '개(蓋)'자를 덧붙여서 확정하지 않았던 것이다. 단지 쌀로 빚은 술과 메기장으로 빚은 술만 있는 것이 아니라 쌀로 빚은 술과 조로 빚은 술이 된다는 사실을 정현이 알 수 있었던 것은 쌀과 조는 추가적으로 올리며 서로 대칭이 되는 사물이다. 그렇기 때문에 쌀로 빚은 술과 조로 빚은 술이 되는 것이다. 이곳에서는 옹희(饔餼)를 진설하며 당상 및 동서의 협실에 궤(簋)는 20개가 있고 보(簠)는 6개가 있다고 했다. 앞에서 손(飧)을 진설한다고 했을 때와 이곳에서 당상 및 서쪽 협실에 차려내는 것들이 서로 대비가 된다면 궤는 14개이고 보는 4개가 된다. 『주례』「장객(掌客)」편을 살펴보면 손(飧)을 진설할 때, 공작·후작·백작·자작·남작에 대해서 궤(簋)는 동일하게 12개라고 했지만, 공작에 대한 보(簠)는 10개이고, 후작과 백작에 대한 보는 8개이며, 자작과 남작에 대한 보는 6개라고 했으며, 또 모두 옹희를 진설하며 죽은 희생물에 손을 추가하여 진설한다면, 어떻게 손에 사용되는 궤의 수와 옹희에 사용되는 보의 수치가 모두 군주보다 많을 수 있는가? 「장객」편의 내용은 군주의 예법에 해당하여 상하의 계급에 따라 차등이 정해지는데, 이곳의 내용은 신하의 예법에 해당하여 어떤 것은 많고 어떤 것은 적지만, 그 자체로 특정의 법도가 되니, 「장객」편과 나란히 비교할 수 없다. 또 이곳의 내용 중에는 빈객에게 옹희를 보낼 때 식초와 육장을 담은 것은 100개의 항아리이고 쌀은 100개의 거(筥)에 담는다고 했다. 『주례』에서 상공에 대한 항아리와 거는 120개가 되고, 후작과 백작에 대한 항아리와 거는 100개가 되며, 자작과 남작에 대한 항아리와 거는 80개가 된다. 그렇다면 자작과 남작에 대한 것이 여기에서 말한 경과 대부에 대한 예법보다 적은 것이 되는데, 예에서는 간혹 덜어내고 늘려주는 것이 있으니, 바로 이러한 부류에 해당한다.

경문 西夾六豆, 設于西墉下, 北上. 韭菹, 其東醓醢, 屈. 六簋繼之. 黍其東稷, 錯. 四鉶繼之, 牛以南羊, 羊東豕, 豕以北牛. 兩簠繼之, 粱在西. 皆二以並, 南陳. 六壺西上, 二以並, 東陳.

번역 서쪽 협(夾)에는 6개의 두(豆)를 두는데, 서쪽 담장 아래에 진설하며 북쪽 끝에서부터 둔다. 부추절임을 놓고 그 동쪽에 육장을 두어 섞어놓는다. 부추절임을 놓고 그 남쪽에는 육장을 두어 섞어놓는다. 6개의 궤(簋)를 이어서 진설한다. 메기장밥을 두고 그 동쪽에 차기장밥을 두어 섞어 놓는다. 4개의 형(鉶)을 이어서 진설하니, 쇠고깃국을 담은 형을 두고 그 남쪽으로 양고깃국을 두며, 양고깃국 동쪽에 돼지고깃국을 두고, 돼지고깃국 북쪽으로 쇠고깃국을 둔다. 2개의 보(簠)를 이어서 진설하니, 조밥을 담은 보는 서쪽에 둔다. 이들은 모두 2개씩 나란히 짝지어 남쪽으로 진설한다. 6개의 호(壺)는 서쪽 끝에서부터 두며 2개씩 나란히 짝지어 동쪽으로 진설한다.

鄭注 東陳在北墉下, 統於豆.

번역 북쪽 담장 아래에 동쪽으로 진설하여, 두(豆)에 통괄되도록 한다.

賈疏 ●"西夾"至"東陳". ○釋曰: "六豆"者, 先設韭菹, 其東醓醢, 又其東昌本, 南麋臡, 麋臡西菁菹, 又西鹿臡. 此陳還取朝事之豆, 其六簋·四鉶·兩簠·六壺, 東陳, 其次可知, 義復與前同也.

번역 ●經文: "西夾"~"東陳". ○'육두(六豆)'라고 했는데, 먼저 부추절임을 진설하고, 그 동쪽에 육장을 두며, 또 그 동쪽에 창포의 뿌리를 두고, 남쪽에 큰 사슴의 뼈가 섞인 젓갈을 두며, 큰 사슴의 뼈가 섞인 젓갈 서쪽에 순무절임을 두고, 또 그 서쪽에 사슴의 뼈가 섞인 젓갈을 둔다. 이처럼 진설하는 것은 조사(朝事)에 차려내는 두(豆)를 따른 것이며, 6개의 궤(簋)·4개의 형(鉶)·2개의 보(簠)·6개의 호(壺)는 동쪽으로 진설하는데, 그 순서는 알 수 있으니, 그 의미가 앞의 것과 동일하기 때문이다.

경문 饌于東方, 亦如之①, 西北上②.

번역 동쪽에 음식을 차려낼 때에도 이처럼 하며, 서북쪽 끝에서부터 차례대로 진설한다.

鄭注-① 東方, 東夾室.

번역 '동방(東方)'은 동쪽 협실을 뜻한다.

鄭注-② 亦韭菹, 其東醓醢也.

번역 또한 서북쪽 끝에 부추절임을 두고, 그 동쪽에 육장 등을 놓는다는 의미이다.

賈疏 ●"饌于"至"北上". ○釋曰: 云"西北上"者, 則於東壁下南陳, 西北有韭菹, 東有醓醢, 次昌本, 次南麋臡, 次西有菁菹, 次北有鹿臡, 亦屈錯也. 上西夾饌六豆, 直言北上, 不云西北上. 此東夾獨云西北上者, 以其西夾言北上, 其東醓醢, 是西北上可知. 此東夾饌, 若不言西北上, 恐東夾饌從東壁南陳, 以東北爲上, 其西有醓醢, 與西夾相對陳之, 故云西北上. 見雖東夾, 其陳亦與西夾同, 是以鄭云亦韭菹其東醓醢也.

번역 ●經文: "饌于"~"北上". ○"서북쪽 끝에서부터 차례대로 진설한다."라고 했는데, 동쪽 벽 밑에 진설할 때에는 남쪽으로 진설하였으니, 서북쪽에는 부추절임이 있게 되고, 그 동쪽에는 육장이 있게 되며, 그 다음에는 창포의 뿌리가 있게 되고, 그 다음으로 남쪽에는 큰 사슴의 뼈가 섞인 젓갈이 있게 되며, 그 다음으로 서쪽에는 순무절임이 있게 되고, 그 다음으로 북쪽에는 사슴의 뼈가 섞인 젓갈이 있게 되는데 이 또한 굽어지게 하며 뒤섞어서 진설한다. 앞에서 서쪽 협실에는 6개의 두(豆)를 차려낸다고 하며 단지 북쪽 끝에서부터 둔다고 했고, 서북쪽 끝에서부터 둔다고는 말하지 않았다. 이곳에서 동쪽 협실에 대한 설명을 하며 유독 서북쪽 끝에서부터 진설한다고 했는데, 서쪽 협실에 대해 북쪽 끝이라고 했다면, 그 동쪽에는 육장이 있게 되니, 서북쪽에 끝에서부터 두게 된다는 사실을 알 수 있다. 이곳에서 동쪽 협실에 음식을 차려내며 만약 서북쪽 끝에서부터 진설한다고 말하지 않았다면, 아마도 동쪽 협실에 대해서는 동쪽 벽을 따라 남쪽으로 진설하여, 동북쪽을 가장 상등으로 여길 수 있는 오해의 소지가 있다. 그래서 그 서쪽에 육장을 두어, 서쪽 협실에 진설해둔 것과 상호 대칭이 되도록 차려낸다. 그렇기 때문에 "서북쪽 끝에서부터 차례대로 진설한다."라고 했다. 비록 동쪽 협실만 드러냈더라도, 여기에 진설하는 것 또한 서쪽 협실에 대한 것과 동일하다. 이러한 까닭으로 정현은 "또한 서북쪽 끝에 부추절임을 두고, 그 동쪽에 육장 등을 놓는다는 의미이다."라고 말한 것이다.

경문 壺東上, 西陳.

번역 호(壺)는 동쪽 끝에서부터 차례대로 두어 서쪽으로 진설한다.

鄭注 亦在北墉下, 統於豆.

번역 이 또한 북쪽 담장 밑에 진설하여, 두(豆)에 통괄되도록 한다.

경문 醯醢百甕, 夾碑, 十以爲列, 醯在東.

번역 식초와 육장을 담은 100개의 항아리는 비(碑)를 끼며 진설하는데 10개를 하나의 열로 삼고 식초를 담은 항아리는 동쪽 방면에 둔다.

鄭注 夾碑在鼎之中央也. 醯在東, 醯, 穀, 陽也. 醢, 肉, 陰也.

번역 비(碑)를 낀다는 것은 솥의 중앙에 있게 된다는 뜻이다. 식초를 담은 항아리는 동쪽 방면에 둔다고 했는데, 식초는 곡물로 만드니 양에 해당하기 때문이다. 반면 육장은 고기로 만드니 음에 해당한다.

賈疏 ●"醯醢"至"在東". ◎注"夾碑"至"陰也". ○釋曰: 按旣夕禮云"甕三醯醢屑", 鄭注云: "甕, 瓦器. 其容亦蓋一觳." 旊人云: "簋, 實一觳." 又云: "豆, 實三而成觳." 四升曰豆, 則甕與簋同受斗二升也. 禮器云: "五獻之尊, 門外缶, 門內壺, 君尊瓦甒." 注云: "壺大一石, 瓦甒五斗." 卽此壺大一石也. 云"夾碑在鼎之中央也"者, 上陳鼎云"西階前, 陪鼎當內廉, 東面北上, 上當碑, 南陳", 下腥鼎亦如之, 此言夾碑, 自然在鼎之中央可知. 云"醯在東, 醯穀, 陽也. 醢·肉, 陰也"者, 醯是釀穀爲之酒之類, 在人消散, 故云陽; 醢是釀肉爲之, 在人沈重,故云陰也. 大宗伯云: "天産作陰德, 地産作陽德." 注云: "天産六牲之屬, 地産九穀之屬." 以六牲爲陽, 九穀爲陰, 與此醯是穀物爲陽違者, 物各有所對, 六牲動物行蟲也, 故九穀爲陰. 郊特牲云: "鼎俎奇而籩豆偶, 陰陽之義也." 又以籩豆醯醢等爲陰, 鼎俎肉物總爲陽者, 亦各有所對. 以鼎俎之實以骨爲主, 故爲陽; 籩豆穀物, 故爲陰也. 有司徹注又以庶羞爲陽, 內羞爲陰者, 亦羞中自相對. 內羞雖有糝食, 是肉物, 其中有糗餌粉餈食物故爲陰, 庶羞肉物故爲陽也.

번역 ●經文: "醯醢"~"在東". ◎鄭注: "夾碑"~"陰也". ○『의례』「기석례(旣夕禮)」편을 살펴보면 "항아리는 3개이니, 식초·육장·생강이나 계피가루를 담는다."[76]라고 했고, 정현의 주에서는 "'옹(甕)'은 진흙을 구워서 만든 기물이다. 그 용적은 또한 1곡(觳)[77]에 해당했을 것이다."라고 했다. 『주례』「방인(旊人)」편에서는 "궤(簋)의 용적은 1곡이다."라고 했으며, 또 "두(豆)는 용적을 3배하면 1곡(觳)이 된다."라고 했다.[78] 4승(升)[79]의 용적이 되는 것을 두(豆)라고 부르니, 항아리와 궤는 모두 1두(斗)[80] 2승만큼의 용적을 가진다. 『예기』「예기(禮器)」편에서는 "다섯 차례 술잔을 바칠 때 사용하는 술동이에 있어서, 문 밖에는 부(缶)를 두고, 문 안에는 호(壺)를 둔다. 그리고 군주가 사용하는 술동이는 와무(瓦甒)이다."[81]라고 했고, 정

---

76) 『의례』「기석례(旣夕禮)」 : 甕三, 醯·醢·屑, 冪用疏布.

77) 곡(斛)은 곡(觳)이라고도 기록한다. '곡'은 곡식의 양을 재는 기구이자, 그 수량을 표시하는 단위였다. 지역 및 각 시대마다 다소 차이를 보이는데, 고대에는 10두(斗)가 1곡이었다. 『의례』「빙례(聘禮)」편에는 "十斗曰斛."이라는 기록이 있다. 한편 1두(斗) 2승(升)을 1곡이라고도 한다.

78) 『주례』「동관고공기(冬官考工記)·방인(旊人)」 : 旊人爲簋, 實一觳, 崇尺, 厚半寸, 脣寸, 豆實三而成觳, 崇尺.

79) 승(升)은 용량을 재는 단위이다. 지역 및 각 시대마다 다소 차이를 보이는데, 고대에는 10합(合)을 1승(升)으로 여겼고, 10승(升)을 1두(斗)로 여겼다. 『한서(漢書)』「율력지상(律曆志上)」편에는 "合龠爲合, 十合爲升."이라는 기록이 있다.

80) 두(斗)는 곡식 등의 양을 재는 기구이자, 그 수량을 표시하는 단위였다. 지역 및 각 시대마다 다소 차이를 보이는데, 고대에는 10승(升)이 1두였다.

81) 『예기』「예기(禮器)」 【299d~300a】 : 有以大爲貴者, 宮室之量, 器皿之度, 棺椁之厚, 丘封之大, 此以大爲貴也. 有以小爲貴者, 宗廟之祭, 貴者獻以爵, 賤者獻以散, 尊者舉觶, 卑者舉角. 五獻之尊, 門外缶, 門內壺. 君尊瓦甒. 此以小

현의 주에서는 "호(壺)의 크기는 1석(石)[82]이고, 와무(瓦甒)는 5두(斗)이다."라고 했으니, 여기에서 말한 호의 크기는 1석이 된다. 정현이 "비(碑)를 낀다는 것은 솥의 중앙에 있게 된다는 뜻이다."라고 했는데, 앞에서 솥을 진열할 때, "서쪽 계단 앞에 진설하고, 배정(陪鼎)은 안쪽 모서리에 해당하는 곳에 진설하며 동쪽을 향하도록 하며 북쪽 끝에서부터 진열하고 가장 끝에 있는 것은 비(碑)가 있는 지점이 되며 그 남쪽으로 진열한다."라고 했고, 그 뒤에 생고기를 담은 솥에 대해서도 또한 이처럼 한다고 했다. 이곳에서는 "비(碑)를 낀다."라고 했으니, 자연히 솥의 중앙 부위에 해당한다는 사실을 알 수 있다. 정현이 "식초를 담은 항아리는 동쪽 방면에 둔다고 했는데, 식초는 곡물로 만드니 양에 해당하기 때문이다. 반면 육장은 고기로 만드니 음에 해당한다."라고 했는데, 식초는 곡물을 빚어서 만들며 술의 부류에 해당하니, 사람의 입장에서 보면 사라지고 흩어지는 부류이기 때문에 양에 해당한다고 했다. 반면 육장은 고기를 재워서 만들며, 사람의 입장에서 보면 가라앉고 무겁기 때문에 음에 해당한다고 했다. 『주례』「대종백(大宗伯)」편에서는 "하늘이 생산한 산물로 음의 덕을 진작시키고, 땅이 생산한 산물로 양의 덕을 진작시킨다."[83]라고 했고, 정현의 주에서는 "하늘이 생산한 산물은 육생(六牲)[84]의 부류를 뜻하고, 땅이 생산한 산물은 구곡(九穀)[85]의 부류를 뜻한다."라고 했다. 육생은 양이 되고 구곡은 음이 되어,

---

爲貴也.

82) 석(石)은 용량을 재는 단위이다. 지역 및 각 시대마다 다소 차이를 보이는데, 고대에는 10두(斗)를 1석(石)으로 여겼다.

83) 『주례』「춘관(春官)·대종백(大宗伯)」: 以天産作陰德, 以中禮防之; 以地産作陽德, 以和樂防之.

84) 육생(六牲)은 여섯 가지 가축이다. 말[馬], 소[牛], 양(羊), 돼지[豕], 개[犬], 닭[雞]을 뜻한다. 『주례』「천관(天官)·선부(膳夫)」편에는 "凡王之饋, 食用六穀, 膳用六牲."이라는 기록이 있고, 이에 대한 정현의 주에서는 "六牲, 馬牛羊豕犬雞也."라고 풀이했다.

85) 구곡(九穀)은 아홉 종류의 주요 농작물을 뜻한다. 아홉 가지 농작물에 해당하는 품목에는 시대마다 차이가 있다. 고대 기록과 관련하여 『주례』「천관(天官)·대재(大宰)」편에는 "三農生九穀."이라는 기록이 있는데, 이에 대한 정현의 주에서는 "司農云, '九穀, 黍·稷·秫·稻·麻·大小豆·大小麥.' 九穀無秫·大麥, 而有粱·苽."라고 풀이했다. 즉 정사농(鄭司農)은 '구곡'을 메기장[黍]·

이곳에서 식초를 곡물로 빚은 산물로 간주하여 양으로 삼은 것과 위배된다. 그 이유는 사물에는 각각 상대되는 것이 있으니, 육생은 동물에 해당하여 움직이는 생물이기 때문에 구곡이 음이 되는 것이다. 『예기』「교특생(郊特牲)」편에서는 "정(鼎)과 조(俎)는 홀수로 설치하고, 변(籩)과 두(豆)는 짝수로 설치하니, 음양의 뜻에 따른 것이다."[86]라고 하여, 변과 두에 담는 식초와 육장 등을 음으로 간주하고, 솥과 도마에 담는 고기 등을 총괄하여 양으로 간주하였는데, 이 또한 각각 상대되는 것이 있기 때문이다. 솥과 도마에 담는 것은 뼈가 주된 것이 되기 때문에 양이 되고, 변과 두에는 곡물을 담기 때문에 음이 되는 것이다. 『의례』「유사철(有司徹)」편의 주에서는 또한 서수(庶羞)를 양으로 삼고 내수(內羞)[87]를 음으로 삼았는데, 이것은 또한 음식에 있어서도 그 자체로 서로 상대됨을 나타낸다. 내수에 비록 고기에 해당하는 쌀가루와 고기로 만든 죽이 포함되더라도, 그 중에는 마른 밥이나 고물을 묻힌 떡과 같은 음식들이 포함되기 때문에 음이 되는 것이고, 서수는 주로 고기로 만든 음식이 되기 때문에 양이 되는 것이다.

경문 餼二牢, 陳于門西, 北面, 東上. 牛以西羊·豕, 豕西牛·羊·豕.

번역 살아있는 희생물 2뢰(牢)는 문의 서쪽에 진열하는데 북쪽을 향하도록 하며 동쪽 끝에서부터 진열한다. 소를 두고 그 서쪽에 양과 돼지를 두며, 돼지의 서쪽에는 소·양·돼지를 둔다.

鄭注 餼, 生也. 牛羊, 右手牽之. 豕, 束之, 寢右, 亦居其左.

차기장[稷]·차조[秫]·쌀[稻]·마(麻)·대두(大豆)·소두(小豆)·대맥(大麥)·소맥(小麥)으로 보았으며, 정현은 차조[秫]와 대맥(大麥)을 제외하고, 대신 조[粱]·줄[苽]이 해당한다고 여겼다.

86) 『예기』「교특생(郊特牲)」【334d】: 鼎俎奇而籩豆偶, 陰陽之義也. 黃目, 鬱氣之上尊也. 黃者, 中也. 目者, 氣之淸明者也. 言酌於中而淸明於外也.

87) 내수(內羞)는 궁내(宮內)에서 왕(王) 및 세자(世子)를 위해 사용되는 음식을 뜻한다.

번역 '희(餼)'자는 살아있는 것을 뜻한다. 소와 양은 오른손으로 끈을 잡아 이끈다. 돼지는 발을 묶고 우측으로 눕히고 또한 사람은 그 좌측에 위치한다.

賈疏 ●"餼二"至"羊豕". ◎注"餼生"至"其左". ○釋曰: 先言"饔", 後言"餼"者, 陳者先以孰爲主, 是以先陳饔. 饔下卽陳孰物繼之, 故六豆以下相次, 此餼是生物, 其下次陳芻薪米禾之等相繼也. 云"牛羊, 右手牽之"者, 曲禮云"效馬·效羊者右牽之", 以不噬齧人, 用右手, 便也. 言右手牽之, 則人居其左也. 云"豕, 束之, 寢右, 亦居其左"者, 豕束縛其足, 亦北首, 寢臥其右, 亦人居其左. 按特牲云: "牲在其西, 北首東足." 鄭注云: "東足者, 尙右也." 與此不同者, 彼祭禮法用右胖, 故寢左上右. 士虞記云: "陳牲于廟門外, 北首西上, 寢右." 鄭注: "寢右者, 當升左胖也." 變吉, 故與此生人同也.

번역 ●經文: "餼二"~"羊豕". ◎鄭注: "餼生"~"其左". ○앞서 '옹(饔)'에 대해 언급하고 이후에 '희(餼)'에 대해 언급한 것은 진설을 할 때에는 먼저 익힌 것을 위주로 삼으니, 이것이 우선적으로 옹을 진설한 이유이다. 옹(饔) 뒤에는 곧바로 익힌 음식들을 이어서 진설한다. 그렇기 때문에 6개의 두(豆)로부터 그 이하의 기물들을 순차적으로 놓는 것인데, 여기에서 말한 희(餼)는 살아있는 생물에 해당하여, 그 뒤에는 차례대로 꼴·땔감·곡물 등을 서로 연이어 늘어놓는 것이다. 정현이 "소와 양은 오른손으로 끈을 잡아 이끈다."라고 했는데, 『예기』「곡례(曲禮)」편에서는 "말과 양을 바칠 때에는 우측 손으로 끌고 간다."[88]라고 했으니, 사람을 물지 않는 동물이므로 오른손을 이용하는 것으로 편리에 따르기 때문이다. 오른손으로 끈을 잡아 끈다고 했다면, 사람은 그 좌측에 있게 된다. 정현이 "돼지는 발을 묶고 우측으로 눕히고 또한 사람은 그 좌측에 위치한다."라고 했는데, 돼지에 대해서는 그 발을 묶고 또 머리는 북쪽을 향하도록 하며, 우측으로 눕히고 또한 사람은 그 좌측에 위치하는 것이다. 『의례』「특생궤식례(特牲饋食禮)」편을 살펴보면 "희생물은 서쪽에 있게 되며, 머리는 북쪽을 향하고 발은 동쪽을 향한다."[89]

---

88) 『예기』「곡례상(曲禮上)」【32d】: 效馬效羊者, 右牽之.
89) 『의례』「특생궤식례(特牲饋食禮)」: 牲在其西, 北首, 東足.

라고 했고, 정현의 주에서는 "발을 동쪽으로 두는 것은 우측을 숭상하기 때문이다."라고 했다. 따라서 이곳 기록과 차이를 보이는데, 「특생궤식례」편의 내용은 제례에 해당하며 그 법도에 있어서는 희생물의 우측 부위를 사용하게 된다. 그렇기 때문에 좌측으로 눕히고 우측이 위로 오도록 하는 것이다. 『의례』「사우례(士虞禮)」편의 기문에서는 "희생물을 묘문 밖에 진열하며 머리는 북쪽을 향하도록 하여 서쪽 끝에서부터 진열하고 우측으로 눕힌다."라고 했고, 정현의 주에서는 "우측으로 눕히는 것은 좌측 부위가 위로 오도록 해야 하기 때문이다."[90]라고 했다. 길례(吉禮)로 변화되었기 때문에 이곳에서 살아있는 사람에게 했던 것과 동일한 것이다.

참고 『춘추좌씨전』 희공(僖公) 33년 기록

전문 鄭穆公使視客館①, 則束載·厲兵·秣馬矣②. 使皇武子辭焉, 曰: "吾子淹久於敝邑, 唯是脯資餼牽竭矣③."

번역 정나라 목공은 사람을 보내 머물고 있는 숙소를 살피게 했는데, 짐을 꾸려서 싣고 무기를 갈고 말에게 먹이를 먹이고 있었다. 정나라 목공은 황무자를 보내 말을 전달하였으니, "그대가 우리나라에 오랜 기간 머물러 있어서 육포·양식·가축·희생물 등이 모두 고갈되었다."라고 했다.

杜注-① 視秦三大夫之舍.

번역 진(秦)나라의 세 대부가 머무는 숙소를 살피게 한 것이다.

杜注-② 嚴兵待秦師.

번역 병사들을 배치하고 진(秦)나라 군대가 오기를 기다린 것이다.

---

90) 『의례』「사우례(士虞禮)」: 陳牲于廟門外, 北首, 西上, 寢右.

杜注-③ 資, 糧也. 生曰餼. 牽謂牛羊豕.

번역 '자(資)'자는 양식을 뜻한다. 살아있는 동물을 '희(餼)'라고 부른다. '견(牽)'은 소·양·돼지를 뜻한다.

孔疏 ◎注"資糧"至"羊豕". ○正義曰: 聘禮: 歸飧, 饔餼五牢, 飪一牢, 腥一牢, 餼一牢. 以飪是熟肉, 腥是生肉, 知餼是未殺, 故云"生曰餼". 牛羊豕可牽行, 故云"牽謂牛羊豕"也.

번역 ◎杜注: "資糧"~"羊豕". ○『의례』「빙례(聘禮)」편에서는 손(飧)을 보낼 때 옹희(饔餼)는 5개의 태뢰로 하고 익힌 고기는 1개의 태뢰로 하며 생고기는 1개의 태뢰로 하고 희(餼)는 1개의 태뢰로 한다고 했다. 임(飪)은 익힌 고기이고, 성(腥)은 생고기이니, 희(餼)가 아직 도축하지 않은 가축임을 알 수 있다. 그렇기 때문에 "살아있는 동물을 '희(餼)'라고 부른다."라고 했다. 소·양·돼지는 끌고 갈 수 있다. 그렇기 때문에 "'견(牽)'은 소·양·돼지를 뜻한다."라고 했다.

참고 『시』「소아(小雅)·호엽(瓠葉)」

幡幡瓠葉, (번번호엽) : 저 나부끼는 박잎이여,
采之亨之. (채지형지) : 잎을 따서 익히도다.
君子有酒, (군자유주) : 군자에게 술이 있거든,
酌言嘗之. (작언상지) : 술을 따라 맛보도다.

有兔斯首, (유토사수) : 토끼의 저 흰 대가리를,
炮之燔之. (포지번지) : 털을 그슬리고 불에 굽도다.
君子有酒, (군자유주) : 군자에게 술이 있거든,
酌言獻之. (작언헌지) : 술을 따라 바치도다.

有兔斯首, (유토사수) : 토끼의 저 흰 대가리를,
燔之炙之. (번지자지) : 불에 굽고 산적으로 만들도다.

君子有酒, (군자유주) : 군자에게 술이 있거든,
酌言酢之. (작언초지) : 술을 따라 권하도다.

有免斯首, (유토사수) : 토끼의 저 흰 대가리를,
燔之炮之. (번지포지) : 불에 굽고 그슬리도다.
君子有酒, (군자유주) : 군자에게 술이 있거든,
酌言酬之. (작언수지) : 술을 따라 다시 권하도다.

毛序 瓠葉, 大夫刺幽王也. 上棄禮而不能行, 雖有牲牢饔餼, 不肯用也. 故思古之人不以微薄廢禮焉.

모서 「호엽(瓠葉)」편은 대부가 유왕을 풍자한 시이다. 윗사람이 예를 버리고 시행할 수 없어서, 비록 희생물과 옹희(饔餼)가 있지만 기꺼이 사용하려 하지 않는다. 그렇기 때문에 옛 사람들이 미천하고 하찮다고 하여 예를 폐지하지 않았음을 떠올린 것이다.

참고 『의례』「빙례(聘禮)」 기록

경문 君使卿皮弁, 還玉于館.

번역 군주는 경을 시켜서 피변(皮弁)을 착용하도록 하고, 숙소로 옥을 되돌려주도록 한다.

鄭注 玉, 圭也. 君子於玉比德焉. 以之聘, 重禮也. 還之者, 德不可取於人, 相切厲之義也. 皮弁者, 始以此服受之, 不敢不終也.

번역 '옥(玉)'은 규(圭)를 뜻한다. 군자는 옥을 통해 덕을 비견한다. 이것을 가지고 빙(聘)을 하는 것은 예법을 중시하기 때문이다. 이것을 되돌려주는 것은 덕은 남에게서 취할 수 없는 것이니, 서로 절차탁마한다는 뜻에 해당한다. ‘피변(皮弁)’을 착용하는 것은 애초에 이 복장을 착용하고 옥을 받았으니, 감히 끝맺지 않을 수가 없기 때문이다.

賈疏 ●“君使”至“于館”. ◎注“玉圭”至“終也”. ○釋曰: 自此盡“賓送不拜”, 論主君使卿詣館還玉及報享之事. 云“玉, 圭也”者, 擧聘君之圭. 云“君子於玉比德焉. 以之聘, 重禮也.” 幷“相切厲之義”, 並聘義文. 按聘義云: “天子制諸侯, 比年小聘, 三年大聘, 相厲以禮.” 又云: “已聘而還圭璋, 此輕財而重禮之義.” 又云: “夫昔者君子比德於玉焉.” 是其義也. 云“還之者, 德不可取於人, 相切厲之義也”者, 旣以玉比德, 德在於身, 不取於人, 彼旣將玉來, 似將德與己, 己不可取彼之德, 故還之, 不取德也. 旣不得取, 而將玉往來者, 相切磋, 相磨厲以德, 而尊天子, 故用之也. 云“皮弁者, 始以此服受之, 不敢不終也”者, 始謂受聘享在廟時, 今還, 以皮弁還玉, 是終之也.

번역 ●經文: “君使”~“于館”. ◎鄭注: “玉圭”~“終也”. ○이곳 구문으로부터 “빈객은 전송하며 절을 하지 않는다.”라는 구문까지는 빙문을 받은 군주가 경을 시켜서 빈객의 숙소로 가서 옥을 돌려주는 것과 향(享)에 보답하는 사안을 논의하고 있다. 정현이 “‘옥(玉)’은 규(圭)를 뜻한다.”라고 했는데, 군주를 빙(聘)할 때의 규(圭)를 기준으로 든 것이다. 정현이 “군자는 옥을 통해 덕을 비견한다. 이것을 가지고 빙(聘)을 하는 것은 예법을 중시하기 때문이다.”라고 했고, 아울러 “서로 절차탁마한다는 뜻에 해당한다.”라고 했는데, 이 모두는 「빙의」편의 기록이다. 「빙의」편을 살펴보면 “천자는 이러한 예법을 제정하여 제후들을 따르게 해서, 매년 소빙(小聘)을 실시하도록 하고, 3년마다 대빙(大聘)을 실시하도록 하되, 서로 예(禮)로써 독려하도록 했다.”라고 했고, 또 “빙문을 끝내고 빙문을 받은 군주가 규와 장을 되돌려주는데, 이것은 재물을 경시하고 그 예법을 중시한다는 뜻에 해당한다.”라고 했으며, 또 “예로부터 군자는 옥을 통해서 덕을 비견하였다.”라고 했으니, 바로 그 뜻에 해당한다. 정현이 “이것을 되돌려주는 것은 덕은 남에게서 취할 수 없는 것이니, 서로 절차탁마한다는 뜻에 해당한다.”라고 했는데, 이미 옥을 통해 덕을 비견한다고 했고, 덕은 자신에게 있는 것이니 남에게서 취하는 것이 아니며, 상대가 이미 옥을 가지고 찾아왔는데, 이것은 마치 덕을 나에게 주는 것처럼 보이며, 나는 상대의 덕을 취할 수 없기 때문에 되돌려주는 것이니, 덕을 취할 수 없기 때문이다. 덕은 취할 수 있는 것이 아닌데도 옥을 가지고 찾아오는 것은 상호 절차탁마를 하는 것이니, 상호 덕을 통해 절차탁마를 해서 천자를 존숭한다. 그렇기 때문에 옥을 사용하는 것이다. 정현이 "'피변(皮弁)'을 착용하는 것은 애초에 이 복장을 착용하고 옥을 받았으니, 감히 끝맺지 않을 수가 없기 때문이다."라고 했는데, '시(始)'는 묘에서 빙향(聘享)을 받을 때를 뜻하며, 지금은 그것을 되돌려주는 상황인데, 피변을 착용하고 옥을 되돌려주는 것은 그 일을 마무리 짓는 것이다.

참고 『의례』「빙례(聘禮)」 기록

경문 公於賓, 壹食, 再饗.

번역 군주는 빈객에 대해서 한 차례 사례(食禮)를 베풀고, 두 차례 향례(饗禮)를 베푼다.

鄭注 饗, 謂亨大牢以飮賓也. 公食大夫禮曰: "設洗如饗." 則饗與食互相先後也. 古文壹皆爲一, 今文饗皆爲鄕.

번역 '향(饗)'은 태뢰를 조리하여 빈객에게 술을 마시게 하는 것이다. 『의례』「공사대부례(公食大夫禮)」편에서는 "세(洗)를 설치하며 향례와 같이 한다."[91]라고 했으니, 향례와 사례는 상호 앞뒤로 시행된다. 고문에서는 '일(壹)'자를 모두 일(一)자로 기록했고, 금문에서는 '향(饗)'자를 모두 향(鄕)자로 기록했다.

賈疏 ◎注"饗謂"至"爲鄕". ○釋曰: 此篇雖據侯伯之卿聘使五等諸侯, 其

91) 『의례』「공사대부례(公食大夫禮)」: 設洗如饗.

臣聘使牢禮皆同, 無大國次國之別. 是以掌客五等諸侯相朝, 其下皆云群介·行人·宰·史皆有飧饔餼, 以其爵等爲之牢禮之陳數. 又云"凡諸侯之卿·大夫·士爲國客, 則如其介之禮以待之", 鄭注云: "尊其君以及其臣也. 以其爵等爲之牢禮之陳. 數爵, 卿也, 則飧二牢, 饔餼五牢; 大夫也, 則飧大牢, 饔餼三牢; 士也, 則飧少牢, 饔餼大牢也. 此降小禮, 豐大禮也. 以命數則參差難等, 略於臣用爵而已." 以此言之, 公·侯·伯·子·男大聘使卿, 主君一食再饗; 小聘使大夫, 則主君一食一饗. 若然, 按掌客子男一食一饗, 子男之卿再饗. 多於君者, 以其君臣各自相差, 不得以君決臣也. 云"饗, 謂亨大牢以飮賓也"者, 以其饗禮與食禮同, 食禮旣亨大牢, 明饗禮亨大牢可知. 但以食禮無酒, 饗禮有酒, 故以飮賓言之. 引公食饗與食互相先後者, 此經先言食, 後言饗, 則食在饗前. 公食言設洗如饗禮, 則饗在食前, 饗先後出於主君之意, 故先後不定也.

번역 ◎鄭注: "饗謂"~"爲鄉". ○「빙례」편은 비록 후작과 백작에게 소속된 경이 빙(聘)으로 인해 다섯 등급의 제후에게 사신으로 찾아가는 것에 기준을 두고 있지만, 그 신하가 빙(聘)으로 인해 사신으로 찾아갔을 때의 뇌례(牢禮)는 모두 동일하니, 대국이나 차국에 따른 차별이 없다. 이러한 까닭으로 『주례』「장객(掌客)」편에서는 다섯 등급의 제후들이 상호 조(朝)를 할 때, 그 뒤의 기록에서는 모두 뭇 개(介), 행인(行人), 재(宰), 사(史)에 대해서 모두 손(飧)과 옹희(饔餼)가 베풀어지며, 그들의 작위 등급에 따라 뇌례에서 진설하는 수치의 차등으로 삼는다고 했다. 또한 "제후에게 소속된 경·대부·사가 국객(國客)이 된다면, 개(介)에 대한 예법처럼 그들을 대접한다."[92]라고 했고, 정현의 주에서는 "그들의 군주를 존숭하여 그에게 소속된 신하에게까지 미친다. 작위의 등급에 따라 뇌례에 진설하는 수치로 삼는다. 작위에 따른 수치의 차등은 경의 경우에는 손은 2뢰이고, 옹희는 5뢰이다. 대부의 경우에는 손은 태뢰이고 옹희는 3뢰이다. 사의 경우에는 손은 소뢰(少牢)이고 옹희는 태뢰이다. 차등에 따라 줄이는 것은 작은 의례에 해당하고, 풍성하게 하는 것은 성대한 의례에 해당한다. 명(命)의 등급

---

92) 『주례』「추관(秋官)·장객(掌客)」: 凡諸侯之卿·大夫·士爲國客, 則如其介之禮以待之.

에 따른다면, 차등을 구분하기 어려우니, 간략히 신하에 대해서는 작위에 따르는 것일 뿐이다."라고 했다. 이를 통해 말해보자면, 공작·후작·백작·자작·남작은 대빙에 경을 사신으로 파견하여 빙문을 받은 군주는 한 차례의 사례와 두 차례의 향례를 베풀고, 소빙에 대부를 사신으로 파견한다면, 빙문을 받은 군주는 한 차례의 사례와 향례를 베푸는 것이다. 만약 그렇다면 「징객」편을 살펴보면 자작과 남작에 대해서는 한 차례의 사례와 향례를 베푼다고 했고, 자작과 남작에게 소속된 경에 대해서는 두 차례의 향례를 베푼다고 했다. 따라서 군주보다 많아지는데, 그 이유는 군주와 신하는 각각 그들 계층에 따라 상호 차등을 주므로, 군주에 대한 것으로 신하에 대한 것을 결정할 수 없기 때문이다. 정현이 "'향(饗)'은 태뢰를 조리하여 빈객에게 술을 마시게 하는 것이다."라고 했는데, 향례와 사례는 동일하니, 사례에서 이미 태뢰를 조리하였다면 향례에서도 태뢰를 조리하게 된다는 사실을 알 수 있다. 다만 사례에는 술이 포함되지 않고 향례에서는 술이 포함된다. 그렇기 때문에 빈객에게 술을 마시게 한다고 말한 것이다. 정현이 「공사대부례」편을 인용하여 향례와 사례는 상호 앞뒤로 시행된다고 했는데, 이곳 경문에서는 먼저 사례에 대해서 언급했고 이후에 향례를 언급했으니, 사례는 향례 이전에 시행되는 것이다. 「공사대부례」편에서는 "세(洗)를 설치하며 향례와 같이 한다."라고 했으니, 향례가 사례보다 먼저 시행된 것으로, 향례를 먼저 시행하느냐 뒤에 시행하느냐는 빙문을 받은 군주의 의향에 달려 있다. 그렇기 때문에 선후를 확정하지 않았다.

경문 燕與羞, 俶獻, 無常數.

번역 연례(燕禮)를 시행하고, 맛있는 음식을 대접하며, 제철 음식을 대접할 때에는 정해진 수치가 없다.

鄭注 羞, 謂禽羞, 鴈鶩之屬, 成孰煎和也. 俶, 始也. 始獻, 四時新物, 聘義所謂時賜無常數, 由恩意也. 古文俶作淑.

번역 '수(羞)'는 조류를 익혀서 만든 음식이니 기러기나 집오리 등속을 삶고 익혀서 조리한 음식을 뜻한다. '숙(俶)'자는 시(始)자의 뜻이다. 시헌(始獻)은 사계절마다 새로 생산된 산물을 뜻하니, 「빙의」편에서 "제철에 맞는 선물을 줄 때에는 특별히 정해진 횟수가 없다."라고 한 것으로, 은혜로운 뜻에서 비롯되기 때문이다. 고문에서는 '숙(俶)'자를 숙(淑)자로 기록했다.

賈疏 ●"燕與"至"常數". ◎注"羞謂"至"作淑". ○釋曰: 按周禮·掌客: 上公三燕, 侯伯再燕, 子男一燕. 皆有常數. 此臣無常數者, 亦是君臣各爲一, 不得相決. 知"羞, 謂禽羞鴈鶩之屬"者, 按下記云"禽羞俶獻", 故知是禽. 知"成孰煎和"者, 以其言羞鼎臐之類, 故知成孰煎和者也. 知禽是鴈鶩之屬者, 按下記云: "宰夫歸乘禽, 日如饔餼之數." 鄭注: "乘禽, 乘行之禽也, 亦云鴈鶩之屬." 以無正文, 故以意解之.

번역 ●經文: "燕與"~"常數". ◎鄭注: "羞謂"~"作淑". ○『주례』「장객(掌客)」편을 살펴보면, 상공에 대해서는 세 차례 연례를 베풀고, 후작과 백작에 대해서는 두 차례 연례를 베풀며, 자작과 남작에 대해서는 한 차례 연례를 베푼다고 했다. 따라서 이 모두에 대해서는 정해진 수치가 있는 것이다. 그런데 이곳에서는 신하에 대해 정해진 수치가 없다고 했으니, 이 또한 군주와 신하는 각각 별도의 규정에 따르는 것으로 상호의 기준으로 결정할 수 없는 것이다. 정현이 "'수(羞)'는 조류를 익혀서 만든 음식이니 기러기나 집오리 등속이다."라고 했는데, 이러한 사실을 알 수 있는 이유는 아래 기문을 살펴보면 '금수(禽羞)와 숙헌(俶獻)'[93]이라는 기록이 나온다. 그렇기 때문에 이것들이 조류에 해당한다는 사실을 알 수 있다. 정현이 "익혀서 조리한 음식을 뜻한다."라고 했는데, 이러한 사실을 알 수 있는 이유는 솥에 담는 음식들은 양고깃국 등의 부류가 된다. 그렇기 때문에 익혀서 조리한 음식에 해당한다는 사실을 알 수 있다. 정현은 금(禽)을 기러기나 집오리 등속이라고 했는데, 이러한 사실을 알 수 있는 이유는 아래 기문을 살펴보면 "재부는 승금(乘禽)

---

93) 『의례』「빙례(聘禮)」: 禽羞·俶獻比.

을 보내주는데, 날마다 옹희(饔餼)를 하는 수에 맞춰서 보낸다."[94]라고 했고, 정현의 주에서는 "'승금(乘禽)'은 쌍을 이루어 이동하는 조류이니 또한 기러기나 집오리 등속을 뜻한다."라고 했다. 이와 관련된 경문의 기록이 없기 때문에 이러한 의미를 추론해서 풀이한 것이다.

참고 『주례』「춘관(春官)·전서(典瑞)」 기록

경문 瑑圭璋璧琮, 繅皆二采一就, 以覜聘.

번역 규(圭)·장(璋)·벽(璧)·종(琮)을 새기고, 소(繅)는 모두 2가지 채색으로 1취(就)를 하며, 이를 통해 조빙(覜聘)을 한다.

鄭注 璋以聘后夫人, 以琮享之也. 大夫衆來曰覜, 寡來曰聘. 鄭司農云: "瑑有圻鄂瑑起."

번역 장(璋)으로는 왕후나 제후의 부인에게 빙(聘)을 하고, 종(琮)으로는 향(享)을 한다. 대부가 무리를 지어 많이 찾아오는 것을 '조(覜)'라고 부르고, 적게 찾아오는 것을 '빙(聘)'이라고 부른다. 정사농은 "전(瑑)에는 무늬를 새긴다는 뜻이 포함된다."라고 했다.

賈疏 ●"瑑圭"至"覜聘". ○釋曰: 此遣臣行聘問之所執者. 若本君親自朝, 所執上文桓圭之等是. 若遣臣聘, 不得執君之圭璧, 無桓信躬與蒲璧之文, 直瑑之而已, 故云"瑑圭璋璧琮", 此謂公侯伯之臣也. 若子男之臣, 豈得過本君用以圭璋乎? 明子男之臣亦用瑑璧琮也. 云"皆二采一就, 以覜聘"者, 謂朱綠二采共爲一就也.

번역 ●經文: "瑑圭"~"覜聘". ○이것은 신하를 파견하여 빙문(聘問)의 의례를 시행하며 잡게 되는 것이다. 만약 본국의 군주가 직접 조회를 하게

94) 『의례』「빙례(聘禮)」: 旣致饔, 旬而稍, 宰夫始歸乘禽, 日如其饔餼之數.

된다면 잡게 되는 것은 앞에서 말한 환규(桓圭) 등에 해당한다. 만약 신하를 파견하여 빙(聘)을 하게 된다면 군주가 잡는 규(圭)나 벽(璧)을 들고 갈 수 없고, 환규·신규·궁규 및 포벽 등에 대한 기록이 없고, 단지 새기기만 할 따름이라고 했다. 그렇기 때문에 "규(圭)·장(璋)·벽(璧)·종(琮)을 새긴다."라고 말한 것이니, 이것은 공작·후작·백작의 신하에 대한 내용이다. 만약 자작이나 남작에게 소속된 신하의 경우라면 어떻게 본국의 군주가 사용하는 것보다 상등의 것에 따라 규나 장 등을 잡을 수 있겠는가? 따라서 자작과 남작에게 소속된 신하는 또한 벽과 종을 새기게 됨을 알 수 있다. "모두 2가지 채색으로 1취(就)를 하며, 이를 통해 조빙(覜聘)을 한다."라고 했는데, 주색과 녹색 두 가지 채색으로 1취를 만든다는 뜻이다.

賈疏 ◎注"璋以"至"瑑起". ○釋曰: 云"璋以聘后夫人, 以琮享之也"者, 鄭欲見此經遣臣聘法, 有聘天子, 幷有自相聘, 二者俱見, 故云璋以聘后夫人而琮享之也. 明知圭以聘天子與諸侯而璧享之. 鄭不言圭璧於天子諸侯者, 以聘后夫人文隱, 故特擧以言之, 天子諸侯可知也. 云"大夫衆來曰覜, 寡來曰聘"者, 此亦據大宗伯云"殷覜曰視", 謂一服朝之歲, 卽此覜也, 故云衆來. 彼又云"時聘曰問", 亦無常期, 卽此聘也, 故云寡來曰聘也. 司農云"瑑有圻鄂瑑起", 是不爲桓信躬等之文也.

번역 ◎鄭注: "璋以"~"瑑起". ○정현이 "장(璋)으로는 왕후나 제후의 부인에게 빙(聘)을 하고, 종(琮)으로는 향(享)을 한다."라고 했는데, 정현은 이곳 경문에서 신하를 파견하여 빙(聘)을 하는 예법을 나타내고 있는데, 여기에는 천자에게 빙(聘)을 하는 것과 아울러 상호 빙(聘)을 하는 것이 포함되어 있음을 드러내고자 했다. 두 사안이 모두 나타나기 때문에 "장(璋)으로는 왕후나 제후의 부인에게 빙(聘)을 하고, 종(琮)으로는 향(享)을 한다."라고 말한 것이다. 또한 이것을 통해서 규(圭)로는 천자나 제후에게 빙(聘)을 하고 벽(璧)으로 향(享)을 한다는 사실을 알 수 있다. 정현이 천자나 제후에게 규와 벽으로 빙(聘)과 향(享)을 한다고 말하지 않은 것은 왕후와 제후의 부인에게 빙(聘)을 한다는 내용은 문장 속에 그 의미가 숨어있기 때문에 특별히 이를 제시해서 말한 것이니, 천자와 제후에 대한 내용까지도 알 수 있다. 정현이 "대부가 무리를 지어 많이 찾아오는 것을 '조(覜)'라고 부르고, 적게 찾아오는 것을 '빙(聘)'이라고 부른다."라고 했는데, 이 또한 『주례』「대종백(大宗伯)」편에서 "은조(殷覜)를 시(視)라 부른다."[95]라고 한 기록에 근거한 것으로, 하나의 복(服)에 속한 제후들이 조(朝)를 하는 해에 하는 것으로, 곧 여기에서 말한 조(覜)를 뜻한다. 그렇기 때문에 "무리를 지어 많이 찾아온다."라고 했다. 또 「대종백」편에서는 "시빙(時聘)을 문(問)이라 부른다."라고 했는데, 이 또한 정해진 기간이 없으니, 곧 여기에서 말한 빙(聘)을 뜻한다. 그렇기 때문에 "적게 찾아오는 것을 '빙(聘)'이라고 부른다."라고 했다. 정사농은 "전(瑑)에는 무늬를 새긴다는 뜻이 포함된다."라고 했는데, 이것은 환규·신규·궁규 등의 무늬를 새기는 것이 아니다.

참고 『의례』「빙례(聘禮)」 기록

기문 所以朝天子, 圭與繅皆九寸, 剡上寸半, 厚半寸, 博三寸, 繅三采六等, 朱白倉.

번역 천자에게 조회를 할 때 사용하는 규(圭)와 받침은 모두 9촌이며, 상단부는 1.5촌씩 깎아내고, 두께는 0.5촌이며, 너비는 3촌이고, 받침은 3가지 채색으로 6취(就)를 하는데, 들어가는 색깔은 주색·백색·청색이다.

鄭注 圭, 所執以爲瑞節也. 剡上, 象天圜地方也. 雜采曰繅, 以韋衣木板, 飾以三色. 再就, 所以薦玉, 重愼也. 九寸, 上公之圭也. 古文繅或作藻, 今文作璪.

번역 '규(圭)'는 이것을 들고서 신표의 부절로 삼는 것이다. 상단부를 깎아내는 것은 하늘은 둥글고 땅은 네모진 것을 형상화하기 위해서이다. 채색을 섞은 것을 '조(繅)'라고 부르는데, 부드럽게 연마한 가죽으로 나무판에

95) 『주례』「춘관(春官)·대종백(大宗伯)」 : 以賓禮親邦國. 春見曰朝, 夏見曰宗, 秋見曰覲, 冬見曰遇, 時見曰會, 殷見曰同. 時聘曰問, 殷覜曰視.

옷을 입히고 세 가지 색깔로 장식을 한다. 2취(就)를 하는 것은 옥을 받치기 위한 것으로, 신중함을 거듭하는 것이다. 9촌이라는 것은 상공이 사용하는 규를 뜻한다. 고문에서는 '조(繅)'자를 조(藻)자로도 기록하고, 금문에서는 조(璪)자로 기록한다.

賈疏 ●"所以"至"白倉". ◎注"圭所"至"作璪". ○釋曰: 云"圭, 所執以爲瑞節"者, 按周禮·大宗伯云: "以玉作六瑞, 以等邦國." 又云: "王執鎭圭, 公執桓圭, 侯執信圭, 伯執躬圭, 子執穀璧, 男執蒲璧." 是以其圭爲瑞. 又按周禮·掌節有玉節之節, 卽是節與瑞別矣. 今此云瑞節, 但連言節者, 按節不得言瑞, 瑞亦是節信, 故連言節也. 云"剡上, 象天圜地方也"者, 下不剡象地方, 上剡象天圜. 按雜記贊大行曰: 博三寸, 厚半寸, 剡上, 左右各寸半. 此經直剡上寸半, 不言左右, 文不具也. 凡圭, 天子鎭圭, 公桓圭, 侯信圭, 皆博三寸, 厚半寸, 剡上, 左右各寸半, 唯長短依命數不同. 云"雜采曰繅"者, 凡言繅者, 皆蒙水草之文. 天子五采, 公侯伯三采, 子男二采, 皆是雜采也. 云"以韋衣木板, 飾以三色. 再就"者, 依漢禮器制度而知也. 但木板大小, 一如玉制, 然後以韋衣之, 大小一如其板, 經云"三采六等", 注云: "三色再就"者, 就卽等也. 是一采爲再就, 三采卽六等也, 是以鄭注典瑞云一帀爲一就. 典瑞云侯伯"三采三就"者, 以一采雖有再帀, 倂爲一就. 覲禮注云朱白倉爲六色者, 亦是一采一帀爲二色, 三采故六色. 三采, 據公侯伯, 子男則二采, 故典瑞云子男"皆二采再就", 是也. 所以薦玉重愼者, 玉者寶而脆, 今以繅藉薦之, 是其重愼也.

번역 ●記文: "所以"~"白倉". ◎鄭注: "圭所"~"作璪". ○정현이 "'규(圭)'는 이것을 들고서 신표의 부절로 삼는 것이다."라고 했는데, 『주례』「대종백(大宗伯)」편을 살펴보면 "옥으로 여섯 가지 신표를 만들어서 제후국의 등급에 따라 가지런히 만든다."[96]라고 했고, 또 "천자는 진규(鎭圭)[97]를 잡

96) 『주례』「춘관(春官)·대종백(大宗伯)」: 以玉作六瑞, 以等邦國.
97) 진규(鎭圭)는 천자가 각종 의식 행사를 치를 때 잡게 되는 옥(玉)으로 만든 규(圭)이다. 길이는 1척(尺) 2촌(寸)으로 만들며, '진(鎭)'자는 안정시킨다는 뜻이다. '진규'의 네 면에는 사방에 있는 주요 네 개의 산을 각각의

고, 공작은 환규(桓圭)를 잡으며, 후작은 신규(信圭)를 잡고, 백작은 궁규(躬圭)를 잡으며, 자작은 곡벽(穀璧)을 잡고, 남작은 포벽(蒲璧)을 잡는다."[98] 라고 했다. 이것은 규를 신표로 삼는다는 사실을 나타낸다. 또 『주례』「장절(掌節)」편을 살펴보면 옥절(玉節)이라는 부절이 나오니,[99] 절(節)과 서(瑞)는 구별되는 것이다. 이곳에서는 '서절(瑞節)'이라고 했는데, 이것은 단지 연이어서 절(節)을 말한 것으로, 살펴보면 절(節)에 대해서는 서(瑞)를 말할 수 없고, 서(瑞) 또한 부절[節信]을 뜻하는 것이기 때문에 연이어서 절(節)을 언급한 것이다. 정현이 "상단부를 깎아내는 것은 하늘은 둥글고 땅은 네모진 것을 형상화하기 위해서이다."라고 했는데, 하단부는 깎아내지 않으니 땅이 네모진 것을 형상화하며, 상단부는 깎아내니 하늘이 둥근 것을 형상화한다. 『예기』「잡기(雜記)」편을 살펴보면 「찬대행」에서 "너비는 3촌으로 하고 두께는 0.5촌으로 하며 위의 좌우측은 깎아내니 각각 1.5촌으로 한다."[100]라고 했다. 이곳 경문에서는 단지 상단부를 깎아내길 1.5촌으로 한다고 말하며 좌우측을 언급하지 않았는데, 문장을 간략히 기록했기 때문이다. 규(圭)에 있어서 천자가 잡는 진규, 공작이 잡는 환규, 후작이 잡는 신규는 모두 그 너비가 3촌이고 두께는 0.5촌이며, 상단부를 깎아내며 좌우로 각각 1.5촌씩 깎아낸다. 오직 그 길이에 있어서만 명(命)의 등급에 따라 차이를 보인다. 정현이 "채색을 섞은 것을 '조(繅)'라고 부른다."라고 했는데, '조(繅)'라고 말하는 것들은 모두 수초의 무늬를 새긴 것으로 입힌다. 천자의 것은 5가지 채색을 사용하고, 공작·후작·백작의 것은 3가지 채색을 사용하며, 자작과 남작의 것은 2가지 채색을 사용하는데, 이 모두는 채색을 섞은 것이다. 정현이 "부드럽게 연마한 가죽으로 나무판에 옷을 입히고 세 가지 색깔로 장식을 한다. 2취(就)를 한다."라고 했는데, 『한예기제

방향에 조각해 넣었다. 따라서 이러한 장식을 통해 천자가 사방을 평안하게 안정시킨다는 뜻을 나타내었다.

98) 『주례』「춘관(春官)·대종백(大宗伯)」 : 王執鎭圭, 公執桓圭, 侯執信圭, 伯執躬圭, 子執穀璧, 男執蒲璧.

99) 『주례』「지관(地官)·장절(掌節)」 : 守邦國者用玉節, 守都鄙者用角節.

100) 『예기』「잡기하(雜記下)」【522c】 : 贊大行曰, "圭, 公九寸, 侯伯七寸, 子男五寸, 博三寸, 厚半寸, 剡上左右各寸半, 玉也. 藻三采六等."

도』를 참고해보면 이러한 사실을 알 수 있다. 다만 나무판의 크기에 있어서는 모두 옥의 제도와 동일하게 맞추며, 그런 뒤에 부드럽게 연마한 가죽으로 옷을 입히는데, 그 크기는 나무판과 같다. 경문에서 "3가지 채색으로 6등(等)을 한다."라고 했고, 정현의 주에서는 "3가지 채색으로 2취(就)를 한다."라고 했으니, '취(就)'는 곧 등(等)에 해당한다. 이것은 한 가지 채색으로 2취(就)를 한다는 사실을 나타내니, 3가지 채색을 사용한다면 6등(等)이 된다. 이러한 까닭으로 정현은 『주례』「전서(典瑞)」편에 대한 주에서 한 바퀴 두르는 것을 1취(就)로 삼는다고 말했다. 「전서」편에서는 후작과 백작에 대해서 "3가지 채색으로 3취(就)를 한다."[101]라고 했는데, 1가지 채색으로 비록 두 바퀴 두르는 경우가 있지만 이 모두를 1취(就)로 삼는 것이다. 『의례』「근례(覲禮)」편에 대한 주에서는 주색·백색·청색을 여섯 가지 색깔로 삼는다고 했는데, 이 또한 한 가지 채색으로 한 바퀴를 돌려서 두 가지 색깔로 삼는 것이니, 3가지 채색이 들어가기 때문에 여섯 가지 색깔이 된다. 3가지 채색이라는 것은 공작·후작·백작의 경우에 근거한 것으로, 자작이나 남작의 경우라면 2가지 채색이 들어간다. 그렇기 때문에 「전서」편에서는 자작과 남작에 대해 "모두 2가지 채색으로 2취(就)를 한다."라고 했다. 정현이 "옥을 받치기 위한 것으로, 신중함을 거듭하는 것이다."라고 했는데, 옥은 보물에 해당하며 약한 물건인데, 지금 조자로 그것을 받치니, 이것이 신중함을 거듭한다는 뜻이다.

기문 問諸侯, 朱綠繅, 八寸.

번역 제후에게 문(問)을 할 때에는 주색과 녹색으로 받침을 만드는데 그 길이는 8촌이다.

鄭注 二采再就, 降於天子也. 於天子曰朝, 於諸侯曰問, 記之於聘, 文互相備.

---

101)『주례』「춘관(春官)·전서(典瑞)」: 公執桓圭, 侯執信圭, 伯執躬圭, 繅皆三采三就, 子執穀璧, 男執蒲璧, 繅皆二采再就, 以朝覲宗遇會同于王.

번역 2가지 채색으로 2취(就)를 하니, 천자보다 낮추기 때문이다. 천자에 대해서는 '조(朝)'라고 했고, 제후에 대해서는 '문(問)'이라고 했는데, 빙(聘)에 대한 경문의 내용에 이러한 사실을 기록한 것은 문장이 상호 보완적으로 그 뜻을 드러내게끔 한 것이다.

賈疏 ●"問諸"至"八寸". ◎注"二采"至"相備". ○釋曰: 此諸侯使臣聘, 繅藉之等云"二采再就"者, 上云三采六等, 此二采不云四就者, 此臣禮與君禮異. 此二采雖與子男同, 子男卽一采爲一匝, 二采爲再匝, 爲四等. 今臣一采爲一就, 二采共爲再就, 是二采當君一采之處, 是以典瑞云: "瑑圭璋璧琮, 繅皆二采一就, 以覜聘." 亦是臣二采共當君一采一匝之處. 云"降於天子"者, 按典瑞王"執鎭圭, 繅藉五采五就", 言五就者, 據一采爲一等, 若據一采一匝而言, 卽五采十等, 此二采二等, 是降於天子也. 此亦降於諸侯, 而言降於天子者, 此鄭君指上文朝天子而言, 故言聘諸侯降於朝天子也. 云"於天子曰朝"者, 據上文所以朝天子是也. 則諸侯自相朝亦同圭與繅九寸, 侯伯以下亦依命數. 云"於諸侯曰問"者, 諸侯遣臣自問. 若遣臣問天子, 圭與繅亦八寸, 是以云"記之於聘, 文互相備". 按玉人云: "瑑圭璋八寸, 璧琮八寸, 以覜聘." 無所依據, 則於天子諸侯同言八寸者, 據上公之臣. 侯伯之臣則六寸, 子男之臣則四寸, 各降其君二等. 若然, 經言八寸者, 據上公之臣也.

번역 ●記文: "問諸"~"八寸". ◎鄭注: "二采"~"相備". ○이것은 제후가 신하를 시켜 빙(聘)을 하는 내용인데, 조자(繅藉) 등에 대해서 "2가지 채색으로 2취(就)를 한다."라고 했고, 앞에서는 3가지 채색으로 6등(等)을 한다고 했다. 이곳에서 2가지 채색을 사용한다고 했으면서 4취(就)를 한다고 말하지 않은 것은 이것은 신하의 예법이므로 군주의 예법과 차이가 나기 때문이다. 여기에서 2가지 채색이라고 한 것은 비록 자작과 남작에 대한 경우와 같지만, 자작과 남작의 경우 1가지 채색으로 한 바퀴 돌리게 되므로, 2가지 채색을 사용하면 2바퀴를 돌리게 되니, 4등(等)이 된다. 그런데 신하에 대해서 1가지 채색으로 1취(就)를 한다고 했고, 2가지 채색을 사용하여 총 2취(就)를 한다고 했으니, 2가지 채색은 군주가 1가지 채색을 사용하는 것에 해당한다. 이러한 까닭으로 『주례』「전서(典瑞)」편에서는 "규(圭)·장(璋)·벽(璧)·종(琮)을 새기고, 소(繅)는 모두 2가지 채색으로 1취(就)를 하며, 이를 통해 조빙(覜聘)을 한다."[102]라고 말한 것이니, 이것은 또한 신하가 사용하는 2가지 채색은 군주가 1가지 채색으로 한 바퀴를 돌리는 것에 해당함을 뜻한다. 정현이 "천자보다 낮추기 때문이다."라고 했는데, 「전서」편을 살펴보면 천자에 대해서 "진규(鎭圭)를 잡으며, 조자(繅藉)는 5가지 채색으로 5취(就)를 한다."[103]라고 했는데, 5취(就)라고 말한 것은 1가지 채색을 1등(等)으로 한다는 것에 근거한 말이니, 만약 1가지 채색으로 한 바퀴를 돌린다는 것에 근거해서 말한다면, 다섯 가지 채색으로는 10등(等)을 하게 되며, 여기에서는 2가지 채색으로 2등(等)을 한다고 했으니, 이것은 천자보다 낮춘다는 사실을 나타낸다. 그리고 이것은 또한 제후보다 낮춘 것에 해당하는데, 천자보다 낮춘다고 말한 것은 정현은 앞 문장에서 천자에게 조(朝)를 한다고 했던 것을 가리켜서 말한 것이다. 그렇기 때문에 제후에게 빙(聘)을 할 때에는 천자에게 조(朝)를 하는 경우보다 낮추게 된다. 정현이 "천자에 대해서는 '조(朝)'라고 했다."라고 했는데, 앞 문장이 천자에게 조(朝)를 하는 것에 근거한 말이다. 따라서 제후들이 서로에게 조(朝)를 할 때에도 동일하게 규와 받침을 9촌으로 만들고, 후작과 백작으로부터 그 이하의 계층은 또한 명(命)의 등급에 따르게 된다. 정현이 "제후에 대해서는 '문(問)'이라고 했다."라고 했는데, 제후가 신하를 파견하여 문(問)을 하는 것이다. 만약 신하를 파견하여 천자에게 문(問)을 하는 경우라면, 규와 받침은 8촌으로 된 것을 사용한다. 이러한 까닭으로 "빙(聘)에 대한 경문의 내용이 이러한 사실을 기록한 것은 문장이 상호 보완적으로 그 뜻을 드러내게끔 한 것이다."라고 말한 것이다. 『주례』「옥인(玉人)」편을 살펴보면 "규(圭)와 장(璋)을 새기며 8촌으로 만들고 벽(璧)과 종(琮)은 8촌으로 만들며, 이를 통해 조빙(覜聘)을 한다."[104]라고 했다. 의거하는 바가 없는데, 천자와 제후에 대해서 동일하게 8촌의 것을 사용한다고 했으니,

102)『주례』「춘관(春官)·전서(典瑞)」: 瑑圭璋璧琮, 繅皆二采一就, 以覜聘.
103)『주례』「춘관(春官)·전서(典瑞)」: 王晉大圭, 執鎭圭, 繅藉五采五就, 以朝日.
104)『주례』「동관고공기(冬官考工記)·옥인(玉人)」: 瑑圭璋八寸, 璧琮八寸, 以覜聘.

이것은 상공의 신하에 대한 경우에 기준을 둔 것이다. 후작과 백작에게 소속된 신하라면 6촌의 것을 사용하고, 자작과 남작에게 소속된 신하라면 4촌의 것을 사용하니, 각각 자신의 군주보다 2등급씩 낮춘다. 만약 그렇다면 경문에서 8촌이라고 한 것은 상공에게 소속된 신하에 근거를 둔 것이다.

참고 『의례』「빙례(聘禮)」 기록

경문 遂行, 舍于郊.

번역 마침내 길을 떠나 교외에 잠시 머물게 된다.

鄭注 始發, 且宿近郊, 自展軨.

번역 비로소 길을 떠나게 되는데, 또한 근교에서 머물게 되는 것은 직접 수레의 비녀장 머리 부분을 점검하기 위해서이다.

賈疏 ●"遂行舍于郊". ◎注"始發"至"展軨". ○釋曰: 曲禮云: "已駕, 僕展軨." 鄭注云"具視"也. 彼是君車, 故使僕展之, 此卿大夫, 故鄭云"自展軨" 恐不得所故也.

번역 ●經文: "遂行舍于郊". ◎鄭注: "始發"~"展軨". ○『예기』「곡례(曲禮)」편에서는 "말에 멍에 메는 일이 다 끝나면, 마부는 영(軨)을 살펴본다."[105]라고 했고, 정현의 주에서는 "모두 갖춰졌는지 살펴보는 것이다."라고 했다. 「곡례」편의 내용은 군주의 수레에 대한 것이다. 그렇기 때문에 마부를 시켜서 점검한다. 이곳의 내용은 경과 대부에 대한 경우이다. 그렇기 때문에 정현은 "직접 수레의 비녀장 머리 부분을 점검한다."라고 했으니, 제자리에 위치하지 않을까를 염려했기 때문이다.

---

105) 『예기』「곡례상(曲禮上)」【43b】: 已駕, 僕展軨效駕.

경문 公使卿贈, 如覿幣.

번역 군주는 경을 시켜 예물을 증여하니, 적(覿)을 했을 때의 예물과 같은 것으로 한다.

鄭注 贈, 送也, 所以好送之也. 言如覿幣, 見爲反報也. 今文公爲君.

번역 '증(贈)'자는 보낸다는 뜻이니, 우호의 뜻으로 보내는 것이다. "적(覿)을 했을 때의 예물과 같은 것으로 한다."라고 했는데, 되갚는다는 뜻임을 드러내고자 해서이다. 금문에서는 '공(公)'자를 군(君)자로 기록했다.

賈疏 ●"公使"至"覿幣". ◎注"贈送"至"爲君". ○釋曰: "所以好送之"者, 來而不往非禮, 以禮來往, 皆是和好之事, 故云好送之也. 云"言如覿幣, 見爲反報也"者, 以其贈之多少, 一如覿幣, 故鄭云見爲反報也.

번역 ●經文: "公使"~"覿幣". ◎鄭注: "贈送"~"爲君". ○정현이 "우호의 뜻으로 보내는 것이다."라고 했는데, 오기만 하고 가지 않는 것은 예가 아니다. 예법에 따라 오고 가는 것은 모두 우호를 다지는 일에 해당한다. 그렇기 때문에 "우호의 뜻으로 보내는 것이다."라고 했다. 정현이 "적(覿)을 했을 때의 예물과 같은 것으로 한다고 했는데, 되갚는다는 뜻임을 드러내고자 해서이다."라고 했는데, 증(贈)으로 보내는 예물의 수량은 적(覿)으로 온 예물의 수량과 동일하게 맞춘다. 그렇기 때문에 정현이 "되갚는다는 뜻임을 드러내고자 해서이다."라고 했다.

참고 『의례』「연례(燕禮)」 기록

기문 若與四方之賓燕, 則公迎之于大門內, 揖讓升.

번역 만약 사방의 제후국에서 찾아온 빈객과 연회를 한다면, 군주는 대문 안에서 그를 맞이하고, 읍과 사양을 하며 당상에 올라간다.

鄭注 四方之賓, 謂來聘者也. 自戒至於拜至, 皆如公食, 亦告饌具而後公卽席. 小臣請執冪·請羞者, 乃迎賓也.

번역 사방에서 찾아온 빈객은 찾아와 빙문을 하는 자들을 뜻한다. 연회에 참여할 것을 알리는 절차로부터 찾아온 것에 절을 하는 절차까지는 모두 『의례』「공사대부례(公食大夫禮)」처럼 하며, 또한 앞의 경우와 같이 음식이 모두 갖춰진 것을 아뢴 이후에 군주가 자리로 나아간다. 그리고 소신은 술동이 덮개를 잡는 자와 음식을 올리는 자를 누구로 할지 청해 묻고, 그런 뒤에 빈객을 맞이한다.

賈疏 ●"若與"至"讓升". ◎注"四方"至"賓也". ○釋曰: 云"自戒至於拜至, 皆如公食"者, 此燕用狗, 彼用大牢; 此戒賓再辭, 彼三辭; 至於卿大夫立位, 皆不同. 而云如公食者, 謂除此之外如之. 若然, 依公食從首"使大夫戒, 各以其爵, 上介出請入告"已下, 至"北面再拜稽首", 皆如之, 饌具之等, 不如之也. 云"亦告饌具而後公卽席. 小臣請執冪·請羞者, 乃迎賓也"者, 言此者, 欲見燕四方賓, 此等依上文與燕己臣子同, 亦不如公食. 以其公食公無席, 又無入廟之事, 又公食無請執冪羞膳, 故別言此也.

번역 ●記文: "若與"～"讓升". ◎鄭注: "四方"～"賓也". ○정현이 "연회에 참여할 것을 알리는 절차로부터 찾아온 것에 절을 하는 절차까지는 모두 『의례』「공사대부례(公食大夫禮)」처럼 한다."라고 했는데, 이곳에서 말한 연회에서는 희생물로 개를 사용하고, 「공사대부례」에서는 태뢰를 사용하며, 이곳에서는 빈객에게 연회의 사실을 알릴 때 두 차례 사양을 하는데, 「공사대부례」에서는 세 차례 사양을 했으며, 경과 대부가 서는 위치에 있어서도 모두 차이를 보인다. 그런데도 「공사대부례」처럼 한다고 말한 것은 이러한 것들을 제외한 나머지 절차들을 「공사대부례」의 기록처럼 한다는 뜻이다. 만약 그렇다면 「공사대부례」의 첫 부분에서 "대부를 시켜 알릴 때에는 각각 그들과 동등한 작위로 하며, 상개가 밖으로 나와 찾아온 연유를 청해 묻고 들어가서 그 사실을 아뢴다."라고 한 말로부터 "북쪽을 바라보며 재배를 하고 머리를 조아린다."라고 한 절차까지는 모두 「공사대부례」처럼 따르고, 갖추는 음식 등은 동일하게 따르지 않는다. 정현이 "또한 음식이 모두 갖춰진 것을 아뢴 이후에 군주가 자리로 나아간다. 그리고 소신은 술동이 덮개를 잡는 자와 음식을 올리는 자를 누구로 할지 청해 묻고, 그런 뒤에 빈객을 맞이한다."라고 했는데, 이러한 말을 한 것은 사방의 나라에서 찾아온 빈객에게 연회를 할 때 시행하는 이러한 등등의 절차는 앞의 기록에 따라 자신의 신하에게 연회를 베풀 때와 동일하며, 「공사대부례」처럼 따르지 않는다는 사실을 드러내고자 한 것이다. 「공사대부례」에는 군주에게는 자리가 없고 또 종묘로 들어가는 일이 없으며, 또한 「공사대부례」에는 술동이 덮개를 잡는 자나 음식을 올리는 자에 대해서 청해 묻는 절차가 없다. 그렇기 때문에 별도로 이러한 사실을 언급한 것이다.

기문 賓爲苟敬, 席于阼階之西, 北面. 有脀, 不嚌肺, 不啐酒. 其介爲賓.

번역 빈객이 구경(苟敬)이 되면, 동쪽 계단의 서쪽에 자리를 펴는데 북쪽을 향하도록 한다. 희생물의 살점이 붙은 뼈 요리를 차린 도마가 있지만, 희생물의 폐를 맛보지 않고 술을 맛보지 않으며, 그의 개(介)를 빈(賓)으로 삼는다.

鄭注 苟, 且也, 假也. 主國君鄕時, 親進醴于賓. 今燕, 又宜獻焉. 人臣不敢褻煩尊者, 至此升堂而辭讓, 欲以臣禮燕, 爲恭敬也. 於是席之如獻諸公之位. 言苟敬者, 賓實主國所宜敬也. 脀, 折俎也. 不嚌啐, 似若尊者然也. 介門西北面, 西上, 公降迎上介以爲賓, 揖讓升, 如初禮. 主人獻賓·獻公, 旣獻苟敬, 乃媵觚, 群臣卽位, 如燕也.

번역 '구(苟)'자는 공경스럽다[且]는 뜻이며, 크다[假]는 듯이다. 빙문을 받은 군주가 향례(饗禮)를 시행할 때, 직접 앞으로 나아가 빈객에게 단술을 따라준다. 현재 연례(燕禮)를 시행할 때에도 마땅히 재차 술을 따라 올려야 한다. 신하는 감히 존귀한 자를 너무 친근하게 대하거나 번거롭게 할 수 없어, 이 시기에 이르게 되면 당상에 올라가며 사양하니, 신하의 예법에 따라 연례를 하는 것으로 공경의 뜻을 삼고자 하기 때문이다. 이 시기에 자리는 제공에게 술을 따라 바칠 때의 자리처럼 한다. '구경(苟敬)'이라고 한 말은 빈객은 실제로 빙문을 받은 나라에서 마땅히 공경해야 할 대상이기 때문이다. '승(脀)'은 절조(折俎)[106]를 뜻한다. 폐나 술을 맛보지 않는 것은 존귀한 자가 하는 것처럼 따르는 것이다. 개(介)는 문의 서쪽에서 북쪽을 바라보며 서쪽 끝에서부터 차례대로 정렬하고, 군주는 내려가서 상개(上介)를 맞이하여 빈(賓)으로 삼고, 읍을 하고 사양을 하며 당상으로 올라가는데 처음에 했던 예법처럼 따른다. 주인은 빈과 군주에게 술을 따라 바치는데, 구경에게 술을 바치게 되면 곧 고(觚)로 잉작(媵爵)[107]을 하며, 뭇 신하들은 자신의 자리로 나아가며 연례를 시행할 때처럼 한다.

賈疏 ●"賓爲"至"爲賓". ◎注"苟且"至"燕也". ○釋曰: 云"主國君饗時, 親進醴于賓"者, 謂行聘享訖, 禮賓之時, 君親酌醴進于賓. 若然, 前有饗食, 不言之者, 饗禮亡, 無以可言. 食禮又無酒醴所獻之事, 故不言, 而云饗時也. 云"今燕, 又宜獻焉"者, 按上燕己臣子, 使宰夫爲主人, 知此親獻者, 若不親獻, 卽同己臣子, 賓何須辭之而爲苟敬, 故知君當親獻焉. 云"至此升堂而辭讓"者, 若此時升堂, 不辭卽行燕賓之禮, 故知辭之在初升堂時. 云"欲以臣禮燕, 爲恭敬也"者, 此謂在阼西, 北面, 故云"席之如諸公之位"也. 云"言苟敬者, 賓實主國所宜敬也"者, 賓實主國所宜敬, 但爲辭讓, 故以命介爲賓, 不得敬之. 今雖

---

106) 절조(折俎)는 제사나 연회를 시행할 때, 희생물을 도축하여, 사지를 해체하고, 그런 뒤에 도마 위에 올리게 되는데, 이 도마를 '절조'라고 부른다.

107) 잉작(媵爵)은 술을 따라주는 예법 절차 중 하나이다. 연례(燕禮)를 실시할 때, 술을 따라주는 절차가 끝나면, 재차 명령을 하여, 군주에게 술을 따르도록 시키는데, 이것을 '잉작'이라고 부른다. 또한 '잉작'의 시점을 서로 술을 따라서 주고받는 절차의 시작으로 삼기도 한다. 『의례』「연례(燕禮)」편에는 "小臣自阼階下, 請媵爵者, 公命長."이라는 기록이 있고, 호배휘(胡培翬)의 『정의(正義)』에서는 "李氏如圭云: 媵爵者, 獻酬禮成, 更擧酒於公, 以爲旅酬之始"라고 풀이했다.

以介爲賓, 不可全不敬, 於是席之於阼階西, 且敬也, 故云苟敬也. 云"不嚌啐, 似若尊者然也"者, 按此燕禮與大射·鄕射皆不嚌啐, 是諸公如賓禮, 今聘卿在諸公之坐, 亦不嚌不啐, 是爲似若諸公尊者然也. 云"介門西北面, 西上"者, 約聘禮而知也. 云"公降迎上介以爲賓, 揖讓升, 如初禮"者, 此如上文, 燕己臣子以大夫爲賓者同, 故云如初禮也. 云"主人獻賓·獻公, 旣獻苟敬, 乃媵觚"者, 若上燕己臣子之時, 獻賓·獻公旣, 卽媵觶以酬賓, 但苟敬之. 前宜有薦·有俎, 實與君同, 明知獻公後卽獻苟敬, 乃可酬賓也. 云"群臣卽位, 如燕"者, 如上燕己臣子同. 若然, 群臣不待迎賓入, 乃從君入者, 以其皆蒙獻酬, 故因其先至寢門, 故小臣引之卽入, 不待賓入後也.

번역 ●記文: "賓爲"~"爲賓". ◎鄭注: "苟且"~"燕也". ○정현이 "빙문을 받은 군주가 향례(饗禮)를 시행할 때, 직접 앞으로 나아가 빈객에게 단술을 따라준다."라고 했는데, 빙향(聘享)을 시행하고 그 절차가 끝나서 빈객을 예우할 때, 군주는 직접 단술을 따라 빈객에게 나아간다는 뜻이다. 만약 그렇다면 그 이전에 향례와 사례를 시행하게 되는데, 이것을 언급하지 않은 것은 향례의 기록은 망실되어 말할 수가 없기 때문이다. 사례에는 또한 술이나 단술 등을 따라주는 절차가 없다. 그렇기 때문에 말하지 않고 '향시(饗時)'라고만 말한 것이다. 정현이 "현재 연례(燕禮)를 시행할 때에도 마땅히 재차 술을 따라 올려야 한다."라고 했는데, 앞의 기록을 살펴보면 자신의 신하들에게 연례를 베풀 때에는 재부(宰夫)를 시켜서 주인으로 삼았다. 그런데 이곳에서 직접 술을 따라 바친다고 했는데, 이러한 사실을 알 수 있는 이유는 만약 직접 술을 따라 바치지 않는다면 자신의 신하들과 동일하게 대하는 것이니, 빈객이 어떻게 사양을 할 필요가 있으며 구경이 될 수 있겠는가? 그렇기 때문에 군주는 직접 술을 따라 바쳐야 한다는 사실을 알 수 있다. 정현이 "이 시기에 이르게 되면 당상에 올라가며 사양한다."라고 했는데, 만약 이러한 시기에 당상에 올라가게 되면 사양을 하지 않고 곧바로 빈객에게 연회를 베푸는 예법을 시행한다. 그렇기 때문에 사양을 하는 것이 최초 당상으로 올라갈 때에 해당한다는 사실을 알 수 있다. 정현이 "신하의 예법에 따라 연례를 하는 것으로 공경의 뜻을 삼고자 하기 때문이다."라고 했는데, 이것은 동쪽 계단의 서쪽에서 북쪽을 바라보고 있을 때를 뜻한다. 그렇기 때문에 "자리는 제공에게 술을 따라 바칠 때의 자리처럼 한다."라고 했다. 정현이 "'구경(苟敬)'이라고 한 말은 빈객은 실제로 빙문을 받은 나라에서 마땅히 공경해야 할 대상이기 때문이다."라고 했는데, 빈객은 빙문을 받은 나라에서 마땅히 공경해야 할 대상이다. 다만 사양을 하기 때문에 개(介)에게 명령하여 빈(賓)으로 삼으니, 그를 공경할 수 없게 된다. 현재 비록 개를 빈으로 삼았지만 완전히 공경하지 않을 수가 없으니, 이 시기에 동쪽 계단의 서쪽에 자리를 마련하여 공경하게 된다. 그렇기 때문에 '구경(苟敬)'이라고 했다. 정현이 "폐나 술을 맛보지 않는 것은 존귀한 자가 하는 것처럼 따르는 것이다."라고 했는데, 「연례」편과 「대사의(大射儀)」, 「향사례(鄕射禮)」편을 살펴보면, 모두 폐나 술을 맛보지 않으니, 제공에 대해 빈객을 예우하는 것처럼 하는 것이며, 지금 빙문으로 온 경이 제공의 자리에 있고 또 폐나 술을 맛보지 않는데, 이것은 제공처럼 존귀한 자가 하는 것처럼 따르는 것이다. 정현이 "개(介)는 문의 서쪽에서 북쪽을 바라보며 서쪽 끝에서부터 차례대로 정렬한다."라고 했는데, 『의례』「빙례(聘禮)」편의 기록을 요약해보면 이러한 사실을 알 수 있다. 정현이 "군주는 내려가서 상개(上介)를 맞이하여 빈(賓)으로 삼고, 읍을 하고 사양을 하며 당상으로 올라가는데 처음에 했던 예법처럼 따른다."라고 했는데, 앞의 문장에서 말한 것처럼 하니, 자신의 신하들에게 연례를 베풀 때 대부를 빈객으로 삼았던 경우와 같다. 그렇기 때문에 "처음에 했던 예법처럼 따른다."라고 했다. 정현이 "주인은 빈과 군주에게 술을 따라 바치는데, 구경에게 술을 바치게 되면 곧 고(觚)로 잉작(媵爵)을 한다."라고 했는데, 앞에서 자신의 신하에게 연례를 베풀 때처럼 하니, 빈객과 군주에게 술을 따라 바치고, 그 일이 끝나면 치(觶)로 잉작을 하여 빈객에게 술을 권한다. 다만 그를 공경한다는 것이 차이를 보일 따름이다. 그 이전에도 마땅히 음식을 올리고 도마에 음식을 담아 바치게 되는데, 이것은 실제로 군주에 대한 경우와 동일하니, 군주에게 술을 따라 바친 뒤에는 곧바로 구경에게 술을 따라 바치게 됨을 알 수 있고, 이처럼 해야만 빈객에게 술을 권할 수 있다. 정현이 "뭇 신하들은 자신의 자리로 나아가며 연례를 시행할 때처럼 한다."라고 했는데, 앞에서 자신의 신하에게 연례를 베풀 때와 동일하게 하는 것이다. 만약 그렇다면 뭇 신하들은 빈객을 맞이하여 들어올 때까지 기다리지 않고 곧 군주를 뒤따라 들어오니, 그들 모두는 술을 따라 바치고 권하는 절차에 따르기 때문이다. 그래서 이러한 이유로 먼저 침문에 당도하고 소신이 인도하면 곧바로 들어오며 빈객이 들어오고 난 이후까지 기다리지 않는다.

그림 5-1 ▣ 오옥(五玉) : 황(璜)·벽(璧)·장(璋)·규(珪)·종(琮)

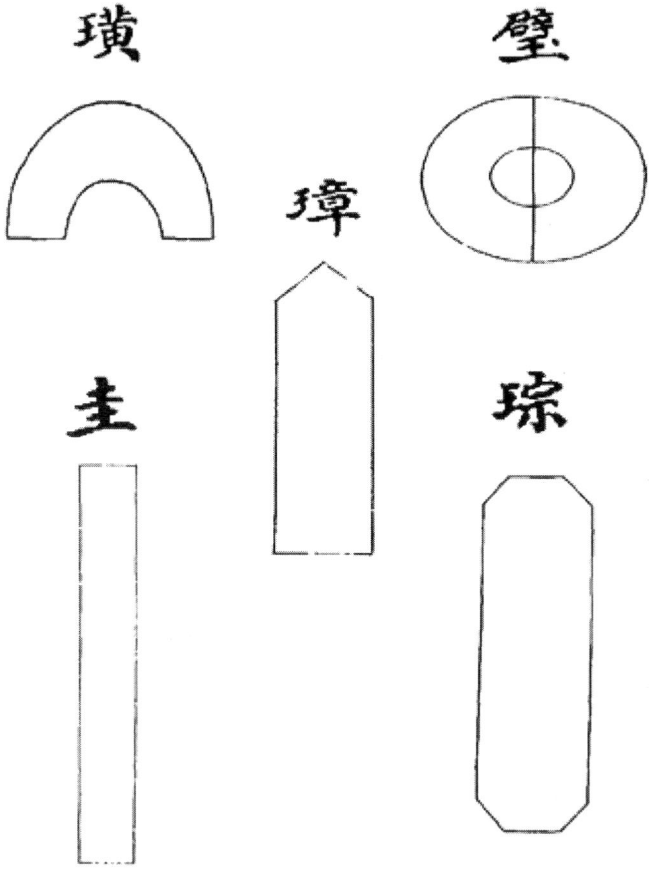

※ **출처:** 『주례도설(周禮圖說)』 하권

그림 5-2 ■ 위변복(韋弁服)

※ 출처: 『삼례도집주(三禮圖集注)』 1권

그림 5-3 ▣ 보(簠)

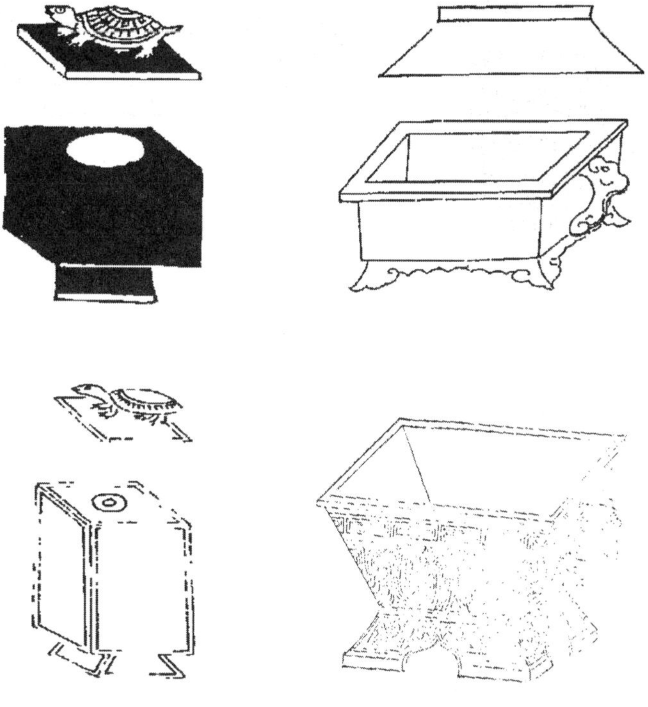

※ **출처:** 상좌-『삼례도집주(三禮圖集注)』 13권 ; 상우-『삼례도(三禮圖)』 4권
하좌-『육경도(六經圖)』 6권 ; 하우-『삼재도회(三才圖會)』「기용(器用)」 1권

그림 5-4 ▣ 궤(簋)

※ **출처:** 상좌-『삼례도집주(三禮圖集注)』 13권 ; 상우-『삼례도(三禮圖)』 4권
하좌-『육경도(六經圖)』 6권 ; 하우-『삼재도회(三才圖會)』「기용(器用)」 1권

그림 5-5 ▣ 작변(爵弁)

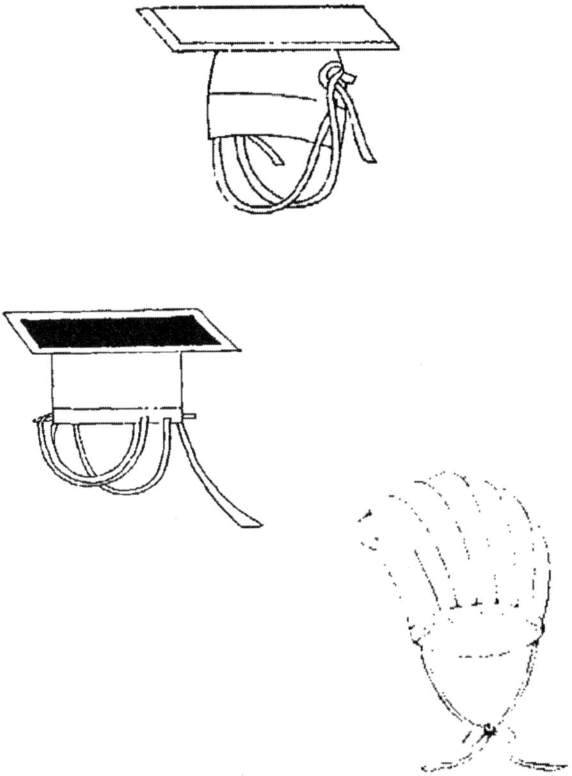

※ **출처:** 상단-『삼례도집주(三禮圖集注)』 3권
중단-『육경도(六經圖)』 8권
하단-『삼재도회(三才圖會)』「의복(衣服)」 1권

그림 5-6 ▣ 작변복(爵弁服)

※ 출처: 『삼례도집주(三禮圖集注)』 1권

그림 5-7 ■ 시마복(緦麻服)

※ **출처:** 『삼재도회(三才圖會)』「의복(衣服)」 3권

그림 5-8 ▣ 연(筵)

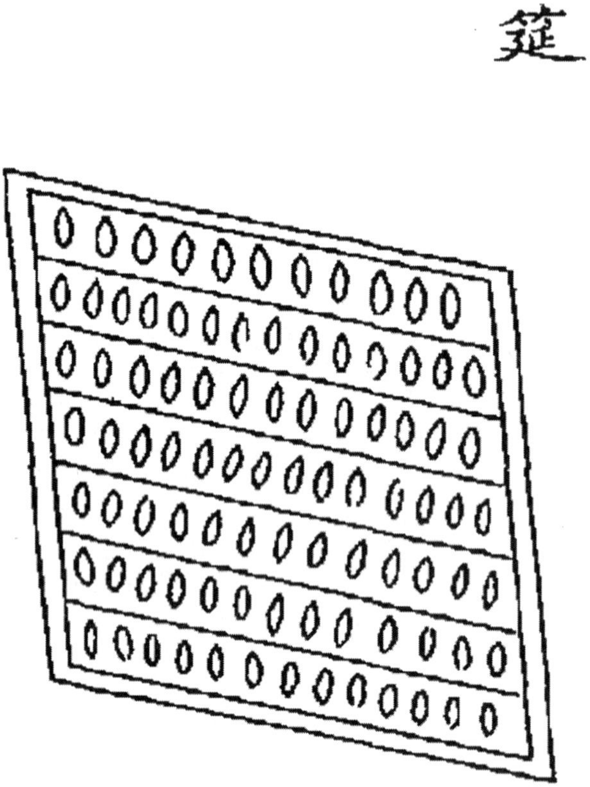

※ **출처:**『삼례도집주(三禮圖集注)』8권

그림 5-9 ▣ 포석(蒲席)과 완석(莞席)

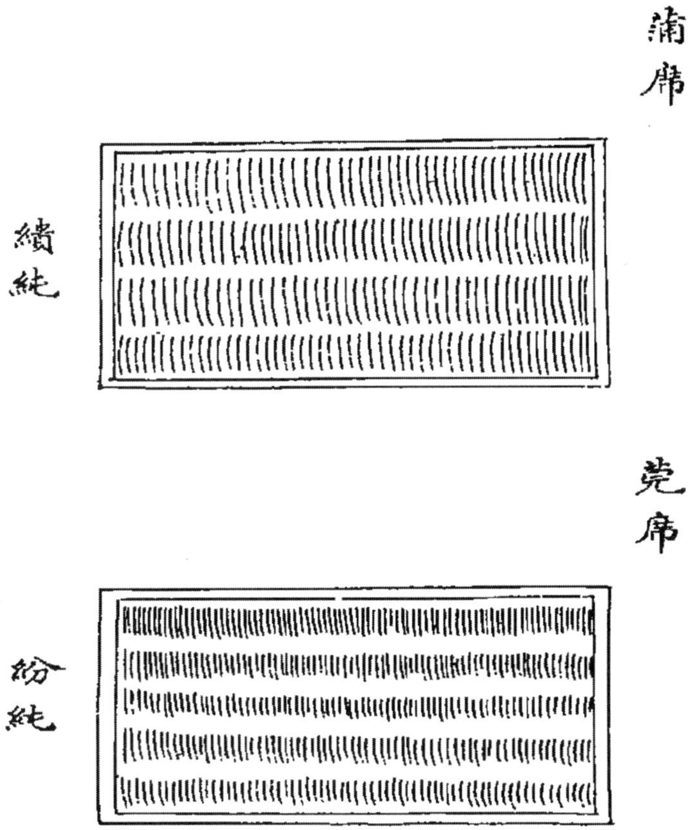

※ 출처: 『삼례도(三禮圖)』 2권

그림 5-10 ▣ 소석(繅席)과 차석(次席)

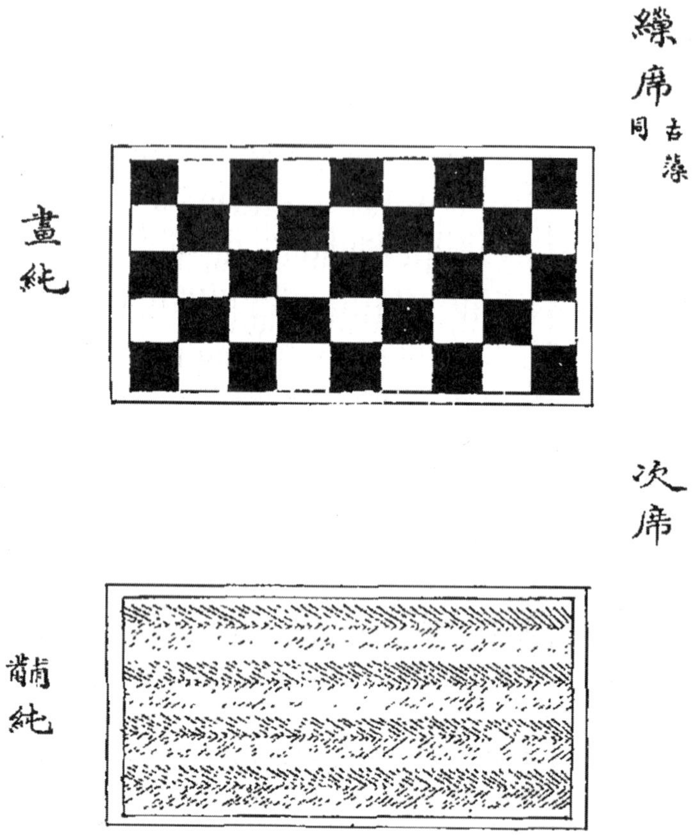

※ 출처: 『삼례도(三禮圖)』 2권

그림 5-11 ■ 정(鼎)

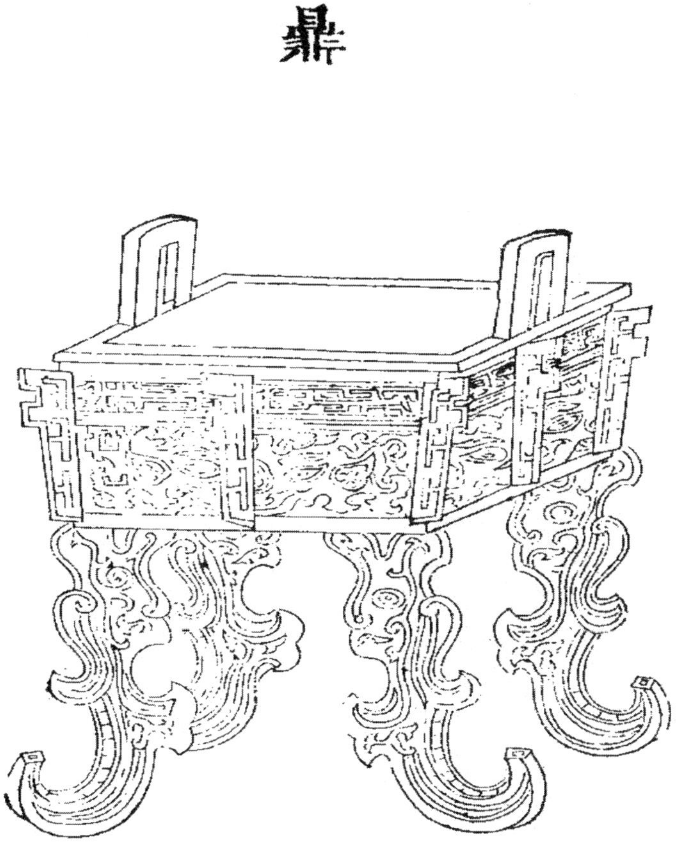

※ **출처:** 『삼재도회(三才圖會)』「기용(器用)」 1권

그림 5-12 ▣ 우정(牛鼎)과 경(扃: =鉉)

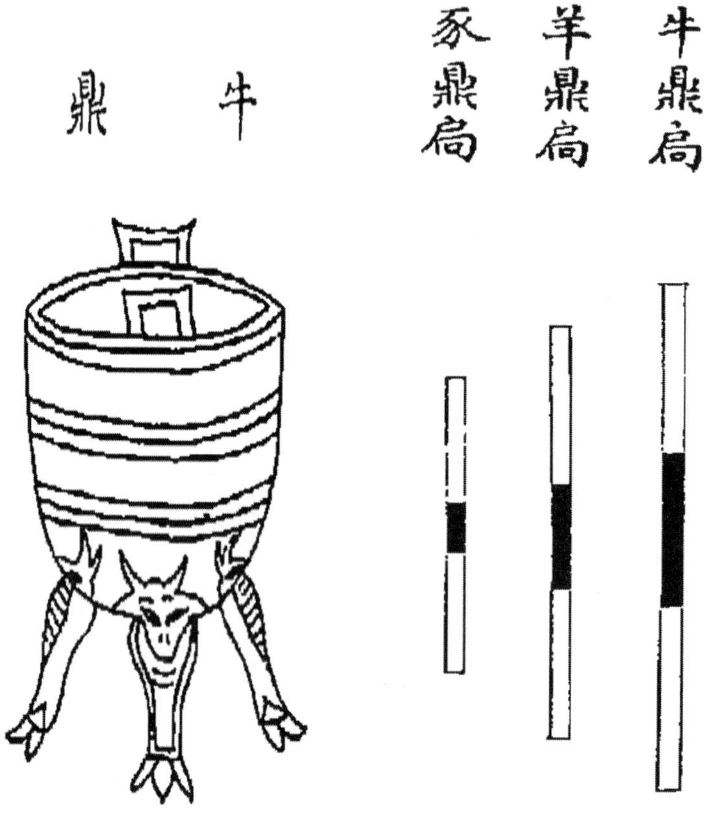

※ **출처:** 『삼례도집주(三禮圖集注)』 13권

그림 5-13 ▣ 양정(羊鼎)과 시정(豕鼎)

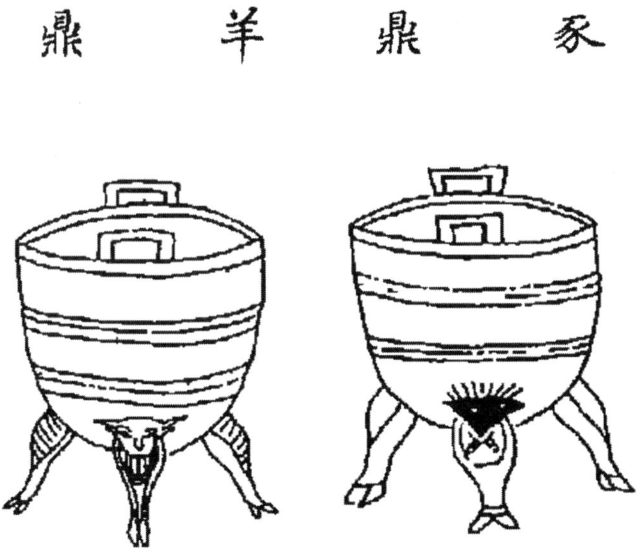

※ **출처:** 『삼례도집주(三禮圖集注)』 13권

그림 5-14 ▣ 멱(鼏: =冪·幂)

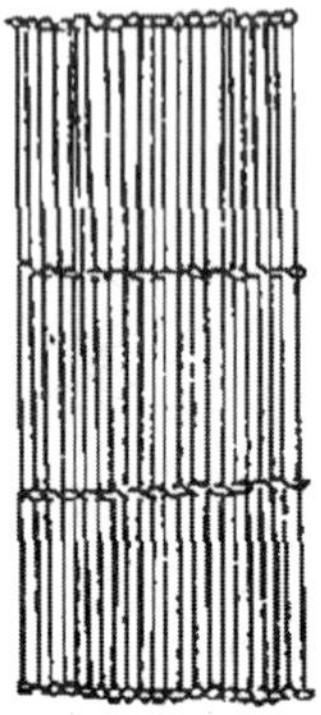

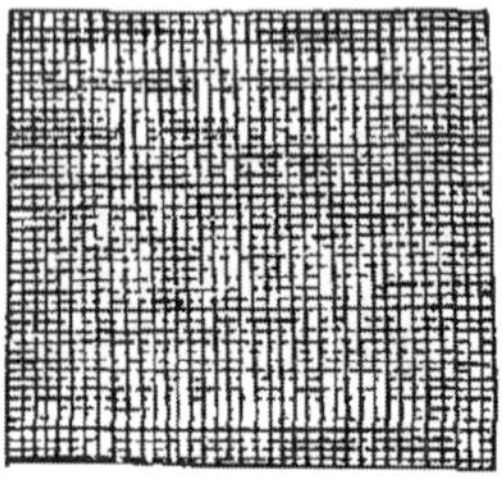

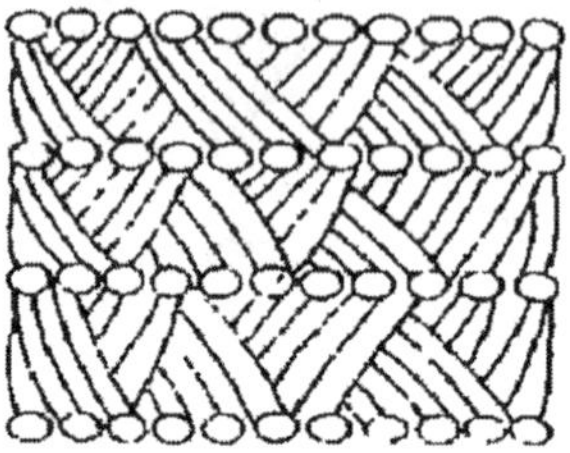

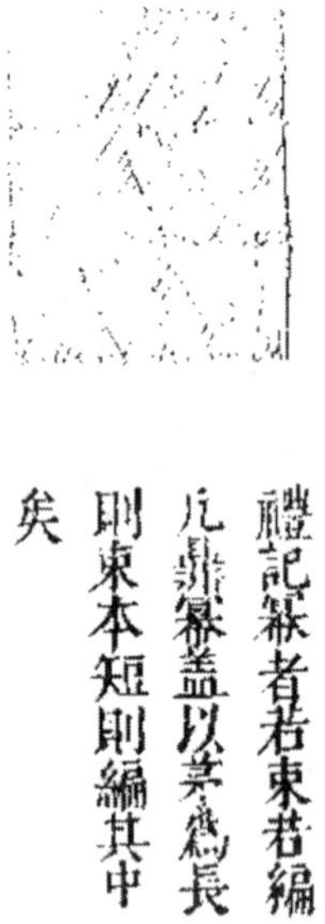

※ **출처:** 상좌-『삼례도집주(三禮圖集注)』 13권 ; 상우-『삼례도(三禮圖)』 4권
하좌-『육경도(六經圖)』 9권 ; 하우-『삼재도회(三才圖會)』「기용(器用)」 2권

그림 5-15 ■ 난도(鸞刀)

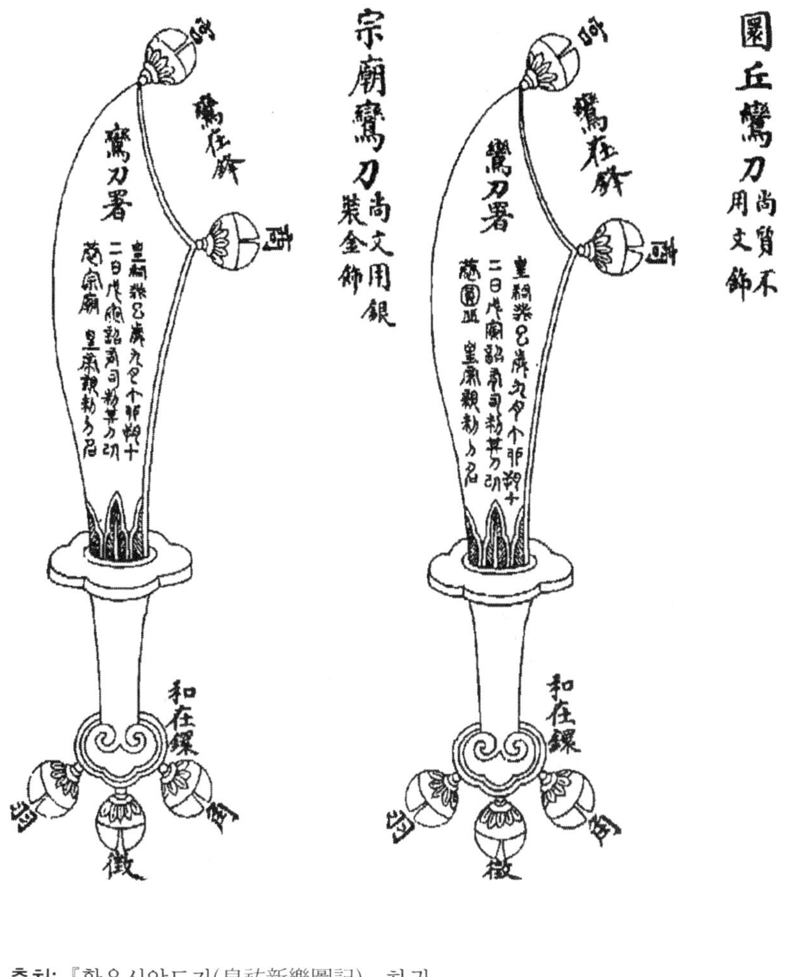

※ **출처:** 『황우신악도기(皇祐新樂圖記)』 하권

그림 5-16 ▣ 두(豆)

※ 출처: 상좌-『육경도(六經圖)』 6권; 상우-『삼례도(三禮圖)』 4권
하좌-『삼례도집주(三禮圖集注)』 13권; 하우-『삼재도회(三才圖會)』 「기용(器用)」 1권

그림 5-17 ▣ 형(鉶)

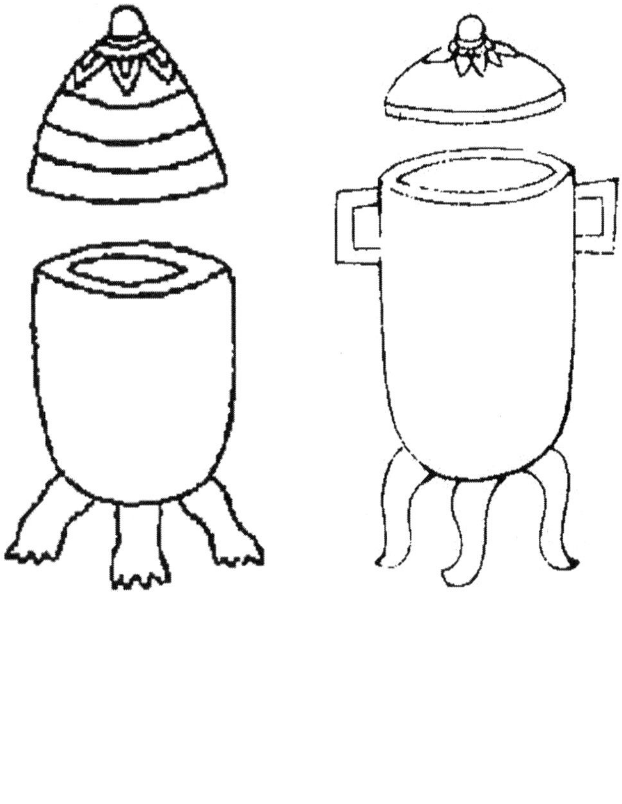

※ **출처:** 좌-『삼례도집주(三禮圖集注)』 13권
우-『삼재도회(三才圖會)』「기용(器用)」 2권

그림 5-18 ▣ 조(俎)

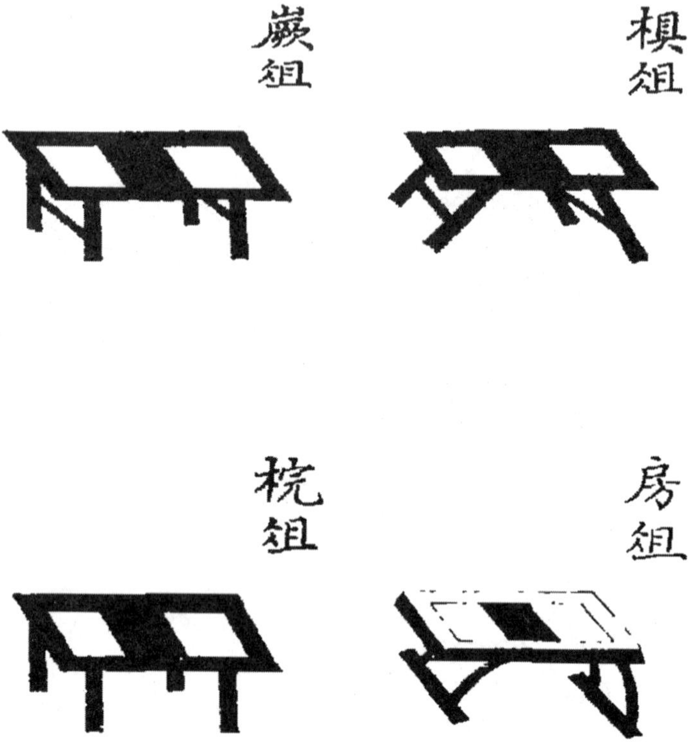

※ 출처: 『삼례도집주(三禮圖集注)』 13권

그림 5-19 ■ 호(壺)

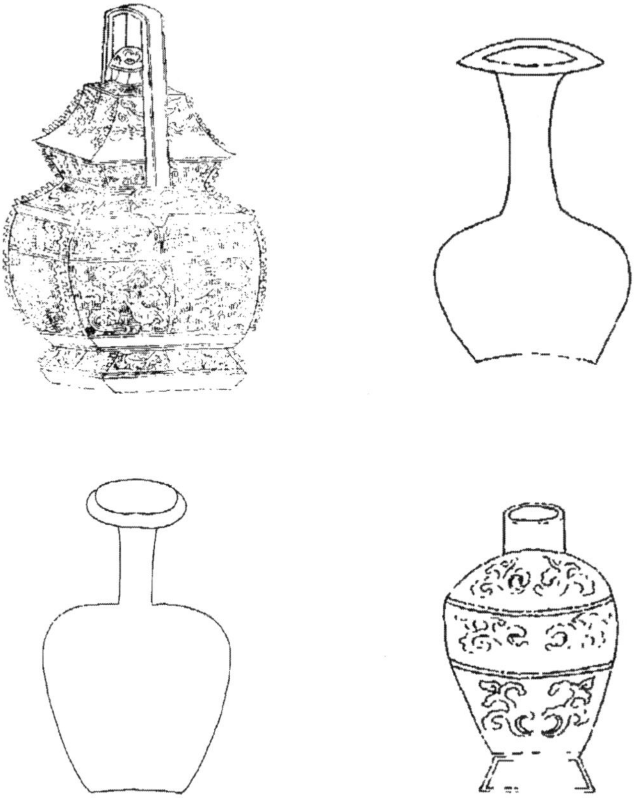

※ **출처:** 상좌-『삼재도회(三才圖會)』「기용(器用)」 1권 ; 상우-『삼례도집주(三禮圖集注)』 5권
하좌-『삼례도(三禮圖)』 4권 ; 하우-『육경도(六經圖)』 6권

그림 5-20 ▣ 옹(甕)

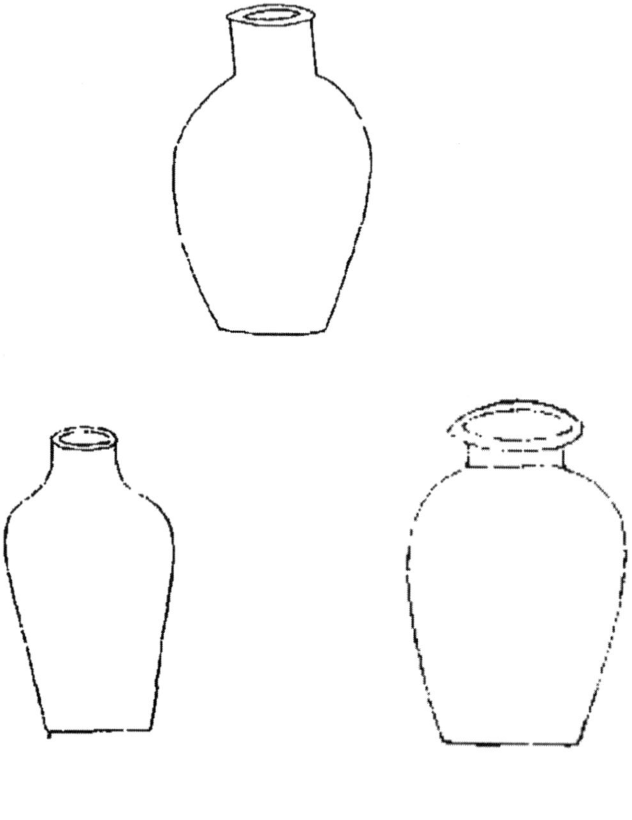

※ **출처:** 상단-『삼례도집주(三禮圖集注)』 12권
하좌-『육경도(六經圖)』 6권 ; 하우-『삼재도회(三才圖會)』「기용(器用)」 2권

그림 5-21 ▣ 거(筥)

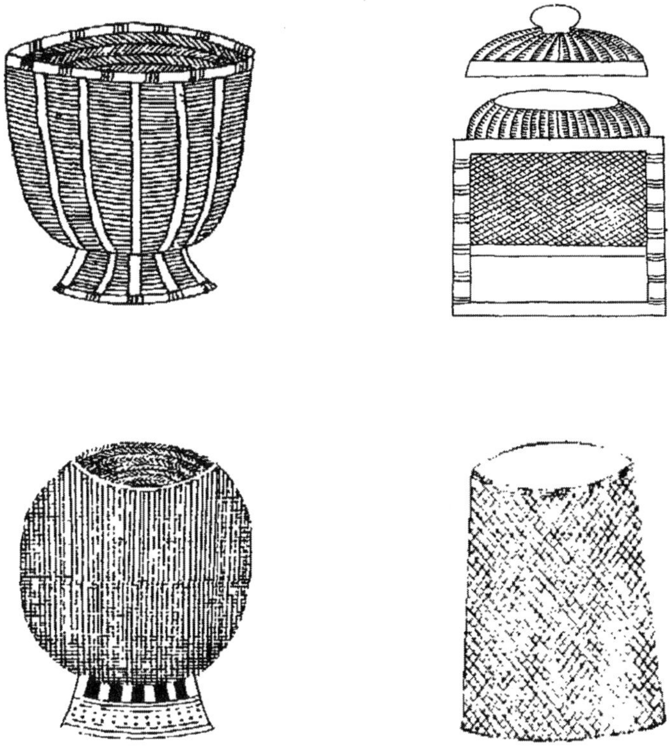

※ **출처:** 상좌-『삼례도집주(三禮圖集注)』 12권 ; 상우-『삼례도(三禮圖)』 4권
하좌-『육경도(六經圖)』 6권 ; 하우-『삼재도회(三才圖會)』「기용(器用)」 2권

그림 5-22 ▣ 부(缶)

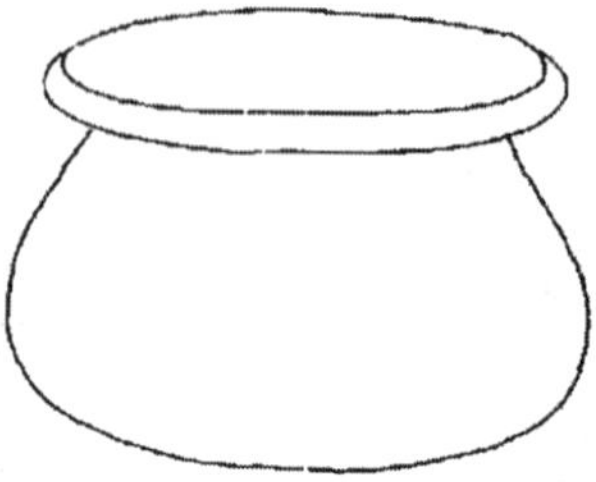

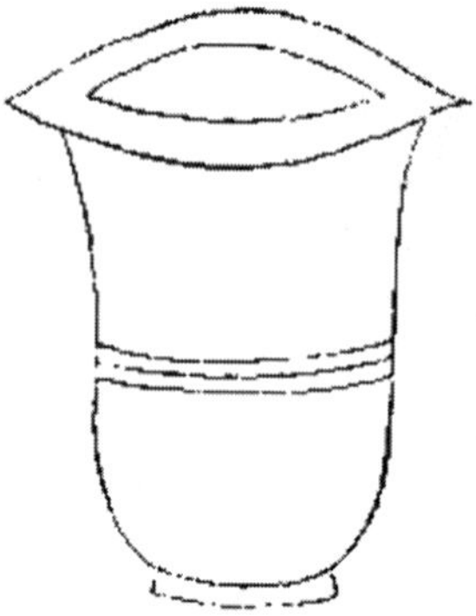

※ **출처:** 상-『삼례도(三禮圖)』 4권
하-『삼재도회(三才圖會)』「기용(器用)」 2권

그림 5-23 ▣ 와무(瓦甒)

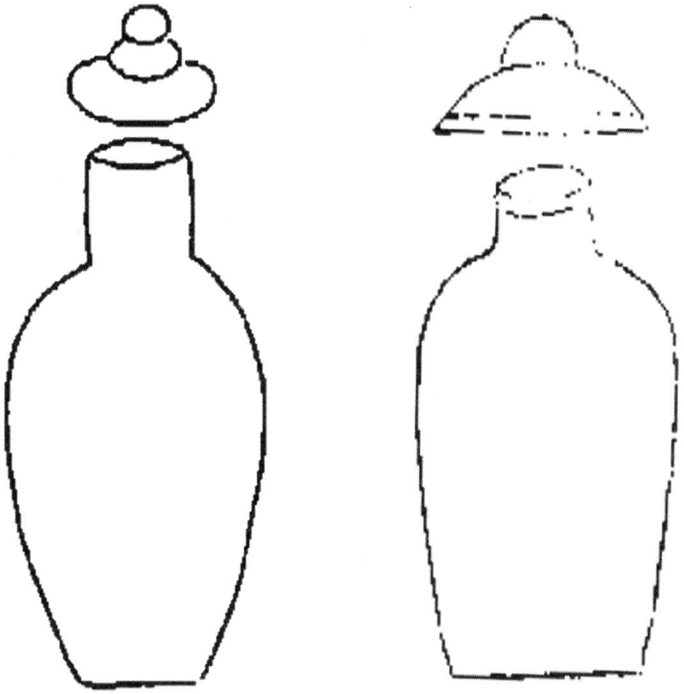

※ 출처: 우-『삼재도회(三才圖會)』「기용(器用)」 2권
좌-『삼례도집주(三禮圖集注)』 12권

그림 5-24 ▣ 세(洗)

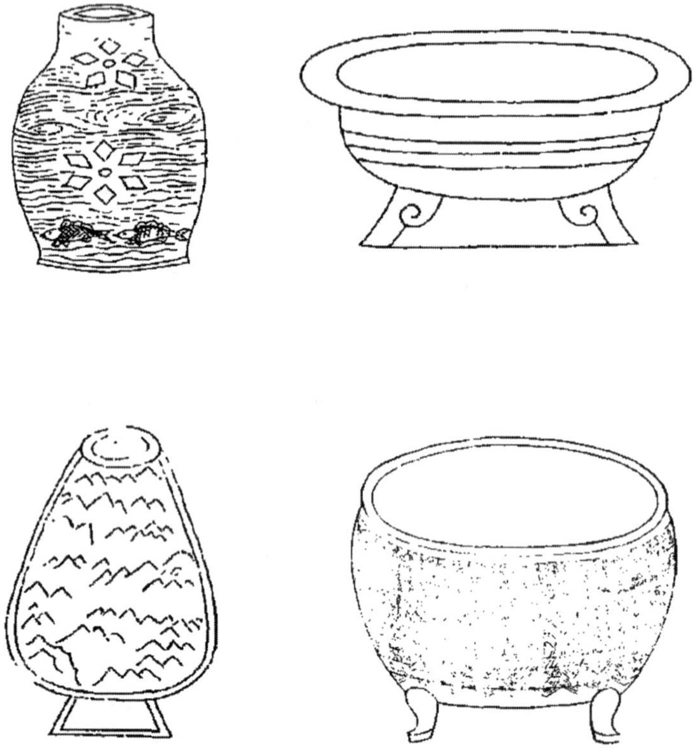

※ **출처:** 상좌-『삼례도집주(三禮圖集注)』 13권 ; 상우-『삼례도(三禮圖)』 4권
하좌-『육경도(六經圖)』 6권 ; 하우-『삼재도회(三才圖會)』「기용(器用)」 1권

그림 5-25 ▣ 진규(鎭圭)

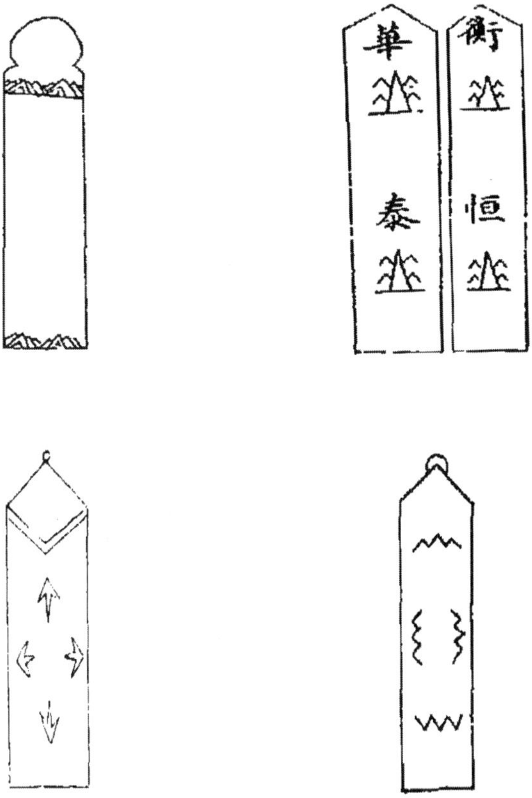

※ **출처:** 상우-『주례도설(周禮圖說)』 하권; 상좌-『삼례도집주(三禮圖集注)』 10권
하우-『육경도(六經圖)』 5권; 하좌-『삼재도회(三才圖會)』「기용(器用)」 2권

그림 5-26 ▣ 고(觚)

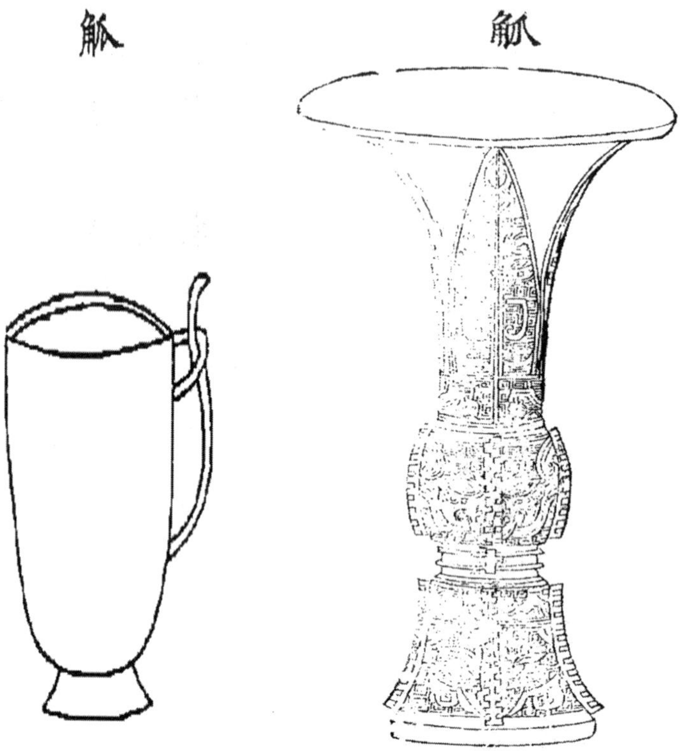

※ 출처: 우-『삼재도회(三才圖會)』「기용(器用)」 1권
좌-『삼례도집주(三禮圖集注)』 12권

그림 5-27 ▣ 치(觶)

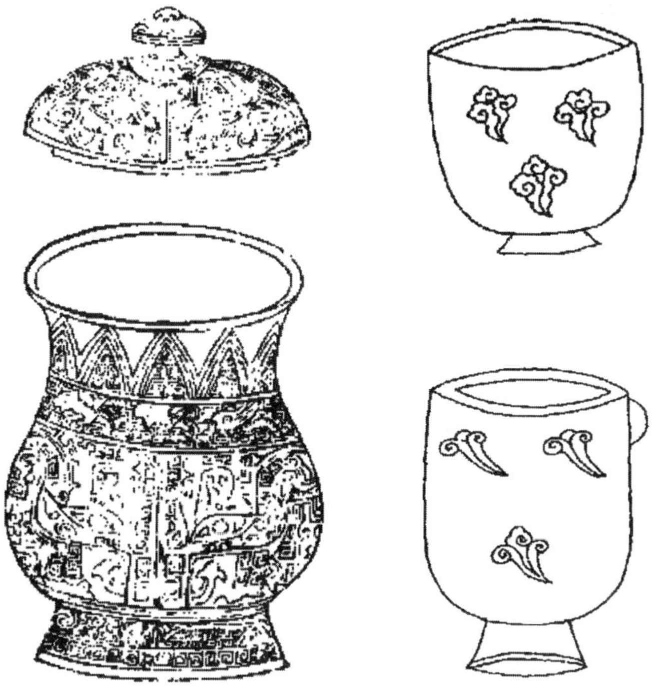

※ **출처:** 좌-『삼재도회(三才圖會)』「기용(器用)」 1권
상우-『삼례도집주(三禮圖集注)』 12권 ; 하우-『육경도(六經圖)』 9권

• 제 6 절 •

소빙(小聘)과 대빙(大聘)의 목적

【716d】

故天子制諸侯, 比年小聘, 三年大聘, 相厲以禮. 使者聘而誤, 主君弗親饗食也, 所以愧厲之也. 諸侯相厲以禮, 則外不相侵, 內不相陵. 此天子之所以養諸侯, 兵不用, 而諸侯自爲正之具也.

직역 故로 天子는 諸侯를 制하여, 比年에 小聘하고, 三年에 大聘하여, 相히 **厲**하길 禮로써 했다. 使者는 聘하여 誤하면, 主君은 親히 饗食를 弗하니, 愧**厲**하는 所以이다. 諸侯가 相히 **厲**하길 禮로써 하면, 外로는 相侵을 不하고, 內로는 相陵을 不한다. 此는 天子가 諸侯를 養함에, 兵을 不用하고, 諸侯는 自히 正을 爲하는 具의 所以이다.

의역 그러므로 천자는 이러한 예법을 제정하여 제후들을 따르게 해서, 매년 소빙(小聘)을 실시하도록 하고, 3년마다 대빙(大聘)을 실시하도록 하되, 서로 예(禮)로써 독려하도록 했다. 사신으로 찾아간 자가 빙문(聘問)의 의례 절차를 시행하며 잘못을 범하게 된다면, 빙문을 받는 제후는 직접 향례(饗禮)와 사례(食禮)를 실시하지 않았으니, 이를 통해서 그의 부끄러운 점에 대해 더욱 힘쓰도록 했던 것이다. 제후들이 서로 예에 따라 독려하게 된다면, 외적으로는 서로 침범하지 않게 되고, 내적으로는 서로 넘보지 않게 된다. 이것이 바로 천자가 제후들을 보살펴줌에, 병장기를 사용하지 않고도 제후들 스스로가 올바르게 되는 도구이다.

集說 天子制諸侯者, 天子制此禮而使諸侯行之也. 比年, 每歲也. 小聘使大夫, 大聘使卿. 誤, 謂禮節錯誤也.

번역 "천자가 제후를 제(制)한다."는 말은 천자가 이러한 예법을 제정하여, 제후들로 하여금 시행토록 한다는 뜻이다. '비년(比年)'은 매해를 뜻한다. 소빙(小聘) 때에는 대부를 사신으로 보내고, 대빙(大聘) 때에는 경을 사신으로 보낸다. '오(誤)'는 예법 절차를 시행하며 착오를 일으킨다는 뜻이다.

集說 呂氏曰: 上下不交, 則天下無邦, 人道所以不能群也. 故先王之御諸侯, 使之相交以修其好, 必使之相敬以全其交. 其相交也, 必求乎疏數之中, 故比年小聘, 三年大聘也. 其相敬也, 必相厲以禮, 故使者之誤, 主君不親饗食以愧厲之, 然後仁達而禮行. 外則四鄰相親而不相侵, 內則君臣有義而不相陵也. 先王制禮, 以善養人於無事之際, 多爲升降之文·酬酢之節. 賓主有司有不可勝行之憂, 先王未之有改者, 蓋以養其德意, 使之安於是而不憚也. 故不安於偸惰而安於行禮, 不恥於相下而恥於無禮也. 天子以是養諸侯, 諸侯以是養其士大夫. 上下交相養, 此兵所以不用, 天下所以平也. 節文之多, 惟聘射, 養人之至者也. 諸侯自爲正, 於射禮·聘禮二禮之義, 天子養諸侯之意爲深, 故其義皆曰兵不用自爲正之具也.

번역 여씨가 말하길, 상하 계층이 서로 교류하지 않는다면 천하에는 나라가 없게 되고, 사람의 도리 또한 군집될 수 없게 된다. 그렇기 때문에 선왕은 제후들을 다스리며, 그들로 하여금 서로 교류하도록 해서 우호를 다지게 했고, 반드시 그들로 하여금 서로 공경하도록 해서 우호관계를 온전히 보전하도록 했다. 서로 교류를 함에 있어서는 반드시 그 횟수의 알맞음에 따르도록 했다. 그렇기 때문에 매년 소빙(小聘)을 하는 것이고, 3년마다 대빙(大聘)을 하는 것이다. 서로 공경함에 있어서는 반드시 예법으로써 독려하도록 했다. 그렇기 때문에 사신으로 찾아간 자가 잘못을 범하면 빙문(聘問)을 받는 제후는 직접 향례(饗禮)와 사례(食禮)를 하지 않음으로써, 부끄러운 점에 대해 힘쓰도록 한 것이니, 그런 뒤에라야 인(仁)이 사방에 두루 퍼지고 예(禮)가 시행된다. 외적으로 사방의 이웃 나라가 서로 친근하게 되어 서로를 침범하지 않게 되고, 내적으로 군신 간에 의로움이 갖춰져서 서로 넘보지 않게 된다. 선왕은 예를 제정하여 특별한 일이 없을 때 선의 도리를 통해 사람들을 잘 보살피도록 했으니, 그 예법이라는 것은 대체적으로 오르고 내리는 형식과 술잔을 주고받는 절차에 해당한다. 빈객과 주인이 두는 유사(有司)에게는 그 행실을 감당할 수 없는 걱정스러운 점이 있지만, 선왕이 이러한 점을 개정하지 않았던 것은 아마도 이를 통해서 그 덕과 뜻을 보살펴주어 그들로 하여금 이러한 일들을 편안하게 여기도록 하고 꺼리지 않도록 했기 때문이다. 그래서 구차하고 게으름을 피우는 일에 대해서는 불안하게 여기게 되고, 예법을 시행하는 일에 대해서는 편안하게 여기게 되며, 서로 상대방보다 낮추는 것에 대해서는 부끄럽게 여기지 않지만, 무례함에 대해서는 부끄러움을 느끼게 된 것이다. 천자는 이를 통해 제후들을 보살펴주었고, 제후들은 이를 통해 사와 대부들을 보살펴주었다. 상하 계층이 서로 교류하며 상대를 보살펴주니, 이것이 바로 병장기를 사용하지 않아도 천하가 평안하게 되는 이유이다. 예법에 따른 절차와 형식은 매우 다양하지만, 오직 빙례(聘禮)와 사례(射禮)만이 사람을 보살펴주는 예법 절차 중 가장 지극한 것에 해당한다. 제후들이 제 스스로 올바르게 되니, 사례와 빙례라는 두 가지 의례의 의미에 있어서, 천자가 제후들을 보살펴주었던 뜻이 더욱 지극히 나타나게 된다. 그렇기 때문에 그 의미에 대해서 모두 "병장기를 사용하지 않아도, 제 스스로 올바르게 되는 도구이다."라고 말한 것이다.

大全 長樂陳氏曰: 使者得禮而榮君之命, 則有光華, 失禮而辱君之命, 則有愧恥, 故厲其使, 所以厲其君, 厲其君, 則敬讓行而兵不用矣. 古之人以禮相愧厲而不以怒, 此所以相成之道也. 此孔子所以貴使於四方不辱君命也.

번역 장락진씨[1]가 말하길, 사신으로 찾아간 자가 예법에 맞게 하여 군주의 명령을 영화롭게 만든다면 영예로움을 얻게 되고, 예법을 어겨서 군주의 명령을 욕되게 만든다면 부끄러움을 얻게 된다. 그러므로 그 사신을

---

1) 진상도(陳祥道, A.D.1159 ~ A.D.1223) : =장락진씨(長樂陳氏)·진씨(陳氏)·진용지(陳用之). 북송대(北宋代)의 유학자이다. 자(字)는 용지(用之)이다. 장락(長樂) 지역 출신으로, 1067년에 과거에 급제하여 태상박사(太常博士) 등을 지냈다. 왕안석(王安石)의 제자로, 그의 학문을 전파하는데 공헌하였다. 저서에는 『예서(禮書)』, 『논어전해(論語全解)』 등이 있다.

독려하니, 이것은 그의 군주를 독려하는 방법이다. 그의 군주를 독려하게 된다면 공경함과 사양함이 시행되어 병장기를 사용하지 않게 된다. 고대인들은 예에 따라 상호 잘못된 점을 독려했고 노여움을 나타내지 않았으니, 이것은 바로 서로를 완성시켜주는 도리에 해당한다. 그리고 이것이 바로 공자가 사신이 되어 사방으로 찾아갔을 때, 군주의 명령을 욕되게 하지 않는 것을 귀하게 여긴 이유이다.[2)]

鄭注 "比年小聘", 所謂"歲相問"也. "三年大聘", 所謂"殷相聘"也.

번역 "매년 소빙(小聘)을 한다."는 말은 이른바 "해마다 서로 문(問)을 한다."는 뜻에 해당한다. "3년마다 대빙(大聘)을 한다."는 말은 이른바 "중간에 특별한 일이 없을 때 대규모로 조(朝)를 하며 서로 빙(聘)을 한다."는 뜻에 해당한다.[3)]

釋文 比, 必履反. 使, 色吏反. 媿, 本又作愧, 音同.

번역 '比'자는 '必(필)'자와 '履(리)'자의 반절음이다. '使'자는 '色(색)'자와 '吏(리)'자의 반절음이다. '媿'자는 판본에 따라서 또한 '愧'자로도 기록하는데, 그 음은 동일하다.

孔疏 ●"故天"至"具也". ○正義曰: 此經明諸侯交相聘問, 相厲以禮, 則內崇敬讓, 外不相侵陵, 是"自爲正之具".

번역 ●經文: "故天"~"具也". ○이곳 경문은 제후들이 서로 교류하며 빙문(聘問)을 할 때, 상호 예에 따라 독려한다면, 내적으로는 공경함과 사양함

---

2) 『논어』「자로(子路)」: 子貢問曰, "何如斯可謂之士矣?" 子曰, "行己有恥, 使於四方, 不辱君命, 可謂士矣." 曰, "敢問其次." 曰, "宗族稱孝焉, 鄕黨稱弟焉." 曰, "敢問其次." 曰, "言必信, 行必果, 硜硜然小人哉! 抑亦可以爲次矣." 曰, "今之從政者何如?" 子曰, "噫! 斗筲之人, 何足算也?"

3) 『주례』「추관(秋官)·대행인(大行人)」: 凡諸侯之邦交, 歲相問也, 殷相聘也, 世相朝也.

을 숭상하게 되고, 외적으로는 서로 침략하거나 업신여기지 않게 되니, 이것이 '제 스스로 올바르게 되는 도구'에 해당한다는 사실을 나타내고 있다.

孔疏 ●"天子制諸侯, 比年小聘, 三年大聘"者, 謂天子立制, 使諸侯相於比年使大夫小聘, 三歲使卿大聘.

번역 ●經文: "天子制諸侯, 比年小聘, 三年大聘". ○천자가 제도를 세워서 제후들로 하여금 상호 매년 대부를 시켜 소빙(小聘)을 하게 만들고, 3년마다 경을 시켜 대빙(大聘)을 하게 만들었다는 뜻이다.

孔疏 ●"使者聘而誤, 主君弗親饗食也", 謂來聘使者行聘之時, 禮有錯誤, 則主國之君不親自饗食以接賓, 所以使賓恥愧, 自勉勸厲.

번역 ●經文: "使者聘而誤, 主君弗親饗食也". ○찾아와서 빙문(聘問)을 하는 사신이 빙문의 의례를 시행할 때, 그 예법에 착오가 있다면, 빙문을 받는 나라의 군주는 직접 향례(饗禮)와 사례(食禮)를 하여 빈객을 접대하는 절차를 시행하지 않으니, 이를 통해서 빈객으로 하여금 부끄러움을 느끼게 하여, 제 스스로 힘껏 노력하도록 만든다는 뜻이다.

孔疏 ●"此天子之所以養諸侯, 兵不用"者, 謂天子制此禮, 使諸侯自相親, 是存養諸侯, 無兵革之患.

번역 ●經文: "此天子之所以養諸侯, 兵不用". ○천자가 이러한 예를 제정하여, 제후들로 하여금 제 스스로 서로 친애하도록 만들었으니, 이것은 제후들을 잘 보살펴주어서 전란의 우환이 없게끔 하는 것임을 뜻한다.

孔疏 ●"而諸侯自爲正之具也", 正, 謂國無患難. 國家得正, 由其外親諸侯所以如此, 是"自爲正之具"也.

번역 ●經文: "而諸侯自爲正之具也". ○'정(正)'자는 나라에 우환이 없

다는 뜻이다. 국(國)과 가(家)가 올바르게 되는 것은 외적으로 제후들을 친애하길 이처럼 하는 것으로부터 비롯되니, 이것이 바로 '제 스스로 올바르게 되는 도구'에 해당한다는 뜻이다.

孔疏 ◎注"比年"至"聘也". ○正義曰: 按大行人云: "諸侯之邦交, 歲相問也." 按聘禮記云: "小聘曰問." 故知此"比年小聘"是"歲相問"也. 大行人又云: "殷相聘也." 殷, 中也. 謂三年之時, 中而無事, 故稱"殷"也. 按昭九[4]年左氏傳云: "孟僖子如齊, 殷聘禮也." 服虔注云: "自襄二十年叔老聘於齊, 至今積二十年, 故脩盛聘之禮." 鄭引之, 以解大行人"殷相聘"也. 鄭以"殷"爲"中", 惟取"殷聘"之文以解"殷相聘"之義. 正取"殷"文是同, 其年數則異, 故以此三年之聘爲"殷聘"也. 此經所云, 謂諸侯自相聘也. 而王制云: "諸侯之於天子, 比年一小聘, 三年一大聘, 五年一朝." 與此不同者, 此經諸侯相聘, 是周公制禮之正法, 王制所云, 謂文·襄之法, 故不同也.

번역 ◎鄭注: "比年"~"聘也". ○『주례』「대행인(大行人)」편을 살펴보면, "제후국 간에 우호를 다질 때에는 1년에 서로 문(問)을 한다."[5]라고 했다. 『의례』「빙례(聘禮)」편의 기문을 살펴보면, "소빙(小聘)을 문(問)이라고 부른다."[6]라고 했다. 그렇기 때문에 이곳에서 "매년 소빙(小聘)을 한다."는 말이 곧 "1년에 서로 문(問)을 한다."는 것에 해당함을 알 수 있다. 또한 「대행인」편에서는 "은(殷)에 서로 빙(殷)을 한다."라고 했는데, '은(殷)'자는 중간[中]을 뜻한다. 즉 3년이라는 기간 동안 중간에 특별한 일이 없을 때를 뜻한다. 그렇기 때문에 '은(殷)'이라고 말한 것이다. 소공(昭公) 9년에 대한 『좌전』의 기록을 살펴보면, "맹희자(孟僖子)가 제(齊)나라로 가서 은빙(殷聘)을 했는데, 예법에 맞는 일이다."[7]라고 했고, 복건의 주에서는 "양

4) '구(九)'자에 대하여. '구'자는 본래 '원(元)'자로 기록되어 있었는데, 완원(阮元)의 『교감기(校勘記)』에서는 "혜동(惠棟)의 『교송본(校宋本)』에는 '원'자를 '구'자로 기록하고 있으니, 이곳 판본이 잘못 기록한 것이다."라고 했다.
5) 『주례』「추관(秋官)·대행인(大行人)」 : 凡諸侯之邦交, 歲相問也, 殷相聘也, 世相朝也.
6) 『의례』「빙례(聘禮)」 : 小聘曰問. 不享, 有獻, 不及夫人.

공(襄公) 20년에 숙로(叔老)가 제나라로 빙문을 했을 때로부터 현재에 이르기까지 20년이 흘렀다. 그렇기 때문에 융성한 빙(聘)의 예법을 준비했던 것이다."라고 했다. 정현은 이러한 내용들을 인용하여, 「대행인」편에서 '은상빙(殷相聘)'이라고 한 말을 풀이했다. 정현은 '은(殷)'자를 '중(中)'자로 여겼는데, 다만 '은빙(殷聘)'이라는 문장을 가져다가 '은상빙(殷相聘)'이라는 뜻을 풀이한 것이다. 이것은 곧 '은(殷)'이라는 글자의 뜻이 같다는 점에 따른 것인데, 그것을 시행하는 년차에 있어서는 차이가 있다. 그렇기 때문에 이곳에서 3년마다 시행하는 빙(聘)을 '은빙(殷聘)'이라고 여긴 것이다. 이곳 경문에서 언급한 내용은 제후들끼리 서로 빙(聘)을 한다는 내용이다. 그런데 『예기』「왕제(王制)」편에서는 "제후는 천자에 대해서, 매년 1차례 소빙(小聘)을 하고, 3년에 1차례 대빙(大聘)을 하며, 5년에 1차례 조(朝)를 한다."[8]라고 하여, 이곳의 문장 내용과 차이를 보인다. 그 이유는 이곳 경문은 제후들이 서로 빙(聘)을 한다는 내용이니, 이것은 주공이 예법을 제정했을 때의 정규 규범에 해당하고, 「왕제」편에서 말한 내용은 문공과 양공 때 제정되었던 법도이다. 그렇기 때문에 차이를 보이는 것이다.

訓纂 呂與叔曰: 不親饗食者, 聘禮所謂"大夫來使, 無罪饗之, 過則餼之"之意也.

번역 여여숙이 말하길, 직접 향례(饗禮)와 사례(食禮)를 시행하지 않는다는 것은 『의례』「빙례(聘禮)」편에서 "대부가 사신으로 찾아왔는데 죄를 짓지 않는다면 그에게 향례를 베풀고, 과실을 범하게 된다면 익히지 않은 고기만 보내준다."[9]라고 했던 뜻에 해당한다.

---

7) 『춘추좌씨전』「소공(昭公) 9년」: 孟僖子如齊殷聘, 禮也.
8) 『예기』「왕제(王制)」【151c】: 諸侯之於天子也, 比年一小聘, 三年一大聘, 五年一朝.
9) 『의례』「빙례(聘禮)」: 大夫來使, 無罪饗之. 過則餼之.

참고 구문비교

예기 · 빙의 故天子制諸侯, 比年小聘, 三年大聘, 相厲以禮. 使者聘而誤, 主君弗親饗食也, 所以愧厲之也. 諸侯相厲以禮, 則外不相侵, 內不相陵. 此天子之所以養諸侯, 兵不用, 而諸侯自爲正之具也.

대대례기 · 조사(朝事) 故天子之制, 諸侯交歲相問, 殷相聘, 相厲以禮. 使者聘而誤, 主君不親饗食, 所以恥厲之也. 諸侯相厲以禮, 則外不相侵, 內不相陵. 此天子所以養諸侯, 兵不用, 而諸侯自爲正之具也.

대대례기 · 조사(朝事) 諸侯相接以敬讓, 則不相侵陵也. 此天子之所以養諸侯, 兵不用, 而諸侯自爲正之具也.

예기 · 사의(射義) 此天子之所以養諸侯而兵不用, 諸侯自爲正之具也.

대대례기 · 조사(朝事) 此天子之所以養諸侯, 兵不用, 而諸侯自爲正之法也.

참고 『예기』「사의(射義)」 기록

경문-707d 故詩曰: "曾孫侯氏, 四正具擧. 大夫君子, 凡以庶士. 小大莫處, 御于君所. 以燕以射, 則燕則譽." 言君臣相與, 盡志於射以習禮樂, 則安則譽也. 是以天子制之, 而諸侯務焉. 此天子之所以養諸侯而兵不用, 諸侯自爲正之具也.

번역 이러한 까닭으로 『시』에서는 "증손후씨(曾孫侯氏)여, 사정(四正)을 모두 거행하는구나. 대부인 군자여, 모든 서사(庶士)들까지 참여하여, 대소 관료를 막론하고 자신의 직무에 매달리지 않고 군주가 계신 곳에서 군주를 모시는구나. 연례(燕禮)를 시행한 뒤에 사례(射禮)를 실시하니, 편안하고 영예롭게 된다."라고 했다. 즉 이 말은 군주와 신하가 서로 참여하여 활쏘기에서 그 뜻을 다하여 예악(禮樂)을 익히게 된다면, 모두가 편안하게 되고 영예를 얻게 된다는 뜻이다. 이러한 까닭으로 천자는 이러한 예법을 제정한 것이고 제후는 힘써 실천했던 것이다. 이것이 바로 천자가 제후를 보살피면서 병장기를 사용하지 않았던 이유이며, 또한 제후들이 제 스스로 올바르게 되었던 도구이기도 하다.

鄭注 此"曾孫"之詩, 諸侯之射節也. 四正, 正爵四行也. 四行者, 獻賓·獻公·獻卿·獻大夫, 乃後樂作而射也. 莫處, 無安居其官次者也. 御, 猶侍也. "以燕以射", 先行燕禮乃射也. "則燕則譽", 言國安則有名譽. 譽或爲"與".

번역 이곳에서 '증손(曾孫)'이라고 한 시는 제후들이 활쏘기를 할 때 절도로 삼는 악곡이다. '사정(四正)'은 정식 의례에 쓰이는 술잔을 4차례 사용한다는 뜻이다. 4차례 사용한다는 것은 빈객에게 따라주고 군주에게 따라주며 경에게 따라주고 대부에게 따라주는 것이니, 이처럼 한 이후에야 음악을 연주하고 활쏘기를 시행한다. '막처(莫處)'는 그 관부가 있는 곳에서 편안하게 머물고 있는 자가 없다는 뜻이다. '어(御)'자는 "시중든다[侍]."는 뜻이다. '이연이사(以燕以射)'는 먼저 연례(燕禮)를 시행한 뒤에 사례(射禮)를 시행하는 것이다. '즉연즉예(則燕則譽)'는 국가가 안정되어 영예를 얻는다는 뜻이다. '예(譽)'자를 다른 판본에서는 '여(與)'자로 기록하기도 한다.

孔疏 ●"諸侯自爲正之具也", 正, 謂脩正. 言射者是諸侯自爲脩正之具, 言脩正得安, 由於射也. 故前文云"內志", 正謂此也.

번역 ●經文: "諸侯自爲正之具也". ○'정(正)'자는 "수양하여 바르게 한다."는 뜻이다. 즉 활쏘기는 제후들이 제 스스로를 수양하며 올바르게 하는 도구가 된다는 뜻으로, 수양하고 올바르게 하여 편안하게 되는 것은 사례(射禮)에서 비롯된다는 의미이다. 그렇기 때문에 앞의 문장에서 '내지(內志)'라고 한 것은 바로 이 내용을 뜻한다.

참고 『논어』「자로(子路)」 기록

경문 子貢問曰: "何如斯可謂之士矣?" 子曰: "行己有恥①, 使於四方, 不辱君命, 可謂士矣." 曰: "敢問其次." 曰: "宗族稱孝焉, 鄕黨稱弟焉." 曰: "敢問其次." 曰: "言必信, 行必果, 硜硜然小人哉! 抑亦可以爲次矣②." 曰: "今之從政者何如?" 子曰: "噫! 斗筲之人, 何足算也③?"

번역 자공이 묻기를 "어떻게 하면 선비라 부를 수 있습니까?"라고 하자 공자는 "행동을 함에 부끄러움을 느낄 줄 알고, 사방에 사신으로 파견되어 군주의 명령을 욕되이 하지 않는다면 선비라 부를 수 있다."라고 했다. 자공은 "감히 그 다음 수준의 요건을 묻고자 합니다."라고 하자 공자는 "족인들이 효성스럽다고 칭송하고, 마을 사람들이 공손하다고 칭송하는 자이다."라고 했다. 자공은 "감히 그 다음 수준의 요건을 묻고자 합니다."라고 하자 공자는 "말을 할 때에는 반드시 믿음직스럽게 하고 행동을 할 때에는 반드시 과감하게 하는 것은 비루하고 천박한 소인의 행태이다! 그러나 이 또한 그 다음 수준이 될 만하다 평할 수 있다."라고 했다. 자공은 "지금 정치에 종사하는 자들은 어떻습니까?"라고 하자 공자는 "아! 속이 좁은 사람들이니 어찌 따질만한 자들이겠는가?"라고 했다.

何注-① 孔曰: 有恥者, 有所不爲.

번역 공씨가 말하길, 부끄러움이 있는 자는 행하지 못하는 것이 있다.

何注-② 鄭曰: 行必果, 所欲行必果敢爲之. 硜硜者, 小人之貌也. 抑亦其次, 言可以爲次.

번역 정씨가 말하길, 행동을 할 때에는 반드시 과감하게 한다는 것은 하고자 하는 바가 있다면 반드시 과감하게 그 일을 시행한다는 뜻이다. '경경(硜硜)'이라는 것은 소인의 모습을 뜻한다. '억역기차(抑亦其次)'라는 말은 그 다음이 될 만하다는 뜻이다.

何注-③ 鄭曰: 噫, 心不平之聲. 筲, 竹器, 容斗二升. 算, 數也.

번역 정씨가 말하길, '희(噫)'는 마음이 편안하지 못할 때 나오는 소리이다. '소(筲)'는 대나무로 만든 그릇이니, 그 용적은 1두(斗) 2승(升)이다. '산(算)'자는 셈하다는 뜻이다.

邢疏 ●"子貢"至"算也". ○正義曰: 此章明士行也.

번역 ●經文: "子貢"~"算也". ○이 문장은 선비의 행실을 나타내고 있다.

邢疏 ●"子貢問曰: 何如斯可謂之士矣"者, 士, 有德之稱, 故子貢問於孔子曰: "其行如何, 斯可謂之士矣!"

번역 ●經文: "子貢問曰: 何如斯可謂之士矣". ○'사(士)'자는 덕을 갖춘 자를 지칭하는 말이다. 그렇기 때문에 자공은 공자에게 질문하며, "그 행실이 어떠해야만 선비라 부를 수 있습니까!"라고 한 것이다.

邢疏 ●"子曰: 行已有恥, 使於四方, 不辱君命, 可謂士矣"者, 此答士之高行也. 言行己之道, 若有不善, 恥而不爲. 爲臣奉命出使, 能遭時制宜, 不辱君命. 有此二行, 可謂士矣.

번역 ●經文: "子曰: 行已有恥, 使於四方, 不辱君命, 可謂士矣". ○이것은 선비의 고상한 행실을 답변해준 말이다. 자신의 도를 시행하면서 만약 선하지 못한 점이 있다면 부끄러움을 느껴서 시행하지 않는다. 또 신하가 되어 군주의 명령을 받들어 국경을 벗어나 사신의 임무를 수행하게 된다면 적절한 시기에 따르며 합당함에 따를 수 있어 군주의 명령을 욕되게 만들지 않는다. 이러한 두 가지 행실을 갖춘다면 선비라 부를 수 있다고 말한 것이다.

集註 此其志有所不爲, 而其材足以有爲者也. 子貢能言, 故以使事告之. 蓋爲使之難, 不獨貴於能言而已.

번역 이것은 그 뜻에 행하지 않는 바가 있고, 그 재주에 충분히 어떤 일을 시행할 능력이 있는 자를 가리킨다. 자공은 말을 잘했기 때문에 사신의 임무로 일러준 것이다. 사신의 임무를 수행하는 것은 어려운 것이니, 말만 잘하는 것을 귀하게 여길 뿐만이 아니다.

邢疏 ●"曰: 敢問其次"者, 子貢復問士之爲行次此於二者云何.

번역 ●經文: "曰: 敢問其次". ○자공이 재차 선비의 행실에 있어서 이러한 두 가지 행실을 갖춘 것보다 다음 수준의 것은 어떠한지 물어본 것이다.

邢疏 ●"曰: 宗族稱孝焉, 鄕黨稱弟焉"者, 此孔子復爲言其士行之次也. 宗族, 同宗族屬也. 善事父母爲孝, 宗族內親, 見其孝而稱之. 善事長上爲弟, 鄕黨差遠, 見其弟而稱之也.

번역 ●經文: "曰: 宗族稱孝焉, 鄕黨稱弟焉". ○이것은 공자가 재차 사의 행실 중 그 다음 수준의 것에 대해 말해준 것이다. '종족(宗族)'은 같은 종족의 무리들을 뜻한다. 부모를 잘 섬기는 것을 '효(孝)'라고 하는데, 종족과 같은 친족들이 그의 효행을 보고 칭찬하는 것이다. 연장자를 잘 섬기는 것을 '제(弟)'라고 하는데, 마을 사람들처럼 보다 관계가 먼 자들이 그의 공손함을 보고 칭찬하는 것이다.

集註 此本立而材不足者, 故爲其次.

번역 이것은 근본이 확립되었으나 재주가 부족한 경우이다. 그렇기 때문에 그 다음 수준이 된다.

邢疏 ●"曰: 敢問其次"者, 子貢又問更有何行可次於此也.

번역 ●經文: "曰: 敢問其次". ○자공은 또한 어떠한 행실이 이보다 낮은 수준의 것이 되는지 물어본 것이다.

邢疏 ●"曰: 言必信, 行必果, 硜硜然小人哉! 抑亦可以爲次矣"者, 孔子又爲言其次也. 若人不能信以行義, 而言必執信. 行不能相時度宜, 所欲行者, 必果敢爲之. 硜硜然者, 小人之貌也. 言此二行, 雖非君子所爲, 乃硜硜然小人耳. 抑, 辭也. 抑亦其次, 言可以爲次也.

번역 ●經文: "曰: 言必信, 行必果, 硜硜然小人哉! 抑亦可以爲次矣". ○공자는 또한 그 다음 수준의 것을 말해준 것이다. 어떤 사람이 신의를 잘 지켜 도의를 시행할 수 없지만, 말에 있어서는 반드시 신의를 지키고, 행동은 때에 맞추고 합당함을 헤아릴 수 없지만 하고자 하는 것은 반드시 과감하게 시행한다. '경경연(硜硜然)'은 소인의 모습을 뜻한다. 이러한 두 가지 행실을 가진 자는 비록 군자의 행동거지는 아니지만 비루한 소인은 될 수 있을 따름이라는 뜻이다. '억(抑)'자는 어조사이다. '억역기차(抑亦其次)'는 그 다음이 될 만하다는 뜻이다.

集註 果, 必行也. 硜, 小石之堅確者. 小人, 言其識量之淺狹也. 此其本末皆無足觀, 然亦不害其爲自守也, 故聖人猶有取焉, 下此則市井之人, 不復可爲士矣.

번역 '과(果)'자는 반드시 시행한다는 뜻이다. '경(硜)'은 단단한 작은 돌을 뜻한다. '소인(小人)'은 식견과 도량이 옅고 좁은 것을 뜻한다. 이것은 근본과 말단에 모두 볼만한 것이 없지만, 또한 스스로를 지키는 데에는 해될 것이 없다. 그렇기 때문에 공자가 여전히 장점으로 꼽은 것이 있는 것인데, 이보다 더 낮아진다면 시정의 무리에 지나지 않으니 선비가 될 수 없다.

邢疏 ●"曰: 今之從政者何如"者, 子貢復問今之從政之士其行何如也.

번역 ●經文: "曰: 今之從政者何如". ○자공은 재차 오늘날 정치에 종사하는 선비들의 행실이 어떠한가를 물어본 것이다.

邢疏 ●"子曰: 噫! 斗筲之人, 何足算也"者, 噫, 心不平之聲. 斗, 量名, 容十升. 筲, 竹器, 容斗二升. 算, 數也. 孔子時見從政者皆無士行, 唯小器耳, 故心不平之, 而曰: "噫! 今斗筲小器之人, 何足數也!" 言不足數, 故不述其行.

번역 ●經文: "子曰: 噫! 斗筲之人, 何足算也". ○'희(噫)'는 마음이 편안하지 못할 때 나오는 소리이다. '두(斗)'는 용량을 재는 기구의 명칭으로, 그 용적은 10승(升)이다. '소(筲)'는 대나무로 만든 그릇이니, 그 용적은 1두(斗) 2승(升)이다. '산(算)'자는 셈하다는 뜻이다. 공자는 당시 정치에 종사하는 자들을 살펴보고, 그들 모두 선비다운 행실이 없으며 속이 좁은 작은 그릇에 지나지 않을 뿐임을 알았다. 그렇기 때문에 마음이 편안하지 못하여 "아! 지금의 저 속이 좁은 자들을 어찌 따질만하겠는가!"라고 했다. 즉 따지기에 부족하기 때문에, 그들의 행실에 대해서 기술하지 않는다는 의미이다.

集註 今之從政者, 蓋如魯三家之屬. 噫, 心不平聲. 斗, 量名, 容十升. 筲, 竹器, 容斗二升. 斗筲之人, 言鄙細也. 算, 數也. 子貢之問每下, 故夫子以是警之.

번역 현재 정치에 종사하는 자들은 노나라의 삼가(三家)와 같은 자들을 뜻할 것이다. '희(噫)'자는 마음이 편안하지 못할 때 나오는 소리이다. '두(斗)'자는 용량을 재는 기구의 명칭으로, 그 용적은 10승(升)이다. '소(筲)'는 대나무로 만든 그릇이니, 그 용적은 1두(斗) 2승(升)이다. '두소지인(斗筲之人)'은 비루하고 미천하다는 뜻이다. '산(算)'자는 셈하다는 뜻이다. 자공의 질문이 매번 낮은 수준의 것을 물어보았기 때문에 공자가 이를 통해 경계한 것이다.

集註 程子曰: 子貢之意, 蓋欲爲皎皎之行, 聞於人者. 夫子告之, 皆篤實自得之事.

번역 정자가 말하길, 자공의 생각은 훤히 드러나는 행동을 하여 남들에게 잘 알려지기를 바란 것이다. 공자는 이러한 말을 해주었는데, 이 모두는 독실하게 하여 스스로 터득하는 사안에 해당한다.

참고 『의례』「빙례(聘禮)」 기록

경문 小聘曰問. 不享, 有獻, 不及夫人. 主人不筵几, 不禮. 面不升, 不郊勞.

번역 소빙(小聘)을 '문(問)'이라고 부른다. 향(享)의 절차를 시행하지 않고 헌(獻)의 절차만 하는데 부인에게까지는 소급되지 않는다. 주인은 자리와 안석을 설치하지 않고 단술을 따라주는 예우의 절차를 하지 않는다. 면(面)의 절차를 시행할 때 당상으로 올라가지 않고 교외에서 노고를 위로하지 않는다.

鄭注 記貶於聘, 所以爲小也. 獻, 私獻也. 面猶覿也.

번역 빙(聘)보다 낮춰서 소(小)라고 붙인 이유를 기록한 것이다. '헌(獻)'은 사적으로 예물을 바친다는 뜻이다. '면(面)'은 사적으로 찾아뵙는다는 뜻인 적(覿)과 같다.

賈疏 ●"小聘"至"郊勞". ◎注"記貶"至"覿也". ○釋曰: 自此盡"三介", 論侯伯行小聘之事. 云"不享"者, 謂不以束帛加璧, 獻國所有. 云"不禮"者, 聘訖, 不以齊酒禮賓. "面不升"者, 謂私覿庭中受之, 不升堂, 此對大聘升堂受. 若然, 不言私覿而言面者, 對大聘言覿, 故辟之而言面也.

번역 ●經文: "小聘"~"郊勞". ◎鄭注: "記貶"~"覿也". ○이곳 구문으로부터 '삼개(三介)'라는 구문까지는 후작·백작이 소빙(小聘)을 시행할 때의 사안을 논의하고 있다. "향(享)을 하지 않는다."라고 했는데, 속백(束帛)에 벽(璧)을 올려서 그 나라에서 소유하고 있던 것을 헌상하지 않는다는 뜻이다. "예(禮)를 하지 않는다."라고 했는데, 빙(聘)의 절차가 끝나면 술로 빈객을 예우하지 않는다는 뜻이다. "면(面)에는 올라가지 않는다."라고 했는데, 사적으로 찾아뵐 때에는 마당에서 받으며 당상에 올라가지 않으니, 대빙(大聘)에서 당상으로 올라가 받는 것과 대비된다. 만약 그렇다면 사적(私覿)이라 말하지 않고 면(面)이라고 말한 것은 대빙을 할 때 적(覿)이라고 말한 것과 대비가 된다. 그렇기 때문에 그 용어를 피해 '면(面)'이라고 말한 것이다.

참고 『춘추좌씨전』 소공(昭公) 9년 기록

전문 孟僖子如齊殷聘, 禮也.

번역 맹희자(孟僖子)가 제(齊)나라로 가서 은빙(殷聘)을 했는데, 예법에 맞는 일이다.

杜注 自叔老聘齊, 至今二十年, 禮意久曠, 今脩盛聘, 以無忘舊好, 故曰禮.

번역 숙로가 제나라에 빙(聘)을 했을 때로부터 지금에 이르기까지 20년이 지났는데, 예법과 그 뜻이 오래되어 황폐해졌지만 지금 성대한 빙(聘)을 준비하여 오래된 우호를 잊지 않았기 때문에 예법에 맞는 일이라고 했다.

孔疏 ◎注"自叔"至"曰禮". ○正義曰: 襄二十年, 叔老聘齊, 至今二十年, 更不遣聘, 是邦交禮意久曠絶也. 殷訓盛也. 今脩盛聘, 以無忘舊好, 故禮之也. 聘禮云: "小聘曰問, 不享, 有獻不及夫人, 主人不延几", "不郊勞". 然則聘禮, 經之所言, 是大聘也. 王制云: "諸侯之於天子也, 比年一小聘, 三年一大聘." 鄭玄云: "小聘使大夫, 大聘使卿." 聘禮旣是大聘, 使卿矣. 殷聘, 又當盛於大聘. 不知以何爲盛, 或當享禮之物多矣.

번역 ◎杜注: "自叔"~"曰禮". ○양공(襄公) 20년에 숙로는 제나라에 빙(聘)을 했고, 지금에 이르기까지 20년이 지나도록 다시금 사신을 파견하여 빙(聘)을 하지 않았다. 이것은 이웃 나라와 교류하는 예법과 그 뜻이 오래되어 황폐해지고 끊긴 것이다. '은(殷)'자는 성대하다는 뜻이다. 현재 성대한 빙(聘)을 준비하여 오래된 우호를 잊지 않았기 때문에 예로 여긴 것이다. 『의례』「빙례(聘禮)」편에서는 "소빙(小聘)을 '문(問)'이라고 부른다. 향(享)의 절차를 시행하지 않고 헌(獻)의 절차만 하는데 부인에게까지는 소급되지 않는다. 주인은 자리와 안석을 설치하지 않는다."라고 했고, "교외에서 노고를 위로하지 않는다."라고 했다. 그렇다면 「빙례」편의 경우 경문에서 언급한 것은 대빙(大聘)에 해당한다. 『예기』「왕제(王制)」편에서는 "제후는 천자에 대해서, 매년 1차례 소빙(小聘)을 하고, 3년에 1차례 대빙(大聘)을 한다."라고 했고, 정현은 "소빙 때에는 대부를 사신으로 보내고 대빙 때에는 경을 사신으로 보낸다."라고 했다. 「빙례」편의 내용이 대빙에 해당한다고 했으니 경을 사신으로 파견하는 것이다. '은빙(殷聘)'이라는 것은 대빙보다도 성대해야만 한다. 그러나 어떠한 방식으로 성대했는지는 알 수 없으니, 아마도 향(享)의 절차에서 예물로 바치는 것이 많았을 것이다.

참고 『예기』「왕제(王制)」 기록

경문-151c 諸侯之於天子也, 比年一小聘, 三年一大聘, 五年一朝.

번역 제후는 천자에 대해서, 매년 1차례 소빙(小聘)을 하고, 3년에 1차례 대빙(大聘)을 하며, 5년에 1차례 조(朝)를 한다.

鄭注 比年, 每歲也. 小聘使大夫, 大聘使卿, 朝則君自行. 然此大聘與朝, 晉文霸時所制也. 虞夏之制, 諸侯歲朝. 周之制, 侯甸男采衛要服六者, 各以其服數來朝.

번역 '비년(比年)'은 매년이다. 소빙(小聘) 때에는 대부를 사신으로 보내고, 대빙(大聘) 때에는 경을 사신으로 보내며, 조(朝)의 경우라면 군주가 직접 간다. 그러나 여기에서 말하고 있는 대빙과 조는 진나라 문공이 패자였을 때 제정했던 제도이다. 우와 하나라의 제도에 따르면 제후는 해마다 조를 했다. 주나라의 제도에 따르면 후복(侯服)·전복(甸服)·남복(男服)·채복(采服)·위복(衛服)·요복(要服)에 속한 여섯 부류의 제후들이 각각 해당 복(服)의 정해진 횟수에 따라 찾아와서 조(朝)를 했다.

참고 『의례』「빙례(聘禮)」 기록

기문 大夫來使, 無罪, 饗之.

번역 대부가 사신으로 찾아왔는데 죄를 짓지 않는다면 그에게 향례를 베푼다.

鄭注 樂與嘉賓爲禮.

번역 존귀한 빈객과 의례를 시행하게 된 것을 즐거워하기 때문이다.

賈疏 ●"大夫"至"饗之". ◎注"樂與嘉賓爲禮". ○釋曰: 按鹿鳴序燕群臣嘉賓, 此無罪饗之, 亦是樂賓爲禮者也.

번역 ●記文: "大夫"~"饗之". ◎鄭注: "樂與嘉賓爲禮". ○『시』「녹명(鹿鳴)」편의 「모서」를 살펴보면, 뭇 신하들과 존귀한 빈객에게 연회를 베푼다고 했고,[10] 이곳에서는 죄를 짓지 않는다면 그에게 향례를 베푼다고 했으니, 이것은 빈객과 의례를 시행하는 것을 즐거움으로 삼는 것이다.

기문 過則餼之.

번역 과실을 범하게 된다면 익히지 않은 고기만 보내준다.

鄭注 餼之, 腥致其牢禮也. 其致之辭, 不云君之有故耳. 聘義曰: "使者聘而誤, 主君不親饗食, 所以愧厲之也." 不言罪者, 罪將執之.

번역 '희지(餼之)'라는 것은 생고기로만 뇌례(牢禮)를 보낸다는 뜻이다. 뇌례를 전달하며 전하는 말에 있어서도 "군주께 특별한 사정이 있습니다."

10) 『시』「소아(小雅)·녹명(鹿鳴)」편의 「모서(毛序)」: 鹿鳴, 燕群臣嘉賓也. 既飲食之, 又實幣帛筐篚, 以將其厚意, 然後, 忠臣嘉賓, 得盡其心矣.

라고 말하지 않는다. 「빙의」편에서는 “사신으로 찾아간 자가 빙문의 의례 절차를 시행하며 잘못을 범하게 된다면, 빙문을 받는 제후는 직접 향례(饗禮)와 사례(食禮)를 실시하지 않았으니, 이를 통해서 그의 부끄러운 점에 대해 더욱 힘쓰도록 했던 것이다.”라고 하여 ‘죄(罪)’라고 말하지 않았는데, 죄를 지은 경우라면 그를 사로잡게 되기 때문이다.

賈疏 ●“過則餼之”. ◎注“餼之”至“執之”. ○釋曰: 云“過則餼之”, 謂禮有失誤, 故引聘義使者聘而誤主君. 云“不言罪者, 罪將執之”者, 春秋之義, 聘賓有罪皆執之. 若然, 上經云無罪饗之, 有罪非但不饗, 又執之. 此過則餼之, 雖不饗, 猶生致, 過輕故也. 若然, 上云罪, 下云過, 互見其義也.

번역 ●記文: “過則餼之”. ◎鄭注: “餼之”~“執之”. ○“과실을 범하게 된다면 익히지 않은 고기만 보내준다.”라고 했는데, 의례를 시행하면서 잘못을 저질렀다는 뜻이다. 그렇기 때문에 「빙의」편에서 사신이 빙문을 하며 찾아간 나라의 군주에게 잘못을 저질렀다고 한 내용을 인용한 것이다. 정현이 “‘죄(罪)’라고 말하지 않았는데, 죄를 지은 경우라면 그를 사로잡게 되기 때문이다.”라고 했는데, 이것은 『춘추』의 대의에 따른 것이니, 빙문으로 찾아온 빈객에게 죄가 있다면 모두 사로잡게 된다. 만약 그렇다면 앞에서는 “죄를 짓지 않는다면 그에게 향례를 베푼다.”라고 했으니, 죄를 범한 경우라면 향례를 베풀지 않을 뿐만 아니라 또한 그를 사로잡게 된다. 이곳에서 “과실을 범하게 된다면 익히지 않은 고기만 보내준다.”라고 했는데, 비록 향례를 베풀어주지는 않지만, 여전히 생고기는 보내주게 되니, 그 잘못의 수위가 낮은 경우이기 때문이다. 만약 그렇다면 앞에서 ‘죄(罪)’라고 말하고 뒤에서 ‘과(過)’라고 말한 것은 상호 보완적으로 그 의미를 드러낸 것이다.

그림 6-1 ▣ 소(筲)

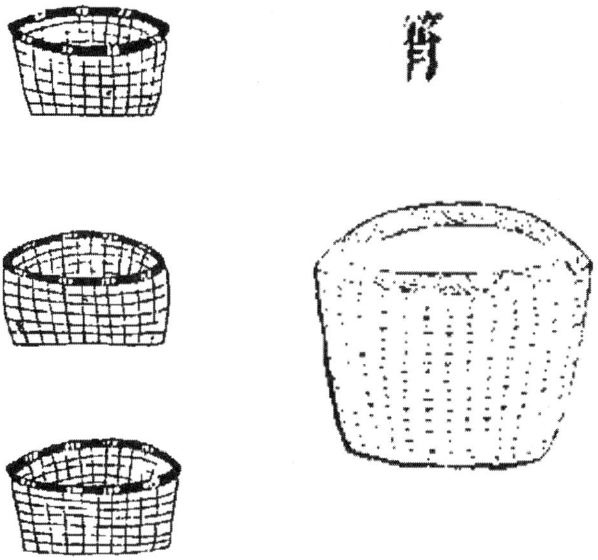

※ **출처:** 좌-『삼례도집주(三禮圖集注)』 18권
우-『삼재도회(三才圖會)』「기용(器用)」 2권

• 제 7 절 •

경재(輕財)와 중례(重禮)

【717b】

以圭璋聘, 重禮也. 已聘而還圭璋, 此輕財而重禮之義也. 諸侯相厲以輕財重禮, 則民作讓矣.

직역 圭璋으로써 聘함은 禮를 重함이다. 已히 聘하고 圭璋을 還하니, 此는 財를 輕하고 禮를 重하는 義이다. 諸侯가 相히 **厲**함에 財를 輕하고 禮를 重함으로써 한다면, 民은 讓을 作한다.

의역 규(圭)와 장(璋)을 가지고 빙문(聘問)을 하는 것은 그 예법을 중시하기 때문이다. 빙문을 끝내고 빙문을 받은 군주가 규와 장을 되돌려주는데, 이것은 재물을 경시하고 그 예법을 중시한다는 뜻에 해당한다. 제후들이 서로를 독려함에 제물을 경시하고 예법을 중시한다는 뜻에 따른다면, 백성들은 사양함의 미덕을 진작시키게 된다.

集說 聘使之行禮, 於君則用圭, 於夫人則用璋. 其行享禮, 於君則束帛加璧, 於夫人則琮. 享, 猶獻也. 及禮畢則還其圭璋者, 以圭璋是行禮之器, 故重之而不敢受也. 璧琮與幣, 皆財也, 財在所輕, 故受而不還. 故曰此輕財而重禮之義也.

번역 빙(聘)을 하는 사신이 해당 예법을 시행할 때, 그 대상이 군주라면 규(圭)를 사용하고, 군주의 부인이라면 장(璋)을 사용한다. 향례(享禮)를 시행할 때, 그 대상이 군주라면 속백(束帛)에 벽(璧)을 더하고, 군주의 부인이라면 종(琮)을 사용한다. '향(享)'자는 "바친다[獻]."는 뜻이다. 의례를 끝내게 되면 규와 장을 되돌려주는데, 그 이유는 규와 장은 해당 의례를 시행하는 기물이기 때문에, 그것을 중시하여 감히 받지 않는 것이다. 벽·종 및 예물은 모두 재물에 해당한다. 재물은 경시하는 대상이다. 그렇기 때문에 받기만 하고 되돌려주지 않는다. 그래서 "이것은 재물을 경시하고 예를 중시하는 뜻이다."라고 말한 것이다.

集說 呂氏曰: 諸侯相厲以輕財而重禮, 則遠利而有恥, 所以民作讓.

번역 여씨가 말하길, 제후들이 서로를 독려할 때, 재물을 경시하고 예를 중시하는 도의에 따른다면, 이로움을 멀리하고 부끄러움을 알게 되니, 이것은 백성들에게 사양함의 미덕을 흥기시키는 방법이 된다.

大全 藍田呂氏曰: 聘禮行人執圭璋, 以致命. 天下之寶無尙於玉, 君子以玉比德焉, 言重吾聘禮如玉之重, 且以達其君之信也. 聘君以圭, 聘夫人以璋. 半圭曰璋, 取法於陰陽之義也. 其圭璋, 典瑞所謂瑑圭璋璧琮以覜聘者也. 還圭璋而不還璧琮饗幣者, 聘以致命, 饗以致獻, 重命而輕獻, 所謂輕財而重禮也.

번역 남전여씨가 말하길, 빙례(聘禮)를 할 때 찾아간 자는 규(圭)와 장(璋)을 들고 군주의 명령을 전달하게 된다. 천하의 보화들 중 옥보다 숭상받는 것은 없고, 군자는 옥을 통해 자신의 덕을 비견하니, 자신이 빙례를 시행한다는 사실을 중시함이 마치 옥을 중시하는 것과 같다는 뜻이며, 또한 이를 통해서 자신의 군주가 지닌 신의를 전달하게 된다. 군주에게 빙문을 할 때에는 규를 사용하고, 군주의 부인에게 빙문을 할 때에는 장을 사용한다. 규의 반절 정도 크기의 것을 장이라고 부르니, 이처럼 구분을 짓는 것은 음양을 본받는다는 뜻에 따르기 때문이다. 규와 장은 『주례』「전서(典瑞)」편에서 규(圭)·장(璋)·벽(璧)·종(琮)을 새겨서 조빙(覜聘)을 한다는 것에 해당한다.[1] 규와 장은 되돌려주지만, 벽(璧)과 종(琮) 및 향례(饗禮)의 예물을 되돌려주지 않는 것은 빙문을 통해서는 명령을 전달하고, 향례를 통해서는 선물을 전달하는데, 군주의 명령을 중시하고 선물은 상대적으로 경시하게 되니, 이것이 이른바 재물을 경시하고 예를 중시한다는 뜻에 해당한다.

1) 『주례』「춘관(春官)·전서(典瑞)」: 瑑圭璋璧琮, 繅皆二采一就, 以覜聘.

鄭注 圭, 瑞也. 尊圭·璋之類也. 用之還之, 皆爲重禮. 禮必親之, 不可以己之有, 遙復之也. 財, 謂璧·琮·享幣也. 受之爲輕財者, 財可遙復, 重賄反幣, 是也.

번역 '규(圭)'는 신표[瑞]이다. 규(圭)와 장(璋)의 부류에 대해 존귀하게 여기는 것이다. 이러한 것들을 사용하고 또 이것들을 되돌려주는 것은 모두 그 예를 중시하기 때문이다. 해당 예법에서는 반드시 직접 시행하게 되며, 자신의 소유물로 삼을 수 없어서 되돌려주는 것이다. '재(財)'자는 벽(璧)과 종(琮) 및 향례에서 전달하는 예물을 가리킨다. 그것들을 받는 것은 재물을 경시하기 때문인데, 재물은 되돌려줄 수 있으니, 회(賄)를 더욱 두터이 하며 가져온 예물도 되돌려준다는 것[2]이 바로 이러한 사실을 나타낸다.

釋文 皆爲, 于僞反. 琮, 才工反.

번역 '皆爲'에서의 '爲'자는 '于(우)'자와 '僞(위)'자의 반절음이다. '琮'자는 '才(재)'자와 '工(공)'자의 반절음이다.

孔疏 ●"以圭"至"讓矣". ○正義曰: 此一經明旣聘還圭璋, 輕財重禮, 敎民廉讓之意.

번역 ●經文: "以圭"~"讓矣". ○이곳 경문은 빙례(聘禮)를 끝내고 규(圭)와 장(璋)을 되돌려주는 것은 재물을 경시하고 예를 중시하여, 백성들에게 겸양을 가르친다는 뜻에 해당한다는 사실을 나타낸다.

孔疏 ●"以圭璋聘, 重禮也"者, 玉以比德, 故以圭璋而聘, 貴重其禮也. 言其禮可貴, 與玉相似.

번역 ●經文: "以圭璋聘, 重禮也". ○옥(玉)은 덕을 비견하기 때문에, 규(圭)와 장(璋)을 가지고 빙례(聘禮)를 시행하는 것은 그 예를 귀중하게 여기는

2) 『의례』「빙례(聘禮)」: 無行則重賄, 反幣.

것이다. 즉 그 예를 귀중하게 여길 수 있음은 옥의 가치와 유사하다는 뜻이다.

孔疏 ●"已聘而還圭璋, 此輕財而重禮之義也", 謂旣聘之後賓將歸時, 致此圭璋付與聘使, 而還其聘君也. 凡行聘禮之後, 享君用璧, 享夫人用琮. 圭·璋玉之質, 惟玉而已. 璧琮則重其華美, 加於束帛. 聘使旣了, 還以圭璋之玉, 重其禮, 故還之; 留其璧琮之財, 是輕其財, 故留之. 重者難可報覆, 故用本物還之; 輕者易可酬償, 故更以他物贈之, 此是"輕財重禮"之義也.

번역 ●經文: "已聘而還圭璋, 此輕財而重禮之義也". ○빙례(聘禮)를 끝낸 이후 빈객이 장차 되돌아가려고 할 때, 그가 가져온 규(圭)와 장(璋)을 빙문으로 찾아온 사신에게 되돌려주어서, 빙문을 보낸 상대방 군주에게 되돌려준다는 뜻이다. 빙례를 시행한 이후 군주에게 향(享)의 절차를 시행할 때에는 벽(璧)을 사용하고, 부인에게 향의 절차를 시행할 때에는 종(琮)을 사용하게 된다. 규와 장은 옥 중에서도 질박한 것으로, 단지 옥만 건넬 따름이다. 벽과 종의 경우에는 화려함을 중시하게 되어, 그것을 전달할 때에는 속백(束帛)을 추가하게 된다. 빙례가 끝나고 규와 장이라는 옥을 되돌려주는 것은 그 예를 중시하기 때문에 되돌려주는 것이다. 반면 선물로 받은 벽과 종이라는 재물을 남겨두는 것은 그 재물을 경시하기 때문에 남겨두는 것이다. 중시하는 것에 대해서는 보답하기가 어렵다. 그렇기 때문에 받았던 사물을 되돌려주는 것이다. 경시하는 것에 대해서는 되갚기가 쉽다. 그렇기 때문에 다른 사물로 바꿔서 선물을 증여하는 것이니, 이것이 바로 "재물을 경시하고 예를 중시한다."는 뜻에 해당한다.

孔疏 ●"則民作讓矣"者, 言諸侯旣能相厲以輕財重禮之義, 君旣行之於上, 人則效之於下, 故民皆作其廉讓矣.

번역 ●經文: "則民作讓矣". ○제후들은 이미 서로를 독려하길 재화를 경시하고 예를 중시하는 도의로써 할 수 있으니, 군주는 이미 윗자리에서 이러한 것들을 시행하여, 백성들은 아랫자리에서 그것들을 본받게 된다.

그렇기 때문에 백성들이 모두 겸양의 도의를 흥작시키는 것이다.

孔疏 ◎注"圭瑞"至"是也". ○正義曰: 云"圭瑞"者, 以器言之謂之圭, 執以行禮謂之瑞. 瑞, 信也. 謂與人爲尊卑之信驗也. 云"尊圭璋之類也. 用之還之, 皆爲重禮"者, 言尊敬此璋同於圭, 則璋是圭之等類. 用之以聘, 聘訖又還, 皆爲尊重此禮, 以圭璋所以行禮, 故重之也. 云"禮必親之, 不可以己之有, 遙復之也"者, 言行禮之義, 必親自爲之. 若己親往彼國, 則可以己國之有執往行禮. 今主國之君旣不親往彼國, 則不以己國所有寶玉, 遙復償他國所來圭璋, 故還歸之也. 故云"不可以己之有, 遙復之也". 復, 償也. 云"財, 謂璧琮享幣也, 受之爲輕財"者, 按聘禮, 享君以璧, 享夫人以琮. 享, 獻也. 謂享獻之幣, 主人受而不還, 是謂"輕財"也. 云"財可遙復"者, 解受璧琮之意. 璧琮是財輕, 可得以己物遙而復償於彼國齎來者, 己得受之. 但聘禮"圭璋"與"璧琮"相對, 故圭璋爲聘, 璧琮爲享, 若諸侯之朝天子, "圭璋"與"璧璋"皆爲享也, 皆爲財. 故小行人"合六幣, 圭以馬, 璋以皮". 二王之後享天子用圭, 享后用璋, 則雖圭璋, 亦受之不歸也. 云"重賄反幣, 是也"者, 按聘禮云: "無行則重賄反幣." 注云: "無行, 謂獨來復無所之也."

번역 ◎鄭注: "圭瑞"～"是也". ○정현이 "'규(圭)'는 신표[瑞]이다."라고 했는데, 기물의 측면에서 말을 한다면 '규(圭)'라 부르고, 그것을 잡고 해당 의례를 시행한다는 측면에서는 '서(瑞)'라고 부른다. '서(瑞)'라는 것은 신표[信]이다. 즉 다른 사람과 신분의 등급을 나타낼 수 있는 신표가 된다는 뜻이다. 정현이 "규(圭)와 장(璋)의 부류에 대해서 존귀하게 여기는 것이다. 이러한 것들을 사용하고 또 이것들을 되돌려주는 것은 모두 그 예를 중시하기 때문이다."라고 했는데, 여기에서 말하는 장을 규와 동일하게 존경한다면, 장은 규와 동등한 부류가 된다는 뜻이다. 그리고 이것을 사용하여 빙례를 시행하고, 빙례가 끝나면 또한 그것들을 돌려주는데, 이것들은 모두 이러한 예를 존중하는 행위가 되니, 규와 장이 이러한 의례를 시행하는 도구가 되기 때문에 그것들을 중시한다는 의미이다. 정현이 "해당 예법에서는 반드시 직접 시행하게 되며, 자신의 소유물로 삼을 수 없어서 되돌려주는 것이다."라고 했는데, 이러한 의례를 시행하는 의미는 반드시 자신이 직접 시행하는데 있다는 뜻이다. 만약 자신이 직접 다른 제후국에 찾아가게 된다면, 자신의 나라에서 소유하고 있던 것을 들고 찾아가서 이러한 의례를 시행할 수 있다. 그런데 현재의 상황은 빙문을 받는 제후가 직접 상대방 나라에 찾아가는 경우가 아니므로, 자신의 나라에서 소유하고 있던 보옥을 사용할 수 없어서, 상대방 나라에서 찾아왔을 때 들고 왔던 규와 장을 돌려주어 갚는 것이다. 그렇기 때문에 그에게 이것들을 되돌려주게 된다. 그래서 "자신의 소유물로 삼을 수 없어서 되돌려주는 것이다."라고 말했다. '복(復)'자는 "되갚다[償]."는 뜻이다. 정현이 "'재(財)'자는 벽(璧)과 종(琮) 및 향례에서 전달하는 예물을 가리킨다. 그것들을 받는 것은 재물을 경시하기 때문이다."라고 했는데, 『의례』「빙례(聘禮)」편을 살펴보면, 군주에게 향(享)을 할 때에는 벽을 사용하고, 부인에게 향을 할 때에는 종을 사용한다고 했다. '향(享)'자는 "바친다[獻]."는 뜻이다. 즉 예물을 바치게 되면, 주인은 그것을 받고 되돌려주지 않으니, 이것이 바로 "재물을 경시한다."는 의미에 해당한다는 뜻이다. 정현이 "재물은 되돌려줄 수 있다."라고 했는데, 이것은 벽과 종을 받는 의미를 풀이한 말이다. 벽과 종은 재물을 경시하는 대상에 해당하니, 자신이 가지고 있던 물건을 상대방 나라에서 찾아온 자에게 되갚아줄 수 있는 경우에 대해서는 본인이 받을 수 있다는 뜻이다. 다만 「빙례」편에서는 '규장(圭璋)'과 '벽종(璧琮)'을 상대적인 것으로 기록하였기 때문에, 규장(圭璋)을 빙(聘) 때 사용하는 것이라고 했고, 벽종(璧琮)을 향(享) 때 사용하는 것이라고 했다. 만약 제후가 천자에게 조회를 가는 경우라면, 규장(圭璋)과 벽종(璧琮)은 모두 향(享)을 하는 대상이 되니, 이것들은 모두 재물이 된다. 그래서 『주례』「소행인(小行人)」편에서는 "육폐(六幣)에 대해 조율을 하여, 규(圭)에는 말을 곁들이게 하고, 장(璋)에는 동물의 가죽을 곁들이게 한다."[3]라고 했던 것이다. 이전 두 왕조의 후손들이 천자에게 향을 할 때 규(圭)를 사용하고, 왕후(王后)[4]에게 향을 할

---

3) 『주례』「추관(秋官)·소행인(小行人)」: 合六幣: 圭以馬, 璋以皮, 璧以帛, 琮以錦, 琥以繡, 璜以黼.

4) 왕후(王后)는 천자의 본부인을 뜻한다. 후대에는 황후(皇后)라고 부르기도 하였다. 고대에는 천자(天子)를 왕(王)이라고 불렀기 때문에, 천자의 부인

때 장(璋)을 사용한다면, 비록 규와 장이라 하더라도, 또한 받기만 하고 되돌려주지 않을 수 있는 것이다. 정현이 "회(賄)를 더욱 두터이 하며 가져온 예물도 되돌려준다는 것이 바로 이러한 사실을 나타낸다."라고 했는데, 「빙례」편을 살펴보면, "다시 다른 나라로 찾아가지 않는 경우라면, 회(賄)를 더욱 두터이 하며 가져온 예물도 되돌려준다."[5]라고 했고, 이 문장에 대한 정현의 주에서는 "'무행(無行)'은 홀로 찾아와서 재차 다른 곳으로 가지 않는 것이다."라고 했다.

集解 愚謂: 圭璋無藉, 但以行禮; 璧琮加於束帛, 用爲貨財. 聘君用圭璋以聘, 而璧琮但用以享, 主君於聘賓將歸, 還其圭璋, 而璧琮則留之, 此皆輕財重禮之義. 上但言"重禮"者, 文省也. 此圭璋, 乃瑑圭, 鄭氏乃以圭爲瑞者, 瑑圭亦瑑刻象瑞圭, 故曰圭瑞也. 此據侯伯之禮, 故云以圭璋聘, 若子男則聘君用璧, 聘夫人當用琮, 而其享當用琥璜矣.

번역 내가 생각하기에, 규(圭)와 장(璋)을 전달할 때에는 받침이 없으니, 단지 이것만 가지고 해당 의례를 시행한다. 반면 벽(璧)과 종(琮)을 전달할 때에는 속백(束帛)을 추가하니, 이것을 사용하는 것은 재물을 사용하는 것에 해당한다. 군주에게 빙(聘)을 할 때에는 규와 장을 사용해서 빙을 하고, 벽과 종은 단지 향(享)에서만 사용한다. 그리고 빙문을 받은 군주가 빙문으로 찾아온 빈객이 되돌아가려고 할 때에는 규와 장을 되돌려주지만 벽과 종에 대해서는 남겨두니, 이 모두는 재물을 경시하고 예법을 중시하는 뜻에 해당한다. 앞에서 단지 "예법을 중시한다."라고만 말한 것은 문장을 생략해서 기록했기 때문이다. 이곳에서 말한 규장(圭璋)은 "규를 새긴다."라고 했을 때의 규와 장 등을 뜻하는데, 정현은 이것을 두고 곧 규를 신표로 여겼다. 그 이유는 규를 새기는 것 또한 조각을 하여 신표의 역할을 하는 규를 형상화한다. 그렇기 때문에 "'규(圭)'는 신표[瑞]이다."라고 했다. 이것은 후작과 백작에게 해당하는 의례를 기준으로 든 것이다. 그렇기 때문에 규와 장으로

을 '왕후'라고 부른 것이다.

5) 『의례』「빙례(聘禮)」: 無行, 則重賄反幣.

빙을 한다고 말했다. 만약 자작이나 남작의 경우라면 군주에게 빙을 할 때 벽을 사용하고 부인에게 빙을 할 때에는 마땅히 종을 사용해야 하며, 향을 할 때에는 마땅히 호(琥)와 황(璜)을 사용해야 한다.

참고 구문비교

예기 · 빙의 以圭璋聘, 重禮也. 已聘而還圭璋, 此輕財而重禮之義也. 諸侯相厲以輕財重禮, 則民作讓矣.

대대례기 · 조사(朝事) 以圭璋聘, 重禮也. 已聘而還圭璋, 此輕財重禮之義也. 諸侯相厲以輕財重禮, 則民作讓矣.

예기 · 방기(坊記) 子云, "君子貴人而賤己, 先人而後己, 則民作讓. 故稱人之君曰君, 自稱其君曰寡君."

춘추곡량전 · 양공(襄公) 19년 善則稱君, 過則稱已, 則民作讓矣.

참고 『예기』「방기(坊記)」 기록

경문-612b 子云, "觴酒·豆肉, 讓而受惡, 民猶犯齒. 衽席之上, 讓而坐下, 民猶犯貴. 朝廷之位, 讓而就賤, 民猶犯君. 詩云, '民之無良, 相怨一方. 受爵不讓, 至于已斯亡.'" 子云, "君子貴人而賤己, 先人而後己, 則民作讓. 故稱人之君曰君, 自稱其君曰寡君."

번역 공자가 말하길, "군자가 술과 음식에 대해 사양을 하여 나쁜 것을 받더라도 백성들은 오히려 연장자를 범한다. 군자가 자리에 대해 사양을 하여 낮은 자리에 앉더라도 백성들은 오히려 존귀한 자를 범한다. 군자가 조정의 자리에 대해 사양을 하여 미천한 지위로 나아가더라도 백성들은 오히려 군주를 범한다. 『시』에서 '백성들 중 양심이 없는 자는 서로 상대방만을 원망

한다. 술잔을 받고도 사양을 하지 않아 자신을 망치는 지경에 이르기도 하는구나.'"라고 했다. 공자가 말하길, "군자가 남을 존귀하게 대하고 자신을 천하게 대하며, 남을 앞세우고 자신을 뒤로 물린다면, 백성들은 겸양의 도리를 시행할 것이다. 그렇기 때문에 남의 군주를 지칭할 때에는 '군(君)'이라고 부르고, 자신의 군주를 지칭할 때에는 '과군(寡君)'이라고 부른다."라고 했다.

鄭注 犯, 猶僭也. 齒, 年也. 禮: 六十以上, 籩豆有加. 貴, 秩異者. 良, 善也. 言無善之人, 善遙相怨, 貪爵祿, 好得無讓, 以至亡己. 寡君, 猶言少德之君, 言之謙.

번역 '범(犯)'자는 "참람하다[僭]."는 뜻이다. '치(齒)'자는 나이[年]를 뜻한다. 예법에 따르면 60세 이상인 자는 추가적으로 차리는 변(籩)과 두(豆)의 음식들을 받는다. '귀(貴)'자는 품계가 남다르게 높은 자를 뜻한다. '양(良)'자는 선함[善]을 뜻한다. 즉 선함이 없는 자는 선과는 거리가 멀어서 서로 원망하며, 작위와 녹봉을 탐하고, 얻는 것만 좋아하여 사양함이 없어서, 자신을 망치는 지경에 이른다는 뜻이다. '과군(寡君)'은 덕이 적은 군주라는 뜻으로, 겸손하게 한 말이다.

참고 『춘추곡량전』 양공(襄公) 19년 기록

경문 晉士匄帥師侵齊, 至穀, 聞齊侯卒, 乃還.

번역 진나라 사개가 군대를 이끌고 제나라를 침략하였는데, 곡(穀) 땅에 이르러 제나라 후작이 죽었다는 소식을 듣고 되돌아왔다.

전문 還者, 事未畢之辭也.

번역 되돌아왔다는 것은 그 사안이 아직 끝나지 않았을 때 쓰는 말이다.

楊疏 ●"還者"至"辭也". ○釋曰: 重發傳者, 嫌內外異也. 何休廢疾難此云: "君子不求備於一人, 士匄不伐喪, 純善矣." 何以復責其專大功也? 鄭玄釋之曰: "士匄不伐喪則善矣. 然于善則稱君, 禮仍未備, 故言乃還, 不言乃復, 作未畢之辭." 還者致辭, 復者反命, 如鄭之言, 亦是譏士匄不復命也. 然如鄭意, 以乃還爲惡, 乃復爲善, 則公子遂至黃乃復, 又爲惡之者, 彼以遂違君命而反, 故加畢事之文, 欲見臣不專公命, 與此意少異. 此旣善不伐喪, 復爲事畢之辭, 則是純善士匄, 故以未畢之辭言之.

번역 ●傳文: "還者"~"辭也". ○거듭 전문을 드러낸 것은 내외에 차이가 있다고 오해할 것을 염려했기 때문이다. 하휴[6]의 『폐질』에서는 이것을 비판하며, "군자는 한 사람에게 모든 것을 갖추기를 요구하지 않는데, 사개는 상을 당한 나라를 정벌하지 않았으니, 순수한 선함에 해당한다."라고 했다. 그런데 어찌하여 다시 그가 큰 공덕을 제멋대로 했다고 문책을 하는가? 정현은 이 문제를 풀이하며, "사개가 상을 당한 나라를 정벌하지 않았던 것은 선에 해당한다. 그런데 선에 대해서라면 군주에게 돌려야 하고, 그 예법에 있어서도 완비하지 못했기 때문에 '내환(乃還)'이라고 말하고 '내복(乃復)'이라고 말하지 않았으니, 시행한 일을 아직 마치지 못했을 때 쓰는 말이다."라고 했다. 환(還)을 한 경우에는 치사를 하게 되고, 복(復)을 한 경우에는 반명을 하게 되는데, 정현의 주장대로라면 이 말은 또한 사개가 복명을 하지 않은 것을 비판한 것이 된다. 정현의 주장대로라면 환(還)을 한 것은 나쁜 일이며, 복(復)을 한 것은 선한 일이 되는데, 공자수가 황에 이르러 복을 한 것을 두고 나쁜 일이라고 한 것은 공자수는 군주의 명령을 어기고서 되돌아간 것이기 때문에 사안이 끝났을 때 쓰는 기록을 덧붙여서, 신하가 군주의 명령을 제멋대로 처리할 수 없다는 뜻을 드러내고자 한 것으로, 이곳의 의미와는 작은 차이를 보인다. 이곳에서는 이미 상을 당한

6) 하휴(何休, A.D.129~A.D.182) : 전한(前漢) 때의 금문경학자(今文經學者)이다. 자(字)는 소공(邵公)이다. 『춘추공양전해고(春秋公羊傳解詁)』를 지었으며, 『효경(孝經)』, 『논어(論語)』 등에 대해서도 주를 달았고, 『춘추한의(春秋漢議)』를 짓기도 하였다.

나라를 정벌하지 않았던 것을 선한 일로 여겼고, 복(復)이라는 것은 사안을 끝냈을 때 쓰는 말이 되니, 이처럼 한다면 사개를 순전히 선하게만 여긴 것이다. 그렇기 때문에 사안을 끝내지 못했을 때의 말로 표현한 것이다.

전문 受命而誅, 生死無所加其怒, 不伐喪, 善之也. 善之, 則何爲未畢也? 君不尸小事, 臣不專大名. 善則稱君, 過則稱己, 則民作讓矣. 士匄外專君命, 故非之也. 然則爲士匄者宜奈何? 宜墠帷而歸命乎介.

번역 명령을 받아 주살함에 생사의 문제에 대해서는 노여움을 더할 것이 없고, 상을 당한 나라를 정벌하지 않은 것을 선으로 여긴 것이다. 선하게 여겼다면 어찌하여 일을 끝내지 못한 것으로 여겼는가? 군주는 자질구레한 일을 주관하지 않고, 신하는 큰 공명을 제멋대로 하지 않는다. 선한 일이라면 군주에게 돌려야 하고, 과실의 경우라면 자신을 탓해야 하니, 이처럼 한다면 백성들은 겸양의 미덕을 진작시킬 것이다. 사개는 군주의 명령을 제멋대로 처리하였기 때문에 비난한 것이다. 그렇다면 사개는 마땅히 어떻게 처신했어야 하는가? 제단을 쌓고 휘장을 두르고서 개(介)에게 명령을 전하여 되돌려 보내야 한다.

范注 除地爲墠, 於墠張帷, 反命于介, 介歸告君, 君命乃還, 不敢專也.

번역 땅을 청소하여 마련하는 것은 선(墠)이 되고, 선에 대해서 휘장을 두르게 되는데, 개(介)에게 명령을 되돌려주면, 개는 되돌아가서 군주에게 이러한 사실을 아뢰고, 군주가 명령을 내리면 그제야 되돌아가니, 감히 제멋대로 할 수 없기 때문이다.

참고 『의례』「빙례(聘禮)」 기록

기문 無行, 則重賄反幣.

번역 다시 다른 나라로 찾아가지 않는 경우라면, 회(賄)를 더욱 두터이 하며 가져온 예물도 되돌려준다.

鄭注 無行, 謂獨來, 復無所之也. 必重其賄與反幣者, 使者歸, 以得禮多爲榮, 所以盈聘君之意也. 反幣, 謂禮玉·束帛·乘皮, 所以報聘君之享禮也. 昔秦康公使西乞術聘于魯, 辭孫而說. 襄仲曰: 不有君子, 其能國乎? 厚賄之. 此謂重賄反幣者也. 今文曰賄反幣.

번역 '무행(無行)'은 단독으로 찾아왔고 다시 다른 곳으로 가지 않는다는 뜻이다. 반드시 선물을 후하게 주고, 받았던 예물도 되돌려주는 것은 사신이 되돌아갔을 때 예우를 받은 것이 많은 것을 영예로 여기니, 빙문을 보낸 군주의 뜻을 채워주기 위해서이다. '반폐(反幣)'는 빙문에 사용되었던 옥, 속백(束帛), 네 개의 가죽 등을 뜻하니, 빙문을 보낸 군주가 향(享)에서 준 예물에 보답하기 위해서이다. 예전 진나라 강공은 서걸술을 시켜 노나라에 빙(聘)을 하였는데, 말이 겸손하면서도 기뻐하였다. 양중은 군자가 있지 않다면 나라를 잘 다스릴 수 있겠느냐고 말하며, 선물을 후하게 주었다. 이것이 "회(賄)를 더욱 두터이 하며 가져온 예물도 되돌려준다."는 뜻이다. 금문에서는 '회반폐(賄反幣)'라고 기록했다.

賈疏 ●"無行"至"反幣". ◎注"無行"至"反幣". ○釋曰: 云"重其賄", 卽上賄在聘于賄是也. "反幣", 謂上禮玉·束帛·乘皮是也. 云"秦康公"者, 按文公十二年左氏傳云"秦伯使西乞術來聘"云云是也. 此特來, 非歷聘, 歷聘則吳公子札聘於上國, 聘齊·聘魯是也.

번역 ●記文: "無行"~"反幣". ◎鄭注: "無行"~"反幣". ○"선물을 후하게 준다."라고 했는데, 앞에서 "선물은 빙(聘)을 할 때 보내준 예물에 맞춰서 준다."[7]라고 한 말에 해당한다. "가져온 예물도 되돌려준다."라고 했는데, 앞에서 '빙문에 사용되었던 옥, 속백(束帛), 네 개의 가죽'[8]이라고 한

7) 『의례』「빙례(聘禮)」: 賄, 在聘于賄.

말에 해당한다. 정현이 '진나라 강공'이라고 했는데, 문공 12년에 대한 『좌전』의 기록을 살펴보면 "진나라 백작이 서걸술을 사신으로 보내 찾아와 빙(聘)을 했다."고 말한 내용이 이에 해당한다. 이것은 단독으로 찾아온 것이며 여러 나라를 거치며 빙(聘)을 하는 경우가 아니니, 여러 나라를 거치며 빙을 하는 경우는 오나라 공자 찰이 중원의 제후국을 빙하게 되어, 제나라와 노나라를 빙했던 경우에 해당한다.

참고 『주례』「추관(秋官)·소행인(小行人)」 기록

경문 合六幣: 圭以馬, 璋以皮, 璧以帛, 琮以錦, 琥以繡, 璜以黼. 此六物者, 以和諸侯之好故.

번역 여섯 가지 예물을 조화롭게 사용하도록 하니, 규(圭)는 말과 함께 바치고 장(璋)은 가죽과 함께 바치며 벽(璧)은 비단 백(帛)과 함께 바치고 종(琮)은 비단 금(錦)과 함께 바치며 호(琥)는 수놓은 비단 수(繡)와 함께 바치고 황(璜)은 보(黼)무늬가 들어간 비단과 함께 바친다. 이러한 여섯 가지 사물은 제후와의 우호를 조화롭게 다지는 것이다.

鄭注 合, 同也. 六幣, 所以享也. 五等諸侯享天子用璧, 享后用琮, 其大各如其瑞, 皆有庭實, 以馬若皮. 皮, 虎豹皮也. 用圭璋者, 二王之後也. 二王後尊, 故享用圭璋而特之. 禮器曰"圭璋特", 義亦通於此. 其於諸侯, 亦用璧琮耳. 子男於諸侯, 則享用琥璜, 下其瑞也. 凡二王後·諸侯相享之玉, 大小各降其瑞一等. 及使卿大夫覜聘, 亦如之.

번역 '합(合)'자는 맞춘다는 뜻이다. 여섯 가지 예물은 향(享)을 하기 위한 것이다. 다섯 등급의 제후가 천자에게 향을 할 때에는 벽(璧)을 사용하고 왕후에게 향을 할 때에는 종(琮)을 사용하는데, 그 크기는 각각 그들이

---

8) 『의례』「빙례(聘禮)」: 禮玉·束帛·乘皮, 皆如還玉禮. 大夫出, 賓送, 不拜.

사용하는 신표[瑞]와 동일하게 하며, 모두 마당에 늘어놓고 말이나 가죽 등을 곁들이게 된다. '피(皮)'는 호랑이나 표범의 가죽을 뜻한다. 규(圭)와 장(璋)을 사용하는 경우는 하나라와 은나라 왕조의 후손국에 해당한다. 두 왕조의 후손국은 존귀한 신분이기 때문에, 향에서 규나 장을 사용하며 그것 단독으로 바치게 된다. 『예기』「예기(禮器)」편에서 "규와 장은 단독으로 바친다."[9]라고 했는데, 그 의미 또한 이곳의 내용과 통한다. 그들이 다른 제후를 대하는 경우라면 또한 벽과 종을 사용할 따름이다. 자작과 남작이 제후들을 대하는 경우라면 향에서 호(琥)나 황(璜)을 사용하며, 신표보다 낮추게 된다. 두 왕조의 후손국이나 제후들이 서로에게 향을 할 때 사용하는 옥은 그 크기에 있어서 각각 그들이 사용하는 신표와 동일하게 하며, 경과 대부를 시켜 조빙(覜聘)을 할 때에도 이처럼 한다.

賈疏 ●"合六"至"好故". ○釋曰: 此亦小行人至諸侯之國也. 此六者之中, 有圭以馬, 璋以皮, 二者本非幣, 云"六幣"者, 二者雖非幣帛, 以用之當幣處, 故總號爲幣也. 此六言合, 以兩兩相配, 配合之義, 故言合也.

번역 ●經文: "合六"~"好故". ○이 또한 소행인이 제후국에 찾아간 경우이다. 여기에서 말한 여섯 가지 예물 중에는 규(圭)에 말을 곁들이고 장(璋)에 가죽을 곁들인다는 내용이 포함되어 있는데, 두 가지는 본래 예물이 아니다. 그런데도 '육폐(六幣)'라고 말한 것은 두 가지는 비록 폐백이 아니지만, 그것을 폐백처럼 사용하기 때문에 총괄적으로 '폐(幣)'라고 지칭한 것이다. 이러한 여섯 가지 것들에 대해서 '합(合)'이라고 했는데, 두 쌍씩 서로 짝이 되도록 하니, 배합하다는 뜻이 된다. 그렇기 때문에 '합(合)'이라고 말했다.

賈疏 ◎注"合同"至"如之". ○釋曰: 云"合同"者, 配合卽是和同故也. 云"六幣, 所以享也"者, 對上文六者是朝時所用也. 云"五等之諸侯享天子用璧, 享后用琮, 其大各如其瑞", 玉人云"璧琮九寸, 諸侯以享天子", 注云: "享, 獻也. 聘

---

9) 『예기』「예기(禮器)」【299a】: 圭璋, 特.

禮, 享君以璧, 享夫人以琮." 引此者, 欲明君用琮, 故覲禮享天子云"束帛加璧", 是其施于天子也. 不言享后, 文不具. 言九寸, 據上公而言. 明侯伯子男皆如瑞. 知子男享天子亦用璧琮者, 覲禮總稱"侯氏用璧", 明五等同也. 云"皆有庭實, 以馬若皮"者, 按覲禮"三享皆束帛加璧, 庭實惟國所有, 奉束帛, 匹馬卓上, 九馬隨之, 中庭西上", 是其以馬也. 聘禮"奉束帛加璧享, 庭實皮則攝之", 是其用皮也. 聘禮記曰"皮馬相間可", 是也. 知"皮, 虎豹皮者"者, 郊特牲云"虎豹之皮, 示服猛也", 是享時所用, 故知也. "用圭璋者, 二王之後也, 二王後尊, 故享用圭璋而特之"者, 按玉人"璧琮九寸, 諸侯以享天子". 言九寸, 則上公之禮, 上公用璧琮, 則圭璋是二王後明矣. 言而特之者, 惟有皮馬, 無束帛可加, 故云特. 如是, 皮馬不上堂, 陳於庭, 則皮馬之外, 別有庭實可知. "其於諸侯, 亦用璧琮", 知者, 見玉人職云"瑑琮八寸, 諸侯以享夫人", 明享君用璧琮八寸, 是下享天子一寸. 如是, 明二王後相享, 不可同於天子用圭璋, 則用璧琮可知. 言是兩公自相朝, 二王後稱公, 是於諸侯還同二王後可知. 引禮器者, 彼圭璋者, 據朝聘時所行, 無束帛, 可知是圭璋特之義也. 云"亦通於此"者, 彼朝聘之圭特, 亦通此享用圭璋, 故云亦通於此也. 云"子男於諸侯, 享用琥璜, 下其瑞也"者, 覲禮, 子男已入侯氏用璧琮中, 則此琥璜不知何用. 二王後自相享, 退入璧琮, 則子男自相享, 退用琥璜可知. 且子男朝時用璧, 自相享, 降一等, 故用琥璜. 云"凡二王後·諸侯相享之玉, 大小各降其瑞一等"者, 玉人云: "瑑琮八寸, 諸侯以享夫人." 禮更無用八寸之法, 明是上公九寸, 降一等至八寸. 上公旣降一寸, 則侯伯子男各降一等可知. 二王後相朝, 敵, 無用相尊之法, 明亦降一寸, 其子男者, 雖退入琥璜, 亦降一寸可知. 若然, 知五等諸侯自相朝, 圭璋亦如其命數, 其相享璧琮等, 則降一寸. 知者, 玉人云: "璧琮八寸, 諸侯以享夫人." 據上公身, 不云圭璋朝所執者, 明圭璋自朝天子所執. 故聘禮云"所以朝天子, 圭與繅皆九寸", 上公之玉也. "問諸侯, 朱綠繅八寸", 注云: "於天子曰朝, 於諸侯曰問, 記之於聘文互相備." 以此上公爲然, 侯伯子男可知也. 云"及使卿大夫頫聘, 亦如之", 直言頫聘亦如之, 不分別享與聘, 則聘享皆降一寸, 同, 故玉人云: "瑑圭璋八寸, 璧琮八寸以頫聘." 此據上公之臣圭璋璧琮皆降一等, 其餘侯伯子男降一寸明矣. 其子男之臣享諸侯, 不得過君, 用琥璜可知.

번역 ◎鄭注: "合同"~"如之". ○정현이 "'합(合)'자는 맞춘다는 뜻이다."라고 했는데, 배합(配合)한다는 것은 곧 조화롭게 맞춘다는 뜻이기 때문이다. 정현이 "여섯 가지 예물은 향(享)을 하기 위한 것이다."라고 했는데, 앞에 나온 여섯 가지 기물은 조(朝)를 할 때 사용되는 것과 대비시킨 것이다. 정현이 "다섯 등급의 제후가 천자에게 향을 할 때에는 벽(璧)을 사용하고 왕후에게 향을 할 때에는 종(琮)을 사용하는데, 그 크기는 각각 그들이 사용하는 신표[瑞]와 동일하게 한다."라고 했는데, 『주례』「옥인(玉人)」편에서는 "벽과 종은 9촌의 크기이며, 제후가 이를 통해 천자에게 향을 한다."[10]라고 했고, 정현의 주에서는 "향(享)은 바친다는 뜻이다. 빙례를 시행할 때 군주에게 향을 하면 벽을 사용하고, 부인에게 향을 하면 종을 사용한다."라고 했다. 이러한 내용을 인용한 것은 군주에게는 종을 사용하게 됨을 드러내고자 했기 때문이다. 그래서 『의례』「근례(覲禮)」편에서는 천자에게 향을 하며 "속백(束帛)에 벽을 추가한다."[11]라고 한 것이니, 천자에게 바치는 경우에 해당한다. 그런데 왕후에게 향을 한다는 내용을 언급하지 않은 것은 문장을 자세히 기록하지 않았기 때문이다. 구촌(九寸)이라고 한 것은 상공의 경우를 기준으로 말한 것이다. 이것은 후작·백작·자작·남작 모두 자신의 신표에 크기를 맞춘다는 사실을 나타낸다. 자작과 남작이 천자에게 향을 할 때에는 또한 벽과 종을 사용한다는 사실을 알 수 있는 이유는 「근례」편에서 총칭하여 "후씨(侯氏)는 벽을 사용한다."라고 했으니, 이것은 다섯 등급의 제후가 동일하게 따른다는 사실을 나타낸다. 정현이 "모두 마당에 늘어놓고 말이나 가죽 등을 곁들이게 된다."라고 했는데, 「근례」편을 살펴보면 "삼향(三享)에 모두 속백에 벽을 추가하며, 마당에 늘어놓는 것은 그 나라에서 소유하고 있는 것으로 하며, 속백을 받들고 말 한 마리가 선두에 서고 아홉 마리의 말이 그 뒤를 따르며, 마당의 서쪽 끝에서부터 차례대로 진열한다."라고 했으니, 이것은 말을 곁들이게 된다는 사실을 나타낸다. 또 「빙례」편에서는 "속백을 받들고 벽을 추가하여 향을 하

10) 『주례』「동관고공기(冬官考工記)·옥인(玉人)」: 璧琮九寸, 諸侯以享天子.
11) 『의례』「근례(覲禮)」: 四享, 皆束帛加璧, 庭實唯國所有. 奉束帛, 匹馬卓上, 九馬隨之, 中庭西上, 奠幣, 再拜稽首.

고, 마당에 진열하는 것이 가죽이라면 그것을 접는다."[12]라고 했으니, 이것은 가죽을 사용하게 됨을 나타낸다. 또 「빙례」편의 기문에서는 "가죽이나 말은 상호 대체해도 괜찮다."[13]라고 했다. 정현이 "'피(皮)'는 호랑이나 표범의 가죽을 뜻한다."라고 했는데, 이 말이 사실임을 알 수 있는 이유는 『예기』「교특생(郊特牲)」편에서 "호랑이나 표범 등의 가죽을 진열하는 것은 난폭한 자를 굴복시키는 위엄을 보이기 위해서이다."[14]라고 했으니, 이것은 향을 할 때 이러한 가죽을 사용하는 것임을 알 수 있다. 정현이 "규(圭)와 장(璋)을 사용하는 경우는 하나라와 은나라 왕조의 후손국에 해당한다. 두 왕조의 후손국은 존귀한 신분이기 때문에, 향에서 규나 장을 사용하며 그것 단독으로 바치게 된다."라고 했는데, 「옥인」편을 살펴보면 "벽과 종은 9촌의 크기이며, 제후가 이를 통해 천자에게 향을 한다."라고 했다. 9촌이라고 말했다면, 상공에게 적용되는 예법이고, 상공이 벽과 종을 사용한다면, 규와 장은 두 왕조의 후손국에서 사용하게 됨을 나타낸다. "그것 단독으로 바친다."라고 했는데, 가죽이나 말 등만 곁들이게 되고 속백(束帛)은 추가하지 않는다. 그렇기 때문에 '특(特)'이라고 했다. 이와 같다면 가죽이나 말은 당상으로 가지고 올라가지 않고 마당에 진열하게 되며, 가죽이나 말 이외에도 별도로 마당에 진열하는 것이 있음을 알 수 있다. 정현이 "그들이 다른 제후를 대하는 경우라면 또한 벽과 종을 사용한다."라고 했는데, 이러한 사실을 알 수 있는 이유는 「옥인」편의 직무기록을 살펴보면 "종(琮)을 8촌으로 새기며, 제후가 이를 통해 부인에게 향을 한다."[15]라고 했으니, 군주에게 향을 하며 사용하는 벽과 종은 8촌으로 된 것이며, 이것은 천자에게 향을 할 때보다 1촌씩 낮춘 것을 사용하는 것이 된다. 이와 같다면 두 왕조의 후손국이 상호 향을 하게 될 때에는 천자에 대한 경우

---

12) 『의례』「빙례(聘禮)」: 賓裼, 奉束帛加璧享. 擯者入告, 出許. 庭實, 皮則攝之, 毛在內, 內攝之, 入設也.

13) 『의례』「빙례(聘禮)」: 凡庭實, 隨入, 左先, 皮馬相間可也.

14) 『예기』「교특생(郊特牲)」【320a】: 旅幣無方, 所以別土地之宜, 而節遠邇之期也. 龜爲前列, 先知也. 以鍾次之, 以和居參之也. 虎豹之皮, 示服猛也. 束帛加璧, 往德也.

15) 『주례』「동관고공기(冬官考工記)·옥인(玉人)」: 瑑琮八寸, 諸侯以享夫人.

와 동일하게 규와 장을 사용할 수 없게 되니, 벽과 종을 사용하게 됨을 알 수 있다. 이것은 두 나라의 공(公)이 상호 조(朝)를 하는 경우를 뜻하는데, 두 왕조의 후손국 제후에게 '공(公)'이라고 지칭하는 것이며, 이것은 곧 다른 제후들에 대해서 두 왕조의 후손국에서 따르는 것과 동일하게 함을 알 수 있다. 정현이 『예기』「예기(禮器)」편을 인용했는데, 「예기」편에서 말한 규와 장은 조빙(朝聘)을 할 때 들고 가는 것을 기준으로 든 것이며, 속백이 없게 되니, 규와 장을 단독으로 사용한다는 뜻을 알 수 있다. 정현이 "또한 이곳의 내용과 통한다."라고 했는데, 「예기」편에서 말한 조빙을 할 때의 규를 단독으로 사용한다고 했는데, 이곳에서 향을 하며 규와 장을 사용한다는 것과 통한다. 그렇기 때문에 "또한 이곳의 내용과 통한다."라고 했다. 정현이 "자작과 남작이 제후들을 대하는 경우라면 향에서 호(琥)나 황(璜)을 사용하며, 신표보다 낮추게 된다."라고 했는데, 「근례」편에 따르면 자작과 남작은 후씨가 벽과 종을 사용한다고 한 부류에 이미 포함되니, 이곳에서 말한 호나 황은 어떠한 용도로 사용하는지 알 수 없다. 두 왕조의 후손국에서 상호 향을 하며 낮춰서 벽과 종을 사용하게 된다면, 자작과 남작이 상호 향을 할 때에는 낮춰서 호와 황을 사용한다는 사실을 알 수 있다. 또 자작과 남작이 조를 할 때 벽을 사용하고 상호 향을 할 때 1등급씩 낮추기 때문에 호와 황을 사용하는 것이다. 정현이 "두 왕조의 후손국이나 제후들이 서로에게 향을 할 때 사용하는 옥은 그 크기에 있어서 각각 그들이 사용하는 신표와 동일하게 한다."라고 했는데, 「옥인」편에서는 "종(琮)을 8촌으로 새기며, 제후가 이를 통해 부인에게 향을 한다."라고 했다. 예법에 따르면 다시금 8촌의 것을 사용하는 법도가 없으니, 이것은 상공이 9촌의 것을 사용하며, 1등급을 낮춰서 8촌의 것에 이르게 됨을 나타낸다. 상공이 이미 1촌을 낮췄다면, 후작·백작·자작·남작도 각각 1등급씩 낮춘다는 사실을 알 수 있다. 두 왕조의 후손국이 상호 조를 할 때, 신분이 서로 대등하므로 상호 존귀하게 높이는 법도가 없으니, 이러한 경우에도 1촌씩 낮춘다는 사실을 알 수 있으며, 자작이나 남작의 경우에는 비록 낮춰서 호나 황을 사용하게 되지만, 이러한 경우에도 1촌씩 낮추게 됨을 알 수 있다. 만약 그렇다면 다섯 등급의 제후들이 상호 조를 할 때 사용하는 규와 장은 또한 그들의 명(命) 등급에 따르게 되며, 상호 향을 할 때 사용하는 벽과 종 등에 있어서는 1촌씩 낮추게 된다. 이러한 사실을 알 수 있는 이유는 「옥인」편에서 "벽과 종은 8촌으로 하며, 제후는 이를 통해 부인에게 향을 한다."라고 했는데, 이것은 상공 본인에게 기준을 둔 것이며, 규나 장이 조를 하며 잡게 되는 것이라 말하지 않았으니, 규와 장은 직접 천자에게 조를 할 때 잡게 되는 것임을 나타낸다. 그렇기 때문에 「빙례」편에서는 "천자에게 조회를 할 때 사용하는 규와 받침은 모두 9촌이다."[16]라고 한 것이며, 이것은 상공이 사용하는 옥에 해당한다. 그리고 "제후에게 문(問)을 할 때에는 주색과 녹색으로 받침을 만드는데 그 길이는 8촌이다."[17]라고 했고, 정현의 주에서는 "천자에 대해서는 '조(朝)'라고 했고, 제후에 대해서는 '문(問)'이라고 했는데, 빙(聘)에 대한 경문의 내용에 이러한 사실을 기록한 것은 문장이 상호 보완적으로 그 뜻을 드러내게끔 한 것이다."라고 했다. 상공이 이처럼 따른다면, 후작·백작·자작·남작의 경우도 알 수 있다. 정현이 "경과 대부를 시켜 조빙(覜聘)을 할 때에도 이처럼 한다."라고 했는데, 단지 조빙을 할 때에도 이처럼 한다고 했으며, 향(享)과 빙(聘)을 구별하지 않았으니, 빙과 향에서도 모두 1촌씩 낮추게 되는 것이 동일하다. 그렇기 때문에 「옥인」편에서는 "규(圭)·장(璋)·벽(璧)·종(琮)을 새기고, 소(繅)는 모두 2가지 채색으로 1취(就)를 하며, 이를 통해 조빙(覜聘)을 한다."라고 했던 것이다. 이것은 상공에게 소속된 신하를 기준으로 한 것으로, 규·장·벽·종 모두 1등급씩 낮춘다고 했으니, 나머지 후작·백작·자작·남작의 경우에도 1촌씩 낮추게 된다는 사실을 나타낸다. 자작과 남작에게 소속된 신하가 제후에게 향을 할 때에는 자신의 군주보다 지나칠 수 없으니, 호와 황을 사용하게 됨을 알 수 있다.

16) 『의례』「빙례(聘禮)」: 所以朝天子, 圭與繅皆九寸, 剡上寸半, 厚半寸, 博三寸, 繅三采六等, 朱白倉.
17) 『의례』「빙례(聘禮)」: 問諸侯, 朱綠繅, 八寸.

그림 7-1 ▣ 호(琥)

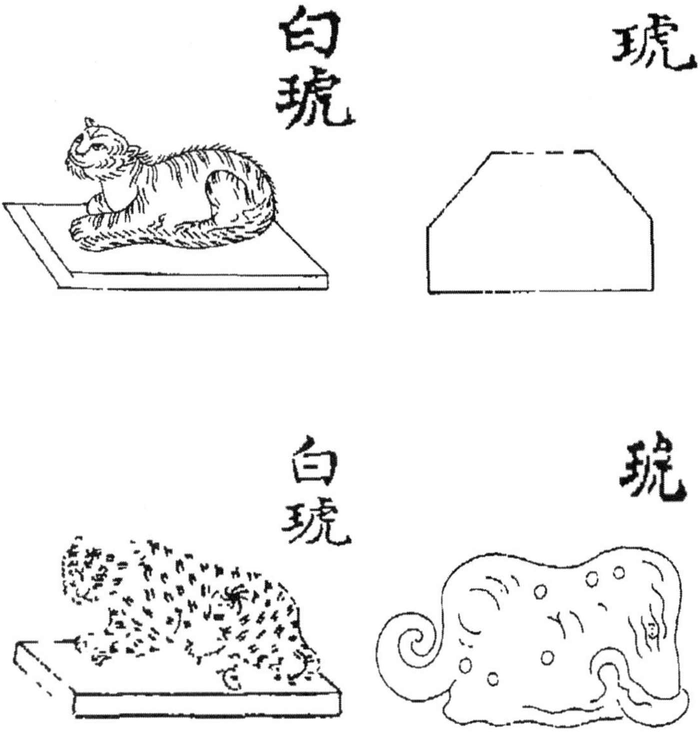

※ **출처:** 상우-『주례도설(周禮圖說)』 하권; 상좌-『삼례도집주(三禮圖集注)』 11권
하우-『삼례도(三禮圖)』 3권; 하좌-『육경도(六經圖)』 5권

그림 7-2 ▣ 황(璜)

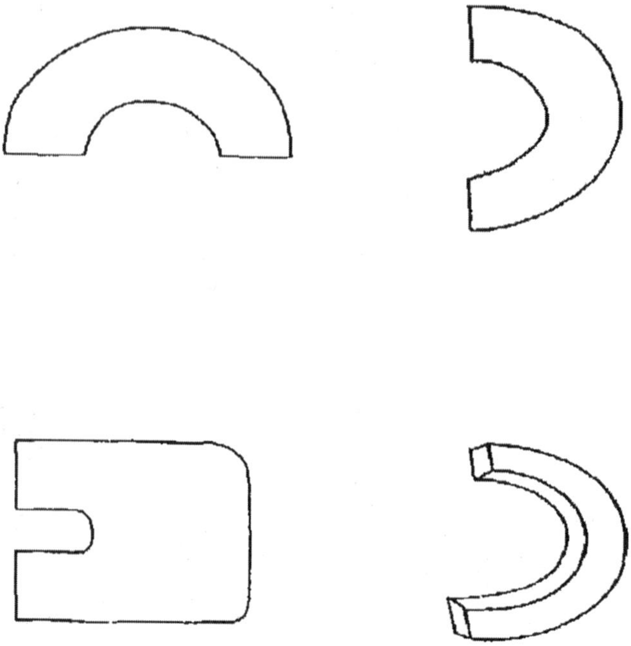

※ 출처: 상좌-『주례도설(周禮圖說)』 하권 ; 상우-『삼례도집주(三禮圖集注)』 11권
하좌-『삼례도(三禮圖)』 3권 ; 하우-『육경도(六經圖)』 5권

• 제 8 절 •

후례(厚禮)와 진례(盡禮)

【717c~d】

主國待客, 出入三積. 餼客於舍, 五牢之具陳於內. 米三十車, 禾三十車, 芻薪倍禾, 皆陳於外. 乘禽日五雙, 群介皆有餼牢. 壹食再饗, 燕與時賜無數. 所以厚重禮也. 古之用財者不能均如此, 然而用財如此其厚者, 言盡之於禮也. 盡之於禮, 則內君臣不相陵而外不相侵, 故天子制之, 而諸侯務焉爾.

직역 主國이 客을 待함에, 出入에 三積한다. 舍에서 客에게 餼하고, 五牢의 具를 內에 陳한다. 米는 三十車이고, 禾는 三十車이며, 芻薪은 禾에 倍하여, 皆히 外에 陳한다. 乘禽은 日에 五雙하고, 群介는 皆히 餼牢를 有한다. 壹食하고 再饗하며, 燕은 時賜와 與하여 數가 無하다. 重禮를 厚하는 所以이다. 古에 財를 用한 者는 均을 此와 如하길 不能이라, 然이나 財를 用하길 此와 如하여 그 厚한 者는 禮에 盡이라 言이라. 禮에 盡한다면, 內로는 君臣이 相리 陵을 不하고, 外로는 相히 侵을 不이라, 故로 天子는 制하고, 諸侯는 務할 따름이다.

의역 빙문(聘問)을 받는 제후국에서 빈객을 대접할 때에는 빈객이 출입을 함에 모두 3번의 적(積)을 두게 된다. 빈객이 머무는 숙소에서 빈객에게 음식을 대접할 때, 5뢰(牢)를 갖춰서 숙소 안에 진설하게 된다. 미(米)를 실은 수레는 30대로 하고, 화(禾)를 실은 수레는 30대로 하며, 추(芻)와 신(薪)을 실은 수레는 화(禾)의 배가 되어, 각각 60대분의 수레에 담게 되는데, 이것들은 모두 빈객이 머무는 숙소 밖에 놓아두게 된다. 그리고 무리와 짝을 이루어 움직이는 새를 날마다 5쌍씩 대접하니, 개(介)들도 모두 음식을 대접받게 된다. 한 차례 사례(食禮)를 하고, 두 차례 향례(饗禮)를 하며, 연례(燕禮)와 제철에 맞는 선물을 줄 때에는 특별히 정해진 횟수가 없다. 이처럼 하는 것들은 중대한 예를 후하게 하는 방법이 된다. 고대에는 재화를 사용할 때 이처럼 균등하게 할 수 없었다. 그러나 빙례에 재화를 사용할 때에는 이와 같이 풍족하게 했으니, 예에 대해서 극진히 함을 뜻한다. 예에 대해서 극진히 할 수 있다면, 내적으로는 군신관계에서 서로 업신여기지 않게 되고, 외적으로는 서로 침략하지 않게 된다. 그렇기 때문에 천자는 이러한 예법을 제정하여 제후들을 제어했고, 제후들은 그것에 따라 힘써 실천했을 따름이다.

集說 出, 旣行也. 入, 始至也. 積謂饋之牢禮米禾芻薪之屬, 其來與去, 皆三饋之積, 故云出入三積也. 餼客於舍, 謂致饗餼於賓之館舍也. 三牲備爲一牢, 五牢之具陳於內, 謂飪一牢在賓館西階, 腥二牢在賓館東階, 餼二牢在賓館門內之西也. 禾, 稾實幷刈者也. 米車設於門東, 禾車設於門西. 倍禾, 倍其數也. 禮註云: "薪從米, 芻從禾." 疏云: "薪以炊爨, 故從米. 芻以食馬, 故從禾." 此四物皆在門外. 乘禽, 乘行群匹之禽, 鴈鶩之屬也. 掌客云: "凡禮賓客, 國新殺禮, 凶荒殺禮, 札喪殺禮, 禍烖殺禮, 在野在外殺禮." 故曰古之用財者不能均如此, 言不能皆如此豐厚也. 然而於聘禮則用財如此之厚者, 是欲極盡之於禮也. 用財雖厚, 盡禮而止, 不敢加美以沒禮. 故內不相陵, 外不相侵, 皆爲有禮以制之故也.

번역 '출(出)'은 이미 행차를 떠났다는 뜻이다. '입(入)'은 비로소 도달했다는 뜻이다. '적(積)'은 음식을 보내주는 뇌례(牢禮) 및 미(米)·화(禾)·추(芻)·신(薪) 등을 보낸다는 뜻으로, 그들이 찾아오거나 떠나갈 때, 모두 세 차례 적(積)을 보내게 된다. 그렇기 때문에 "출입을 함에 3적(積)을 한다."라고 말한 것이다. "숙소에서 빈객에게 희(餼)를 한다."는 말은 빈객이 머무는 숙소에서 향례(饗禮)를 베풀며 음식을 대접한다는 뜻이다. 세 종류의 희생물이 갖춰진 것을 1뢰(牢)라고 하는데, "5뢰(牢)가 갖춰진 것을 그 안쪽에 진열한다."는 말은 임(飪) 1뢰를 빈객이 머무는 숙소의 서쪽 계단에 놓아두고, 성(腥) 2뢰를 빈객이 머무는 숙소의 동쪽 계단에 놓아두며, 희(餼) 2뢰를 빈객이 머무는 숙소의 문안 서쪽에 놓아둔다는 뜻이다. '화(禾)'는 줄기와 알갱이를 함께 자른 볏단이다. 쌀알갱이[米]를 실은 수레는 문의 동쪽에 놓아두고, 볏단을 실은 수레는 문의 서쪽에 놓아둔다. '배화(倍禾)'라는 말은 그 수의 배로 한다는 뜻이다. 『의례』에 대한 정현의 주에서는 "신(薪)은 미(米)에 따르게 되고, 추(芻)는 화(禾)에 따르게 된다."[1]라고 했고, 가공언[2]의 소에서는 "신(薪)으로는 불을 때기 때문에, 미(米)에 따르는 것이다. 추(芻)로는 말을 먹이기 때문에, 화(禾)에 따르는 것이다."라고 했다. 이러한 네 가지 사물들은 모두 문밖에 놓아두게 된다. '승금(乘禽)'은 이동할 때 무리와 짝을 이루어 움직이는 새 종류로, 기러기[鴈]나 집오리[鶩] 등의 부류를 뜻한다. 『주례』「장객(掌客)」편에서는 "빈객을 예우할 때, 새로 건국한 나라의 빈객에 대해서는 그 예법을 낮추고, 국가에 기근이 들었을 때에는 그 예법을 낮추며, 전염병이 돌아서 사상자가 속출할 때에는 그 예법을 낮추고, 병란이나 재앙이 생겼을 때에는 그 예법을 낮추며, 들판이나 외지에서 갑작스럽게 의식을 치를 때에는 그 예법을 낮춘다."[3]라고 했다. 그렇기 때문에 "고대에는 재화를 사용할 때 이처럼 균등하게 할 수 없었다."라고 말한 것이니, 이 말은 곧 모든 경우에 대해서 이처럼 풍족하게 할 수 없었다는 뜻이다. 그러나 빙례(聘禮)에 대해서라면 재화를 사용하는 것을 이처럼 풍족하게 했는데, 이것은 예법에 대해서 극진히 하고자 했기 때문이다. 재화를 사용하는 것이 비록 풍족하다고 하지만, 예법을 다하게 되면 그치니, 감히 그것에 지나친 수식을 더하여 예를 가리게 할 수 없기 때문이다. 그래서 내적으로 서로 업신여기지 않고, 외적으로 서로 침략하지 않는 것들은 모두 예를 두어서 제어를 했기 때문이다.

大全 嚴陵方氏曰: 主國, 謂主君之國也. 出入, 謂從來訖去也. 積, 若委積之積. 群介, 皆有餼牢, 則無餁腥矣, 以殺於使臣故也. 燕盛於饗, 饗盛於食. 於

1) 이 문장은 『의례』「빙례(聘禮)」편의 "薪芻倍禾."라는 기록에 대한 정현의 주이다.
2) 가공언(賈公彦, ?~?) : 당(唐)나라 때의 유학자이다. 정현(鄭玄)을 존숭하였다. 예학(禮學)에 조예가 깊었다. 『주례소(周禮疏)』, 『의례소(儀禮疏)』 등의 저서를 남겼으며, 이 저서들은 『십삼경주소(十三經注疏)』에 포함되었다.
3) 『주례』「추관(秋官)·장객(掌客)」 : 凡禮賓客, 國新殺禮, 凶荒殺禮, 札喪殺禮, 禍災殺禮, 在野在外殺禮.

食則一, 於饗則再, 於燕則與時賜無數. 盡之於禮, 則人各守其分, 故內君臣不相陵, 外不相侵也.

번역 엄릉방씨가 말하길, '주국(主國)'은 빙문을 받은 제후의 나라를 뜻한다. '출입(出入)'은 찾아온 것으로부터 그 일을 끝내고 떠나갈 때를 뜻한다. '적(積)'은 마치 비축한다는 뜻의 '적(積)'자와 같다. 뭇 개(介)들이 모두 희뢰(餼牢)를 받게 된다면, 임(飪)과 성(腥)은 없는 것이니, 사신보다는 낮추기 때문이다. 연례(燕禮)는 향례(饗禮)보다도 융성한 것이며, 향례(饗禮)는 사례(食禮)보다도 융성한 것이다. 따라서 사례에 대해서는 한 차례 시행하는 것이고, 향례에 대해서는 두 차례 시행하는 것이며, 연례에 대해서는 제철 음식을 대접하는 것과 더불어서 정해진 횟수가 없는 것이다. 예에 대해서 극진히 시행하게 된다면, 사람들은 각자 자신의 분수를 지키게 된다. 그렇기 때문에 내적으로 군신관계에서 서로 업신여기지 않게 되고, 외적으로 서로를 침략하지 않게 된다.

大全 石林葉氏曰: 餼牢, 天産, 陽物也, 故陳於內. 米·禾·芻·薪, 地産, 陰物也, 故陳於外. 饗, 所以訓恭儉也, 故至于再, 燕與時賜, 以示慈惠也, 故無數. 聘禮, 雖具如此, 而財有所不及, 則不必備, 然而苟有其財, 亦未嘗不盡於禮, 此先王所以養諸侯而兵不用也.

번역 석림섭씨[4]가 말하길, '희뢰(餼牢)'는 하늘이 낳아준 산물이니 양에 해당하는 사물이다. 그렇기 때문에 안쪽에 진설하는 것이다. 미(米)·화(禾)·추(芻)·신(薪)은 땅이 길러준 산물이니 음에 해당하는 사물이다. 그렇기 때문에 바깥쪽에 진설하는 것이다. '향(饗)'이라는 것은 공손함과 검소함을 가르치는 방법이다. 그렇기 때문에 두 차례 시행하게 되는 것이고, 연례(燕禮)와 제철 음식을 대접하는 것은 이것을 통해 자혜롭고 은혜로운 마음을 드러내게 된다. 그렇기 때문에 정해진 횟수가 없는 것이다. 빙례(聘禮)를 시행할

---

4) 석림섭씨(石林葉氏, ?~A.D.1148) : =섭몽득(葉夢得)·섭소온(葉少蘊). 남송(南宋) 때의 유학자이다. 자(字)는 소온(少蘊)이고, 호(號)는 몽득(夢得)이다. 박학다식했다고 전해지며, 『춘추(春秋)』에 대한 조예가 깊었다.

때, 비록 이처럼 갖추게 되지만, 재물에 있어서 미치지 못하는 점이 있다면, 반드시 모든 것을 갖출 필요는 없다. 그러나 진실로 해당하는 재물이 있다면, 또한 일찍이 해당 예법에 대해서 극진히 하지 않은 적이 없었으니, 이것이 바로 선왕이 제후들을 보살펴주면서 병장기를 사용하지 않았던 방법이다.

鄭注 厚重禮, 厚此聘禮也. "不能均如此", 言無則從其實也. "言盡之於禮", 欲令富者不得過也.

번역 중대한 예를 후하게 한다는 것은 이러한 빙례(聘禮)에 대해서 풍족하게 한다는 뜻이다. "이처럼 균등하게 할 수 없었다."는 말은 해당하는 재물이 없다면 그 실정에 따른다는 뜻이다. "예에 대해서 극진히 함을 뜻한다."는 말은 풍족한 자들로 하여금 지나치지 않게끔 하고자 했다는 뜻이다.

釋文 積, 子賜反. 芻, 初俱反. 倍, 步罪反. 乘, 繩證反. 一食, 一又作壹, 食音嗣.

번역 '積'자는 '子(자)'자와 '賜(사)'자의 반절음이다. '芻'자는 '初(초)'자와 '俱(구)'자의 반절음이다. '倍'자는 '步(보)'자와 '罪(죄)'자의 반절음이다. '乘'자는 '繩(승)'자와 '證(증)'자의 반절음이다. '一食'에서의 '一'자는 또한 '壹'자로도 기록하며, '食'자의 음은 '嗣(사)'이다.

孔疏 ●"主國"至"禮也". ○正義曰: 此一經明待賓之厚, 所以尊重聘禮之義.

번역 ●經文: "主國"~"禮也". ○이곳 경문은 빈객을 후하게 대접하는 것이 빙례(聘禮)를 존중하는 뜻이 됨을 나타내고 있다.

孔疏 ●"主國待客, 出入三積"者, 此謂上公之臣, 故"出入三積". 若侯伯以下之臣, 則不致積也. 故司儀云: "諸公之臣, 相爲國客, 則三積." 注云: "侯伯之臣不致積." 知者, 謂聘禮是侯伯之臣, 故文無"致積"也. 此"出入三積"者, 謂入三積, 出亦三積, 故司儀云: "遂行, 如入之積." 是去之積如來時積也.

번역 ●經文: "主國待客, 出入三積". ○이 구문은 상공(上公)의 신하에 대한 경우를 뜻한다. 그렇기 때문에 "출입을 함에 3적(積)을 한다."라고 말한 것이다. 만약 후작이나 백작 이하의 신하인 경우라면, 적(積)을 보내지 않는다. 그렇기 때문에 『주례』「사의(司儀)」편에서는 "제공(諸公)의 신하가 상호 빙문을 하여 국객(國客)이 되면 3적(積)을 한다."[5]라고 말한 것이고, 이 문장에 대한 정현의 주에서는 "후작과 백작의 신하에게는 적(積)을 보내지 않는다."라고 한 것이다. 이것이 사실임을 알 수 있는 이유는 『의례』「빙례(聘禮)」편은 후작과 백작의 신하에 대한 내용이다. 그렇기 때문에 '치적(致積)'을 한다는 기록 자체가 없는 것이다. 이곳 기록에서는 "출입을 하며 3적(積)을 한다."라고 했는데, 이 말은 처음 도착했을 때 3적(積)을 하고, 떠날 때에도 또한 3적(積)을 한다는 뜻이다. 그렇기 때문에 「사의」편에서는 "마침내 떠나게 되면, 도착했을 때의 적(積)처럼 한다."[6]라고 한 것이니, 이 말은 그가 떠나게 될 때의 적(積)을 그가 처음 찾아왔을 때의 적(積)처럼 한다는 사실을 나타낸다.

孔疏 ●"餼客於舍, 五牢之具陳於內"者, 按聘禮, 致客有饔有餼, 今直云"餼客"者, 略言之. "於舍", 謂於賓館也. "五牢之具", 謂飪一牢在賓館西階也, 腥二牢在賓館東階也, 餼二牢在賓館門內[7]之西, 是皆"陳於內"也.

번역 ●經文: "餼客於舍, 五牢之具陳於內". ○『의례』「빙례(聘禮)」편을 살펴보면, 빈객을 대접할 때 옹(饔)과 희(餼)가 있게 되는데, 이곳에서는 단지 "빈객에게 희(餼)를 대접한다."라고만 언급했다. 그 이유는 문장을 간략하게 기록했기 때문이다. '어사(於舍)'는 빈객이 머무는 숙소에서 시행한다는 뜻이다. "5뢰(牢)를 갖춘다."라고 했는데, 임(飪) 1뢰는 빈객이 머무는 숙소의 서쪽 계단에 진설하고, 성(腥) 2뢰는 빈객이 머무는 숙소의 동쪽 계단에 진설하며, 희(餼) 2뢰는 빈객이 머무는 숙소의 문안 서쪽에 진설한다는

5) 『주례』「추관(秋官)·사의(司儀)」: 諸公之臣相爲國客, 則三積, 皆三辭拜受.
6) 『주례』「추관(秋官)·사의(司儀)」: 明日, 客拜禮賜, 遂行, 如入之積.
7) '내(內)'자에 대하여. 『십삼경주소(十三經注疏)』 북경대 출판본에서는 "'내'자는 본래 '외(外)'자로 기록되어 있었는데, 문맥의 뜻과 『예기훈찬(禮記訓纂)』의 기록에 따라 고쳤다."라고 했다.

뜻이니, 이러한 것들은 모두 "그 안쪽에 진설한다."라는 사안에 해당한다.

孔疏 ●"米三十車, 禾三十車, 芻薪倍禾, 皆陳於外"者, 按聘禮"米三十車", "設于門東, 東陳", "禾三十車", "設於門西, 西陳", "薪芻倍禾"也. 鄭注: "薪, 從米; 芻, 從禾."

번역 ●經文: "米三十車, 禾三十車, 芻薪倍禾, 皆陳於外". ○「빙례」편을 살펴보면, "미(米)를 실은 수레는 30대이다."라고 했고, "문의 동쪽에 놓아두며 동쪽으로 진열한다."라고 했으며, "화(禾)를 실은 수레는 30대이다."라고 했고, "문의 서쪽에 놓아두며 서쪽으로 진열한다."라고 했으며, "신(薪)과 추(芻)를 실은 수레는 화(禾)를 실은 수레의 배로 한다."[8]라고 했다. 그리고 정현의 주에서는 "신(薪)은 미(米)에 따르고, 추(芻)는 화(禾)에 따른다."라고 했다.

孔疏 ●"乘禽日五雙"者, 謂乘行群匹之禽, 鴈鶩之屬, 聘卿則每日致五雙也.

번역 ●經文: "乘禽日五雙". ○이동을 할 때 무리와 짝을 이루어 움직이는 새들을 뜻하니, 기러기나 집오리 부류에 해당하며, 빙문(聘問)을 온 자가 경이라면, 매일 5쌍의 새들을 준다는 의미이다.

孔疏 ●"群介皆有餼牢"者, 鄭注掌客云: "爵卿也, 則飧二牢, 饔餼五牢; 爵大夫也, 則飧大牢, 饔餼三牢; 爵士也, 則飧少牢, 饔餼大牢也."

번역 ●經文: "群介皆有餼牢". ○『주례』「장객(掌客)」편에 대한 정현의 주에서는 "작위가 경이라면 손(飧)은 2뢰(牢)를 준비하고 옹희(饔餼)는 5뢰를 준비하며, 작위가 대부라면 손은 태뢰를 준비하고 옹희는 3뢰를 준비하며, 작위가 사라면 손은 소뢰를 준비하고 옹희는 태뢰를 준비한다."라고 했다.[9]

---

8) 『의례』「빙례(聘禮)」: 門外米三十車, 車秉有五籔, 設于門東, 爲三列, 東陳. 禾三十車, 車三秅, 設于門西, 西陳. 薪芻倍禾.
9) 이 문장은 『주례』「추관(秋官)·장객(掌客)」편의 "凡諸侯之禮: 上公五積, 皆視飧牽, 三問皆脩, …… 親見卿皆膳特牛."라는 기록에 대한 정현의 주이다.

孔疏 ●"壹食, 再饗, 燕與時賜無數"者, 此謂聘卿也. 一爲之設食, 再爲之設饗, 其歡燕與當時之賜無常數也.

번역 ●經文: "壹食, 再饗, 燕與時賜無數". ○이 문장은 빙문(聘問)을 온 자가 경인 경우를 뜻한다. 한 차례 그를 위해서 사례(食禮)를 베풀고, 두 차례 그를 위해서 향례(饗禮)를 베풀게 되는데, 연례(燕禮)를 베풀고 당시에 생산된 제철 음식을 하사할 때에는 정해진 횟수가 없다.

孔疏 ●"所以厚重禮也", 言備設待賓之物所以豐厚, 尊重行聘之禮. 其天子待諸侯之禮, 及諸侯相待之法, 賓主玉帛之節, 饔餼飧積之差, 米禾薪芻多少, 饗食牲牢隆殺, 皆文具掌客, 義見聘禮, 可以尋文取實, 故於此略而不言也.

번역 ●經文: "所以厚重禮也". ○빈객을 접대하는 물건을 풍족하게 준비하는 것은 빙례(聘禮)의 시행을 존귀하게 받들며 중시한다는 의미이다. 천자가 제후를 대접하는 예법 및 제후들끼리 서로를 위해 대접하는 예법에서, 빈객과 주인이 옥과 비단을 전달하는 절차, 옹(饔)·희(餼)·손(飧)·적(積)의 차등, 미(米)·화(禾)·신(薪)·추(芻)의 수량 차이, 향례(饗禮)·사례(食禮)에서 사용하는 희생물 수의 차등 등은 모두 『주례』「장객(掌客)」편에 자세히 기록되어 있고, 그 의미는 『의례』「빙례(聘禮)」편에 나와 있으니, 그 문장을 탐구하여 실제 정황을 추론할 수 있기 때문에, 이곳 문장에서는 간략하게 기록하여 세부적인 부분은 언급하지 않았던 것이다.

孔疏 ●"古之"至"焉爾". ○正義曰: 此一經明聘禮用財之厚, 務行禮讓, 則君臣內外不相侵陵, 所以諸侯務焉.

번역 ●經文: "古之"~"焉爾". ○이곳 경문은 빙례(聘禮)에서 재물을 풍족하게 사용하여, 예법과 겸양의 도리를 힘써 실천하게 된다면, 군신관계에서 내외적으로 서로 침략하거나 업신여기지 않게 되니, 제후들을 힘써 노력하도록 만드는 방법이 됨을 나타내고 있다.

孔疏 ●"古之用財, 不能均如此"者, 言古之費用其財, 不能悉皆均平, 常能如此之厚. 言厚則從其豐, 無則從其實.

번역 ●經文: "古之用財, 不能均如此". ○고대에 그 재화를 사용할 때에는 모두에 대해서 균평하게 사용할 수가 없었지만, 항상 빙례(聘禮)에서만큼은 이처럼 후하게 시행할 수 있었다는 뜻이다. 풍부한 경우라면 풍족한 바에 따르는 것이고, 해당하는 재물이 없다면 실정에 따른다는 뜻이다.

孔疏 ●"然而用財如此其厚者, 言盡之於禮也"者, 言古之用財, 旣有隆有殺, 而相聘之事, 費用其財如此豐厚者, 言用財盡極於禮. 言以禮則止, 雖有富者不得過也.

번역 ●經文: "然而用財如此其厚者, 言盡之於禮也". ○고대에는 재물을 사용할 때, 이미 융성하게 높이는 것도 있고 낮추는 것도 있지만, 상호 빙례(聘禮)를 할 때에는 그 재물을 사용함이 이처럼 풍족하고 후하였다는 뜻이니, 재물을 사용하여 예에 대해 극진히 한다는 의미이다. 예에 따라서 한다면 일정정도에서 그치게 되니, 비록 부유한 자라 하더라도 지나치게 시행할 수 없다는 뜻이다.

孔疏 ●"盡之於禮, 則內君臣不相陵, 而外不相侵"者, 言若能豐厚用財在於禮, 謂以禮自制, 不得過, 則於國內上下和睦, 君臣不相陵也. 謂四鄰歸懷, 外不相侵也.

번역 ●經文: "盡之於禮, 則內君臣不相陵, 而外不相侵". ○만약 예에 대해 재물을 사용할 때 풍족하고 후하게 할 수 있다는 것은 예에 따라서 제스스로를 제어한다는 뜻이며, 지나치게 시행할 수 없다면 국내에서는 상하계층이 화목하게 되어, 신하관계에서 서로를 업신여기지 않게 된다는 뜻이다. 그리고 또한 사방의 이웃 나라에서 그의 덕에 회귀하게 되므로, 외적으로도 서로 침략하지 않게 된다는 뜻이다.

孔疏 ●"故天子制之, 諸侯務焉爾"者, 言行禮使君臣內外不相侵陵, 故天子制此聘禮, 而諸侯務而行焉.

번역 ●經文: "故天子制之, 諸侯務焉爾". ○예를 시행하여 군신 및 내외적으로 서로 침략하거나 업신여기지 않게 한다. 그렇기 때문에 천자는 이러한 빙례(聘禮)를 제정하여, 제후들로 하여금 힘써서 실천하도록 했다는 뜻이다.

孔疏 ◎注"不能"至"過也". ○正義曰: "言無則從其實也"者, 言國若豐厚, 則盡其財以行禮; 國若乏無, 則從其當時之實. 猶如國新殺禮, 凶荒殺禮, 計財而行禮, 故云"從其實". 云"欲令富者不得過也"者, 謂豐財以行禮, 盡禮而用財, 雖有其財, 唯盡極於禮, 不可禮外更多用其財, 使貧而及禮, 富者不得奢, 此上下得宜, 內外無怨也.

번역 ◎鄭注: "不能"~"過也". ○정현이 "해당하는 재물이 없다면 그 실정에 따른다는 뜻이다."라고 했는데, 국가가 만약 풍족한 상태라면 해당 재물을 다 사용하여 해당하는 의례를 시행하지만, 국가가 만약 빈곤한 상태라면 당시의 실정에 따르게 된다는 뜻이다. 즉 새로 건국한 나라에 대해서는 예법을 낮추고, 국가에 기근이 들었으면 예법을 낮추며, 재물을 헤아려서 예법을 시행하는 부류와 같다. 그렇기 때문에 "그 실정에 따른다."라고 말한 것이다. 정현이 "풍족한 자들로 하여금 지나치지 않게끔 하고자 했다는 뜻이다."라고 했는데, 재화를 풍족하게 준비하여 예를 시행하고, 예를 극진히 하며 재물을 사용하는데, 비록 그 재물에 여유가 있더라도 오직 그 예법에 대해서 극진히 한다면, 그 예에서 벗어나는 다른 일들에 대해 다시금 남은 재물을 사용할 수 없으니, 빈곤한 자로 하여금 예에 따르도록 하고, 부귀한 자로 하여금 사치를 부리지 못하게 한 것으로, 이것은 곧 상하의 모든 계층이 그 합당함을 얻어서 내외적으로 원망함이 없게 된다는 의미이다.

集解 愚謂: 積, 謂芻·米之屬, 所以供賓道路之需者. 出入三積, 謂入與出皆三致之也. 此記皆據聘禮釋之, 而聘禮乃無"致積", 蓋有闕文也. 司儀"諸公之臣相爲國客, 則三積", 又云"侯·伯·子·男之臣, 以其國之爵相爲客而相禮, 其儀亦如之", 則五等之臣爲客皆有積可知矣. 又周禮大行人上公"出入五積", 侯伯"四積", 子男"三積", 則諸公之臣三積, 侯伯之臣二積, 子男之臣一積也. 餼客, 致饔餼於客也. 乘禽日五雙, 謂聘卿也. 按周禮掌客上公"乘禽日九十雙", 侯伯"日七十雙", 子男"日五十雙", 與此"乘禽五雙"之數相懸者, 蓋掌客五等諸侯相朝, "惟上介有禽獻", 其次介以下, 蓋朝君以其乘禽分賜之, 主國不特致, 故君之乘禽多. 此聘禮群介各有禽獻, 故聘禮記云"宰夫始歸乘禽, 日如其饔餼之數, 士中日則二雙", 故聘賓之乘禽少也. 群介皆有餼牢者, 聘禮"上介饔餼三牢", "士介四人皆餼大牢", 是也. 時賜, 謂四時新物, 以時賜之, 卽聘禮所謂"俶獻", 是也. 厚重禮, 言聘禮重, 故所以待賓者豐厚也. 聘禮之用財如此其厚, 他事不能皆然, 是用財不能均也. 然聘禮所以用財之厚者, 盡用之以行禮也. 禮有所不可闕, 則財有所不容惜. 務行禮而不惜己之財, 則必不欲犯非禮以取人之所有, 而內外侵陵之患何自而起乎?

번역 내가 생각하기에, '적(積)'은 추(芻)나 미(米) 등의 부류를 뜻하니, 빈객이 여정 중에 필요로 하는 것들을 공급하기 위한 것이다. '출입삼적(出入三積)'이라는 것은 찾아오고 떠날 때 모두 3번씩 보내준다는 뜻이다. 이곳 기문은 모두 『의례』「빙례(聘禮)」편에 기준을 두고 풀이한 것인데, 「빙례」편에는 "적을 보내준다[致積]."는 말이 없으니, 아마도 문장이 빠졌기 때문일 것이다. 『주례』「사의(射義)」편에서는 "제공(諸公)의 신하가 상호 빙문을 하여 국객(國客)이 되면 3적(積)을 한다."라고 했고, 또 "후작·백작·자작·남작의 신하들에 있어서는 그 나라의 작위에 따라 상호 객(客)이 되어 서로를 예우할 때 그 의례는 또한 이와 같다."[10]라고 했으니, 다섯 등급의 제후에게 속한 신하들이 객이 되었을 때에도 모두 적(積)이 있게 됨을 알 수 있다. 또 『주례』「대행인(大行人)」편에서는 상공에 대해서 "찾아오고 떠날 때에는 5개의 적(積)을 마련하여 보낸다."라고 했고, 후작과 백작에 대해서는 "4개의 적을 마련하여 보낸다."라고 했으며, 자작과 남작에 대해서는 "3개의 적을

10) 『주례』「추관(秋官)·사의(司儀)」: 凡諸伯子男之臣, 以其國之爵相爲客而相禮, 其儀亦如之.

마련하여 보낸다."[11]라고 했으니, 제공의 신하에게는 3개의 적을 마련해서 보내고, 후작과 백작의 신하에게는 2개의 적을 마련해서 보내며, 자작과 남작의 신하에게는 1개의 적을 마련해서 보내는 것이다. '희객(餼客)'은 빈객에게 옹희(饔餼)를 보내준다는 뜻이다. '승금일오쌍(乘禽日五雙)'은 빙문으로 온 경에 대한 내용이다. 『주례』「장객(掌客)」편을 살펴보면 상공에 대해서는 "승금은 날마다 90쌍씩 대접한다."라고 했고, 후작과 백작에 대해서는 "날마다 70쌍씩 대접한다."라고 했으며, 자작과 남작에 대해서는 "날마다 50쌍씩 대접한다."라고 하여,[12] 이곳에서 "승금을 5쌍씩 대접한다."라고 한 수치와

---

11) 『주례』「추관(秋官)·대행인(大行人)」 : 上公之禮, 執桓圭九寸, 繅藉九寸, 冕服九章, 建常九斿, 樊纓九就, 貳車九乘, 介九人, 禮九牢, 其朝位, 賓主之間九十步, 立當車軹, 擯者五人, 廟中將幣三享, 王禮再祼而酢, 饗禮九獻, 食禮九擧, 出入五積, 三問三勞. 諸侯之禮, 執信圭七寸, 繅藉七寸, 冕服七章, 建常七斿, 樊纓七就, 貳車七乘, 介七人, 禮七牢, 朝位賓主之間七十步, 立當前疾, 擯者四人, 廟中將幣三享, 王禮壹祼而酢, 饗禮七獻, 食禮七擧, 出入四積, 再問再勞. 諸伯執躬圭, 其他皆如諸侯之禮. 諸子執穀璧五寸, 繅藉五寸, 冕服五章, 建常五斿, 樊纓五就, 貳車五乘, 介五人, 禮五牢, 朝位賓主之間五十步, 立當車衡, 擯者三人, 廟中將幣三享, 王禮壹祼不酢, 饗禮五獻, 食禮五擧, 出入三積, 壹問壹勞. 諸男執蒲璧, 其他皆如諸子之禮.

12) 『주례』「추관(秋官)·장객(掌客)」 : 凡諸侯之禮: 上公五積, 皆視飧牽, 三問皆脩, 群介·行人·宰·史皆有牢. 飧五牢, 食四十, 簠十, 豆四十, 鉶四十有二, 壺四十, 鼎簋十有二, 牲三十有六, 皆陳. 饔餼九牢, 其死牢如飧之陳, 牽四牢, 米百有二十筥, 醯醢百有二十罋, 車皆陳. 車米視生牢, 牢十車, 車秉有五籔, 車禾視死牢, 牢十車, 車三秅, 芻薪倍禾, 皆陳. 乘禽日九十雙, 殷膳大牢, 以及歸, 三饗·三食·三燕, 若弗酌則以幣致之. 凡介·行人·宰·史皆有飧饔餼, 以其爵等爲之牢禮之陳數, 唯上介有禽獻. 夫人致禮, 八壺·八豆·八籩, 膳大牢, 致饗大牢, 食大牢. 卿皆見, 以羔, 膳大牢. 侯伯四積, 皆視飧牽, 再問皆脩. 飧四牢, 食三十有二, 簠八, 豆三十有二, 鉶二十有八, 壺三十有二, 鼎簋十有二, 腥二十有七, 皆陳. 饔餼七牢, 其死牢如飧之陳, 牽三牢, 米百筥, 醯醢百罋, 皆陳. 米三十車, 禾四十車, 芻薪倍禾, 皆陳. 乘禽日七十雙, 殷膳大牢, 再饗·再食·再燕. 凡介·行人·宰·史皆有飧饔餼, 以其爵等爲之禮, 唯上介有禽獻. 夫人致禮, 八壺·八豆·八籩, 膳大牢, 致饗大牢. 卿皆見, 以羔, 膳特牛. 子男三積, 皆視飧牽, 壹問以脩. 飧三牢, 食二十有四, 簠六, 豆二十有四, 鉶十有八, 壺二十有四, 鼎簋十有二, 牲十有八, 皆陳. 饔餼五牢, 其死牢如飧之陳, 牽二牢, 米八十筥, 醯醢八十罋, 皆陳. 米二十車, 禾三十車, 芻薪倍禾, 皆陳. 乘禽日五十雙, 壹饗·壹食·壹燕. 凡介·行人·宰·史皆有飧饔餼, 以其爵等爲之禮, 唯上介有禽獻. 夫人致禮, 六壺, 六豆, 六籩, 膳視致饗. 親見卿皆膳特牛.

현격한 차이를 보인다. 그 이유는 「장객」편에서는 다섯 등급의 제후가 상호 조(朝)를 할 때 "오직 상개(上介)에 대해서만 승금을 바친다."라고 했으니, 차개(次介)로부터 그 이하의 자들에 있어서는 아마도 조(朝)를 시행하는 군주가 자신이 받은 승금을 분배해서 나눠줬을 것이며, 방문을 받은 나라에서 그들에 대해 별도로 보내지는 않았을 것이다. 그렇기 때문에 군주가 받는 승금의 수가 많은 것이다. 이곳에서는 빙례를 시행하는 뭇 개들에 대해 각각 승금을 바치는 것이 있다고 했다. 그렇기 때문에 「빙례」편의 기문에서는 "재부는 승금을 보내주는데, 빈객과 상개(上介)에게 옹희를 하는 수에 맞춰서 날마다 보낸다. 사에 대해서는 격일로 2쌍씩 보낸다."[13]라고 했다. 그렇기 때문에 빙문으로 찾아온 빈객에게 보내는 승금의 수가 적은 것이다. 뭇 개들에 대해서도 모두 희뢰(餼牢)가 있게 되는데, 「빙례」편에서는 "상개에 대한 옹희는 3뢰로 한다."[14]라고 했고, "사로 구성된 개(介) 4명에게는 모두 희(餼)로 태뢰를 사용한다."[15]라고 했다. '시사(時賜)'는 사계절마다 새롭게 산출된 산물이니, 각 계절에 맞는 산물을 하사하는 것으로, 「빙례」편에서 말한 '숙헌(俶獻)'[16]에 해당한다. '후중례(厚重禮)'는 빙례는 중대한 의례이기 때문에, 빈객을 대접하는 것을 풍부하게 한다는 뜻이다. 빙례에 사용하는 재물이 이처럼 풍부하지만, 다른 사안에 대해서는 모두 이처럼 할 수 없으니, 이것이 바로 재물을 사용함에 균등하게 할 수 없다는 뜻이다. 그러나 빙례에서 재물을 사용하는 것이 풍부한 것은 그 재물들을 극진하게 사용하여 해당 의례를 진행하기 때문이다. 해당 의례에 있어서 빠트리는 것이 있을 수 없다면, 재물을 사용함에 있어서도 아까워할 수 없는 것이다. 의례를 시행하는데 힘쓰며 자신의 재물을 사용하는데 인색하지 않다면, 분명 비례를 저질러 남의 것을 취하고자 하지 않을 것이니, 내외적으로 침략하거나 업신여기는 우환이 어떻게 생겨나겠는가?

---

13) 『의례』「빙례(聘禮)」: 旣致饔, 旬而稍, 宰夫始歸乘禽, 日如其饔餼之數. 士中日則二雙.

14) 『의례』「빙례(聘禮)」: 上介, 饔餼三牢, 飪一牢, 在西, 鼎七, 羞鼎三.

15) 『의례』「빙례(聘禮)」: 士介四人, 皆餼大牢, 米百筥, 設于門外.

16) 『의례』「빙례(聘禮)」: 燕與羞俶獻, 無常數.

참고 구문비교

예기 · 빙의 主國待客, 出入三積. 餼客於舍, 五牢之具陳於內. 米三十車, 禾三十車, 芻薪倍禾, 皆陳於外. 乘禽日五雙, 群介皆有餼牢. 壹食再饗, 燕與時賜無數. 所以厚重禮也. 古之用財者不能均如此, 然而用財如此其厚者, 言盡之於禮也. 盡之於禮, 則內君臣不相陵而外不相侵, 故天子制之, 而諸侯務焉爾.

대대례기 · 조사(朝事) 主國待客, 出入三積. 旣客於舍, 五牢之具陳於內. 米三十車, 禾三十車, 芻薪倍禾, 皆陳於外. 乘禽日五雙, 群介皆餼牢. 壹食再饗, 宴與時賜無數. 所以重禮也. 古之用財不能均如此, 然而用財如此其厚者, 言盡之于禮也. 盡之于禮, 則內君臣不相陵而外不相侵, 故天子制之, 而諸侯務焉.

참고 『의례』「빙례(聘禮)」 기록

경문 門外, 米三十車, 車秉有五籔, 設于門東, 爲三列, 東陳.

번역 문밖에는 미(米)를 실은 수레 30대가 있는데, 수레마다 1병(秉)[17] 5수(籔)를 실어 문의 동쪽에 두는데 3열을 만들어 동쪽으로 진열한다.

鄭注 大夫之禮, 米禾皆視死牢. 秉·籔, 數名也. 秉有五籔, 二十四斛也. 籔讀若不數之數. 今文籔或爲逾.

번역 대부에 대한 예법에서는 미(米)와 화(禾)는 죽은 희생의 수에 견주어서 한다. '병(秉)'과 '수(籔)'는 용량을 헤아리는 단위이다. '병유오수(秉有五籔)'는 24곡(斛)에 해당한다. '수(籔)'자는 셈하지 않는다고 했을 때의 '수(數)'자처럼 풀이한다. 금문에서는 '수(籔)'자를 간혹 유(逾)자로 기록하기도 한다.

---

17) 병(秉)은 수량을 재는 단위이다. 16두(斗)는 1수(籔)가 되고, 10수(籔)는 1병(秉)이 된다. 『의례』「빙례(聘禮)」편에는 "十斗曰斛, 十六斗曰籔, 十籔曰秉."이라는 기록이 있다.

賈疏 ●"門外"至"東陳". ◎注"大夫"至"爲逾". ○釋曰: 云"大夫之禮, 米禾皆視死牢"者, 上文飪一牢, 腥二牢, 是三牢死, 故米三十車, 幷下禾三十車, 亦是視死牢也. 云"秉·籔, 數名也. 秉有五籔, 二十四斛也"者, 下記云: "十斗曰斛, 十六斗曰籔, 十籔曰秉." 若然, 一秉十六斛, 又有五籔爲八斛, 總二十四斛也. 云"籔讀若不數之數"者, 鄭君時以籔爲數名, 數名有數有不數, 故云不數之數. 此從音讀, 其字仍竹下爲之, 得爲十六斗爲籔, 故下記注云: "今江·淮之間, 量名有爲籔者." 是十六斗量器之名.

번역 ●經文: "門外"~"東陳". ◎鄭注: "大夫"~"爲逾". ○정현이 "대부에 대한 예법에서는 미(米)와 화(禾)는 죽은 희생의 수에 견주어서 한다."라고 했는데, 앞에서 임(飪)은 1뢰(牢)로 하고, 성(腥)은 2뢰로 한다고 했으니, 3뢰는 죽은 희생물의 수치를 뜻한다. 그렇기 때문에 미(米)를 실은 수레는 30대로 하는 것이며, 아울러 밑에서 화(禾)를 실은 수레도 30대라고 했으니, 이 또한 죽은 희생의 수에 견주어서 마련한 것이다. 정현이 "'병(秉)'과 '수(籔)'는 용량을 헤아리는 단위이다. '병유오수(秉有五籔)'는 24곡(斛)에 해당한다."라고 했는데, 아래 기문에서는 "10두(斗)를 1곡(斛)이라 부르고, 16두를 1수(籔)라 부르며, 10수를 1병(秉)이라 부른다."[18]라고 했다. 만약 그렇다면 1병은 16곡이 되고, 또 5수에 해당하는 8곡을 더하게 되니, 총 24곡이 있게 된다. 정현이 "'수(籔)'자는 셈하지 않는다고 했을 때의 '수(數)'자처럼 풀이한다."라고 했는데, 정현은 당시에 수(籔)자를 수(數)자의 명칭으로 여겼는데, '수(數)'라는 명칭에는 수(數)자의 뜻도 있고 불수(不數)의 뜻도 있다. 그렇기 때문에 "불수(不數)라고 할 때의 수(數)이다."라고 했다. 이것은 그 음에 따라 풀이를 한 것인데, 그 자형에 있어서는 죽(竹)자 변에 수(數)자를 기록했으니, 16두는 1수가 된다. 그래서 아래 기문에 대한 주에서는 "현재 강수와 회수 지역에서는 용량을 재는 단위에 수(籔)를 쓰는 곳도 있다."라고 했다. 이것은 곧 16두에 해당하는 용량을 재는 기물의 명칭을 가리킨다.

---

18) 『의례』「빙례(聘禮)」: 十斗曰斛, 十六斗曰籔, 十籔曰秉.

경문 禾三十車, 車三秅, 設于門西, 西陳.

번역 화(禾)를 실은 수레 30대가 있는데, 수레마다 3타(秅)[19]를 실어 문의 서쪽에 두며 서쪽으로 진열한다.

鄭注 秅, 數名也. 三秅, 千二百秉.

번역 '타(秅)'자는 수량을 재는 단위이다. 3타는 1,200병(秉)이 된다.

賈疏 ◎注"秅數"至"百秉". ○釋曰: 下記云: "四秉曰筥, 十筥曰稯, 十稯曰秅, 四百秉爲一秅." 三四十二, 爲千二百秉也.

번역 ◎鄭注: "秅數"~"百秉". ○아래 기문에서는 "4병(秉)을 1거(筥)라 부르고, 10거를 1종(稯)이라 부르며 10종을 1타(秅)라 부르니, 400병은 1타가 된다."[20]라고 했다. 3곱하기 4는 12가 되니, 1,200병이 된다.

경문 薪芻倍禾.

번역 신(薪)과 추(芻)를 실은 수레는 화(禾)를 실은 수레의 배로 한다.

鄭注 倍禾者, 以其用多也. 薪從米, 芻從禾, 四者之車皆陳, 北輈. 凡此所以厚重禮也. 聘義曰: "古之用財不能均如此, 然而用財如此其厚者, 言盡之於禮也. 盡之於禮, 則內君臣不相陵, 而外不相侵, 故天子制之, 而諸侯務焉爾."

번역 "화(禾)의 배로 한다."는 것은 쓰임새가 많기 때문이다. 신(薪)을 실은 수레는 미(米)를 실은 수레를 따르게 되고, 추(芻)를 실은 수레는 화(禾)를 실은 수레를 따르게 되는데, 네 종류의 수레는 모두 진열을 하며

---

19) 타(秅)는 볏짚 등을 세는 단위이다. 손으로 움켜잡은 것은 1파(把)가 되는데, 400파는 1타가 된다.

20) 『의례』「빙례(聘禮)」: 四秉曰筥. 十筥曰稯. 十稯曰秅. 四百秉爲一秅.

수레의 끌채를 북쪽으로 둔다. 이러한 것들은 중대한 의례를 후하게 하는 방법이 된다. 「빙의」편에서는 "고대에는 재화를 사용할 때 이처럼 균등하게 할 수 없었다. 그러나 빙례에 재화를 사용할 때에는 이와 같이 풍족하게 했으니, 예에 대해서 극진히 함을 뜻한다. 예에 대해서 극진히 할 수 있다면, 내적으로는 군신관계에서 서로 업신여기지 않게 되고, 외적으로는 서로 침략하지 않게 된다. 그렇기 때문에 천자는 이러한 예법을 제정하여 제후들을 제어했고, 제후들은 그것에 따라 힘써 실천했을 따름이다."라고 했다.

賈疏 ●"薪芻倍禾". ◎注"倍禾"至"焉爾". ○釋曰: 云"薪從米, 芻從禾"者, 以其薪可以炊爨, 故從米陳之; 芻可以食馬, 故從禾陳之. 鄭言此者, 以經云"倍禾", 恐並從禾陳之故也. 云"四者之車皆陳, 北輈"者, 以其向內爲正故也. 引聘義者, 欲見主君享禮聘賓, 外內皆善, 故引爲證也.

번역 ●經文: "薪芻倍禾". ◎鄭注: "倍禾"~"焉爾". ○정현이 "신(薪)을 실은 수레는 미(米)를 실은 수레를 따르게 되고, 추(芻)를 실은 수레는 화(禾)를 실은 수레를 따르게 된다."라고 했는데, 땔감으로는 불을 때어 밥을 짓기 때문에 미(米)를 실은 수레를 따라 진열하는 것이고, 꼴로는 말을 먹일 수 있기 때문에 화(禾)를 실은 수레를 따라 진열하는 것이다. 정현이 이와 같이 설명한 것은 경문에서 '배화(倍禾)'라고 했는데, 둘 모두 화(禾)를 실은 수레를 따라 진열한다고 오해할 수도 있기 때문이다. 정현이 "네 종류의 수레는 모두 진열을 하며 수레의 끌채를 북쪽으로 둔다."라고 했는데, 안쪽을 향하도록 하는 것을 바른 위치로 삼기 때문이다. 정현이 「빙의」편을 인용했는데, 빙문을 받은 군주가 빙문으로 찾아온 빈객에게 향례(享禮)를 하는 것은 외적으로나 내적으로 모두 선한 일임을 드러내고자 한 것이다. 그렇기 때문에 이 문장을 인용하여 증명하였다.

참고 『주례』「추관(秋官)·장객(掌客)」 기록

경문 凡禮賓客, 國新殺禮, 凶荒殺禮, 札喪殺禮, 禍灾殺禮, 在野在外殺禮.

번역 빈객을 예우할 때, 새로 건국한 나라의 빈객에 대해서는 그 예법을 낮추고, 국가에 기근이 들었을 때에는 그 예법을 낮추며, 전염병이 돌아서 사상자가 속출할 때에는 그 예법을 낮추고, 병란이나 재앙이 생겼을 때에는 그 예법을 낮추며, 들판이나 외지에서 갑작스럽게 의식을 치를 때에는 그 예법을 낮춘다.

鄭注 皆爲國省用愛費也. 國新, 新建國也. 凶荒, 無年也. 禍灾, 新有兵寇水火也.

번역 이 모두는 국가를 다스림에 재용을 줄이고 비용을 아끼는 것에 해당한다. '국신(國新)'은 새로 나라를 건국했다는 뜻이다. '흉황(凶荒)'은 기근이 든 해를 뜻한다. '화재(禍灾)'는 새로이 병란이나 도적 또는 수재나 화재 등이 발생한 것을 뜻한다.

賈疏 ◎注"皆爲"至"火也". ○釋曰: 云"國新, 新建國也"者, 謂若"刑新國用輕典", 鄭云"新辟地立君之國", 故云新建國也. 云"凶荒, 無年也"者, 此則曲禮云"歲凶, 年穀不登"者也. 云"禍災"者, 兵寇來侵爲禍, 水火來害爲災也. 云"在野在外殺禮"者, 以其野外忽遽, 禮物不可卒備, 故亦殺之.

번역 ◎鄭注: "皆爲"~"火也". ○정현이 "'국신(國新)'은 새로 나라를 건국했다는 뜻이다."라고 했는데, 마치 "새로 건국한 나라에 형벌을 적용할 때에는 간략하고 관대한 율법에 따른다."[21]라고 했을 때의 신국(新國)과 같은 것으로, 정현은 "새로 토지를 개척하여 군주를 세운 나라를 뜻한다."라고 했다. 그렇기 때문에 "새로 나라를 건국했다는 뜻이다."라고 했다. 정

21) 『주례』「추관(秋官)·대사구(大司寇)」: 一曰刑新國用輕典.

현이 "'흉황(凶荒)'은 기근이 든 해를 뜻한다."라고 했는데, 이것은 『예기』「곡례(曲禮)」편에서 "흉년이 들어, 한 해의 농작물이 제대로 수확되지 않았다."[22]라고 한 것에 해당한다. '화재(禍災)'라고 했는데, 적군이나 도적이 침입한 것은 화(禍)가 되고, 수재나 화재가 발생하여 피해를 입힌 것은 재(災)가 된다. "들판이나 외지에서 갑작스럽게 의식을 치를 때에는 그 예법을 낮춘다."라고 했는데, 야외에서 갑작스럽게 시행하여 예법에 따른 기물들을 모두 갖출 수가 없기 때문에 낮추는 것이다.

참고 『주례』「추관(秋官)·사의(司儀)」 기록

경문 諸公之臣相爲國客,

번역 제공(諸公)의 신하가 상호 빙문을 하여 국객(國客)이 되면,

鄭注 謂相聘也.

번역 서로 빙(聘)을 한다는 뜻이다.

賈疏 ●"諸公"至"國客". ○釋曰: 謂上諸公之臣相聘往來爲國客相待相送之儀, 此法皆備於下文也.

번역 ●經文: "諸公"~"國客". ○앞에서는 제공의 신하가 상호 빙(聘)을 하여 왕래하며 상대방 나라의 국객(國客)이 되고, 그에 따라 상호 접대하고 전송하는 의례를 나타내고 있으니, 이러한 예법은 모두 아래문장에 기술되어 있다.

경문 則三積, 皆三辭拜受.

---

22) 『예기』「곡례하(曲禮下)」【53a】: 歲凶, 年穀不登, 君膳不祭肺, 馬不食穀, 馳道不除, 祭事不縣. 大夫不食粱, 士飮酒不樂.

번역 3개의 적(積)을 보내주니, 모두 세 차례 사양을 하고 절을 하며 받는다.

鄭注 受者, 受之於庭也. 侯伯之臣不致積.

번역 받는다는 것은 마당에서 받는다는 뜻이다. 후작과 백작에게 소속된 신하라면 적(積)을 보내주지 않는다.

賈疏 ●"則三"至"拜受". ○釋曰: 此謂在道之禮, 於路館致之, 亦有束帛致之. 云"三辭拜受"者, 辭不受, 三辭後受之, 故云三辭拜受也. 知"受之於庭"者, 上諸公即云"登", 登謂登堂, 此不云登, 故知受於庭也. 知"侯伯之臣不致積"者, 按聘禮以五介, 又張旃, 是侯伯之卿聘使者. 經不云積, 明侯伯之臣不致積可知. 但不以束帛行禮致之, 豈於道全無積乎? 明有也.

번역 ●經文: "則三"~"拜受". ○이것은 도로에 있을 때 시행하는 예법이니, 숙소로 보내주며, 또한 속백(束帛)도 보내준다. "세 차례 사양을 하고 절을 하며 받는다."라고 했는데, 사양을 하며 받지 않고 세 차례 사양을 한 이후에 받는다. 그렇기 때문에 "세 차례 사양을 하고 절을 하며 받는다."라고 했다. 정현이 "마당에서 받는다."라고 했는데, 이 말이 사실임을 알 수 있는 이유는 앞에서 제공(諸公)에 대해서는 '등(登)'이라고 했는데, 등(登)은 당상으로 올라간다는 뜻이다. 이곳에서는 등(登)이라고 말하지 않았다. 그렇기 때문에 마당에서 받는다는 사실을 알 수 있다. 정현이 "후작과 백작에게 소속된 신하라면 적(積)을 보내주지 않는다."라고 했는데, 이 말이 사실임을 알 수 있는 이유는 『의례』「빙례(聘禮)」편을 살펴보면 5명의 개(介)를 데려가며, 또 전(旃)을 펼친다고 했는데, 이것은 후작과 백작에게 소속된 경이 사신의 임무를 맡아 빙문으로 찾아온 경우에 해당한다. 『의례』의 경문에서 '적(積)'을 언급하지 않았으니, 후작과 백작에게 소속된 신하에 대해서는 적(積)을 보내주지 않는다는 사실을 알 수 있다. 다만 속백을 이용해서 의례를 시행하며 보내주는 것을 시행하지 않는 것이니, 어찌 도로에 있을 때 전혀 적(積)을 보내는 것이 없겠는가? 이것은 있었음을 나타낸다.

참고 『주례』「추관(秋官)·사의(司儀)」 기록

경문 明日, 客拜禮賜, 遂行, 如入之積.

번역 다음날 빈객이 예사(禮賜)에 대해 절을 하고, 마침내 길을 떠나는데, 도착했을 때의 적(積)처럼 보내준다.

鄭注 禮賜, 謂乘禽, 君之加惠也. 如入之積, 則三積從來至去.

번역 '예사(禮賜)'은 승금(乘禽)을 뜻하니, 군주가 은혜를 베푼 것이다. "도착했을 때의 적(積)처럼 보내준다."라고 했다면, 찾아왔을 때와 떠날 때에 3개의 적(積)을 마련해서 보내주는 것이다.

賈疏 ◎注"禮賜"至"至去". ○釋曰: 按聘禮云"館賓", 下云"賓三拜乘禽於朝", 以此知禮賜是乘禽也. 云"遂行, 如入之積", 鄭云"如入之積, 則三積從來至去"者, 入與出各三積, 故得以後如前. 以此而言, 諸侯言出入五積·四積·三積之類, 入出各五·各四·各三者也.

번역 ◎鄭注: "禮賜"~"至去". ○『의례』「빙례(聘禮)」편을 살펴보면 "빈객에게 숙소를 마련해준다."[23]라고 했고, 아래문장에서 "빈객은 조정에서 승금(乘禽)을 보내준 것에 대해 세 차례 절을 한다."[24]라고 했으니, 이를 통해 '예사(禮賜)'가 승금에 해당한다는 사실을 알 수 있다. "마침내 길을 떠나는데, 도착했을 때의 적(積)처럼 보내준다."라고 했고, 정현은 "도착했을 때의 적(積)처럼 보내준다고 했다면, 찾아왔을 때와 떠날 때에 3개의 적(積)을 마련해서 보내주는 것이다."라고 했는데, 찾아왔을 때와 떠날 때

---

23) 『의례』「빙례(聘禮)」 : 公館賓.
24) 『의례』「빙례(聘禮)」 : 賓三拜乘禽於朝, 訝聽之.

각각 3개의 적(積)을 마련해주는 것이다. 그렇기 때문에 뒤의 것을 앞의 것과 같게 할 수 있다. 이를 통해 말해본다면, 제후에 대해 출입하며 오적(五積)·사적(四積)·삼적(三積)을 마련한다고 했던 부류들은 그들이 찾아왔을 때와 떠날 때 각각 5개, 4개, 3개를 마련해주는 것이다.

참고 『주례』「추관(秋官)·장객(掌客)」 기록

경문 凡諸侯之禮: 上公五積, 皆視飧牽, 三問皆脩, 群介·行人·宰·史皆有牢. 飧五牢, 食四十, 簠十, 豆四十, 鉶四十有二, 壺四十, 鼎簋十有二, 牲三十有六, 皆陳. 饔餼九牢, 其死牢如飧之陳, 牽四牢, 米百有二十筥, 醯醢百有二十罋, 車皆陳. 車米視生牢, 牢十車, 車秉有五籔, 車禾視死牢, 牢十車, 車三秅, 芻薪倍禾, 皆陳. 乘禽日九十雙, 殷膳大牢, 以及歸, 三饗·三食·三燕, 若弗酌則以幣致之. 凡介·行人·宰·史皆有飧饔餼, 以其爵等爲之牢禮之陳數, 唯上介有禽獻. 夫人致禮, 八壺·八豆·八籩, 膳大牢, 致饗大牢, 食大牢. 卿皆見, 以羔, 膳大牢. 侯伯四積, 皆視飧牽, 再問皆脩. 飧四牢, 食三十有二, 簠八, 豆三十有二, 鉶二十有八, 壺三十有二, 鼎簋十有二, 腥二十有七, 皆陳. 饔餼七牢, 其死牢如飧之陳, 牽三牢, 米百筥, 醯醢百罋, 皆陳. 米三十車, 禾四十車, 芻薪倍禾, 皆陳. 乘禽日七十雙, 殷膳大牢, 再饗·再食·再燕. 凡介·行人·宰·史皆有飧饔餼, 以其爵等爲之禮, 唯上介有禽獻. 夫人致禮, 八壺·八豆·八籩, 膳大牢, 致饔大牢. 卿皆見, 以羔, 膳特牛. 子男三積, 皆視飧牽, 壹問以脩. 飧三牢, 食二十有四, 簠六, 豆二十有四, 鉶十有八, 壺二十有四, 鼎簋十有二, 牲十有八, 皆陳. 饔餼五牢, 其死牢如飧之陳, 牽二牢, 米八十筥, 醯醢八十罋, 皆陳. 米二十車, 禾三十車, 芻薪倍禾, 皆陳. 乘禽日五十雙, 壹饗·壹食·壹燕. 凡介·行人·宰·史皆有飧饔餼, 以其爵等爲之禮, 唯上介有禽獻. 夫人致禮, 六壺, 六豆, 六籩, 膳視致饗. 親見卿皆膳特牛.

번역 제후에 대한 예법에 있어서, 상공(上公)에 대해서는 5개의 적(積)을 마련하니, 모두 손견(飧牽)에 견주며, 3차례 문(問)을 할 때에는 모두 포(脯)를 갖추고, 뭇 개(介)와 행인(行人)·재(宰)·사(史)에 대해서도 모두 뇌례

(牢禮)를 갖춘다. 손(飧)에는 5뢰(牢)를 사용하며, 사(食)는 40개이고, 보(簠)는 10개이며, 두(豆)는 40개이고, 형(鉶)은 42개이며, 호(壺)는 40개이고, 정(鼎)과 궤(簋)는 12개이며, 성(腥)은 36개인데, 모두 진열한다. 옹희(饔餼)에는 9뢰를 사용하며, 죽은 희생물에 대해서는 손을 진열하는 것과 같이 하고, 견(牽)은 4뢰이며, 미(米)는 120개의 거(筥)에 담고, 식초와 육장은 120개의 옹(甕)에 담으며 모두 진열한다. 미(米)를 실은 수레는 살아있는 희생물에 견주어서 마련하니, 희생물을 실은 수레는 10대이고, 수레에는 1병(秉) 5수(籔)가 실리며, 화(禾)를 실은 수레는 죽은 희생물에 견주어서 마련하니, 희생물을 실은 수레는 10대이고, 수레에는 3타(秅)가 실리며, 추(芻)와 신(薪)을 실은 수레는 화(禾)를 실은 수레의 배로 하는데, 모두 진열한다. 승금(乘禽)은 날마다 90쌍을 마련하며, 은선(殷膳)에는 태뢰를 사용하며 그가 돌아갈 때까지 보내주고, 3차례의 향례(饗禮)를 하고 3차례의 사례(食禮)를 하며 3차례의 연례(燕禮)를 하는데, 만약 직접 술을 따라 권하지 않는 경우라면 예물을 보낸다. 뭇 개(介)와 행인(行人)·재(宰)·사(史)에게는 모두 손(飧)과 옹희(饔餼)를 갖춰주는데, 그들의 작위 등급에 따라 뇌례를 진열하는 수치의 차등으로 삼고, 오직 상개(上介)에 대해서만 금헌(禽獻)이 있다. 부인이 예물을 보낼 때에는 8개의 호(壺), 8개의 두(豆), 8개의 변(籩)을 마련하는데, 선(膳)에는 태뢰를 사용하고, 향례를 베풀 때에는 태뢰를 사용하며, 사례를 베풀 때에는 태뢰를 사용한다. 경이 모두 찾아뵙게 되면 새끼양을 사용하고, 선(膳)은 태뢰로 한다. 후작과 백작에 대해서는 4개의 적(積)을 마련하니, 모두 손견(飧牽)에 견주며, 2차례 문(問)을 할 때에는 모두 포(脯)를 갖춘다. 손(飧)에는 4뢰(牢)를 사용하며, 사(食)는 32개이고, 보(簠)는 8개이며, 두(豆)는 32개이고, 형(鉶)은 28개이며, 호(壺)는 32개이고, 정(鼎)과 궤(簋)는 12개이며, 성(腥)은 27개인데, 모두 진열한다. 옹희(饔餼)에는 7뢰를 사용하며, 죽은 희생물에 대해서는 손을 진열하는 것과 같이 하고, 견(牽)은 3뢰이며, 미(米)는 100개의 거(筥)에 담고, 식초와 육장은 100개의 옹(甕)에 담으며 모두 진열한다. 미(米)를 실은 수레는 30대이고, 화(禾)를 실은 수레는 40대이며, 추(芻)와 신(薪)을 실은 수레는 화(禾)를 실은 수레의 배로 하는

데, 모두 진열한다. 승금(乘禽)은 날마다 70쌍을 마련하며, 은선(殷膳)에는 태뢰를 사용하고, 2차례의 향례(饗禮)를 하고 2차례의 사례(食禮)를 하며 2차례의 연례(燕禮)를 한다. 뭇 개(介)와 행인(行人)·재(宰)·사(史)에게는 모두 손(飧)과 옹희(饔餼)를 갖춰주는데, 그들의 작위 등급에 따라 예의 차등으로 삼고, 오직 상개(上介)에 대해서만 금헌(禽獻)이 있다. 부인이 예물을 보낼 때에는 8개의 호(壺), 8개의 두(豆), 8개의 변(籩)을 마련하는데, 선(膳)에는 태뢰를 사용하고, 옹희를 보낼 때에는 태뢰를 사용한다. 경이 모두 찾아뵙게 되면 새끼양을 사용하고, 선(膳)은 한 마리의 소를 사용한다. 자작과 남작에 대해서는 3개의 적(積)을 마련하니, 모두 손견(飧牽)에 견주며, 1차례 문(問)을 할 때에는 포(脯)를 갖춘다. 손(飧)에는 3뢰(牢)를 사용하며, 사(食)는 24개이고, 보(簠)는 6개이며, 두(豆)는 24개이고, 형(鉶)은 18개이며, 호(壺)는 24개이고, 정(鼎)과 궤(簋)는 12개이며, 성(腥)은 18개인데, 모두 진열한다. 옹희(饔餼)에는 5뢰를 사용하며, 죽은 희생물에 대해서는 손을 진열하는 것과 같이 하고, 견(牽)은 2뢰이며, 미(米)는 800개의 거(筥)에 담고, 식초와 육장은 80개의 옹(甕)에 담으며 모두 진열한다. 미(米)를 실은 수레는 20대이고, 화(禾)를 실은 수레는 30대이며, 추(芻)와 신(薪)을 실은 수레는 화(禾)를 실은 수레의 배로 하는데, 모두 진열한다. 승금(乘禽)은 날마다 50쌍을 마련하며, 1차례의 향례(饗禮)를 하고 1차례의 사례(食禮)를 하며 1차례의 연례(燕禮)를 한다. 뭇 개(介)와 행인(行人)·재(宰)·사(史)에게는 모두 손(飧)과 옹희(饔餼)를 갖춰주는데, 그들의 작위 등급에 따라 예의 차등으로 삼고, 오직 상개(上介)에 대해서만 금헌(禽獻)이 있다. 부인이 예물을 보낼 때에는 6개의 호(壺), 6개의 두(豆), 6개의 변(籩)을 마련하는데, 선(膳)은 향례를 치르는 것에 견주어서 한다. 직접 찾아가 만나보는 경에 있어서는 모두 선(膳)에 한 마리의 소를 사용한다.

鄭注 積皆視飧牽, 謂所共如飧, 而牽牲以往, 不殺也. 不殺則無鉶鼎. 簠簋之實, 其米實于筐, 豆實實于甕. 其設, 筐陳于楹內, 甕陳于楹外, 牢陳于門西. 車米禾芻薪, 陳于門外. 壺之有無未聞. 三問皆脩, 脩, 脯也. 上公三問皆脩, 下句云"群介行人宰史皆有牢", 君用脩而臣有牢, 非禮也. 蓋著脫字失處且誤耳. 飧, 客始至, 致小禮也. 公侯伯子男飧皆飪一牢, 其餘牢則腥. 食者, 其庶羞美可食者也. 其設, 蓋陳于楹外東西, 不過四列. 簠, 稻粱器也. 公十簠, 堂上六, 西夾東夾各二也. 侯伯八簠, 堂上四, 西夾東夾各二. 子男六簠, 堂上二, 西夾東夾各二. 豆, 菹醢器也. 公四十豆, 堂上十六, 西夾東夾各十二. 侯伯三十二豆, 堂上十二. 西夾東夾各十. 子男二十四豆, 堂上十二, 西夾東夾各六. 禮器曰: "天子之豆二十有六, 諸公十有六, 諸侯十有二, 上大夫八, 下大夫六." 以聘禮差之, 則堂上之數與此同. 鉶, 羹器也. 公鉶四十二, 侯伯二十八, 子男十八, 非衰差也. 二十八, 書或爲"二十四", 亦非也. 其於衰, 公又當三十, 於言又爲無施. 禮之大數, 鉶少於豆, 推其衰, 公鉶四十二, 宜爲三十八, 蓋近之矣. 則公鉶堂上十八, 西夾東夾各十. 侯伯堂上十二, 西夾東夾各八. 子男堂上十, 西夾東夾各四. 壺, 酒器也, 其設於堂夾, 如豆之數. 鼎, 牲器也. 簋, 黍稷器也. 鼎十有二者, 飪一牢, 正鼎九與陪鼎三, 皆設于西階前. 簋十二者, 堂上八, 西夾東夾各二. 合言鼎簋者, 牲與黍稷俱食之主也. 牲當爲腥, 聲之誤也. 腥謂腥鼎也. 於侯伯云"腥二十有七", 其故腥字也. 諸侯禮盛, 腥鼎有鮮魚·鮮腊, 每牢皆九爲列, 設于阼階前. 公腥鼎三十六, 腥四牢也. 侯伯腥鼎二十七, 腥三牢也. 子男腥鼎十八, 腥二牢也. 皆陳, 陳列也. 飧門內之實, 備于是矣. 亦有車米禾芻薪. 公飧五牢, 米二十車, 禾三十車. 侯伯四牢, 米禾皆二十車. 子男三牢, 米十車, 禾二十車. 芻薪皆倍其禾. 饔餼, 旣相見致大禮也. 大者, 旣兼飧積, 有生, 有腥, 有孰, 餘又多也. 死牢如飧之陳, 亦飪一牢在西, 餘腥在東也. 牽, 生牢也. 陳于門西, 如積也. 米橫陳于中庭, 十爲列, 每筥半斛. 公侯伯子男黍粱稻皆二行, 公稷六行, 侯伯稷四行, 子男二行. 醯醢夾碑從陳, 亦十爲列, 醯在碑東, 醢在碑西. 皆陳於門內者, 於公門內之陳也. 言車者, 衍字耳. 車米, 載米之車也. 聘禮曰: "十斗曰斛, 十六斗曰籔, 十籔曰秉." 每車秉有五籔, 則二十四斛也. 禾, 稿實幷刈者也. 聘禮曰: "四秉曰筥, 十筥曰稯, 十稯曰秅." 每車三秅, 則三十稯也. 稯猶束也. 米禾之秉筥, 字同數異. 禾之秉, 手把耳. 筥讀爲棟梠之梠, 謂一穧也. 皆陳, 橫陳門外者也. 米在門東, 禾在門西. 芻薪雖取數于禾, 薪從米, 芻從禾也. 乘禽, 乘行群處之禽, 謂雉鴈之屬, 於禮以雙爲數. 殷,中也. 中又致膳, 示念賓也. 若則酌, 謂君有故, 不親饗食燕也. 不饗則以酬幣致之, 不食則以侑幣致之. 凡介·行人·宰·史, 衆臣從賓者也. 行人主禮, 宰主具, 史主書, 皆有飧饔餼, 尊其君以及臣也. 以其爵等爲之牢禮之數陳, 爵卿也, 則飧二牢, 饔餼五牢. 大夫也, 則飧大牢, 饔餼三牢. 士也, 則飧少牢, 饔餼大牢也. 此降小禮, 豐大禮也. 以命數則參差難等, 略於臣, 用爵而已. 夫人致禮, 助君養賓也. 籩豆陳于戶東, 壺陳于東序. 凡夫人之禮, 皆使下大夫致之. 於子男云膳視致饗, 言夫人致膳於小國君, 以致饗之禮, 則是不復饗也. 饗有壺酒, 卿皆見者, 見于賓也. 旣見之, 又膳之, 亦所以助君養賓也. 卿見又膳, 此聘禮卿大夫勞賓·餼賓之類與. 於子男云"親見卿皆膳特牛", 見讀如"卿皆見"之見, 言卿於小國之君, 有不故造館見者, 故造館見者乃致膳. 鄭司農說牽云: 牲可牽行者也, 故春秋傳曰"餼牽竭矣". 秅讀爲"秅秭麻苔"之秅.

번역 적(積)은 모두 손견(飧牽)에 견주어서 한다고 했는데, 공급하는 것이 손(飧)을 할 때와 같지만, 희생물을 이끌고서 찾아가며 도축하지 않은 것이다. 아직 도축하지 않았다면 형정(鉶鼎)은 사용하지 않게 된다. 보(簠)와 궤(簋)에 담는 것에 있어서 미(米)는 광(筐)에 담고, 두(豆)에 담은 것은 옹(罋)에 담는다. 진설할 때에는 광(筐)은 기둥 안쪽에 진설하고, 옹(罋)은 기둥 바깥쪽에 진설하며, 희생물은 문의 서쪽에 진설한다. 미(米)·화(禾)·추(芻)·신(薪)을 실은 수레는 문밖에 진설한다. 호(壺)가 포함되느냐 그렇지 않느냐에 대해서는 들어보지 못했다. 3차례 문(問)을 할 때 모두 수(脩)를 한다고 했는데, '수(脩)'는 육포를 뜻한다. 상공에 대해 3차례 문(問)을 하며 모두 육포를 사용한다고 했는데, 아래 구문에서는 "뭇 개(介)와 행인(行人)·재(宰)·사(史)에 대해서도 모두 뇌례(牢禮)를 갖춘다."라고 했으니, 군주에 대해서는 육포를 사용하고, 신하에 대해서는 희생물을 사용하여 비례가 된다. 아마도 누락된 글자가 있거나 잘못하여 이곳에 기록되었거나 또는 아예 잘못 기록되었을 것이다. '손(飧)'은 빈객이 처음 도착했을 때, 비교적 규모가 작은 예물을 보내주는 것이다. 공작·후작·백작·자작·남작에 대해 손(飧)을 할 때에는 모두 익힌 고기 1뢰(牢)를 사용하고, 나머지 뇌는 생고기로 보내준다. '사(食)'는 서수(庶羞) 중 맛이 좋아 먹을 수 있는 것을 뜻한다. 그것을 진설할 때에는 기둥 바깥쪽의 동서방향으로 진설했을 것인데, 4열을 넘지 않았을 것이다. '보(簠)'는 쌀밥이나 조밥 등을 담는 그릇이다. 공작에 대해서 10개의 보(簠)를 진설한다고 했는데, 당상에 6개를 진설하고, 서쪽 협실과 동쪽 협실에 각각 2개씩 놓아두게 된다. 후작과 백작에 대해서 8개의 보(簠)를 진설한다고 했는데, 당상에 4개를 진설하고, 서쪽 협실과 동쪽 협실에 각각 2개씩 놓아두게 된다. 자작과 남작에 대해서 6개의 보(簠)를 진설한다고 했는데, 당상에 2개를 진설하고, 서쪽 협실과 동쪽 협실에 각각 2개씩 놓아두게 된다. '두(豆)'는 절임이나 육장 등을 담는 그릇이다. 공작에 대해서 40개의 두(豆)를 진설한다고 했는데, 당상에 16개를 진설하고, 서쪽 협실과 동쪽 협실에 각각 12개씩 놓아두게 된다. 후작과 백작에 대해서 32개의 두(豆)를 진설한다고 했는데, 당상에 12개를 진설하고, 서쪽 협실과 동쪽 협실에 각각 10개씩 놓아두게 된다. 자작과 남작에 대해서 24개의 두(豆)를 진설한다고 했는데, 당상에 12개를 진설하고, 서쪽 협실과 동쪽 협실에 각각 6개씩 놓아두게 된다. 『예기』「예기(禮器)」편에서는 "천자가 음식을 먹을 때 사용하는 두(豆)의 개수는 26개이고, 제공(諸公)이 서로에게 음식을 대접할 때 사용하는 두(豆)의 개수는 16개이며, 제후(諸侯)가 서로에게 음식을 대접할 때 사용하는 두(豆)의 개수는 12개이고, 상대부(上大夫)가 음식을 먹을 때 사용하는 두(豆)의 개수는 8개이며, 하대부(下大夫)가 음식을 먹을 때 사용하는 두(豆)의 개수는 6개이다."[25]라고 했다. 『의례』「빙례(聘禮)」편의 기록에 따라 차등을 두면, 당상에 차려내는 수는 이곳의 내용과 동일하다. '형(鉶)'은 국을 담는 그릇이다. 공작에게 차려내는 형(鉶)은 42개라고 했고, 후작과 백작에게 차려내는 형(鉶)은 28개라고 했으며, 자작과 남작에게 차려내는 형(鉶)은 18개라고 했는데, 순차적인 차등은 아니다. '이십팔(二十八)'이라는 기록은 간혹 '이십사(二十四)'라고도 기록하는데, 이 또한 잘못된 것이다. 나머지 순차적인 차등에 따르면 공작에 대해서는 마땅히 30개라고 해야 하는데, 근거할 만한 기록은 없다.

---

25) 『예기』「예기(禮器)」【297b】 天子之豆, 二十有六. 諸公十有六. 諸侯十有二. 上大夫八, 下大夫六.

예법의 큰 수치에 따르면 형(鉶)의 수량은 두(豆)보다 적으니, 순차적인 차등에 따르면 공작에게 차려내는 형(鉶)이 42개라는 수치는 마땅히 38이 되어야 정답에 가깝게 될 것이다. 따라서 공작에게 차려내는 형(鉶)은 당상에 18개를 진설하고, 서쪽 협실과 동쪽 협실에 각각 10개씩 놓아두게 된다. 후작과 백작에 대해서는 당상에 12개를 진설하고, 서쪽 협실과 동쪽 협실에 각각 8개씩 놓아두게 된다. 자작과 남작에 대해서는 당상에 10개를 진설하고, 서쪽 협실과 동쪽 협실에 각각 4개씩 놓아두게 된다. '호(壺)'는 술을 담는 그릇이니, 당상과 협실에 진설하는데, 그 수량은 두(豆)를 진설하는 수치와 같다. '정(鼎)'은 희생물을 담는 기물이다. '궤(簋)'는 메기장과 차기장을 담는 그릇이다. 정(鼎)이 12개라고 했는데, 익힌 고기는 1뢰(牢)를 본래 차려내는 정(鼎) 9개와 배정(陪鼎) 3개에 담아 모두 서쪽 계단 앞에 진설한다. 궤(簋)는 12개라고 했는데, 당상에 8개를 진설하고, 서쪽 협실과 동쪽 협실에 각각 2개씩 놓아두게 된다. 정(鼎)과 궤(簋)를 함께 언급한 것은 희생물과 메기장·차기장은 음식을 갖춤에 있어서 주된 것이 되기 때문이다. '생삼십유륙(牲三十有六)'이라고 했을 때의 '생(牲)'자는 마땅히 성(腥)자가 되어야 하니, 소리가 비슷해서 생긴 오류이다. '성(腥)'은 생고기를 담은 정(鼎)을 뜻한다. 후작과 백작에 대해서 "성(腥)은 27개이다."라고 했는데, 옛 성(腥)자에 해당한다. 제후에 대한 예법은 융성하여 생고기를 담은 정(鼎)에는 신선한 물고기와 신선한 포가 포함되며 매 뇌마다 모두 9개를 1열로 삼아 동쪽 계단 앞에 진설한다. 공작에 대해 생고기를 담은 정(鼎)은 36개가 되는데, 생고기를 4뢰로 한 것이다. 후작과 백작에 대해 생고기를 담은 정(鼎)은 27개가 되는데, 생고기를 3뢰로 한 것이다. 자작과 남작에 대해 생고기를 담은 정(鼎)은 18개가 되는데, 생고기를 2뢰로 한 것이다. 모두 진설한다는 것은 열을 맞춰 진열한다는 뜻이다. 손(飧)은 문 안쪽에 진설하는 것으로, 여기에서 모두 갖춰진다. 또한 미(米)·화(禾)·추(芻)·신(薪)을 실은 수레도 포함된다. 공작에 대한 손(飧)은 5뢰로 하며, 미(米)를 실은 수레는 20대이고, 화(禾)를 실은 수레는 30대이다. 후작과 백작에 대한 손(飧)은 4뢰로 하며, 미(米)를 실은 수레와 화(禾)를 실은 수레는 모두 20대씩이다.

자작과 남작에 대한 손(飧)은 3뢰로 하며, 미(米)를 실은 수레는 10대이고, 화(禾)를 실은 수레는 20대이다. 추(芻)와 신(薪)을 실은 수레는 모두 화(禾)를 실은 수레의 2배로 한다. '옹희(饔餼)'는 서로 만나보는 절차를 끝내고 성대한 예물을 보내주는 것이다. 성대한 경우에는 이미 그 안에 손(飧)과 적(積)에 대한 것이 포함되어 있고, 살아있는 희생물, 날고기, 익힌 고기가 포함되고 그 나머지 것들도 많이 차려내게 된다. 죽은 희생물의 경우 손(飧)을 진설하는 것처럼 하니, 익힌 고기 1뢰는 서쪽에 진설하고, 나머지 생고기는 동쪽에 진설한다. '견(牽)'은 살아있는 희생물을 뜻한다. 문의 서쪽에 놓아두는 것은 적(積)과 같이 하는 것이다. 미(米)는 마당에 가로로 진열하는데, 10개가 1열이 되며, 매 거(筥)마다 0.5곡(斛)씩 채운다. 공작·후작·백작·자작·남작에 대해 차려내는 메기장·조·쌀은 모두 2행이 되는데, 공작에게 차려내는 차기장은 6행이 되고, 후작과 백작에게 차려내는 차기장은 4행이 되며, 자작과 남작에게 차려내는 차기장은 2행이 된다. 식초와 육장은 비(碑)를 끼고서 세로로 진열하는데, 또한 10개가 1열이 되며, 식초는 비(碑)의 동쪽에 놓이고, 육장은 비(碑)의 서쪽에 놓인다. 모두 문의 안쪽에 진설한다고 했는데, 공문의 안쪽에 진설한다는 뜻이다. '거개진(車皆陳)'이라고 할 때 '거(車)'자를 언급했는데, 연문으로 들어간 글자일 뿐이다. '거미(車米)'는 미(米)를 실은 수레를 뜻한다. 「빙례」편에서는 "10두(斗)를 1곡(斛)이라 부르고, 16두를 1수(籔)라 부르며, 10수를 1병(秉)이라 부른다."라고 했다. 수레마다 1병(秉) 5수(籔)를 싣는다고 했다면, 24곡(斛)이 된다. '화(禾)'는 볏단과 알곡을 함께 자른 것이다. 「빙례」편에서는 "4병(秉)을 1거(筥)라 부르고, 10거를 1종(稯)이라 부르며 10종을 1타(秅)라 부른다."라고 했다. 수레마다 3타(秅)를 싣는다고 했다면, 30종(稯)이 된다. 종(稯)은 속(束)과 같은 말이다. 미(米)와 화(禾)의 수량을 부르는 병(秉)과 거(筥)는 자형은 같지만 수량에는 차이가 난다. 화(禾)에 대한 단위인 병(秉)은 손으로 움켜잡는 것을 수치화한 것일 뿐이다. 거(筥)는 동려(稑梠)라고 할 때의 '여(梠)'라고 풀이하니, 하나의 볏단을 뜻한다. 모두 진설한다는 것은 문밖에 가로로 진설하는 것이다. 미(米)는 문의 동쪽에 놓이고, 화

(禾)는 문의 서쪽에 놓인다. 추(芻)와 신(薪)에 있어서 비록 그 수치는 화(禾)를 기준으로 정하지만, 신(薪)을 실은 수레는 미(米)를 실은 수레에 따르게 되고, 추(芻)를 실은 수레는 화(禾)를 실은 수레에 따르게 된다. '승금(乘禽)'은 대열을 맞춰 이동하고 무리를 지어 사는 조류를 뜻하니, 꿩이나 기러기를 의미하며, 예법에 따르면 쌍을 맞춘 것을 수치로 삼는다. '은(殷)'은 간격을 벌린다는 뜻이다. 간격을 벌리고서 다시 음식을 보내주는 것은 빈객을 생각하고 있다는 뜻을 내보이기 위해서이다. 술을 따라주지 못했다는 것은 군주에게 특별한 사정이 생겨서 직접 향례(饗禮)·사례(食禮)·연례(燕禮)를 시행하지 못했다는 뜻이다. 직접 향례를 베풀지 못한다면 수폐(酬幣)를 보내고, 직접 사례를 베풀지 못한다면 유폐(侑幣)를 보낸다. 뭇 개(介)와 행인(行人)·재(宰)·사(史)는 빈객을 따라온 여러 신하들을 뜻한다. 행인은 의례를 주관하고, 재는 기물 갖추는 것을 주관하며, 사는 기록을 주관하는데, 이들 모두에 대해서 손(飧)과 옹희(饔餼)가 돌아가게 하니, 그의 군주를 존귀하게 높여서 그에게 소속된 신하에게까지 미치기 때문이다. 그들 작위의 등급으로 뇌례를 진열하는 수치의 차등으로 삼는다고 했는데, 작위가 경의 신분이라면 손(飧)은 2뢰이고 옹희(饔餼)는 5뢰이다. 대부의 신분이라면 손은 태뢰이고 옹희는 3뢰이다. 사의 신분이라면 손은 소뢰이고 옹희는 태뢰이다. 이것은 규모가 작은 예식은 낮추고 성대한 예식은 풍부하게 갖추는 것이다. 그런데 명(命)의 등급에 따른다면 번잡해져서 순차적으로 차등을 주기가 어려우니, 신하에 대해서는 간략히 적용하여 작위에 따르는 것일 뿐이다. '부인치례(夫人致禮)'라는 것은 군주를 도와 빈객을 봉양한다는 뜻이다. 변(籩)과 두(豆)는 방문의 동쪽에 진설하고, 호(壺)는 동쪽 서(序)에 진설한다. 부인의 예법에 있어서는 모두 하대부를 시켜서 예물을 전달하게 한다. 자작과 남작에 대한 기록에서 "선(膳)은 향례를 치르는 것에 견주어서 한다."라고 했는데, 부인이 소국의 군주에게 음식을 보내며 향례를 치를 때의 예법에 따른다면, 이것은 재차 향례를 치른 것이 아니다. 향례에는 술을 담은 호(壺)가 포함되며, 경이 모두 찾아뵙는다는 것은 빈객을 찾아뵙는다는 뜻이다. 만나보는 것을 끝내고 재차 음식을 베

푸는 것은 또한 군주를 도와 빈객을 봉양하는 것이다. 경이 만나보고 또 음식을 베푸는 것은 「빙례」편에서 경과 대부가 빈객의 노고를 위로하고 빈객에게 옹희(饔餼)를 보내는 부류를 뜻할 것이다. 자작과 남작에 대해서는 “직접 찾아가 만나보는 경에 있어서는 모두 선(膳)에 한 마리의 소를 사용한다.”라고 했는데, ‘현(見)’자는 “경이 모두 찾아뵙는다.”라고 할 때의 ‘현(見)’사처럼 풀이하니, 경은 소국의 군주에 대해서 일부러 숙소로 찾아가 만나보지 않는 자도 있지만, 일부러 숙소로 찾아가 만나보는 자는 곧 음식을 전달하게 된다는 의미이다. 정사농은 견(牽)을 설명하며 희생물 중 끌고 갈 수 있는 것이다. 그렇기 때문에 『춘추전』에서는 “가축·희생물 등이 모두 고갈되었다.”라고 했다. ‘타(秅)’자는 ‘타자마답(秅秭麻苔)’이라고 할 때의 ‘타(秅)’자로 풀이한다.

賈疏 ◎注“積皆”至“之秅”. ○釋曰: 云“凡諸侯之禮”者, 此一句與下爲總目也. 此一經並是諸侯自相朝, 主國待賓之禮. 若然, 天子掌客不見天子待諸侯之禮, 而見諸侯自相待者, 天子掌客自掌天子禮, 則諸侯相待之禮無由得見. 今以天子之官, 輒見諸侯自相待, 以外包內, 天子待諸侯, 亦同諸侯自相待可知. 是以見諸侯相待之法也. 云“上公五積, 皆視飧牽”者, 公國自相朝, 是上公待上公之禮, 有五積, 皆視飧, 一積視一飧, 飧五牢, 五積則二十五牢. 言牽者, 數雖視飧, 飧則殺, 積全不殺, 並生致之, 故云牽. “侯伯四積, 皆視飧牽”, 飧四牢, 一積視一飧, 則一積四牢, 總十六牢, 亦牽不殺. “子男三積”, 積亦視飧, 飧三牢, 一積三牢, 三積九牢, 亦牽之不殺也. 必牽之不殺者, 以其在道分置豫往, 故不殺之, 容至自殺也. 旣云“視飧”, 飧則有芻薪米禾之等, 故鄭解積皆依飧解之也. 云“不殺則無鉶鼎”者, 鉶鼎卽陪鼎是也. 但殺乃有鉶鼎, 不殺則無鉶鼎可知, 侯伯子男皆然. 鄭云“簠簋之實”已下, 皆約公食大夫“親食則有簠簋之實”已下, 皆飪在俎. 若不親食, 使大夫各以其爵朝服以侑幣致之, 則生往. 今積旣不殺, 與公食生致同, 故鄭皆約公食大夫解之也. 云“其設筐陳于楹內”者, 彼云: “簋實實于筐, 陳于楹內兩楹間, 二以並, 南陳.” 云“甕陳於楹外”者, 彼云: “豆實實于甕, 陳于楹外, 二以並, 北陳.” 云“牢陳於門西”者, 彼云: “牛羊豕陳于門內西方, 東上.” 是鄭皆依公食大夫之文也. 云“車米禾芻薪陳于門外”者, 此約聘禮致饔餼之文. 彼云“米三十車, 設于門東, 爲三列, 東陳. 禾三十車, 設于門西, 西陳. 薪芻倍禾”, 注云: “薪從米, 芻從禾.” 是其事也. 侯伯子男積之簠豆米禾薪芻等, 陳列亦與此同也. 云“壺之有無未聞”者, 以其酒不可生致, 故云未聞. 云“三問皆脩, 群介·行人·宰·史皆有牢”者, 鄭云“三問皆脩, 脩, 脯也”, 對文, 脩是腶脩, 加薑桂捶之者. 脯, 乾肉薄者. 散文, 脩脯一也. 云“上公三問皆脩, 下句云‘群介行人宰史皆有牢’, 君用脩而臣有牢, 非禮也”者, 言非禮者, 君尊用脩, 臣卑用牢, 故云非禮. 云“蓋著脫字失處”, 按下文, “凡介·行人·宰·史”, 皆在饗食燕下, 此特在上. 有人見下文脫此語, 錯差著於此, 更有人於下著訖, 此剩不去, 故云蓋著脫字失處也. 云“且誤耳”者, 下文皆云“凡介”, 此云“群介”, 故云且誤耳. 云“飧, 客始至, 致小禮也”者, 按聘禮[26]賓, “大夫帥至館, 卿致館”, 卽云“宰夫朝服設飧”, 是其客始至之禮. 言小禮者, 對饔餼爲大禮也. 云“公侯伯子男飧皆飪一牢, 其餘牢則腥”者, 鄭言此者, 下惟言腥, 不言飪, 此有鉶及鼎, 皆爲飪一牢而言, 以是經雖不言飪, 須言飪之矣. 云“其餘牢則腥”, 腥之數, 備於下也. 云“食者, 其庶羞美可食者也. 其設, 蓋陳于楹外東西, 不過四列”者, 前所陳, 皆約公食大夫致食之禮. 今按公食, “若不親食, 庶羞陳于碑內”者, 設飧之時, 堂上皆有正饌, 無容庶羞之處, 楹外旣空, 不須向碑內及堂下, 故疑在楹外陳之, 十以爲列, 故四列也. 公食陳于碑內者, 由瓮陳于楹外, 故在下也. 必知爲四列, 見公食云“庶羞東西不過四列”, 故知也. 云“簠, 稻粱器也”者, 見公食大夫簠盛稻粱. 云“公十簠, 堂上六, 西夾東夾各二也. 侯伯八簠, 堂上四, 西夾東夾各二. 子男六簠, 堂上二, 西夾東夾各二”, 鄭知此者, 見聘禮致饔餼, 堂上二簠, 東西各二簠. 今此公十, 侯伯八, 子男六, 禮之道列, 堂上之數與東西夾之數, 堂上不多則等, 鄭遂以意裁之, 五等東西夾各二, 以外置於堂上, 故云公六·侯伯四·子男二也. 聘禮設飧, 鄭約致饔餼, 今亦約致饔餼也. 但聘禮設飧云西夾六, 無東夾之饌者, 蓋降於君禮故也. 云“豆, 菹醢器也”者, 見公食大夫及特牲·少牢, 豆皆以豆盛菹醢, 故知也. 云“公

26) ‘예(禮)’자에 대하여. ‘예’자는 본래 ‘빈(賓)’자로 기록되어 있었는데, 문맥에 따라 ‘예’자로 수정하였다.

四十豆, 堂上十六"至"各六", 鄭以堂上豆數, 取聘禮致饔餼, 於上大夫八豆, 下大夫六豆, 並是堂上豆數. 又取禮器"天子之豆二十有六, 諸公十有六, 諸侯十有二", 謂侯伯子男同, 則亦是堂上豆數可知. 以此文公言四十, 酌十六在堂上, 餘二十四豆分之於東西夾. 此侯伯言三十二, 亦以十二爲堂上豆數, 餘二十, 分於東西夾, 各十. 此子男云二十四, 以十二爲堂上豆數, 其餘十二分爲東西夾, 各六. 其堂上豆數, 旣約聘禮與禮器, 東西多少, 鄭以意差之可知, 故云"以聘禮差之, 則堂上豆數與此同"也. 云"鉶, 羹器也"者, 鉶, 器名, 鉶器所以盛膷臐膮三等之羹, 故爲鉶羹. 云"公鉶四十二, 侯伯二十八, 子男十八, 非衰差也"者, 衰差之餘, 上下節級似, 若九, 若七, 若五, 校一節是衰差. 今公四十二, 侯伯二十八, 子男十八, 公於侯伯子男大縣絶, 故云非衰差也. 云"二十八, 書或爲'二十四', 亦非也"者, 侯伯若二十四, 爲比公四十二, 校十八, 又以二十四比子男十八, 校六, 亦非其類, 故云亦非也. 云"其餘衰, 公又當三十, 於言又爲無施"者, 爲三十, 亦非衰法, 以其無所倚就, 故云無所施也. 云"禮之大數, 鉶少於豆"者, 按侯伯豆三十二, 鉶二十八, 子男豆二十四, 鉶十八, 是鉶少豆多. 公食大夫豆六鉶四, 是其鉶少於豆也. 云"推其衰, 公鉶四十二, 宜爲三十八, 蓋近之矣"者, 子男十八, 侯伯二十八, 公三十八, 以十爲降殺, 是其衰也. 言"蓋"者, 無正文, 故疑而云蓋也. 云"公鉶堂上十八, 西夾東夾各十, 侯伯堂上十二, 西夾東夾各八, 子男堂上十, 西夾東夾各四", 知如此差者, 亦約聘禮致饔餼, 兼以意準量而言. 云"壺, 酒器也"者, 司尊彝有兩壺尊, 春秋傳云"尊以魯壺", 皆以壺爲酒尊也, 此所設亦約聘禮, 但彼堂上八壺, 東西夾各六壺, 此壺與豆數同四十, 故云"其設於堂夾如豆之數"也. 云"鼎, 牲器"者, 謂享牲體之器. 云"簋, 黍稷器也"者, "鼎十有二者, 飪一牢, 正鼎九與陪鼎三, 皆設于西階前"者, 其陪鼎三, 設于內廉. 云"簋十二者, 堂上八, 西夾東夾各二" 知設如此者, 約聘禮而知之也. 牢鼎九者, 謂牛·羊·豕·魚·腊·膚與腸胃·鮮魚·鮮腊, 陪鼎三者, 膷·臐·膮也. 云"合言鼎簋者, 牲與黍稷俱食之主也"者, 黍稷與衆饌爲主, 牲與羞物爲主, 是俱得爲食之主也. 此五等諸侯同簋十二. 按聘禮致饔餼, 堂上八簋, 東西夾各六簋, 總二十簋. 彼臣多此君少者, 禮有損之而益故也. 云"牲當爲腥, 聲之誤也. 腥謂腥鼎也. 於侯伯云'腥二十有七', 其故腥字也"者, 子男亦云牲十八, 是亦當爲腥, 聲之誤也. 云"諸侯禮盛, 腥鼎有鮮魚·鮮腊, 每牢皆九爲列, 設於阼階前"者, 此皆約聘禮設飧而言. 按彼"飪一牢在西, 鼎九, 羞鼎三, 腥一牢在東, 鼎七". 致饔餼云"腥二牢, 鼎二七, 無鮮魚·鮮腊, 設於阼階前, 西面陳, 如飪鼎, 二列". 此云三十六, 故知有鮮魚·鮮腊也. 云"飧門內之實, 備於是矣"者, 鄭言此者, 欲見門內既備, 乃有車米之等也, 是以云"亦有車米禾芻薪"也. 云"公飧五牢, 米二十車, 禾三十車"已下, 皆約饔餼死牢而言, 以其饔餼云死牢如飧之陳, 上公五牢死, 侯伯四牢死, 子男三牢死, 皆如飧之陳, 明此米禾數如此. 云"芻薪皆倍其禾"者, 亦約饔餼禮也. 若然, 按聘禮, 米禾皆二十車者, 彼大夫禮, 豐小禮, 大夫飧二牢, 故米禾皆視之, 米禾各二十車也. 云"饔餼, 既相見致大禮也"者, 知既相見所致者, 按聘禮記云"聘日致饔", 鄭云"急歸大禮", 是既相見致大禮也. 云"大者, 既兼飧積, 有生, 有腥, 有孰, 餘又多也"者, 假令上公饔餼九牢, 五牢死, 四牢牽. 上公五積, 皆視飧牽, 則是一積五牢. 言兼飧, 死五牢與飧同. 言兼積者, 則兼不盡, 止兼四耳, 言兼積者, 以其牽與積同, 故云兼之也. 侯伯子男皆兼積不盡. 言餘又多者, 謂米禾芻薪醯醢芻米之屬. 云"死牢如飧之陳者. 亦飪一牢在西, 餘腥在東也"者, 約聘禮知之也. 云"牽, 生牢也. 陳于門西, 如積"者, 亦橫陳于門西而東上. 云"米橫陳于中庭, 十爲列, 每筥半斛", 知然者, 前飧之陳及積之陳, 皆約聘禮致饔餼法. 今於此文積在前已說, 故以此饔餼向前知之, 故云"如積"也. 云如積, 則亦如聘禮饔餼也. 今此自米已下, 還約聘禮致饔餼法. 云"公侯伯子男黍粱稻皆二行, 公稷六行, 侯伯稷四行, 子男稷二行"者, 彼云"米百筥, 筥半斛, 設于中庭, 十以爲列, 北上, 黍粱稻皆二行, 稷四行". 此以增稷, 餘不增, 故知公稷六行. 子男米八筥, 黍粱稻各二行, 更得二即足, 故知稷二行. 云"醯醢夾碑從陳, 亦十爲列, 醯在碑東, 醢在碑西"者, 彼注云: "夾碑, 在鼎之中央也. 醯在東, 醯穀, 陽也. 醢肉, 陰也." 言夾碑, 故知從陳. 然侯伯醯醢百甕, 米百筥, 上介筥及甕如上賓, 上介四人, 米百筥, 此數多于子男, 與侯伯等者, 上公醯醢百二十甕, 與王擧百二十甕同, 故鄭志云此公乃二王後, 如是王之上公, 與侯伯俱用百甕, 子男八十甕, 其筥米皆同甕數. 此是尊卑之差. 至於聘禮, 乃是臣法, 自爲一禮, 不相與, 亦是損之而益. 云"於公門內之陳也. 言車, 衍字耳"者,言車, 載米之車, 不合在醯醢下言之. 又按"侯伯子男醯醢"下皆無"車"字, 故知衍字也. 云"車米, 載米之車也. 聘禮曰: 十斗曰斛, 十六斗曰籔, 十籔曰車, 每車秉有五籔, 則二十四斛也. 禾稿實并刈者也"者, 聘禮記文. 云"筥讀爲棟梠之梠, 謂一稽也"者, 世有棟梠之言, 故讀從之, 亦曰一稽. 稽, 卽詩云"此有不斂穧", 穧卽鋪也. 云"皆橫陳門外者也. 米在門東, 禾在門西"者, 皆約聘禮致饔餼法. 云"芻薪雖取數於禾"已下, 鄭以義言也. 云"乘禽, 乘行群處之禽, 謂雉鴈之屬"者, 此禽謂兩足而羽者, 不兼四足而毛, 故云雉鴈. 以其兼有鵝鶩之等, 故云之屬. 是以大宗伯"以禽作六摯", 有雉·鴈·雞·鶩之等也. 云"於禮以雙爲數"者, 卽此九十·五十, 及士中日則二雙, 皆以雙爲數是也. 云"殷, 中也, 中又致膳, 示念賓也"者, 此爲牢禮之外, 見賓中間未至, 恐賓慮主人有倦, 更致此爵, 所以示念賓之意無倦也. 云"若弗酌, 謂君有故, 不親饗食燕也, 不饗則以酬幣致之, 不食則以侑幣致之"者, 此皆約聘禮文, 不言致燕者, 饗食在廟在寢, 禮惟言致饗食者, 以合在廟嚴凝之事, 不親, 卽須致之. 燕禮褻, 不親酌蓋不致也. 云"凡介·行人", 鄭云"行人主禮, 宰主具, 史主書"者, 按王制云"大史典禮, 執簡記", 大史職亦云"執其禮事", 與此史主書行人主禮違者, 大史在國, 則專主書. 故曲禮云"史載筆, 士載言". 此云史, 止謂大史之屬官, 以其有爵等, 故知也. 云行人主禮者, 主賓客之禮, 大行人之類, 是掌賓禮也. 按聘禮云: "史讀書, 宰執書, 告備具于君." 又掌饌具, 故公食大夫云"宰夫具饌于房", 是掌具也. 云"爵卿也, 則飧二牢, 饔餼五牢"已下, 皆約聘禮賓之卿·上介之大夫·士介四人, 歸饔餼降殺而言也. 云"此降小禮, 豐大禮也"者, 小禮謂飧, 飧則去君遠矣, 并乘禽之等, 皆是小禮也. 大禮謂饔餼, 卿五牢, 子男卿與君等, 是豐大禮也. 云"以命數則參差難等, 略於臣, 用爵而已"者, 依命, 公侯伯卿三命, 大夫再命, 士一命, 子男卿再命, 大夫一命, 士不命, 并有大國孤一人四命. 是從孤已下, 通一命不命有五等. 若以此命數五等爲之, 則參差難可等級, 略於臣用爵而已, 爵則有三等, 易爲等級也. 言略於臣用爵, 則若不依爵而用命, 卽諸侯爵五等, 命惟三等, 大行人·掌客皆依命是也. 云"夫人致禮, 助君養賓也. 籩豆陳于戶東, 壺陳于東序"至"下大夫致之", 知義然者, 見聘禮致饔餼下大夫韋弁, 歸禮, 堂上籩豆設於戶東, 西上二以並, 東陳. 注"設於戶東, 辟饌位”, “壺設于東序, 北上, 南陳, 醙黍淸皆兩壺”, 約此故知之也. 若然, 不使卿者, 按內宰云“致后之賓客之禮”, 注: “謂之諸侯朝覲及女賓之賓客.” 亦內宰, 是下大夫. 王后尙使下大夫, 况諸侯夫人乎? 故知使下大夫也. 云“於子男云膳視致饗, 言夫人致膳於小國君, 以致饗之禮, 則是不復饗也. 饗有壺酒”者, 公侯伯夫人致禮, 則云八壺·八豆·八籩, 與膳大牢·致饗大牢三者各別. 于子男夫人, 則云“視膳致饗”, 鄭云“饗有壺酒”, 則致膳無酒矣, 故云饗有酒. 若然, 子男夫人於諸侯惟有二禮矣. 聘禮夫人於聘大夫, 直有籩豆壺, 又不致饗, 是其差也. 云“卿皆見者, 見于賓也. 旣見之, 又膳之, 亦所以助君養賓也”者, 言“亦”者, 亦大夫也. 云“卿旣見又膳, 此聘禮大夫勞賓餼賓之類與”者, 按聘禮: “賓卽館, 卿大夫勞賓, 賓不見, 大夫奠鴈再拜, 上介受”, 注云: “不言卿, 卿爲大夫同執鴈, 下見於國君. 周禮凡諸侯之卿見朝君, 皆執羔.” “勞上介亦如之.” 又云: “餼賓大牢, 米八筐, 上介亦如之.” 此朝君有膳無勞餼, 聘客有勞餼無膳, 明此事相當, 故云勞賓餼賓之類與. 約同之, 故云“與”以疑之. 云“於子男云‘親見卿皆膳特牛’, 見讀如‘卿皆見’之見”者, 上公侯伯直云“卿皆見以羔”, 於子男卽云“親見卿”, 作文有異. 此言親見卿, 似朝君親自夾見卿, 有此嫌, 故讀從上文“卿皆見”以兼之, 明此見亦是見朝君. 三卿之內, 有見者不見者, 若故造館見, 則致膳. 若不故造館見, 則不致膳. 是以鄭云“言卿於小國之君, 有不故造館見者, 故造館見者乃致膳”也. 先鄭說牽云: “牲可牽行者也, 故春秋傳曰‘餼牽竭矣’”者, 按僖三十二年左氏傳云: “杞子自鄭告于秦曰: ‘鄭人使我掌其北門之管, 若潛師以來, 國可得也.’ 秦師將至鄭, 鄭人知之, 使皇武子辭焉, 曰: ‘吾子淹久於弊邑, 惟是脯資餼牽竭矣.’” 注“餼, 死牢. 牽, 生牢”, 引之, 證牽亦生牢未殺者也. 云“秅讀爲‘秅秭麻苔’之秅”者, 時有秅秭麻苔之言, 故讀從之. 秅是束之總名, 如詩云“萬億及秭”, 秭亦數之總號. 苔是鋪名. 刈麻者, 數把共爲一鋪. 言此者, 見秅爲束之總號之意也.

번역 ◎鄭注: “積皆”~“之秅”. ○‘범제후지례(凡諸侯之禮)’라고 했는데, 이 구문은 아래 문장들에 대한 총괄적인 항목이 된다. 이곳 경문은 제후들이 상호 조(朝)를 할 때 방문을 받은 제후국이 빈객을 접대하는 예법도 포함하고 있다. 만약 그렇다면 천자에게 소속된 장객(掌客)의 직무기록에는 천자가 제후를 대접하는 예법은 나타나지 않고, 제후들이 상호 접대하는 사안만 나타나게 되는데, 천자에게 소속된 장객 자체는 천자에 대한 예법을 담당하게 되므로, 제후들이 상호 접대하는 예법은 드러날 길이 없게 된다. 현재 천자에게 소속된 관리의 직무기록을 통해 갑작스럽게 제후들이 상호 접대하는 사안을 드러내어, 외적인 사안을 통해 내적인 사안까지도 포괄한 것이니, 천자가 제후를 대접하는 것 또한 제후들이 상호 접대하는 것과 동일하게 했음을 알 수 있다. 이러한 까닭으로 제후들이 상호 접대하는 법도를 드러낸 것이다. "상공(上公)에 대해서는 5개의 적(積)을 마련하니, 모두 손견(飧牽)에 견준다."라고 했는데, 공작의 제후국들이 상호 조(朝)를 하는 것은 상공이 상공을 접대하는 예법에 해당하며, 5개의 적(積)을 마련하며 모두 손(飧)에 견주는 것으로, 1개의 적(積)을 마련하며 1번의 손(飧)을 보내줄 때에 견주어서 준비하니, 손(飧)에 5뢰(牢)가 사용된다면, 5개의 적(積)은 25뢰를 사용하게 된다. '견(牽)'이라고 말한 것은 그 수량은 비록 손(飧)에 견주어서 하지만, 손(飧)이라는 것은 희생물을 도축한 것을 뜻하며, 적(積)은 모두 도축하지 않으니 살아있는 것도 보내게 된다. 그렇기 때문에 '견(牽)'을 언급했다. "후작과 백작에 대해서는 4개의 적(積)을 마련하니, 모두 손견(飧牽)에 견준다."라고 했는데, 손(飧)에 4뢰를 사용하고, 1개의 적(積)을 마련하며 1번의 손(飧)을 보내줄 때에 견주어서 준비하니, 1개의 적(積)은 4뢰가 되어 총 16뢰가 되고, 또한 이끌고 가며 도축하지 않는다. "자작과 남작에 대해서는 3개의 적(積)을 마련한다."라고 했는데, 이때의 적(積) 또한 손(飧)에 견주어서 하고, 손(飧)에는 3뢰가 사용되니, 1개의 적(積)은 3뢰가 되어, 3개의 적(積)은 9뢰가 되며, 이 또한 이끌고 가며 도축하지 않는다. 반드시 이끌고 가며 도축하지 않는 것은 도로에 나눠서 배치시키며 미리 보내는 것이기 때문에 도축하지 않는 것이니, 그 자체로 숨을 다하는 것까지도 포용하기 위해서이다. 이미 "손(飧)에 견준다."라고 했는데, 손(飧)에는 추(芻)·신(薪)·미(米)·화(禾) 등이 포함된다. 그렇기 때문에 정현이 적(積)을 풀이하며 모두 손(飧)에 따라 해석한 것이다. 정현이 "도축하지 않았다면 형정(鉶鼎)은 사용하지 않게 된다."라고 했는데, '형정(鉶鼎)'은 곧 배정(陪鼎)에 해당한다. 다만 도축을 하게 되면 형정을 사용하게 되니, 도축하지 않았다면 형정을 사용하지 않는다는 사실을 알 수 있고, 후작·백작·자작·남작의 경우 또한 모두 이러하다. 정현이 '보궤지실(簠簋之實)'이라고 한 말로부터 그 이하의 기록은 모두 『의례』「공사대부례(公食大夫禮)」편에서 "직접 사례를 베풀면 보궤에 채우는 음식이 있다."라고 한 기록으로부터 그 이하의 말을 요약한 것으로, 모두 익힌 고기는 도마에 올리게 된다. 만약 직접 사례를 베풀지 못한다면 빈객과 대등한 작위를 가진 대부를 시켜서 조복을 입고 유폐(侑幣)를 보내준다고 했으니, 살아있는 상태로 가지고 가는 것이다. 현재 적(積)이라는 것은 이미 도축하지 않은 것이니, 「공사대부례」편에서 살아있는 상태로 보내는 것과 동일하다. 그렇기 때문에 정현이 모두 「공사대부례」편의 기록을 요약하여 풀이한 것이다. 정현이 "진설할 때에는 광(筐)은 기둥 안쪽에 진설한다."라고 했는데, 「공사대부례」편에서는 "궤(簋)에 담은 것은 광(筐)에 담아서 기둥 안쪽 양쪽 기둥 사이에 진설하며, 2개씩 나란하게 두며 남쪽으로 진설한다."[27]라고 했다. 정현이 "옹(罋)은 기둥 바깥쪽에 진설한다."라고 했는데, 「공사대부례」편에서는 "두(豆)에 담은 것은 옹(罋)에 담아서 기둥 바깥쪽에 진설하며, 2개씩 나란하게 두며 북쪽으로 진설한다."[28]라고 했다. 정현이 "희생물은 문의 서쪽에 진설한다."라고 했는데, 「공사대부례」편에서는 "소·양·돼지는 문의 안쪽에서도 서쪽에 진설하는데, 동쪽 끝에서부터 차례대로 진설한다."[29]라고 했다. 이것은 정현이 모두 「공사대부례」편의 기록에 따른 것임을 나타낸다. 정현이 "미(米)·화(禾)·추(芻)·신(薪)을 실은 수레는 문밖에 진설한다."라고 했는데, 이것은 『의례』「빙례(聘禮)」편에서 옹희(饔餼)를 보내줄 때의 기록을 요약한 것이다. 「빙례」편에서 "미(米)를 실은 수레 30대는 문의 동쪽에 두는데 3열을 만들어 동쪽으로 진열한다. 화(禾)를 실은 수레 30대는 문의 서쪽에 두는데 서쪽으로 진열한다. 신(薪)과 추(芻)를 실은 수레는 화(禾)를 실은 수레의 배로 한다."라고 했고,

---

27) 『의례』「공사대부례(公食大夫禮)」 : 簋實, 實于筐, 陳于楹內·兩楹間, 二以並, 南陳.
28) 『의례』「공사대부례(公食大夫禮)」 : 豆實, 實于罋, 陳于楹外, 二以並, 北陳.
29) 『의례』「공사대부례(公食大夫禮)」 : 牛·羊·豕陳于門內西方, 東上.

정현의 주에서는 "신(薪)을 실은 수레는 미(米)를 실은 수레를 따르게 되고, 추(芻)를 실은 수레는 화(禾)를 실은 수레를 따르게 된다."라고 했다. 이것이 바로 그 사안을 가리킨다. 후작·백작·자작·남작에게 적(積)을 보낼 때의 보(簠)·두(豆)·미(米)·화(禾)·신(薪)·추(芻) 등에 있어서, 그것들을 진열하는 것은 또한 이것과 동일하다. 정현이 "호(壺)가 포함되느냐 그렇지 않느냐에 대해서는 들어보지 못했다."라고 했는데, 술은 살아있는 상태로 보낼 수 있는 것이 아니다. 그렇기 때문에 들어보지 못했다고 했다. "3차례 문(問)을 할 때에는 모두 포(脯)를 갖추고, 뭇 개(介)와 행인(行人)·재(宰)·사(史)에 대해서도 모두 뇌례(牢禮)를 갖춘다."라고 했고, 정현은 "3차례 문(問)을 할 때 모두 수(脩)를 한다고 했는데, '수(脩)'는 육포를 뜻한다."라고 했는데, 이것은 문장을 대비해서 기록한 것으로, '수(脩)'라는 것은 조미육포[腶脩]를 뜻하는 것으로, 생강과 계피를 가미하고 부드럽게 찧은 것이다. '포(脯)'라는 것은 고기를 얇게 저며서 말린 것이다. 범범하게 기록한다면 수(脩)와 포(脯)는 동일하게 사용한다. 정현이 "상공에 대해 3차례 문(問)을 하며 모두 육포를 사용한다고 했는데, 아래 구문에서는 '뭇 개(介)와 행인(行人)·재(宰)·사(史)에 대해서도 모두 뇌례(牢禮)를 갖춘다.'라고 했으니, 군주에 대해서는 육포를 사용하고, 신하에 대해서는 희생물을 사용하여 비례가 된다."라고 했는데, '비례(非禮)'라고 말한 것은 군주는 존귀한 자임에도 육포를 사용하고 신하는 미천한 자임에도 뇌례를 사용하기 때문에 비례라고 말한 것이다. 정현이 "아마도 누락된 글자가 있거나 잘못하여 이곳에 기록되었을 것이다."라고 했는데, 아래문장을 살펴보면 '뭇 개(介)와 행인(行人)·재(宰)·사(史)'라고 했고, 이 모두는 향례·사례·연례를 기록한 구문 뒤에 있지만, 이곳에서만 특별히 그 앞에 기록되어 있다. 따라서 어떤 사람이 아래문장에 이 말이 누락된 것을 보고 잘못하여 이곳에 기록했거나, 아니면 아래문장에 기록을 했음에도 이곳에 남아있는 구문을 삭제하지 않았던 것이다. 그렇기 때문에 "아마도 누락된 글자가 있거나 잘못하여 이곳에 기록되었을 것이다."라고 했다. 정현이 "또는 아예 잘못 기록되었을 것이다."라고 했는데, 아래문장에서는 모두 '범개(凡介)'라고 말했는데, 이곳에서는 '군개(群

介)'라고 했다. 그렇기 때문에 "또는 아예 잘못 기록되었을 것이다."라고 했다. 정현이 "'손(飧)'은 빈객이 처음 도착했을 때, 비교적 규모가 작은 예물을 보내주는 것이다."라고 했는데, 「빙례」편을 살펴보면 "대부가 빈객을 인도하여 숙소에 도착하고, 경이 숙소를 제공하도록 한다."[30]라고 했고, 곧 이어서 "재부가 조복을 착용하고 손(飧)을 진설한다."[31]라고 했으니, 이것은 빈객이 처음 도착했을 때의 예법을 가리킨다. '소례(小禮)'라고 했는데, 옹희(饔餼)가 성대한 예식이 됨과 대비시켰기 때문이다. 정현이 "공작·후작·백작·자작·남작에 대해 손(飧)을 할 때에는 모두 익힌 고기 1뢰(牢)를 사용하고, 나머지 뇌는 생고기로 보내준다."라고 했는데, 정현이 이러한 말을 했던 것은 아래문장에서 성(腥)만 언급하고 임(飪)을 언급하지 않았지만, 이곳에서 형(鉶)과 정(鼎)이 포함된다고 했으니, 이 모두는 임(飪) 1뢰로 인해 말한 것이다. 따라서 이곳 경문에서 비록 임(飪)을 언급하지 않았지만 그것이 익힌 것임을 언급할 필요가 있었기 때문이다. 정현이 "나머지 뇌는 생고기로 보내준다."라고 했는데, 성(腥)에 해당하는 수치는 아래문장에 자세히 기록되어 있다. 정현이 "'사(食)'는 서수(庶羞) 중 맛이 좋아 먹을 수 있는 것을 뜻한다. 그것을 진설할 때에는 기둥 바깥쪽의 동서방향으로 진설했을 것인데, 4열을 넘지 않았을 것이다."라고 했는데, 앞에서 진술한 것 모두 「공사대부례」에서 사례를 베풀 때의 예법을 요약한 것이다. 「공사대부례」편을 살펴보면 "직접 사례를 베풀지 못하면 서수는 비(碑)의 안쪽에 진설한다."[32]라고 했는데, 손(飧)을 진설할 때 당상에는 모두 정찬(正饌)이 차려지게 되어 서수를 둘 장소가 없게 되며, 기둥 바깥쪽은 이미 빈 공간이 되어, 비(碑)의 안쪽 및 당하를 향하는 방향으로 둘 필요가 없다. 그렇기 때문에 기둥 바깥쪽으로 진설했다고 예측을 한 것이며, 10을 1열로 삼았기 때문에 4열이 된다. 「공사대부례」편에서 비(碑)의 안쪽에 진설한다고 했던 것은 옹(甕)이 기둥 바깥쪽에 진설된다는 것에 따른 것이다. 그렇기 때문에 그 아래에 놓이게 된다. 4열이 된다는 사실을 확실히 알 수 있는 이유는 「공사대부례」편에

---

30) 『의례』「빙례(聘禮)」: 大夫帥至于館, 卿致館.
31) 『의례』「빙례(聘禮)」: 宰夫朝服設飧.
32) 『의례』「공사대부례(公食大夫禮)」: 若不親食, …… 庶羞陳于碑內.

서 "서수는 동서 방향으로 진설하는데 4열을 넘지 않는다."[33]라고 했기 때문에 이러한 사실을 알 수 있다. 정현이 "'보(簠)'는 쌀밥이나 조밥 등을 담는 그릇이다."라고 했는데, 「공사대부례」편에 보(簠)에는 쌀밥과 조밥을 담는다는 사실이 나타나기 때문이다. 정현이 "공작에 대해서 10개의 보(簠)를 진설한다고 했는데, 당상에 6개를 진설하고, 서쪽 협실과 동쪽 협실에 각각 2개씩 놓아두게 된다. 후작과 백작에 대해서 8개의 보(簠)를 진설한다고 했는데, 당상에 4개를 진설하고, 서쪽 협실과 동쪽 협실에 각각 2개씩 놓아두게 된다. 자작과 남작에 대해서 6개의 보(簠)를 진설한다고 했는데, 당상에 2개를 진설하고, 서쪽 협실과 동쪽 협실에 각각 2개씩 놓아두게 된다."라고 했는데, 정현이 이러한 사실을 알 수 있었던 것은 「빙례」편에 옹희(饔餼)를 보내며, 당상에 2개의 보(簠)를 두고, 동쪽과 서쪽에 각각 2개의 보(簠)를 둔다는 사실이 나타나기 때문이다. 현재 이곳에서는 공작에 대해서는 10개, 후작과 백작에 대해서는 8개, 자작과 남작에 대해서는 6개라고 했는데, 예의 법도에 따라 나열을 해보면, 당상에 차려지는 수치와 동서의 협실에 차려지는 수치에 있어서, 당상에 차려지는 것이 많지 않다면 동일해야 하니, 정현은 결국 이러한 의미에 따라 판단을 하여 다섯 등급의 제후가 동서 협실에 두는 것이 각각 2개이고, 그 나머지 것들은 당상에 차려진다고 했던 것이다. 그래서 공작에 대한 것은 6개, 후작과 백작에 대한 것은 4개, 자작과 남작에 대한 것은 2개라고 했다. 「빙례」편의 내용은 손(飧)을 진설하는 것이고, 정현은 옹희를 보내주는 것을 요약했던 것이며, 이곳에서도 또한 옹희를 보내주는 것을 요약해서 풀이한 것이다. 다만 「빙례」편에서는 손(飧)을 진설하며 서쪽 협실에는 6개가 놓인다고 했고, 동쪽 협실에 차려내는 음식은 없으니, 아마도 군주의 예법보다 낮췄기 때문일 것이다. 정현이 "'두(豆)'는 절임이나 육장 등을 담는 그릇이다."라고 했는데, 「공사대부례」편 및 「특생궤식례(特牲饋食禮)」·「소뢰궤식례(少牢饋食禮)」편을 살펴보면, 두(豆)에 대해서 모두 두(豆)를 이용해 절임과 육장을 담는다고 했다. 그렇기 때문에 이러한 사실을 알 수 있다. 정현이 "공작에 대해서 40개의 두(豆)를 진설한다고

---

33) 『의례』「공사대부례(公食大夫禮)」: 庶羞, 西東毋過四列.

했는데, 당상에 16개를 진설한다."라고 한 말로부터 "각각 6개이다."라고 한 말까지, 정현은 당상에 차려진 두(豆)의 수치를 「빙례」편에서 옹희를 보내줄 때의 기록을 통해 가져왔는데, 상대부에게 차려내는 8개의 두(豆)와 하대부에게 차려내는 6개의 두(豆)도 모두 당상에 차려내는 두(豆)의 수치에 해당한다. 또한 『예기』「예기(禮器)」편에서 "천자가 음식을 먹을 때 사용하는 두(豆)의 개수는 26개이고, 제공(諸公)이 서로에게 음식을 대접할 때 사용하는 두(豆)의 개수는 16개이며, 제후(諸侯)가 서로에게 음식을 대접할 때 사용하는 두(豆)의 개수는 12개이다."라는 기록을 인용했는데, 후작·백작·자작·남작의 경우가 동일함을 뜻하니, 이 또한 당상에 차려내는 두(豆)의 수치임을 알 수 있다. 이곳 문장에서 공작에 대해 40이라고 했는데, 당상에 차려지는 16개에 짝하게 되면 나머지 24개의 두(豆)는 동서 협실에 나눠서 진설하게 된다. 이곳에서 후작과 백작에 대해 32라고 했는데, 이 또한 12개를 당상에 차려지는 두(豆)의 수로 여긴다면, 나머지 20개는 동서 협실에 나눠서 진설하게 되니, 각각 10개가 된다. 이곳에서 자작과 남작에 대해 24라고 했는데, 12개를 당상에 차려지는 두(豆)의 수로 여긴다면, 나머지 12개는 동서 협실에 나눠서 진설하게 되니, 각각 6개가 된다. 당상에 차려지는 두(豆)의 수치는 「빙례」편과 「예기」편을 요약해본 것이며, 동서 협실에 차려지는 두(豆)의 수량 차이는 정현이 의미를 추론하여 차등적으로 정한 것임을 알 수 있다. 그렇기 때문에 "「빙례」편의 기록에 따라 차등을 두면, 당상에 차려내는 수는 이곳의 내용과 동일하다."라고 말한 것이다. 정현이 "'형(鉶)'은 국을 담는 그릇이다."라고 했는데, '형(鉶)'은 기물의 명칭이며, 형(鉶)이라는 기물은 쇠고깃국·양고깃국·돼지고깃국 등 3가지 국을 담는 것이다. 그렇기 때문에 국을 담는 그릇으로 여긴 것이다. 정현이 "공작에게 차려내는 형(鉶)은 42개라고 했고, 후작과 백작에게 차려내는 형(鉶)은 28개라고 했으며, 자작과 남작에게 차려내는 형(鉶)은 18개라고 했는데, 순차적인 차등은 아니다."라고 했는데, 순차적인 차등이라면 상하의 차등 수치가 유사해야 하니, 9·7·5 순으로 정해졌다면 이것은 한 마디를 따져서 차등으로 삼은 것이다. 그런데 이곳에서는 공작에 대한 것은 42개이고, 후작과 백작에 대한 것은 28개이며, 자작과 남작에 대한 것은 18개라고 했으니, 공작은 후작·백작·자작·남작에 비해 현격한 차이가 난다. 그렇기 때문에 "순차적인 차등은 아니다."라고 했다. 정현이 "'이십팔(二十八)'이라는 기록은 간혹 '이십사(二十四)'라고도 기록하는데, 이 또한 잘못된 것이다."라고 했는데, 후작과 백작에 대한 것이 만약 24개라면 이것은 공작에 대한 것이 42개인 것과 비교해보면 18개의 차이가 나고, 또 24라는 숫자를 자작과 남작에 대한 18개와 비교를 해보면 6개가 차이를 보이니, 이 또한 순차적인 차등의 부류가 아니다. 그렇기 때문에 "이 또한 잘못된 것이다."라고 했다. 정현이 "나머지 순차적인 차등에 따르면 공작에 대해서는 마땅히 30개라고 해야 하는데, 근거할 만한 기록은 없다."라고 했는데, 30이 된다는 것 또한 순차적 차등에 따른 법도가 아니니, 근거할 만한 기록이 없기 때문이다. 그래서 '무소시(無所施)'라고 했다. 정현이 "예법의 큰 수치에 따르면 형(鉶)의 수량은 두(豆)보다 적다."라고 했는데, 살펴보면 후작과 백작에게 차려지는 두(豆)의 수는 32개이고 형(鉶)은 28개이다. 또 자작과 남작에게 차려지는 두(豆)의 수는 24개이고 형(鉶)은 18개이다. 이것은 형(鉶)의 수가 적고 두(豆)의 수가 많음을 나타낸다. 「공사대부례」편에서는 두(豆)의 수가 6개이고 형(鉶)의 수가 4개라고 했는데, 이것은 형(鉶)의 수가 두(豆)의 수보다 적음을 나타낸다. 정현이 "순차적인 차등에 따르면 공작에게 차려내는 형(鉶)의 42개라는 수치는 마땅히 38이 되어야 정답에 가깝게 될 것이다."라고 했는데, 자작과 남작에 대한 것은 18개이고, 후작과 백작에 대한 것은 28개이니, 공작에 대한 것이 38개라면 10이라는 수치를 차등으로 삼은 것이 되므로, 순차적 차등이 된다. 정현이 '개(蓋)'자를 덧붙인 것은 경문에 관련 기록이 없기 때문에 확정하지 않고 '개(蓋)'라고 말한 것이다. 정현이 "공작에게 차려내는 형(鉶)은 당상에 18개를 진설하고, 서쪽 협실과 동쪽 협실에 각각 10개씩 놓아두게 된다. 후작과 백작에 대해서는 당상에 12개를 진설하고, 서쪽 협실과 동쪽 협실에 각각 8개씩 놓아두게 된다. 자작과 남작에 대해서는 당상에 10개를 진설하고, 서쪽 협실과 동쪽 협실에 각각 4개씩 놓아두게 된다."라고 했는데, 이와 같은 차등을 알 수 있는 것은 이 또한 「빙례」편에서 옹희를 보내주는 것을 요약한 것이며, 아울러 의미에 따른 추측을 통해 말한 것이다. 정현이 "'호(壺)'는 술을 담는 그릇이다."라고 했는데, 『주례』「사준이(司尊彝)」편에는 한 쌍의 호준(壺尊)이라는 기록이 있고,[34] 『춘추전』에는 "술동이는 노나라에서 바친 호(壺)를 사용한다."[35]라는 기록이 있는데, 이 모두는 호(壺)를 술을 담는 술동이로 여긴 것이며, 이곳에서 진설하는 것 또한 「빙례」편을 요약한 것이다. 다만 「빙례」편에서는 당상에 8개의 호(壺)를 진설하고, 동서 협실에 각각 6개의 호(壺)를 둔다고 했으며, 이곳에 나온 호(壺)는 두(豆)의 수와 동일하게 40개라고 했다. 그렇기 때문에 "당상과 협실에 진설하는데, 그 수량은 두(豆)를 진설하는 수치와 같다."라고 했다. 정현이 "'정(鼎)'은 희생물을 담는 기물이다."라고 했는데, 희생물의 몸체를 삶을 때 사용하는 기물을 뜻한다. 정현이 "'궤(簋)'는 메기장과 차기장을 담는 그릇이다."라고 했고, "정(鼎)이 12개라고 했는데, 익힌 고기는 1뢰(牢)를 본래 차려내는 정(鼎) 9개와 배정(陪鼎) 3개에 담아 모두 서쪽 계단 앞에 진설한다."라고 했는데, 배정 3개는 안쪽 당 모서리에 해당하는 곳에 둔다. 정현이 "궤(簋)는 12개라고 했는데, 당상에 8개를 진설하고, 서쪽 협실과 동쪽 협실에 각각 2개씩 놓아두게 된다."라고 했는데, 이처럼 진설한다는 사실을 알 수 있는 것은 「빙례」편을 요약해보면 알 수 있다. 희생물을 담는 정(鼎)이 9개라는 것은 소·양·돼지·물고기·포·껍질·창자와 위장·신선한 물고기·신선한 포를 담는 것을 뜻하며, 배정이 3개라는 것은 쇠고깃국·양고깃국·돼지고깃국을 담은 것을 뜻한다. 정현이 "정(鼎)과 궤(簋)를 함께 언급한 것은 희생물과 메기장·차기장은 음식을 갖춤에 있어서 주된 것이 되기 때문이다."라고 했는데, 메기장과 차기장은 여러 음식들 중에서도 주된 것이고, 희생물은 여러 사물들 중에서도 주된 것이니, 이 모두는 음식을 먹는 것에 있어 주된 것이 될 수 있다. 여기에 나온 다섯 등급의 제후는 동일하게 궤(簋)는 12개를 사용하게 되는데, 「빙례」편을 살펴보면 옹희를 보낼 때 당상에 차려내는 궤(簋)는

---

34) 『주례』「춘관(春官)·사준이(司尊彝)」 : 其朝獻用兩著尊, 其饋獻用<u>兩壺尊</u>, 皆有罍, 諸臣之所昨也.

35) 『춘추좌씨전』「소공(昭公) 15년」 : 十二月, 晉荀躒如周, 葬穆后, 籍談爲介. 既葬, 除喪, 以文伯宴, <u>樽以魯壺</u>.

8개이고, 동서 협실에는 각각 6개의 궤(簋)를 놓아두게 되니, 총 20개가 된다. 「빙례」편의 경우 신하가 많은 경우이고 이곳에서 언급한 군주는 그 수가 적으니, 예법에 따르면 줄여서 늘려주는 경우도 있기 때문이다. 정현이 "'생(牲)'자는 마땅히 성(腥)자가 되어야 하니, 소리가 비슷해서 생긴 오류이다. '성(腥)'은 생고기를 담은 정(鼎)을 뜻한다. 후작과 백작에 대해서 '성(腥)은 27개이다.'라고 했는데, 옛 성(腥)자에 해당한다."라고 했는데, 자작과 남작에 대해서도 '생십팔(牲十八)'이라고 했는데, 이 때의 '생(牲)'자 또한 마땅히 성(腥)자가 되어야 하는 것으로, 소리가 비슷해서 생긴 오류이다. 정현이 "제후에 대한 예법은 융성하여 생고기를 담은 정(鼎)에는 신선한 물고기와 신선한 포가 포함되며 매 뇌마다 모두 9개를 1열로 삼아 동쪽 계단 앞에 진설한다."라고 했는데, 이것들은 모두 「빙례」편에서 손(飧)을 진설한다고 했던 내용을 요약해서 말한 것이다. 「빙례」편을 살펴보면 "익힌 고기는 1뢰로 서쪽에 진설하며, 정(鼎)은 9개이고 수정(羞鼎)은 3개이며, 생고기는 1뢰로 동쪽에 진설하며, 정(鼎)은 7개이다."[36]라고 했다. 그리고 옹희를 보낼 때에는 "생고기는 2뢰로 정(鼎)은 14개이고, 신선한 물기기와 신선한 육포가 없고, 동쪽 계단 앞에 진설하며 서쪽을 향하도록 진설하며, 익힌 고기를 담은 정(鼎)과 같이 2열로 정렬한다."[37]라고 했다. 이곳에서는 36개라고 했다. 그렇기 때문에 신선한 물고기와 신선한 육포가 포함된다는 사실을 알 수 있다. 정현이 "손(飧)은 문 안쪽에 진설하는 것으로, 여기에서 모두 갖춰진다."라고 했는데, 정현이 이러한 말을 언급한 것은 문 안쪽에 진설하는 것들이 모두 갖춰진 뒤에야 미(米)를 실은 수레 등이 있게 된다는 사실을 드러내고자 한 것이다. 이러한 까닭으로 "또한 미(米)·화(禾)·추(芻)·신(薪)을 실은 수레도 포함된다."라고 했다. 정현이 "공작에 대한 손(飧)은 5뢰로 하며, 미(米)를 실은 수레는 20대이고, 화(禾)를 실은 수레는 30대이다."라고 한 말로부터 그 이하의 기록은 모두 옹희에서 죽은 희생물에 대한 기록을 요약해서 말한 것이니, 옹희에 대해 죽은 희생물에 대해서는 손(飧)을 진설

36) 『의례』「빙례(聘禮)」: 飪一牢, 在西, 鼎九, 羞鼎三; 腥一牢, 在東, 鼎七.
37) 『의례』「빙례(聘禮)」: 腥二牢, 鼎二七, 無鮮魚·鮮腊, 設于阼階前, 西面, 南陳如飪鼎, 二列.

하는 것과 같다고 했으니, 상공에게 차려내는 5뢰의 죽은 희생물, 후작과 백작에게 차려내는 4뢰의 죽은 희생물, 자작과 남작에게 차려내는 3뢰의 죽은 희생물에 대해서는 모두 손(飧)을 진설하는 것처럼 하며, 이것은 미(米)나 화(禾) 등의 수치도 이와 같다는 사실을 나타낸다. 정현이 "추(芻)와 신(薪)을 실은 수레는 모두 화(禾)를 실은 수레의 2배로 한다."라고 했는데, 이 또한 옹희를 보내는 예법을 요약한 것이다. 만약 그렇다면 「빙례」편을 살펴보면 미(米)와 화(禾)에 대해서 모두 20대의 수레라고 했다. 그 이유는 「빙례」편의 내용은 대부의 예법에 해당하며, 규모가 작은 예법을 풍성하게 치러서 대부의 손(飧)은 2뢰로 한다. 그렇기 때문에 미(米)와 화(禾)는 모두 그에 견주게 되어, 미(米)와 화(禾)는 각각 20대의 수레가 된다. 정현이 "'옹희(饔餼)'는 서로 만나보는 절차를 끝내고 성대한 예물을 보내주는 것이다." 라고 했는데, 서로 만나보는 절차를 끝내고 보내주는 것임을 알 수 있는 이유는 「빙례」편의 기문을 살펴보면 "빙(聘)을 한 날 옹희를 보낸다."[38]라고 했고, 정현은 "급히 성대한 예물을 보내주는 것이다."라고 했으니, 이것은 서로 만나보는 절차를 끝내고 성대한 예물을 보내주는 것임을 나타낸다. 정현이 "성대한 경우에는 이미 그 안에 손(飧)과 적(積)에 대한 것이 포함되어 있고, 살아있는 희생물, 날고기, 익힌 고기가 포함되고 그 나머지 것들도 많이 차려내게 된다."라고 했는데, 가령 상공의 옹희에 9뢰를 사용하면 5뢰는 도축한 희생물이고, 4뢰는 살아있는 상태로 이끌고 가는 것이다. 상공에게 5개의 적(積)을 마련할 때에는 모두 손견(飧牽)에 견준다고 했으니, 1적(積)은 5뢰가 된다. 손(飧)을 함께 언급한 것은 도축한 희생물이 5뢰인 것은 손(飧)을 하는 경우와 같기 때문이다. 적(積)을 함께 언급했다면, 함께 겸하되 모두 다하지는 않는 것으로 단지 4만큼만 겸하는 것일 뿐이다. 따라서 적(積)을 함께 말한 것은 견(牽)과 적(積)이 동일하기 때문에 함께 말한 것이다. 후작·백작·자작·남작의 경우에도 모두 적(積)을 겸하지만 다하지는 않는다. "그 나머지 것들도 많이 차려내게 된다."라고 했는데, 미(米)·화(禾)·추(芻)·신(薪)·혜(醯)·해(醢) 등의 부류를 뜻한다. 정현이 "죽은 희생물

38) 『의례』「빙례(聘禮)」 : 聘日致饔.

의 경우 손(飧)을 진설하는 것처럼 하니, 익힌 고기 1뢰는 서쪽에 진설하고, 나머지 생고기는 동쪽에 진설한다."라고 했는데, 「빙례」편의 내용을 요약해 보면 이러한 사실을 알 수 있다. 정현이 "'견(牽)'은 살아있는 희생물을 뜻한다. 문의 서쪽에 놓아두는 것은 적(積)과 같이 하는 것이다."라고 했는데, 이 또한 문의 서쪽에 가로로 진열하며 동쪽 끝에서부터 차례대로 늘어놓는 것이다. 정현이 "미(米)는 마당에 가로로 진열하는데, 10개가 1열이 되며, 매 거(筥)마다 0.5곡(斛)씩 채운다."라고 했는데, 이러한 사실을 알 수 있는 이유는 앞에서 손(飧)을 진설하고 적(積)을 진설한다는 내용은 모두 「빙례」편에서 옹희를 보내줄 때의 예법을 요약한 것이다. 이곳 문장에는 적(積)을 앞에 수록하여 이미 기술했기 때문에, 이러한 옹희는 이전의 것을 통해서 알 수 있다. 그렇기 때문에 "적(積)과 같다."라고 했다. 적(積)과 같다고 했다면, 이것은 또한 「빙례」편에서 설명한 옹희와 같다는 뜻이다. 이곳에서 미(米)라고 한 말로부터 그 이하의 내용은 다시금 「빙례」편에서 옹희를 보내주는 예법을 요약한 것이다. 정현이 "공작·후작·백작·자작·남작에 대해 차려내는 메기장·조·쌀은 모두 2행이 되는데, 공작에게 차려내는 차기장은 6행이 되고, 후작과 백작에게 차려내는 차기장은 4행이 되며, 자작과 남작에게 차려내는 차기장은 2행이 된다."라고 했는데, 「빙례」편에서는 "미(米)를 담은 것은 100개의 거(筥)이고, 거(筥)에는 0.5곡(斛)을 담아 마당에 진설하며 10개를 1열로 삼고 북쪽 끝에서부터 진열하고, 메기장·조·쌀은 모두 2행이 되며 차기장은 4행이 된다."[39]라고 했다. 이것은 차기장에 대해서만 늘리고 나머지 것들에 대해서는 늘리지 않았다. 그렇기 때문에 공작에게 차려내는 차기장이 6행이라는 사실을 알 수 있다. 자작과 남작에게 차려내는 미(米)는 8개의 거(筥)에 담고, 메기장·조·살은 각각 2행이 되니, 2행이면 족하기 때문에 차기장이 2행이라는 사실을 알 수 있다. 정현이 "식초와 육장은 비(碑)를 끼고서 세로로 진열하는데, 또한 10개가 1열이 되며, 식초는 비(碑)의 동쪽에 놓이고, 육장은 비(碑)의 서쪽에 놓인다."라고 했고, 「빙례」편에

39) 『의례』「빙례(聘禮)」: 米百筥, 筥半斛, 設于中庭, 十以爲列, 北上. 黍·粱·稻皆二行, 稷四行.

대한 주에서는 "비(碑)를 낀다는 것은 솥의 중앙에 있게 된다는 뜻이다. 식초를 담은 항아리는 동쪽 방면에 둔다고 했는데, 식초는 곡물로 만드니 양에 해당하기 때문이다. 반면 육장은 고기로 만드니 음에 해당한다."라고 했다. "비(碑)를 낀다."라고 했기 때문에 뒤따라 진설한다는 사실을 알 수 있다. 그런데 후작과 백작에게 차려내는 식초와 육장에 대해서는 100개의 옹(罋)이라고 했고 미(米)는 100개의 거(筥)라고 했는데, 상개(上介)에 대한 거(筥)와 옹(罋)은 신분이 존귀한 빈객의 경우와 동일하게 되며, 상개는 4명이며 미(米)는 100개의 거(筥)인데, 이 수치는 자작이나 남작보다 많고, 후작이나 백작과 동일한 것이다. 또 상공에 대해서 식초와 육장은 120개의 옹(罋)이라고 했는데, 이것은 천자가 음식을 먹을 때 사용하는 120개의 옹(罋)과 같아진다. 그렇기 때문에 『정지』에서는 여기에서 말한 공(公)은 두 왕조의 후손국을 뜻하니, 천자에게 소속된 상공의 경우라면 후작·백작과 동일하게 모두 100개의 옹(罋)을 차려주고, 자작과 남작에게는 80개의 옹(罋)을 차려주며, 미(米)를 담는 거(筥)도 모두 옹(罋)의 수와 동일하게 맞춘다고 했다. 이것이 바로 신분에 따른 차등이다. 그런데 「빙례」편의 경우에는 신하에게 적용되는 법도이며, 그 자체로 하나의 예법이 되니, 이것과 상호 간여되지 않으며, 이 또한 줄이는 것을 통해 늘려주는 경우에 해당한다. 정현이 "공문의 안쪽에 진설한다는 뜻이다. '거(車)'자를 언급했는데, 연문으로 들어간 글자일 뿐이다."라고 했는데, '거(車)'라고 말한 것은 미(米)를 실은 수레를 뜻하므로, 식초와 육장 뒤에 기록하기에는 적합하지 않다. 또 후작·백작·자작·남작에 대한 기록에서 식초와 육장에 대한 기록 뒤에는 모두 거(車)자가 없다. 그렇기 때문에 연문으로 들어간 글자임을 알 수 있다. 정현이 "'거미(車米)'는 미(米)를 실은 수레를 뜻한다. 「빙례」편에서는 '10두(斗)를 1곡(斛)이라 부르고, 16두를 1수(籔)라 부르며, 10수를 1병(秉)이라 부른다.'라고 했다. 수레마다 1병(秉) 5수(籔)를 싣는다고 했다면, 24곡(斛)이 된다. '화(禾)'는 볏단과 알곡을 함께 자른 것이다."라고 했는데, 이것은 「빙례」편의 기문에 해당한다. 정현이 "거(筥)는 동려(椋梠)라고 할 때의 '여(梠)'라고 풀이하니, 하나의 볏단을 뜻한다."라고 했는데, 당시에는 동려(椋梠)라는 말이 있었기 때문에 그 풀이를 함에 있어 이 말을 따른 것이고, 또 "하나의 볏단을 뜻한다."고 했다. '제(穧)'는 곧 『시』에서 말한 "여기에는 거두지 않은 벼 묶음이 있다."[40]라고 한 것에 해당하니, 제(穧)는 포(鋪)에 해당한다. 정현이 "모두 문밖에 가로로 진설하는 것이다. 미(米)는 문의 동쪽에 놓이고, 화(禾)는 문의 서쪽에 놓인다."라고 했는데, 이 모두는 「빙례」편에서 옹희를 보내는 예법을 요약한 것이다. 정현이 "추(芻)와 신(薪)에 있어서는 비록 그 수치를 화(禾)를 기준으로 정한다."라고 한 말로부터 그 이하의 기록은 정현이 주장을 말한 것이다. 정현이 "'승금(乘禽)'은 대열을 맞춰 이동하고 무리를 지어 사는 조류를 뜻하니, 꿩이나 기러기를 의미한다."라고 했는데, 여기에서 말한 '금(禽)'은 2개의 발이 있고 날개를 가진 것을 뜻하니, 4개의 발과 털이 있는 것을 포함하지 않는다. 그렇기 때문에 꿩이나 기러기라고 했다. 실제로 그 안에는 거위나 집오리 등도 포함되기 때문에 '지속(之屬)'이라고 덧붙였다. 이러한 까닭으로 『주례』「대종백(大宗伯)」편에서는 "짐승으로 여섯 가지 예물을 만든다."[41]라고 말했고, 그 안에 꿩·기러기·닭·집오리 등도 포함된 것이다. 정현이 "예법에 따르면 쌍을 맞춘 것을 수치로 삼는다."라고 했는데, 여기에서 90이나 50이라고 한 숫자 및 사에 대해서 격일로 2쌍을 보낸다고 했던 것들은 모두 쌍으로 수치를 삼았다. 정현이 "'은(殷)'은 간격을 벌린다는 뜻이다. 간격을 벌리고서 다시 음식을 보내주는 것은 빈객을 생각하고 있다는 뜻을 내보이기 위해서이다."라고 했는데, 이것은 뇌례 이외에 빈객을 만나보고 나서 중간에 찾아가지 않는다면, 빈객은 주인이 본인에 대해 소홀하게 여긴다는 염려를 하게 되므로, 이러한 우려로 인해 다시 이러한 음식들을 보내주는 것이니, 빈객을 생각하는 뜻에 소홀함이 없다는 뜻을 내보이기 위해서이다. 정현이 "술을 따라주지 못했다는 것은 군주에게 특별한 사정이 생겨서 직접 향례(饗禮)·사례(食禮)·연례(燕禮)를 시행하지 못했다는 뜻이다. 직접 향례를 베풀지 못한다면 수폐(酬幣)를 보내고, 직접 사례

---

40) 『시』「소아(小雅)·대전(大田)」: 有渰萋萋, 興雨祈祈. 雨我公田, 遂及我私. 彼有不穫穉, 此有不斂穧, 彼有遺秉, 此有滯穗, 伊寡婦之利.

41) 『주례』「춘관(春官)·대종백(大宗伯)」: 以禽作六摯, 以等諸臣. 孤執皮帛, 卿執羔, 大夫執鴈, 士執雉, 庶人執鶩, 工商執雞.

를 베풀지 못한다면 유폐(侑幣)를 보낸다."라고 했는데, 이 모두는 「빙례」편의 기록을 요약한 것으로, 연례를 베풀어준다고 말하지 않은 것은 향례와 사례는 묘와 침에서 시행하며, 예의 경문에서는 오직 향례와 사례를 베푼다고 했으니, 묘에서 치르는 엄준하고 차가운 기운에 따른 사안에 부합되므로, 직접 시행하지 않는다면 예물을 보내주어야만 한다. 반면 연례라는 것은 상대적으로 가깝게 여기는 것이니, 직접 술을 따라주지 않더라도 아마 예물을 보내지는 않았을 것이다. 범개(凡介)와 행인(行人) 등을 언급했는데, 정현은 "행인은 의례를 주관하고, 재는 기물 갖추는 것을 주관하며, 사는 기록을 주관한다."라고 했다. 『예기』「왕제(王制)」편을 살펴보면 "대사는 예에 대한 전적을 담당하니, 간책에 기록된 것을 가지고 온다."[42]라고 했고, 『주례』「대사(大史)」편의 직무기록에서도 "예와 관련된 사안을 담당한다."[43]라고 하여, 이곳에서 사(史)가 기록을 주관하고 행인(行人)이 의례를 주관한다고 한 것과 차이를 보인다. 대사는 제후국에 있어서 문서의 기록을 전적으로 담당한다. 그렇기 때문에 『예기』「곡례(曲禮)」편에서는 "사(史)는 필기구를 수레에 싣고서 가고, 사(士)는 옛 관련 문서들을 수레에 싣고서 간다."[44]라고 했다. 여기에서 말한 '사(史)'는 단지 대사(大史)에 속한 휘하의 관리를 뜻하며, 작위에 따른 등급의 차등이 있기 때문에 이러한 사실을 알 수 있다. "행인은 의례를 주관한다."라고 했는데, 빈객을 대하는 예법을 주관하는 것으로, 대행인(大行人)의 부류가 되며, 빈객에 대한 예법을 주관하는 것이다. 「빙례」편을 살펴보면 "사(史)가 예물을 기록한 목록을 읽고, 재(宰)가 예물 목록을 기록한 문서를 들고서 군주에게 모두 갖춰졌음을 아뢴다."[45]라고 했다. 또한 음식 갖추는 것도 담당하기 때문에 「공사대부례」편에서는 "재부(宰夫)는 방에 음식을 갖춰놓는다."[46]라고 했으니, 이것은 음식 갖추는 것을 담당한다는 사실을 나타낸다. 정현이 "작위가 경의 신분이라면 손(飧)은 2

---

42) 『예기』「왕제(王制)」【174c】: <u>大史典禮, 執簡記</u>, 奉諱惡, 天子齊戒, 受諫.

43) 『주례』「춘관(春官)·대사(大史)」: 凡射事, 飾中, 舍筭, <u>執其禮事</u>.

44) 『예기』「곡례상(曲禮上)」【39a】: 史載筆, 士載言.

45) 『의례』「빙례(聘禮)」: <u>史讀書</u>展幣. <u>宰執書, 告備具于君</u>, 授使者. 使者受書, 授上介.

46) 『의례』「공사대부례(公食大夫禮)」: 凡宰夫之具, 饌于東房.

뢰이고 옹희(饔餼)는 5뢰이다."라고 한 말로부터 그 이하의 기록은 모두 「빙례」편에서 빈객인 경, 상개(上介)인 대부, 사의 신분으로 개(介)가 된 4명에 대해 옹희를 보내주며 등급에 따라 낮춘다는 기록을 요약해서 말한 것이다. 정현이 "이것은 규모가 작은 예식은 낮추고 성대한 예식은 풍부하게 갖추는 것이다."라고 했는데, 규모가 작은 예식은 손(飧)을 뜻하는데, 손(飧)의 경우 군주와의 차이가 크며, 아울러 승금(乘禽) 등을 보내주는 것 모두 규모가 작은 예식을 뜻한다. 성대한 예식은 옹희(饔餼)를 뜻하는데, 경에게는 5뢰를 사용하여 자작과 남작에게 소속된 경은 그들의 군주와 동일하게 받으니, 이것은 성대한 예식을 풍부하게 하는 것이다. 정현이 "명(命)의 등급에 따른다면 번잡해져서 순차적으로 차등을 주기가 어려우니, 신하에 대해서는 간략히 적용하여 작위에 따르는 것일 뿐이다."라고 했는데, 명(命)의 등급에 따르면, 공작·후작·백작에게 소속된 경은 3명(命)의 등급이고 대부는 2명(命)의 등급이며 사는 1명(命)의 등급이다. 자작과 남작에게 소속된 경은 2명(命)의 등급이고 대부는 1명(命)의 등급이며 사는 명(命)의 등급이 없다. 아울러 대국에 소속된 고(孤) 1명은 4명(命)인 경우도 있다. 따라서 고(孤)로 부터 그 이하로 1명(命)과 명(命)의 등급이 없는 경우까지 따져보면 5등급이 된다. 만약 이러한 명(命)의 등급에 따라 차등을 삼는다면, 번잡해져서 등급에 따라 구분하기가 어렵게 된다. 따라서 신하에 대해서는 간략히 적용하여 작위에 따르는 것일 뿐이니, 작위의 경우 3가지 등급이 있게 되어 등급에 따른 구별을 짓기가 쉽다. 신하에 대해서 간략히 적용하여 작위에 따른다고 했다면, 만약 작위의 등급에 따르지 않을 경우에는 명(命)의 등급에 따르는 것이니, 제후의 작위에는 5등급이 있지만, 명(命)에는 3가지 등급만 있는 것에 해당하며, 「대행인」편과 「장객」편의 내용은 모두 이러한 명(命)의 등급에 따른 것이다. 정현이 "'부인치례(夫人致禮)'라는 것은 군주를 도와 빈객을 봉양한다는 뜻이다. 변(籩)과 두(豆)는 방문의 동쪽에 진설하고, 호(壺)는 동쪽 서(序)에 진설한다."라고 한 말로부터 "하대부를 시켜서 예물을 전달하게 한다."라는 말까지. 의미상 이러하다는 사실을 알 수 있는 것은 「빙례」편에서 옹희를 보내며 하대부는 위변(韋弁)을 착용한다고 했고, 예물을 보내줄 때 당상에는 변(籩)과 두(豆)를 방문의 동쪽에 진설하고, 서쪽 끝에서부터 2개씩 나란히 놓으며 동쪽으로 진설한다고 했다. 그리고 주에서는 "방문의 동쪽에 진설하는 것은 음식을 놓는 자리를 피하기 위해서이다."라고 했고, "호(壺)는 동쪽 서(序)에 진설하는데, 북쪽 끝에서부터 놓으며 남쪽으로 진열하고, 쌀로 빚은 백주·메기장으로 빚은 술·조로 빚은 청주를 모두 2개의 호(壺)에 담는다."[47]라고 했는데, 이러한 기록들을 요약했기 때문에 그 사실을 알 수 있다. 만약 그렇다면 경을 시키지 않는 경우에 있어서, 『주례』「내재(內宰)」편을 살펴보면 "왕후의 빈객에 대한 예물을 보낸다."[48]라고 했고, 정현의 주에서는 "제후들 중 조(朝)나 근(覲)을 했거나 여자 빈객을 뜻한다."라고 했다. 여기에서 말한 내재 또한 하대부의 신분이다. 왕후가 오히려 하대부를 시킨다면 제후의 부인인 경우라면 어떠하겠는가? 그러므로 하대부를 시킨다는 사실을 알 수 있다. 정현이 "자작과 남작에 대한 기록에서 '선(膳)은 향례를 치르는 것에 견주어서 한다.'라고 했는데, 부인이 소국의 군주에게 음식을 보내며 향례를 치를 때의 예법에 따른다면, 이것은 재차 향례를 치른 것이 아니다. 향례에는 술을 담은 호(壺)가 포함된다."라고 했는데, 공작·후작·백작의 부인이 예물을 보내는 경우에는 8개의 호(壺), 8개의 두(豆), 8개의 변(籩)을 언급했으니, 이것과 음식을 태뢰로 만들고 향례를 베풀며 태뢰를 쓰는 세 가지 경우는 각각 구별된다. 자작과 남작의 부인에 대해서 "선(膳)은 향례를 치르는 것에 견주어서 한다."라고 했고, 정현은 "향례에는 술을 담은 호(壺)가 포함된다."라고 했으니, 선(膳)을 보낼 때에는 술이 포함되지 않는다. 그렇기 때문에 향례에는 술이 포함된다고 말했다. 만약 그렇다면 자작과 남작의 부인은 제후에 대해서 오직 2가지 예법만 있게 된다. 「빙례」편에서 부인은 빙문으로 찾아온 대부에 대해 단지 변(籩)·두(豆)·호(壺)만 보내주고, 또한 향례를 베풀지 않으니, 이것이 그 차이이다. 정현이 "경이 모두 찾아뵙는다는 것은 빈객을 찾아뵙는다는 뜻이다. 만나보는 것을 끝내고 재차 음식을 베푸는 것은 또한 군주를 도와 빈객을 봉양하는

47) 『의례』「빙례(聘禮)」 : 壺設于東序, 北上, 二以並, 南陳. 醙·黍·淸, 皆兩壺.
48) 『주례』「천관(天官)·내재(內宰)」 : 致后之賓客之禮.

것이다."라고 했는데, '역(亦)'이라고 말한 것은 이 또한 대부를 시킨다는 뜻이다. 정현이 "경이 만나보고 또 음식을 베푸는 것은 「빙례」편에서 경과 대부가 빈객의 노고를 위로하고 빈객에게 옹희(饔餼)를 보내는 부류를 뜻할 것이다."라고 했는데, 「빙례」편을 살펴보면 "빈객이 숙소로 가면, 경과 대부는 숙소로 찾아가 빈객의 노고를 위로하고자 하는데, 빈객은 사양하며 만나보지 않고, 대부는 기러기를 내려놓고 재배를 하며 상개(上介)가 받는다."[49]라고 했고, 정현의 주에서는 "경을 언급하지 않은 것은 경과 대부는 동일하게 기러기를 드니 군주에 대한 경우보다 낮추는 것이다. 『주례』에서는 제후에게 소속된 경이 군주를 찾아뵙고 조(朝)를 할 때에는 모두 새끼양을 든다고 했다."라고 했다. 또 "상개(上介)의 노고를 위로할 때에도 이처럼 한다."[50]라고 했으며, "빈객에게 태뢰와 미(米)를 담은 8개의 광(筐)를 보내주며, 상개에 대해서도 이처럼 한다."[51]라고 했다. 이것은 군주에게 조(朝)를 할 때에는 선(膳)은 있지만 노고를 위로하며 음식을 보내는 일은 없고, 빈객을 방문할 때에는 노고를 위로하며 음식을 보내는 일은 있지만 선(膳)은 없다는 사실을 나타내며, 이 사안이 서로 부합됨을 의미한다. 그렇기 때문에 "빈객의 노고를 위로하고 빈객에게 옹희(饔餼)를 보내는 부류를 뜻할 것이다."라고 했는데, 대략적으로 동일하기 때문에 '여(與)'자를 덧붙어 확정하지 않은 것이다. 정현이 "자작과 남작에 대해서는 '직접 찾아가 만나보는 경에 있어서는 모두 선(膳)에 한 마리의 소를 사용한다.'라고 했는데, '현(見)'자는 '경이 모두 찾아뵙는다.'라고 할 때의 '현(見)'자처럼 풀이한다."라고 했는데, 앞에서는 공작·후작·백작에 대해 단지 "경이 모두 찾아뵈며 새끼양을 사용한다."라고 했고, 자작과 남작에 대해서는 '친현경(親見卿)'이라고 하여 문장을 기록한 것에 차이가 난다. 이곳에서 '친현경(親見卿)'이라고 한 말은 조(朝)를 받은 군주가 직접 찾아와서 경을 만나보는 것처럼 풀이되니, 이러한 오해를 할 수 있기 때문에 앞에서 '경개현(卿皆見)'이라고 한 말에 따라 풀이한 것으로, 여기에서 말한 '현(見)'자 또한 조(朝)를 받은 군주를 찾아뵙는다

49) 『의례』「빙례(聘禮)」: 賓卽館. 卿大夫勞賓, 賓不見. 大夫奠鴈再拜, 上介受.
50) 『의례』「빙례(聘禮)」: 勞上介, 亦如之.
51) 『의례』「빙례(聘禮)」: 大夫餼賓大牢, 米八筐. …… 上介亦如之.

는 뜻이다. 삼경(三卿) 중에는 찾아가 만나보는 자도 있고 만나보지 않는 자도 있는데, 만약 일부러 숙소로 찾아가 만나보게 된다면 음식을 전달하게 된다. 만약 일부러 숙소로 찾아가 만나보지 않는다면 음식을 전달하지 않는다. 이러한 까닭으로 정현은 "경은 소국의 군주에 대해서 일부러 숙소로 찾아가 만나보지 않는 자도 있지만, 일부러 숙소로 찾아가 만나보는 자는 곧 음식을 전달하게 된다는 의미이다."라고 했다. 정사농은 "견(牽)을 설명하며 희생물 중 끌고 갈 수 있는 것이다. 그렇기 때문에 『춘추전』에서는 '가축·희생물 등이 모두 고갈되었다.'"라고 했다. 희공 32년에 대한 『좌전』의 기록을 살펴보면 "기자가 정나라에서 사람을 보내 진나라에 아뢰길, '정나라에서 우리에게 북쪽 관문의 열쇠를 담당토록 했으니, 만약 군대를 은밀히 이끌고 온다면 정나라를 취할 수 있습니다.'라고 했다. 진나라 군대가 정나라에 도달하게 되자 정나라에서 이 사실을 알아차리고 황무자를 보내 말을 전달하였으니, '그대가 우리나라에 오랜 기간 머물러 있어서 육포·양식·가축·희생물 등이 모두 고갈되었다.'"라고 했고, 주에서는 "희(餼)는 도축한 희생물이다. 견(牽)는 살아있는 희생물이다."라고 했는데, 이 기록을 인용한 것은 견(牽) 또한 살아있는 희생물로 아직 도축하지 않은 상태임을 증명하기 위한 것이다. 정현이 "'타(秅)'자는 '타자마답(秅秭秖荅)'이라고 할 때의 '타(秅)'자로 풀이한다."라고 했는데, 당시에는 '타자마답(秅秭秖荅)'이라는 말이 있었기 때문에 그에 따라 풀이한 것이다. '타(秅)'라는 것은 묶음을 총칭하는 명칭이니, 마치 『시』에서 "만과 억과 자(秭)이다."[52]라고 한 말과 같은데, 이때의 '자(秭)' 또한 수를 총칭해서 쓴 호칭이다. '답(荅)'자는 포(鋪)의 명칭이다. 마(秖)를 벨 때에는 여러 차례 손으로 움켜쥐어서 이것들을 모두 1포(鋪)로 삼는다. 이처럼 말한 것은 타(秅)가 묶음을 총칭하는 뜻이 됨을 드러내기 위해서이다.

---

52) 『시』「주송(周頌)·풍년(豐年)」 : 豐年多黍多稌. 亦有高廩, 萬億及秭. 爲酒爲醴, 烝畀祖妣, 以洽百禮. 降福孔皆.

참고 주례』「추관(秋官)·사의(司儀)」 기록

경문 凡諸伯子男之臣, 以其國之爵相爲客而相禮, 其儀亦如之.

번역 무릇 후작·백작·자작의 신하들에 있어서 그 나라의 작위에 따라 상호 객(客)이 되어 서로를 예우할 때 그 의례는 또한 이와 같다.

鄭注 爵, 卿也, 大夫也, 士也.

번역 '작(爵)'은 경·대부·사 등을 뜻한다.

賈疏 ◎注"爵卿"至"士也". ○釋曰: 諸侯之臣言"爵相爲客而相禮"者, 不離三等, 卿·大夫·士. 鄭注掌客云: "爵, 卿也, 則飧二牢, 饔餼五牢. 大夫也, 則飧大牢, 饔餼三牢. 士也, 則飧少牢, 饔餼大牢也. 此降小禮, 豐大禮也. 以命數則參差難等, 略於臣, 用爵用已." 以此三等相禮也. 云"其儀亦如之"者, 亦以三等相差, 七十步七介, 五十步五介, 三十步三介, 小聘使大夫, 又降殺也.

번역 ◎鄭注: "爵卿"~"士也". ○제후의 신하들에 대해서 "작위에 따라 상호 객(客)이 되어 서로를 예우한다."라고 했는데, 3등급의 작위에서 벗어나지 않으니, 경·대부·사를 뜻한다. 『주례』「장객(掌客)」편에 대한 정현의 주에서는 "작위가 경의 신분이라면 손(飧)은 2뢰이고 옹희(饔餼)는 5뢰이다. 대부의 신분이라면 손은 태뢰이고 옹희는 3뢰이다. 사의 신분이라면 손은 소뢰이고 옹희는 태뢰이다. 이것은 규모가 작은 예식은 낮추고 성대한 예식은 풍부하게 갖추는 것이다. 그런데 명(命)의 등급에 따른다면 번잡해져서 순차적으로 차등을 주기가 어려우니, 신하에 대해서는 간략히 적용하여 작위에 따르는 것일 뿐이다."라고 했다. 따라서 이러한 3등급에 따라 서로 예우하는 것이다. "그 의례는 또한 이와 같다."라고 했는데, 이 또한 3등급에 따라 상호 차등을 두어 70보를 벌리고 7명의 개(介)를 두며, 50보를 벌리고 5명의 개(介)를 두며, 30보를 벌리고 3명의 개(介)를 두며, 소빙에 대부를 사신으로 보내는 것 또한 등급에 따라 낮추는 것이다.

참고 『의례』「빙례(聘禮)」 기록

기문 旣致饔, 旬而稍, 宰夫始歸乘禽, 日如其饔餼之數.

번역 옹희(饔餼)를 보내준 뒤 10일이 지나면 곡식을 보내주고, 재부(宰夫)는 승금(乘禽)을 보내주는데, 빈객과 상개(上介)에게 옹희를 하는 수에 맞춰서 날마다 보낸다.

鄭注 稍, 稟食也. 乘禽, 乘行之禽也, 謂鴈鶩之屬. 其歸之, 以雙爲數. 其, 賓與上介也. 古文旣爲餼.

번역 '초(稍)'는 곡식을 뜻한다. '승금(乘禽)'은 대오를 이루어 이동하는 조류를 뜻하니, 기러기나 집오리 등의 부류를 의미한다. 그것들을 보내줄 때에는 쌍을 수치의 단위로 삼는다. '기(其)'는 빈객과 상개(上介)를 뜻한다. 고문에서는 '기(旣)'자를 희(餼)자로 기록했다.

賈疏 ●"旣致"至"之數". ◎注"稍稟"至"爲餼". ○釋曰: 云"旣致饔, 旬而稍"者, 以其賓客之道, 十日爲正, 行聘禮旣訖, 合歸一旬之後, 或逢凶變, 或主人留之, 不得時反, 卽有稍禮. 故下文云: "旣將公事, 賓請歸." 注云: "謂已問大夫, 事畢請歸, 不敢自專, 謙也. 主國留之, 饗食燕獻無日數, 盡殷勤也." 是主人留之. 是以周禮·漿人亦"共賓客之稍禮", 注云: "稍禮非飧饔之禮, 留間王稍所給賓客者, 漿人所給, 亦六飮而已." 諸侯相待亦如之, 是其留間致稍者也. 云"乘禽, 乘行之禽也"者, 別言此者, 欲見此乘非物四曰乘, 言如其饔餼之數者, 一牢當一雙, 故聘義云"乘禽日五雙", 是此饔餼五牢者也. 云"鴈鶩之屬"者, 按爾雅"二足而羽", 若然, 上介三牢則三雙也, 士介一牢則一雙也, 羽謂之禽, 故以禽爲鴈鶩之屬. 云"其, 賓與上介也"者, 以其下文別有士介故也.

번역 ●記文: "旣致"~"之數". ◎鄭注: "稍稟"~"爲餼". ○"옹희(饔餼)를 보내준 뒤 10일이 지나면 곡식을 보낸다."라고 했는데, 빈객의 도리에 있어서 10일을 정규 기일로 삼으니, 빙례를 시행하고 그 일이 끝나면 총 10일이후에 돌아가게 되는데, 흉사나 변고를 당했거나 주인이 만류하게 되면 정해진 시기에 되돌아가지 못하니, 이러한 경우에는 곡식 제공하는 예법이 있게 된다. 그렇기 때문에 아래문장에서는 "공적인 사안을 끝냈다면 빈객은 되돌아가고자 청한다."[53]라고 했고, 정현의 주에서는 "대부에 대한 문(問)을 끝내고 그 사안이 완료되어 되돌아가고자 청하는 것이니, 감히 자기 마음대로 할 수 없다는 뜻이며 겸손의 표현이다. 빙문을 받은 나라에서 그를 만류하면 향례·사례·연례·헌례를 날짜와 수치의 제한 없이 베풀어 두터운 정감을 다한다."라고 했다. 이것은 주인이 만류하는 경우를 뜻한다. 이러한 까닭으로 『주례』「장인(漿人)」편에서도 "빈객에 대한 초례(稍禮)를 공급한다."[54]라고 했고, 정현의 주에서는 "초례(稍禮)는 손(飧)이나 옹희(饔餼)의 예법이 아니니, 머물러 있는 사이에 천자가 양식을 빈객에게 공급해주는 것이며, 장인이 공급하는 것은 또한 여섯 가지 음료일 따름이다."라고 했다. 제후들이 상호 접대를 할 때에도 이처럼 하는데, 이것은 머물러 있는 사이에 양식을 보내주는 것을 뜻한다. 정현이 "'승금(乘禽)'은 대오를 이루어 이동하는 조류를 뜻한다."라고 했는데, 별도로 이러한 말을 한 것은 여기에서 말한 '승(乘)'자가 사물이 4개일 때 붙이는 '승(乘)'자가 아니라는 뜻을 나타내고자 한 것이며, 빈객과 상개에게 보내주는 옹희의 수와 같다고 말했으니, 1뢰는 1쌍에 해당한다. 그렇기 때문에 「빙의」편에서는 "승금은 새를 날마다 5쌍씩 대접한다."라고 했으니, 이것은 옹희에서 5뢰를 보내주게 됨을 뜻한다. 정현이 "기러기나 집오리 등의 부류이다."라고 했는데, 『이아』를 살펴보면 "두 발이 있고 깃털이 달렸다."[55]라고 했는데, 만약 그러하다면 상개에게는 3뢰를 보내주니 3쌍이 되고, 사의 신분인 개(介)에게는 1뢰를 보내주니 1쌍이 되며, 깃털이 있는 것을 '금(禽)'이라고 부르기 때문에 금(禽)을 기러기나 집오리 등의 부류로 여긴 것이다. 정현이 "'기(其)'는 빈객과 상개(上介)를 뜻한다."라고 했는데, 아래문장에 별도로 사개(士介)에 대한 항목이 기록되어 있기 때문이다.

---

53) 『의례』「빙례(聘禮)」: 旣將公事, 賓請歸.
54) 『주례』「천관(天官)·장인(漿人)」: 共賓客之稍禮.
55) 『이아』「석조(釋鳥)」: 二足而羽謂之禽. 四足而毛謂之獸.

기문 士中日則二雙.

번역 사에 대해서는 격일로 2쌍씩 보낸다.

鄭注 中猶間也. 不一日一雙, 大寡, 不敬也.

번역 '중(中)'자는 간격을 둔다는 뜻이다. 날마다 1쌍을 보내주지 않는 것은 너무 적은 경우 공경스럽지 못하기 때문이다.

참고 『의례』「빙례(聘禮)」 기록

경문 上介, 饔餼三牢, 飪一牢, 在西, 鼎七, 羞鼎三.

번역 상개(上介)에 대해서는 옹희(饔餼)를 3뢰(牢)로 하니, 익힌 고기는 1뢰로 서쪽에 진설하며 정(鼎)은 7개이고 수정(羞鼎)은 3개이다.

鄭注 飪鼎七, 無鮮魚·鮮腊也. 賓·介皆異館.

번역 익힌 고기를 담은 정(鼎)은 7개이니 신선한 물고기와 신선한 육포가 포함되지 않는다. 빈객과 개(介)는 모두 다른 숙소에 머문다.

賈疏 ●"上介"至"鼎三". ○釋曰: 自此盡"兩馬束錦", 論主君使下大夫歸饔餼於上介之事.

번역 ●經文: "上介"~"鼎三". ○이곳 구문으로부터 "두 마리의 말과 1속(束)의 금(錦)을 보낸다."라는 구문까지는 빙문을 받은 군주가 하대부를 시켜 상개(上介)에게 옹희(饔餼)를 보내주는 사안을 논의하고 있다.

賈疏 ◎注"飪鼎"至"異館". ○釋曰: 云"飪鼎七, 無鮮魚·鮮腊也"者, 對上賓九鼎, 有鮮魚·鮮腊也. 云"賓·介皆異館"者, 按下記云: "卿館於大夫, 大夫館於士, 士館於工商." 彼云卿, 卽此賓, 一也. 彼云大夫, 卽此上介也. 彼云士, 卽此衆介也. 故知賓·介各異館. 必異館者, 所陳饔餼厚, 無所容故也.

번역 ◎鄭注: "飪鼎"~"異館". ○정현이 "익힌 고기를 담은 정(鼎)은 7개이니 신선한 물고기와 신선한 육포가 포함되지 않는다."라고 했는데, 앞에서 빈객에게 9개의 정(鼎)을 진설하여 신선한 물고기와 신선한 육포가 포함되는 것과 대비시킨 것이다. 정현이 "빈객과 개(介)는 모두 다른 숙소에 머문다."라고 했는데, 아래 기문을 살펴보면 "경은 대부의 묘(廟)에 숙소를 정하고, 대부는 사의 묘에 숙소를 정하며, 사는 공인과 상인의 침(寢)에 숙소를 정한다."[56]라고 했다. 기문에서는 '경(卿)'이라고 했는데, 여기에서 말한 빈(賓)과 동일한 대상이다. 또 기문에서 말한 '대부(大夫)'는 이곳에서 말한 상개에 해당한다. 기문에서 말한 '사(士)'는 이곳에서 말한 중개(衆介)에 해당한다. 그렇기 때문에 빈객과 개(介)가 각각 숙소를 달리한다는 사실을 알 수 있다. 반드시 숙소를 달리하게 되는 것은 옹희를 차려내는 것이 많아서 함께 있으면 수용할 공간이 없기 때문이다.

참고 『의례』「빙례(聘禮)」 기록

경문 士介四人, 皆餼大牢, 米百筥, 設于門外.

번역 사의 신분인 개(介) 4명에게는 모두 옹희(饔餼)로 태뢰를 사용하고, 미(米)를 담은 100개의 거(筥)와 함께 문밖에 진설한다.

鄭注 牢米不入門, 略之也. 米設當門, 亦十爲列, 北上. 牢在其南, 西上.

번역 희생물과 미(米)를 문으로 들이지 않는 것은 예법을 간략히 하기 때문이다. 미(米)는 문이 있는 곳에 진설하는데, 이 또한 10개를 1열로 삼아

56) 『의례』「빙례(聘禮)」: 卿館於大夫, 大夫館於士, 士館於工商.

북쪽 끝에서부터 진설한다. 희생물은 그 남쪽에 진설하는데 서쪽 끝에서부터 진설한다.

賈疏 ●"士介"至"門外". ◎注"牢米"至"西上". ○釋曰: 自此至"無儐", 論使宰夫歸饔於衆介之事. 上文賓與上介米陳碑南, 饔陳門內, 此不入門, 陳於門外者, 鄭云"略之也". 云"米設當門, 亦十爲列, 北上", 彼亦當門. 此直云"設於門外", 不云東西, 明當門北上, 與賓同. 云"牢在其南, 西上"者, 以此饔本設於庭, 在門內, 由士介賤, 不得入門, 且賓與上介門東有米三十車, 薪六十車, 門西禾三十車, 芻六十車, 皆統門爲上. 此饔本非門外東西之物, 知不在門外東西, 宜當門陳之. 云"牢在其南, 西上", 知如此設之者, 以其賓·上介饔在米南, 門西, 東上, 明知此牢亦在米南, 而西上爲異耳.

번역 ●經文: "士介"~"門外". ◎鄭注: "牢米"~"西上". ○이곳 구문으로부터 "빈례(擯禮)가 없다."라는 구문까지는 재부(宰夫)를 시켜서 뭇 개(介)에게 옹희(饔餼)를 보내주는 사안을 논의하고 있다. 앞에서 빈객과 상개(上介)에 대해서는 미(米)를 비(碑)의 남쪽에 진설하고, 희생물은 문의 안쪽에 진설한다고 했는데, 이곳에서는 문으로 들이지 않고 문밖에 진설한다고 했고, 정현은 그 이유에 대해서 "간략히 하기 때문이다."라고 했다. 정현이 "미(米)는 문이 있는 곳에 진설하는데, 이 또한 10개를 1열로 삼아 북쪽 끝에서부터 진설한다."라고 했는데, 앞의 내용 또한 문이 있는 곳에 두는 것이다. 이곳에서 단지 "문밖에 진설한다."라고 말하고, 동쪽과 서쪽 등을 언급하지 않았으니, 문이 있는 곳에서 북쪽 끝에서부터 진설하여 빈객의 경우와 동일함을 나타낸다. 정현이 "희생물은 그 남쪽에 진설하는데 서쪽 끝에서부터 진설한다."라고 했는데, 이러한 희생물로 조리한 음식들은 본래 마당에 진설하니 문의 안쪽에 해당하는데, 사로 구성된 개(介)는 신분이 미천하여 문으로 들이지 못하며, 또 빈객과 상개에 대해서는 문의 동쪽에 미(米)를 실은 수레 30대가 있고 신(薪)을 실은 수레 60대가 있으며, 문의 서쪽에 화(禾)를 실은 수레 30대가 있고 추(芻)를 실은 수레 60대가 있으며, 모두 문에 통섭되어 문을 가장 상등의 자리로 여기게 된다. 여기에서 말한 희(餼)는 문밖의 동쪽이나 서쪽에 진설하는 사물이 아니니, 문밖의 동쪽이나 서쪽에 있지 않고 마땅히 문이 있는 곳에 진설하게 됨을 알 수 있다. 정현이 "희생물은 그 남쪽에 진설하는데 서쪽 끝에서부터 진설한다." 라고 했는데, 이처럼 진설한다는 사실을 알 수 있는 것은 빈객과 상개에 대한 희(餼)는 미(米)의 남쪽에 있어 문의 서쪽에 해당하며 동쪽 끝에서부터 진설하니, 이러한 희생물 또한 미(米)의 남쪽에 있다는 사실을 알 수 있지만, 서쪽 끝에서부터 둔다는 점이 차이를 보일 따름이다.

그림 8-1 ▣ 변(籩)

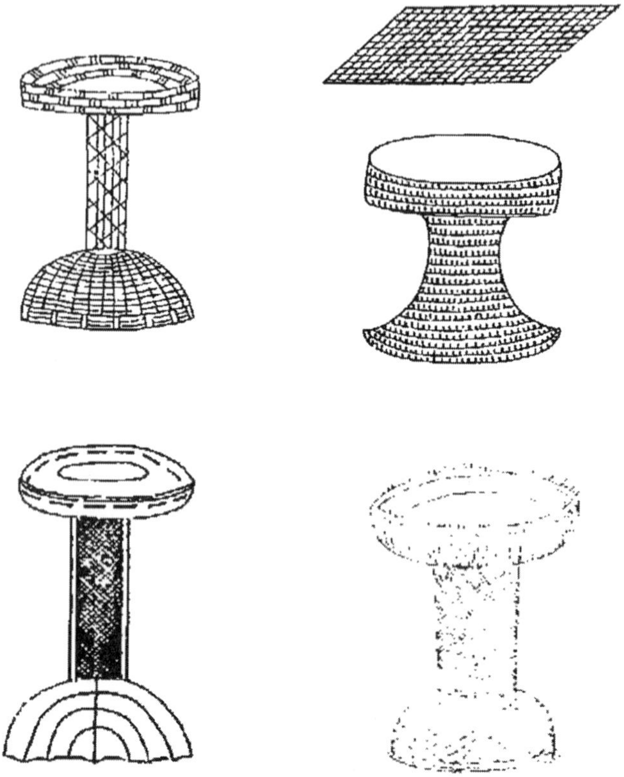

※ 출처: 상좌-『삼례도집주(三禮圖集注)』 13권 ; 상우-『삼례도(三禮圖)』 4권
하좌-『육경도(六經圖)』 6권 ; 하우-『삼재도회(三才圖會)』「기용(器用)」 2권

그림 8-2 ▣ 광(筐)과 거(筥)

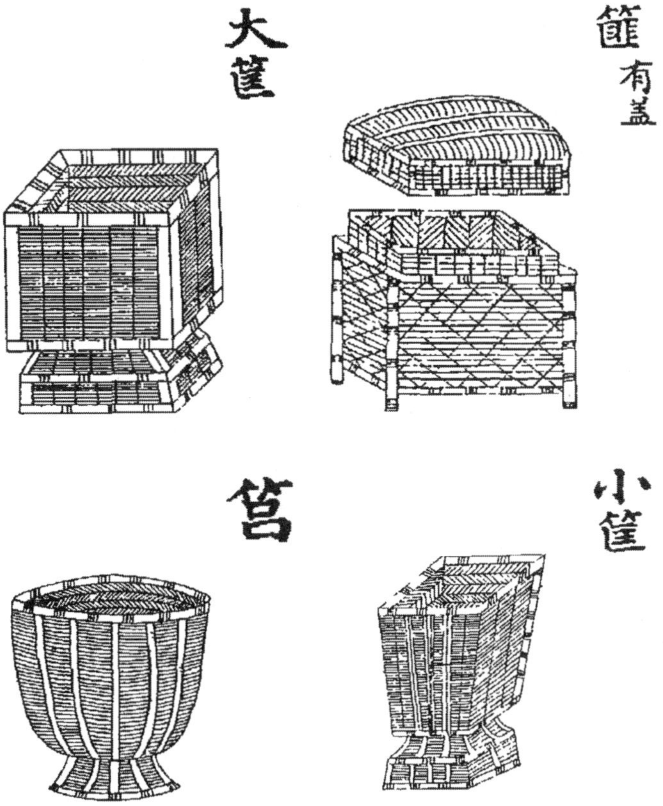

※ **출처:** 『삼례도집주(三禮圖集注)』 12권

• 제 9 절 •

대례(大禮)와 성덕(盛德)

【718b~d】

聘射之禮, 至大禮也. 質明而始行事, 日幾中而后禮成, 非强有力者弗能行也. 故强有力者, 將以行禮也, 酒淸, 人渴而不敢飮也; 肉乾, 人飢而不敢食也. 日莫人倦, 齊莊正齊, 而不敢解惰. 以成禮節, 以正君臣, 以親父子, 以和長幼. 此衆人之所難, 而君子行之, 故謂之有行. 有行之謂有義, 有義之謂勇敢. 故所貴於勇敢者, 貴其能以立義也; 所貴於立義者, 貴其有行也; 所貴於有行者, 貴其行禮也. 故所貴於勇敢者, 貴其敢行禮義也. 故勇敢强有力者, 天下無事, 則用之於禮義; 天下有事, 則用之於戰勝. 用之於戰勝則無敵, 用之於禮義則順治. 外無敵, 內順治, 此之謂盛德. 故聖王之貴勇敢强有力如此也. 勇敢强有力而不用之於禮義戰勝, 而用之於爭鬪, 則謂之亂人. 刑罰行於國, 所誅者亂人也. 如此則民順治而國安也.

직역 聘·射의 禮는 至大의 禮이다. 質明하여 始히 事를 行하고, 日이 幾中한 后에 禮가 成하니, 强히 力을 有한 者가 非이면 能行을 弗이라. 故로 强히 力을 有한 者는 將히 禮를 行함에, 酒가 淸하고, 人이 渴이라도 敢히 飮을 不하며; 肉이 乾하고, 人이 飢라도 敢히 食을 不한다. 日莫에 人이 倦이라도, 齊莊하고 正齊하여, 敢히 解惰를 不한다. 이로써 禮節을 成하고, 이로써 君臣을 正하며, 이로써 父子를 親하고, 이로써 長幼를 和한다. 此는 衆人이 難한 所이나, 君子는 行하니, 故로 行이 有라 謂라. 行을 有함을 義를 有라 謂하고, 義를 有함을 勇敢이라 謂한다. 故로 勇敢에서 貴한 所의 者는 그 能히 이로써 義를 立함을 貴함이고; 義를 立함에 貴한 所의 者는 그 行이 有함을 貴함이며; 行을 有함에 貴한 所의 者는 그 禮를 行함을

貴함이다. 故로 勇敢에 貴한 所의 者는 그 禮義를 敢行함을 貴함이다. 故로 勇敢하여 强히 力이 有한 者는 天下에 事가 無하면, 禮義에 이것을 用하고; 天下에 事가 有하면, 戰勝에 이것을 用한다. 戰勝에 이것을 用한다면, 敵이 無하고, 禮義에 이것을 用한다면, 順治한다. 外로 敵이 無하고, 內로 順治하면, 此를 盛德이라 謂한다. 故로 聖王이 勇敢하여 强히 力을 有함이 此와 如함을 貴한다. 勇敢하여 强히 力을 有하되 禮義와 戰勝에 用함을 不하고, 爭鬪에 用하면, 亂人이라 謂한다. 刑罰이 國에 行하면, 誅한 所의 者는 亂人이다. 此와 如한다면 民은 順治하고 國은 安이라.

의역 빙례(聘禮)와 사례(射禮)는 예 중에서도 지극히 성대한 것이다. 날이 밝아올 때 비로소 해당 사안을 시작하고 한낮이 된 이후에야 의례가 완성되니, 이것은 굳세고 힘을 갖춘 자가 아니라면 능히 해낼 수 없는 일이다. 그렇기 때문에 굳세고 힘을 갖춘 자가 장차 이러한 의례를 시행하려고 하면, 술이 맑은데 사람들이 목말라도 감히 그 술을 마시지 못하고, 고기가 잘 말라있는데 사람들이 굶주려도 감히 그 고기를 먹지 못한다. 해가 저물어서 사람들이 피로해져도 장엄하고 단정한 자세를 취하여 감히 풀어진 모습을 보이지 못한다. 이를 통해서 해당하는 예절을 완성하는 것이며, 또 이를 통해서 군신관계를 바로잡는 것이고, 또 이를 통해서 부자관계를 친애하게 만들며, 또 이를 통해서 장유관계를 화목하게 만든다. 이러한 것들은 사람들이 시행하길 어려워하는 점인데 군자는 이러한 것들을 시행한다. 그렇기 때문에 그를 두고서 시행함이 있다고 평가하는 것이다. 시행함이 있는 것은 의로움을 갖추고 있다고 부르며, 의로움을 갖추고 있는 것은 용감하다고 부른다. 그렇기 때문에 용감함에 대해 존귀하게 여기는 것은 그가 의로움을 잘 세울 수 있다는 점을 존귀하게 여기는 것이고, 의로움을 세우는 것에 대해 존귀하게 여기는 것은 그가 시행함을 갖추고 있음을 존귀하게 여기는 것이며, 시행함을 갖추고 있는 것에 대해 존귀하게 여기는 것은 그가 예를 시행하는 것을 존귀하게 여기는 것이다. 그렇기 때문에 용감함에 대해 존귀하게 여기는 것은 곧 과감하게 예(禮)와 의(義)를 시행한다는 점을 존귀하게 여기는 것이다. 또한 그렇기 때문에 용감하며 굳세고 힘을 갖춘 자는 천하에 특별한 일이 없을 때라면 이러한 것들을 예와 의에 사용하고, 천하에 특별한 일이 발생하면 이러한 것들을 전쟁에 사용하게 된다. 이러한 것들을 전쟁에 사용하게 된다면 대적할 자가 없게 되고, 이러한 것들을 예와 의에 사용하게 된다면 모두들 순종하게 되어 나라가 잘 다스려지게 된다. 외적으로 대적할 자가 없고 내적으로 모두들 순종하며 나라가 잘 다스려지게 되는 것을 '성덕(盛德)'이라고 부른다. 그렇기 때문에 성왕은 용감하며 굳세고 힘을 갖춘 자가 이처럼 하는 것을 존귀하게 여긴다. 용감하며 굳세고 힘을 갖추고 있지만 이러한 것들을 예·의 및 전쟁에 사용하지 않고 다투는 일에만 사용하게 된다면, 이러한 자를 '난인(亂人)'이라고 부른다. 만약 형벌이 국가에서 시행된다면 주살되는 자는 이러한 난인들이다. 이처럼 된다면 백성들은 순종하며 다스려지게 되고 국가는 편안하게 된다.

集說 呂氏曰: 節文之多, 惟聘射之禮爲然, 故曰至大禮也. 君臣父子長幼之義, 皆形見於節文之中. 人之所難, 我之所安; 人之所懈, 我之所敬, 故能行之者君子也. 君子自養其强力勇敢之氣, 一用之於義禮戰勝, 而敎化行矣. 此國之所以安也. 射禮, 諸侯之射, 必先行燕禮; 卿大夫士之射, 必先行鄕飮酒之禮. 酬獻之節, 極爲繁縟, 故有酒淸肉乾而不敢飮食者. 若聘禮, 則受聘受享請覿, 然後酌醴禮賓, 無酒淸肉乾之事. 特以節文之繁與射禮等, 皆至日幾中而后禮成, 故與射禮兼言之也.

번역 여씨가 말하길, 예(禮)의 형식과 절차는 매우 많지만, 오직 빙례(聘禮)와 사례(射禮)만이 이와 같다. 그렇기 때문에 "지극히 큰 예이다."라고 말한 것이다. 군신·부자·장유관계에서 지켜야 하는 도의는 모두 예의 형식과 절차 속에 드러나게 된다. 남들이 어려워하는 것을 내가 편안하게 여기고, 남들이 게으르게 대하는 것을 내가 공경스럽게 대한다. 그렇기 때문에 이처럼 시행할 수 있는 자가 군자(君子)인 것이다. 군자는 제 스스로 자신의 강성함과 용감한 기운을 길러서 한결같이 의(義)·예(禮) 및 전쟁에 사용하고 교화를 시행하게 된다. 이것이 국가가 편안하게 되는 이유이다. 사례(射禮)의 경우, 제후가 사례를 실시할 때에는 그보다 앞서서 연례(燕禮)를 시행해야만 하고, 경과 대부가 사례를 실시할 때에는 그보다 앞서서 향음주례(鄕飮酒禮)를 시행해야만 한다. 술잔을 주고받는 절차는 지극히 복잡하고 번잡하다. 그렇기 때문에 맑은 술과 마른 고기가 갖춰져 있지만 감히 먹거나 마시지 못하는 것이다. 빙례(聘禮)와 같은 경우라면, 빙문을 받고 예물을 받으며 만나보기를 청한 이후에야 단술을 따라주어 빈객을 예우하니, 맑은 술과 마른 고기를 갖추는 일이 없게 된다. 다만 그 예의 절차와 형식이 복잡하다는 측면에서 사례와 동일하니, 이 모두는 한낮이 된 이후에야 의례가 완성된다. 그렇기 때문에 사례와 함께 언급한 것이다.

大全 長樂陳氏曰: 聘之爲禮, 養諸侯, 而兵不用, 射之爲禮, 亦養諸侯, 而兵不用, 是皆至大之禮. 非强有力者, 不能行之. 齊以言其心, 莊以言其容, 正齊以言其儀, 言養諸侯而兵不用. 又曰: 天下有事, 用之於戰勝, 何也? 蓋先王之禮, 可以常安, 而不能使安之必常, 可以杜亂, 而不能使亂之必杜. 禮義在我, 而兵戰在天, 在我者, 不可不修, 在天者, 順之而已, 故用之於兵戰, 亦至於無敵也.

번역 장락진씨가 말하길, 빙(聘)의 예법은 제후를 보살펴주고 병장기를 사용하지 않는 것이며, 사(射)의 예법 또한 제후를 보살펴주고 병장기를 사용하지 않는 것이니, 이 모두는 지극히 큰 예가 된다. 굳세고 힘을 갖춘 자가 아니라면 이러한 것들을 시행할 수 없다. 제(齊)라는 것은 그 마음에 주안점을 두어서 언급한 것이고, 장(莊)이라는 것은 그 모습에 주안점을 두어서 언급한 것이며, 정제(正齊)는 그 거동에 주안점을 두어서 언급한 것이니, 이 또한 제후들을 보살펴주고 병장기를 사용하지 않는다는 뜻을 가리킨다. 또 말하길, 천하에 특별한 일이 있을 때 이것들을 전쟁에 사용한다는 것은 어째서인가? 대답해보자면 무릇 선왕이 만든 예로는 항상 편안하게 할 수는 있지만 안정되게 만드는 것을 반드시 항상 유지시킬 수는 없고, 혼란을 막을 수는 있지만 혼란 자체를 아예 막을 수는 없다. 예와 의는 나에게 달려 있는 것이고 전쟁은 하늘에 달려 있는 것인데, 나에게 달려 있는 것은 잘 다듬지 않을 수가 없고, 하늘에 달려 있는 것은 따르기만 할 따름이다. 그렇기 때문에 이러한 것들을 전쟁에 사용하게 된다면, 또한 대적할 자가 없는 경지에 도달할 수 있다.

大全 朱子曰: 按疏云此雖總結聘射, 然自酒淸肉乾, 日莫成禮, 父子長幼之語, 似據射鄕而言, 恐射鄕之義失次在此, 或相因而言歟.

번역 주자가 말하길, 공영달의 소를 살펴보면, 이 내용이 비록 빙례(聘禮)와 사례(射禮)에 대해 총괄적으로 결론을 맺은 것이라고 했지만, 맑은 술 및 마른 고기에 대한 구문부터, 해가 저물고서 예를 완성한다는 것 및 부자와 장유 등에 대해 언급한 말 등은 향사례(鄕射禮)에 기준을 두고 언급한 말 같으니, 아마도 향사례의 의미를 설명한 기록이 잘못하여 이곳 기록에 편입되었거나 그것이 아니라면 서로 관련된 내용으로 인해서 언급을 한 것일 뿐이다.

鄭注 禮成, 禮畢也. 或曰行成. 勝, 克敵也, 或爲"陳".

번역 '예성(禮成)'은 해당하는 의례 절차가 끝났다는 뜻이다. 혹은 '행성(行成)'이라고도 부른다. '승(勝)'은 대적하는 자를 이긴다는 뜻이며, 다른 판본에서는 '진(陳)'으로 기록하기도 한다.

釋文 幾, 徐音畿, 又音基. 行成, 下孟反. 渴, 苦葛反. 乾音干. 莫音暮. 齊, 側皆反. 解, 佳買反. 惰, 徒臥反. 長, 丁丈反. 有行·有行, 並下孟反, 下"有行"同. 治, 直吏反. 陳, 直靳反.

번역 '幾'자의 서음(徐音)은 '畿(기)'이며, 또한 그 음은 '基(기)'도 된다. '行成'에서의 '行'자는 그 음이 '下(하)'자와 '孟(맹)'자의 반절음이다. '渴'자는 '苦(고)'자와 '葛(갈)'자의 반절음이다. '乾'자의 음은 '干(간)'이다. '莫'자의 음은 '暮(모)'이다. '齊'자는 '側(측)'자와 '皆(개)'자의 반절음이다. '解'자는 '佳(가)'자와 '買(行)'자의 반절음이다. '惰'자는 '徒(도)'자와 '臥(와)'자의 반절음이다. '長'자는 '丁(정)'자와 '丈(장)'자의 반절음이다. '有行'과 '有行'에서의 '行'자는 그 음이 모두 '下(하)'자와 '孟(맹)'자의 반절음이며, 아래문장에 나오는 '有行'에서의 '行'자도 그 음이 이와 같다. '治'자는 '直(직)'자와 '吏)리)'자의 반절음이다. '陳'자는 '直(직)'자와 '靳(근)'자의 반절음이다.

孔疏 ●"聘射"至"安也". ○正義曰: 以前經說聘禮既畢, 此一節又申明行聘之時, 禮儀既大, 日晚始罷, 故記者引唯勇敢之人能成禮事, 故於此明之. 此是聘義, 兼云"射"者, 以强有餘力之士, 非但聘而行禮, 又能射爲武事, 故此總明之也.

번역 ●經文: "聘射"~"安也". ○앞의 경문에서 빙례(聘禮)에 대한 설명을 모두 끝냈으므로, 이곳 한 문단에서는 또한 빙례를 시행하는 시기에 대해서 거듭 나타내고 있는 것인데, 그 의례 자체가 성대하여 해가 저물 때가 되어서야 비로소 파하게 된다. 그렇기 때문에 『예기』를 기록한 자는 인용을 통해서, 오직 용감한 사람만이 이러한 예법에 대한 사안을 완성시킬 수 있기 때문에, 이곳 기록에서 그 사실을 명시하고 있는 것이다. 이 내용은 빙례의 의미를 풀이한 것에 해당하는데, '사(射)'에 대해서도 함께 언급한 것은 굳세고 여력을 갖춘 사만이 빙례뿐만 아니라 다른 의례도 시행할 수 있고, 또 사례(射禮)를 잘한다는 것은 무예와 관련된 사안이 된다. 그렇기 때문에 이곳에서 함께 나타낸 것이다.

孔疏 ●"聘·射之禮, 至大禮也"者, 言此聘之與射, 至極繁大之禮, 非如冠·昏之屬, 暫時卽畢.

번역 ●經文: "聘·射之禮, 至大禮也". ○이 내용은 빙례(聘禮)는 사례(射禮)와 더불어서 지극히 복잡하고 성대한 예법이 되니, 관례(冠禮)와 혼례(昏禮)처럼 잠깐 사이에 의례를 끝맺게 되는 것과는 다르다는 뜻이다.

孔疏 ●"日幾中而后禮成"者, 幾, 近也. 日近在於中, 而後禮成畢.

번역 ●經文: "日幾中而后禮成". ○'기(幾)'자는 "가깝다[近]."는 뜻이다. 해가 남중에 가까워진 이후에야 의례 절차를 완성하여 끝맺게 된다.

孔疏 ●"非强有力者, 弗能成也. 故强有力者, 將以行禮也", 言非强有德力而行禮, 則禮事不成也.

번역 ●經文: "非强有力者, 弗能成也. 故强有力者, 將以行禮也". ○굳세

며 덕과 힘을 갖추고서 이러한 의례를 시행하지 않는다면, 의례의 사안을 완성시키지 못한다는 뜻이다.

孔疏 ●"酒清人渴不敢飮也"者, 此謂射禮也. 言欲射之時, 先行燕禮, 唯以禮獻酬, 不敢恣意醉飽, 但行禮而已. 非謂全不得飮之. 聘禮行聘之時, 但酌醴禮賓, 無酒肴之事, 故知此唯據射也.

번역 ●經文: "酒清人渴不敢飮也". ○이것은 사례(射禮)에 대한 내용이다. 사례를 시행하려고 할 때 그보다 먼저 연례(燕禮)를 시행하며, 오직 예에 따라서 술을 따라주게 되니, 감히 자기 마음대로 술잔을 비울 수 없고, 단지 예에 따라 시행할 따름이라는 의미이다. 따라서 이 말은 전적으로 술을 마실 수 없다는 것을 뜻하는 말이 아니다. 『의례』「빙례(聘禮)」편에서는 빙례를 시행할 때, 단지 단술을 따라서 빈객들을 예우한다고 했고, 술과 안주에 대한 사안은 기록하지 않았다. 그렇기 때문에 이 기록이 오직 사례에 기준을 둔 내용임을 알 수 있는 것이다.

孔疏 ●"肉乾人飢而不敢食也"者, 亦言不敢全食而令飽也.

번역 ●經文: "肉乾人飢而不敢食也". ○이 또한 감히 음식을 자기 마음대로 먹어서 배가 부르게 할 수 없다는 뜻이다.

孔疏 ●"日暮人倦, 齊莊·正齊"者, 謂日暮晩, 人斯懈倦, 猶齊莊而自整齊也.

번역 ●經文: "日暮人倦, 齊莊·正齊". ○해가 저물 때 사람들은 피로하여 풀어지게 되는데도, 오히려 단정하고 장엄한 자세를 갖춰서 제 스스로 정갈한 모습을 유지한다는 뜻이다.

孔疏 ●"而不敢解惰, 以成禮節"者, 所以日莫猶自整齊者, 以不敢懈倦, 成就禮之節制. 此亦謂射禮也. 故此以下卽云"以正君臣, 以親父子, 以和長幼",

皆謂射也. 前文云“日幾中而後禮成”, 聘·射總陳, 特謂聘也, 故“日幾中而禮成”. 此云“日莫”者, 謂射禮也. 酒淸·肴乾, 特據於射, 故日莫而成禮節也.

번역 ●經文: “而不敢懈惰, 以成禮節”. ○해가 저물었는데도 여전히 단정한 자세를 유지하는 것은 감히 풀어지고 나태한 모습을 취하지 않음으로써 의례의 절차와 법식을 완성할 수 있기 때문이다. 이 내용 또한 사례(射禮)에 대한 것이다. 그렇기 때문에 이 구문 아래에서 곧바로 “이를 통해서 군신관계를 바로잡고, 이를 통해서 부자관계를 친애하게 하며, 이를 통해서 장유관계를 화목하게 한다.”라고 한 말들도 모두 사례에 해당하는 내용이다. 앞 문장에서 “해가 한낮이 된 이후에야 예를 완성한다.”라고 했던 것은 빙례와 사례를 모두 제시했지만, 특히 빙례에 대한 내용을 뜻한다. 그렇기 때문에 “해가 한낮이 되어서 예를 완성한다.”라고 말한 것이다. 그리고 이곳에서는 “해가 저물었다.”라고 했는데, 이것은 사례에 대한 내용이다. 맑은 술과 마른 고기를 준비했다는 것은 특히 사례에 근거한 내용이다. 그렇기 때문에 해가 저물어서 예의 절차들을 완성했다고 한 것이다.

孔疏 ●“以正君臣”者, 謂射前行燕禮, 謂君在阼, 賓升成拜稽首之屬, 及受君賜再拜稽首之等, 是“以正君臣”也.

번역 ●經文: “以正君臣”. ○사례(射禮)를 하기 이전에 연례(燕禮)를 실시한다는 뜻이다. 즉 군주는 동쪽 계단에 있고 빈객이 올라와서 절의 절차를 마무리하며 머리를 조아리는 예법들 및 군주가 하사한 것을 받고서 재배를 하며 머리를 조아리는 등의 절차들이 바로 “이를 통해서 군신관계를 바르게 한다.”는 뜻에 해당한다는 의미이다.

孔疏 ●“以親父子, 以和長幼”者, 此謂鄕射之前, 行鄕飮酒之禮, 有齒於父族之事. 故云“以親父子, 以和長幼”. 但此節總結聘·射, 則前篇射義在其中也. 故射義云: “諸侯之射, 必先行燕禮; 卿·大夫·士之射, 必先行鄕飮之禮. 故燕禮所以明君臣之義也, 鄕飮酒之禮所以明長幼之序也”. 故此經總結之也. 故酒淸·肴乾之屬, 燕禮與鄕飮酒禮初行之時, 事同於饗, 皆有此也. 至說屨升坐之後, 乃盡歡飮食也.

번역 ●經文: "以親父子, 以和長幼". ○이 내용은 향사례(鄕射禮)를 시행하기 이전에 향음주례(鄕飮酒禮)의 의례를 시행하는데, 그 의례에는 부계 친족에 대해서 연배에 따라 서열을 매기는 등의 일이 포함되어 있다는 뜻이다. 그렇기 때문에 "이를 통해서 부자관계를 친애하게 만들며, 이를 통해서 장유관계를 화목하게 만든다."라고 한 것이다. 다만 이곳 문단은 빙례(聘禮)와 사례(射禮)에 대해서 총괄적으로 결론을 맺은 것이므로, 앞편에 해당하는 『예기』「사의(射義)」편의 내용이 그 안에 포함되어 있는 것이다. 그래서 「사의」편에서는 "제후들이 사례를 실시할 때에는 반드시 그보다 앞서서 연례를 시행했다. 경·대부·사가 사례를 실시할 때에는 반드시 그보다 앞서서 향음주례를 시행했다. 그러므로 연례라는 것은 군신관계에서의 도의를 밝히는 방법이다. 또한 향음주례라는 것은 장유관계에서의 질서를 밝히는 방법이다."[1]라고 말한 것이다. 그러므로 이곳 경문에서는 그러한 내용들에 대해 총괄적으로 결론을 맺고 있는 것이고, 또 맑은 술과 마른 고기 등의 부류는 연례와 향음주례를 시행하는 초반에 사용하는 것들인데, 그 사안이 향례(饗禮)와 동일하므로, 모두 이곳에 기록을 해둔 것이다. 신발을 벗고 당에 올라가서 앉은 이후에는 즐거움을 나누며 술을 마시고 음식을 먹게 된다.

孔疏 ●"此衆人之所難, 而君子行之"者, 言以上之事, 凡衆人所難行, 君子之人特能行之.

번역 ●經文: "此衆人之所難, 而君子行之". ○앞에서 언급한 사안들은 일반인들이 시행하기 어려워하는 부분인데, 군자는 유독 이러한 것들을 잘

---

1) 『예기』「사의(射義)」【705a~b】: 古者諸侯之射也, 必先行燕禮. 卿大夫士之射也, 必先行鄕飮酒之禮, 故燕禮者, 所以明君臣之義也. 鄕飮酒之禮者, 所以明長幼之序也.

시행한다는 뜻이다.

孔疏 ●"故謂之有行"者, 以君子有能行, 故謂此君子爲有行之士. 身旣有行, 則事得宜, 故云"有行之謂有義". 有義則臨敵果斷, 故云"有義之謂勇敢". 此總覆說聘之與射也.

번역 ●經文: "故謂之有行". ○군자에게는 잘 시행할 수 있는 점이 있기 때문에, 이러한 군자를 실천함이 있는 사라고 한 것이다. 본인에게 이러한 실천력이 있다면 그 사안도 합당하게 된다. 그렇기 때문에 "시행함이 있는 것을 의(義)가 있다고 부른다."라고 한 것이다. 의를 갖추게 된다면 적을 마주하면서도 과감하게 결단을 내린다. 그렇기 때문에 "의를 갖춘 것을 용감하다고 부른다."라고 한 것이다. 이 말은 빙례(聘禮)와 사례(射禮)의 뜻을 총괄하여 재차 설명한 내용이다.

孔疏 ●"故勇敢强有力"者, 勇敢, 明射之所須; 强有力, 明聘之所須. 故前文論聘, 止稱"强有力"者, 此經論射, 則云"勇敢", 故知然也.

번역 ●經文: "故勇敢强有力". ○'용감(勇敢)'이라는 것은 사례(射禮)를 할 때 필요로 하는 점을 밝힌 것이며, 굳세고 힘을 갖췄다는 것은 빙례(聘禮)를 할 때 필요로 하는 점을 밝힌 것이다. 그렇기 때문에 앞에서는 빙례에 대해 논의하며, 단지 "굳세며 힘을 갖췄다."라는 것만 언급한 것이고, 이곳 경문에서는 사례를 논의했으므로 '용감(勇敢)'이라고 말한 것이다. 그러므로 이러한 사실에 대해서 알 수 있다.

孔疏 ●"天下無事則用之於禮義"者, 無事, 謂兵革休息, 故用之於聘·射之禮義.

번역 ●經文: "天下無事則用之於禮義". ○'무사(無事)'은 전쟁과 관련된 일들이 종식되었다는 뜻이다. 그렇기 때문에 이러한 것들을 빙례(聘禮)와 사례(射禮)의 예의에 사용한다는 뜻이다.

孔疏 ●"天下有事則用之於戰勝"者, 有事, 謂軍旅數起, 故用之於戰鬪, 必得勝也.

번역 ●經文: "天下有事則用之於戰勝". ○'유사(有事)'는 군대와 관련된 일들이 수차례 발생했다는 뜻이다. 그렇기 때문에 이러한 것들을 전쟁에 사용하면 반드시 승리하게 된다는 뜻이다.

孔疏 ●"勇敢强有力而不用之於禮義·戰勝, 而用之於爭鬪, 則謂之亂人"者, 戰勝, 謂公義而戰勝. 則前經"戰勝", 是謂以戰而勝也. 此云"用之於爭鬪"者, 謂私爭忿鬪, 與前經不同也. 故云"不用之禮義·戰勝, 而用之於爭鬪".

번역 ●經文: "勇敢强有力而不用之於禮義·戰勝, 而用之於爭鬪, 則謂之亂人". ○'전승(戰勝)'은 공적인 도의에 따라서 전쟁에서 승리를 한다는 뜻이다. 그러므로 앞의 경문에서 '전승(戰勝)'이라고 한 말은 전쟁을 치러서 승리를 한다는 뜻이다. 이곳에서는 "이러한 것들을 다툼에 사용한다."라고 했는데, 이 말은 사적으로 다투며 분쟁을 한다는 뜻이니, 앞의 경문에서 말한 전쟁과는 다른 것이다. 그렇기 때문에 "이러한 것들은 예와 의 및 전승에 사용하지 않고, 다툼에 사용한다."라고 말한 것이다.

集解 愚謂: 此因聘禮而併明射禮. 蓋聘射之禮, 禮節之至繁者也. 質明而始行事, 日幾中而禮成者, 聘禮也; 日莫人倦而不敢解惰者, 射禮也. 射禮尤繁於聘, 故非强有力者不能行聘禮, 非勇敢者不能行射禮也.

번역 내가 생각하기에, 이 문장은 빙례(聘禮)에 대한 내용에 따라 아울러 사례(射禮)에 대한 것까지 나타낸 것이다. 무릇 빙례와 사례는 예법의 절차가 지극히 복잡한 의례이다. "날이 밝아올 때 비로소 해당 사안을 시작하고 한낮이 된 이후에야 의례가 완성된다."는 말은 빙례를 가리키고, "해가 저물어서 사람들이 피로해져도 장엄하고 단정한 자세를 취하여 감히 풀어진 모습을 보이지 않는다."는 말은 사례를 가리킨다. 사례는 빙례보다도 더욱 번잡하기 때문에, 굳세고 힘을 갖춘 자가 아니라면 빙례를 시행할 수 없고, 용감하지 않은 자는 사례를 시행할 수 없는 것이다.

集解 呂氏大臨曰: 君子之自養也, 養其强力·勇敢之氣, 一用之於禮義·戰勝, 則德行立矣. 其養人也, 養其强力·勇敢之氣, 一用之於禮義·戰勝, 則教化行矣. 此所以內順治, 外無敵而國安也.

번역 여대림이 말하길, 군자가 스스로를 기르는 것은 강성한 힘과 용감한 기운을 기르는 것이며, 이것을 예의와 전쟁에 한결같이 사용하면 덕행이 확립된다. 또한 군자가 남을 길러주는 것은 그의 강성한 힘과 용감한 기운을 길러주는 것이니, 이것을 예의와 전쟁에 한결같이 사용하면 교화가 시행된다. 이것이 바로 내적으로는 순종하고 다스려지며 외적으로는 대적할 자가 없어 국가가 평안하게 되는 이유이다.

참고 구문비교

예기 · 빙의 以成禮節, 以正君臣, 以親父子, 以和長幼.

예기 · 예운(禮運) 以正君臣, 以篤父子, 以睦兄弟, 以和夫婦, 以設制度, 以立田里, 以賢勇知, 以功爲己.

예기 · 예운(禮運) 以降上神與其先祖, 以正君臣, 以篤父子, 以睦兄弟, 以齊上下, 夫婦有所.

예기 · 관의(冠義) 以正君臣, 親父子, 和長幼.

참고 구문비교

예기 · 빙의 外無敵, 內順治, 此之謂盛德.

예기 · 혼의(昏義) 敎順成俗, 外內和順, 國家理治, 此之謂盛德.

역 · 계사상(繫辭上) 盛德大業至矣哉. 富有之謂大業, 日新之謂盛德.

참고 『예기』「예운(禮運)」 기록

경문-266c~d 今大道旣隱, 天下爲家, 各親其親, 各子其子, 貨力爲己. 大人世及以爲禮, 城郭溝池以爲固, 禮義以爲紀, 以正君臣, 以篤父子, 以睦兄弟, 以和夫婦, 以設制度, 以立田里, 以賢勇知, 以功爲己. 故謀用是作, 而兵由此起. 禹·湯·文·武·成王·周公, 由此其選也. 此六君子者, 未有不謹於禮者也, 以著其義, 以考其信, 著有過, 刑仁講讓, 示民有常. 如有不由此者, 在埶者去, 衆以爲殃, 是謂小康.

번역 공자가 계속해서 말해주길, "대도(大道)가 숨어버리게 되자, 천하는 더 이상 공동의 소유물이 아니었으므로, 천자의 지위도 자신의 자손들에게 전수하게 되었고, 백성들도 모두 각자 자신의 부모에게만 친애하게 대했고, 자신의 자식들에게만 자애롭게 대했으며, 재화와 힘은 자신만을 위해서 사용하게 되었다. 천자나 제후 등의 군주들은 자신의 자손들 및 형제들에게 지위를 전수해주는 것을 예법으로 정하였고, 성곽이나 도랑 등을 설치하여 자신의 나라를 단단하게 방비하였으며, 예(禮)와 의(義)를 범할 수 없는 기강으로 정하여, 이로써 군신의 관계를 바로잡았고, 부자의 관계를 돈독하게 하였으며, 형제의 관계를 화목하게 만들었고, 부부의 관계를 조화롭게 하였으며, 제도를 설정하고, 농경지와 주택지의 경계를 세웠으며, 용맹하고 박식한 자를 현명한 자로 여기게 되었고, 자신만을 위해서 공적을 세우게 되었다. 이러한 까닭으로 모략이 이러한 틈을 타서 생겨나게 되었고, 전쟁이 이러한 상황으로 인해 발생하게 되었다. 우(禹)·탕(湯)·문왕(文王)·무왕(武王)·성왕(成王)·주공(周公)은 이러한 예의를 통하여 선발된 자들이다. 이 여섯 명의 군자들은 예에 삼가지 않은 경우가 없어서, 이것을 통해 의를 드러내고, 신을 완성하였으며, 백성들 중에서 잘못이 있는 자에 대해서는 그 죄를 온 천하에 드러내어 일벌백계를 하였고, 인애의 도리를 법칙으로 삼고 겸양의 도리를 설명해주어, 백성들에게 상도(常道)와 상법(常法)이 있음을 보여주었다. 만약 이러한 예의를 통해 일을 시행하지 않는 자가 있다면, 그가 비록 군주의 자리에 오른 자라고 할지라도 제거가 되었고, 백성들은 그를 재앙을 가져오는 나쁜 군주라고 여기게 되었으니, 이러한 세상을 '소강(小康)'이라고 부른다."라고 했다.

鄭注 隱, 猶去也. 傳位於子. 俗狹嗇. 亂賊繁多, 爲此以服之也. 大人, 諸侯也. 以其違大道敦朴之本也. 敎令之稠, 其弊則然. 老子曰: "法令滋章, 盜賊多有." 由, 用也, 能用禮義以成治. 考, 成也. 刑, 猶則也. 埶, 埶位也. 去, 罪退之也. 殃, 猶禍惡也. 康, 安也. 大道之人以禮, 於忠信爲薄, 言小安者失之, 則賊亂將作矣.

번역 '은(隱)'자는 "사라졌다[去]."는 뜻이다. '천하위가(天下爲家)'는 천자의 지위를 아들에게 물려주었다는 뜻이다. 자신의 부친에게만 친애하게 대하고, 자신의 자식만을 자애롭게 대하며, 재화 등을 자기만을 위해서 썼다는 말은 속되고, 협소해지고, 인색해졌다는 뜻이다. 폭도들이 많아지게 되었는데, 이러한 이유 때문에 그들을 굴복시키기 위해 성곽 등을 견고하게 만든 것이다. '대인(大人)'은 제후를 뜻한다. 예의(禮義)를 세운 이유는 그들이 대도(大道)의 후덕하고 소박한 근본을 위배했기 때문이다. 교화와 정령이 점차 많아지게 되자, 그 폐단이 이러한 현상들을 초래한 것이다. 노자는 "법령이 갖춰질수록 도적 무리가 많이 발생한다."[2]라고 하였다. '유(由)'자는 용(用)자의 뜻이니, 예의를 사용하여 정치를 이룰 수 있다는 뜻이다. '고(考)'자는 "완성한다[成]."는 뜻이다. '형(刑)'자는 "법칙으로 삼는다[則]."는 뜻이다. '예(埶)'자는 세력과 지위를 뜻한다. '거(去)'자는 죄를 지어 쫓아낸다는 뜻이다. '앙(殃)'자는 재앙과 악덕을 뜻한다. '강(康)'자는 "편안

2) 『노자(老子)』「57장」: 天下多忌諱, 而民彌貧, 民多利器, 國家滋昏, 人多伎巧, 奇物滋起, 法令滋彰, 盜賊多有.

하다[安].”는 뜻이다. 대도(大道)를 따르는 사람들은 예를 충신(忠信)에 대한 껍데기로 여기는데, 이 말은 곧 작은 평안이 유지되는 시대에는 대도를 잃어버리면, 도적무리와 혼란이 발생하게 된다는 뜻이다.

孔疏 ●“以正君臣, 以篤父子, 以睦兄弟, 以和夫婦”者, 緣此諸事有失, 故並用禮義, 爲此以下諸事之紀也. 君臣義合, 故曰“正”. 父子天然, 故云“篤”. 篤, 厚也. 兄弟同氣, 故言“睦”. 夫婦異姓, 故言和, 謂親迎合巹之事.

번역 ●經文: “以正君臣, 以篤父子, 以睦兄弟, 以和夫婦”. ○이러한 여러 사안들에서 대도(大道)를 잃게 됨에 연유하여, 예의(禮義)를 사용해서 이러한 일들에 대한 기강으로 삼았던 것이다. 군주와 신하는 의(義)에 따라 합치되는 관계이기 때문에, “바로잡는다[正].”라고 말한 것이다. 부친과 자식은 천성적으로 정해진 관계이기 때문에, “돈독하게 한다[篤].”라고 말한 것이다. ‘독(篤)’자는 “두텁게 한다[厚].”는 뜻이다. 형제는 같은 피를 나눈 관계이므로, “화목하게 한다[睦].”라고 말한 것이다. 부부는 서로 성(姓)이 다른 사람끼리 만나서 이룬 관계이므로, “조화롭게 한다[和].”고 말한 것인데, 친영(親迎)[3]을 하고, 함께 술잔을 나누는 등의 의례절차를 가리킨다.

孔疏 ●“以設制度”者, 又用禮義設爲宮室·衣服·車旗·飮食·上下·貴賤, 各有多少之制度也.

번역 ●經文: “以設制度”. ○이 말 또한 예의(禮義)를 사용하여 궁실·의복·수레와 깃발·음식·상하의 등급·귀천의 신분 등을 규정해서, 각각 등급에 따른 많게 하고 또는 적게 하는 등의 차등적 제도를 갖게 된다는 뜻이다.

孔疏 ●“以立田里”者, 田, 種穀稼之所. 里, 居宅之地, 貴賤異品.

---

3) 친영(親迎)은 혼례(婚禮)에서 시행하는 여섯 가지 예식(禮式) 중 하나이다. 사위될 자가 여자 집에 가서 혼례를 치르고, 자신의 집으로 데려오는 예식을 뜻한다.

번역 ●經文: "以立田里". ○'전(田)'자는 파종을 하여 경작하는 땅을 뜻한다. '리(里)'자는 주택지로 삼는 땅을 뜻하니, 귀천의 등급에 따른 차등이 있다.

孔疏 ●"以賢勇知"者, 賢, 猶崇重也. 旣盜賊並作, 故須勇也. 更相欺妄, 故須知也. 所以勇知之士, 皆被崇重也.

번역 ●經文: "以賢勇知". ○'현(賢)'자는 존숭하고 중시한다는 뜻이다. 도적들이 범람하게 되었기 때문에, 용맹함이 필요했던 것이다. 서로 속이게 되었기 때문에, 지혜가 필요했던 것이다. 그래서 용맹과 지혜를 갖춘 사들이 모두 존숭을 받았던 것이다.

孔疏 ●"以功爲己"者, 立功起事, 不爲他人也.

번역 ●經文: "以功爲己". ○공적을 세우고 일을 시행하는 것을 다른 사람을 위해서 하지 않는다는 뜻이다.

참고 『예기』「예운(禮運)」 기록

경문-270b 故玄酒在室, 醴醆在戶, 粢醍在堂, 澄酒在下, 陳其犧牲, 備其鼎俎, 列其琴瑟管磬鐘鼓, 脩其祝嘏, 以降上神與其先祖, 以正君臣, 以篤父子, 以睦兄弟, 以齊上下, 夫婦有所, 是謂承天之祜.

번역 공자가 계속해서 말해주길, "현주(玄酒)를 제실 안쪽에서도 가장 북쪽 끝에 두고, 례(醴)와 잔(醆)이라는 술은 문 쪽에 두며, 자제(粢醍)는 당 위에 두고, 징주(澄酒)는 당 아래에 두며, 희생물을 진설하고, 솥과 도마를 갖추며, 금슬(琴瑟)·관경(管磬)·종고(鐘鼓) 등의 악기들을 진열하고, 축문과 '신의 가호를 비는 글[嘏]'을 마련하여, 이로써 천상의 신들과 조상신들을 강림하게 했고, 군신의 도리를 바로잡았으며, 부자관계를 돈독하게 했고, 형제들을 화목하게 했으며, 부부가 각각 자신의 자리를 얻어 유별하게 했으니, 이것을 바로 하늘의 축복을 잇는다고 말한다."라고 했다.

鄭注 此言今禮饌具所因於古及其事義也. 粢讀爲齊, 聲之誤也. 周禮: "五齊, 一曰泛齊, 二曰醴齊, 三曰盎齊, 四曰醍齊, 五曰沈齊." 字雖異, 醆與盎·澄與沈, 蓋同物也. 奠之不同處, 重古略近也. 祝, 祝爲主人饗神辭也. 嘏, 祝爲尸致福於主人之辭也. 祜, 福也, 福之言備也.

번역 이 문장은 오늘날 의례시행에서 진설하는 음식 등이 고례(古禮)에서 유래되었다는 것과 그 일들과 의미들에 대해서 언급하고 있다. '자(粢)'자는 '제(齊)'자로 해석하니, 소리가 비슷한 데에서 비롯된 오류이다. 『주례』에는 "오제(五齊)가 있으니, 첫 번째 술을 범제(泛齊)라고 부르고, 두 번째 술을 례제(醴齊)라고 부르며, 세 번째 술을 앙제(盎齊)라고 부르고, 네 번째 술을 제제(醍齊)라고 부르며, 다섯 번째 술을 침제(沈齊)라고 부른다."라고 하였다. 글자들이 비록 차이가 나지만, '잔(醆)'과 '앙(盎)', '징(澄)'과 '침(沈)'은 아마도 같은 대상일 것이다. 진설하는 장소가 다른 이유는 고례를 높이고 근래의 것들을 상대적으로 낮추기 때문이다. '축(祝)'은 축관(祝官)[4]이 제주(祭主)를 대신하여 신에게 제수들을 흠향할 것을 기원하는 말이다. '하(嘏)'는 축관이 시동을 대신하여 제주에게 복을 내려주기를 기원하는 말이다. '호(祜)'자는 축복[福]을 뜻하니, '복(福)'자는 "갖추어졌다[備]."는 뜻이다.

孔疏 ●"以降上神與其先祖"者, 上神, 謂在上精魂之神, 卽先祖也. 指其精氣, 謂之上神; 指其亡親, 謂之先祖, 協句而言之, 分而爲二耳. 皇氏·熊氏等云: "上神, 謂天神也."

번역 ●經文: "以降上神與其先祖". ○'상신(上神)'은 천상에 머물고 있는 정혼(精魂)의 신으로, 곧 선조를 뜻한다. 정기(精氣)를 기준으로 했기 때문에, '상신(上神)'이라고 부른 것이며, 선대 조상을 기준으로 했기 때문에, '선조(先祖)'라고 부른 것이니, 서로 통용되는 말이지만, 각각 나누어서 둘로 기록

4) 축관(祝官)은 고대에 제사의 축문이나 기도 등의 일을 담당했던 관리이다.

했을 따름이다. 황간과 웅안생 등은 "'상신(上神)'은 천신이다."라고 했다.

孔疏 ●"以正君臣"者, 祭統云: "君在廟門外則疑於君, 入廟門則全於臣." 是以正君臣也.

번역 ●經文: "以正君臣". ○『예기』「제통(祭統)」편에서 "군주가 묘문 밖에 있을 때에는 군주의 신분이 되지만, 묘문 안으로 들어가게 되면 온전히 신하의 입장이 된다."[5]라고 하였으니, 이로써 군신의 관계를 바로잡는 것이다.

孔疏 ●"以篤父子"者, 祭統云: "尸南面, 父北面而事之." 是以篤父子也.

번역 ●經文: "以篤父子". ○『예기』「제통(祭統)」편에서 "시동이 남면을 하면, 부친 항렬의 사람이 북쪽을 바라보고 자식 항렬의 시동을 섬긴다."[6]라고 하였으니, 이로써 부자의 관계를 돈독하게 하는 것이다.

孔疏 ●"以睦兄弟"者, 祭統云: "昭與昭齒, 穆與穆齒." 特牲云: "主人洗爵, 獻長兄弟·衆兄弟." 是以睦兄弟也.

번역 ●經文: "以睦兄弟". ○『예기』「제통(祭統)」편에서 "소항렬의 사람들은 소항렬의 사람들과 나이에 따라 서열을 정하고, 목항렬의 사람들은 목항렬의 사람들과 나이에 따라 서열을 정한다."[7]라고 하였고, 『의례』「특생궤식례(特牲饋食禮)」편에서 "주인이 술잔을 씻고서, 장형제(長兄弟) 및 중형제(衆兄弟)들에게 바친다."[8]라고 하였으니, 이로써 형제관계를 돈독하게 하는 것이다.

---

5) 『예기』「제통(祭統)」【581a】: 尸在廟門外則疑於臣, 在廟中則全於君. 君在廟門外則疑於君, 入廟門則全於臣, 全於子. 是故不出者, 明君臣之義也.

6) 『예기』「제통(祭統)」【581b】: 夫祭之道, 孫爲王父尸, 所使爲尸者於祭者子行也. 父北面而事之, 所以明子事父之道也. 此父子之倫也.

7) 『예기』「제통(祭統)」【583b】: 凡賜爵, 昭爲一, 穆爲一, 昭與昭齒, 穆與穆齒. 凡群有司皆以齒. 此之謂長幼有序.

8) 『의례』「특생궤식례(特牲饋食禮)」: 主人洗爵, 獻長兄弟于阼階上, 如賓儀. 洗, 獻衆兄弟, 如衆賓儀.

孔疏 ●"以齊上下"者, 祭統云: "尸飮五, 君洗玉爵獻卿; 尸飮七, 以瑤爵獻大夫", 是也.

번역 ●經文: "以齊上下". ○『예기』「제통(祭統)」편에서 "시동이 다섯 차례 술을 마시면 군주는 옥작(玉爵)을 씻어서 술을 따라 경에게 주고, 시동이 일곱 차례 술을 마시면 군주는 요작(瑤爵)을 씻어서 술을 따라 대부에게 준다."[9]라고 한 것이 바로 이러한 뜻을 나타낸다.

孔疏 ●"夫婦有所"者, 禮器云"君在阼, 夫人在房", 及特牲夫婦交相致爵, 是也.

번역 ●經文: "夫婦有所". ○『예기』「예기(禮器)」편에서는 "군주가 동쪽 계단에 위치하면, 부인은 방에 위치한다."[10]라고 했고, 『의례』「특생궤식례(特牲饋食禮)」편에서 부부끼리 서로 술잔을 돌린다고 한 말이 바로 이러한 뜻을 나타낸다.

참고 『예기』「관의(冠義)」 기록

경문-689a 凡人之所以爲人者, 禮義也. 禮義之始, 在於正容體, 齊顔色, 順辭令. 容體正, 顔色齊, 辭令順, 而後禮義備, 以正君臣, 親父子, 和長幼. 君臣正, 父子親, 長幼和, 而后禮義立. 故冠而后服備, 服備而后容體正, 顔色齊, 辭令順, 故曰冠者禮之始也. 是故古者聖王重冠.

번역 무릇 사람이 사람답게 되는 이유는 예의(禮義)에 있다. 예의의 시작은 행동거지를 바르게 하고, 안색을 가지런히 하며, 말들을 순하게 하는데 달려 있다. 행동거지가 바르게 되고, 안색이 가지런히 되며, 말들이 순하게

---

9) 『예기』「제통(祭統)」【581c】: 尸飮五, 君洗玉爵獻卿, 尸飮七, 以瑤爵獻大夫. 尸飮九, 以散爵獻士及群有司. 皆以齒, 明尊卑之等也.

10) 『예기』「예기(禮器)」【311c】: 君在阼, 夫人在房, 大明生於東, 月生於西, 此陰陽之分, 夫婦之位也.

된 이후에야 예의가 갖춰지니, 이를 통해서 군신관계를 올바르게 하고, 부자관계를 친근하게 하며, 장유관계를 조화롭게 한다. 군신관계가 올바르게 되고, 부자관계가 친근하게 되며, 장유관계가 조화롭게 된 이후에야 예의가 성립된다. 그렇기 때문에 관(冠)이 있고 난 뒤에야 복식이 갖춰지고, 복식이 갖춰진 이후에야 행동거지가 바르게 되며, 안색이 가지런하게 되고, 말들이 순하게 된다. 그래서 "관례(冠禮)라는 것은 예(禮)의 시작이다."라고 말한 것이다. 그리고 이러한 까닭으로 고대에 성왕(聖王)들은 관례를 중시했던 것이다.

鄭注 言人爲禮, 以此三者爲始. 言三始旣備, 乃可求以三行也. 立, 猶成也. 言服未備者, 未可求以三始也. 童子之服, 采衣紒.

번역 사람이 예(禮)를 시행할 때, 이러한 세 가지 것들을 시작점으로 삼는다는 뜻이다. 세 가지 기반이 이미 갖춰지게 되면, 세 가지 덕목의 시행을 통해서 군신관계를 올바르게 한다는 등의 것들을 구할 수 있다는 뜻이다. '입(立)'자는 "완성하다[成]."는 뜻이다. 복식이 아직 갖춰지지 않은 경우에는 세 가지 기반을 통해서 구할 수 없다는 뜻이다. 어린아이의 복장은 채색한 복장에 머리를 묶는다.

참고 『예기』「혼의(昏義)」 기록

경문-694c~d 古者天子后立六宮·三夫人·九嬪·二十七世婦·八十一御妻, 以聽天下之內治, 以明章婦順, 故天下內和而家理. 天子立六官·三公·九卿·二十七大夫·八十一元士, 以聽天下之外治, 以明章天下之男教, 故外和而國治. 故曰, "天子聽男教, 后聽女順; 天子理陽道, 后治陰德; 天子聽外治, 后聽內職. 教順成俗, 外內和順, 國家理治", 此之謂盛德.

번역 고대에 천자의 부인인 왕후(王后)는 6관(官)·3부인(夫人)·9빈(嬪)·27세부(世婦)·81어처(御妻)를 세워서, 이를 통해 천하의 내치(內治)를 듣고, 이를 통해 부녀자가 따르는 순종의 덕목을 드러내었다. 그렇기 때문에 천하가 안으로는 화목하고 가정이 다스려졌던 것이다. 천자는 6관(官)·3공(公)·9경(卿)·27대부(大夫)·81원사(元士)를 세워서, 이를 통해 천하의 외치(外治)를 듣고, 이를 통해 천하에서 남자들이 따라야 하는 교화를 드러냈다. 그렇기 때문에 천하가 외적으로는 화목하고 국가가 다스려졌던 것이다. 그래서 "천자는 남자가 따라야 하는 교화를 듣고 왕후는 여자가 따라야 하는 순종의 덕목을 들으며, 천자는 양(陽)의 도리를 다스리고 왕후는 음(陰)의 덕을 다스리며, 천자는 외적인 다스림을 듣고 왕후는 내적인 직무를 듣는다. 순종의 미덕을 가르치고 풍속을 완성하며 내외적으로 화목하고 순종하여 국가가 다스려진다."라고 말한 것이니, 이것은 곧 '성덕(盛德)'을 뜻한다.

鄭注 天子六寢, 而六宮在後, 六官在前, 所以承副, 施外內之政也. 三夫人以下百二十人, 周制也. 三公以下百二十人, 似夏時也. 合而言之, 取其相應, 有象大數也. 內治, 婦學之法也. 陰德, 謂主陰事·陰令也.

번역 천자는 육침(六寢)을 두는데, 육궁(六宮)은 뒤에 위치하고 육관(六官)은 앞에 위치하니, 받들고 보좌하여 내외의 정사를 펼치는 것이다. 3명의 부인(夫人)으로부터 그 이하는 총 120명이 되는데, 이것은 주나라의 제도에 해당한다. 3명의 공(公)으로부터 그 이하는 총 120명이 되는데, 이것은 하나라 때의 관직제도와 유사하다. 이를 합하여 언급한 것은 서로 대응되는 뜻을 취한 것으로, 대수(大數)를 본뜬 의미가 포함되어 있다. '내치(內治)'는 아녀자가 배우는 법도를 뜻한다. '음덕(陰德)'은 음사(陰事)와 음령(陰令)을 주관한다는 뜻이다.

참고 『역』「계사상(繫辭上)」 기록

경문 日新之謂盛德.

번역 날로 새로워짐을 융성한 덕이라 부른다.

王注 體化合變, 故曰"日新".

번역 본체가 화하여 변화에 합치되기 때문에 "날로 새롭다."라고 했다.

孔疏 ○正義曰: 聖人以能變通體化, 合變其德, 日日增新, 是德之盛極, 故謂之盛德也.

번역 ○성인은 변통하고 체화할 수 있어서 그 덕을 합하고 변화시켜 날마다 증진되어 새로워지니, 이것은 덕이 지극히 융성한 것이다. 그렇기 때문에 '성덕(盛德)'이라고 부른다.

本義 張子曰: 日新者, 久而无窮.

번역 장자[11]가 말하길, 날마다 새롭다는 것은 오래되어도 무궁하다는 뜻이다.

참고 『예기』「사의(射義)」 기록

경문-705a~b 古者諸侯之射也, 必先行燕禮. 卿·大夫·士之射也, 必先行鄉飲酒之禮. 故燕禮者, 所以明君臣之義也. 鄉飲酒之禮者, 所以明長幼之序也.

번역 고대에 제후들이 사례(射禮)를 실시할 때에는 반드시 그보다 앞서서 연례(燕禮)를 시행했다. 경·대부·사가 사례를 실시할 때에는 반드시 그보다 앞서서 향음주례(鄉飲酒禮)를 시행했다. 그러므로 연례라는 것은 군신관계에서의 도의를 밝히는 방법이다. 또한 향음주례라는 것은 장유관계에서의 질서를 밝히는 방법이다.

---

11) 장재(張載, A.D.1020~A.D.1077) : =장자(張子)·장횡거(張橫渠). 북송(北宋) 때의 유학자이다. 북송오자(北宋五子) 중 한 사람으로 칭해진다. 자(字)는 자후(子厚)이다. 횡거진(橫渠鎮) 출신으로, 이곳에서 장기간 강학을 했기 때문에 횡거선생(橫渠先生)으로 일컬어지기도 한다.

鄭注 言別尊卑老稚, 然後射, 以觀德行也.

번역 신분에 따른 차이와 나이에 따른 차이를 구별한 이후에 활쏘기를 하여 덕행을 관찰한다는 뜻이다.

孔疏 ●"古者"至"序也". ○正義曰: 此一篇之義廣說射禮, 明天子以下射之樂章, 上下之差; 又明天子·諸侯選士與祭之法, 因明孔子矍相之圃, 簡賢選士誓衆之事; 又明君臣·父子"正鵠"之義, 是男子有事於射, 故男子初生, 設桑弧蓬矢之義; 又明志正射中之義, 飮酒養老之事. 今各隨文解之. 此經明將射之時, 天子·諸侯先行燕禮, 所以明君臣之義; 卿·大夫將射, 先行鄕飮酒之禮, 所以明長幼之序也.

번역 ●經文: "古者"~"序也". ○「사의」편의 뜻은 사례(射禮)를 폭넓게 설명하여 천자로부터 그 이하의 계층에서 활쏘기를 하며 사용했던 악장(樂章)과 상하의 차등을 밝히는 것이고, 또한 천자와 제후가 사를 선발하여 제사에 참여시키는 법도를 나타내고 있으며, 또 그에 따라 공자가 확상의 포(圃)에서 현명한 자를 가려내고 사를 선발하여 대중들에게 서약을 했던 일을 밝히고 있고, 또 군신관계와 부자관계에서의 정곡(正鵠) 뜻을 밝히고 있다. 이것은 남자에게는 활쏘기에 대해 일삼는 바가 있음을 뜻한다. 그렇기 때문에 남자는 처음 태어났을 때 뽕나무로 만든 활과 봉경(蓬梗)으로 만든 화살을 설치하는 뜻을 나타내고 있다. 또한 뜻이 올바르면 화살이 적중한다는 뜻과 음주를 하며 노인을 봉양하는 일을 나타내고 있다. 여기에서는 각각의 문장에 따라서 풀이하겠다. 이곳 경문은 활쏘기를 시행하려고 할 때, 천자와 제후는 먼저 연례(燕禮)를 실시하니, 이를 통해서 군신관계에서 지켜야 하는 도리를 밝히고, 경과 대부가 활쏘기를 시행하려고 할 때 먼저 향음주례(鄕飮酒禮)를 실시하니, 이를 통해서 장유관계에서 지켜야 하는 질서를 밝힌다고 나타내고 있다.

孔疏 ●"古者諸侯之射也, 必先行燕禮"者, 按儀禮·大射在未旅之前, 燕初似饗, 卽是先行饗禮. 而云"先行燕禮"者, 燕初似饗, 正謂其行禮似饗, 其餘則燕, 故禮其牲狗, 及設折俎, 行一獻, 此等皆燕之法也, 故云"先行燕禮"也.

번역 ●經文: "古者諸侯之射也, 必先行燕禮". ○『의례』「대사례(大射禮)」 편을 살펴보면, 아직 여수(旅酬)를 하기 이전에 해당하는 연례(燕禮)의 초반부는 향례(饗禮)와 유사하니, 이것은 곧 먼저 향례를 실시한다는 뜻에 해당한다. 그런데 "먼저 연례를 시행한다."라고 말한 것은 연례의 초반부는 향례와 유사하니, 그 의례를 향례처럼 시행하고 나머지 예법은 연례에 따른다는 뜻을 나타낸다. 그렇기 때문에 그 의례에서 사용하는 희생물은 개이고, 절조(折俎)를 설치하고 한 차례 술을 따라서 바치게 되는데, 이러한 절차들은 모두 연례 때의 예법에 해당한다. 그렇기 때문에 "먼저 연례를 시행한다."라고 말한 것이다.

孔疏 ●"燕禮者, 所以明君臣之義也"者, 謂臣於堂下再拜稽首, 升成拜, 君答拜, 似若臣盡竭其力致敬於君, 君施惠以報之也.

번역 ●經文: "燕禮者, 所以明君臣之義也". ○신하가 당하에서 재배를 하며 머리를 조아리고, 당상에 올라가서 절하는 예법을 완성하면 군주는 답배를 하는데, 이것은 마치 신하가 군주에 대해 자신의 힘을 다하고 공경함을 지극히 하여, 군주가 은혜를 베풀어서 보답을 해주는 것과 같다는 뜻이다.

孔疏 ●"鄕飮酒之禮者, 所以明長幼之序"者, 此"鄕飮酒"謂黨正飮酒, 以鄕統名, 則前篇云"六十者坐, 五十者立侍", 是也.

번역 ●經文: "鄕飮酒之禮者, 所以明長幼之序". ○이곳에서 '향음주(鄕飮酒)'라고 한 말은 당정(黨正)이라는 관리가 실시하는 음주연회를 뜻하는데, '향(鄕)'이라는 말로 총괄적인 명칭을 정했으니, 앞 편에서 "60이 된 자는 앉아 있고, 50이 된 자는 서서 시중을 든다."[12]라고 한 말이 바로 이것을 가리킨다.

---

12) 『예기』「향음주의(鄕飮酒義)」【699c】: 鄕飮酒之禮, 六十者坐, 五十者立侍以聽政役, 所以明尊長也.

• 제10절 •

옥(玉)과 덕(德)

【719b】

子貢問於孔子曰: "敢問君子貴玉而賤碈者何也? 爲玉之寡而碈之多與?" 孔子曰: "非爲碈之多故賤之也, 玉之寡故貴之也. 夫昔者君子比德於玉焉: 溫潤而澤, 仁也; 縝密以栗, 知也; 廉而不劌, 義也; 垂之如隊, 禮也; 叩之其聲淸越以長, 其終詘然, 樂也; 瑕不揜瑜, 瑜不揜瑕, 忠也; 孚尹旁達, 信也; 氣如白虹, 天也; 精神見于山川, 地也; 圭璋特達, 德也; 天下莫不貴者, 道也. 詩云: '言念君子, 溫其如玉.' 故君子貴之也."

직역 子貢이 孔子에게 問하여, 曰, "敢히 問하노니, 君子가 玉을 貴하고, 碈을 賤한 者는 何잇고? 玉이 寡하고 碈이 多함으로 爲함이니잇까?" 孔子가 曰, "碈이 多함으로 爲하여 故로 賤하고, 玉이 寡함으로 故로 貴함이 非이다. 夫히 昔者에 君子는 玉에 德을 比했으니, 溫潤하여 澤함은 仁이고; 縝密하여 栗함은 知이며; 廉하고 不劌함은 義이고; 垂하길 隊에 如함은 禮이며; 叩하여 그 聲이 淸越하면서 長하고, 그 終에 詘然함은 樂이고; 瑕가 瑜를 不揜하고, 瑜가 瑕를 不揜함은 忠이며; 孚尹하고 旁達함은 信이고; 氣가 白虹과 如함은 天이며; 精神이 山川에 見함은 地이고; 圭璋이 特히 達함은 德이며; 天下에 不貴함이 莫한 者는 道이다. 詩에서는 云, '言念君子함이 溫其如玉이라.' 故로 君子가 貴함이다."

의역 자공이 공자에게 묻기를, "감히 묻겠습니다. 군자가 옥(玉)을 귀하게 여기고, 옥돌[碈]을 천시여기는 것은 어째서입니까? 혹시 옥은 희소하고 옥돌은 흔하기 때문입니까?"라고 했다. 그러자 공자는 "옥돌은 흔하기 때문에 천시하는 것이 아니며, 옥은 희소하기 때문에 귀하게 여기는 것이 아니다. 무릇 예로부터 군자는 옥을 통해서 덕을 비견하였다. 옥이 매끈하면서도 윤택이 나는 것은 인(仁)에 해당하고, 조밀하면서도 견고한 것은 지(知)에 해당하며, 모가 났어도 상처를 입히지 않는 것은 의(義)에 해당하고, 옥 자체가 무거워서 매달게 되면 밑으로 드리우며 마치 떨어질 것 같은 것은 예(禮)에 해당하며, 그것을 두드리면 그 소리가 청아하게 일어나며 길게 퍼지고, 소리가 끝날 때에도 확연하게 맺음을 짓는 것은 악(樂)에 해당하고, 옥의 티가 그 아름다움을 가리지 않고 옥의 아름다움도 티를 가리지 않으니 이것은 충(忠)에 해당하며, 그 자체에 믿음과 올바름이 있으며 그것이 널리 퍼지는 것은 신(信)에 해당하고, 그 기운이 무지개와 같은 것은 천(天)에 해당하며, 옥이 땅에 묻혀 있어서 그 맑고 밝은 정기가 산천에 드러나는 것은 지(地)에 해당하고, 옥으로 만든 규(圭)와 장(璋)은 단독으로 전달할 수가 있는데 이것은 덕(德)에 해당하며, 천하에 옥을 귀하게 여기지 않는 자가 없는 것은 도(道)에 해당한다. 『시』에서도 '군자를 생각함에 그 온화함이 옥과도 같다.'[1]라고 했다. 그렇기 때문에 군자는 옥을 귀하게 여기는 것이다."라고 대답해주었다.

集說 鄭氏曰: 碣石似玉. 縝, 緻也. 栗, 堅貌. 劌, 傷也. 義者不苟傷人. 越, 猶揚也. 詘, 絶止貌. 樂記曰: "止如槀木." 瑕, 玉之病也. 瑜, 其中間美者.

번역 정현이 말하길, 민(碣)은 돌 중에서 옥(玉)과 유사한 것이다. '진(縝)'자는 "조밀하다[緻]."는 뜻이다. '율(栗)'자는 견고한 모습을 뜻한다. '귀(劌)'자는 "상처를 내다[傷]."는 뜻이다. 의(義)는 구차하게 남을 해롭게 하지 않는다. '월(越)'자는 "오르다[揚]."는 뜻이다. '굴(詘)'자는 끊어지고 멈춘 모양을 뜻한다. 『예기』「악기(樂記)」편에서는 "멈추기를 말라죽은 나무처럼 한다."[2]라고 했다. '하(瑕)'는 옥에 있는 흠을 뜻한다. '유(瑜)'자는 그 가운데 있는 아름다움을 뜻한다.

---

1) 『시』「진풍(秦風)·소융(小戎)」: 言念君子, 溫其如玉. 在其板屋, 亂我心曲.
2) 『예기』「악기(樂記)」【489d~490a】: 故歌者, 上如抗, 下如隊, 曲如折, 止如槀木, 倨中矩, 句中鉤, 纍纍乎端如貫珠. 故歌之爲言也長言之也. 說之故言之. 言之不足, 故長言之. 長言之不足, 故嗟歎之. 嗟歎之不足, 故不知手之舞之, 足之蹈之也. 子貢問樂.

集說 陸氏曰: 尹, 正也. 孚尹, 猶言信正.

번역 육덕명이 말하길, '윤(尹)'자는 올바름[正]을 뜻한다. '부윤(孚尹)'은 믿음직하며 올바르다고 말하는 것과 같다.

集說 應氏曰: 尹, 當作允. 孚, 允, 皆信也.

번역 응씨[3]가 말하길, '윤(尹)'자는 마땅히 윤(允)자가 되어야 한다. '부(孚)'자와 '윤(允)'자는 모두 신의를 뜻한다.

集說 疏曰: 圭璋特達, 謂行聘之時, 惟執圭璋, 特得通達, 不加餘幣也.

번역 공영달의 소에서 말하길, '규장특달(圭璋特達)'이라는 말은 빙례(聘禮)를 시행할 때에는 단지 규(圭)와 장(璋)만을 들게 되며, 이것 단독으로도 전달할 수 있어서 다른 예물을 더하지 않는다는 뜻이다.

集說 馬氏曰: 能柔能剛, 能抑能揚, 能斂能彰, 而能備精粗之美, 以全天人之道者, 玉之爲物也. 能柔則溫潤而澤, 所以爲仁; 能剛則廉而不劌, 所以爲義; 能抑則垂之如隊, 所以爲禮; 能揚則其聲淸越以長, 其終詘然, 所以爲樂; 能斂則縝密以栗, 所以爲智; 能彰則瑕不掩瑜, 瑜不掩瑕, 所以爲忠; 孚尹於中, 旁達於外, 所以爲信; 始之以仁, 而成之以信. 凡此皆粗而爲人道也. 於氣如白虹, 所以爲天; 精神見于山川, 所以爲地; 圭璋特達, 所以爲德; 天下莫不貴之, 所以爲道. 凡此皆精而爲天道也. 七者合而言之, 皆謂之德, 君子所貴以此德也. 溫者德之始, 言始所以見終. 論語言孔子之五德則始於溫, 夔敎冑子以四德亦始於溫. 詩亦曰: "溫溫恭人, 惟德之基." 古人用玉, 皆象其美. 若鎭圭以召諸侯, 以恤凶荒, 用其仁也. 齊有食玉, 用其智也. 牙璋以起軍旅, 用其義也. 國君相見以瑞, 相享以璧, 用其禮也. 樂有鳴球, 服有佩玉, 用其樂也. 邦

---

3) 금화응씨(金華應氏, ?~?) : =응용(應鏞)·응씨(應氏)·응자화(應子和). 이름은 용(鏞)이다. 자(字)는 자화(子和)이다. 『예기찬의(禮記纂義)』를 지었다.

國玉節, 用其信也. 琬以結好, 琰以除慝, 用其忠也. 兩圭祀地, 黃琮禮地, 用其能達於地也. 四圭祀天, 蒼璧禮天, 用其能達於天也. 圭璋特達, 用其能達於德也. 已聘而還圭璋, 已朝而班瑞, 此皆古之爲器而用玉之美者也. 古之善比君子於玉者, 曰言念君子, 溫其如玉, 曰追琢其章, 金玉其相; 曰如圭如璧; 曰有美玉於斯, 韞匵而藏諸; 曰玉振終條理; 曰瑾瑜匿瑕; 曰如玉如瑩, 爰變丹靑. 此古人比君子於玉者也.

번역 마씨[4]가 말하길, 부드러울 수도 있고 굳셀 수도 있으며, 누를 수도 있고 드날릴 수도 있으며, 거둬들일 수도 있고 밝게 빛낼 수도 있는데, 조밀한 아름다움까지 갖추어서 하늘과 사람의 도리를 온전히 할 수 있는 것은 곧 옥(玉)이라는 사물의 성질이다. 옥은 유순하면서도 윤택이 나고 매끈하니 이것이 인(仁)이 되는 이유이며, 강하게 할 수 있다면 곧게 되는데 해를 끼치지 않으니 이것이 의(義)가 되는 이유이고, 억누를 수 있다면 늘어트리게 되는데 마치 떨어질 것처럼 숙이게 되니 이것이 예(禮)가 되는 이유이며, 드러낼 수 있다면 그 소리는 청아하게 울려서 길게 퍼지게 되는데, 그 소리가 마침에 있어서는 깔끔하니 이것이 악(樂)이 되는 이유이고, 거둬들일 수 있다면 조밀하게 되는데 그러면서도 단단하니 이것이 지(智)가 되는 이유이며, 밝게 드러낼 수 있다면 그 흠이 아름다움을 가리지 않고 아름다움이 흠을 가리지 않으니 이것이 충(忠)이 되는 이유이고, 그 속에 믿음을 갖추고 있는데 외적으로도 두루 통하게 되니 이것이 신(信)이 되는 이유이다. 이처럼 인(仁)으로 시작하여 신(信)으로 완성을 이룬다. 무릇 이러한 것들은 모두 다소 거친 것으로 인도(人道)에 해당한다. 그 기운에 있어서는 하얀 무지개와 같으니 이것이 천(天)이 되는 이유이고, 그 정기는 산천에 드러나니 이것이 지(地)가 되는 이유이며, 규(圭)와 장(璋)은 그것 자체로 전달할 수 있으니 이것이 덕(德)이 되는 이유이고, 천하에 옥을 귀하게 여기지 않는 자가 없으니 이것이 도(道)가 되는 이유이다. 무릇 이러한 것들은 모두 정밀한 것으로 천도(天道)에 해당한다. 이러한 7가지 덕목을 합하

4) 마희맹(馬晞孟, ?~?) : =마씨(馬氏)·마언순(馬彦醇). 자(字)는 언순(彦醇)이다. 『예기해(禮記解)』를 찬술했다.

여 말한다면 모두 덕(德)이라고 부를 수 있으니, 군자가 귀하게 여기는 것은 이러한 덕 때문이다. 온화하다는 것은 덕의 시초가 되는데, 시초를 언급한 것은 곧 끝을 드러내는 것이다. 『논어』에서는 공자의 다섯 가지 덕을 언급하며 온화함에서 시작하고 있고,[5] 기(夔)가 주자(冑子)[6]에게 네 가지 덕을 가르칠 때에도 또한 온화함에서 시작하고 있다.[7] 『시』에서도 "온순하고 온순하며 공손한 사람은 오직 덕의 기반이다."[8]라고 했다. 고대인들이 옥을 사용했던 것은 모두 그 아름다움을 형상화한 것이다. 진규(鎭圭)와 같은 것으로는 제후들을 불러서 그들의 재앙과 기근을 구휼했으니,[9] 그 인(仁)함에 따른 것이다. 재계를 할 때에는 옥의 가루를 먹는다고 했으니,[10] 그 지(智)함에 따른 것이다. 아장(牙璋)을 차고서는 군대를 일으켰으니,[11] 그 의(義)함에 따른 것이다. 제후들끼리 서로 만나볼 때에는 신표[瑞]를 이용했고, 서로에게 선물을 전달할 때에는 벽(璧)을 이용했으니, 그 예(禮)함에 따른 것이다. 악기 중에는 명구(鳴球)가 있고, 복장을 갖출 때에는 패옥(佩玉)이 있으니, 이것은 그 악(樂)함에 따른 것이다. 나라에 있어서는 각 지방을 맡은 관리에게 옥을 갈라서 주는 부절이 있으니,[12] 그 신(信)함에 따른 것이다. 완(琬)으로는 우호를 다지고 염(琰)으로는 그 간특함을 제거하니,[13] 이것은 그 충(忠)함에 따른 것이다. 양규(兩圭)로는 땅에 제사를

---

5) 『논어』「학이(學而)」: 子禽問於子貢曰, "夫子至於是邦也, 必聞其政, 求之與? 抑與之與?" 子貢曰, "夫子溫良恭儉讓以得之. 夫子之求之也, 其諸異乎人之求之與?"

6) 주자(冑子)는 국자(國子)와 같은 뜻이다. 자 및 공(公), 경(卿), 대부(大夫)의 자제들을 말한다. 때론 상황에 따라 천자의 태자(太子) 및 왕자(王子)를 포함시키지 않는 경우도 있다. 『서』「우서(虞書)·순전(舜典)」편에는 "帝曰, 夔, 命汝典樂, 教冑子."라는 기록이 있는데, 이에 대한 공안국(孔安國)의 전(傳)에서는 "冑, 長也, 謂元子以下至卿大夫子弟."라고 풀이했다.

7) 『서』「우서(虞書)·순전(舜典)」: 帝曰, 夔, 命汝典樂, 教冑子, 直而溫, 寬而栗, 剛而無虐, 簡而無傲, 詩言志, 歌永言, 聲依永, 律和聲, 八音克諧, 無相奪倫, 神人以和.

8) 『시』「대아(大雅)·억(抑)」: 荏染柔木, 言緡之絲. 溫溫恭人, 維德之基. 其維哲人, 告之話言, 順德之行. 其維愚人, 覆謂我僭. 民各有心.

9) 『주례』「춘관(春官)·전서(典瑞)」: 珍圭以徵守, 以恤凶荒.

10) 『주례』「천관(天官)·옥부(玉府)」: 王齊, 則共食玉.

11) 『주례』「춘관(春官)·전서(典瑞)」: 牙璋以起軍旅, 以治兵守.

12) 『주례』「지관(地官)·장절(掌節)」: 守邦國者用玉節, 守都鄙者用角節.

지내고,[14] 황종(黃琮)으로는 땅을 예우하니, 이것은 옥이 땅과 소통할 수 있음에 따른 것이다. 사규(四圭)로는 하늘에 제사를 지내고,[15] 창벽(蒼璧)으로는 하늘을 예우하니,[16] 이것은 옥이 하늘과 소통할 수 있음에 따른 것이다. 규(圭)와 장(璋)은 그것 단독으로 전달하니, 이것은 옥이 덕을 소통시킬 수 있음에 따른 것이다. 빙례(聘禮)를 끝내고서 규와 장을 되돌려주고, 조례(朝禮)를 끝내고서 서(瑞)를 나눠주니, 이것들은 모두 고대에 기물을 만들면서 옥의 아름다움을 사용했다는 사실에 해당한다. 고대에 옥에 대해 군자를 잘 비유한 말로는 "군자를 생각함에 그 온화함이 옥과도 같다."라는 말이 있고, "잘 다듬은 그 무늬여 금과 옥이 그 바탕이로구나."[17]라는 말이 있으며, "규와 같고 벽과 같구나."[18]라는 말이 있고, "여기에 아름다운 옥이 있다면, 함에 넣어서 감춰두어야 합니까?"[19]라는 말이 있으며, "옥으로 된 경(磬)을 쳐서 그 소리를 거둬들이는 것은 조리(條理)를 끝내는 것이다."[20]라는 말이 있고, "아름다운 옥은 티를 숨긴다."[21]라는 말이 있으며, "옥과 구슬처럼 밝게 빛나며, 단청(丹靑)으로 바뀐다."[22]라는 말이 있으니, 이러한 것들은 모두 고대인들이 옥을 통해 군자를 비유했던 말들이다.

---

13) 『주례』「춘관(春官)·전서(典瑞)」: 琬圭以治德以結好. 琰圭以易行以除慝.
14) 『주례』「춘관(春官)·전서(典瑞)」: 兩圭有邸, 以祀地·旅四望.
15) 『주례』「춘관(春官)·전서(典瑞)」: 四圭有邸以祀天·旅上帝.
16) 『주례』「춘관(春官)·대종백(大宗伯)」: 以蒼璧禮天, 以黃琮禮地, 以靑圭禮東方, 以赤璋禮南方, 以白琥禮西方, 以玄璜禮北方.
17) 『시』「대아(大雅)·역복(棫樸)」: 追琢其章, 金玉其相. 勉勉我王, 綱紀四方.
18) 『시』「위풍(衛風)·기욱(淇奧)」: 瞻彼淇奧, 綠竹如簀. 有匪君子, 如金如錫, 如圭如璧. 寬兮綽兮, 倚重較兮. 善戲謔兮, 不爲虐兮.
19) 『논어』「자한(子罕)」: 子貢曰, "有美玉於斯, 韞匵而藏諸? 求善賈而沽諸?" 子曰, "沽之哉! 沽之哉! 我待賈者也."
20) 『맹자』「만장하(萬章下)」: 孔子之謂集大成. 集大成也者, 金聲而玉振之也. 金聲也者, 始條理也, 玉振之也者, 終條理也. 始條理者, 智之事也, 終條理者, 聖之事也.
21) 『춘추좌씨전』「선공(宣公) 15년」: 川澤納汚, 山藪藏疾, 瑾瑜匿瑕, 國君含垢, 天之道也.
22) 『법언(法言)』「오자(吾子)」: 或問, 屈原智乎. 曰, 如玉如瑩, 爰變丹靑. 如其智. 如其智.

集說 石梁王氏曰: 因聘禮用玉, 故論玉之德以結此篇.

번역 석량왕씨[23]가 말하길, 빙례(聘禮)에서 옥을 사용한다는 사안에 따랐기 때문에, 옥의 덕을 논의하여 「빙의」편의 내용을 결론 맺은 것이다.

大全 石林葉氏曰: 人之大德曰仁, 故先溫潤而澤. 有仁, 未嘗無知, 故次之以縝密以栗. 有知矣, 非義, 則不足以制事, 故次之以廉而不劌. 義所以充實乎內, 禮所以節文乎外, 故次之以垂之如隊. 立於禮, 必成之以樂, 故次之以其聲淸越以長. 自仁而至成於樂, 則修身之至矣. 可以出而應物, 故忠者不欺於內外, 則次之以瑕瑜不相揜也. 忠以待物而物必信, 故次之以孚尹旁達也. 忠信, 人德而已. 人德備, 則與天地參, 故次之以氣如白虹, 精神見乎山川也. 與天地參, 則歸於德而退藏於道矣, 故終之以圭璋特達, 天下莫不貴者也.

번역 석림섭씨가 말하길, 사람의 큰 덕을 인(仁)이라고 부른다. 그렇기 때문에 가장 먼저 온화하면서도 윤택이 난다고 말한 것이다. 인(仁)을 가지고 있는 자는 일찍이 지(知)가 없었던 적이 없다. 그렇기 때문에 그 다음으로 촘촘하고 조밀하면서도 강하다고 말한 것이다. 지(知)를 갖추고 있더라도 의(義)를 갖추지 않는다면 사물들을 제어할 수 없다. 그렇기 때문에 그 다음으로 모가 져도 해를 입히지 않는다고 말한 것이다. 의(義)라는 것은 그 내면을 채우는 것이고, 예(禮)라는 것은 그 외면을 격식에 맞추는 것이다. 그렇기 때문에 그 다음으로 드리우되 마치 떨어질 것처럼 한다고 말한 것이다. 예(禮)에서 성립이 되면 반드시 악(樂)을 통해서 완성해야 한다.[24] 그렇기 때문에 그 다음으로 소리가 청아하게 울려서 길게 퍼진다고 말한 것이다. 인(仁)으로부터 악(樂)을 통해 완성에 이른다고 했다면, 이것은 자신을 수양하는 지극한 방법이 된다. 그리고 이것이 표출하여 사물을 응대할 수 있기 때문에, 충(忠)이라는 것은 내외 모두에 대해서 속이지 않는 것이므로, 그 다음으로 옥의 티와 아름다움이 서로를 가리지 않는다고 말

23) 석량왕씨(石梁王氏, ?~?) : 자세한 이력이 남아 있지 않다.
24) 『논어』「태백(泰伯)」 : 子曰, "興於詩, <u>立於禮, 成於樂</u>."

한 것이다. 충(忠)으로 사물을 대하여 사물도 반드시 신(信)을 지키게 된다. 그렇기 때문에 그 다음으로 그 속에 믿음을 갖추고 있으면서도 두루 통한다고 말한 것이다. 충(忠)과 신(信)은 사람의 덕에 해당할 따름이다. 사람의 덕을 갖추게 된다면 천지(天地)와 더불어서 참여할 수 있다.[25] 그렇기 때문에 그 다음으로 기운이 하얀 무지개와 같고 정기가 산천에 드러난다고 말한 것이다. 천지와 더불어 참여한다면, 덕에 귀의하고 물러나서 도(道)에 보관된다. 그렇기 때문에 끝맺기를 규(圭)와 장(璋)은 그것 자체로 전달할 수 있고 천하에 옥을 귀하게 여기지 않는 자가 없다고 말한 것이다.

鄭注 碈, 石似玉, 或作"玟"也. 色柔溫潤, 似仁也. 潤, 或爲"濡". 縝, 緻也. 栗, 堅貌. 劌, 傷也. 義者, 不苟傷人也. 禮尙謙卑. 樂作則有聲, 止則無也. 越, 猶揚也. 詘, 絶止貌也. 樂記曰: "止如槀木." 瑕, 玉之病也. 瑜, 其中間美者. 玉之性, 善惡不相揜, 似忠也. 孚, 讀爲浮. 尹, 讀如竹箭之筠. 浮筠, 謂玉采色也. 采色旁達, 不有隱翳, 似信也. 孚, 或作"姇", 或爲"扶". 精神, 亦謂精氣也. 虹, 天氣也. 山川, 地所以通氣也. 特達, 謂以朝聘也. 璧琮則有幣, 惟有德者無所不達, 不有須而成也. 道者, 人無不由之. 言, 我也. 貴玉者, 以其似君子也.

번역 '민(碈)'은 돌 중에서 옥(玉)과 비슷한 것이며, 다른 판본에서는 '민(玟)'이라고도 기록한다. 그 표면이 부드럽고 온화하며 매끈한 것은 인(仁)과 흡사하다. '윤(潤)'자를 다른 판본에서는 '유(濡)'자로도 기록한다. '진(縝)'자는 "조밀하다[緻]."는 뜻이다. '율(栗)'자는 견고한 모습을 뜻한다. '귀(劌)'자는 "상처를 내다[傷]."는 뜻이다. 의(義)는 구차하게 남을 해롭게 하지 않는 것이다. 예(禮)는 겸손하게 자신을 낮추는 것을 숭상한다. 악기를 연주하면 소리가 나오게 되고 그치면 소리가 없게 된다. '월(越)'자는 "오르다[揚]."는 뜻이다. '굴(詘)'자는 끊어지고 멈춘 모양을 뜻한다. 『예기』 「악기(樂記)」편에서는 "멈추기를 말라죽은 나무처럼 한다."라고 했다. '하

25) 『중용』「22장」 : 唯天下至誠, 爲能盡其性. 能盡其性, 則能盡人之性. 能盡人之性, 則能盡物之性. 能盡物之性, 則可以贊天地之化育. 可以贊天地之化育, 則可以與天地參矣.

(瑕)'는 옥에 있는 흠을 뜻한다. '유(瑜)'자는 그 가운데 있는 이름다움을 뜻한다. 옥의 성질은 좋은 것과 나쁜 것이 서로를 가리지 않으니, 충(忠)과 흡사하다. '부(孚)'자는 부(浮)자로 읽는다. '윤(尹)'자는 대나무로 만든 화살을 뜻할 때의 균(筠)으로 읽는다. '부균(浮筠)'은 옥 중에서도 채색이 된 것을 뜻한다. 채색된 색감이 두루 통하며 숨기고 가리는 것이 없는데, 이것이 신(信)과 흡사하다. '부(孚)'자를 다른 판본에서는 '부(姇)'자로도 기록하고, 또는 '부(扶)'자로도 기록한다. '정신(精神)'은 또한 정기(精氣)를 뜻한다. 무지개[虹]는 하늘의 기운을 뜻한다. 산천(山川)은 땅 중에서도 기운을 소통시키는 것이다. '특달(特達)'은 이것으로 조례(朝禮)와 빙례(聘禮)를 시행한다는 뜻이다. 벽(璧)과 종(琮)을 전달하게 된다면 곁들이는 예물이 있게 되는데, 오직 덕을 갖춘 자만이 소통되지 않는 것이 없고, 다른 것들이 있어야만 완성되는 것이 아니다. '도(道)'라는 것은 사람들이 그것을 통하지 않는 경우가 없다. '언(言)'자는 나[我]를 뜻한다. 옥을 귀하게 여기는 것은 그것이 군자와 흡사하기 때문이다.

釋文 碈, 武巾反, 字亦作瑉, 似玉之石. 爲, 于僞反, 下同. 與音餘. 玟, 武巾反, 又音救. 濡音儒. 縝音軫, 一音眞. 知音智. 致, 直置反, 本亦作緻. 劌音九衛反, 字林云"利傷也", 又音己芮反. 隊, 直位反, 又音遂. 叩音口. 詘, 其勿反. 槀木, 苦老反, 亦作槁. 瑕音遐. 揜音掩. 瑜, 羊朱反, 玉中美. 孚, 依注音浮. 尹, 依注音筍, 又作筠, 于貧反. 翳, 於計反. 姇音孚, 徐方附反. 虹音紅. 見, 賢遍反. 朝, 直遙反.

번역 '碈'자는 '武(무)'자와 '巾(건)'자의 반절음이며, 그 글자를 또한 '瑉' 자로도 기록하는데, 옥과 유사한 돌을 뜻한다. '爲'자는 '于(우)'자와 '僞(위)' 자의 반절음이며, 아래문장에 나오는 글자도 그 음이 이와 같다. '與'자의 음은 '餘(여)'이다. '玟'자는 '武(무)'자와 '巾(건)'자의 반절음이며, 또한 그 음은 '救(구)'도 된다. '濡'자의 음은 '儒(유)'이다. '縝'자의 음은 '軫(진)'이며, 다른 음은 '眞(진)'이다. '知'자의 음은 '智(지)'이다. '致'자는 '直(직)'자와 '置(치)'자의 반절음이며, 판본에 따라서는 또한 '緻'자로도 기록한다. '劌'자의 음은 '九(구)'자와 '衛(위)'자의 반절음이며, 『자림』에서는 "날카로워서 상처를 입힌다."라고 풀이했고, 또한 그 음은 '己(기)'자와 '芮(예)'자의 반절음도 된다. '隊'자는 '直(직)'자와 '位(위)'자의 반절음이며, 또한 그 음은 '遂(수)'도 된다. '叩'자의 음은 '口(구)'이다. '詘'자는 '其(기)'자와 '勿(물)'자의 반절음이다. '槀木'에서의 '槀'자는 '苦(고)'자와 '老(로)'자의 반절음이며, 또한 '槁'자로도 기록한다. '瑕'자의 음은 '遐(하)'이다. '揜'자의 음은 '掩(엄)'이다. '瑜'자는 '羊(양)'자와 '朱(주)'자의 반절음이며, 옥 중에서도 아름다운 부분을 뜻한다. '孚'자는 정현의 주에 따르면 '浮'자가 된다. '尹'자는 정현의 주에 따르면 '筍'자가 되며, 또한 '筠'자로도 기록하는데, 그 음은 '于(우)'자와 '貧(빈)'자의 반절음이다. '翳'자는 '於(어)'자와 '計(계)'자의 반절음이다. '旉'자의 음은 '孚(부)'이며, 서음(徐音)은 '方(방)'자와 '附(부)'자의 반절음이다. '虹'자의 음은 '紅(홍)'이다. '見'자는 '賢(현)'자와 '遍(편)'자의 반절음이다. '朝'자는 '直(직)'자와 '遙(요)'자의 반절음이다.

孔疏 ●"子貢"至"之也". ○正義曰: 以聘用玉, 因論玉有諸德, 而結成聘義之篇也.

번역 ●經文: "子貢"~"之也". ○빙례(聘禮)에서 옥을 사용하기 때문에, 그에 따라 옥에 포함된 여러 덕에 대해서 논의하여, 「빙의」편의 뜻을 결론 맺은 것이다.

孔疏 ●"爲玉之寡而珉之多與"者, 子貢之意所以貴玉者, 豈不爲玉之寡少故貴之, 珉之饒多故賤之. 與, 疑辭也.

번역 ●經文: "爲玉之寡而珉之多與". ○자공의 의중은 옥을 귀하게 여기는 것이 어찌 옥이 희소하기 때문에 귀하게 여기고, 옥돌은 흔하기 때문에 천하게 여기는 것이 아니겠느냐는 의미이다. '여(與)'자는 의문을 표시할 때 쓰는 말이다.

孔疏 ●"孔子曰"至"玉焉", 言貴玉由其有德, 非爲少故貴之. 謂昔者君子之人於玉以比道德, 所以貴玉者, 爲其有德. 君子之人, 比德堪敬重如玉, 故貴之有德, 卽下云"溫潤而澤, 仁"等, 是也.

번역 ●經文: "孔子曰"~"玉焉". ○옥을 귀하게 여기는 것은 그것이 가지고 있는 덕으로 인한 것이지, 그것이 희소하기 때문에 귀하게 여기는 것이 아니라는 의미이다. 즉 예전에 군자는 옥을 통해 도덕을 비견했으니, 옥을 귀하게 여기는 이유는 그것이 가지고 있는 덕 때문이라는 의미이다. 군자는 덕을 비견하며 마치 옥처럼 매우 공경스럽고 장중하게 하니, 그러므로 귀하게 여길 수 있는 덕이라는 것은 곧 그 뒤에 나오는 "온화하고 매끈함이 인(仁)에 해당한다."는 등등의 말에 해당한다.

孔疏 ●"溫潤而澤, 仁也"者, 言玉色溫和柔潤而光澤, 仁者亦溫和潤澤, 故云"仁也".

번역 ●經文: "溫潤而澤, 仁也". ○옥의 색깔은 온화하면서도 매끈하고 광택이 나는데, 인(仁)이라는 것 또한 온화하고 윤택한 것이다. 그렇기 때문에 "인(仁)에 해당한다."라고 말한 것이다.

孔疏 ●"縝密以栗, 知也"者, 縝, 緻也; 栗, 謂堅剛. 言玉體密緻而堅剛. 人有知者, 性亦密緻堅剛, 故云"知也".

번역 ●經文: "縝密以栗, 知也". ○'진(縝)'자는 "조밀하다[緻]."는 뜻이고, '율(栗)'자는 단단하고 강하다는 뜻이다. 즉 옥 자체가 조밀하고 촘촘하면서도 단단하다는 의미이다. 사람들 중 지(知)를 갖춘 자는 그 본성 또한 조밀하며 단단하다. 그렇기 때문에 "지(知)에 해당한다."라고 말한 것이다.

孔疏 ●"廉而不劌, 義也", 廉, 稜也; 劌, 傷也. 言玉體雖有廉稜, 而不傷割於物, 人有義者, 亦能斷割而不傷物, 故云"義也".

번역 ●經文: "廉而不劌, 義也". ○'염(廉)'자는 "모가 나다[稜]."는 뜻이고, '귀(劌)'자는 "상처를 내다[傷]."는 뜻이다. 즉 옥 자체에 비록 모서리가 진 부분이 있더라도, 그것은 다른 사물에게 상처를 입히지 않는데, 사람들 중 의(義)를 갖춘 자 또한 단호하게 결정과 판단을 내릴 수 있지만, 다른 사물에게 피해를 주지 않는다. 그렇기 때문에 "의(義)에 해당한다."라고 말한 것이다.

孔疏 ●"垂之如隊, 禮也", 言玉體垂之而下墜, 人有禮者, 亦謙恭而卑下, 故言"禮也".

번역 ●經文: "垂之如隊, 禮也". ○옥 자체가 무거워서 매달면 밑으로 늘어져서 아래로 떨어진다는 뜻이니, 사람들 중 예(禮)를 갖춘 자 또한 겸손하고 공손하게 행동하며 자신을 낮추게 된다. 그렇기 때문에 "예(禮)에 해당한다."라고 말한 것이다.

孔疏 ●"叩之, 其聲淸越以長, 其終詘然, 樂也"者, 越, 揚也; 詘, 謂止絶也. 言玉體以物叩擊, 其聲淸冷發越以長遠而聞, 其擊之終, 音聲則詘然而止, 不如鍾聲擊罷猶有餘音也. 其爲樂之法, 初作聲而發揚, 樂罷則止如槁木, 言玉體亦然, 故云"樂也".

번역 ●經文: "叩之, 其聲淸越以長, 其終詘然, 樂也". ○'월(越)'자는 "오르다[揚]."는 뜻이고, '굴(詘)'자는 멈춰서 끊어진다는 뜻이다. 옥 자체를 다른 사물로 두드리게 되면 그 소리가 청아하게 울려서 멀리가고 오래도록 울리고 멀리까지 전달되어 들리는데, 두드리는 것을 끝내면 그 소리도 갑작스럽게 멈추게 되니, 종의 소리가 두드리는 것을 멈춰도 여전히 여운이 남게 되는 것과는 같지 않다는 뜻이다. 악기를 연주하는 법도에 있어서도 처음에는 소리를 내어 소리가 퍼지도록 하고, 음악을 끝내면 마치 말라죽은 고목처럼 멈추게 되니, 옥 자체도 이와 같다는 뜻이다. 그렇기 때문에 "악(樂)에 해당한다."라고 말한 것이다.

孔疏 ●"瑕不揜瑜, 瑜不揜瑕, 忠也", 瑕, 謂玉之病處; 瑜, 謂玉中美處. 言玉之病處不揜映美處, 玉之美處不揜映病處, 皆以忠實見外, 如人之忠者, 亦以忠心見外, 故云"忠也".

번역 ●經文: "瑕不揜瑜, 瑜不揜瑕, 忠也". ○'하(瑕)'는 옥에 있는 티이고, '유(瑜)'는 옥 중에서도 아름다운 부분이다. 옥의 티는 아름다운 부분을 가리지 않고, 옥의 아름다운 부분도 옥의 티를 가리지 않는데, 이것들은 모두 한결같이 진실된 속내가 겉으로 드러나는 것이며, 이것은 사람에게 있는 충(忠)과 같으니, 사람에게 있는 충심(忠心) 또한 겉으로 드러나게 된다. 그렇기 때문에 "충(忠)에 해당한다."라고 말한 것이다.

孔疏 ●"孚尹旁達, 信也", 孚, 浮也. 浮者在外之名. 尹, 讀如筠, 筠者, 若竹箭之筠, 筠亦潤色在外者. 旁者, 四面之謂也. 達者, 通達之名也. 信者, 內不欺隱者也. 玉采色彰達著見於外, 無隱掩, 如人有信者, 亦著見於外, 故云"信也".

번역 ●經文: "孚尹旁達, 信也". ○'부(孚)'자는 부(浮)를 뜻한다. '부(浮)'라는 것은 외부에 있는 것을 뜻하는 명칭이다. '윤(尹)'자는 '균(筠)'자로 읽으니, '균(筠)'이라는 것은 마치 대나무로 만든 화살의 균(筠)과 같은 것으로, '균(筠)' 또한 윤택한 색채를 겉으로 드러낸다. '방(旁)'은 사면을 뜻한다. '달(達)'은 두루 소통된다는 명칭이다. '신(信)'은 내적으로 속이거나 숨기지 않는 것이다. 옥의 색채는 겉으로 밝게 드러나게 되며 숨기거나 가리는 것이 없으니, 마치 사람들 중 신(信)을 갖춘 자가 또한 그것을 겉으로 드러내는 것과 같다. 그렇기 때문에 "신(信)에 해당한다."라고 말한 것이다.

孔疏 ●"氣如白虹, 天也", 白虹, 謂天之白氣. 言玉之白氣, 似天白氣, 故云"天也".

번역 ●經文: "氣如白虹, 天也". ○'백홍(白虹)'은 하늘에 속해 있는 백색의 기운을 뜻한다. 옥에 있는 백색의 기운은 하늘에 있는 백색의 기운과 흡사하다는 뜻이다. 그렇기 때문에 "천(天)에 해당한다."라고 말한 것이다.

孔疏 ●"精神見於山川, 地也", 精神, 謂玉之精氣, 徹見於山川, 謂玉在山川之中, 精氣徹見於外, 地氣含藏於內, 亦徹見於外, 與地同, 故云"地也".

번역 ●經文: "精神見於山川, 地也". ○'정신(精神)'은 옥에 있는 정기를 뜻하며, 그것은 산천을 뚫고 나타나니, 옥이 산천에 매장되어 있을 때 그 정기가 겉으로 뚫고 나타나는데, 땅의 기운은 안에 잠겨 있다가 또한 밖으로 뚫고 나오게 되므로 땅의 작용과 동일하다. 그렇기 때문에 "지(地)에 해당한다."라고 말한 것이다.

孔疏 ●"圭璋特達, 德也", 行聘之時唯執圭璋, 特得通達, 不加餘幣. 言人之有德, 亦無事不通, 不須假他物而成. 言圭璋之特, 同人之有德, 故云"德也".

번역 ●經文: "圭璋特達, 德也". ○빙례(聘禮)를 시행할 때에는 단지 규(圭)와 장(璋)만을 들게 되며, 그것 단독으로도 전달할 수 있어서 다른 예물을 더하지 않는다. 사람에게 덕이 있다면 또한 사안에 있어서 소통되지 않는 것이 없으니, 다른 사물이 없어도 완성된다는 뜻이다. 이 말은 곧 규(圭)와 장(璋)을 단독으로 전달하는 것이 사람에게 덕이 있는 것과 같다는 의미이다. 그렇기 때문에 "덕(德)에 해당한다."라고 말한 것이다.

孔疏 ●"天下莫不貴者, 道也", 道者, 通也. 言萬物無不由道而通, 故天下無不貴之. 玉者, 亦天下貴之, 與道相似, 故云"道也".

번역 ●經文: "天下莫不貴者, 道也". ○'도(道)'라는 것은 "통한다[通]."는 뜻이다. 만물 중에는 도(道)를 통하지 않고서 소통되는 것이 없다는 뜻이다. 그렇기 때문에 천하의 사람들 중 도를 귀하게 여기지 않는 자가 없다. 옥이라는 것 또한 천하 사람들이 모두 귀하게 여기는 것이어서 도와 흡사한 점이 있다. 그렇기 때문에 "도(道)에 해당한다."라고 말한 것이다.

孔疏 ●"詩云: 言念君子, 溫其如玉", 此詩·秦風·小戎之篇, 美秦襄公之詩也. 言襄公出兵征伐西戎, 婦人思念其夫, 言我念此君子, 顔色溫然如玉. 引之者, 證玉以比德之事. 言貴玉者, 以其似君子, 故云"君子貴之"也.

번역 ●經文: "詩云: 言念君子, 溫其如玉". ○이 시(詩)는 『시』「진풍(秦風)·소융(小戎)」편으로, 진(秦)나라 양공(襄公)을 찬미한 시이다. 양공이 출병하여 서융(西戎)을 정벌했는데 부인이 자신의 남편을 그리워하며, 나는 이러한 군자를 생각하니, 그 안색이 옥처럼 온화하다고 말한 것이다. 이 시를 인용한 것은 옥을 통해서 덕을 비견한다는 사안을 증명하기 위해서이다. 옥을 귀하게 여기는 것은 그것이 군자와 흡사하기 때문이라는 뜻이다. 그래서 "군자는 그것을 귀하게 여긴다."라고 말한 것이다.

孔疏 ◎注"珉, 石似玉". ○正義曰: 按呂諶字林云: "珉, 美石." 以其石之美者, 故云"似玉"也.

번역 ◎鄭注: "珉, 石似玉". ○여심의 『자림』을 살펴보면, "'민(珉)'은 아름다운 돌이다."라고 했다. 그것이 돌 중에서도 아름다운 것이기 때문에 "옥과 흡사하다."라고 말한 것이다.

孔疏 ◎注"栗, 堅貌". ○正義曰: 按詩·大雅云: "實穎實栗." 栗, 是禾之堅熟, 故云"栗, 堅貌"也.

번역 ◎鄭注: "栗, 堅貌". ○『시』「대아(大雅)」편을 살펴보면, "영근 이삭이 늘어졌도다."[26]라고 했는데, '율(栗)'이라는 것은 벼의 이삭이 단단하게 익었다는 뜻이다. 그렇기 때문에 "'율(栗)'자는 견고한 모습을 뜻한다."라고 말한 것이다.

---

26) 『시』「대아(大雅)·생민(生民)」: 誕后稷之穡, 有相之道. 茀厥豐草, 種之黃茂. 實方實苞, 實種實褎, 實發實秀, 實堅實好, 實穎實栗. 卽有邰家室.

孔疏 ◎注"樂記曰: 止如槀木". ○正義曰: 引之者, 證樂聲之止似擊枯槀之木, 無餘聲也. 言玉擊止之時, 其聲卽絶, 與樂相似也.

번역 ◎鄭注: "樂記曰: 止如槀木". ○정현이 이 내용을 인용한 이유는 악기의 소리가 그치는 것이 마치 말라 죽은 고목을 때릴 때와 흡사하여, 여운으로 남는 소리가 없다는 사실을 증명하기 위해서이다. 옥을 두드리는 것을 끝냈을 때 그 소리가 곧바로 멈추게 되니, 이것은 악(樂)과 흡사하다는 뜻이다.

孔疏 ◎注"瑕玉"至"忠也". ○正義曰: 瑕, 玉之病也. 呂諶字林云: "瑕, 玉小赤." 而云"病者", 以瑕與疵瘕義同, 故云"玉之病也". 云"瑜, 其中間美"者, 按字林云: "瑜, 美玉." 是瑕之中間美善者.

번역 ◎鄭注: "瑕玉"~"忠也". ○'하(瑕)'는 옥에 있는 티이다. 여심의 『자림』에서는 "'하(瑕)'는 옥에 있는 작은 적색 점이다."라고 했는데, 이곳에서 "병(病)이다."라고 한 이유는 하(瑕)와 흠이 있는 것은 그 의미가 동일하기 때문에, "옥의 병(病)이다."라고 말한 것이다. 정현이 "'유(瑜)'자는 그 가운데 있는 아름다움을 뜻한다."라고 했는데, 『자림』을 살펴보면, "'유(瑜)'는 아름다운 옥이다."라고 했으니, 이것은 하(瑕) 중에 있는 아름다운 부분을 뜻한다.

孔疏 ◎注"孚讀"至"信也". ○正義曰: 按字林云: "琈, 玉別名, 玉旁孚也." 此讀爲"浮"者, 取浮見於外, 非字林"琈"玉之名也.

번역 ◎鄭注: "孚讀"~"信也". ○『자림』을 살펴보면, "'부(琈)'는 옥(玉)의 또 다른 명칭이며, 옥(玉)자 변에 부(孚)자를 합한 것이다."라고 했다. 이곳에서 이 글자를 부(浮)자로 읽은 것은 '부(浮)'가 겉으로 드러난다는 의미를 취한 것이지, 『자림』에 나타난 '부(琈)'가 옥의 명칭이 된다는 뜻을 가리키는 것이 아니다.

孔疏 ◎注"有德者無所不達, 不有須而成也". ○正義曰: 德者, 得也. 萬物皆得, 故無所不通達, 不更須待外物而自成也. 以聘享之禮, 有圭璋璧琮, 璧琮則有束帛加之乃得達, 圭璋則不用束帛, 故云"特達". 然璧琮亦玉, 所以璧[27]琮則加於他物, 圭璋得特達者, 但玉旣比德, 於禮重處則特達, 於禮輕處則加物. 以玉可重可輕, 美其重處言之, 故云"特達".

번역 ◎鄭注: "有德者無所不達, 不有須而成也". ○덕(德)이라는 것은 "얻다[得]."는 뜻이다. 만물이 모두 그것을 얻었으므로 소통되지 않는 것이 없고, 다시 외부 사물을 필요로 하지 않으며 그 자체로도 완성된다. 빙례(聘禮)와 선물을 바칠 때의 의례 절차에서, 규(圭)·장(璋)·벽(璧)·종(琮)을 사용하게 되는데, 벽(璧)과 종(琮)의 경우에는 속백(束帛)을 더해야만 곧 전달할 수가 있다. 그러나 규(圭)와 장(璋)의 경우에는 속백을 더하지 않는다. 그렇기 때문에 "단독으로 전달한다."라고 말한 것이다. 그런데 벽(璧)과 종(琮) 또한 옥(玉)의 부류에 해당한다. 그런데도 벽(璧)과 종(琮)을 전달할 때 다른 사물을 더하게 되고, 규(圭)와 장(璋)은 단독으로 전달할 수 있다고 한 이유는 다만 옥 자체가 이미 덕을 비견하는 것인데, 예 중에서 중대한 것에 있어서는 단독으로 전달하게 되고, 예 중에서 비교적 가벼운 것에 있어서는 다른 사물을 더하게 된다. 따라서 옥은 중대한 것에도 사용할 수 있고 비교적 가벼운 것에도 사용할 수 있어서, 중대한 것에 사용됨을 아름답게 여긴다는 뜻에서 언급한 것이다. 그렇기 때문에 "단독으로 전달한다."라고 말한 것이다.

訓纂 瑉, 荀子法行篇作"珉". 說文, "珉, 石之美者." 玉篇作"琝". 山海經云, "岐山, 其陰多白珉." 廣雅云, "珉, 美石, 次玉."

번역 '민(瑉)'자를 『순자』「법행(法行)」편에서는 '민(珉)'자로 기록했다. 『설문』에서는 "민(珉)은 돌 중에서도 아름다운 것이다."라고 했고, 『옥편』

27) '벽(璧)'자에 대하여. '벽'자는 본래 없던 글자인데, 완원(阮元)의 『교감기(校勘記)』에서는 "혜동(惠棟)의 『교송본(校宋本)』에는 '종(琮)'자 앞에 '벽'자가 기록되어 있으니, 이곳 판본은 잘못하여 글자가 누락된 것이다."라고 했다.

에서는 '민(珉)'자로 기록했다. 『산해경』에서는 "기산(岐山)의 음지에는 백색의 민(珉)이 많이 나온다."[28]라고 했다. 『광아』에서는 "민(珉)은 아름다운 돌이니 옥보다 밑이다."라고 했다.

訓纂 王氏引之曰: 謹案堅剛非知也, 栗者, 秩然有條理之貌. 說文, "瑮, 玉英華羅列秩秩." 瑮與栗同. 栗之爲言猶秩也. 爾雅曰, "條條·秩秩, 知也." 玉體密緻, 而條理秩然, 言如知者處事密緻而秩然不紊. 管子水地篇, "夫玉溫潤以澤, 仁也. 鄰以理者, 知也." 荀子法行篇, "夫玉栗而理, 知也." 說苑雜言篇, "玉有六美", "近之栗理者, 君子比智焉." 鄰·栗一聲之轉, 皆淸徹之貌也. 唐風揚之水傳曰, "粼粼, 淸徹也." 粼與鄰同. 爾雅, "秩秩, 淸也." 秩與栗通.

번역 왕인지[29]가 말하길, 삼가 살펴보니 단단하고 강한 것은 지(知)가 아니며, 율(栗)이라는 것은 질서정연하게 조리가 있는 모습을 뜻한다. 『설문』에서는 "율(瑮)은 옥의 아름다운 무늬가 질서정연하게 새겨져 있는 것이다."라고 했으며, 율(瑮)은 율(栗)과 같은 것이다. 따라서 율(栗)자의 뜻은 질(秩)과 같다. 『이아』에서는 "조조(條條)와 질질(秩秩)은 지(知)자의 뜻이다."[30]라고 했다. 옥의 몸체는 촘촘하고 조밀하면서도 세세한 무늬가 질서정연하게 있으니, 마치 지혜로운 자가 일을 처리할 때 촘촘하고 조밀하면서도 질서정연하여 문란하지 않은 것과 같다는 뜻이다. 『관자』「수지(水地)」편에서는 "옥은 따뜻하며 부드러워 젖어들게 하니 인(仁)에 해당한다. 인(鄰)하여 결이 있으니 지(知)에 해당한다."[31]라고 했다. 『순자』「법행(法行)」편에서는 "옥은

---

28) 『산해경(山海經)』「중산경(中山經)」: 又東百五十里, 曰<u>岐山</u>, 其陽多赤金, <u>其陰多白珉</u>, 其上多金玉, 其下多靑雘, 其木多樗. 神涉䲹處之, 其狀人身而方面三足.

29) 왕인지(王引之, A.D.1766~A.D.1834) : 청(淸)나라 때의 훈고학자이다. 자(字)는 백신(伯申)이고, 호(號)는 만경(曼卿)이며, 시호(諡號)는 문간(文簡)이다. 왕념손(王念孫)의 아들이다. 대진(戴震), 단옥재(段玉裁), 부친과 함께 대단이왕(戴段二王)이라고 일컬어졌다. 『경전석사(經傳釋詞)』, 『경의술문(經義述聞)』 등의 저술이 있다.

30) 『이아』「석훈(釋訓)」: 條條·秩秩, 智也.

31) 『관자(管子)』「수지(水地)」: 夫玉之所貴者, 九德出焉, <u>夫玉溫潤以澤, 仁也. 鄰以理者, 知也</u>. 堅而不蹙, 義也. 廉而不劌, 行也. 鮮而不垢, 潔也. 折而不撓,

조밀하면서도 결이 있으니 지(知)에 해당한다."[32]라고 했다. 『설원』「잡언(雜言)」편에서는 "옥에는 여섯 가지 아름다움이 있다."라고 했고, "가까이 하면 질서정연한 결이 있으니, 군자는 지(智)에 비견한다."라고 했다.[33] '인(鄰)'자와 '율(栗)'자는 같은 소리가 전이된 것이니, 모두 맑고 밝은 모습을 뜻한다. 『시』「당풍(唐風)·양지수(揚之水)」편의 전에서는 "인인(粼粼)은 맑고 밝다는 뜻이다."라고 했는데, 인(粼)자와 인(鄰)자는 같다. 『이아』에서는 "질질(秩秩)은 청(淸)자의 뜻이다."[34]라고 했는데, 질(秩)자와 율(栗)자는 통용된다.

訓纂 廣雅: 劌, 利也.

번역 『광아』에서 말하길, '귀(劌)'자는 날카롭다는 뜻이다.

集解 呂氏大臨曰: 因聘禮用玉, 故以子貢問玉一章附於聘義之末. 玉者, 山川至精之所融結, 其德之美, 有似乎君子, 故君子服之用之, 所以比德而貴之也. 碈, 石之似玉者也, 似是而非, 君子賤之, 如紫之於朱, 莠之於苗, 鄕願之於德也. 玉氣粹精之所發, 則溫潤而澤, 如君子之仁, 溫厚深淳之氣形諸外也. 玉理密緻而堅實, 如君子之知, 密而不疏則中理, 堅而不解則可久也. 金之有廉, 雖利也, 用之則傷; 玉之有廉, 雖不利也, 用之則不能傷. 如君子之義, 其威雖若不可犯, 卒歸於愛人而已. 玉之體重, 垂之則如隊而欲下, 如君子之好禮, 以謙恭下人爲事, 故曰禮也. 凡聲滯濁而韻短者, 石也; 清越而韻長者, 玉也. 始洪而終殺者, 金也; 始終若一者, 玉也. 此玉之聲所以與金石異也. 其終詘然, 所謂"玉振之也者, 終條理也", 樂之始作翕如, 至於皦如以成歌者, 止如槀

勇也. 瑕適皆見, 精也. 茂華光澤, 並通而不相陵, 容也. 叩之, 其音淸搏徹遠, 純而不殺, 辭也.

32) 『순자(荀子)』「법행(法行)」: 溫潤而澤, 仁也. <u>栗而理, 知也</u>. 堅剛而不屈, 義也. 廉而不劌, 行也. 折而不撓, 勇也. 瑕適並見, 情也. 扣之, 其聲淸揚而遠聞, 其止輟然, 辭也.

33) 『설원(說苑)』「잡언(雜言)」: <u>玉有六美</u>, 君子貴之. …… 望之溫潤者, 君子比德焉. <u>近於栗理者, 君子比智焉</u>. 聲近徐而聞遠者, 君子比義焉. 折而不撓, 闕而不荏者, 君子比勇焉. 廉而不劌者, 君子比仁焉. 有瑕必見於外者, 君子比情焉.

34) 『이아』「석훈(釋訓)」: 抑抑, 密也. <u>秩秩, 淸也</u>.

木, 其合止皆無衰殺之漸, 則君子於樂, 其終詘然如玉之聲也. 玉之瑜者, 其美也; 瑕者, 其病也. 玉之明, 洞炤乎內外, 瑕瑜不能相揜, 如君子之忠無隱情, 善惡盡露而無所蓋, 故曰忠也. 孚尹未詳. 或曰, "信發於中謂之孚也, 信也. 尹或訓誠, 亦信也." 玉之明徹, 蘊於內而達於外, 猶君子之信由中出也. 先儒以孚爲浮, 以尹爲筠, 如竹箭之筠, 謂玉采色也. 其文其音, 旣悉有改, 義亦無據, 恐未然也. 玉之瑩者, 其光氣能達於天, 所謂"氣如白虹"也. 韜諸石中, 則光輝必見, 所謂"精神見於山川"也. 如君子之達於天, 則與天同德; 充實而有光輝, 則與地同德也. 玉之爲璧·琮, 其用也, 必有幣以將之; 玉爲圭·璋, 特達而已, 如君子之德, 無待乎外也. 莫非物也, 玉之爲物, 天下貴之; 莫非道也, 君子之道, 天下尊之. 故曰, "天下莫不貴者, 道也."

번역 여대림이 말하길, 빙례(聘禮)에서 옥을 사용하는 것에 연유하여 자공이 옥에 대해 물어본 한 문단을 「빙의」편의 말미에 덧붙인 것이다. 옥이라는 것은 산천의 정밀한 정기가 융합되어 맺혀진 것이며 그 덕의 아름다움은 군자와 유사한 점이 있다. 그렇기 때문에 군자가 이것을 착용하고 사용하는 것은 덕을 비견하고 그것을 존귀하게 여기기 때문이다. '민(碈)'은 돌 중에서 옥과 유사한 것인데, 맞는 것 같지만 아니라서 군자가 천시하니 자주색과 적색, 가라지와 벼, 향원과 덕의 관계와 같다. 옥의 순수하고 정밀한 기운이 발산하게 되면 매끈하면서도 윤택이 나니, 군자의 인(仁)에 있어 따뜻하고 두터우며 깊고 순박한 기운이 밖으로 형상화되는 것과 같다. 옥의 결은 촘촘하면서도 단단하니, 군자의 지(知)에 있어 정밀하고 성글지 않다면 이치에 맞고 견고하며 풀어지지 않는다면 오래 지속할 수 있음과 같다. 쇠에는 모서리가 있는데 그것이 날카로워 사용하게 되면 상처를 입힌다. 반면 옥에도 모서리가 있는데 날카롭지는 않아서 사용하게 되더라도 상처를 입힐 수 없다. 이것은 군자의 의(義)에 있어 위엄스러운 거동은 비록 남이 범할 수 없는 것처럼 보이지만 결국에는 남을 사랑하는 것으로 귀결되는 것과 같다. 옥의 몸체는 무거워서 그것을 드리우면 떨어져서 밑으로 내려가려고 하는 것처럼 느껴지는데, 군자가 예(禮)를 좋아함에 있어 겸손하고 공손하게 남보다 자신을 낮추는 것을 일로 삼기 때문에 '예(禮)'

라고 부르는 것과 같다. 소리에 있어 막히고 탁하며 여운이 짧은 것은 돌로 만든 악기에 해당하고, 맑게 울려 퍼지며 여운이 긴 것은 옥으로 만든 악기에 해당한다. 처음에는 광활하게 울리다가 끝에 가서 줄어드는 것은 쇠로 만든 악기에 해당하고, 처음과 끝이 동일한 것은 옥으로 만든 악기에 해당한다. 이것이 바로 옥의 소리가 다른 쇠나 돌과 다른 이유이다. '기종굴연(其終詘然)'이라고 한 것은 이른바 "옥으로 된 경(磬)을 쳐서 그 소리를 거둬들이는 것은 조리(條理)를 끝내는 것이다."[35]라는 뜻이며, 음악을 시작할 때에는 합하고 분명하게 됨에 이르러서 노래를 마무리하는 것과 같다는 의미이고,[36] '지여고목(止如槀木)'은 합주하고 그침에 있어 모두 점진적으로 줄어드는 것이 없으니, 군자는 악(樂)에 있어 그 끝에 있어 확연하게 마무리하는 것이 옥의 소리와 같은 것이다. 옥에 있어 유(瑜)라는 것은 아름다운 부분을 뜻하고, 하(瑕)는 흠을 뜻한다. 옥의 밝음은 내외를 관통하며 밝게 빛나니 아름다운 결이나 흠이 상호 가릴 수 없는데, 이것은 군자의 충(忠)에 감추는 정감이 없고 선함과 악함이 모두 드러나 가리는 바가 없는 것과 같다. 그렇기 때문에 '충(忠)'이라고 했다. '부윤(孚尹)'의 뜻에 대해서는 들어보지 못했다. 다만 어떤 자들은 "신(信)이 마음에서 드러내는 것을 '부(孚)'라고 부르므로 신(信)에 해당한다고 하는 것이다. 윤(尹)자 또한 간혹 성(誠)자의 뜻으로 풀이하니 이 또한 신(信)에 해당한다."라고도 풀이한다. 옥의 관통하는 밝음이 안에서 온축되어 밖으로 통하는 것이니, 군자의 신(信)이 마음으로부터 나타나는 것과 같다. 선대 학자들은 부(孚)자를 부(浮)자로 여겼고, 윤(尹)자를 균(筠)자로 여겨서 대나무로 만든 화살을 뜻할 때의 균(筠)과 같다고 하며 옥의 채색을 뜻한다고 했다. 그러나 그 자형과 음에 있어서 이미 심각하게 고친 부분이 있고 의미에 있어서도 근거로 삼을 것이 없으니 아마도 그러한 뜻은 아닐 것이다. 옥의 영롱함은 그 빛과 기운이 하늘까지 통할 수 있으니 이른바 "그 기운이 흰 무지개와 같다."는

---

35) 『맹자』「만장하(萬章下)」: 孔子之謂集大成. 集大成也者, 金聲而玉振之也. 金聲也者, 始條理也, 玉振之也者, 終條理也. 始條理者, 智之事也, 終條理者, 聖之事也.

36) 『논어』「팔일(八佾)」: 子語魯大師樂, 曰, "樂其可知也, 始作, 翕如也, 從之, 純如也, 皦如也, 繹如也, 以成."

뜻이다. 돌 속에 감춰져 있다면 그 찬란한 빛은 반드시 드러나게 되니 이른바 "정신이 산천에 드러난다."는 뜻이다. 이것은 군자에게 있어 그 덕을 하늘에 통하게 하면 하늘과 덕이 같아지는 것과 같고, 또 충실하게 채워 찬란한 빛이 드러나면 땅과 덕이 같아지는 것과 같다. 옥으로 벽(璧)과 종(琮)을 만드는데, 그것을 사용할 때에는 반드시 예물을 곁들여서 보내게 되지만, 옥으로 만든 규(圭)와 장(璋)은 그것 단독으로 전달할 따름이니, 군자의 덕은 외적으로 무언가를 필요로 하지 않는 것과 같다. 사물 아닌 것들이 없지만 옥이라는 사물은 천하 사람들이 모두 존귀하게 여기고, 도 아닌 것들이 없지만 군자의 도는 천하 사람들이 모두 존귀하게 여긴다. 그렇기 때문에 "천하에 귀하게 여기지 않는 자가 없는 것은 도(道)이다."라고 했다.

集解 愚謂: 分而言之, 則爲仁·爲知·爲義·爲禮樂·爲忠信, 合而言之, 皆德也. 天地以言其德之著見於上下, 道以言其德之見用於人, 故曰, "君子於玉比德焉."

번역 내가 생각하기에, 구별해서 말한다면 인(仁)이 되고 지(知)가 되며 의(義)가 되고 예악(禮樂)이 되며 충신(忠信)이 되는데, 합쳐서 말한다면 모두 덕(德)에 해당한다. '천지(天地)'는 그 덕을 상하로 환하게 드러낸다는 뜻에서 말한 것이며, '도(道)'는 그 덕을 사람들에게 적용하고 나타낸다는 뜻에서 말한 것이다. 그렇기 때문에 "군자는 옥을 통해 덕을 비견한다."라고 했다.

참고 구문비교

예기 · 빙의 子貢問於孔子曰: "敢問君子貴玉而賤碈者何也? 爲玉之寡而碈之多與?" 孔子曰: "非爲碈之多故賤之也, 玉之寡故貴之也. 夫昔者君子比德於玉焉: 溫潤而澤, 仁也; 縝密以栗, 知也; 廉而不劌, 義也; 垂之如隊, 禮也; 叩之其聲淸越以長, 其終詘然, 樂也; 瑕不揜瑜, 瑜不揜瑕, 忠也; 孚尹旁達, 信也; 氣如白虹, 天也; 精神見于山川, 地也; 圭璋特達, 德也; 天下莫不貴者, 道也. 詩云: '言念君子, 溫其如玉.' 故君子貴之也."

공자가어 · 문옥(問玉) 子貢問於孔子曰, “敢問君子貴玉而賤珉何也? 爲玉之寡而珉之多歟?” 孔子曰, “非爲玉之寡故貴之, 珉之多故賤之. 夫昔者君子比德於玉: 溫潤而澤, 仁也; 縝密以栗, 智也; 廉而不劌, 義也; 垂之如墜, 禮也; 叩之其聲淸越而長, 其終則詘然, 樂矣; 瑕不掩瑜, 瑜不掩瑕, 忠也; 孚尹旁達, 信也; 氣如白虹, 天也; 精神見于山川, 地也⑧; 珪璋特達, 德也; 天下莫不貴者, 道也. 詩云, ‘言念君子, 溫其如玉.’ 故君子貴之也.”

순자 · 법행(法行) 子貢問於孔子曰: “君子之所以貴玉而賤珉者何也? 爲夫玉之少而珉之多邪?” 孔子曰: “惡! 賜! 是何言也! 夫君子豈多而賤之, 少而貴之哉! 夫玉者君子比德焉: 溫潤而澤, 仁也; 栗而理, 知也; 堅剛而不屈, 義也; 廉而不劌, 行也; 折而不撓, 勇也; 瑕適並見, 情也; 扣之, 其聲淸揚而遠聞, 其止輟然, 辭也. 故雖有珉之雕雕, 不若玉之章章. 詩曰: ‘言念君子, 溫其如玉.’ 此之謂也.

참고 『공자가어(孔子家語)』「문옥(問玉)」 기록

원문 子貢問於孔子曰, “敢問君子貴玉而賤珉何也? 爲玉之寡而珉之多歟①?” 孔子曰, “非爲玉之寡故貴之, 珉之多故賤之. 夫昔者君子比德於玉: 溫潤而澤, 仁也; 縝密以栗, 智也②; 廉而不劌, 義也③; 垂之如墜, 禮也④; 叩之其聲淸越而長, 其終則詘然, 樂矣⑤; 瑕不掩瑜, 瑜不掩瑕, 忠也⑥; 孚尹旁達, 信也⑦; 氣如白虹, 天也; 精神見于山川, 地也⑧; 珪璋特達, 德也; 天下莫不貴者, 道也. 詩云, ‘言念君子, 溫其如玉.’ 故君子貴之也.”

王注-① 珉石似玉. 珉, 眉巾反.

번역 옥돌은 옥과 비슷하게 생겼다. ‘珉’자는 ‘眉(미)’자와 ‘巾(건)’자의 반절음이다.

王注-② 縝密, 緻塞貌. 栗, 堅也. 縝, 之忍反. 緻, 直利反.

번역 '진밀(縝密)'은 촘촘하게 차여져 있는 모습을 뜻한다. '율(栗)'자는 견고하다는 뜻이다. '縝'자는 '之(지)'자와 '忍(인)'자의 반절음이다. '緻'자는 '直(직)'자와 '利(리)'자의 반절음이다.

王注-③ 劌, 割也. 有廉隅, 而不割傷也. 劌, 呼外反.

번역 '귀(劌)'자는 베다는 뜻이다. 날카로운 모서리가 있지만 상처를 입히지 않는다. '劌'자는 '呼(호)'자와 '外(외)'자의 반절음이다.

王注-④ 禮尙謙卑.

번역 예(禮)는 자신을 겸손하게 낮추는 것을 숭상한다.

王注-⑤ 詘, 斷絶貌, 似樂之息. 詘, 曲勿反.

번역 '굴(詘)'자는 끊어지는 모습을 뜻하니, 음악을 그치는 것과 유사하다. '詘'자는 '曲(곡)'자와 '勿(물)'자의 반절음이다.

王注-⑥ 瑜, 其中美者也.

번역 '유(瑜)'자는 그 중심이 아름다운 것을 뜻한다.

王注-⑦ 孚尹, 玉貌. 旁達, 似信者無不通.

번역 '부윤(孚尹)'은 옥의 색채를 뜻한다. '방달(旁達)'은 믿음은 통하지 않는 곳이 없는 것과 같다.

王注-⑧ 精神本出山川, 是故象地.

번역 정령은 본래 산천에서 나오기 때문에 땅을 상징한다.

참고 『순자』「법행(法行)」 기록

원문 子貢問於孔子曰: "君子之所以貴玉而賤珉者何也①? 爲夫玉之少而珉之多邪?" 孔子曰: "惡! 賜! 是何言也②! 夫君子豈多而賤之, 少而貴之哉! 夫玉者君子比德焉: 溫潤而澤, 仁也③; 栗而理, 知也④; 堅剛而不屈, 義也⑤; 廉而不劌, 行也⑥; 折而不撓, 勇也⑦; 瑕適並見, 情也⑧; 扣之, 其聲淸揚而遠聞, 其止輟然, 辭也⑨. 故雖有珉之雕雕, 不若玉之章章⑩. 詩曰: '言念君子, 溫其如玉.' 此之謂也⑪.

楊注-① 珉, 石之似玉者.

번역 '민(珉)'은 돌 중에서도 옥과 비슷한 것이다.

楊注-② 惡音烏, 猶言烏, 謂此義也.

번역 '惡'자의 음은 '烏(오)'이니 오(烏)라고 말하는 것과 같고 차의(此義)라는 뜻이다.

楊注-③ 鄭康成云: 色柔溫潤, 似仁

번역 정강성이 말하길, 표면이 부드럽고 온화하며 매끈한 것은 인(仁)과 흡사하다.

楊注-④ 鄭云, "栗, 堅貌也." 理, 有文理. 似智者, 處事堅固, 又有文理.

번역 정현은 "'율(栗)'자는 견고한 모습을 뜻한다."라고 했다. '이(理)'는 예의가 있다는 뜻이다. 지(智)와 흡사하다는 것은 일을 처리하는 것이 견고하면서도 예의가 있다는 뜻이다.

楊注-⑤ 似義者, 剛直不回也.

번역 의(義)와 흡사하다는 것은 강직하며 사벽한 짓을 행하지 않는다는 뜻이다.

楊注-⑥ 劌, 傷也. 雖有廉稜而不傷物, 似有德行者, 不傷害人.

번역 '귀(劌)'자는 "상처를 내다[傷]."는 뜻이다. 비록 모서리가 있지만 다른 사물에 상처를 입히지 않으니, 덕행을 갖춘 자가 남에게 해를 끼치지 않는 점과 유사하다.

楊注-⑦ 雖摧折而不撓屈, 似勇者也.

번역 비록 꺾이더라도 구부릴 수 없으니, 용(勇)을 갖춘 자와 흡사하다는 뜻이다.

楊注-⑧ 瑕, 玉之病也; 適, 玉之美澤調適之處也. 瑕適並見, 似不匿其情者也. 禮記曰, 瑕不掩瑜, 瑜不掩瑕忠也.

번역 '하(瑕)'자는 옥의 흠을 뜻하며, '적(適)'자는 옥의 아름답고 윤기가 나며 조화롭고 적합한 부분을 뜻한다. 하(瑕)와 적(適)이 모두 드러나니, 자신의 정(情)을 숨기지 않는 자와 흡사하다. 『예기』에서는 "옥의 티가 그 아름다움을 가리지 않고 옥의 아름다움도 티를 가리지 않으니 이것은 충(忠)에 해당한다."라고 했다.

楊注-⑨ 扣與叩同, 似有辭辯. 言發言, 則人樂聽之, 言畢, 更無繁辭也. 禮記作叩之其聲淸越以長, 其終屈然, 樂也.

번역 '고(扣)'자는 두드린다는 뜻의 고(叩)자와 동일하니, 말에 조리가 있는 것과 유사하다. 즉 말을 하게 되면 사람들이 기쁜 마음으로 듣고, 말을 끝내면 재차 번잡한 말을 늘어놓지 않는다. 『예기』에서는 "그것을 두드리면 그 소리가 청아하게 일어나며 길게 퍼지고, 소리가 끝날 때에도 확연하게 맺음을 짓는 것은 악(樂)에 해당한다."라고 했다.

楊注-⑩ 彫彫, 謂彫飾文采也. 章章, 素質明著也.

번역 '조조(彫彫)'는 다듬고 꾸며서 문채가 난다는 뜻이다. '장장(章章)'은 소박하고 질박하여 밝게 드러난다는 뜻이다.

楊注-⑪ 詩, 秦風小戎之篇, 引之, 喩君子比德.

번역 이 시는 『시』「진풍(秦風)·소융(小戎)」편으로, 이 시를 인용한 것은 군자가 덕에 비견한다는 사실을 비유하기 위해서이다.

참고 『시』「진풍(秦風)·소융(小戎)」

小戎俴收, (소융천수) : 전쟁용 수레는 수레의 뒤턱이 낮구나,
五楘梁輈. (오목량주) : 다섯 번을 묶고 끌채 위의 굽은 가로대로다.
游環脅驅, (유환협구) : 가슴 위에 있는 둥근 가슴걸이며 가죽 끈이여,
陰靷鋈續. (음인옥속) : 수레바퀴를 가리는 판과 가죽 끈이여 이음새를 도금하였구나.
文茵暢轂, (문인창곡) : 호랑이 가죽 방석이며 기다란 바퀴통이여,
駕我騏馵. (가아기주) : 나의 얼룩지고 좌측발이 흰 말에 멍에를 매는구나.
言念君子, (언념군자) : 내가 군자를 생각하노니,
溫其如玉. (온기여옥) : 온화함이 옥과도 같구나.
在其板屋, (재기판옥) : 판옥에 있어,
亂我心曲. (난아심곡) : 내 간절한 마음을 어지럽히는구나.

四牡孔阜, (사모공부) : 네 마리의 수말이 매우 튼실하니,
六轡在手. (육비재수) : 여섯 고삐가 손에 있구나.
騏騮是中, (기류시중) : 얼룩지며 적색 털에 흑색 갈기를 한 말이 가운

데 있고,
騧驪是驂. (왜려시참) : 황색 털에 주둥이가 검은 말이 그 옆에 있구나.
龍盾之合, (용순지합) : 용무늬를 그린 방패를 합해서 싣고,
鋈以觼軜. (옥이결납) : 안쪽 고삐의 쇠고리를 도금하였구나.
言念君子, (언념군자) : 내가 군자를 생각하노니,
溫其在邑. (온기재읍) : 온화하게 상대국의 읍에 있구나.
方何爲期, (방하위기) : 이제 언제 돌아올까 기약하며,
胡然我念之. (호연아념지) : 어찌 나로 하여금 그리워하게 하는가.

俴駟孔群, (천사공군) : 얇은 갑옷을 입힌 네 마리의 말이 매우 조화롭거늘,
厹矛鋈錞. (구모옥순) : 날이 세모진 창에 창고달을 도금하였구나.
蒙伐有苑, (몽벌유원) : 여러가지 깃털을 뒤섞어 그린 방패가 화려하거늘,
虎韔鏤膺. (호창루응) : 호랑이 가죽으로 만든 활집이며, 쇠로 만든 가슴걸이로다.
交韔二弓, (교창이궁) : 두 활을 활집에 교차해 넣으니,
竹閉緄縢. (죽폐곤등) : 대나무로 만든 도지개를 끈으로 묶었구나.
言念君子, (언념군자) : 내가 군자를 생각하노니,
載寢載興. (재침재흥) : 자고 일어남을 근심하노라.
厭厭良人, (염염량인) : 편안하고 고요한 선량한 사람이여,
秩秩德音. (질질덕음) : 지모를 갖춰 그 덕음이 널리 퍼지는구나.

毛序 小戎, 美襄公也. 備其兵甲, 以討西戎, 西戎方彊, 而征伐不休, 國人, 則矜其車甲, 婦人, 能閔其君子焉.

모서 「소융(小戎)」편은 양공을 찬미한 시이다. 병장기를 갖춰서 서융을 토벌하였는데, 서융이 강성하여 정벌이 끝나지 않자, 나라 사람들은 수레와 갑옷을 과시하고 부인들은 자신의 남편을 근심하였다.

참고 『예기』「악기(樂記)」 기록

경문-489d~490a "故歌者, 上如抗, 下如隊, 曲如折, 止如槀木, 倨中矩, 句中鉤, 纍纍乎端如貫珠. 故歌之爲言也, 長言之也. 說之, 故言之; 言之不足, 故長言之; 長言之不足, 故嗟嘆之; 嗟嘆之不足, 故不知手之舞之足之蹈之也." 子貢問樂.

번역 계속하여 악사 을이 대답하길, "그러므로 시가라는 것을 부를 때, 높은 음은 마치 무언가를 들어 올리듯 위로 퍼지고, 낮은 음은 마치 무언가를 떨어트리듯 밑에서 울리며, 꺾이는 음은 마치 무언가가 꺾어지듯 퍼지고, 그치는 것은 마치 고사한 나무처럼 멈추며, 조금 완곡한 것은 곱자가 휘어진 것 같고, 크게 완곡한 것은 갈고리가 휘어진 것 같으며, 끝없이 이어져 단정한 것은 마치 구슬을 꿰어놓은 것과 같습니다. 그래서 시가라는 말은 길게 말을 한다는 뜻입니다. 기뻐하기 때문에 말을 하게 되고, 말하는 것으로는 부족하기 때문에 길게 말하게 되며, 길게 말하는 것으로는 부족하기 때문에 탄식을 하게 되고, 탄식을 하는 것으로는 부족하기 때문에, 손을 너울거리고 발로 춤사위를 밟는데도 스스로 깨닫지 못하는 것입니다."라고 했다. 여기까지는 「자공문악」편이다.

鄭注 言歌聲之著, 動人心之審, 如有此事. 長言之, 引其聲也. 嗟歎, 和續之也. "不知手之舞之, 足之蹈之", 歡之至也. 上下同美之也.

번역 노래의 소리가 드러남을 말한 것으로, 사람의 마음을 감동시키는 것이 이처럼 상세하여, 마치 앞서 언급한 일들이 생기는 것이다. '장언지(長言之)'는 소리를 길게 늘어트린다는 뜻이다. '차탄(嗟歎)'은 화답하며 소리가 연속되게 한다는 뜻이다. "손이 너울거리고 발이 춤사위를 밟는 것도 모른다."는 말은 기쁨이 지극한 것이다. 앞뒤의 말들에 대해서 모두 찬미를 한 것이다.

孔疏 ●"止如槁木"者, 言音聲止靜, 感動人心, 如似枯槁之木, 止而不動也.

번역 ●經文: "止如槁木". ○음과 소리가 멈추어 고요해서, 사람들의 마음을 감동시키는데, 마치 고사한 나무처럼 그쳐서 움직이지 않는 것처럼 된다는 뜻이다.

참고 『논어』「학이(學而)」 기록

경문 子禽問於子貢曰: "夫子至於是邦也, 必聞其政. 求之與? 抑與之與①?" 子貢曰: "夫子溫·良·恭·儉·讓以得之. 夫子之求之也, 其諸異乎人之求之與②!"

번역 자금이 자공에게 묻기를 "선생님께서는 이 나라에 도착하셔서 반드시 그 정치를 들으셨습니다. 이것은 선생님이 요구해서 들을 수 있었던 것입니까? 아니면 군주가 허락을 했기 때문입니까?"라고 하자 자공은 "선생님께서는 따뜻하고 선량하며 공손하고 검소하며 겸손함을 통해 그러한 기회를 얻으신 것이다. 따라서 선생님께서 요구하는 것은 남들이 요구하는 것과는 다르다!"라고 대답했다.

何注-① 鄭曰: 子禽, 弟子陳亢也. 子貢, 弟子, 姓端木, 名賜. 亢怪孔子所至之邦必與聞其國政, 求而得之邪? 抑人君自願與之爲治?

번역 정씨가 말하길, '자금(子禽)'은 공자의 제자인 진항(陳亢)이다. '자공(子貢)'은 공자의 제자이며, 성은 단목(端木)이고 이름은 사(賜)이다. 진항은 공자가 도착한 나라에서 반드시 그 나라의 정치에 대한 사안을 참여해서 들었는데, 본인이 요구해서 들을 수 있었던 것인지 아니면 군주가 직접 공자와 정치를 하고자 원해서인지 괴이하게 생각했던 것이다.

何注-② 鄭曰: 言夫子行此五德而得之, 與人求之異, 明人君自與之.

번역 정씨가 말하길, 공자는 이러한 다섯 가지 덕행을 실천하여 들을 수 있었던 것이니, 남들이 요구했던 것과는 다르며, 군주가 직접 공자에게 들을 수 있는 기회를 부여했음을 나타낸다.

邢疏 ●"子禽"至"求之". ○正義曰: 此章明夫子由其有德與聞國政之事.

번역 ●經文: "子禽"~"求之". ○이 문장은 공자가 자신이 소유한 덕을 통해 국가의 정사에 대해 들을 수 있었음을 나타내고 있다.

邢疏 ●"子禽問於子貢曰: 夫子至於是邦也, 必聞其政, 求之與? 抑與之與"者, 子禽疑怪孔子所至之邦必與聞其國之政事, 故問子貢曰: "此是孔子求於時君而得之與? 抑人君自願與夫子爲治與?" 抑·與皆語辭.

번역 ●經文: "子禽問於子貢曰: 夫子至於是邦也, 必聞其政, 求之與? 抑與之與". ○자금은 공자가 도착한 나라에 대해 반드시 그 나라의 정사를 듣는데 참여하는 것을 괴이하게 여겼다. 그렇기 때문에 자공에게 질문을 하며 "이것은 공자가 당시의 군주에게 요구해서 기회를 얻은 것인가? 아니면 군주가 직접 공자와 정치를 시행하고자 원해서인가?"라고 한 것이다. '억(抑)'자와 '여(與)'자는 모두 어조사이다.

邢疏 ●"子貢曰: 夫子溫·良·恭·儉·讓以得之. 夫子之求之也, 其諸異乎人之求之與"者, 此子貢答辭也. 敦柔潤澤謂之溫, 行不犯物謂之良, 和從不逆謂之恭, 去奢從約謂之儉, 先人後己謂之讓. 言夫子行此五德而得與聞國政. 他人則就君求之, 夫子則脩德, 人君自願與之爲治, 故曰: "夫子之求之也, 其諸異乎人之求之與!" 諸·與皆語辭.

번역 ●經文: "子貢曰: 夫子溫·良·恭·儉·讓以得之. 夫子之求之也, 其諸異乎人之求之與". ○이것은 자공의 답변에 해당한다. 돈독하고 유순하며 윤택한 것을 '온(溫)'이라 부르고, 행실이 남을 침해하지 않는 것을 '양(良)'

이라 부르며, 온화하게 따르며 거스르지 않는 것을 '공(恭)'이라 부르고, 사치스러운 것을 제거하고 검약한 것에 따르는 것을 '검(儉)'이라 부르며, 남을 앞세우고 자신을 뒤로 물리는 것을 '양(讓)'이라 부른다. 즉 공자는 이러한 다섯 가지 덕행을 시행하여 국가의 정치를 듣는데 참여할 수 있었다는 뜻이다. 다른 사람의 경우 군주에게 나아가 요구했으나, 공자의 경우에는 자신의 덕을 수양하여 군주가 직접 그와 정치를 시행하고자 원했던 것이다. 그렇기 때문에 "선생님께서 요구하는 것은 남들이 요구하는 것과는 다르다!"라고 했다. '저(諸)'자와 '여(與)'자는 모두 어조사이다.

邢疏 ◎注"鄭曰"至"爲治". ○正義曰: 云: "子禽, 弟子陳亢. 子貢, 弟子, 姓端木, 名賜"者, 家語·七十二弟子篇云: "陳亢, 陳人, 字子禽, 少孔子四十歲." 史記·弟子傳云: "端木賜, 字子貢, 少孔子三十一歲." 云"求而得之邪"者, 邪, 未定之辭.

번역 ◎何注: "鄭曰"~"爲治". ○"'자금(子禽)'은 공자의 제자인 진항(陳亢)이다. '자공(子貢)'은 공자의 제자이며, 성은 단목(端木)이고 이름은 사(賜)이다."라고 했는데, 『공자가어』「칠십이제자해(七十二弟子解)」편에서는 "진항(陳亢)은 진(陳)나라 사람으로, 자는 자금(子禽)이고, 공자보다 40세 어리다."[37]라고 했고, 『사기』「중니제자열전(仲尼弟子列傳)」편에서는 "단목사(端木賜)는 자는 자공(子貢)이며, 공자보다 31세 어리다."[38]라고 했다. "요구해서 들을 수 있었던 것인가?"라고 했는데, '야(邪)'자는 확정하지 않을 때 쓰는 말이다.

集註 子禽, 姓陳, 名亢. 子貢, 姓端木, 名賜. 皆孔子弟子. 或曰: "亢, 子貢弟子." 未知孰是. 抑, 反語辭.

번역 '자금(子禽)'은 성은 진(陳)이며 이름은 항(亢)이다. '자공(子貢)'은

---

37) 『공자가어(孔子家語)』「칠십이제자해(七十二弟子解)」: 陳亢, 陳人, 字子亢, 一字子禽, 少孔子四十歲.
38) 『사기(史記)』「중니제자열전(仲尼弟子列傳)」: 端沐賜, 衛人, 字子貢, 少孔子三十一歲.

성은 단목(端木)이고 이름은 사(賜)이다. 모두 공자의 제자이다. 혹자는 "항(亢)은 자공의 제자이다."라고 했다. 누구의 주장이 옳은지는 모르겠다. '억(抑)'자는 반어사이다.

集註 溫, 和厚也. 良, 易直也. 恭, 莊敬也. 儉, 節制也. 讓, 謙遜也. 五者, 夫子之盛德光輝接於人者也. 其諸, 語辭也. 人, 他人也. 言夫子未嘗求之, 但其德容如是, 故時君敬信, 自以其政就而問之耳, 非若他人必求之而後得也. 聖人過化存神之妙, 未易窺測, 然卽此而觀, 則其德盛禮恭而不願乎外, 亦可見矣. 學者所當潛心而勉學也.

번역 '온(溫)'자는 온화하고 후덕함을 뜻한다. '양(良)'자는 마음이 평탄하고 정직한 것을 뜻한다. '공(恭)'자는 장엄하고 공경스러운 것을 뜻한다. '검(儉)'자는 절제함을 뜻한다. '양(讓)'자는 사양하고 겸손함을 뜻한다. 다섯 가지는 공자의 융성한 덕이 찬란하게 빛나 남에게 미치는 것이다. '기저(其諸)'는 어조사이다. '인(人)'자는 다른 사람을 뜻한다. 공자는 일찍이 요구한 적이 없다. 다만 그 덕성에 따른 태도가 이와 같았기 때문에 당시의 군주들이 공경하고 믿어서, 직접 정사에 대한 일을 가지고 찾아와서 자문을 구했던 것일 뿐이니, 다른 사람들이 기어코 요구하고 그런 뒤에야 들을 수 있었던 것과는 다르다. 성인이 지나가면 저절로 교화되고 마음에 보존한 것이 신묘해지는 오묘한 이치는 쉽게 헤아릴 수 없지만, 이러한 것을 통해 살펴본다면 덕이 융성하고 예가 공손하여 외부의 것을 원하지 않았음을 또한 엿볼 수 있다. 따라서 배우는 자들은 마땅히 마음을 침잠하여 열심히 배워야만 한다.

集註 謝氏曰: 學者觀於聖人威儀之間, 亦可以進德矣. 若子貢亦可謂善觀聖人矣, 亦可謂善言德行矣. 今去聖人千五百年, 以此五者想見其形容, 尙能使人興起, 而況於親炙之者乎?

번역 사씨가 말하길, 배우는 자들이 성인이 행한 위엄스러운 거동을 살펴본다면 또한 덕을 진작시킬 수 있을 것이다. 자공과 같은 자는 또한 성인을 잘 관찰했다고 평할 수 있으며, 또한 공자의 덕행을 잘 조술했다고 평할 수 있다. 현재 공자가 생존했었던 시기와는 1,500여년의 차이가 나는데, 이러한 다섯 가지를 통해서 그 모습을 상상해보면, 여전히 사람들을 흥기시키기에 충분한데, 하물며 지접 가르침을 받았던 자의 경우라면 어떠했겠는가?

集註 張敬夫曰: 夫子至是邦必聞其政, 而未有能委國而授之以政者. 蓋見聖人之儀刑而樂告之者, 秉彝好德之良心也, 而私欲害之, 是以終不能用耳.

번역 장경부가 말하길, 공자가 이 나라에 도착하여 반드시 그 나라의 정치를 들었지만 그 나라를 맡겨서 정권을 주었던 자는 없었다. 성인의 위엄스러운 행동거지와 법도를 살펴보고서 즐거운 마음으로 일러주는 것은 도리를 지니며 덕을 좋아하는 선량한 마음에 해당한다. 그러나 사사로운 욕심이 이를 해치니, 이러한 까닭으로 끝내 공자를 등용하지 못했던 것이다.

참고 『서』「우서(虞書)·순전(舜典)」 기록

경문 帝曰: "夔, 命汝典樂, 教冑子①, 直而溫, 寬而栗②, 剛而無虐, 簡而無傲③. 詩言志, 歌永言④, 聲依永, 律和聲⑤. 八音克諧, 無相奪倫, 神人以和⑥." 夔曰: "於! 予擊石拊石, 百獸率舞⑦."

번역 순임금이 "기(夔)야, 너에게 음악을 담당하는 전악(典樂)이라는 관직을 명하니, 주자(冑子)들을 가르쳐서, 정직하면서도 온화하고, 관대하면서도 장엄하며, 강직하되 잔학함이 없도록 하고, 간이하되 오만함이 없도록 하라. 시는 뜻을 말로 표현하는 것이고, 노래는 말을 길게 읊조리는 것이며, 오성(五聲)은 길게 읊조리는데 따르고, 12율(律)은 오성을 조화롭게 만든다. 팔음(八音)이 조화를 이루어 음률의 이치를 서로 침해함이 없도록 하여, 신과 사람이 이를 통해 조화를 이루도록 만들어야 한다."라고 했다. 그러자 기는 "아! 제가 석경(石磬)을 치고 두드리니, 온갖 짐승들이 서로 따르며 춤을 추었습니다."라고 대답했다.

孔傳-① 胄, 長也, 謂元子以下至卿大夫子弟. 以歌詩蹈之舞之, 教長國子中·和·祇·庸·孝·友.

번역 '주(胄)'자는 장자라는 뜻이니, 원자(元子)[39]로부터 그 이하로 경·대부의 자제들을 의미한다. 시가를 노래 부르고 발을 구르며 춤을 추는 것으로 국자(國子)[40]들에게 충심[中]·조화로움[和]·공경[祇]·떳떳함[庸]·효(孝)·우애[友]를 가르치고 배양하는 것이다.

孔傳-② 教之正直而溫和, 寬弘而能莊栗.

번역 정직하면서도 온화하고 관대하면서도 장엄할 수 있도록 가르친다는 뜻이다.

孔傳-③ 剛失入虐, 簡失入傲, 教之以防其失.

번역 강직함의 잘못은 잔학함에 빠지는 것이고, 간이(簡易)함의 잘못은 오만함에 빠지는 것이니, 가르쳐서 잘못을 방지하는 것이다.

孔傳-④ 謂詩言志以導之, 歌詠其義以長其言.

---

39) 원자(元子)는 본래 천자 및 제후의 적장자(嫡長子)를 가리키는 용어이다. 일반적인 장자(長子)를 가리키는 용어로도 사용되었다.

40) 국자(國子)는 천자 및 공(公), 경(卿), 대부(大夫)의 자제들을 말한다. 때론 상황에 따라 천자의 태자(太子) 및 왕자(王子)를 포함시키지 않는 경우도 있다. 『주례』「지관(地官)·사씨(師氏)」편에는 "以三德教國子"라는 기록이 있고, 이에 대한 정현의 주에서 "國子, 公卿大夫之子弟."라고 풀이한 용례와 『한서(漢書)』「예악지(禮樂志)」편에서 "朝夕習業, 以教國子. 國子者, 卿大夫之子弟也."라고 풀이한 용례가 바로 여기에 해당한다. 그러나 이것은 천자에 대한 언급을 가급적 회피했기 때문에, 생략하여 기술하지 않은 것이다. 청대(清代) 유서년(劉書年)의 『유귀양설경잔고(劉貴陽說經殘稿)』「국자증오(國子證誤)」편에서 "國子者, 王大子, 王子, 諸侯公卿大夫士之子弟, 皆是, 亦曰國子弟."라고 풀이하고 있는 것처럼, '국자'에는 천자의 태자와 왕자들까지도 포함된다.

번역 시는 뜻을 말로 드러내어 인도하는 것이고, 노래는 그 의미를 읊조려서 말을 길게 늘어트린다는 뜻이다.

孔傳-⑤ 聲謂五聲: 宮·商·角·徵·羽. 律謂六律·六呂, 十二月之音氣. 言當依聲律以和樂.

번역 '성(聲)'은 오성(五聲)[41]을 뜻하니, 궁(宮)·상(商)·각(角)·치(徵)·우(羽)이다. '율(律)'은 육률(六律)[42]과 육려(六呂)[43]를 뜻하니, 12개월의 기후를 관측하는 음과 절기이다. 이러한 오성과 12율에 따라 음악을 조화롭게 만들어야 한다는 뜻이다.

孔傳-⑥ 倫, 理也. 八音能諧, 理不錯奪, 則神人咸和. 命夔使勉之.

번역 '윤(倫)'자는 이치[理]를 뜻한다. 팔음(八音)[44]이 조화를 이루어 음

---

41) 오성(五聲)은 오음(五音)이라고도 하며, 일반적으로 궁(宮), 상(商), 각(角), 치(徵), 우(羽) 다섯 가지 음을 뜻한다. 당(唐)나라 이후에는 또한 합(合), 사(四), 을(乙), 척(尺), 공(工)으로 부르기도 했다. 『맹자』「이루상(離婁上)」편에는 "不以六律, 不能正<u>五音</u>."이라는 기록이 있는데, 이에 대한 조기(趙岐)의 주에서는 "五音, 宮商角徵羽"라고 풀이하였다.

42) 육률(六律)은 12율(律) 중 양률(陽律)에 해당하는 황종(黃鐘), 태주(大簇), 고선(姑洗), 유빈(蕤賓), 이칙(夷則), 무역(無射)을 가리키는 용어이다. 한편 12율과 같은 의미로도 사용되었다.

43) 육려(六呂)는 12율(律) 중 음률(陰律)에 해당하는 임종(林鍾), 중려(仲呂), 협종(夾鍾), 대려(大呂), 응종(應鍾), 남려(南呂)를 가리키는 용어이다. 육동(六同)이라고도 부른다.

44) 팔음(八音)은 여덟 가지의 악기들을 뜻한다. 여덟 종류의 악기에는 8종류의 서로 다른 재질이 사용되기 때문에, 붙여진 이름이다. 여기에서 여덟 가지 재질이란 통상적으로 쇠[金], 돌[石], 실[絲], 대나무[竹], 박[匏], 흙[土], 가죽[革], 나무[木]를 가리킨다. 『서』「우서(虞書)·순전(舜典)」편에는 "三載, 四海遏密<u>八音</u>."이란 기록이 있는데, 이에 대한 공안국(孔安國)의 전(傳)에서는 "八音, 金石絲竹匏土革木."이라고 풀이하였다. 또한 여덟 가지 재질에 따른 악기에 대해서 설명하자면, 금(金)에는 종(鐘)과 박(鎛)이 있고, 석(石)에는 경(磬)이 있으며, 토(土)에는 훈(塤)이 있고, 혁(革)에는 고(鼓)와 도(鼗)가 있으며, 사(絲)에는 금(琴)과 슬(瑟)이 있고, 목(木)에는 축(柷)과 어(敔)가 있으

률의 이치가 어긋나거나 침해하지 않는다면, 신과 사람이 모두 조화롭게 된다. 기(夔)에게 명령하여 이러한 것들에 힘쓰도록 한 것이다.

孔傳-⑦ 石, 磬也. 磬, 音之清者. 拊亦擊也. 擧清者和則其餘皆從矣. 樂感百獸, 使相率而舞, 則神人和可知.

번역 '석(石)'은 경(磬)이다. 경(磬)은 그 음이 맑은 것이다. '부(拊)'자 또한 친다는 뜻이다. 맑은 음이 조화를 이루었다고 제시했다면 나머지 음들도 모두 그에 따랐던 것이다. 음악이 짐승들을 감화시켜 상호 따르며 춤을 추도록 만들었다면, 신과 사람도 조화롭게 됨을 알 수 있다.

孔疏 ●"帝曰夔"至"率舞". ○正義曰: 帝因伯夷所讓, 隨才而任用之. 帝呼夔曰: "我今命女典掌樂事, 當以詩樂教訓世適長子, 使此長子正直而溫和, 寬弘而莊栗, 剛毅而不苛虐, 簡易而不傲慢. 教之詩樂, 所以然者, 詩言人之志意, 歌詠其義以長其言. 樂聲依此長歌爲節, 律呂和此長歌爲聲. 八音皆能和諧, 無令相奪道理, 如此則神人以此和矣." 夔答舜曰: "嗚呼! 我擊其石磬, 拊其石磬, 諸音莫不和諧, 百獸相率而舞." 樂之所感如此, 是人神旣已和矣.

번역 ●經文: "帝曰夔"~"率舞". ○순임금은 백이(伯夷)가 사양함으로 인해 재주에 따라 등용을 하고 임무를 맡긴 것이다. 순임금이 기(夔)를 불러서 "내가 지금 너에게 음악에 대한 일을 담당하도록 명령하니, 마땅히 시와 음악을 통해 세대를 계승하는 적장자들을 가르쳐서, 이러한 적장자들로 하여금 정직하면서도 온화하고, 관대하면서도 장엄하며, 강직하면서도 잔악하게 굴지 않고, 간이하면서도 오만하지 않도록 만들어야 한다. 시와 음악을 통해 가르치라고 한 이유는 시는 사람의 뜻을 말한 것이고, 노래는

며, 포(匏)에는 생(笙)이 있고, 죽(竹)에는 관(管)과 소(簫)가 있다. 『주례』「춘관(春官)·대사(大師)」편에는 "皆播之以八音, 金石土革絲木匏竹."이라는 기록이 있는데, 이에 대한 정현의 주에서는 "金, 鐘鎛也. 石, 磬也. 土, 塤也. 革, 鼓鼗也. 絲, 琴瑟也. 木, 柷敔也. 匏, 笙也. 竹, 管簫也."라고 풀이하였다.

그 뜻을 읊조려서 말을 길게 늘어트리는 것이다. 음악의 소리는 이처럼 말을 길게 늘어트린 노래에 따라 음절을 삼고, 육률과 육려는 이처럼 길게 늘어트리는 노래를 조화롭게 해서 소리로 만든다. 팔음이 모두 조화를 이루어 그 도리를 상호 침해하지 않도록 해야 하니, 이처럼 한다면 신과 사람이 이를 통해 조화를 이룰 수 있기 때문이다."라고 했다. 기는 순임금에게 대답을 하며 "오호라! 제가 석경을 치고 석경을 두드리니, 모든 음들이 조화를 이루지 않은 것이 없게 되어, 온갖 짐승들이 서로 따르며 춤을 추었습니다."라고 했다. 음악이 이와 같이 감화를 시킨다면, 이것은 신과 사람이 이미 조화를 이룬 것임을 나타낸다.

孔疏 ◎傳"冑長"至"孝友". ○正義曰: 說文云: "冑, 胤也." 釋詁云: "胤, 繼也." 繼父世者惟長子耳, 故以"冑"爲長也. "謂元子已下至卿大夫子弟"者, 王制云: "樂正崇四術, 立四教. 王太子·王子·群后之太子·卿大夫元士之適子皆造焉." 是"下至卿大夫"也. 不言"元士", 士卑, 故略之. 彼鄭注云: "王子, 王之庶子也." 此傳兼言"弟"者, 蓋指太子之弟耳. 或孔意公卿大夫之弟亦教之, 國子以適爲主, 故言"冑子"也. 命典樂之官, 使教冑子. 下句又言詩歌之事, 是令夔以歌詩蹈之舞之, 教此適長國子也. 周禮·大司樂云: "以樂德教國子中·和·祗·庸·孝·友." 鄭云: "中猶忠也. 和, 剛柔適也. 祗, 敬也. 庸, 有常也. 善父母曰孝. 善兄弟曰友." 是言樂官用樂教之, 使成此六德也. 樂記又云: "樂在宗廟之中, 君臣上下同聽之, 則莫不和敬. 在族黨鄕里之中, 長幼同聽之, 則莫不和順. 在閨門之內, 父子兄弟同聽之, 則莫不和親." 是樂之感人, 能成忠·和·祗·庸·孝·友之六德也.

번역 ◎孔傳: "冑長"~"孝友". ○『설문』에서는 "주(冑)자는 맏이라는 뜻이다."라고 했고, 『이아』「석고(釋詁)」편에서는 "윤(胤)자는 계승한다는 뜻이다."[45]라고 했으니, 부친의 세대를 계승하는 자는 장자일 뿐이다. 그렇기 때문에 '주(冑)'자를 장(長)자의 뜻으로 여겼다. "원자(元子)로부터 그 이하로 경·대부의 자제들을 의미한다."라고 했는데, 『예기』「왕제(王制)」편에서

45) 『이아』「석고(釋詁)」: 紹·胤·嗣·續·纂·緌·績·武·係, 繼也.

는 "악정(樂正)[46]은 사술(四術)[47]을 숭배하고, 사교(四敎)[48]를 세운다. 천자의 태자, 나머지 왕자들, 여러 제후들의 태자, 경·대부·원사의 적자들은 모두 태학에서 악정에게 교육을 받는다."[49]라고 했는데, 이들이 바로 '그 이하로 경과 대부들'이라고 한 말에 해당한다. 원사(元士)[50]를 언급하지 않은 것은 사는 미천한 계급이기 때문에 생략한 것이다. 「왕제」편에 대한 정현의 주에서는 "왕자(王子)는 천자의 서자(庶子)들이다."라고 했다. 그런데 이곳 전문에서는 '제(弟)'까지도 함께 언급했으니, 아마도 태자의 동생을 가리키는 것 같다. 혹은 공안국[51]의 생각이 공·경·대부의 동생에 대해서도 가르친다고 여겼는데, 국자들에게 있어서는 적자를 위주로 하기 때문에 '주자(胄子)'라고 했다고 여겼을 수도 있다. 음악을 담당하는 관리로 임명하여 그로 하여금 주자들을 가르치도록 한 것이다. 아래 구문에서는 또한 시나

---

46) 악정(樂正)은 음악을 담당했던 관리들의 우두머리를 뜻한다. 정(正)자는 우두머리를 뜻하는 장(長)자와 같다. 한편 『주례』에는 '악정'이라는 직책은 보이지 않으며, 대신 대사악(大司樂)이라는 직책이 있다. 한편 『의례』「향사례(鄕射禮)」편에는 "樂正先升, 北面立于其西."라는 기록이 있는데, 이에 대한 가공언(賈公彦)의 소(疏)에서는 "案周禮有大司樂, 樂師, 天子之官. 此樂正, 諸侯及士大夫之官."이라고 풀이했다. 즉 '악정'은 제후 및 대부(大夫)의 관리였고, 천자에게는 대신 '대사악'과 악사(樂師)라는 관리가 소속되어 있었다. 따라서 간혹 '악정'을 '대사악'과 같은 의미로 사용하기도 한다.

47) 사술(四術)은 『시(詩)』, 『서(書)』, 『예(禮)』, 『악(樂)』 등 네 종류 경전에 대한 학문을 뜻한다.

48) 사교(四敎)는 『시(詩)』, 『서(書)』, 『예(禮)』, 『악(樂)』 등 네 종류의 학과목을 뜻한다.

49) 『예기』「왕제(王制)」【168b~c】: 樂正, 崇四術, 立四教, 順先王詩書禮樂, 以造士. 春秋, 教以禮樂, 冬夏, 教以詩書. 王大子, 王子, 群后之大子, 卿大夫元士之適子, 國之俊選, 皆造焉. 凡入學, 以齒.

50) 원사(元士)는 천자에게 소속된 사(士) 계층 중 하나이다. '사' 계층은 상·중·하로 구분되어, 상사(上士), 중사(中士), 하사(下士)로 나뉜다. 다만 천자에게 소속된 '상사'에게는 제후에게 소속된 '상사'보다 높여서 '원(元)'자를 붙이게 된다. 그래서 '원사'라고 부르는 것이다.

51) 공안국(孔安國, ?~?) : 전한(前漢) 때의 학자이다. 자(字)는 자국(子國)이다. 고문상서학(古文尙書學)의 개조(開祖)로 알려져 있다. 『십삼경주소(十三經注疏)』의 『상서정의(尙書正義)』에는 공안국의 전(傳)이 수록되어 있는데, 통상적으로 이 주석은 후대인들이 공안국의 이름에 가탁하여 붙인 문장으로 인식되고 있다.

노래에 대한 사안을 언급하였는데, 이것은 기로 하여금 시가를 노래하고 발을 구르고 춤추는 것을 통해서 이러한 적장자인 국자들을 가르치도록 한 것이다. 『주례』「대사악(大司樂)」편에서는 "음악에 대한 덕목으로 국자들에게 충심[中]·조화로움[和]·공경[祇]·떳떳함[庸]·효(孝)·우애[友]를 가르친다."[52]라고 했고, 정현은 "'중(中)'자는 충심을 뜻한다. '화(和)'자는 강직함과 부드러움이 알맞은 상태를 뜻한다. '지(祇)'자는 공경함을 뜻한다. '용(庸)'자는 항상된 도리를 갖추고 있다는 뜻이다. 부모를 잘 섬기는 것을 '효(孝)'라고 부른다. 형제에게 잘하는 것을 '우(友)'라고 부른다."라고 했다. 이것은 음악을 담당하는 관리가 음악을 통해 교육하여, 이러한 여섯 가지 덕목을 완성시키도록 한다는 뜻이다. 『예기』「악기(樂記)」편에서는 또한 "종묘 안에서 음악을 연주하여 군주와 신하 및 상하계층이 함께 듣게 된다면, 조화롭고 공경하지 않는 자가 없게 된다. 또 종족이나 향리 등의 마을 안에서 음악을 연주하여 어른과 젊은이들이 함께 듣게 된다면, 조화롭고 순종하지 않는 자가 없게 된다. 또 한 집안 안에서 음악을 연주하여 부모와 자식 및 형제들이 함께 듣게 된다면, 조화롭고 친애하지 않는 자가 없게 된다."[53]라고 했다. 이것은 음악이 사람들을 감화시켜서 충심·조화로움·공경·떳떳함·효·우애라는 여섯 가지 덕목을 완성시킬 수 있음을 뜻한다.

孔疏 ◎傳"敎之"至"莊栗". ○正義曰: 此"直而溫"與下三句皆使夔敎胄子, 令性行當然, 故傳發首言"敎之"也. 正直者失於太嚴, 故令正直而溫和; 寬弘者失於緩慢, 故令寬弘而莊栗, 謂矜莊嚴栗. 栗者, 謹敬也.

번역 ◎孔傳: "敎之"~"莊栗". ○여기에서 "정직하면서도 온화하다."라고 한 말로부터 그 뒤의 세 구문은 모두 기(夔)로 하여금 주자들을 가르쳐

---

52) 『주례』「춘관(春官)·대사악(大司樂)」: 以樂德敎國子: 中·和·祇·庸·孝·友.

53) 『예기』「악기(樂記)」【488b】: 是故樂在宗廟之中, 君臣上下同聽之, 則莫不和敬; 在族長鄕里之中, 長幼同聽之, 則莫不和順; 在閨門之內, 父子兄弟同聽之, 則莫不和親. 故樂者審一以定和, 比物以飾節, 節奏合以成文, 所以合和父子君臣附親萬民也. 是先王立樂之方也.

서 그들의 성품과 행실을 마땅하도록 만드는 것이다. 그렇기 때문에 전문에서는 첫머리에 "그들을 가르친다."라고 말한 것이다. 너무 정직한 자는 엄격하게 하는 잘못을 범하게 된다. 그렇기 때문에 정직하면서도 온화하게 만들었던 것이다. 너무 관대한 자는 완만하게 하는 잘못을 범하게 된다. 그렇기 때문에 관대하면서도 장엄하도록 만들었던 것이다. '장률(莊栗)'이라는 것은 엄숙하고 장엄하며 엄격하고 경외를 받는 것을 뜻한다. '율(栗)'자는 조심하고 공경스러운 것을 뜻한다.

孔疏 ◎傳"剛失"至"其失". ○正義曰: 剛彊之失入於苛虐, 故令人剛而無虐. 簡易之失入於傲慢, 故令簡而無傲. 剛·簡是其本性, 敎之使無虐·傲, 是言敎之以防其失也. 由此而言之, 上二句亦直·寬是其本性, 直失於不溫, 寬失於不栗, 故敎之使溫·栗也. 直·寬·剛·簡卽皐陶所謀之九德也. 九德而獨擧此四事者, 人之大體, 故特言之.

번역 ◎孔傳: "剛失"~"其失". ○너무 강직한 자의 잘못은 잔학하게 구는데 빠지기 쉽다. 그렇기 때문에 주자들로 하여금 강직하면서도 잔학함이 없도록 만들었던 것이다. 너무 간이한 자의 잘못은 오만하게 구는데 빠지기 쉽다. 그렇기 때문에 간이하면서도 오만함이 없도록 만들었던 것이다. 강직함과 간이함은 본성에 해당하고, 주자들을 가르쳐서 잔악함과 오만함이 없도록 하는데, 이것은 가르쳐서 잘못을 방지하도록 만든다는 뜻이다. 이러한 것을 통해 말해보자면, 앞의 두 구문에 있어서도 정직함과 관대함은 본성에 해당하고, 너무 정직하기만 한 자는 온화하지 못한 잘못을 범하고, 너무 관대하기만 한 자는 장엄하지 못한 잘못을 범한다. 그렇기 때문에 가르쳐서 완화하고 장엄하도록 만드는 것이다. 정직함·관대함·강직함·간이함은 고요(皐陶)가 계획했던 구덕(九德)[54]에 해당한다. 구덕 중에서도

54) 구덕(九德) : '구덕'은 관대하면서도 엄숙하고, 유순하면서도 꼿꼿하며, 조심스러우면서도 공손하고, 혼란을 다잡으면서도 공경스러우며, 유순하면서도 굳세고, 강직하면서도 온화하고, 요점을 잘 지키면서도 의로움을 지키며, 굳건하면서도 독실하고, 용맹하면서도 의로움을 좇는 것이다. 『서』「우

이러한 네 가지 사안만 제시한 것은 인도의 큰 본체에 해당하기 때문에 특별히 언급한 것이다.

孔疏 ◎傳"謂詩"至"其言". ○正義曰: 作詩者自言己志, 則詩是言志之書, 習之可以生長志意, 故教其詩言志以導冑子之志, 使開悟也. 作詩者直言不足以申意, 故長歌之, 教令歌詠其詩之義以長其言, 謂聲長續之. 定本經作"永"字, 明訓"永"爲長也.

번역 ◎孔傳: "謂詩"~"其言". ○시를 작성하는 자는 직접 자신의 뜻을 언급하니, 시는 뜻을 언급한 기록이 되며, 그것을 익히게 되면 뜻을 생성하고 키울 수 있다. 그렇기 때문에 뜻을 말하고 있는 시를 가르쳐서 주자들의 뜻을 인도하여 개안하고 깨우치도록 만드는 것이다. 시를 작성하는 자는 말만으로는 뜻을 모두 펼치기에 부족하기 때문에 길게 늘어트리며 노래로 부르니, 시의 뜻을 읊조리는 노래를 가르쳐서 그 말을 길게 늘어트리는 것으로, 소리가 길게 이어지도록 한다는 뜻이다. 정본의 경문에서는 '영(永)'자로 기록했으니 영(永)자를 장(長)자로 풀이한다는 사실을 나타낸다.

孔疏 ◎傳"聲謂"至"和樂". ○正義曰: 周禮·太師云: "文之以五聲: 宮·商·角·徵·羽." 言五聲之淸濁有五品, 分之爲五聲也. 又"太師掌六律·六呂以合陰陽之聲. 陽聲黃鐘·太簇·姑洗·蕤賓·夷則·無射. 陰聲大呂·應鐘·南呂·林鐘·仲呂·夾鐘". 是六律·六呂之名也. 漢書·律曆志云: "律有十二, 陽六爲律, 陰六爲呂." 是陰律名同, 亦名呂也. 鄭玄云: "律述氣也, 同助陽宣氣, 與之同也." 又云: "呂, 旅也, 言旅助陽宣氣也." 志又云: "律黃帝之所作也, 黃帝使伶倫氏自大夏之西崑崙之陰, 取竹於嶰谷之中各生其竅厚薄均者, 斷兩節之間吹之, 以爲黃鐘之宮. 制十二籥, 以聽鳳皇之鳴, 其雄聲爲六, 雌鳴亦六, 以比黃鐘之宮, 是爲律之本." 言律之所作如此. 聖人之作律也, 旣以出音, 又以候氣, 布十二律

서(虞書)·고요모(皐陶謨)」편에는 "皐陶曰, 都, 亦行有九德, 亦言其人有德. 乃言曰, 載采采. 禹曰, 何. 皐陶曰, 寬而栗, 柔而立, 愿而恭, 亂而敬, 擾而毅, 直而溫, 簡而廉, 剛而塞, 彊而義, 彰厥有常, 吉哉."라는 기록이 있다.

於十二月之位, 氣至則律應, 是六律·六呂述十二月之音氣也. "聲依永"者, 謂五聲依附長言而爲之, 其聲未和, 乃用此律呂調和其五聲, 使應於節奏也.

번역 ◎孔傳: "聲謂"~"和樂". ○『주례』「태사(太師)」편에서는 "오성(五聲)으로 격식을 꾸미니, 궁(宮)·상(商)·각(角)·치(徵)·우(羽)이다."라고 했다. 이것은 오성에 있어 맑고 탁한 음에 따라 다섯 품계가 있어 이것을 나누면 다섯 음이 된다는 뜻이다. 또한 "태사는 육률(六律)·육려(六呂)를 담당하여 음양의 소리를 합치시킨다. 양성(陽聲)은 황종(黃鐘)·대주(大簇)·고선(姑洗)·유빈(蕤賓)·이칙(夷則)·무역(無射)이다. 음성(陰聲)은 대려(大呂)·응종(應鍾)·남려(南呂)·함종(函鍾)·소려(小呂)·협종(夾鍾)이다."라고 했다.[55] 이것은 육률과 육려의 명칭을 나타낸다. 『한서』「율력지(律曆志)」에서는 "율(律)에는 12개가 있고, 양성의 6개가 율(律)이 되며, 음성의 6개가 여(呂)가 된다."라고 했다. 이것은 음률(陰律)을 동(同)이라고 부르지만 또한 여(呂)라고도 부른다는 사실을 나타낸다. 정현은 "율(律)이란 기운을 펼치는 것으로, 음성도 동일하게 양을 도와 기운을 드러내므로, 양성과 함께하는 것이다."라고 했다. 또 "여(呂)자는 무리를 뜻하니, 무리를 지어 양성을 도와 기운을 드러낸다는 뜻이다."라고 했다. 「율력지」에서는 또한 "율(律)은 황제(黃帝)[56]가 만든 것으로, 황제는 영륜씨(伶倫氏)를 시켜 대하의

55) 『주례』「춘관(春官)·대사(大師)」: 大師; 掌六律六同, 以合陰陽之聲. 陽聲: 黃鍾·大蔟·姑洗·蕤賓·夷則·無射. 陰聲: 大呂·應鍾·南呂·函鍾·小呂·夾鍾. 皆文之以五聲, 宮·商·角·徵·羽. 皆播之以八音, 金·石·土·革·絲·木·匏·竹.

56) 황제(黃帝)는 헌원씨(軒轅氏), 유웅씨(有熊氏)이라고도 부른다. 전설시대에 존재했다고 전해지는 고대 제왕(帝王)이다. 소전(少典)의 아들이고, 성(姓)은 공손(公孫)이다. 헌원(軒轅)이라는 땅의 구릉 지역에 거주하였기 때문에, 그를 '헌원씨'라고도 부르는 것이다. 또한 '황제'는 희수(姬水) 지역에도 거주를 하였기 때문에, 이 지역의 이름을 따서 성(姓)을 희(姬)로 고치기도 하였다. 그리고 수도를 유웅(有熊) 땅에 마련하였기 때문에, 그를 '유웅씨'라고도 부르는 것이다. 한편 오행(五行) 관념에 따라서, 그는 토덕(土德)을 바탕으로 제왕이 되었다고 여겼는데, 흙[土]이 상징하는 색깔은 황(黃)이므로, 그를 '황제'라고 부르는 것이다. 『역』「계사하(繫辭下)」편에는 "神農氏沒, 黃帝·堯·舜氏作, 通其變, 使民不倦."이라는 기록이 있는데, 이에 대한 공영달(孔穎達)의 소(疏)에서는 "黃帝, 有熊氏少典之子, 姬姓也."라고 풀이했다. 한편 '황

서쪽에 있는 곤륜산의 음지쪽에서도 계곡 안에서 자란 대나무 중 구멍의 두께가 균일한 것을 가져다가 양쪽 마디 사이를 잘라 불어 황종(黃鐘)의 궁(宮)음에 해당하는 것으로 삼았다. 12개의 피리를 만들어서 봉황의 울음소리를 듣고 수컷의 울음소리에 따라 여섯 음을 삼고 암컷의 울음소리에 따라 또한 여섯 음을 만들어서 황종의 궁음에 견주었으니, 이것이 율(律)의 근본이다."라고 했다. 즉 율(律)을 만들어낸 과정이 이와 같다는 뜻이다. 성인이 율(律)을 만들었을 때에는 이미 이를 통해 소리를 냈고, 또 기후와 절기에 따라 12율을 12개월의 자리에 배분하였는데, 해당하는 절기가 도래하면 해당하는 율이 호응하였다. 이것은 육률과 육려가 12개월의 음과 절기를 펼친다는 것을 뜻한다. '성의영(聲依永)'이라는 것은 오성은 말을 길게 늘어트리는 것에 따라서 내는 것인데, 그 소리가 조화롭지 못하다면 이러한 육률과 육려를 이용하여 오성을 조화롭게 만들어 규칙적인 음의 흐름에 호응하도록 만든다는 뜻이다.

孔疏 ◎傳"倫理"至"勉之". ○正義曰: "倫"之爲理, 常訓也. 八音能諧, 相應和也. 各自守分, 不相奪道理, 是言理不錯亂相奪也. 如此則神人咸和矣. 帝言此者, 命夔使勉之也. 大司樂云: "大合樂以致鬼神示, 以和邦國, 以諧萬民, 以安賓客, 以說遠人." 是神人和也.

번역 ◎孔傳: "倫理"~"勉之". ○'윤(倫)'자가 이치[理]를 뜻한다는 것은 일반적인 풀이이다. 팔음(八音)이 조화를 이루게 된다면 서로 호응하며 조화롭게 된다. 각자 자신의 본분을 지키며 상호 그 도리를 빼앗지 않는 것이 이치가 어지럽게 뒤섞여 서로 빼앗지 않는다는 뜻이다. 이처럼 한다면 신과 사람이 모두 조화롭게 된다. 순임금이 이러한 것들을 말한 것은 기(夔)

제'는 오제(五帝) 중 하나를 뜻한다. 오행(五行)으로 구분했을 때 토(土)를 주관하며, 계절로 따지면 중앙 계절을 주관하고, 방위로 따지면 중앙을 주관하는 신(神)이다. 『여씨춘추(呂氏春秋)』「계하기(季夏紀)」편에는 "其帝黃帝, 其神后土."라는 기록이 있고, 이에 대한 고유(高誘)의 주에서는 "黃帝, 少典之子, 以土德王天下, 號軒轅氏, 死託祀爲中央之帝."라고 풀이했다.

에게 명령하여 힘쓰도록 만든 것이다. 『주례』「대사악(大司樂)」편에서는 “성대하게 음악을 합주하여 인귀·천신·지신에 이르도록 하고, 이를 통해 제후국을 화합하도록 만들며, 백성들을 조화롭게 만들고, 빈객을 편안하게 만들며, 멀리 떨어져 있는 사람들을 기뻐하도록 만든다.”[57]라고 했는데, 이것은 신과 사람이 조화롭게 됨을 뜻한다.

孔疏 ◎傳“石磬”至“可知”. ○正義曰: 樂器惟磬以石爲之, 故云: “石, 磬也.” 八音之音石磬最淸, 故知磬是音之聲淸者. 磬必擊以鳴之, 故云拊亦擊之. 重其文者, 擊有大小, “擊”是大擊, “拊”是小擊. 音聲濁者粗, 淸者精, 精則難和, 擧淸者和, 則其餘皆從矣. 商頌云: “依我磬聲.” 是言磬聲淸, 諸音來依之. “百獸率舞”, 卽大司樂云“以作動物”·益稷云“鳥獸蹌蹌”, 是也. 人神易感, 鳥獸難感, 百獸相率而舞, 則神人和可知也. 夔言此者, 以帝戒之云“神人以和”, 欲使勉力感神人也. 乃答帝云“百獸率舞”, 則神人以和, 言帝德及鳥獸也.

번역 ◎孔傳: “石磬”~“可知”. ○악기들 중 오직 경(磬)만이 돌을 이용해서 만든다. 그렇기 때문에 “‘석(石)’은 경(磬)이다.”라고 했다. 팔음의 악기들 중 석경은 가장 맑은 소리를 낸다. 그렇기 때문에 경이 음 중에서도 맑은 소리가 됨을 알 수 있다. 경은 반드시 때려야만 울리게 된다. 그렇기 때문에 “‘부(拊)’자 또한 친다는 뜻이다.”라고 했다. 문자가 중복되는 것은 때리는 것에는 세게 때리거나 약하게 때리는 차이가 있기 때문이니, ‘격(擊)’이라는 것은 세게 때리는 것이고, ‘부(拊)’라는 것은 약하게 때리는 것이다. 음의 소리가 탁한 것은 거친 것이고 맑은 것은 정밀한 것인데, 정밀하다면 조화롭게 만들기가 어렵다. 그런데 맑은 것을 조화롭게 만든다고 했다면 그 나머지 것들도 이에 따른다는 사실을 알 수 있다. 『시』「상송(商頌)」편에서는 “우리 경의 소리에 따른다.”[58]라고 했는데, 이것은 경의 소리가 맑아서 다른 음들

57) 『주례』「춘관(春官)·대사악(大司樂)」 : 以六律·六同·五聲·八音·六舞<u>大合樂, 以致鬼神示, 以和邦國, 以諧萬民, 以安賓客, 以說遠人</u>, 以作動物.

58) 『시』「상송(商頌)·나(那)」 : 猗與那與, 置我鞉鼓. 奏鼓簡簡, 衎我烈祖. 湯孫奏假, 綏我思成. 鞉鼓淵淵, 嘒嘒管聲. 旣和且平, <u>依我磬聲</u>. 於赫湯孫, 穆穆厥

이 나오며 그에 따른다는 사실을 뜻한다. "온갖 짐승들이 서로 따르며 춤을 추었다."는 말은 『주례』「대사악(大司樂)」편에서 "이를 통해 동물들을 진작시킨다."[59]라고 한 말에 해당하고, 『서』「익직(益稷)」편에서 "조수가 춤춘다."[60]라고 한 말에 해당한다. 사람과 신은 느끼기가 쉽지만, 조수는 느끼기가 어려운데, 온갖 짐승들이 서로 따르며 춤을 춘다고 했다면, 신과 사람이 조화롭게 되었다는 사실도 알 수 있다. 기가 이처럼 말한 것은 순임금이 주의를 주며 "신과 사람이 이를 통해 조화를 이루도록 만들어야 한다."라고 하여, 그로 하여금 신과 사람을 감화시키는데 힘쓰도록 했기 때문이다. 그래서 순임금에게 답변을 하며 "온갖 짐승들이 서로 따르며 춤춘다."고 했으니, 신과 사람이 조화를 이룬 것으로, 순임금의 덕이 조수에게까지 미쳤다는 의미이다.

蔡傳 冑, 長也, 自天子至卿大夫之適子也. 栗, 莊敬也. 上二無者, 與毋同. 凡人直者, 必不足於溫, 故欲其溫. 寬者, 必不足於栗, 故欲其栗. 所以慮其偏, 而輔翼之也. 剛者, 必至於虐, 故欲其無虐. 簡者, 必至於傲, 故欲其無傲. 所以防其過, 而戒禁之也. 教冑子者, 欲其如此, 而其所以教之之具, 則又專在於樂. 如周禮大司樂掌成均之法, 以教國子弟, 而孔子亦曰: "興於詩, 成於樂." 蓋所以蕩滌邪穢, 斟酌飽滿, 動盪血脈, 流通精神, 養其中和之德, 而救其氣質之偏者也. 心之所之, 謂之志. 心有所之, 必形於言, 故曰詩言志. 旣形於言, 則必有長短之節, 故曰歌永言. 旣有長短, 則必有高下淸濁之殊, 故曰聲依永. 聲者, 宮商角徵羽也. 大抵歌聲, 長而濁者爲宮, 以漸而淸且短, 則爲商爲角爲徵爲羽, 所謂聲依永也. 旣有長短淸濁, 則又必以十二律和之, 乃能成文而不亂. 假令黃鍾爲宮, 則大簇爲商, 姑洗爲角, 林鍾爲徵, 南呂爲羽, 蓋以三分損益,

---

聲. 庸鼓有斁, 萬舞有奕. 我有嘉客, 亦不夷懌. 自古在昔, 先民有作. 溫恭朝夕, 執事有恪. 顧予烝嘗, 湯孫之將.

59) 『주례』「춘관(春官)·대사악(大司樂)」 : 以六律·六同·五聲·八音·六舞大合樂, 以致鬼神示, 以和邦國, 以諧萬民, 以安賓客, 以說遠人, 以作動物.

60) 『서』「우서(虞書)·익직(益稷)」 : 夔曰, 戛擊鳴球, 搏拊琴瑟以詠, 祖考來格, 虞賓在位, 群后德讓, 下管鼗鼓, 合止柷敔, 笙鏞以間, 鳥獸蹌蹌, 簫韶九成, 鳳皇來儀.

隔八相生而得之, 餘律皆然, 卽禮運所謂五聲六律十二管, 還相爲宮, 所謂律和聲也. 人聲旣和, 乃以其聲, 被之八音而爲樂, 則無不諧協, 而不相侵亂失其倫次, 可以奏之朝廷薦之郊廟, 而神人以和矣. 聖人作樂, 以養情性, 育人材, 事神祇, 和上下, 其體用功效, 廣大深切, 乃如此, 今皆不復見矣, 可勝嘆哉. 夔曰以下, 蘇氏曰: "舜方命九官, 濟濟相讓, 無緣夔於此獨言其功, 此益稷之文, 簡編脫誤, 復見於此."

번역 '주(胄)'자는 맏이를 뜻하니, 천자로부터 경·대부에 이르기까지 그들의 적자를 의미한다. '율(栗)'자는 장엄하고 공경스럽다는 뜻이다. 앞에 나온 2개의 무(無)자는 무(毋)자와 같다. 사람은 정직한 경우 반드시 온화함이 부족하게 된다. 그렇기 때문에 온화하게 만들고자 한 것이다. 관대한 경우 반드시 엄숙함이 부족하게 된다. 그렇기 때문에 엄숙하게 만들고자 한 것이다. 이것은 어느 한쪽으로 치우치게 될 것을 염려하여 보조하고 도움을 주고자 한 것이다. 강직하기만한 자는 반드시 잔학함에 이르게 된다. 그렇기 때문에 전학함이 없도록 만들고자 한 것이다. 간이하기만한 자는 반드시 오만함에 이르게 된다. 그렇기 때문에 오만함이 없도록 만들고자 한 것이다. 이것은 지나침을 방지하여 경계하고 금지를 한 것이다. 주자(胄子)를 가르친다는 것은 이처럼 만들고자 하는 것인데, 가르치는 도구는 또한 전적으로 음악에 달려있다. 예를 들어 『주례』「대사악(大司樂)」편에서는 성균(成均)[61]에 대한 법도를 담당하여, 이를 통해 나라의 자제들을 가르친다고 했고,[62] 공자 또한 "시에서 흥기되어 음악에서 완성한다."[63]라고 했으니, 이것은 삿되고 더러운 것을 씻어내고 가득 차도록 안배하며 혈맥을 움직이게 하며 정신을 두루 통하게 하여 중화의 덕을 배양하고 기질의 편벽됨을 구원하는 것이다. 마음이 가는 바를 '지(志)'라고 부른다. 마음에 향하는 바가 있다면 반드시 말을 통해 형상화된다. 그렇기 때문에 "시는 뜻을

---

61) 성균(成均)은 고대의 태학(太學) 명칭이다. 오제(五帝) 때 태학의 명칭을 '성균'으로 정했다고 전해진다.

62) 『주례』「춘관(春官)·대사악(大司樂)」: 大司樂; 掌成均之法, 以治建國之學政, 而合國之子弟焉.

63) 『논어』「태백(泰伯)」: 子曰, "興於詩, 立於禮, 成於樂."

말한 것이다."라고 했다. 이미 말을 통해 형상화되었다면, 반드시 길고 짧은 마디가 있게 된다. 그렇기 때문에 "노래는 말을 길게 읊조리는 것이다."라고 했다. 이미 장단의 마디가 있다면, 반드시 높고 낮음 및 맑고 탁한 차이가 발생한다. 그렇기 때문에 "소리는 길게 읊조리는데 따른다."라고 했다. '성(聲)'이라는 것은 궁(宮)·상(商)·각(角)·치(徵)·우(羽)를 뜻한다. 대체로 노래의 소리가 길고 탁한 것은 궁(宮)이 되고, 점진적으로 맑아지고 짧아지면 상(商)·각(角)·치(徵)·우(羽)가 되니, 이것이 바로 "소리는 길게 읊조리는데 따른다."는 뜻이다. 이미 장단과 청탁의 차이가 있다면, 또한 반드시 12율로 조화롭게 만들어야만 문채를 이루며 문란해지지 않을 수 있다. 가령 황종(黃鍾)이 궁(宮)이 되었다면, 태주(大簇)는 상(商)이 되고, 고선(姑洗)은 각(角)이 되며, 임종(林鍾)은 치(徵)가 되고, 남려(南呂)는 우(羽)가 되니, 3등분으로 나눠 덜거나 더하여 8만큼을 벌려서 상생하여 얻게 되며, 나머지 율 또한 모두 이러하다. 이것은 『예기』「예운(禮運)」편에서 "오성(五聲)·육율(六律)·12개의 관(管)은 순환하여 서로의 궁(宮)이 된다."[64]라는 것에 해당하니, 이른바 "율(律)이 성(聲)을 조화롭게 한다."는 뜻이다. 사람의 소리가 이미 조화롭게 되었으니, 그 소리를 팔음(八音)으로 연주하여 음악을 만들면, 조화롭지 않은 것이 없어서, 서로 침략하여 문란하게 만들거나 그 질서를 잃어버리게 만들지 않으니, 이것을 조정에서 연주하고 교묘(郊廟)[65]에 바칠 수 있고, 사람과 신도 이를 통해 조화롭게 된다. 성인

64) 『예기』「예운(禮運)」【281b】: 五聲·六律·十二管, 還相爲宮也.

65) 교묘(郊廟)는 고대에 천자가 천지(天地) 및 조상에게 제사지내던 제례(祭禮)를 가리키기도 하며, 그러한 제례가 이루어지는 장소 및 그 때 사용되는 음악을 가리키기도 한다. '교묘'에서의 교(郊)자는 천지에 대한 제사를 뜻하는데, 천(天)에 대한 제사는 '남쪽 교외[南郊]'에서 시행되었고, 지(地)에 대한 제사는 '북쪽 교외[北郊]'에서 시행되었다. 그렇기 때문에 '교'자가 천지에 대한 제사를 뜻하게 된 것이다. '묘(廟)'자는 종묘(宗廟)를 뜻하므로, 선조에 대한 제사를 가리킨다. 따라서 '교묘'라고 용어가 천지 및 조상신에 대한 제사를 뜻하게 된다. 『서』「우서(虞書)·순전(舜典)」편에는 "汝作秩宗."이라는 기록이 있는데, 이에 대한 공안국(孔安國)의 전(傳)에서는 "秩, 序. 宗, 尊也. 主郊廟之官."이라고 풀이하였고, 이 문장에 나오는 '교묘'에 대해 공영달(孔穎達)의 소(疏)에서는 "郊謂祭天南郊, 祭地北郊. 廟謂祭

은 음악을 만들어서 이를 통해 정감과 본성을 배양했고, 인재를 교육했으며, 신을 섬겼고, 상하계층을 화합하도록 만들었으니, 그 체용과 공효의 광대함과 간절함이 이와 같았는데, 지금은 이 모두를 다시는 볼 수 없게 되었으니 탄식을 금할 수 없다. '기왈(夔曰)'이라고 한 말로부터 그 이하의 기록에 대해 소씨는 "순임금이 이제 막 아홉 명의 관리를 임명하였고 엄숙하고 장엄하게 서로에게 양보를 하였으니, 이곳에서 유독 기만이 자신의 공을 말할 연유가 없다. 따라서 이것은 「익직(益稷)」편에 해당하는 문장인데, 착간이 되어 이곳에 중복 기록된 것이다."라고 했다.

참고 『시』「대아(大雅)·억(抑)」

抑抑威儀, (억억위의) : 촘촘한 위엄스러운 거동이여,
維德之隅. (유덕지우) : 그 덕은 엄숙하고 단정하구나.
人亦有言, (인역유언) : 사람들이 또한 말하길,
靡哲不愚. (미철불우) : 현명한 자가 아니라면 어리석은 것처럼 하지 않는구나.
庶人之愚, (서인지우) : 일반인의 어리석음은.
亦職維疾. (역직유질) : 본성상의 병통이니라.
哲人之愚, (철인지우) : 현명한 자의 어리석은 태도는,
亦維斯戾. (역유사려) : 죄를 짓게 될까 염려해서이다.

無競維人, (무경유인) : 현자를 얻는데 힘쓰지 않는 자여,
四方其訓之. (사방기훈지) : 현자는 사방을 가르칠 사람이로다.
有覺德行, (유각덕행) : 곧은 덕행을 소유하게 되리니,
四國順之. (사국순지) : 사방의 나라가 따르리라.
訏謨定命, (우모정명) : 도를 크게 하며 명령을 확정하여,
遠猶辰告. (원유진고) : 계획을 원대하게 하여 때에 맞게 알려주리라.
敬慎威儀, (경신위의) : 공경스럽게 신중하며 위엄스러운 거동이여,

先祖, 卽周禮所謂天神人鬼地祇之禮是也."라고 풀이하였다.

維民之則. (유민지칙) : 백성들의 법도이니라.

其在于今, (기재우금) : 지금 여왕(厲王)의 치하에 있어서는,
興迷亂于政. (흥미란우정) : 소인을 숭상하여 정사를 혼란케 하는구나.
顚覆厥德, (전복궐덕) : 공덕을 무너트리고,
荒湛于酒. (황담우주) : 정사를 황폐하게 하여 술독에 빠지는구나.
女雖湛樂從, (여수담락종) : 너희 군신들이 술독에 빠져 서로 즐거워하며 따르지만,
弗念厥紹. (불념궐소) : 너희 후손들이 본받아 따를 것을 생각하지 못하는구나.
罔敷求先王, (망부구선왕) : 선왕의 도를 구하여,
克共明刑. (극공명형) : 함께 법도를 드러내지 못하는구나.

肆皇天弗尙, (사황천불상) : 예나 지금이나 황천(皇天)[66]께서 가상히 여기지 않아,
如彼泉流, (여피천류) : 방만한 정치가 저 흘러가는 물과도 같으니,
無淪胥以亡. (무륜서이망) : 서로 바로잡아 이끌어줌이 없어 모두 망하게 되리라.
夙興夜寐, (숙흥야매) : 일찍 일어나고 밤늦게 자서,
洒埽庭內, (쇄소정내) : 마당을 깨끗이 청소하여,
維民之章. (유민지장) : 백성들의 표본이 되어야 하니라.
脩爾車馬, (수이차마) : 너의 수레와 말,
弓矢戎兵. (궁시융병) : 활과 화살 및 병장기를 수선할지어다.
用戒戎作, (용계융작) : 이로써 대비하여 군대를 일으키면 정벌하고,
用逷蠻方. (용적만방) : 이로써 오랑캐를 막을지어다.

質爾人民, (질이인민) : 너의 백성들을 편안케 하며,
謹爾侯度, (근이후도) : 너의 제후들에게 모범이 되지 못할까 염려하리니,
用戒不虞. (용계불우) : 이로써 뜻하지 않은 변고를 대비하여라.
愼爾出話, (신이출화) : 너의 교화와 정령을 신중히 하고,

---

66) 황천(皇天)은 천신(天神)을 높여 부르는 말로, 황천상제(皇天上帝)를 뜻한다. '황천상제'는 또한 상제(上帝), 천제(天帝) 등으로 지칭되기도 한다. 한편 '황천'과 '상제'를 별개의 대상으로 풀이하기도 한다.

敬爾威儀. (경이위의) : 너의 위엄스러운 거동을 공경스럽게 하여,
無不柔嘉. (무불유가) : 안정되고 선하지 않은 일이 없게끔 하라.
白圭之玷, (백규지점) : 백색 옥의 흠집은,
尙可磨也, (상가마야) : 오히려 갈아서 없앨 수 있으나,
斯言之玷, (사언지점) : 이 말의 흠집은,
不可爲也. (불가위야) : 그렇게 할 수 없느니라.

無易由言, (무이유언) : 말을 경솔히 하지 말지니,
無曰苟矣, (무왈구의) : 구차하도다,
莫捫朕舌, (막문짐설) : 내 혀를 잡아주는 자가 없다고 말하지 말지니,
言不可逝矣. (언불가서의) : 교령(敎令)이 한 번이라도 백성들에게 미치지 못하는구나.
無言不讎, (무언불수) : 말은 쓰이지 않음이 없고,
無德不報. (무덕불보) : 덕은 보답하지 않음이 없도다.
惠于朋友, (혜우붕우) : 제후들에게 도에 따라 베풀고,
庶民小子. (서민소자) : 백성들에게도 베풀어야 하느니라.
子孫繩繩, (자손승승) : 자손들이 왕의 교령을 조심하는데,
萬民靡不承. (만민미불승) : 백성들 중 받들지 않는 자가 없구나.

視爾友君子, (시이우군자) : 너의 제후와 경들을 보니,
輯柔爾顏, (집유이안) : 모두가 너의 안색만 편안케 하노라,
不遐有愆. (불하유건) : 멀지 않아 죄를 범하리라.
相在爾室, (상재이실) : 신하들이 너의 묘실(廟室)에 있는데,
尙不愧于屋漏. (상불괴우옥루) : 오히려 신들에게 공경하지 않는구나.
無曰不顯, (무왈불현) : 드러나지 않으니,
莫予云覯. (막여운구) : 나를 보는 이가 없다고 말하지 말지어다.
神之格思, (신지격사) : 신이 찾아옴은.
不可度思, (불가탁사) : 헤아릴 수 없거늘,
矧可射思. (신가역사) : 하물며 제사 말미에 나태하게 굴 수 있겠는가.

辟爾爲德, (벽이위덕) : 네가 시행하는 덕을 잘 헤아려,
俾臧俾嘉. (비장비가) : 백성과 신하들이 아름답게 여기도록 하라.

淑愼爾止, (숙신이지) : 너의 행동거지를 삼가고 조심하여,
不愆于儀. (불건우의) : 위엄스러운 예법을 어기지 말지어다.
不僭不賊, (불참부적) : 어기지 않고 그르치지 아니하면,
鮮不爲則. (선불위칙) : 법도로 삼지 않는 자가 적을 것이니라.
投我以桃, (투아이도) : 나에게 복숭아를 던져주면,
報之以李. (보지이리) : 그에게 오얏으로 보답하리라.
彼童而角, (피동이각) : 저 덕이 없는 왕후(王后)는 덕이 있다 여기니,
實虹小子. (실홍소자) : 실로 왕의 정사를 황망하게 만드는구나.

荏染柔木, (임염유목) : 부들부들하고 유연한 나무는,
言緡之絲. (언민지사) : 끈을 매어 활로 만드느니라.
溫溫恭人, (온온공인) : 온화하고 공손한 사람은,
維德之基. (유덕지기) : 덕의 기틀이니라.
其維哲人, (기유철인) : 저 현명한 사람은,
告之話言, (고지화언) : 선한 말로 일러주니,
順德之行. (순덕지행) : 덕에 따라 행동할지어다.
其維愚人, (기유우인) : 저 어리석은 사람은,
覆謂我僭. (복위아참) : 도리어 나를 믿지 않는다 하니,
民各有心. (민각유심) : 백성들은 각기 다른 마음을 품고 있구나.

於呼小子, (오호소자) : 아아, 왕이여,
未知臧否. (미지장부) : 선한지 아닌지도 모르는가.
匪手攜之, (비수휴지) : 내가 손으로 끌어줄 뿐 아니라,
言示之事. (언시지사) : 직접 그 일의 시비를 보여주지 않았던가.
匪面命之, (비면명지) : 내가 대면하여 말한 한 것이 아니라,
言提其耳. (언제기이) : 귀에 대고 직접 말해주지 않았던가.
借曰未知, (차왈미지) : 어떤 이는 왕은 무지한데도,
亦旣抱子. (역기포자) : 또한 이미 아이를 안고 있을 만큼 나이를 먹었다고 하는구나.
民之靡盈, (민지미영) : 백성들이 왕에게 만족을 못하는데,
誰夙知而莫成. (수숙지이막성) : 그 누가 일찍 깨우치고도 늦게 이룬단 말인가.

昊天孔昭, (호천공소) : 호천(昊天)[67]께서 밝게 살피신데,
我生靡樂. (아생미락) : 나의 삶은 즐겁지 않구나.
視爾夢夢, (시이몽몽) : 네 뜻의 몽매함을 보니,
我心慘慘. (아심참참) : 내 마음의 근심이 비참하구나.
誨爾諄諄, (회이순순) : 너를 가르치길 정성을 다하였거늘,
聽我藐藐. (청아막막) : 내 말을 건성으로 듣는구나.
匪用爲教, (비용위교) : 내 말을 정사에 사용하지 않고서,
覆用爲虐. (복용위학) : 도리어 내 말이 해를 끼친다 하는구나.
借曰未知, (차왈미지) : 어떤 이는 왕은 무지한데도,
亦聿既耄. (역율기모) : 또한 이미 늙었다고 하는구나.

於乎小子, (오호소자) : 아아, 왕이여,
告爾舊止. (고이구지) : 너에게 오래전부터 내려오던 말을 일러주노라.
聽用我謀, (청용아모) : 내 말을 듣고서 따른다면,
庶無大悔. (서무대회) : 큰 후회가 거의 없으리라.
天方艱難, (천방간난) : 하늘이 재앙을 내려,
曰喪厥國. (왈상궐국) : 그 나라를 망하게 할지라.
取譬不遠, (취비불원) : 내 비유함이 심원한 것이 아니니,
昊天不忒. (호천불특) : 호천의 덕과 차이를 두지 말지어다.

---

67) 호천상제(昊天上帝)는 호천(昊天)과 상제(上帝)로 구분하여 해석하기도 하며, '호천상제'를 하나의 용어로 해석하기도 한다. 후자의 경우 '호천'이라는 말은 '상제'를 수식하는 말이다. 고대에는 축호(祝號)라는 것을 지어서 제사 때의 용어를 수식어로 꾸미게 되는데, '호천상제'의 경우는 '상제'에 대한 축호에 해당하며, 세분하여 설명하자면 신(神)의 명칭에 수식어를 붙이는 신호(神號)에 해당한다. 『예기』「예운(禮運)」편에는 "作其祝號, 玄酒以祭, 薦其血毛, 腥其俎, 孰其殽."라는 기록이 있고, 이에 대한 진호(陳澔)의 주에서는 "作其祝號者, 造爲鬼神及牲玉美號之辭. 神號, 如昊天上帝."라고 풀이했다. '호천'과 '상제'로 풀이할 경우, '상제'는 만물을 주재하는 자이며, '상천(上天)'이라고도 불렀다. 고대인들은 길흉(吉凶)과 화복(禍福)을 내릴 수 있는 능력을 갖추고 있었다고 생각하였다. 한편 '상제'는 오행(五行) 관념에 따라 동·서·남·북·중앙의 구분이 생기면서, 천상을 각각 나누어 다스리는 오제(五帝)로 설명되기도 한다. '호천'의 경우 천신(天神)을 뜻하는데, '상제'와 비슷한 개념이다. '호천'을 '상제'보다 상위의 개념으로 해석하여, 오제 위에서 군림하는 신으로 해석하는 경우도 있다.

回遹其德, (회휼기덕) : 그 덕을 어기고서,
俾民大棘. (비민대극) : 백성들을 매우 궁핍하게 만드는구나.

毛序 : 抑, 衛武公, 刺厲王, 亦以自警也.

모서 : 「억(抑)」편은 위(衛)나라 무공(武公)이 여왕(厲王)을 풍자한 시이며, 또한 스스로 경계하는 말이다.

참고 『주례』「춘관(春官)·전서(典瑞)」 기록

경문 珍圭以徵守, 以恤凶荒.

번역 진규(珍圭)와 같은 것으로는 제후들을 불러서 그들의 재앙과 기근을 구휼했다.

鄭注 杜子春云: "'珍'當爲'鎭', 書亦或爲'鎭'. 以徵守者, 以徵召守國諸侯, 若今時徵郡守以竹使符也. 鎭者, 國之鎭, 諸侯亦一國之鎭, 故以鎭圭徵之也. 凶荒則民有遠志, 不安其土, 故以鎭圭鎭安之." 玄謂珍圭, 王使之瑞節, 制大小當與琬琰相依. 王使人徵諸侯·憂凶荒之國, 則授之, 執以往, 致王命焉, 如今時使者持節矣. 恤者, 闓府庫振救之. 凡瑞節, 歸又執以反命.

번역 두자춘[68]은 "진(珍)자는 마땅히 진(鎭)자가 되어야 하며, 기록에 따라서는 또한 진(鎭)자로 기록하기도 한다. '이징수(以徵守)'라는 것은 이를 통해 나라를 지키고 있는 제후들을 부른다는 뜻이니, 오늘날 군수들을 부를 때 대나무로 만든 부절을 이용하는 것과 같다. '진(鎭)'이라는 것은 나라를 지키는 요충지를 뜻하니, 제후 또한 한 나라를 안정시키는 자이다. 그렇기 때문에 진규(鎭圭)로 그들을 부르는 것이다. 재앙과 기근이 들게 되면

68) 두자춘(杜子春, B.C.30?~A.D.58?) : 후한(後漢) 때의 학자이다. 유흠(劉歆)에게서 수학하였다. 정중(鄭衆)과 가규(賈逵)에게 학문을 전수하였다.

백성들은 허황된 뜻을 품게 되어, 그 땅을 안정시킬 수 없다. 그렇기 때문에 진규로 안정시키는 것이다."라고 했다. 내가 생각하기에, 진규(珍圭)는 천자가 사신을 보낼 때 사용하는 신표와 부절로, 크기는 완규(琬圭)와 염규(琰圭)에 따르도록 제작한다. 천자가 사신을 보내 제후를 부르고 재앙과 기근이 든 제후국을 위로할 때에는 이것을 주게 되니, 사신은 이것을 들고 찾아가서 천자의 명령을 전달하므로, 마치 오늘날 사신이 부절을 지참하고 가는 것과 같은 것이다. '휼(恤)'은 창고를 열어 구휼한다는 뜻이다. 서절(瑞節)에 있어서는 사신이 되돌아올 때 또한 이것을 들고 보고를 하게 된다.

賈疏 ◎注"杜子"至"反命". ○釋曰: 子春云"鎭者, 國之鎭"者, 若職方每州皆云其山鎭, 是國之鎭, 據山而言. 玄謂珍圭, 王使之瑞節, 謂若掌節云山國土國有人節·虎節, 是諸侯使人之瑞節, 此珍圭等是王使之瑞節也. 云"制大小當與琬琰相依"者, 按玉人, 琬圭九寸. 此珍圭, 玉人不言, 故約與琬琰同. 鄭云"如今時使者持節矣"者, 卽子春所云: "竹, 使符也." 云"恤者, 闓府庫振救之"者, 凶荒年穀不熟, 百姓困乏, 故知開府庫振救之. 府庫所以藏財貨, 故禮記·大學云: "未有府庫財, 非其財者也." 若然, 開府庫出賞, 明亦開倉廩出米粟, 出, 給之也. 云"凡瑞節, 歸又執以反命"者, 此無正文, 要王使人執瑞節往, 反須反命於王, 明此已致命, 乃歸還典瑞也.

번역 ◎鄭注: "杜子"~"反命". ○두자춘은 "'진(鎭)'이라는 것은 나라를 지키는 요충지를 뜻한다."라고 했는데, 『주례』「직방씨(職方氏)」의 기록에서 매 주(州)마다 그 지역의 산진(山鎭)을 언급했는데, 이것이 제후국의 진(鎭)에 해당하는 것으로, 산진에 근거해서 말한 것이다. 정현은 "진규(珍圭)는 천자가 사신을 보낼 때 사용하는 신표와 부절이다."라고 했는데, 『주례』「장절(掌節)」편에서 산이 많은 제후국과 평원이 많은 제후국에 대해서 인절(人節)과 호절(虎節)을 사용한다고 했던 것과 같은 것으로, 이것은 제후가 사신으로 보낼 때 사용하는 신표와 부절을 뜻하며, 여기에서 말한 진규는 천자가 사신으로 보낼 때 사용하는 신표와 부절을 뜻한다. 정현이 "크기는 완규(琬圭)와 염규(琰圭)에 따르도록 제작한다."라고 했는데, 『주례』「옥인(玉人)」편을 살펴보면, 완규는 9촌이라고 했고, 이곳에 나온 진규에 대해서 「옥인」편에서는 언급하지 않았다. 그렇기 때문에 대략 완규 및 염규와 같다고 한 것이다. 정현이 "마치 오늘날 사신이 부절을 지참하고 가는 것과 같은 것이다."라고 했는데, 두자춘이 "대나무로 부절을 만든다."라고 한 것에 해당한다. 정현이 "'휼(恤)'은 창고를 열어 구휼한다는 뜻이다."라고 했는데, 재앙과 기근이 들어 곡식이 무르익지 않아서, 백성들이 궁핍해진다. 그렇기 때문에 창고를 개방하여 구휼하게 됨을 알 수 있다. 부고(府庫)는 재화를 보관하는 곳이다. 그렇기 때문에 『예기』「대학(大學)」편에서는 "자기 창고에 쌓인 재물이 자기 소유가 아닌 것이 없는 경우와 같다."[69]라고 했다. 만약 그렇다면 부고를 개방하여 상으로 하사할 재물을 반출한다면, 이것은 또한 창름(倉廩)을 열어 곡식을 반출한다는 사실도 나타내니, '출(出)'자는 공급한다는 뜻이다. 정현이 "서절(瑞節)에 있어서는 사신이 되돌아올 때 또한 이것을 들고 보고를 하게 된다."라고 했는데, 이것과 관련해서는 경문의 기록이 없다. 다만 천자가 사신을 파견할 때 서절을 들고 찾아가게 했다는 사실을 요약해보면, 되돌아왔을 때 천자에게 보고를 해야 하므로, 명령을 전달하게 되면, 사신이 되돌아갈 때 서절을 되돌려준다는 사실을 나타낸다.

경문 牙璋以起軍旅, 以治兵守.

번역 아장(牙璋)으로는 군대를 일으켰고, 이를 통해 군대를 이용해서 방어하는 일을 다스렸다.

鄭注 鄭司農云: "牙璋, 瑑以爲牙. 牙齒, 兵象, 故以牙璋發兵, 若今時以銅虎符發兵." 玄謂牙璋, 亦王使之瑞節. 兵守, 用兵所守, 若齊人戍遂, 諸侯戍周.

번역 정사농은 "아장(牙璋)은 옥을 조각하여 어금니 모양처럼 만드는 것이다. 어금니는 군대를 상징한다. 그렇기 때문에 아장으로 군대를 일으키

---

69) 『대학』「전(傳) 10장」 : 未有上好仁而下不好義者也, 未有好義其事不終者也, 未有府庫財非其財者也.

는 것이니, 오늘날 동호부(銅虎符)로 군대를 일으키는 것과 같다."라고 했다. 내가 생각하기에, 아장(牙璋) 또한 천자가 사신을 보낼 때 사용하는 신표와 부절이다. '병수(兵守)'는 군대를 이용해 방어하는 것이니, 마치 제(齊)나라가 수(遂)를 지키고, 제후들이 주왕실을 지켰던 것과 같다.

賈疏 ◎注"鄭司農"至"戍周". ○釋曰: 先鄭云"牙璋, 瑑以爲牙. 牙齒, 兵象, 故以牙璋發兵"者, 此無正文, 以意言之, 以其言牙, 卽以牙齒解之. 云"若今時以銅虎符發兵"者, 按漢文帝本紀云"二年九月, 初與郡國守爲銅虎符·竹使符". 應劭曰: "銅虎符從第一至第五, 國家當發兵, 遣使者至郡國合符, 符合, 乃聽受之. 竹使符皆以竹箭五枚, 長五寸, 鐫刻篆書; 第一至第五." 張晏曰: "以代古圭璋, 從簡易, 便其事也." 然銅虎竹使符, 漢時皇帝使者之瑞節, 則司農之意, 鎭圭牙璋之等, 亦王使之瑞節也. 但先鄭不言之, 故後鄭皆云"王使之瑞節", 增成之也. 云"節"者, 卽掌節云: "守邦國者用玉節." 則王用玉節可知. 玉人云: "璋邸射素功以祀山川, 以致稍餼." 與此中所用同, 明此牙璋亦素功. 若然, 按玉人云: "牙璋中璋七寸, 射二寸, 厚寸, 以起軍旅, 以治兵守." 此不云中璋者, 中璋比於牙璋殺文飾, 總而言之, 亦得名爲牙璋, 以其鉏牙同也. 以此而言, 此文云牙璋, 亦兼中璋矣. 若然, 大軍旅用牙璋, 小軍旅用中璋矣. 云"若齊人戍遂"者, 莊公十三年春, 齊侯會諸侯于北杏. 夏六月, 齊人滅遂. 傳曰: "遂人不至. 夏, 齊人滅遂而戍之"也. 諸侯戍周者, 昭二十七年十二月, 晉籍秦致諸侯之戍于周, 是其事也.

번역 ◎鄭注: "鄭司農"~"戍周". ○정사농은 "아장(牙璋)은 옥을 조각하여 어금니 모양처럼 만드는 것이다. 어금니는 군대를 상징한다. 그렇기 때문에 아장으로 군대를 일으키는 것이다."라고 했는데, 이것과 관련해서는 경문의 기록이 없어서, 의미를 추론해서 말한 것이니, 아(牙)라고 했으므로 어금니로 풀이한 것이다. 정사농이 "오늘날 동호부(銅虎符)로 군대를 일으키는 것과 같다."라고 했는데, 「한문제본기」를 살펴보면 "2년 9월 애초에 군국의 수령에게 동호부와 죽사부를 주었다."[70]라고 했다. 응소는 "동호부

70) 『한서(漢書)』「문제기(文帝紀)」: 九月, 初與郡守爲銅虎符·竹使符.

는 1호부터 5호까지 있는데, 국가에서 병사를 일으켜야 하면, 사신을 파견하여 군국에 보내 부절을 합해보고, 부절이 합치되면 명령을 받아들인다. 죽사부는 모두 가는 대나무 5장으로 만드는데 길이는 5촌이고, 전서를 새기며 1호부터 5호까지 있다."라고 했다. 장안은 "고대에 사용하던 규(圭)와 장(璋)을 대신하는 것으로 간이한 것에 따라 그 사안을 편리하게 만든 것이다."라고 했다. 그렇다면 동호부와 죽사부는 한나라 때 황제가 사신에게 주었던 신표와 부절이 되니, 정사농이 의도에 있어서도 진규나 아장 등은 또한 천자가 사신을 보낼 때 사용하는 신표와 부절이 된다. 다만 정사농이 이러한 사실을 구체적으로 언급하지 않았기 때문에 정현이 둘 모두에 대해서 "천자가 사신을 보낼 때 사용하는 신표와 부절이다."라고 말하여 그 뜻을 보완하여 의미를 완전하게 설명한 것이다. '절(節)'이라고 한 것은 『주례』「장절(掌節)」편에서 "나라를 지키는 자는 옥절(玉節)을 사용한다."[71]라고 한 것에 해당하니, 천자는 옥절을 사용하게 된다는 사실을 알 수 있다. 『주례』「옥인(玉人)」편에서는 "장(璋)으로 만든 저사(邸射)에는 별다른 장식을 하지 않고, 이것으로 산천에 대한 제사를 지내고, 이것을 통해 양식을 보낸다."[72]라고 했는데, 이곳에서 사용된다는 용도와 동일하니, 여기에서 말한 아장에도 별다른 장식을 하지 않는다는 사실을 나타낸다. 만약 그렇다면 「옥인」편을 살펴보면 "아장(牙璋)과 중장(中璋)은 7촌이며, 위로 뾰족하게 튀어나온 부분은 2촌이고 두께는 1촌이며, 이를 통해 군대를 일으키고, 이를 통해 군대를 이용해서 방어하는 일을 다스렸다."[73]라고 했다. 이곳에서는 중장을 언급하지 않았는데, 중장은 아장과 비교해보면 무늬를 줄이게 되므로, 총괄적으로 말하게 되면 또한 아장이라고도 부를 수 있으니, 뾰족하게 깎아서 어금니 모양으로 만든다는 점에서 동일하기 때문이다. 이를 통해 말해보자면 이곳에서 '아장(牙璋)'이라고 한 말에는 또한 중장까지도 포함하고 있는 것이다. 만약 그렇다면 대규모 병사에 대해서는 아장을 사용했고, 소규모 병사

---

71) 『주례』「지관(地官)·장절(掌節)」: <u>守邦國者用玉節</u>, 守都鄙者用角節.
72) 『주례』「동관고공기(冬官考工記)·옥인(玉人)」: 璋邸射, 素功, 以祀山川, 以致稍餼.
73) 『주례』「동관고공기(冬官考工記)·옥인(玉人)」: 牙璋·中璋七寸, 射二寸, 厚寸, 以起軍旅, 以治兵守.

에 대해서는 중장을 사용했던 것이다. 정현이 "마치 제(齊)나라가 수(遂)를 지켰던 것과 같다."라고 했는데, 장공 13년 봄에 제나라 후작은 다른 나라의 제후들과 북행에서 회합을 가졌다.[74] 여름 6월에는 제나라가 수(遂)를 멸망시켰다.[75] 전문에서는 "수나라에서 찾아오지 않았다. 여름에 제나라가 수를 멸망시키고 그곳을 지켰다."[76]라고 했다. "제후들이 주왕실을 지켰다."라고 했는데, 소공 27년 12월에 진(晉)나라 적진이 주나라를 수호할 제후들의 군대를 보냈다고 한 것[77]이 그 사안에 해당한다.

참고 『주례』「천관(天官)·옥부(玉府)」 기록

경문 王齊, 則共食玉.

번역 천자가 재계를 하게 되면, 먹게 되는 옥의 가루를 제공한다.

鄭注 玉是陽精之純者, 食之以御水氣. 鄭司農云: "王齊當食玉屑."

번역 옥은 양의 정기가 모인 것 중에서도 순수한 것이니, 이것을 먹어서 물의 기운을 제어한다. 정사농은 "천자가 재계를 하게 되면 옥의 가루를 먹어야 한다."라고 했다.

賈疏 ●"王齊則共食玉". ○釋曰: 謂王祭祀之前散齊七日, 致齊三日, 是時則共王所食玉屑.

번역 ●經文: "王齊則共食玉". ○천자가 제사를 지내기 이전 산제(散

74) 『춘추』「장공(莊公) 13년」: 十有三年, 春, 齊人, 宋人, 陳人, 蔡人, 邾人, 會于北杏.
75) 『춘추』「장공(莊公) 13년」: 夏, 六月, 齊人滅遂
76) 『춘추좌씨전』「장공(莊公) 13년」: 十三年春, 會于北杏, 以平宋亂. 遂人不至. 夏, 齊人滅遂而戍之.
77) 『춘추좌씨전』「소공(昭公) 27년」: 十二月, 晉籍秦致諸侯之戍于周, 魯人辭以難.

齊)[78]를 하는 7일과 치제(致齊)[79]를 하는 3일 동안 천자가 먹게 되는 옥의 가루를 공급한다.

賈疏 ◎注"玉是"至"玉屑". ○釋曰: 知玉是陽精之純者, 但玉聲淸, 淸則屬陽. 又按楚語云"王孫圉與趙簡子言曰: 玉足以庇蔭嘉穀, 使無水旱之灾, 則寶之. 珠足以禦火, 則寶之". 服氏云: "珠, 水精, 足以禁火." 如是, 則玉是火精可知. 云"食之以禦水氣"者, 致齊時, 居於路寢, 思其笑語, 思其志意之類, 恐起動多, 故須玉以禦水氣也. 鄭司農云"王齊當食玉屑"者, 其玉屑硏之乃可食, 故云當食玉屑也.

번역 ◎鄭注: "玉是"~"玉屑". ○정현이 "옥은 양의 정기가 모인 것 중에서도 순수한 것이다."라고 했는데, 이러한 사실을 알 수 있는 이유는 옥의 소리는 맑은데 맑다면 양에 속하기 때문이다. 또 『국어』「초어(楚語)」편을 살펴보면 "왕손어가 조간자에게 말하길, 옥은 곡식을 가려서 수재나 가뭄의 재앙을 없앨 수 있으니 보화로 여깁니다. 구슬은 불을 제어할 수 있어서 보화로 여깁니다."[80]라고 했다. 복씨는 "구슬은 물의 정기가 모인 것이니 불을 금할 수 있다."라고 했다. 이와 같다면 옥은 불의 정기가 모인 것임을

78) 산제(散齊)는 산재(散齋)라고도 부른다. '산제'는 제사를 지낼 때 제사보다 앞서 7일 동안 수레도 몰지 않고, 음악도 연주하지 않으며, 조문도 하지 않으면서, 재계를 하는 것이다. 『예기』「제의(祭義)」편에는 "致齊於內, 散齊於外."라는 기록이 있고, 이에 대한 정현의 주에서는 "散齊, 七日不御不樂不弔耳."라고 풀이했다. 또한 『예기』「제통(祭統)」편에도 "散齊七日以定之, 致齊三日以齊之."라는 기록이 있다.

79) 치제(致齊)는 치재(致齋)라고도 부른다. '치제'는 제사를 지내기 이전 3일 동안 몸과 마음을 정숙하게 재계하는 의식이다. '치제' 이전에는 '산제(散齊)'를 하여 7일 동안 정숙하게 한다. '치제'는 그 이후 3일 동안 몸과 마음을 더욱 정숙하게 재계하여, 신과 소통할 수 있도록 준비하는 것이다. 『예기』「제통(祭統)」편에는 "故散齊七日以定之, 致齊三日以齊之. 定之之謂齊, 齊者精明之至也, 然後可以交于神明也."라는 기록이 있다.

80) 『국어(國語)』「초어하(楚語下)」: 圉聞國之寶六而已. 明王聖人能制議百物, 以輔相國家, 則寶之; 玉足以庇蔭嘉穀, 使無水旱之災, 則寶之; 龜足以憲臧否, 則寶之; 珠足以禦火災, 則寶之; 金足以禦兵亂, 則寶之; 山林藪澤足以備財用, 則寶之. 若夫譁囂之美, 楚雖蠻夷, 不能寶也.

알 수 있다. 정현이 "이것을 먹어서 물의 기운을 제어한다."라고 했는데, 재계를 해야 할 때가 되면 노침(路寢)에 머물게 되며 부모가 웃고 말하던 것을 떠올리고 부모가 생각했던 뜻을 떠올리는 부류[81]들을 행하는데, 움직임이 많아질까 염려했기 때문에 옥을 통해 물의 기운을 제어할 필요가 있다. 정사농은 "천자가 재계를 하게 되면 옥의 가루를 먹어야 한다."라고 했는데, 옥의 가루를 곱게 갈면 먹을 수 있다. 그렇기 때문에 옥의 가루를 먹어야만 한다고 말했다.

참고 『주례』「지관(地官)·장절(掌節)」 기록

경문 守邦國者用玉節, 守都鄙者用角節.

번역 나라를 지키는 자는 옥절(玉節)을 사용하고, 도비(都鄙)를 지키는 자는 각절(角節)을 사용한다.

鄭注 謂諸侯於其國中, 公卿大夫·王子弟於其采邑, 有命者亦自有節以輔之. 玉節之制, 如王爲之, 以命數爲小大. 角用犀角, 其制未聞.

번역 제후는 자신의 나라 안에서, 공·경·대부 및 천자의 자제들은 자신의 채읍에서 사용하는데, 명(命)의 등급을 가진 자 또한 스스로 이러한 부절을 갖춰서 돕는다. 옥절(玉節)을 만드는 제도는 천자가 만드는 것처럼 하는데, 명(命)의 등급에 따라 크기를 정한다. 각절(角節)은 무소의 뿔을 사용해서 만드는데, 그 제도에 대해서는 들어보지 못했다.

賈疏 ◎注"謂諸"至"未聞". ○釋曰: 云"謂諸侯於其國中"者, 釋經"守邦國者用玉節". 云"公卿大夫·王子弟於其采邑"者, 釋經"守都鄙者用角節". 畿內

---

81) 『예기』「제의(祭義)」【553d~554a】: 致齊於內, 散齊於外, 齊之日, 思其居處, 思其笑語, 思其志意, 思其所樂, 思其所嗜. 齊三日, 乃見其所爲齊者.

公卿大夫, 亦是畿內之國, 但對畿外諸侯爲尊, 故公卿已下言都鄙也. 云"有命者亦自有節以輔之"者, 亦如上文王有命有節以輔之者. "玉節之制, 如王爲之, 以命數爲小大"者, 以邦國與王同稱玉節, 故知邦國亦有數等之節, 亦皆以玉爲之. 以其諸侯國內亦有徵守·好難·起軍旅之等, 故知與王同. 知以命數爲小大者, 以其命圭之等依命數, 故知亦以九·以七·以五爲節也. 其天子玉節, 自以大小爲數, 故琬圭·琰圭俱同九寸, 穀圭·牙璋俱七寸, 唯有珍圭無文, 鄭云"大小當與琬·琰相依". 云"角用犀角"者, 按釋獸云"犀似豕", 注云: "角在鼻上." 犀角是角中之貴, 故知不得用玉者當用犀角. 云"其制未聞"者, 以其邦國之玉節可以約王之玉節, 都鄙之角節無可依約, 旣無舊制, 故云其制未聞. 此云都鄙用角節, 注謂公卿大夫王子弟於其采邑, 是都鄙之主. 按小行人"都鄙用管節", 注謂"公之子弟及卿大夫之采地之吏也", 故用管節, 與此不同. 彼諸侯采地亦同用管節, 不異外內也. 若天子公卿大夫采邑之吏, 下注約入道路用旌節.

번역 ◎鄭注: "謂諸"~"未聞". ○정현이 "제후는 자신의 나라 안에서 사용한다."라고 했는데, 경문에서 "나라를 지키는 자는 옥절(玉節)을 사용한다."라고 한 말을 풀이한 것이다. 정현이 "공·경·대부 및 천자의 자제들은 자신의 채읍에서 사용한다."라고 했는데, 경문에서 "도비(都鄙)를 지키는 자는 각절(角節)을 사용한다."라고 한 말을 풀이한 것이다. 천자의 수도 안에 있는 공·경·대부 또한 천자의 수도에 속한 나라를 갖게 되는데, 수도 밖에 있는 제후가 존귀한 신분임과 대비를 했기 때문에, 공·경 및 그 이하의 계층에 대해서 '도비(都鄙)'라고 말한 것이다. 정현이 "명(命)의 등급을 가진 자 또한 스스로 이러한 부절을 갖춰서 돕는다."라고 했는데, 앞에서 천자가 명(命)의 등급을 두고 절(節)을 두어서 돕는다고 한 것과 같다. 정현이 "옥절(玉節)을 만드는 제도는 천자가 만드는 것처럼 하는데, 명(命)의 등급에 따라 크기를 정한다."라고 했는데, 나라와 천자에 대해 동일하게 '옥절(玉節)'을 지칭했기 때문에 나라에도 등급에 따른 절(節)이 있음을 알 수 있고, 이러한 것들 모두 옥으로 만들게 된다. 제후국 내에서도 지키는 자를 부르거나 원수 관계에 있는 자들을 풀어주어 우호를 맺게 하거나 군대를 일으키는 등의 일이 있다. 그렇기 때문에 천자와 동일하게 함을 알 수 있다. 명(命)의 등급에 따라 크기를 정한다는 사실을 알 수 있는 이유는 명규(命圭)[82]의 등급은 명(命)의 수치에 따르기 때문에, 9촌·7촌·5촌 등으로 절(節)을 만든다. 천자가 사용하는 옥절에 있어서는 그 자체로 크기에 따라 수치를 정하게 된다. 그렇기 때문에 완규(琬圭)와 염규(琰圭)는 모두 동일하게 9촌이 되고, 곡규(穀圭)와 아장(牙璋)은 모두 7촌이 되는데, 다만 진규(珍圭)의 크기에 대해서는 경문의 기록이 없고, 정현은 "그 크기는 마땅히 완규 및 염규에 따랐을 것이다."라고 했다. 정현이 "각절(角節)은 무소의 뿔을 사용해서 만든다."라고 했는데, 『이아』「석수(釋獸)」편을 살펴보면 "서(犀)는 돼지와 유사하다."[83]라고 했고, 주에서는 "뿔이 코 위에 달려 있다."라고 했다. 무소의 뿔은 뿔 중에서도 귀한 것이다. 그렇기 때문에 옥을 사용할 수 없는 경우에 무소의 뿔을 사용한다는 사실을 알 수 있다. 정현이 "그 제도에 대해서는 들어보지 못했다."라고 했는데, 나라에서 사용하는 옥절은 천자의 옥절에 대한 내용을 통해서 알 수 있지만, 도비에서 사용하는 각절에 대해서는 준거해서 따를 수 있는 것이 없고, 이미 옛 제도가 사라진 상태였기 때문에 "그 제도에 대해서는 들어보지 못했다."라고 했다. 이곳에서는 도비에서 각절을 사용한다고 했고, 주에서는 공·경·대부 및 천자의 자제들이 자신의 채읍에서 사용한다고 했는데, 이들은 도비의 주인이 된다. 『주례』「소행인(小行人)」편을 살펴보면 "도비에서는 관절(管節)을 사용한다."[84]라고 했고, 주에서는 "공의 자제 및 경·대부의 채지에 속한 관리들이다."라고 했다. 그렇기 때문에 관절을 사용하여 이곳과 차이를 보이는 것이다. 「소행인」편에서는 제후의 채지에서 동일하게 관절을 쓴다고 하여 내외에 따른 차이를 두지 않았다. 천자에게 속한 공·경·대부의 채읍을 관리하는 관리들이라면, 아래 주석을 요약해보면 도로에서 정절(旌節)을 사용한다고 했다.

---

82) 명규(命圭)는 명규(命珪)라고도 부른다. '명규'는 본래 천자가 제후 및 대신(大臣)들에게 지급하였던 규(圭)를 뜻한다. 임명을 한다는 뜻에서 '명(命)'자를 붙여서 부르는 것이다. 신하들의 등급에 따라 지급하던 '명규'는 그 크기와 무늬가 각각 달랐다.

83) 『이아』「석수(釋獸)」: 犀, 似豕.

84) 『주례』「추관(秋官)·소행인(小行人)」: 達天下之六節: 山國用虎節, 土國用人節, 澤國用龍節, 皆以金爲之. 道路用旌節, 門關用符節, 都鄙用管節, 皆以竹爲之.

참고 『주례』「춘관(春官)·전서(典瑞)」 기록

경문 琬圭以治德, 以結好.

번역 완규(琬圭)로는 덕을 갖춘 자를 다스리고, 이를 통해 우호를 결집한다.

鄭注 琬圭, 亦王使之瑞節. 諸侯有德, 王命賜之. 及諸侯使大夫來聘, 既而爲壇會之, 使大夫執以命事焉. 大行人職曰: "時聘以結諸侯之好." 鄭司農云: "琬圭無鋒芒, 故治德以結好."

번역 '완규(琬圭)' 또한 천자가 사신을 보낼 때 사용하는 신표와 부절이다. 제후가 덕을 갖추게 되면 천자가 명령을 내려 그에게 하사한다. 제후가 대부를 시켜 천자에게 찾아와 빙(聘)을 하게 되면, 그 일이 끝난 뒤에 터를 만들어서 회합을 가지는데, 대부로 하여금 이것을 들고 사안에 대해서 명령을 한다. 『주례』「대행인(大行人)」편의 직무기록에서는 "천자에게 어떠한 일이 발생했을 때 제후국에서 사신을 보내 빙(聘)을 하면, 이를 통해 제후들의 우호를 결집한다."[85]라고 했다. 정사농은 "완규에는 뾰족하고 날카로운 부분이 없다. 그렇기 때문에 덕을 다스려서 우호를 결집한다."라고 했다.

賈疏 ◎注"琬圭"至"結好". ○釋曰: 云"亦王使之瑞節", 仍上文也. 云"諸侯有德, 王命賜之"者, 解經"治德"也. 云"及諸侯使大夫來聘, 既而爲壇會之, 使大夫執以命事焉"者, 解經"結好"也. 此卽大宗伯時聘無常期, 一也. 故引大行人時聘以結諸侯之好, 以證之. 若時見曰會, 諸侯來與之會. 時聘, 使大夫來, 王還使大夫往會焉. 先鄭云"琬圭無鋒芒"者, 對下文"琰圭有鋒芒"者也.

번역 ◎鄭注: "琬圭"~"結好". ○정현이 "또한 천자가 사신을 보낼 때 사용하는 신표와 부절이다."라고 했는데, 앞의 문장에서 말한 것들과 같다는 뜻이다. 정현이 "제후가 덕을 갖추게 되면 천자가 명령을 내려 그에게 하사

85) 『주례』「추관(秋官)·대행인(大行人)」: 時聘以結諸侯之好, 殷頫以除邦國之慝.

한다."라고 했는데, 경문에서 '치덕(治德)'이라고 한 말을 풀이한 것이다. 정현이 "제후가 대부를 시켜 천자에게 찾아와 빙(聘)을 하게 되면, 그 일이 끝난 뒤에 터를 만들어서 회합을 가지는데, 대부로 하여금 이것을 들고 사안에 대해서 명령을 한다."라고 했는데, 경문에서 '결호(結好)'라고 한 말을 풀이한 것이다. 이것은 『주례』「대종백(大宗伯)」편에서 시빙(時聘)에는 정해진 기한이 없다고 한 것과 동일한 사안이다. 그렇기 때문에 「대행인」편에서 시빙을 하여 제후들의 우호를 결집한다고 한 사안을 인용하여 증명을 한 것이다. 어떠한 일이 발생했을 때 만나보게 된다면 회(會)라고 부르는데, 제후들이 찾아와서 그들과 회(會)를 한 것이다. 시빙(時聘)에는 대부를 사신으로 보내 찾아오게 되는데, 천자는 다시 대부를 시켜서 그들에게 찾아가 회(會)를 하도록 시킨다. 정사농은 "완규에는 뾰족하고 날카로운 부분이 없다."라고 했는데, 아래문장에서 "염규에는 뾰족하고 날카로운 부분이 있다."라고 한 말과 대비된다.

경문 琰圭以易行, 以除慝.

번역 염규(琰圭)로는 행실을 바꾸도록 하고, 이를 통해 사특함을 제거한다.

鄭注 琰圭, 亦王使之瑞節. 鄭司農云: "琰圭有鋒芒, 傷害征伐誅討之象, 故以易行除慝. 易惡行令爲善者, 以此圭責讓喩告之也." 玄謂除慝, 亦於諸侯使大夫來覜, 旣而使大夫執而命事於壇. 大行人職曰: "殷覜以除邦國之慝."

번역 '염규(琰圭)' 또한 천자가 사신을 보낼 때 사용하는 신표와 부절이다. 정사농은 "염규에는 뾰족하고 날카로운 부분이 있어서 상처를 입히고 정벌을 하며 주살하고 토벌한다는 것 등을 상징한다. 그렇기 때문에 이것을 통해 행실을 바꿔 사특함을 제거하는 것이다. 악행을 바꿔 선을 시행하도록 할 때에는 이러한 규를 이용해서 견책하며 비유적으로 일러주는 것이다."라고 했다. 내가 생각하기에, 사특함을 제거한다는 것 또한 제후가 대부를 사신으로 보내 찾아와 조(覜)를 할 때, 그 일이 끝나면 천자는 대부를 시켜 이것을 들고 가게 하여 터에서 그 사안에 대해 명령하는 것이다. 『주례』「대행인(大行人)」편의 직무기록에서는 "하나의 복(服)에 속한 제후들이 조회를 하는 해에는 다른 복(服)에 속한 제후들도 사신을 보내 천자를 찾아뵙게 되니, 이를 통해 제후국에서 일어나는 악행을 제거한다."[86]라고 했다.

賈疏 ◎注"琰圭"至"之慝". ○釋曰: "玄謂除慝, 亦於諸侯使大夫來覜, 旣而使大夫執而命事於壇"者, 此卽大宗伯云"殷覜曰視", 謂一服朝之歲也. 故引大行人云"殷覜以除邦國之慝"爲證也. 但上文治德與此經易行, 據諸侯自有善行惡行, 王使人就本國治易之. 結好與除惡, 皆諸侯使大夫來聘, 亦王使大夫爲壇命之爲異也. 鄭知使大夫來皆爲壇者, 約君來時會殷國爲壇, 明臣來爲壇可知也.

번역 ◎鄭注: "琰圭"~"之慝". ○정현이 "내가 생각하기에, 사특함을 제거한다는 것 또한 제후가 대부를 사신으로 보내 찾아와 조(覜)를 할 때, 그 일이 끝나면 천자는 대부를 시켜 이것을 들고 가게 하여 터에서 그 사안에 대해 명령하는 것이다."라고 했는데, 이것은 『주례』「대종백(大宗伯)」편에서 "은조(殷覜)를 시(視)라 부른다."[87]라고 한 것에 해당하니, 하나의 복(服)에 속한 제후들이 조(朝)를 하는 해를 뜻한다. 그렇기 때문에 「대행인」편에서 "하나의 복(服)에 속한 제후들이 조회를 하는 해에는 다른 복(服)에 속한 제후들도 사신을 보내 천자를 찾아뵙게 되니, 이를 통해 제후국에서 일어나는 악행을 제거한다."라고 한 말을 인용하여 증명을 하였다. 다만 앞에서는 덕이 있는 자를 다스린다고 했고, 이곳 경문에서는 행실을 바꾼다고 했는데, 제후들 본인에게 선행도 있고 악행도 있어서 천자가 사신을 보내 제후국에 찾아가서 그것을 다스리고 바꾸도록 한 것에 기준을 둔 것이다. 우호를 결집하고 간악함을 제거한다는 것은 모두 제후가 대부를 사신으로 보내 천자에게 찾아와 빙(聘)을 할 때, 또한 천자는 대부를 사신으

86) 『주례』「추관(秋官)·대행인(大行人)」: 時聘以結諸侯之好, <u>殷頫以除邦國之慝</u>.
87) 『주례』「춘관(春官)·대종백(大宗伯)」 : 以賓禮親邦國. 春見曰朝, 夏見曰宗, 秋見曰覲, 冬見曰遇, 時見曰會, 殷見曰同. 時聘曰問, <u>殷覜曰視</u>.

로 보내 터를 만들고 해당 사안에 대해 명령을 한다는 점에서 차이가 난다. 정현이 대부를 사신으로 보내 찾아왔을 때 모두 터를 만든다고 했는데, 이러한 사실을 알 수 있는 이유는 군주가 찾아와서 시회(時會)나 은국(殷國)을 할 때 터를 만든다는 사실을 요약해보면, 신하가 찾아왔을 때에도 터를 만들게 됨을 알 수 있다.

참고 『주례』「춘관(春官)·전서(典瑞)」 기록

경문 兩圭有邸, 以祀地·旅四望.

번역 양규(兩圭)에 뿌리가 있는 것으로는 땅에 대한 제사를 지내고 사망(四望)[88]에 대한 제사를 지낸다.

鄭注 兩圭者, 以象地數二也. 僢而同邸. 祀地, 謂所祀於北郊神州之神.

번역 '양규(兩圭)'는 이를 통해 땅의 수인 2를 상징한다. 두 발이 서로 마주하지만 뿌리가 같다. '사지(祀地)'의 지(地)는 북쪽 교외에서 제사를 지내게 되는 신주(神州)[89]의 신을 뜻한다.

---

88) 사망(四望)은 천자가 사방(四方)의 산천(山川)에게 망(望)제사를 지내는 것이다. 제사의 대상은 산천 중의 큰 것들로, 오악(五嶽)이나 사독(四瀆)과 같은 것이다. 산천에 대한 제사는 일일이 그곳마다 찾아가서 제사를 지낼 수 없기 때문에, 그곳이 바라보이는 곳에 제단을 쌓고 제사를 지낸다. 그렇기 때문에 그 제사를 '망'제사라고 부르는 것이다. 그리고 천자는 사방(四方)의 산천들에 대해서 모두 제사를 지내게 되므로 '사(四)'자를 붙여서 '사망'이라고 부르는 것이다. 『주례』「춘관(春官)·대종백(大宗伯)」편에는 "國有大故, 則旅上帝及四望."이라는 기록이 있고, 이에 대한 가공언(賈公彦)의 소(疏)에서는 "言四望者, 不可一往就祭, 當四向望而爲壇遙祭之, 故云四望也."라고 풀이했다. 그리고 손이양(孫詒讓)의 『정의(正義)』에서는 "陳壽祺云, 山川之祭, 周禮四望, 魯禮三望. 其餘諸侯祀竟內山川, 蓋無定數, 山川之大者, 莫如五嶽四瀆."이라고 풀이했다.

89) 신주(神州)는 곤륜(崑崙)의 동남쪽에 있는 사방 5000리(里)가 되는 땅을 가리킨다. 고대인들은 곤륜산이 세상의 중심에 위치한다고 생각하였고, 그

賈疏 ◎注"兩圭"至"之神". ○釋曰: 云"僢而同邸"者, 按王制注"臥則僢". 彼僢, 謂兩足相向. 此兩圭亦兩足同邸, 是足相向之義, 故以僢言之. 則上四圭同邸者, 亦是各自兩足相向, 但就此兩足相向而言之也. 云"地謂所祀於北郊神州之神"者, 以其宗伯所云"黃琮禮地", 謂夏至祭崑崙大地, 明此兩圭與上四圭郊天相對, 是神州之神. 按河圖括地象"崑崙東南萬五千里神州", 是也. 但三王之郊, 一用夏正, 未知神州用何月祭之. 或解郊用三陽之月, 神州旣與郊相對, 宜用三陰之月, 當七月祭之.

번역 ◎鄭注: "兩圭"~"之神". ○정현이 "두 발이 서로 마주하지만 뿌리가 같다."라고 했는데, 『예기』「왕제(王制)」편에 대한 주를 살펴보면 "누워서 잠잘 때에는 발이 서로 마주보게 눕는다."라고 했다. 「왕제」편에서 말한 '천(僢)'은 두 발이 서로 마주본다는 뜻이다. 여기에서 말한 양규(兩圭) 또한 두 발에 해당하는 것이 있고 두 발은 뿌리가 같다. 이것은 발이 서로 마주보는 뜻이 된다. 그렇기 때문에 천(僢)자로 풀이한 것이다. 따라서 앞에서 말한 사규(四圭)도 뿌리가 같다고 했으니, 각각 네 개의 발이 서로 마주보고 있는 것이다. 다만 이곳에서는 두 발이 서로 마주본다는 뜻에서 말한 것이다. 정현이 "지(地)는 북쪽 교외에서 제사를 지내게 되는 신주(神州)의 신을 뜻한다."라고 했는데, 『주례』「대종백(大宗伯)」편에서는 "황종(黃琮)으로 땅을 예우한다."[90]라고 했으니, 하지 때 곤륜이라는 대지에 대해 제사를 지낸다는 뜻이며, 여기에서 말한 양규는 앞에서 말한 사규가 하늘에 대한 교제(郊祭)를 지내는 것과 서로 대비가 됨을 나타낸다. 따라서 여기에서 말하는 대상은 신주의 신이 된다. 『하도괄지상』을 살펴보면 "곤륜산의 동남쪽으로 15,000리 떨어진 곳이 신주이다."라고 했다. 다만 삼왕 때의 교제사에서는 모두 하정(夏正)[91]을 따랐으니, 신주에 대해서 몇월에 제사를 지냈는지는

동남쪽에 있는 땅을 9등분한 것이 중국의 구주(九州)라고 여겼다. 『지통서(地統書)』「괄지상(括地象)」편에는 "地中央曰崑崙. …… 其東南方五千里曰神州."라는 기록이 있다.

90) 『주례』「춘관(春官)·대종백(大宗伯)」: 以蒼璧禮天, 以黃琮禮地, 以靑圭禮東方, 以赤璋禮南方, 以白琥禮西方, 以玄璜禮北方.

91) 하정(夏正)은 하(夏)나라의 정월(正月)을 뜻한다. 이러한 뜻에서 파생되어

알 수 없다. 혹자는 교제사에서 삼양(三陽)이 되는 정월을 따랐고, 신주에 대한 제사는 이미 교제사와 서로 대비가 되므로, 삼음(三陰)이 되는 달에 따라야 하므로 마땅히 7월에 제사를 지냈을 것이라고 풀이한다.

참고 『주례』「춘관(春官)·대종백(大宗伯)」 기록

경문 以蒼璧禮天, 以黃琮禮地, 以青圭禮東方, 以赤璋禮南方, 以白琥禮西方, 以玄璜禮北方.

번역 창벽(蒼璧)으로는 하늘을 예우하고, 황종(黃琮)으로는 땅을 예우하며, 청규(青圭)로는 동쪽을 예우하고, 적장(赤璋)으로는 남쪽을 예우하며, 백호(白琥)로는 서쪽을 예우하고, 현황(玄璜)으로는 북쪽을 예우한다.

鄭注 此禮天以冬至, 謂天皇大帝, 在北極者也. 禮地以夏至, 謂神在崑崙者也. 禮東方以立春, 謂蒼精之帝, 而太昊·句芒食焉. 禮南方以立夏, 謂赤精之帝, 而炎帝·祝融食焉. 禮西方以立秋, 謂白精之帝, 而少昊·蓐收食焉. 禮北方以立冬, 謂黑精之帝, 而顓頊·玄冥食焉. 禮神者必象其類: 璧圜, 象天; 琮八方, 象地; 圭銳, 象春物初生; 半圭曰璋, 象夏物半死; 琥猛, 象秋嚴; 半璧曰璜, 象冬閉藏, 地上無物, 唯天半見.

번역 여기에서 하늘에 대해 예우한다는 것은 동지 때 하는 것으로 천황(天皇)인 대제(大帝)를 뜻하니, 북극성에 있는 신이다. 땅을 예우한다는 것

하나라의 역법(曆法)을 지칭하기도 한다. 하력(夏曆)을 기준으로 두었을 때, 은(殷)나라는 12월을 정월로 삼았으며, 주(周)나라는 11월을 정월로 삼았다. 『사기(史記)』「역서(曆書)」편에서는 "秦及漢初曾一度以夏曆十月爲正月, 自漢武帝改用夏正后, 曆代沿用."이라고 하여, 진(秦)나라와 전한초기(前漢初期)에는 하력에서의 10월을 정월로 삼았다가, 한무제(漢武帝)부터는 다시 하력을 따랐다고 전해진다. 또한 '하력'은 농력(農曆)이라고도 부르는데, '하력'에 기준을 두었을 때, 농사의 시기와 가장 잘 맞았기 때문이다. 따라서 역대 왕조에서 역법을 개정할 때에는 '하력'에 기준을 두게 되었다.

은 하지 때 하는 것으로 곤륜산에 있는 신을 뜻한다. 동쪽을 예우한다는 것은 입춘 때 하는 것으로 청색 정기를 주관하는 상제이며 태호(太昊)[92]와 구망(句芒)[93]이 예물을 흠향한다. 남쪽을 예우한다는 것은 입하 때 하는 것으로 적색 정기를 주관하는 상제이며 염제(炎帝)[94]와 축융(祝融)[95]이 예

---

92) 태호(太皞)는 태호(太昊)라고도 부른다. '태호'는 복희(伏犧)를 가리킨다. 오행(五行)으로 구분했을 때 목(木)을 주관하며, 계절로 따지면 봄을 주관하고, 방위로 따지면 동쪽을 주관하는 자이다. 『여씨춘추(呂氏春秋)』「맹춘기(孟春紀)」편에는 "其帝, 太皞, 其神, 句芒."이라는 기록이 있고, 이에 대한 고유(高誘)의 주에서는 "太皞, 伏羲氏, 以木德王天下之號, 死祀於東方, 爲木德之帝."라고 풀이했다.

93) 구망(句芒)은 오행(五行) 중 목(木)의 기운을 주관하는 천상의 신(神)이다. 목(木)의 기운을 담당했기 때문에, 그 관부의 이름을 따서 목관(木官)이라고도 부르고, 관부의 수장이라는 뜻에서 목정(木正)이라고도 부른다. '구망'은 소호씨(少皞氏)의 아들 또는 후손으로 알려져 있으며, 이름은 중(重)이었다고 전해진다. 생전에 목덕(木德)의 제왕이었던 태호(太皞: =伏羲氏)를 보좌하였고, 죽은 이후에는 목관(木官)의 신이 되었다고도 전해진다. '오행' 중 목(木)의 기운은 각 계절 및 방위와 관련되어, '구망'은 봄과 동쪽에 해당하는 신이라고도 부른다. 다만 목덕(木德)을 주관했던 상위의 신은 '태호'이고, '구망'은 태호를 보좌했던 신이다. 『예기』「월령(月令)」편에는 "其帝, 太皞, 其神, 句芒."이라는 기록이 있는데, 이에 대한 정현의 주에서는 "句芒, 少皞氏之子, 曰重, 爲木官."이라고 풀이했다. 『여씨춘추(呂氏春秋)』「맹춘기(孟春紀)」편에는 "其帝, 太皞, 其神, 句芒."이라는 기록이 있는데, 이에 대한 고유(高誘)의 주에서는 "句芒, 少皞氏之裔子曰重, 佐木德之帝, 死爲木官之神."이라고 풀이했다. 한편 『춘추좌씨전』「소공(昭公) 29년」편에는 "木正曰句芒."이라는 기록이 있다.

94) 염제(炎帝)는 신농(神農)이다. 소전(少典)의 아들이고, 오행(五行)으로 구분했을 때 화(火)를 주관하며, 계절로 따지면 여름을 주관하고, 방위로 따지면 남쪽을 주관하는 자이다. 『여씨춘추(呂氏春秋)』「맹하기(孟夏紀)」편에는 "其日丙丁, 其帝炎帝."이라는 기록이 있고, 이에 대한 고유(高誘)의 주에서는 "炎帝, 少典之子, 姓姜氏, 以火德王天下, 是爲炎帝, 號曰神農, 死託祀於南方, 爲火德之帝."라고 풀이했다. 한편 '염제'는 신농의 후손들을 지칭하기도 한다. 『사기(史記)』「봉선서(封禪書)」편에는 "神農封泰山, 禪云云; 炎帝封泰山, 禪云云."라는 기록이 나오는데, 이에 대한 『사기색은(史記索隱)』의 주에서는 "神農後子孫亦稱炎帝而登封者, 律曆志, '黃帝與炎帝戰於阪泉', 豈黃帝與神農身戰乎? 皇甫謐云炎帝傳位八代也."라고 풀이했다. 즉 신농의 자손들 또한 시조의 명칭에 따라서 '염제'라고 부르기도 하는데, 『사기』「율력지(律曆志)」편에는 황제(黃帝)와 '염제'가 판천(阪泉)에서 전쟁을 벌였다는 기

물을 흠향한다. 서쪽을 예우한다는 것은 입추 때 하는 것으로 백색 정기를 주관하는 상제이며 소호(少昊)[96]와 욕수(蓐收)[97]가 예물을 흠향한다. 북쪽

록이 있는데, 어떻게 시대가 다른 두 사람이 직접 전쟁을 할 수 있는가? 황보밀(皇甫謐)은 이 문제에 대해서 여기에서 말하는 '염제'는 신농의 8대 손이라고 풀이했다.

95) 축융(祝融)은 전설시대에 존재했다고 전해지는 고대 제왕 중 한 명이다. 삼황(三皇) 중 한 명이다. '삼황'에 속한 인물들에 대해서 대부분 복희(伏義)와 신농(神農)이 포함된다고 주장한다. 그러나 나머지 1명에 대해서는 이견(異見)이 많은데, 어떤 자들은 수인(燧人)을 포함시키기도 하고, 또 어떤 자들은 여왜(女媧)를 포함시키기도 하며, 또 어떤 자들은 '축융'을 포함시키기도 한다. 『잠부론(潛夫論)』「오덕지(五德志)」편에는 "世傳三皇五帝, 多以爲伏羲·神農爲二皇, 其一者或曰燧人, 或曰祝融, 或曰女媧, 其是與非未可知也."라는 기록이 있다. 한편 '축융'은 신(神)을 뜻하기도 한다. 고대인들은 '축융'을 전욱씨(顓頊氏)의 후손이며, 노동(老童)의 아들인 오회(吳回)로 여겼다. 또한 생전에는 고신씨(高辛氏)의 화정(火正)이 되었으며, 죽어서는 화관(火官)의 신이 되었다고 생각했다. 즉 고대에는 오행설(五行說)이 유행하여, 오행마다 주관하는 신들이 있었다고 여겨졌다. 그중 신농(神農)은 화(火)를 주관한다고 여겨졌고, '축융'은 신농의 휘하에서 '화'의 운행을 돕는 신으로 여겨졌다. 『예기』「월령(月令)」편에는 "其日丙丁, 其帝炎帝, 其神祝融."이라는 기록이 있고, 『여씨춘추(呂氏春秋)』「맹하기(孟夏紀)」편에는 "其神祝融."이라는 기록이 있는데, 이에 대한 고유(高誘)의 주에서는 "祝融, 顓頊氏後, 老童之子吳回也, 爲高辛氏火正, 死爲火官之神."이라고 풀이했다. 또한 '축융'은 오방(五方) 중 남쪽을 다스리는 신으로 여겨졌다. 이러한 사유 또한 오행설에 근거한 것으로, 고대인들은 '오방'마다 각각의 방위를 주관하는 신들이 있었다고 여겼다. 그러나 해당하는 신들에 대해서는 이견(異見)이 존재한다. 이러한 기록들 중 『관자(管子)』「오행(五行)」편에는 "得奢龍而辯於東方, 得祝融而辯於南方."이라는 기록이 있고, 『한서(漢書)』「양웅전상(揚雄傳上)」편에는 "麗鉤芒與驂蓐收兮, 服玄冥及祝融."이라는 기록이 있는데, 이에 대한 안사고(顏師古)의 주에서는 "祝融, 南方神."이라고 풀이했다.

96) 소호씨(少皞氏)는 소호씨(少昊氏)라고도 부르며, 전설상의 인물이다. 소호(少昊)라고도 부른다. 고대 동이족의 제왕으로, 황제(黃帝)의 아들이었다고도 전해진다. 이름은 지(摯)인데, 질(質)이었다고도 한다. 호(號)는 금천씨(金天氏)이다. 소호(少皞)는 새의 이름으로 관직명을 지었다고 전해지며, 사후에는 서방(西方)의 신(神)이 되었다고 전해진다. 『춘추좌씨전』「소공(昭公) 17년」편에는 "郯子曰 我高祖少皞摯之立也, 鳳鳥適至, 故紀於鳥, 爲鳥師而鳥名."이라는 기록이 있는데, 이에 대한 두예(杜預)의 주에서는 "少皞, 金天氏, 黃帝之子, 己姓之祖也."라고 풀이했다.

97) 욕수(蓐收)는 오행(五行) 중 금(金)의 기운을 주관하는 천상의 신(神)이다.

을 예우한다는 것은 입동 때 하는 것으로 흑색 정기를 주관하는 상제이며 전욱(顓頊)[98]과 현명(玄冥)[99]이 예물을 흠향한다. 신을 예우할 때에는 반

금(金)의 기운을 담당했기 때문에, 그 관부의 이름을 따서 금관(金官)이라고도 부르고, 관부의 수장이라는 뜻에서 금정(金正)이라고도 부른다. '욕수'는 소호씨(少皞氏)의 아들 또는 후손으로 알려져 있으며, 이름은 해(該)였다고 전해진다. 생전에 금덕(金德)의 제왕이었던 소호(少皞: =金天氏)를 보좌하였고, 죽은 이후에는 금관(金官)의 신이 되었다고도 전해진다. '오행' 중 금(木)의 기운은 각 계절 및 방위와 관련되어, '욕수'는 가을과 서쪽에 해당하는 신이라고도 부른다. 다만 금덕(金德)을 주관했던 상위의 신은 '소호'이고, '욕수'는 소호를 보좌했던 신이다. 『예기』「월령(月令)」편에는 "其日庚辛, 其帝少皞, 其神蓐收."라는 기록이 있는데, 이에 대한 정현의 주에서는 "蓐收, 少皞氏之子曰該, 爲金官."이라고 풀이했다. 『여씨춘추(呂氏春秋)』「맹추기(孟秋紀)」편에는 "其日庚辛, 其帝少皞, 其神蓐收."라는 기록이 있는데, 이에 대한 고유(高誘)의 주에서는 "少皞氏裔子曰該, 皆有金德, 死託祀爲金神."이라고 풀이했다.

98) 전욱(顓頊)은 고양씨(高陽氏)라고도 부른다. '전욱'은 고대 오제(五帝) 중 하나이다. 『산해경(山海經)』「해내경(海內經)」편에는 "黃帝妻雷祖, 生昌意, 昌意降處若水, 生韓流. 韓流, …… 取淖子曰阿女, 生帝顓頊."이라는 기록이 있다. 즉 황제(黃帝)의 처인 뇌조(雷祖)가 창의(昌意)를 낳았는데, 창의가 약수(若水)에 강림하여 거처하다가, 한류(韓流)를 낳았다. 다시 한류는 아녀(阿女)를 부인으로 맞이하여 '전욱'을 낳았다. 또한 『회남자(淮南子)』「천문훈(天文訓)」편에는 "北方, 水也, 其帝顓頊, 其佐玄冥, 執權而治冬."이라는 기록이 있다. 즉 북방(北方)은 오행(五行)으로 배열하면 수(水)에 속하는데, 이곳의 상제(上帝)는 '전욱'이고, 상제를 보좌하는 신(神)은 현명(玄冥)이다. 이들은 겨울을 다스린다. 또한 '전욱'과 관련하여 『수경주(水經注)』「호자하(瓠子河)」편에는 "河水舊東決, 逕濮陽城東北, 故衛也, 帝顓頊之墟. 昔顓頊自窮桑徙此, 號曰商丘, 或謂之帝丘."라는 기록이 있다. 즉 황하의 물길은 옛날에 동쪽으로 흘러서, 복양성(濮陽城)의 동북쪽을 경유하였는데, 이곳은 옛 위(衛) 지역으로, '전욱'이 거처하던 터이며, 예전에 '전욱'이 궁상(窮桑) 땅으로부터 이곳으로 옮겨왔기 때문에, 이곳을 상구(商丘) 또는 제구(帝丘)라고도 부른다.

99) 현명(玄冥)은 오행(五行) 중 수(水)의 기운을 주관하는 천상의 신(神)이다. 수(水)의 기운을 담당했기 때문에, 그 관부의 이름을 따서 수관(水官)이라고도 부르고, 관부의 수장이라는 뜻에서 수정(水正)이라고도 부른다. '오행' 중 수(水)의 기운은 각 계절 및 방위와 관련되어, '현명'은 겨울과 북쪽에 해당하는 신이라고도 부른다. 다만 수덕(水德)을 주관했던 상위의 신은 전욱(顓頊)이었고, '현명'은 '전욱'을 보좌했던 신이다. 한편 다른 오관(五官)의 신들과 달리, '현명'에 해당하는 인물에 대해서는 이견(異見)이 있다. 『예기』「월령(月令)」편에는 "其日壬癸, 其帝顓頊, 其神玄冥."이라는 기록이 있는데, 이

드시 그와 비슷한 부류를 형상화해야 하니, 벽(璧)은 둥글어서 하늘을 상징하고, 종(琮)은 팔각형으로 되어 있어 땅을 상징하며, 규(圭)는 뾰족하여 봄에 사물이 처음 생겨나는 것을 상징하고, 규의 반절인 것을 장(璋)이라고 부르니 여름에 사물의 반절이 죽는 것을 상징하며, 호(琥)는 호랑이로 용맹하기 때문에 가을의 엄숙함 기운을 상징하고, 벽의 반절인 것을 황(璜)이라고 부르니 겨울에 닫히고 가두는 기운을 상징하는데, 지상에는 사물이 없고 오직 하늘에만 그 반이 드러나는 것이다.

賈疏 ◎注"此禮"至"半見". ○釋曰: 云"此禮天以冬至, 謂天皇大帝, 在北極者也"者, 青圭已下有五天, 明此蒼璧禮天者, 是冬至祭圜丘者, 按大司樂云: "以雷鼓雷鼗, 雲門之舞, 冬日至, 於地上之圜丘奏之, 若樂六變, 則天神皆降", 是也. 云"禮地以夏至, 謂神在崑崙者也"者, 崑崙與昊天相對, 蒼璧禮昊天, 明黃琮禮崑崙大地可知, 故大司樂云"以靈鼓靈鼗, 夏日至於澤中之方丘奏之, 若樂八變, 則地示皆出", 是也. 故鄭彼云"天神則主北辰, 地示則主崑崙", 是卽與此同也. 云"禮東方以立春, 謂蒼精之帝"者, 此已下皆據月令, 四時迎氣, 皆在四立之日, 故以立春·立夏·立秋·立冬言之也. 知皆配以人帝·人神者, 亦據月令四時十二月皆陳人帝人神. 彼止爲告朔於明堂及四時迎氣配天帝而言. 告朔於明堂, 告五人帝, 告五人神, 配以文王·武王. 必知迎氣亦有五人帝·五人神者, 以其告朔入明堂, 至秋總享五帝於明堂, 皆以五人帝·五人神配天. 若然, 迎氣在四郊, 還是迎五天帝, 明知五人帝·五人神亦配祭可知. 以其自外至者無主不止, 故皆以人帝·人神爲配也. 言蒼精·赤精·白精·黑精者, 皆據春秋緯·運斗樞

에 대한 정현의 주에서는 "玄冥, 少皞氏之子曰脩, 曰熙, 爲水官."이라고 풀이한다. 즉 소호씨(少皞氏)의 아들 중 수(脩)와 희(熙)라는 인물이 있었는데, 이들은 생전에 수관(水官)이 되어 공덕(功德)을 쌓았고, 죽어서는 '현명'에 배향되었다고 설명한다. 『여씨춘추(呂氏春秋)』「맹동기(孟冬紀)」편에는 "其日壬癸, 其帝顓頊, 其神玄冥."이라는 기록이 있는데, 이에 대한 고유(高誘)의 주에서는 "玄冥, 官也. 少皞氏之子曰循, 爲玄冥師, 死祀爲水神."이라고 풀이한다. 즉 '현명'은 관직에 해당하는데, '소호씨'의 아들이었던 순(循)이 생전에 '현명'이라는 관부의 수장을 지냈기 때문에, 그가 죽었을 때에는 수신(水神)으로 배향을 했다는 뜻이다.

云大微宮有五帝座星. 文耀鉤亦云靈威仰之等而說也. 云"禮神者必象其類"者, 卽"璧圜"已下, 是象其類也. 按爾雅云: "肉倍好謂之璧, 好倍肉謂之瑗, 肉好若一謂之環." 是璧圜也. 云"琮八方象地"者, 天圜以對地方, 地有四方, 是八方也. 云"圭銳, 象春物初生"者, 雜記: "贊大行云: 圭剡上, 左右各寸半", 是圭銳也. 云"半圭曰璋"者, 按: 典瑞云: "四圭有邸以祀天, 兩圭有邸以祀地." 兩圭半四圭. 又云"圭璧以祀日月", 是一圭半兩圭. 又云"璋邸射, 以祀山川", 是璋又半一圭. 故云半圭曰璋. 公羊傳亦云"寶者何, 璋判白". 亦半圭曰璋. 云"象萬物半死"者, 夏時薺麥死, 是半死. 云"琥猛象秋嚴"者, 謂以玉爲虎形, 猛屬西方, 是象秋嚴也. 云"半璧曰璜"者, 逸禮記文. 似半圭曰璋也. 云"冬閉藏, 地上無物, 唯天半見"者, 列宿爲天文, 草木爲地文. 冬時草木枯落, 唯天上列宿仍在, 故云唯天半見, 故用半璧曰璜也. 此六玉所用, 則上璧下琮. 按覲禮加方明, 東方圭, 南方璋, 西方琥, 北方璜, 與此同. 唯上圭下璧與此違者, 鄭彼注云"上宜以蒼璧, 下宜以黃琮, 而不以者, 則上下之神非天地之至貴者"也. 彼上下之神是日月, 故陳玉與此不同也. 此經神不見中央含樞紐者, 此四時迎氣皆在四郊, 小宗伯云"兆五帝於四郊", 鄭注云"黃帝亦於南郊", 是也. 易云: "天玄而地黃." 今地用黃琮, 依地色, 而天用玄者, 蒼·玄皆是天色, 故用蒼也.

번역 ◎鄭注: "此禮"~"半見". ○정현이 "여기에서 하늘에 대해 예우한다는 것은 동지 때 하는 것으로 천황(天皇)인 대제(大帝)를 뜻하니, 북극성에 있는 신이다."라고 했는데, 청규(靑圭)로부터 그 이하로 다섯 천제에 대한 대상이 드러나니, 여기에서 창벽(蒼璧)으로 하늘을 예우한다는 것은 동지 때 원구(圓丘)[100]에서 제사지내는 것을 나타낸다. 따라서 이것은 동지 때 원구에서 제사를 지내는 것인데, 『주례』「대사악(大司樂)」편을 살펴보면

---

100) 원구(圓丘)는 환구(圜丘)라고도 부른다. 고대에 제왕이 동지(冬至)에 제천(祭天) 의식을 집행하던 곳이다. 자연적으로 형성된 언덕의 형상을 본떠서, 흙을 높이 쌓아올려 만들었기 때문에, '구(丘)'자를 붙여서 부른 것이며, 하늘의 둥근 형상을 본떴다는 뜻에서 '환(圜)' 또는 '원(圓)'자를 붙여서 부른 것이다. 『주례』「춘관(春官)·대사악(大司樂)」편에는 "冬日至, 於地上之圜丘奏之."라는 기록이 있고, 이에 대한 가공언(賈公彦)의 소(疏)에서는 "土之高者曰丘, 取自然之丘. 圜者, 象天圜也."라고 풀이했다.

"뇌고(雷鼓)와 뇌도(雷鼗), 운문(雲門)[101]의 악무는 동지에 지상의 원구에서 연주하며, 음악이 여섯 차례 변주되면 천신이 모두 강림한다."라고 한 말이 바로 그 사안에 해당한다. 정현이 "땅을 예우한다는 것은 하지 때 하는 것으로 곤륜산에 있는 신을 뜻한다."라고 했는데, 곤륜산은 호천과 서로 대비가 되고, 창벽으로는 호천을 예우하니, 황종이 곤륜이라는 대지를 예우한다는 사실을 알 수 있다. 그렇기 때문에 「대사악」편에서는 "영고(靈鼓)와 영도(靈鼗)는 하지에 못에 있는 방구(方丘)[102]에서 연주하며, 음악이 여덟 차례 변주되면 지신이 모두 나타난다."[103]라고 한 것이다. 그래서 「대사악」편에 대한 정현의 주에서는 "천신은 북극성의 신을 위주로 하며, 지신은 곤륜산의 신을 위주로 한다."라고 했던 것이니, 이곳의 내용과 동일하다. 정현이 "동쪽을 예우한다는 것은 입춘 때 하는 것으로 청색 정기를 주관하는 상제이다."라고 했는데, 이 이하의 말들은 모두 『예기』「월령(月令)」편에 근거한 것으로, 사계절에 따라 각 계절의 기운을 맞이할 때에는 모두 사립(四立)[104]의 날에 시행한다. 그렇기 때문에 입춘(立春)·입하(立夏)·입추(立秋)·입동(立冬)으로 말한 것이다. 이러한 것들에 대해 모두 인간이었다가 상제가 된 자와 인간이었다가 신이 된 자를 함께 배향한다는 사실을 알 수 있는

---

101) 운문(雲門)은 황제(黃帝) 시대에 만들어진 악무(樂舞) 중 하나라고 전해진다. 주(周)나라의 육무(六舞) 중 하나로 정착하였다. 주로 천신(天神)에게 제사를 지낼 때 사용되었다.

102) 방구(方丘)는 방택(方澤)과 같은 말이다. 고대에 제왕이 땅에 제사를 지냈던 제단이다. 그 모양이 사각형이었기 때문에 '방(方)'자를 붙이고, 언덕처럼 흙을 쌓아서 만들었기 때문에 '구(丘)'자를 붙여서 부르는 것이다.

103) 『주례』「춘관(春官)·대사악(大司樂)」: 凡樂, 圜鍾爲宮, 黃鍾爲角, 大蔟爲徵, 姑洗爲羽, 雷鼓雷鼗, 孤竹之管, 雲和之琴瑟, 雲門之舞, 冬日至, 於地上之圜丘奏之, 若樂六變, 則天神皆降, 可得而禮矣. 凡樂, 函鍾爲宮, 大蔟爲角, 姑洗爲徵, 南呂爲羽, 靈鼓靈鼗, 孫竹之管, 空桑之琴瑟, 咸池之舞, 夏日至, 於澤中之方丘奏之, 若樂八變, 則地示皆出, 可得而禮矣.

104) 사립(四立)은 입춘(立春), 입하(立夏), 입추(立秋), 입동(立冬)을 합쳐 부르는 말이다. 『후한서(後漢書)』「채옹전(蔡邕傳)」편에는 "一事, 明堂月令, 天子以四立及季夏之節, 迎五帝于郊, 所以導致神氣, 祈福豊年."이라는 기록이 있는데, 이에 대한 이현(李賢)의 주에서는 "四立, 謂立春, 立夏, 立秋, 立冬."이라고 풀이하였다.

것은 이 또한 「월령」편에서 사계절 12개월마다 모두 해당하는 인제(人帝)와 인신(人神)을 기술한 것에 근거한 말이다. 「월령」편에서는 단지 명당(明堂)[105]에서 고삭(告朔)[106]을 하고 사계절마다 각 계절의 기운을 맞이하며 천제에게 배향하는 것만을 말했다. 명당에서 고삭을 한다는 것은 다섯 명의 인제에게 아뢰고 다섯 명의 인신에 대해 아뢰며 문왕과 무왕을 배향하는 것이다. 각 계절의 기운을 맞이할 때 다섯 명의 인제와 다섯 명의 인신도 포함된다는 사실을 분명히 알 수 있는 이유는 고삭을 하며 명당에 들어가게 되고, 가을에 이르러 오제(五帝)에 대해 명당에서 총괄적으로 흠향을 시키니, 이 모두에 다섯 명의 인제와 다섯 명의 인신을 하늘에 배향한다. 만약 그렇다면 각 계절의 기운을 맞이하는 것은 사방의 교외에서 하는데, 이것은 곧 다섯 천제를 맞이하는 것이니, 다섯 명의 인제와 다섯 명의 인신 또한 배향하여 제사를 지낸다는 사실을 알 수 있다. 이들은 외부로부터 찾아오는 것인데 신주가 없어 머물지 못하기 때문에 모든 경우에 인제와 인신을 배향하게 된다. 창정(蒼精)·적정(赤精)·백정(白精)·흑정(黑精)이라고 했는데, 이 모두는 『춘추』의 위서인 『운두추』에서 태미궁에 오제좌의 별자리가 있다고 한 말에 근거한 것이다. 『문요구』에서도 영위앙(靈威仰)[107] 등에 대해서 말

105) 명당(明堂)은 일반적으로 고대 제왕이 정교(政敎)를 베풀던 장소를 지칭하는 용어로 사용되었다. 이곳에서는 조회(朝會), 제사(祭祀), 경상(慶賞), 선사(選士), 양로(養老), 교학(敎學) 등의 국가 주요 업무가 시행되었다. 『맹자』「양혜왕하(梁惠王下)」편에는 "夫明堂者, 王者之堂也."라는 용례가 있고, 『옥태신영(玉台新詠)』「목난사(木蘭辭)」편에도 "歸來見天子, 天子坐明堂."이라는 용례가 있다. '명당'의 규모나 제도는 시대마다 다르다. 또한 '명당'이라는 건물군 중에서 남쪽의 실(室)을 가리키는 용어로도 사용되었다.

106) 고삭(告朔)은 '곡삭'이라고도 읽는다. 천자가 계동(季冬) 때 다음 해의 달력을 내려준 것을 뜻한다. 천자가 제후에게 달력인 삭(朔)을 반포하게 되면, 제후는 그것을 조묘(祖廟)에 보관하였다가 삭일(朔日)에 이르러 묘(廟)에서 고(告)제사를 지내고, 그것을 꺼내서 시행하게 되는데, 이러한 의식 자체를 '고삭'으로 부르기도 했다. 따라서 '고삭'은 매월 초하루마다 지내는 제사를 범칭하는 용어로도 사용된다. 『주례』「춘관(春官)·대사(大史)」편에는 "頒告朔于邦國."이라는 기록이 있고, 이에 대한 정현의 주에서는 "天子頒朔于諸侯, 諸侯藏之祖廟, 至朔朝于廟, 告而受行之."라고 풀이했다.

107) 영위앙(靈威仰)은 참위설(讖緯說)을 주장했던 자들이 섬기던 오제(五帝) 중 하나이다. 동방(東方)의 신(神)이자, 봄을 주관하는 신이다. 『예기』「대전(大

했는데, 이에 따라 설명한 것이다. 정현이 "신을 예우할 때에는 반드시 그와 비슷한 부류를 형상화해야 한다."라고 했는데, '벽환(璧圜)'이라고 한 말로부터 그 이하의 설명이 바로 그 부류를 형상화한 것에 해당한다. 『이아』를 살펴보면 "가장자리가 구멍의 배가 되는 것을 '벽(璧)'이라 부르고, 구멍이 가장자리의 배가 되는 것을 '원(瑗)'이라 부르며, 가장자리와 구멍의 크기가 같은 것을 '환(環)'이라 부른다."[108]라고 했으니, 이것은 벽(璧)이 둥글다는 사실을 나타낸다. 정현이 "종(琮)은 팔각형으로 되어 있어 땅을 상징한다."라고 했는데, 하늘은 둥글어서 땅이 모진 것에 대비하면, 땅에는 사방이 있으니, 이것은 팔방의 뜻에 해당한다. 정현이 "규(圭)는 뾰족하여 봄에 사물이 처음 생겨나는 것을 상징한다."라고 했는데, 『예기』「잡기(雜記)」편에서는 "규(圭)는 상단부를 깎아내며 좌우로 각각 1.5촌씩 한다."[109]라고 했으니, 이것은 규가 뾰족하다는 사실을 나타낸다. 정현이 "규의 반절인 것을 장(璋)이라고 부른다."라고 했는데, 『주례』「전서(典瑞)」편을 살펴보면 "사규(四圭)에 뿌리가 있는 것으로는 하늘에 제사를 지내고, 양규(兩圭)에 뿌리가 있는 것으로는 땅에 대한 제사를 지낸다."[110]라고 했다. 양규는 사규의 반절이 된다. 또 "규벽(圭璧)으로는 해와 달에 대한 제사를 지낸다."[111]라고 했는데, 이것은 일규(一圭)가 양규의 반절이 됨을 뜻한다. 또 "장(璋)에 뿌리가 있고 뾰족한 부분이 있는 것으로는 산천에 대한 제사를 지낸다."[112]라고 했는데, 이것은 장(璋)이 또한 일규의 반절이 됨을 뜻한다. 그렇기 때문에 "규의 반절인 것을 장이라고 부른다."라고 했다. 『공양전』에서는 또한 "보배란

傳)」편에는 "禮, 不王不禘, 王者禘其祖之所自出, 以其祖配之."라는 기록이 있는데, 이에 대한 정현의 주에서는 "王者之先祖皆感大微五帝之精以生. 蒼則靈威仰, 赤則赤熛怒, 黃則含樞紐, 白則白招拒, 黑則汁光紀."라고 풀이하였다.

108)『이아』「석기(釋器)」: 珪大尺二寸謂之玠. 璋大八寸謂之琡. 璧大六寸謂之宣. 肉倍好謂之璧, 好倍肉謂之瑗, 肉好若一謂之環.

109)『예기』「잡기하(雜記下)」【522c】: 贊大行曰, "圭, 公九寸, 侯伯七寸, 子男五寸, 博三寸, 厚半寸, 剡上左右各寸半, 玉也. 藻三采六等."

110)『주례』「춘관(春官)·전서(典瑞)」: 四圭有邸, 以祀天·旅上帝. 兩圭有邸, 以祀地·旅四望.

111)『주례』「춘관(春官)·전서(典瑞)」: 圭璧以祀日月星辰.

112)『주례』「춘관(春官)·전서(典瑞)」: 璋邸射以祀山川, 以造贈賓客.

무엇을 뜻하는가? 장(璋)은 백옥의 반절이다."113)라고 했다. 이 또한 규의 반절인 것을 장이라 부른다는 사실을 뜻한다. 정현이 "사물의 반절이 죽는 것을 상징한다."라고 했는데, 여름에 냉이와 보리는 죽으니, 이것이 반절이 죽는다는 것을 뜻한다. 정현이 "호(琥)는 호랑이로 용맹하기 때문에 가을의 엄숙함 기운을 상징한다."라고 했는데, 옥으로 호랑이 형체를 만드는데, 맹수는 서쪽에 해당하니, 이것이 가을의 엄숙함 기운을 상징한다는 뜻이다. 정현이 "벽의 반절인 것을 황(璜)이라고 부른다."라고 했는데, 이것은 일실된 『예기』의 기록이다. 규의 반절인 것을 장이라 부르는 것과 유사하다. 정현이 "겨울에 닫히고 가두는 기운을 상징하는데, 지상에는 사물이 없고 오직 하늘에만 그 반이 드러나는 것이다."라고 했는데, 별자리들의 28수(宿)가 하늘의 무늬를 이루고, 초목이 땅의 무늬를 이룬다. 겨울에는 초목이 말라죽는데 오직 하늘에 있는 별자리들은 그대로 있다. 그렇기 때문에 하늘에만 그 반이 드러난다고 했다. 그래서 벽의 반절인 황을 쓴다. 여기에서 말한 여섯 가지 옥의 용도에 있어서 위로는 벽(璧)을 사용하고 밑으로는 종(琮)을 사용하고 있다. 『의례』「근례(覲禮)」편을 살펴보면 방명(方明)114)을 더하는

113)『춘추공양전』「정공(定公) 8년」: 僅然後得免, 自是走之晉. 寶者何? 璋判白.

114) 방명(方明)은 상하(上下)와 사방(四方)의 신명(神明)을 형상화한 것을 뜻한다. 신명(神明)을 형상화한 것이기 때문에, '명(明)'자를 붙이는 것이고, 상하(上下)와 사방(四方)을 형상화한 것이기 때문에, '방(方)'자를 붙여서, '방명'이라고 부르는 것이다. 나무를 이용해서 만들며, 사방 4척(尺)의 크기로 만들고, 여섯 가지 색깔로 만들고, 또 여섯 가지 옥을 설치한다. 고대에 제후가 천자를 조회하거나 회맹을 맺을 때, 또 천자가 제사를 지낼 때 설치했었다. 여섯 가지 색깔은 상하(上下) 및 사방(四方)을 형상화하기 위한 것으로, 동쪽에 해당하는 청색, 남쪽에 해당하는 적색, 서쪽에 해당하는 백색, 북쪽에 해당하는 흑색, 상에 해당하는 현색, 하에 해당하는 황색이 여기에 해당한다. 또 여섯 가지의 옥의 경우에도 상하(上下) 및 사방(四方)을 형상화하기 위한 것으로, 상에는 규(圭)를 설치하고, 하에는 벽(璧)을 설치하며, 남쪽에는 장(璋)을 설치하고, 서쪽에는 호(琥)를 설치하며, 북쪽에는 황(璜)을 설치하고, 동쪽에는 규(圭)를 설치한다. 『의례』「근례(覲禮)」편에는 "諸侯覲于天子, 爲宮方三百步, 四門, 壇十有二尋, 深四尺, 加方明于其上. 方明者, 木也, 方四尺. 設六色, 東方青, 南方赤, 西方白, 北方黑, 上玄, 下黃. 設六玉, 上圭, 下璧, 南方璋, 西方琥, 北方璜, 東方圭."라는 기록이 있고, 이에 대한 정현의 주에서는 "方明者, 上下四方神明之象也."라고 풀이했으며, 가

데, 동쪽에는 규(圭)를 두며, 남쪽에는 장(璋)을 두고, 서쪽에는 호(琥)를 두며, 북쪽에는 황(璜)을 둔다고 했으니,[115] 이곳의 내용과 동일하다. 다만 위에는 규(圭)를 두고 아래에는 벽(璧)을 둔다고 하여 차이를 보이는데, 「근례」편에 대한 정현의 주에서는 "위에는 마땅히 창벽(蒼璧)을 사용해야 하고 아래에는 마땅히 황종(黃琮)을 사용해야 하는데, 이것들을 사용하지 않는다면, 상하의 신은 천지의 지극히 존귀한 신이 아니다."라고 했다. 즉 「근례」편에서 말한 상하의 신은 해와 달의 신을 뜻한다. 그렇기 때문에 옥을 진열하는 것이 이곳과 차이를 보이는 것이다. 이곳 경문에 나온 신 중에 중앙을 관장하는 함추뉴(含樞紐)[116]가 보이지 않는데, 사계절의 각 기운을 맞이하는 것은 모두 사방의 교외에서 하니, 『주례』「소종백(小宗伯)」편에서는 "사방 교외에 오제에 대한 조(兆)[117]를 설치한다."[118]라고 했고, 정현의 주에서는

공언(賈公彦)의 소(疏)에서는 "謂合木爲上下四方, 故名方; 此則神明之象, 故名明. 此鄭解得名方明神之義也."라고 풀이했다.

115)『의례』「근례(覲禮)」: 壇十有二尋, 深四尺, 加方明于其上. 方明者, 木也, 方四尺, 設六色, 東方靑, 南方赤, 西方白, 北方黑, 上玄, 下黃. 設六玉, 上圭, 下璧, 南方璋, 西方琥, 北方璜, 東方圭.

116) 함추뉴(含樞紐)는 참위설(讖緯說)을 주장했던 자들이 섬기던 오제(五帝) 중 하나이다. 중앙(中央)을 주관하는 신(神)이자 계절 중 중앙 계절을 주관하는 신이다. 『예기』「대전(大傳)」편에는 "禮, 不王不禘, 王者禘其祖之所自出, 以其祖配之."라는 기록이 있는데, 이에 대한 정현의 주에서는 "王者之先祖皆感大微五帝之精以生. 蒼則靈威仰, 赤則赤熛怒, 黃則含樞紐, 白則白招拒, 黑則汁光紀."라고 풀이하였다.

117) 조(兆)는 고대에 사교(四郊)에 설치했던 일종의 제단(祭壇)이다. 또한 사교(四郊)에서 제사를 지내는 장소를 뜻한다. 『예기』「표기(表記)」편에는 "詩曰, 后稷兆祀, 庶無罪悔, 以迄于今."이라는 기록이 있고, 이에 대한 정현의 주에서는 "兆, 四郊之祭處也."라고 풀이했다. 한편 『예기』「예기(禮器)」편에는 "有以下爲貴者, 至敬不壇, 埽地而祭."라는 기록이 있다. 즉 지극히 공경을 표해야 하는 제사에서는 제단을 쌓지 않고, 단지 땅만 쓸고서 제사를 지낸다는 뜻이다. 이 문장에 대해 진호(陳澔)의 『집설(集說)』에서는 "封土爲壇, 郊祀則不壇, 至敬無文也."라고 풀이한다. 즉 흙을 높게 쌓아서 제단을 만들게 되는데, 교사(郊祀)와 같은 경우는 지극히 공경을 표해야 하는 제사에 해당하므로, 제단을 만들지 않는다. 그 이유는 이러한 제사에서는 화려한 꾸밈을 하지 않기 때문이다. 한편 『예기』「예기」편의 문장에 대해 공영달(孔穎達)의 소(疏)에서는 "此謂祭五方之天, 初則燔柴於大壇, 燔柴訖, 於壇下掃地而設正祭, 此周法也."라고 설명한다. 즉 지극히 공경을 표해야

"황제(黃帝) 또한 남쪽 교외에서 한다."라고 했다. 『역』에서는 "하늘은 검고 땅은 누렇다."119)라고 했다. 현재 땅에 대해서 황종(黃琮)을 사용한다고 한 것은 땅의 색깔에 따른 것이고, 하늘에 대해 검은색을 사용해야 하는데, 청색과 검은색은 모두 하늘의 색깔이 된다. 그렇기 때문에 창벽(蒼璧)을 사용한다.

참고 『시』「대아(大雅)·역복(棫樸)」

芃芃棫樸, (봉봉역박) : 무성한 백색 참나무와 떡갈나무여,
薪之槱之. (신지유지) : 땔감으로 베어 쌓는구나.
濟濟辟王, (제제벽왕) : 단정하고 아름다운 군왕이여,
左右趣之. (좌우취지) : 좌우에서 서두르는구나.

濟濟辟王, (제제벽왕) : 단정하고 아름다운 군왕이여,
左右奉璋. (좌우봉장) : 좌우에서 장찬(璋瓚)을 받드는구나.
奉璋峨峨, (봉장아아) : 장찬을 받들어 올림이 굳세고도 건장하니,
髦士攸宜. (모사유의) : 빼어난 선비가 마땅히 할 바로다.

淠彼涇舟, (비피경주) : 유유히 떠다니는 저 경수의 배여,
烝徒楫之. (증도즙지) : 여러 사람들이 노를 젓는구나.
周王于邁, (주왕우매) : 주왕이 정벌을 떠나시니,
六師及之. (육사급지) : 육사(六師)120)가 따르는구나.

하는 제사는 오방(五方)의 천신(天神)들에게 지내는 제사를 뜻하는데, 제사 초반부에는 태단(太壇)에서 섶을 태워서 신들에게 알리고, 섶 태우는 일이 끝나면, 제단 아래에서 땅을 쓸고, 본격적인 제사를 지내게 되는데, 이것은 주(周)나라 때의 예법에 해당한다.

118)『주례』「춘관(春官)·소종백(小宗伯)」: 兆五帝於四郊, 四望·四類亦如之.

119)『역』「곤괘(坤卦)」: 陰疑於陽必戰. 爲其嫌於无陽也, 故稱"龍"焉, 猶未離其類也, 故稱"血"焉. 夫玄黃者, 天地之雜也, 天玄而地黃.

120) 육사(六師)는 '육군(六軍)'이라고도 부른다. 주(周)나라 때 천자가 통솔했던 여섯 단위의 군대를 뜻한다. '사(師)'는 본래 군대의 단위를 뜻하는 것으로, 1사(師)는 12,500명으로 구성된다. 후대에는 천자의 군대를 지칭하는 용어

倬彼雲漢, (탁피운한) : 광대한 저 은하수여,
爲章于天. (위장우천) : 하늘의 무늬가 되었구나.
周王壽考, (주왕수고) : 주왕이 장수를 하시니,
遐不作人. (하부작인) : 어찌 새로이 탈바꿈하지 않겠는가.

追琢其章, (퇴탁기장) : 새기고 쪼아서 만든 무늬여,
金玉其相. (금옥기상) : 쇠와 옥을 백성들이 살펴보는구나.
勉勉我王, (면면아왕) : 힘쓰고 힘쓰는 우리 왕이여,
綱紀四方. (강기사방) : 사방에 정사를 펼치는구나.

毛序 棫樸, 文王能官人也.

모서 「역복(棫樸)」편은 문왕이 사람을 잘 등용했음을 노래한 시이다.

참고 『시』「위풍(衛風)·기욱(淇奧)」

瞻彼淇奧, (첨피기욱) : 저 기수(淇水)가 벼랑을 보니,
綠竹猗猗. (녹죽의의) : 왕추와 편죽이 무성하구나.
有匪君子, (유비군자) : 문채가 나는 군자여,
如切如磋, (여절여차) : 뼈를 가는 듯 조각을 하는 듯,
如琢如磨. (여탁여마) : 옥을 쪼는 듯 돌을 가는 듯.
瑟兮僩兮, (슬혜한혜) : 엄숙하고 관대함이여,
赫兮咺兮. (혁혜훤혜) : 밝은 덕 혁혁하게 드러나는구나.
有匪君子, (유비군자) : 문채가 나는 군자여,
終不可諼兮. (종불가훤혜) : 끝내 잊을 수가 없구나.

瞻彼淇奧, (첨피기욱) : 저 기수가 벼랑을 보니,
綠竹靑靑. (녹죽청청) : 왕추와 편죽이 무성하구나.
有匪君子, (유비군자) : 문채가 나는 군자여,

로도 사용되었다.

充耳琇瑩, (충이수영) : 귀막이로 단 아름다운 옥이여,
會弁如星. (회변여성) : 변(弁)에 매단 것이 별과 같구나.
瑟兮僩兮, (슬혜한혜) : 엄숙하고 관대함이여,
赫兮咺兮. (혁혜훤혜) : 밝은 덕 혁혁하게 드러나는구나.
有匪君子, (유비군자) : 문채가 나는 군자여,
終不可諼兮. (종불가훤혜) : 끝내 잊을 수가 없구나.

瞻彼淇奧, (첨피기욱) : 저 기수가 벼랑을 보니,
綠竹如簀. (녹죽여책) : 왕추와 편죽이 쌓여있구나.
有匪君子, (유비군자) : 문채가 나는 군자여,
如金如錫, (여금여석) : 금과 같고 주석과 같으며,
如圭如璧. (여규여벽) : 규(圭)와 같고 벽(璧)과 같구나.
寬兮綽兮, (관혜작혜) : 너그럽고 느긋함이여,
倚重較兮. (의중교혜) : 경대부의 수레에 의지하는구나.
善戲謔兮, (선희학혜) : 크고도 넓어서 단순한 농지거리가 아니니,
不爲虐兮. (불위학혜) : 모질지 않구나.

毛序 淇奧, 美武公之德也. 有文章, 又能聽其規諫, 以禮自防. 故能入相于周, 美而作是詩也.

모서 「기욱(淇奧)」편은 무공의 덕을 찬미한 시이다. 문채를 지니고 있으며, 또한 신하들의 올바른 간언을 받아들여서, 예법에 따라 스스로 방지를 하였다. 그렇기 때문에 주나라 왕실에 들어가 정사를 도왔으니, 그 일을 찬미하여 이 시를 지었다.

참고 『논어』「자한(子罕)」 기록

경문 子貢曰: "有美玉於斯, 韞櫝而藏諸? 求善賈而沽諸①?" 子曰: "沽之哉! 沽之哉! 我待賈者也②."

번역 자공이 "여기에 아름다운 옥이 있다면, 상자에 감춰서 숨기시겠습니까? 아니면 좋은 상인을 기다렸다가 파시겠습니까?"라고 묻자 공자는 "팔아야지! 팔아야지! 나는 좋은 상인을 기다리는 자이다."라고 대답했다.

何注-① 馬曰: 韞, 藏也. 櫝, 匱也. 謂藏諸匱中. 沽, 賣也. 得善賈, 寧肯賣之邪?

번역 마씨가 말하길, '온(韞)'자는 감춘다는 뜻이다. '독(櫝)'자는 상자를 뜻한다. 상자 안에 감춘다는 의미이다. '고(沽)'자는 판다는 뜻이다. 좋은 상인을 만나게 된다면 어떻게 기꺼이 팔지 않겠는가?

何注-② 包曰: 沽之哉, 不衒賣之辭. 我居而待賈.

번역 포씨가 말하길, 판다는 말은 돌아다니며 팔지 않는다는 뜻이다. 나는 가만히 있으면서 상인을 기다리는 것이다.

邢疏 ●"子貢"至"者也". ○正義曰: 此章言孔子藏德待用也.

번역 ●經文: "子貢"~"者也". ○이곳 문장은 공자가 덕을 숨기고 등용되길 기다렸다는 뜻을 나타내고 있다.

邢疏 ●"子貢曰: 有美玉於斯, 韞櫝而藏諸? 求善賈而沽諸"者, 子貢欲觀孔子聖德藏用何如, 故託玉以諮問也. 韞, 藏也. 櫝, 匱也. 諸, 之. 沽, 賣也. 言人有美玉於此, 藏在櫝中而藏之, 若求得善貴之賈, 寧肯賣之邪? 君子於玉比德. 子貢之意, 言夫子有美德而懷藏之, 若人虛心盡禮求之, 夫子肯與之乎?

번역 ●經文: "子貢曰: 有美玉於斯, 韞櫝而藏諸? 求善賈而沽諸". ○자공은 공자처럼 성인의 덕을 갖춘 자가 그 덕을 숨기는 것과 등용되는 것을 어떻게 하는지 살펴보고자 했다. 그렇기 때문에 옥에 비유를 들어 물어보았다. '온(韞)'자는 감춘다는 뜻이다. '독(櫝)'자는 상자를 뜻한다. '저(諸)'자는 지(之)자의 뜻이다. '고(沽)'자는 판다는 뜻이다. 어떤 사람이 여기에 아름다운 옥을 가지고 있는 상태라면, 상자 안에 감춰서 숨겨둘 것인지, 아니면 선하고 귀한 상인을 기다렸다가 차라리 팔아버리겠느냐는 뜻이다. 군자는 옥을 통해 덕을 비견한다. 자공의 의도는 공자에게는 아름다운 덕이 있지만 그것을 감추고 있는데, 만약 어떤 사람이 사사로운 마음을 비우고 예법을 다하여 요구한다면 공자는 기꺼이 그와 함께 하겠느냐는 뜻이다.

邢疏 ●"子曰: 沽之哉! 沽之哉! 我待賈者也"者, 孔子答言, 我賣之哉. 不衒賣之辭. 雖不衒賣, 我居而待賈. 言有人虛心盡禮以求我道, 我卽與之而不吝也.

번역 ●經文: "子曰: 沽之哉! 沽之哉! 我待賈者也". ○공자는 답변을 하며, 나는 팔겠다고 한 것이다. 이것은 돌아다니며 팔겠다는 말이 아니다. 비록 돌아다니며 팔지는 않지만, 나는 한 곳에 머물며 상인을 기다리겠다는 뜻이다. 즉 어떤 사람이 사사로운 마음을 비우고 예법을 다하여 나의 도를 요구한다면, 나는 즉시 그에게 알려주며 아끼지 않을 것이라는 뜻이다.

集註 韞, 藏也. 匵, 匱也. 沽, 賣也. 子貢以孔子有道不仕, 故設此二端以問也. 孔子言固當賣之, 但當待賈, 而不當求之耳.

번역 '온(韞)'자는 감춘다는 뜻이다. '독(匵)'자는 상자를 뜻한다. '고(沽)'자는 판다는 뜻이다. 자공은 공자는 이미 도를 갖추고 있음에도 관직에 나아가지 않았기 때문에 이러한 두 가지 상황을 가정하여 질문한 것이다. 공자는 진실로 팔아야만 한다고 말한 것이니, 다만 좋은 값을 쳐줄 때까지 기다려야만 하고 팔기만을 구해서는 안 된다고 말한 것이다.

集註 范氏曰: 君子未嘗不欲仕也, 又惡不由其道. 士之待禮, 猶玉之待賈也. 若伊尹之耕於野, 伯夷·太公之居於海濱, 世無成湯文王, 則終焉而已, 必不枉道以從人, 衒玉而求售也.

번역 범씨가 말하길, 군자는 일찍이 관직에 나아가고자 하지 않았던 것은 아니지만, 도리에 따르지 않음을 싫어했던 것이다. 선비가 자신을 예우해줄 때까지 기다리는 것은 옥이 좋은 값에 팔리기를 기다리는 것과 같다. 예를 들어 이윤은 신야에서 농사를 지었고, 백이와 태공은 바닷가에 숨어 지냈는데, 당시에 탕임금이나 문왕이 없었다면 그대로 일생을 마쳤을 것이며, 분명 자신의 도를 굽혀 남을 따르거나 옥을 자랑하며 팔리기를 요구하지 않았을 것이다.

참고 『맹자』「만장하(萬章下)」 기록

경문 孟子曰: "伯夷, 聖之淸者也; 伊尹, 聖之任者也; 柳下惠, 聖之和者也; 孔子, 聖之時者也. 孔子之謂集大成. 集大成也者, 金聲而玉振之也. 金聲也者, 始條理也. 玉振之也者, 終條理也①. 始條理者, 智之事也. 終條理者, 聖之事也②. 智, 譬則巧也. 聖, 譬則力也. 由射於百步之外也, 其至, 爾力也; 其中, 非爾力也③."

번역 맹자가 말하길, "백이(伯夷)는 성인의 맑은 덕을 체득한 자이며, 이윤(伊尹)은 성인이 세상의 짊을 떠맡았던 덕을 체득한 자이고, 유하혜(柳下惠)는 성인의 조화로운 덕을 체득한 자인데, 공자는 성인의 덕 중에서도 시중(時中)을 체득한 자이시다. 공자의 행적을 두고 '집대성(集大成)'이라고 부른다. 집대성이라는 것은 쇠로 만든 악기소리를 울려서 옥으로 만든 악기소리가 소리를 드날리도록 하는 것이다. 쇠로 만든 악기소리는 연주를 시작함에 조리가 생기도록 하는 것이다. 옥으로 만든 악기소리로 드날리게 하는 것은 연주를 끝마치며 조리를 유지한 상태로 마무리를 짓도록 하는 것이다. 시작함에 조리가 있도록 하는 것은 지혜로운 자에게 해당하는 일이다. 끝마치며 조리를 유지하는 것은 성인에게 해당하는 일이다. 지(智)는 비유하자면 기교와 같다. 성(聖)은 비유하자면 힘과 같다. 이것은 100보 밖에서 활을 쏘는 것과 같은데, 화살이 과녁까지 도달하는 것은 너의 힘에 달린 것이지만, 적중을 시키는 것은 너의 힘에 달린 것이 아니다."라고 했다.

趙注-① 伯夷清, 伊尹任, 柳下惠和, 皆得聖人之道也. 孔子時行則行, 時止則止, 孔子集先聖之大道, 以成己之聖德者也, 故能金聲而玉振之. 振, 揚也. 故如金音之有殺, 振揚玉音終始如一也. 始條理者, 金從革, 可始之使條理. 終條理者, 玉終其聲而不細也, 合三德而不撓也.

번역 백이(伯夷)는 맑고 이윤(伊尹)은 떠맡았으며 유하혜(柳下惠)는 조화로웠는데, 이 모두는 성인의 도를 체득한 것이다. 공자는 그 시기가 시행할만하면 시행했고 그칠만하면 그쳤으니, 공자는 선성의 큰 도리를 모아서 자신의 성인다운 덕을 완성시킨 자이다. 그렇기 때문에 쇠의 악기소리를 내고 옥의 악기소리를 드날릴 수 있었던 것이다. '진(振)'자는 드날린다는 뜻이다. 그러므로 쇠로 만든 악기 소리에는 줄어드는 측면이 있지만 옥의 악기소리를 드날려서 시종일관되게 만드는 것과 같다. 조리(條理)를 시작한다는 것은 쇠의 악기소리가 가죽의 악기소리를 따르게 되어, 그것을 시작함에 조리가 있도록 할 수 있다는 뜻이다. 조리를 끝맺는다는 것은 옥의 악기소리가 악기들의 소리를 마무리하며 미세해지지 않으니, 세 가지 덕을 합하되 흔들리지 않는다는 뜻이다.

趙注-② 智者知理物, 聖人終始同.

번역 지혜로운 자는 사물을 다스리는 방도를 아는 자이며, 성인은 처음과 끝이 한결같은 자이다.

趙注-③ 智, 譬猶人之有技巧也, 可學而益之. 以聖, 譬猶力之有多少, 自有極限, 不可强增. 聖人受天性, 可庶幾而不可及也. 夫射遠而至, 爾努力也, 其中的者, 爾之巧也. 思改其手用巧意, 乃能中也.

번역 지(智)는 비유하자면 사람들 중에서도 기교가 있는 자와 같으니, 배워서 그것을 증진시킬 수 있는 것과 같다. 성(聖)은 비유하자면 힘에는 많고 적은 차이가 있는데, 그 자체로 한계가 있어서 억지로 늘릴 수 없는 것과 같다. 성인은 천성을 부여받은 자이니, 근접할 수는 있지만 도달할 수는 없다. 활쏘기에 있어서 멀리에서 쏴서 과녁에 도달하는 것은 너의 노력 여부에 달려있지만, 적중시키는 것은 너의 기교에 달려있는 것이다. 손을 사용하는 기교와 뜻을 잘 생각해서 고친다면 적중시킬 수 있다.

孫疏 ●"孟子曰"至"非爾力也", 孟子又曰伯夷之行, 爲聖人之淸者也, 是其不以物汚其己, 而成其行於淸也; 伊尹之行, 爲聖人之任者也, 是其樂於自爲, 而以天下之重自任也; 柳下惠之行, 爲聖人之和者也, 是其不以己異於物, 而無有所擇也. 唯孔子者, 獨爲聖人之時者也, 是其所行之行, 惟時適變, 可以淸則淸, 可以任則任, 可以和則和, 不特倚於一偏也, 故謂之孔子爲集其大成·得純全之行者也. 蓋集大成, 卽集伯夷·伊尹·柳下惠三聖之道, 是爲大成耳. 如所謂危邦不入, 亂邦不居, 是孔子之淸, 而不至伯夷一於淸也; 佛肹召而欲往, 是孔子之任, 而不至伊尹一於任也; 南子見所不見, 陽貨敬所不敬, 是孔子之和, 而不至柳下惠一於和也. 然則伯夷·伊尹·柳下惠, 是皆止於一偏, 未得其大全也, 而孟子亦皆取之爲聖者, 蓋伯夷·伊尹·柳下惠各承其時之有弊, 不得不如是而救也. 以孔子觀之, 又能集此三聖而爲大成者也. 方伯夷之時, 天下多進寡退, 而伯夷所以如是潔己不殉. 方伊尹之時, 天下多退而寡進, 而伊尹所以如是而以天下爲己任. 方柳下惠之時, 天下多潔己而異俗, 而柳下惠所以如是俯身而同衆. 故伯夷承伊尹之弊而救之淸, 柳下惠承伯夷之弊而救之和. 孔子又承而集之, 遂爲大成者. 誰謂伯夷·伊尹·柳下惠救時弊如此, 可不謂爲聖者耶? 雖然, 孟子取爲三聖, 其言又不無意於其間也. 言伯夷但聖之淸者也, 以其取淸而言之矣; 伊尹但聖之任者也, 以其取任而言之矣; 柳下惠但聖之和者也, 以其取和而言之矣; 孔子之聖則以時也, 其時爲言, 以謂時然則然, 無可無不可, 故謂之集其大成, 又非止於一偏而已. 故孟子於下故取金聲玉振而喻之也, 言集大成者, 如金聲而玉振之者也. 金聲者, 是其始條理也, 言金聲始則隆而終則殺者也, 如伯夷能淸而不能任, 伊尹能任而不能和, 柳下惠能和而不能淸者也; 玉振之者, 是其終條理也, 言玉振則終始如一而無隆殺者也, 如孔子能淸·能任·能和者也, 所以合金聲而玉振之而言也, 以其孔子其始如金聲之隆, 而能淸·能任·能和, 其終且如玉振無隆殺, 又能淸而且任·任而且和·和而且淸, 有始有終, 如一者也. 然則孟子於此, 且合金聲玉振之條理而喩歸于孔子, 是其宜也. 然而始條理者, 是爲智者之事也; 終條理者, 是爲聖人之事也. 以智者而譬之, 則若人之有巧也, 以聖人而譬之, 則若人之有力也. 如射於百步之外爲遠, 其射至於百步之外, 是人之力也; 其所以中的者, 非人之力也, 以其人之巧耳. 此譬伯夷·伊尹·柳下惠但如射於百步之外, 能至而不能中; 孔子於射能至, 又能中者也. 蓋能至, 亦射之善者矣; 而能至能中者, 又備其善者也; 能淸·能任·能和, 是聖人之善者也; 能時, 又備其聖人之善者也. 此一段則孟子總意而解其始終條理也, 而始終條理又解金聲玉振者也, 金聲玉振又喩孔子集三聖之大成者耳. 蓋條理者, 條則有數而不紊, 理則有分而不可易也.

번역 ●經文: "孟子曰"~"非爾力也". ○맹자는 재차 말하길, 백이(伯夷)의 행실은 성인 중에서도 맑은 덕을 가진 자에 해당하는데, 다른 사물이 자신을 오염시키지 못하여 맑은 덕에서 그 행실을 완성한 자이다. 이윤(伊尹)의 행실은 성인 중에서도 세상에 대한 책무를 떠맡은 자에 해당하는데, 스스로 시행하는 것을 즐거워하여 천하의 중책을 자임한 자이다. 유하혜(柳下惠)의 행실은 성인 중에서도 조화로운 덕을 가진 자에 해당하는데, 자신과 다른 사물을 구별 짓지 않고 가리는 바도 없는 자이다. 다만 공자는 유독 성인 중에서도 시중(時中)의 덕을 가진 자에 해당하니, 행한 바의 행실이 오직 시의에 따라 적응하고 변화되어, 맑게 할 수 있으면 맑게 하였고, 자임할 수 있으면 자임하였으며, 조화로울 수 있으면 조화로웠으니, 단지 어느 한쪽에만 의지하지 않았다. 그렇기 때문에 공자를 큰 이룸을 집약하고 순수하고 온전한 행실을 터득한 자라고 여기는 것이다. '집대성(集大成)'이란 백이·이윤·유하혜라는 세 성인이 터득한 도를 집약하여 큰 이룸으로 여긴 것일 뿐이다. 예를 들어 위태로운 나라에는 들어가지 않고 어지러운 나라에는 머물지 않았다고 한 것[121]은 공자의 맑은 덕에 해당하지만, 백이가 맑은 덕에만 일관되었던 것처럼은 하지 않았다. 불힐이 부르자 찾아가고자 했는

121)『논어』「태백(泰伯)」: 子曰, "篤信好學, 守死善道. 危邦不入, 亂邦不居. 天下有道則見, 無道則隱. 邦有道, 貧且賤焉, 恥也, 邦無道, 富且貴焉, 恥也."

데,[122] 이것은 공자가 세상의 책무를 자임하려던 측면에 해당하지만, 이윤이 자임하는 데에만 일관되었던 것처럼은 하지 않았다. 남자에 대해서는 만나보지 말아야 할 대상이지만 만나보았고, 양화에 대해서는 공경하지 말아야 할 대상이지만 공경스러운 태도를 취했으니, 이것은 공자의 조화로운 덕에 해당하지만, 유하혜가 조화로운 덕에만 일관되었던 것처럼은 하지 않았다. 그렇다면 백이·이윤·유하혜는 모두 한 측면에만 그쳤던 것으로 커다랗고 온전한 덕을 얻었던 것은 아니다. 그런데도 맹자는 또한 이들 모두에 대해서 성인이라고 여겼는데, 백이·이윤·유하혜는 각각 그 당시의 폐단으로 인해 부득이하게 이처럼 할 수밖에 없었기 때문에 인정을 했던 것이다. 공자를 기준으로 살펴본다면, 또한 이러한 세 성인의 덕을 집약하여 큰 이름으로 삼을 수 있었던 자이다. 백이가 살았던 시대에는 천하의 사람들이 대부분 세상에 나아가려고 했고 물러나 은둔하려는 자는 적었기 때문에, 백이는 이와 같이 자신을 결백하게 만들면서 세상의 흐름에 따르지 않았던 것이다. 이윤이 살았던 시대에는 천하의 사람들이 대부분 은둔하려고 했고 세상에 나아가려는 자는 적었기 때문에, 이윤은 이와 같이 천하의 중책을 자신의 임무로 삼았던 것이다. 유하혜가 살았던 시대에는 천하의 사람들이 대부분 자신을 청결하게 만들려고 했고 세속과 차이를 보였기 때문에, 유하혜는 이와 같이 자신을 굽혀서 대중들과 동화되었던 것이다. 그러므로 백이는 이윤의 폐단을 이으면서 맑은 덕으로 구제하였던 것이고, 유하혜는 백이의 폐단을 이으면서 조화로움으로 구제하였던 것이다. 공자는 또한 그들을 이으면서 그들의 덕을 집약하여 마침내 큰 이름을 수립한 것이다. 그 누가 백이·이윤·유하혜가 이와 같이 당시의 폐단을 구제하였는데도 성인이 아니라고 할 수 있겠는가? 비록 그렇지만 맹자가 이들을 세 성인으로 삼은 말에는 또한 그 차이에 의미를 두지 않았던 것은 아니다. 백이에 대해서는 단지 성인 중에서도 맑은 덕을 가진 자라고 했는데, 이것은 그의 맑은 덕에 초점을 두어 말한 것이며, 이윤에 대해서는 단지 성인 중에서도 천하의 중책을

---

122) 『논어』「양화(陽貨)」 : 佛肸召, 子欲往. 子路曰, "昔者由也聞諸夫子曰, '親於其身爲不善者, 君子不入也.' 佛肸以中牟畔, 子之往也, 如之何?" 子曰, "然, 有是言也. 不曰堅乎, 磨而不磷, 不曰白乎, 涅而不緇. 吾豈匏瓜也哉? 焉能繫而不食?"

자임한 자라고 했는데, 이것은 그가 자임한 것에 초점을 두어 말한 것이고, 유하혜에 대해서는 단지 성인 중에서도 조화로운 덕을 가진 자라고 했는데, 이것은 그의 조화로운 덕에 초점을 두어 말한 것이다. 반면 공자의 성인됨에 대해서는 시(時)로써 했다고 했는데, 그 시의로 말을 한 것은 그 시기가 그러하면 그러하게 했던 것으로 완전히 된다는 것도 없고 완전히 안 된다는 것도 없는 것이다. 그래서 큰 이름을 집약했다고 부른 것이며, 또한 이것은 한 측면에만 그쳤다는 뜻이 아니다. 그러므로 맹자는 뒤의 문장에서 일부러 쇠로 만든 악기소리를 울리고 옥으로 만든 악기소리로 진작시킨다는 것으로 비유를 한 것이니, '집대성(集大成)'이라고 한 것은 쇠로 만든 악기소리를 울리고 옥으로 만든 악기소리로 진작시키는 것과 같다는 의미이다. 쇠로 만든 악기소리를 울리는 것은 시작함에 조리를 갖추는 것에 해당하니, 쇠로 만든 악기소리는 처음에 크게 울리지만 끝에 가서는 줄어들게 되니, 이것은 마치 백이가 청렴함을 유지할 수 있었지만 천하의 중책을 자임할 수 없었고, 이윤이 천하의 중책을 자임할 수 있었지만 조화를 이룰 수는 없었으며, 유하혜가 조화를 이룰 수 있었지만 청렴하게 할 수는 없었던 것과 같다. 옥으로 만든 악기소리로 진작시킨다는 것은 끝맺음에 있어서 조리를 유지하는 것을 의미하니, 옥으로 만든 악기소리를 진작시키면 시종일관되어 커지거나 줄어드는 일이 없다. 이것은 마치 공자가 청렴할 수 있고 자임할 수 있으며 조화로울 수 있었던 것과 같다. 따라서 쇠로 만든 악기소리를 울리고 옥으로 만든 악기소리로 진작시킨다는 말을 함께 언급한 것이니, 공자의 경우 시작함에 이어서는 쇠로 만든 악기소리가 크게 울리는 것과 같아 청렴하게 할 수 있고 자임할 수 있으며 조화로울 수 있고, 끝맺음에 있어서는 또한 옥으로 만든 악기소리가 진작되는 것과 같아 커지거나 줄어드는 것이 없으니, 또한 청렴하면서도 자임할 수 있고 자임하면서도 조화로울 수 있으며 조화로우면서도 청렴할 수 있는 것과 같으며, 이것은 시작과 끝을 한결같이 하는 것이다. 그렇다면 맹자가 이 지점에서 쇠로 만든 악기소리를 울리고 옥으로 만든 악기소리로 진작시키는 조리를 함께 언급하며 공자에게 귀속시킨 것은 합당한 말이다. 그런데 시작함에 있어 조리를 만드는 것은 지혜로운 자가 시행하는 일에 해당하고, 끝맺음에 있어 조리를 유지하는 것은 성인이 시행하는 일에 해당한다. 지혜로운 자를 비유하면 사람에게 기교가 있는 것과 같고, 성인을 비유하면 사람에게 힘이 있는 것과 같다. 예를 들어 100보 밖에서 활을 쏘는 것은 멀리서 쏘는 것인데, 화살이 100보 밖까지 도달하는 것은 사람의 힘에 해당하고, 쏜 것이 과녁을 적중시키는 것은 사람의 힘에 해당하는 것이 아니며 사람의 기교에 따르는 것일 뿐이다. 이것은 백이·이윤·유하혜는 단지 100보 밖에서 활을 쏘아 과녁까지는 도달할 수 있지만 적중을 시킬 수 없고, 공자는 화살을 과녁까지 도달시킬 수 있으면서도 적중까지 시킬 수 있다는 것과 같다. 화살을 도달시킬 수 있는 것 또한 활을 잘 쏘는 자이지만, 도달시킬 수 있으면서 적중까지 시킬 수 있는 것은 더 잘 쏘는 것이다. 청렴할 수 있고 자임할 수 있으며 조화로울 수 있는 것은 성인 중에서도 선한 덕을 갖춘 것인데, 시의에 따를 수 있다는 것은 성인의 선한 덕을 더욱 잘 갖춘 것이다. 이러한 한 문단은 맹자가 그 의미를 총괄하여 시종일관 조리를 갖춘다는 것을 풀이한 것이며, 시종일관 조리를 갖춘다는 것은 또한 쇠로 만든 악기소리를 울리고 옥으로 만든 악기소리로 진작시키는 것을 풀이한 것이고, 쇠로 만든 악기소리를 울리고 옥으로 만든 악기소리로 진작시킨다는 것은 또한 공자가 세 성인의 큰 이름을 집약하였다는 것을 비유한다. 조리(條理)라는 것은 맥락이 있으면 여러 갈래가 있더라도 문란해지지 않는 것이고, 결이 있으면 구분이 되어 바꿀 수 없는 것이다.

集註 張子曰: 無所雜者淸之極, 無所異者和之極. 勉而淸, 非聖人之淸; 勉而和, 非聖人之和. 所謂聖者, 不勉不思而至焉者也.

번역 장씨가 말하길, 잡됨이 없는 것은 맑음이 지극한 것이며, 차이가 없는 것은 조화로움이 지극한 것이다. 억지로 힘써서 맑아지는 것은 성인의 맑음이 아니고, 억지로 힘써서 조화롭게 되는 것은 성인의 조화로움이 아니다. '성(聖)'이라는 것은 억지로 힘쓰거나 의도하지 않아도 저절로 이르는 것이다.

集註 孔氏曰: 任者, 以天下爲己責也.

번역 공씨가 말하길, '임(任)'은 천하의 중책을 자신의 책임으로 삼는다는 뜻이다.

集註 愚謂: 孔子仕·止·久·速, 各當其可, 蓋兼三子之所以聖者而時出之, 非如三子之可以一德名也.

번역 내가 생각하기에, 공자가 관직에 나아가거나 그만둠, 또 오래 머물거나 신속히 떠났던 것에는 각각 그 합당함에 맞았던 것이니, 세 사람이 성인다울 수 있었던 점을 겸하면서도 때에 맞게 드러낸 것으로, 세 사람이 하나의 덕에만 도달할 수 있다고 말하는 것과는 같지 않다.

集註 或疑伊尹出處, 合乎孔子, 而不得爲聖之時, 何也? 程子曰: "終是任底意思在."

번역 어떤 자는 의심을 하며, "이윤의 출처가 공자와 부합하는데도 성인의 시중(時中)이 될 수 없는 것은 어째서입니까?"라고 하자 정자는 "끝내 자임하려는 의도가 남아있었기 때문이다."라고 대답했다.

集註 此言孔子集三聖之事, 而爲一大聖之事; 猶作樂者, 集衆音之小成, 而爲一大成也. 成者, 樂之一終, 書所謂"簫韶九成", 是也. 金, 鐘屬. 聲, 宣也, 如聲罪致討之聲. 玉, 磬也. 振, 收也, 如振河海而不洩之振. 始, 始之也. 終, 終之也. 條理, 猶言脈絡, 指衆音而言也. 智者, 知之所及; 聖者, 德之所就也. 蓋樂有八音: 金·石·絲·竹·匏·土·革·木. 若獨奏一音, 則其一音自爲始終, 而爲一小成. 猶三子之所知偏於一, 而其所就亦偏於一也. 八音之中, 金石爲重, 故特爲衆音之綱紀. 又金始震而玉終詘然也, 故並奏八音, 則於其未作, 而先擊鎛鐘以宣其聲; 俟其旣闋, 而後擊特磬以收其韻. 宣以始之, 收以終之. 二者之間, 脈絡通貫, 無所不備, 則合衆小成而爲一大成, 猶孔子之知無不盡而德無不全也. 金聲玉振, 始終條理, 疑古樂經之言. 故兒寬云: "惟天子建中和之極, 兼總條貫, 金聲而玉振之." 亦此意也.

번역 이것은 공자가 세 성인의 사안을 집약하여 한결같은 큰 성인이 된 사안을 말한 것이다. 이것은 마치 음악을 연주하는 자가 여러 음들의 작은 이룸을 집약하여 하나의 큰 이룸을 이룬 것과 같은 것이다. '성(成)'이라는 것은 음악을 한 차례 마치는 것을 뜻하니, 『서』에서 "소소(簫韶)[123]를 구성(九成)[124]한다."라고 한 말이 바로 이것을 가리킨다. '금(金)'은 종과 같은 악기들을 뜻한다. '성(聲)'은 널리 편다는 뜻이니, "그 죄를 널리 알려서 토벌한다."라고 할 때의 성(聲)자와 같다. '옥(玉)'은 경(磬)을 뜻한다. '진(振)'은 거둔다는 뜻이니, "하천과 바다를 거두면서도 새지 않는다."라고 할 때의 진(振)자와 같다. '시(始)'는 그것을 시작한다는 뜻이다. '종(終)'은 그것을 끝맺는다는 뜻이다. '조리(條理)'는 맥락이라는 말과 같으니, 여러 음들을 가리켜서 한 말이다. '지(智)'라는 것은 앎이 미친 것이고, '성(聖)'이라는 것은 덕이 성취된 것이다. 악기에는 팔음(八音)이 있으니, 쇠[金]·돌[石]·실[絲]·대나무[竹]·박[匏]·흙[土]·가죽[革]·나무[木]로 만든 악기들이다. 만약 하나의 음만 연주하게 된다면 하나의 음은 그 자체로 처음과 끝이 되어 하나의 소성(小成)이 된다. 이것은 마치 세 사람이 알았던 바가 한 가지 측면에 치우쳐 있었고, 따라서 그들이 성취한 것도 한 가지 측면에 치우쳤던 것과 같다. 팔음 중에는 쇠와 돌로 만든 악기가 중요하다. 그렇기 때문에 특별히 여러 음들에 대한 기준이 된다. 또 쇠로 만든 악기는 처음에 울리고

---

123) 소소(簫韶)는 대소(大韶)라고도 부른다. '대소'는 순(舜)임금 때의 악무(樂舞)이다. 주(周)나라에 와서 육무(六舞) 중 하나로 정착하였다.

124) 구성(九成)은 아홉 번 연주를 한다는 뜻이다. 『서』「우서(虞書)·익직(益稷)」편에는 "簫韶九成, 鳳凰來儀."라는 기록이 있고, 이에 대한 공영달(孔穎達)의 소(疏)에서는 "成猶終也, 每曲一終, 必變更奏. 故經言九成, 傳言九奏, 周禮謂之九變, 其實一也."라고 풀이했다. 즉 '구성'이라고 할 때의 성(成)자는 한 악곡을 끝낸다는 뜻으로, 매 악곡마다 연주를 끝내게 되면, 반드시 새롭게 바꿔서 다시 연주를 시작한다. 그렇기 때문에 '구성'이라고 한 것이며, 공안국(孔安國)의 전(傳)에서는 이것을 구주(九奏)라고 풀이하고, 『주례』에서는 구변(九變)이라고 기록하고 있는데, 이 세 용어의 뜻은 같다.

옥으로 만든 악기는 끝을 깔끔하게 맺는다. 그렇기 때문에 팔음을 한꺼번에 연주하게 되면 아직 연주를 시작하기 이전에 먼저 종을 쳐서 그 소리를 널리 퍼트리고, 끝맺을 때를 기다렸다가 모든 연주가 끝난 이후에 특경(特磬)을 쳐서 나머지 소리들을 거두는 것이다. 널리 퍼트려서 시작하고 거둬서 끝을 맺는다. 이러한 두 가지 사안 중간에 맥락이 관통하여 갖추지 않음이 없다면, 여러 소성을 합하여 하나의 대성(大成)을 이룬다. 이것은 공자의 앎에 극진하지 않음이 없고 덕에 온전하지 않음이 없는 것과 같다. '금성옥진(金聲玉振)'과 '시종조리(始終條理)'라는 말은 아마도 고대의 『악경』에 나온 말인 것 같다. 그렇기 때문에 아관은 "천자만이 중화의 지극함을 세우고 아울러 조리를 꿰뚫으니, 쇠로 만든 악기로 소리를 퍼트리고 옥으로 만든 악기로 소리를 거둔다."라고 한 것이니, 바로 이러한 뜻에 해당한다.

集註 此復以射之巧力, 發明智·聖二字之義. 見孔子巧力俱全, 而聖智兼備, 三子則力有餘而巧不足, 是以一節雖至於聖, 而智不足以及乎時中也.

번역 이것은 재차 활쏘기의 기교와 힘을 통해 지(智)와 성(聖)이라는 두 글자의 뜻을 나타낸 것이다. 공자는 기교와 힘을 모두 온전히 갖추고 있어서, 성과 지를 겸비했고, 세 사람은 힘에 이어서는 여유가 있었지만 기교가 부족하였음을 나타낸다. 이러한 까닭으로 한 측면에서는 비록 성인의 경지에 도달했지만, 그 지혜는 시중(時中)에 이르기에 부족했던 것이다.

참고 『춘추좌씨전』 선공(宣公) 15년 기록

전문 瑾瑜匿瑕.

번역 아름다운 옥도 티를 숨기고 있다.

杜注 匿亦藏也. 雖美玉之質, 亦或居藏瑕穢.

번역 '닉(匿)'자 또한 숨긴다는 뜻이다. 비록 아름다운 옥의 바탕이라 하더라도 간혹 그 티를 숨기고 있다는 뜻이다.

孔疏 ◎注"匿亦"至"瑕穢". ○正義曰: 瑾·瑜, 玉之美名. 聘義曰: "瑕不揜瑜, 瑜不揜瑕." 鄭玄云: "瑕, 玉之病也. 瑜, 其中間美者, 玉之性善惡不相揜." 此云"匿瑕", 似以美匿惡, 故云"匿亦藏"也. 言玉質雖美, 亦瑕藏其中, 不言瑜能揜蓋瑕也.

번역 ◎杜注: "匿亦"~"瑕穢". ○'근(瑾)'과 '유(瑜)'는 옥 중에서도 아름다운 것을 뜻하는 명칭이다. 「빙의」편에서는 "옥의 티가 그 아름다움을 가리지 않고 옥의 아름다움도 티를 가리지 않는다."라고 했고, 정현은 "'하(瑕)'는 옥에 있는 흠을 뜻한다. '유(瑜)'자는 그 가운데 있는 이름다움을 뜻한다. 옥의 성질은 좋은 것과 나쁜 것이 서로를 가리지 않는다."라고 했다. 여기에서 "옥의 티를 숨긴다."라고 한 것은 마치 아름다운 것이 흉한 것을 숨기는 것처럼 보인다. 그렇기 때문에 "'닉(匿)'자 또한 숨긴다는 뜻이다."라고 했다. 즉 옥의 바탕이 비록 아름답더라도 티는 그 안에 숨겨져 있다는 뜻이며, 아름다운 것이 티를 완전히 가리고 덮을 수 있다는 뜻이 아니다.

참고 『논어』「태백(泰伯)」 기록

경문 子曰: "興於詩①, 立於禮②, 成於樂③."

번역 공자가 말하길, "시를 통해 뜻을 일으키고, 예를 통해 자신을 바르게 확립하며, 악을 통해서 본성을 완성한다."라고 했다.

何注-① 包曰: 興, 起也. 言脩身當先學詩.

번역 포씨가 말하길, '흥(興)'자는 일어난다는 뜻이다. 자신을 수양할 때에는 먼저 시를 배워야만 한다는 뜻이다.

何注-② 包曰: 禮者, 所以立身.

번역 포씨가 말하길, '예(禮)'는 자신을 바르게 세우는 것이다.

何注-③ 包曰: 樂所以成性.

번역 포씨가 말하길, '악(樂)'은 본성을 완성해주는 것이다.

邢疏 ●"子曰: 興於詩, 立於禮, 成於樂". ○正義曰: 此章記人立身成德之法也. 興, 起也. 言人脩身, 當先起於詩也. 立身必須學禮, 成性在於學樂. 不學詩, 無以言. 不學禮, 無以立. 旣學詩·禮, 然後樂以成之也.

번역 ●經文: "子曰: 興於詩, 立於禮, 成於樂". ○이 문장은 사람이 자신을 확립하고 덕을 완성하는 방법을 기록하고 있다. '흥(興)'자는 일어난다는 뜻이다. 사람이 자신을 수양할 때에는 우선 시(詩)를 통해 그 뜻을 일으켜야 한다는 뜻이다. 자신을 바르게 세울 때에는 반드시 예(禮)를 배워야만 하고, 본성을 완성하는 것은 악(樂)을 배우는데 달려있다. 시를 배우지 않는다면 말을 할 수 없다. 예를 배우지 않는다면 바르게 설 수 없다. 시와 예를 배웠다면 그 이후에는 악을 통해 완성해야 한다.

集註 興, 起也. 詩本性情, 有邪有正, 其爲言旣易知, 而吟詠之間, 抑揚反覆, 其感人又易入. 故學者之初, 所以興起其好善惡惡之心, 而不能自已者, 必於此而得之.

번역 '흥(興)'자는 일어난다는 뜻이다. 시는 본성과 감정에 근본을 두고 있어 삿된 것도 있고 바른 것도 있는데, 말로 표현하면 이미 알아차리기가 쉬운데, 그것을 읊조리고 길게 늘어트리는 사이에 누르고 높이며 반복되니, 사람을 감동시키는 것이 또한 쉽다. 그렇기 때문에 배우는 자가 초기에 선을 좋아하고 악을 미워하는 마음을 흥기시켜 스스로 그만둘 수 없도록 만들 때에는 반드시 시를 통해야만 터득하게 된다.

集註 禮以恭敬辭遜爲本, 而有節文度數之詳, 可以固人肌膚之會, 筋骸之束. 故學者之中, 所以能卓然自立, 而不爲事物之所搖奪者, 必於此而得之.

번역 예는 공경함과 사양함을 근본으로 삼지만, 격식에 따른 제도와 법칙에 따른 수치 등의 상세한 부분이 있으니, 사람의 살가죽이 붙어 있는 것이나 힘줄 및 뼈마디가 결속되어 있는 것을 단단하게 만들 수 있다. 그렇기 때문에 배우는 자가 중간에 탁월하게 스스로를 확립하여 다른 사물로 인해 흔들리거나 빼앗기지 않도록 만들 때에는 반드시 예를 통해야만 터득하게 된다.

集註 樂有五聲十二律, 更唱迭和, 以爲歌舞八音之節, 可以養人之性情, 而蕩滌其邪穢, 消融其查滓. 故學者之終, 所以至於義精仁熟, 而自和順於道德者, 必於此而得之, 是學之成也.

번역 악에는 오성(五聲)과 십이율(十二律)[125]이 있는데, 번갈아가며 선창하고 화답하여 가무와 팔음의 절도로 삼으며, 이를 통해 사람의 본성과 정감을 배양하고 삿되고 더러운 것을 씻어내며 찌꺼기를 없애버릴 수 있다. 그렇기 때문에 배우는 자가 끝에 의(義)가 정밀해지고 인(仁)이 무르익어서 저절로 도덕에 조화롭게 따르도록 만들 때에는 반드시 악을 통해야만 터득하게 되니, 이것은 학문의 완성에 해당한다.

集註 按內則, 十年學幼儀, 十三學樂誦詩, 二十而後學禮. 則此三者, 非小

---

125) 십이율(十二律)은 여섯 개의 양률(陽律)과 여섯 개의 음률(陰律)을 합하여 부르는 말이다. 양성(陽聲: =陽律)은 황종(黃鐘), 대주(大簇), 고선(姑洗), 유빈(蕤賓), 이칙(夷則), 무역(無射)이며, 이것을 육률(六律)이라고도 부른다. 음성(陰聲: =陰律)은 대려(大呂), 응종(應鍾), 남려(南呂), 함종(函鍾), 소려(小呂), 협종(夾鍾)이며, 이것을 육동(六同)이라고도 부른다. '십이율'은 12개의 높낮이가 다른 표준음으로, 서양음악의 악조(樂調)에 해당한다. 고대에는 12개의 길이가 다른 죽관(竹管)으로 음의 높낮이를 보정했다. 관(管)의 높이에는 각각 일정한 길이가 있었다. 긴 관은 저음의 소리를 냈고, 짧은 관은 고음의 소리를 냈다. 관 중에는 대나무가 아닌 동으로 제작한 것도 있다. 그리고 '육동'은 또한 육려(六呂), 율려(律呂), 육간(六間), 육종(六鍾)이라고도 부른다.

學傳授之次, 乃大學終身所得之難易·先後·淺深也.

번역 『예기』「내칙(內則)」편을 살펴보면, 10세 때 아이가 따라야 하는 행동예절을 배우도록 하고,[126] 13세 때 음악을 배우고 시를 암송하며,[127] 20세가 된 이후에야 예를 배운다.[128] 따라서 여기에서 말한 세 가지는 소학에서 전수한 순서가 아니며, 대학에서 종신토록 터득한 것의 어렵거나 쉬움, 선후, 얕거나 깊은 것에 해당한다.

集註 程子曰: 天下之英才不爲少矣, 特以道學不明, 故不得有所成就. 夫古人之詩, 如今之歌曲, 雖閭里童稚, 皆習聞之而知其說, 故能興起. 今雖老師宿儒, 尙不能曉其義, 況學者乎? 是不得興於詩也. 古人自洒埽應對, 以至冠昏喪祭, 莫不有禮. 今皆廢壞, 是以人倫不明, 治家無法, 是不得立於禮也. 古人之樂, 聲音所以養其耳, 采色所以養其目, 歌詠所以養其性情, 舞蹈所以養其血脈. 今皆無之, 是不得成於樂也. 是以古之成材也易, 今之成材也難.

번역 정자가 말하길, 천하에는 뛰어난 재능을 가진 자가 적지 않지만, 도학이 밝게 드러나지 못했기 때문에 성취한 것이 없는 것이다. 옛 사람들은 시에 대해서 오늘날의 가곡처럼 여겨 비록 마을의 어린아이들이라 하더라도 모두들 그것을 익히 들어서 그 내용을 알고 있었다. 그렇기 때문에 흥기할 수 있었다. 그런데 오늘날에는 비록 나이가 많은 스승이나 수양이 된 선비라 하더라도 오히려 그 뜻을 깨우치지 못하고 있으니 하물며 배우는 자들은 어떠하겠는가? 이것은 시에서 흥기되지 못하는 것이다. 옛 사람들에겐 물 뿌리고 청소하며 응대하는 것으로부터 관혼상제에 이르기까지 예가 있지 않은 것이 없었다. 그런데 오늘날에는 이것들이 모두 폐지되고 무너졌으니, 이러한 이유로 인륜도 밝게 드러나지 못했고, 가정을 다스림에도 법도가 없었으니, 이것은 예에서 확립하지 못한 것이다. 옛 사람들의

---

126)『예기』「내칙(內則)」【368b】: 衣不帛襦袴. 禮帥初, 朝夕學幼儀, 請肄簡諒.
127)『예기』「내칙(內則)」【368c】: 十有三年, 學樂, 誦詩, 舞勺. 成童, 舞象, 學射御.
128)『예기』「내칙(內則)」【368d】: 二十而冠, 始學禮, 可以衣裘帛, 舞大夏, 惇行孝弟, 博學不敎, 內而不出.

음악은 소리는 귀의 덕을 기르고, 색채는 눈의 덕을 기르며, 노래하고 길게 읊조리는 것은 본성과 감정을 기르고, 춤을 추는 것은 혈맥을 기르는 것이었다. 그런데 오늘날에는 이것들이 모두 없어졌으니, 이것은 음악에서 완성하지 못한 것이다. 이러한 까닭으로 옛날에는 재능을 완성하기가 쉬웠지만, 오늘날에는 재능을 완성하기가 어려워진 것이다.

참고 『중용』 22장 기록

경문 唯天下至誠, 爲能盡其性. 能盡其性, 則能盡人之性. 能盡人之性, 則能盡物之性. 能盡物之性, 則可以贊天地之化育. 可以贊天地之化育, 則可以與天地參矣.

번역 공자가 계속하여 말하길, "오직 천하 사람들 중 지극한 성실함을 갖춘 성인만이 자신의 성(性)을 다할 수 있습니다. 자신의 성(性)을 다할 수 있다면, 사람의 성(性)도 다하게 할 수 있습니다. 사람의 성(性)을 다하게 할 수 있다면, 만물의 성(性)도 다하게 할 수 있습니다. 만물의 성(性)을 다하게 할 수 있다면, 천지의 화육하는 작용을 도울 수 있습니다. 천지의 화육하는 작용을 도울 수 있다면, 그 공덕은 천지와 합하게 됩니다."라고 했다.

鄭注 盡性者, 謂順理之使不失其所也. 贊, 助也. 育, 生也. 助天地之化生, 謂聖人受命在王位致大平.

번역 "성(性)을 다한다."는 말은 도리에 따라서 제자리를 잃지 않게끔 한다는 뜻이다. '찬(贊)'자는 "돕다[助]."는 뜻이다. '육(育)'자는 "낳다[生]."는 뜻이다. 천지의 화육하고 생장하는 작용을 돕는다는 말은 성인이 천명을 받아 천자의 지위에 올라 태평성세를 이룬다는 뜻이다.

集註 天下至誠, 謂聖人之德之實, 天下莫能加也. 盡其性者德無不實, 故無人欲之私, 而天命之在我者, 察之由之, 巨細精粗, 無毫髮之不盡也. 人物之性, 亦我之性, 但以所賦形氣不同而有異耳. 能盡之者, 謂知之無不明而處之無不當也. 贊, 猶助也. 與天地參, 謂與天地並立爲三也. 此自誠而明者之事也.

번역 '천하지성(天下至誠)'은 성인의 덕은 꽉 차서 천하에 더할 수 있는 것이 없다는 뜻이다. 그 성(性)을 다한다는 것은 덕에 차지 않은 것이 없기 때문에, 인욕의 삿됨이 없고, 자신에게 있는 천명을 살피고 그에 따라서 크고 미세함, 정밀하고 거친 모든 것들에 있어, 털끝만큼이라도 다하지 않음이 없다는 뜻이다. 사람과 사물의 성(性)은 또한 나의 성(性)과 동일하니, 다만 형체와 기질을 부여받은 것이 달라서 차이가 생긴 것일 뿐이다. 그것을 다할 수 있다는 것은 앎에 밝지 못함이 없고 대처함에 마땅하지 않음이 없다는 뜻이다. '찬(贊)'자는 "돕다[助]."는 뜻이다. '여천지삼(與天地參)'은 천지와 더불어 함께 서서 셋이 된다는 뜻이다. 이것은 성실함으로부터 비롯되어 밝아지는 경우에 해당한다.

참고 『시』「대아(大雅)·생민(生民)」

厥初生民, (궐초생민) : 주나라의 시조를 낳은 자는,
時維姜嫄. (시유강원) : 바로 강원(姜嫄)[129]이로다.
生民如何, (생민여하) : 후직(后稷)을 낳음은 어찌한 것인가?
克禋克祀, (극인극사) : 교매(郊禖)[130]에서 상제에게 인사(禋祀)[131]를 지내어,

129) 강원(姜嫄)은 강원(姜原)이라고도 부른다. 전설상의 인물이다. 유태씨(有邰氏)의 딸이자, 주(周)나라의 시조인 후직(后稷)의 어머니이다. 제곡(帝嚳)의 본처이며, 거인의 발자국을 밟고서 잉태를 했고, 이후에 직(稷)을 낳았다고 전해진다. 『시』「대아(大雅)·생민(生民)」편에는 "厥初生民, 時惟姜嫄."이라는 기록이 있고, 『사기(史記)』「주본기(周本紀)」편에는 "周后稷, 名棄. 其母有邰氏女, 曰姜原. 姜原爲帝嚳元妃. 姜原出野, 見巨人跡, 心忻然說, 欲踐之. 踐之而身動如孕者."라는 기록이 있다.

130) 고매(高禖)는 교매(郊禖)라고도 부른다. 고대에 제왕이 아들을 낳게 해달라고 기원했던 신(神)이다. 또한 그에게 제사지내는 장소를 뜻하기도 한다. '고매'를 '교매'라고 부르는 이유에 대해서, 왕인지(王引之)의 『경의술문(經

以弗無子. (이불무자) : 불제(祓除)[132]로 자식이 없는 병을 제거했기 때문이라.

履帝武敏, (이제무민) : 상제의 발자국 중 엄지발가락 부분을 밟자,

歆攸介攸止. (흠유개유지) : 마음이 동하며 어떤 사물이 좌우에서 자기 속으로 들어왔도다.

載震載夙, (재진재숙) : 몸이 떨리며 회임했고 조심했으며,

載生載育, (재생재육) : 낳고 길렀으니,

時維后稷. (시유후직) : 바로 후직이로다.

誕彌厥月, (탄미궐월) : 위대하게도 열 달을 채우시고,

先生如達. (선생여달) : 첫 아기를 양이 새끼를 낳듯이 쉽게 낳으셨도다.

不拆不副, (불탁불부) : 갈라지지 않고 쪼개지지 않았으며,

無菑無害. (무재무해) : 재앙이 없고 피해가 없도다.

以赫厥靈, (이혁궐령) : 이로써 그 징조를 빛나게 드러냈으니,

上帝不寧. (상제불녕) : 상제께서 편안케 한 것이 아닌가.

義述聞)』「예기상(禮記上)」편에서는 "高者, 郊之借字, 古聲高與郊同, 故借高爲郊."라고 풀이한다. 즉 고(高)자와 교(郊)자는 옛 음이 같아서, 가차해서 사용했다. 그리고 아들 낳기를 기원했던 신을 '교매'라고 부르게 된 이유는 그 제사가 교(郊)에서 시행되었기 때문이다. 『시』「대아(大雅)·생민(生民)」편에는 "克禋克祀, 以弗無子."라는 기록이 있고, 이에 대해서 모전(毛傳)에서는 "弗, 去也, 去無子. 求有子, 古者必立郊禖焉. 玄鳥至之日, 以太牢祠于郊禖, 天子親往, 后妃率九嬪御, 乃禮天子所御, 帶以弓韣, 授以弓矢, 于郊禖之前"이라고 풀이하였다.

131) 인사(禋祀)는 인제(禋祭)라고도 부른다. 연기를 피워 올려서 하늘에게 복을 구원했던 제사이다. 『시』「대아(大雅)·생민(生民)」편에는 "厥初生民, 時維姜嫄. 生民如何, 克禋克祀, 以弗無子."라는 기록이 있는데, 이에 대한 정현의 전(箋)에서는 "乃禋祀上帝於郊禖, 以祓除其無子之疾而得其福也"라고 풀이했다. 즉 '인사'는 교매(郊禖)를 제사지내는 곳에서 상제(上帝)께 제사를 올리며, 자식이 생기지 않는 병을 치료하고, 복을 받았다고 내용이다.

132) 불제(祓除)는 재앙과 사악함을 제거하기 위해 지내는 제사이다. 또한 재앙과 사악을 제거하는 행위 자체를 가리키기도 한다. 『주례』「춘관(春官)·여무(女巫)」편에는 "掌歲時祓除釁浴."이라는 기록이 있는데, 이에 대한 정현의 주에서는 "歲時祓除, 如今三月上巳如水上之類."라고 풀이했다. 즉 '불제'는 3월 상사(上巳: 상순 중에서 사(巳)자가 들어가는 날)에 물가에서 몸을 정갈하게 하는 의식과 비슷하다.

不康禋祀, (불강인사) : 인사를 편안히 지내지 않았던가.
居然生子. (거연생자) : 묵묵히 자식을 낳으셨도다.

誕寘之隘巷, (탄치지애항) : 위대하게도 좁은 골목에 내버리자,
牛羊腓字之. (우양비자지) : 소와 양이 피하며 자식처럼 감싸는구나.
誕寘之平林, (탄치지평림) : 위대하게도 평림에 내버리자,
會伐平林. (회벌평림) : 벌목하던 사람이 거두어주는구나.
誕寘之寒冰, (탄치지한빙) : 위대하게도 차디찬 얼음 위에 내버리자,
鳥覆翼之. (조복익지) : 새가 날아와 감싸주는구나.
鳥乃去矣, (조내거의) : 새가 떠나가자,
后稷呱矣. (후직고의) : 후직이 우렁차게 우는구나.
實覃實訏, (실담실우) : 태어날 때부터 앉을 수 있었고 크게 부르짖을 수 있었으니,
厥聲載路. (궐성재로) : 그 소리가 거리에 가득했도다.

誕實匍匐, (탄실포복) : 위대하게도 태어날 때부터 기어 다닐 수 있었으니,
克岐克嶷, (극기극억) : 그 모습이 우뚝하여,
以就口食. (이취구식) : 집을 돌아다니며 양식을 구해서 먹었도다.
蓺之荏菽, (예지임숙) : 임숙(荏菽)을 심으시니,
荏菽旆旆, (임숙패패) : 임숙의 가지가 깃발처럼 펄럭였고,
禾役穟穟, (화역수수) : 벼를 심어둔 열이 아름다우며,
麻麥幪幪, (마맥몽몽) : 마와 보리가 무성하며,
瓜瓞唪唪. (과질봉봉) : 오이와 작은 오이가 주렁주렁 열리도다.

誕后稷之穡, (탄후직지색) : 위대하게도 후직이 농사를 담당하니,
有相之道. (유상지도) : 신명이 도와주는 도가 있는 것 같구나.
茀厥豐草, (불궐풍초) : 무성한 풀을 제거하고,
種之黃茂. (종지황무) : 아름다운 곡식을 심었도다.
實方實苞, (실방실포) : 가지런히 하고 무성하게 하며,
實種實褎, (실종실포) : 뒤섞여 자라나지 않게 하고 가지와 잎이 길쭉하게 하며,
實發實秀, (실발실수) : 발아하고 과실이 맺히며,
實堅實好, (실견실호) : 튼튼하고 좋아지며,

實穎實栗, (실영실율) : 늘어지고 알차지니,
即有邰家室. (즉유태가실) : 이에 요임금으로부터 태(邰)에 분봉을 받더라.

誕降嘉種, (탄강가종) : 위대하게도 아름다운 종자를 내려주시니,
維秬維秠, (유거유비) : 거(秬)이며 비(秠)이고,
維糜維芑. (유미유기) : 미(糜)이며 기(芑)로다.
恒之秬秠, (항지거비) : 두루 거와 비를 심으시니,
是穫是畝. (시확시무) : 수확하고 이랑을 내도다.
恒之糜芑, (항지미기) : 두루 미와 기를 심으시니,
是任是負, (시임시부) : 감싸고 짊어져서,
以歸肇祀. (이귀조사) : 돌아와 교제사의 신위에게 제사를 지냈다.

誕我祀如何. (탄아사여하) : 위대하구나, 후직이 하늘에 제사지냄은 어떠한가.
或舂或揄, (혹용혹유) : 방아를 찧어 퍼내고,
或簸或蹂. (혹파혹유) : 키질을 하여 불리는구나.
釋之叟叟, (석지수수) : 씻기를 싹싹하고,
烝之浮浮. (증지부부) : 쪄서 김이 뭉게뭉게 오르는구나.
載謀載惟, (재모재유) : 날짜를 계획하고 그 예법을 생각하며,
取蕭祭脂. (취소제지) : 쑥과 희생물의 기름을 취하도다.
取羝以軷, (취저이발) : 숫양을 가져다가 발제(軷祭)를 지내고,
載燔載烈, (재번재열) : 고기를 굽고 꼬치를 구우니,
以興嗣歲. (이흥사세) : 다음해의 풍년을 일으키도다.

卬盛于豆, (앙성우두) : 내가 제기에 담으니,
于豆于登, (우두우등) : 나무로 만든 두(豆)와 질그릇으로 만든 두에 하니,
其香始升, (기향시승) : 그 향기가 비로소 위로 올라가도다.
上帝居歆, (상제거흠) : 상제께서 편안히 흠향하시니,
胡臭亶時. (호취단시) : 어찌 그 향내는 때에 맞는가.
后稷肇祀, (후직조사) : 후직이 교제사의 신위에서 상제에게 제사를 지내니,
庶無罪悔, (서무죄회) : 백성들이 제자리를 얻어 죄를 범함이 없었고,
以迄于今. (이흘우금) : 복을 받아 지금까지 이르렀도다.

毛序 生民, 尊祖也. 后稷, 生於姜嫄, 文武之功, 起於后稷. 故推以配天焉.

모서 「생민(生民)」편은 선조를 존숭하는 시이다. 후직은 강원에게서 태어났고, 문왕과 무왕의 공적은 후직으로부터 일어났다. 그렇기 때문에 미루어서 하늘에 배향했던 것이다.

참고 『이아』「석훈(釋訓)」 기록

경문 條條·秩秩, 智也.

번역 조조(條條)와 질질(秩秩)은 지(智)자의 뜻이다.

郭注 皆智思深長.

번역 이 모두는 지혜와 사고가 깊고 길다는 뜻이다.

邢疏 ●"條條·秩秩, 智也". ○釋曰: 皆智思深長也. 小雅·賓之初筵云: "左右秩秩." 言其威儀審智不失禮也.

번역 ●經文: "條條·秩秩, 智也". ○이 모두는 지혜와 사고가 깊고 길다는 뜻이다. 『시』「소아(小雅)·빈지초연(賓之初筵)」편에서는 "몸을 움직이고 읍하고 사양함이 질질(秩秩)하도다."[133]라고 했는데, 위엄스러운 거동이 지혜를 살펴 예법을 잃지 않았다는 뜻이다.

---

133) 『시』「소아(小雅)·빈지초연(賓之初筵)」 : 賓之初筵, 左右秩秩. 籩豆有楚, 殽核維旅. 酒旣和旨, 飮酒孔偕. 鍾鼓旣設, 擧酬逸逸. 大侯旣抗, 弓矢斯張. 射夫旣同, 獻爾發功. 發彼有的, 以祈爾爵.

참고 『시』「당풍(唐風)·양지수(揚之水)」

揚之水, (양지수) : 격양된 물이여,
白石鑿鑿. (백석착착) : 흰 돌이 매우 선명하구나.
素衣朱襮, (소의주박) : 수놓은 흰 옷에 붉은 가선이여,
從子于沃. (종자우옥) : 종자를 통해 옥나라로 보내리라.
旣見君子, (기현군자) : 이미 군자를 만나보았는데,
云何不樂. (운하불락) : 어찌 즐겁지 않으리오.

揚之水, (양지수) : 격양된 물이여,
白石皓皓. (백석호호) : 흰 돌이 매우 깨끗하구나.
素衣朱繡, (소의주수) : 흰 옷에 붉은 수를 놓은 것이여,
從子于鵠. (종자우곡) : 종자를 통해 곡옥읍으로 보내리라.
旣見君子, (기현군자) : 이미 군자를 만나보았는데,
云何其憂. (운하기우) : 어찌 근심하리오.

揚之水, (양지수) : 격양된 물이여,
白石粼粼. (백석린린) : 흰 돌이 맑고도 깨끗하구나.
我聞有命, (아문유명) : 내 곡옥에 선한 정치가 시행됨을 들었으나,
不敢以告人. (불감이고인) : 감히 남에게 고하지 못하겠구나.

毛序 揚之水, 刺晉昭公也. 昭公, 分國以封沃, 沃盛强, 昭公微弱, 國人, 將叛而歸沃焉.

모서 「양지수(揚之水)」편은 진나라 소공을 풍자한 시이다. 소공은 나라를 나누어 옥을 분봉하였는데, 옥이 강성해지고 소공은 미약해져서 나라 사람들이 소공을 배반하고 옥으로 회귀하려고 했다.

참고 『논어』「팔일(八佾)」 기록

경문 子語魯大師樂, 曰: “樂其可知也: 始作, 翕如也①; 從之, 純如也②, 皦如也③, 繹如也, 以成④.”

번역 공자가 노나라 태사에게 음악에 대해 일러주길, “음악의 원리는 터득할 수 있으니, 처음 연주할 때에는 융성하게 해야 하며, 그 이후에는 풀어놓아서 조화롭게 하고, 명확하게 나타나야 하며, 연속되도록 해야 하니, 이를 통해 한 차례의 연주를 완성한다.”라고 했다.

何注-① 大師, 樂官名. 五音始奏, 翕如, 盛.

번역 ‘태사(大師)’는 음악을 담당하는 관직의 이름이다. 오음(五音)이 처음 연주될 때에는 흡여(翕如)하다는 것으로 융성하다는 뜻이다.

何注-② 從讀曰縱, 言五音既發, 放縱盡其音聲. 純如, 和諧也.

번역 ‘종(從)’자는 종(縱)자로 풀이하니, 오음이 연주되었다면 풀어놓아서 그 소리를 다하도록 한다는 뜻이다. ‘순여(純如)’는 조화롭다는 뜻이다.

何注-③ 言其音節明也.

번역 음절이 명확하게 나타난다는 뜻이다.

何注-④ 縱之, 以純如·皦如·繹如. 言樂始作翕如, 而成於三.

번역 풀어놓아서 조화롭게 하고 명확하게 하며 연속되도록 한다. 음악을 시작할 때에는 융성하게 하는데, 이러한 세 가지를 통해서 완성된다는 뜻이다.

邢疏 ●"子語"至"以成". ○正義曰: 此章明樂.

번역 ●經文: "子語"~"以成". ○이 문장은 음악에 대한 내용을 나타내고 있다.

邢疏 ●"子語魯大師樂"者, 大師, 樂官名, 猶周禮之大司樂也. 於時魯國禮樂崩壞, 故孔子以正樂之法語之, 使知也.

번역 ●經文: "子語魯大師樂". ○태사(大師)는 음악을 담당하는 관직의 이름으로, 『주례』에 나오는 대사악(大司樂)과 같다. 당시 노나라의 예악은 붕괴된 상태였기 때문에, 공자가 바른 음악에 대한 법도를 일러주어 인지하게끔 했던 것이다.

邢疏 ●"曰: 樂其可知也"者, 言五音翕然盛也. 翕, 盛貌. 如, 皆語辭.

번역 ●經文: "曰: 樂其可知也". ○오음을 흡연(翕然)하게 융성하게 한다는 뜻이다. '흡(翕)'자는 융성한 모습을 뜻한다. '여(如)'자는 모두 어조사에 해당한다.

邢疏 ●"從之, 純如也"者, 從讀曰縱, 謂放縱也. 純, 和也, 言五音既發, 放縱盡其音聲, 純純和諧也.

번역 ●經文: "從之, 純如也". ○'종(從)'자는 종(縱)자로 풀이하니, 풀어놓는다는 의미이다. '순(純)'자는 조화롭다는 뜻이니, 오음이 연주되었다면 풀어놓아서 그 소리를 다하도록 하여 조화롭게 한다는 의미이다.

邢疏 ●"皦如也"者, 皦, 明也, 言其音節分明也.

번역 ●經文: "皦如也". ○'교(皦)'자는 밝다는 뜻이니, 음절을 분명하게 한다는 의미이다.

邢疏 ●"繹如也"者, 言其音落繹然相續不絶也.

번역 ●經文: "繹如也". ○음의 연결이 연속되어 끊어지지 않는다는 뜻이다.

邢疏 ●"以成"者, 言樂始作翕如, 又縱之以純如·皦如·繹如, 則正樂以之而成也.

번역 ●經文: "以成". ○음악을 처음 연주할 때에는 융성하게 하는데, 또한 그것을 풀어놓아서 조화롭게 하고 분명하게 하며 연속되게 한다면, 바른 음악은 이를 통해 완성된다는 뜻이다.

集註 語, 告也. 大師, 樂官名. 時音樂廢缺, 故孔子敎之. 翕, 合也. 從, 放也. 純, 和也. 皦, 明也. 繹, 相續不絶也. 成, 樂之一終也.

번역 '어(語)'자는 일러준다는 뜻이다. '태사(大師)'는 음악을 담당하는 관직의 이름이다. 당시에 음악은 폐지되고 없어진 부분이 있었기 때문에 공자가 가르쳐준 것이다. '흡(翕)'자는 합한다는 뜻이다. '종(從)'자는 풀어놓는다는 뜻이다. '순(純)'자는 조화롭다는 뜻이다. '교(皦)'자는 분명하다는 뜻이다. '역(繹)'자는 서로 연속되어 끊어지지 않는다는 뜻이다. '성(成)'자는 음악의 연주가 한 차례 끝맺는다는 뜻이다.

集註 謝氏曰: 五音六律不具, 不足以爲樂. 翕如, 言其合也. 五音合矣, 淸濁高下, 如五味之相濟而後和, 故曰純如. 合而和矣, 欲其無相奪倫, 故曰皦如. 然豈宮自宮而商自商乎? 不相反而相連, 如貫珠可也, 故曰繹如也, 以成.

번역 사씨가 말하길, 오음(五音)과 육률(六律)이 갖춰지지 않는다면 음악이라고 여길 수 없다. '흡여(翕如)'는 음들의 합함을 말한다. 오음이 합해지면 청음 및 탁음 높은 음과 낮은 음들이 마치 오미(五味)[134]가 상호 맛을 도운 뒤에 조화롭게 되는 것과 같다. 그렇기 때문에 '순여(純如)'라고 했다.

음들이 합해지고 조화를 이루게 되면 서로 차례를 빼앗는 일이 없어지게끔 하고자 한다. 그렇기 때문에 '교여(皦如)'라고 했다. 그러나 어떻게 궁(宮)음은 궁음만 되고 상(商)음은 상음만 되겠는가? 서로 반대되지 않으면서도 서로 연속되는 것이 마치 구슬을 꿰는 것처럼 해야 한다. 그렇기 때문에 역여(繹如)를 해서 완성한다고 말한 것이다.

---

134) 오미(五味)는 다섯 가지 맛을 뜻한다. 맛의 종류를 총칭하는 용어로도 사용된다. '오미'는 구체적으로 산(酸: 신맛), 고(苦: 쓴맛), 신(辛: 매운맛), 함(鹹: 짠맛), 감(甘: 단맛)을 가리킨다. 『예기』「예운(禮運)」편에는 "五味, 六和, 十二食, 還相爲質也."라는 기록이 있는데, 이에 대한 정현의 주에서는 "五味, 酸, 苦, 辛, 鹹, 甘也."라고 풀이하였다.

그림 10-1 ▣ 공자(孔子)

※ **출처:** 『삼재도회(三才圖會)』「인물(人物)」 4권

그림 10-2 ▣ 자공(子貢)

※ 출처: 『성현상찬(聖賢像贊)』

그림 10-3 ▣ 자금(子禽)

※ **출처:** 『성현상찬(聖賢像贊)』

그림 10-4 ▣ 아장(牙璋)

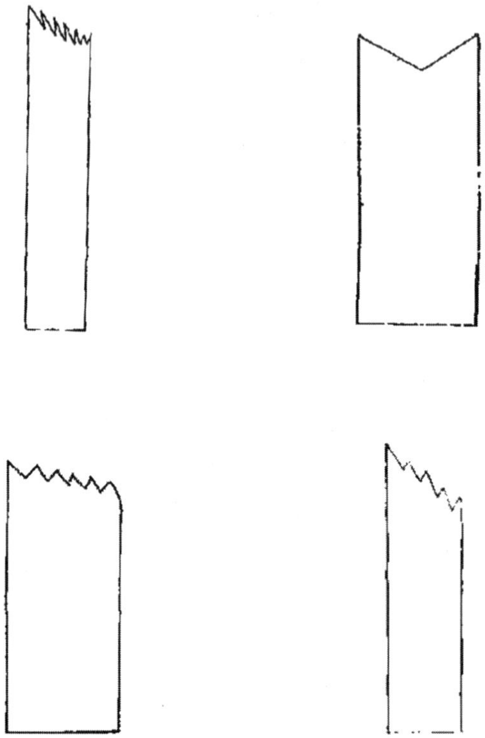

※ **출처:** 상좌-『삼례도집주(三禮圖集注)』 10권 ; 상우-『주례도설(周禮圖說)』 하권
하좌-『육경도(六經圖)』 5권 ; 하우-『삼재도회(三才圖會)』「기용(器用)」 2권

그림 10-5 ▣ 패옥(佩玉)

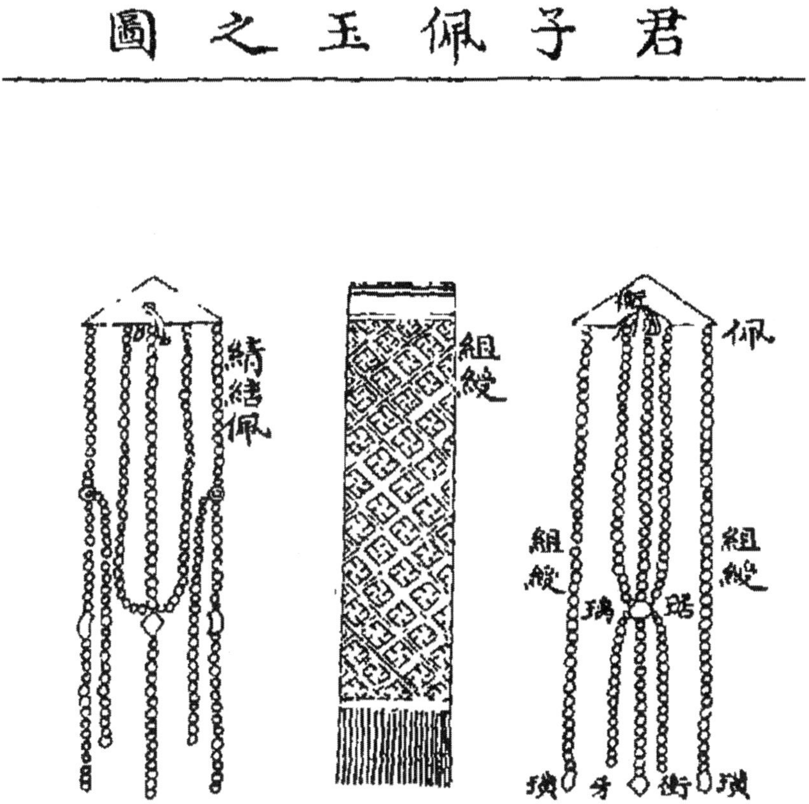

※ 출처: 『가산도서(家山圖書)』

그림 10-6 ▣ 완규(琬圭)

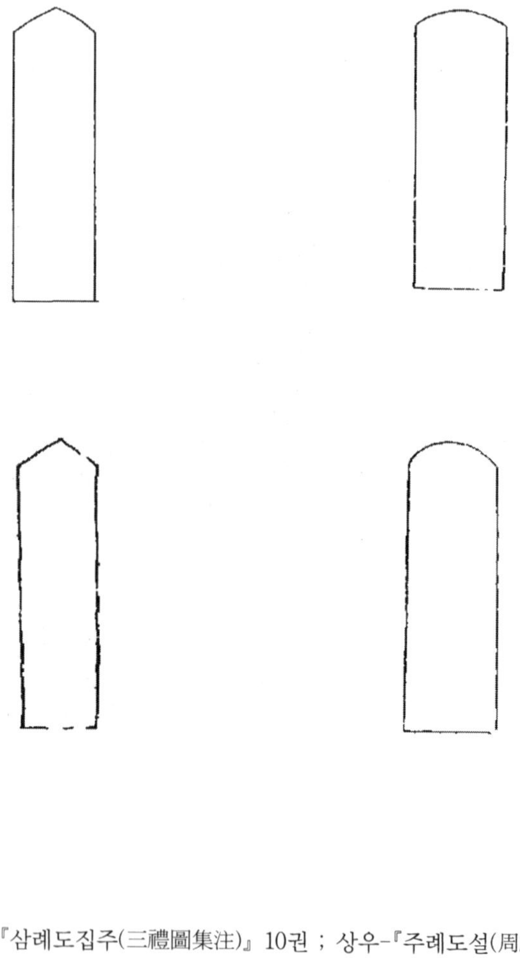

※ 출처: 상좌-『삼례도집주(三禮圖集注)』 10권 ; 상우-『주례도설(周禮圖說)』 하권
하좌-『육경도(六經圖)』 5권 ; 하우-『삼재도회(三才圖會)』「기용(器用)」 2권

그림 10-7 ▣ 염규(琰圭)

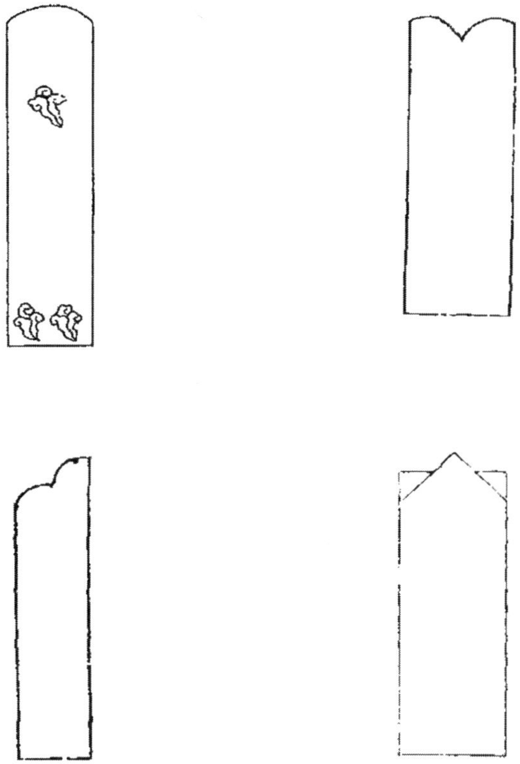

※ 출처: 상좌-『삼례도집주(三禮圖集注)』 10권 ; 상우-『주례도설(周禮圖說)』 하권
하좌-『육경도(六經圖)』 5권 ; 하우-『삼재도회(三才圖會)』「기용(器用)」 2권

그림 10-8 ▣ 양규유저(兩圭有邸)

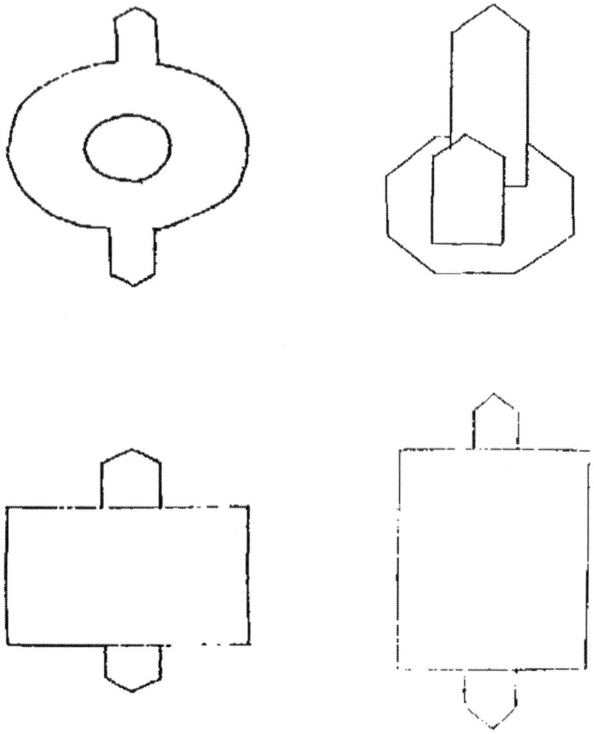

※ 출처: 상좌-『삼례도집주(三禮圖集注)』 11권 ; 상우-『주례도설(周禮圖說)』 하권
하좌-『육경도(六經圖)』 5권 ; 하우-『삼재도회(三才圖會)』「기용(器用)」 2권

그림 10-9 ▣ 사규유저(四圭有邸)

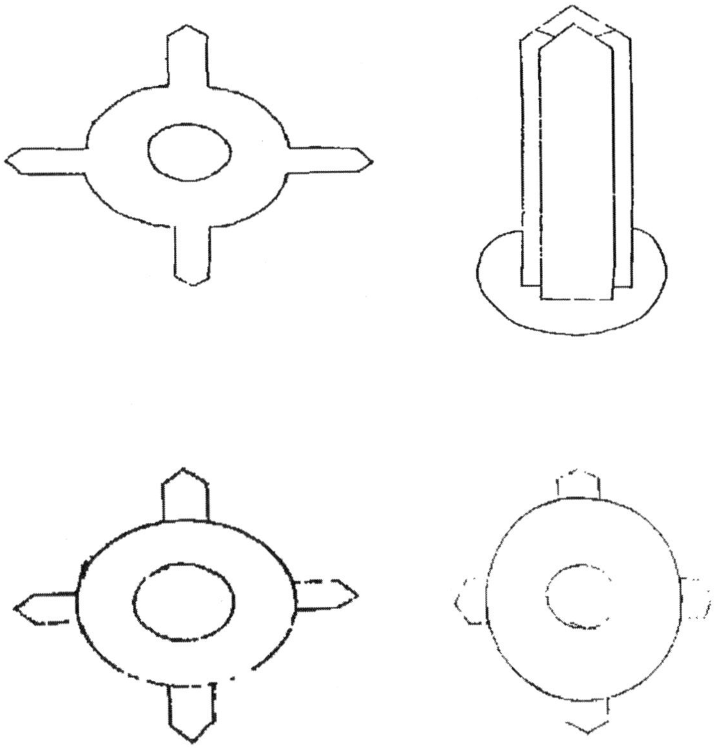

※ **출처:** 상좌-『삼례도집주(三禮圖集注)』 11권 ; 상우-『주례도설(周禮圖說)』 하권
하좌-『육경도(六經圖)』 5권 ; 하우-『삼재도회(三才圖會)』「기용(器用)」 2권

그림 10-10 ▣ 황종(黃琮)

※ **출처:** 상-『삼례도집주(三禮圖集注)』 11권
하좌-『육경도(六經圖)』 5권 ; 하우-『삼재도회(三才圖會)』「기용(器用)」 2권

그림 10-11 ▣ 창벽(蒼璧)

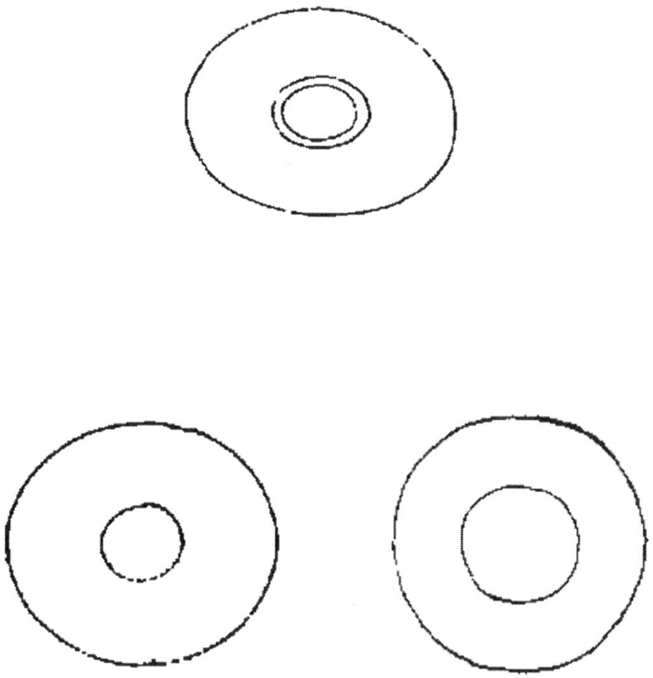

※ **출처:** 상-『삼례도집주(三禮圖集注)』 11권
하좌-『육경도(六經圖)』 5권 ; 하우-『삼재도회(三才圖會)』「기용(器用)」 2권

그림 10-12 ▣ 경(磬)

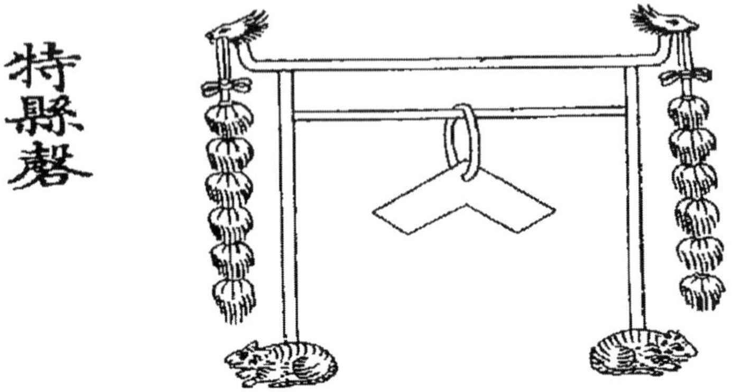

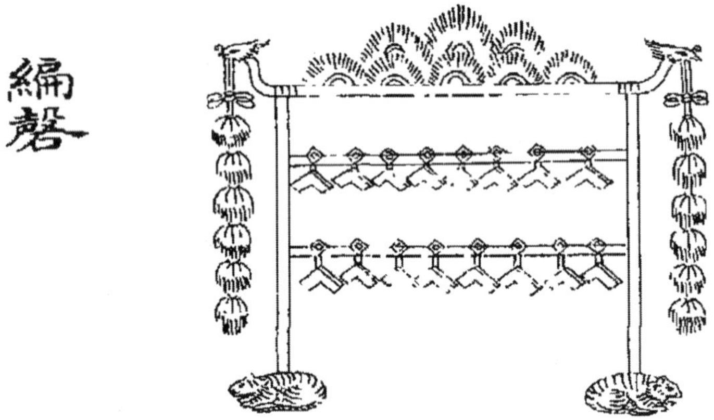

※ 출처: 『삼례도집주(三禮圖集注)』 5권

그림 10-13 ▣ 태호(太昊)

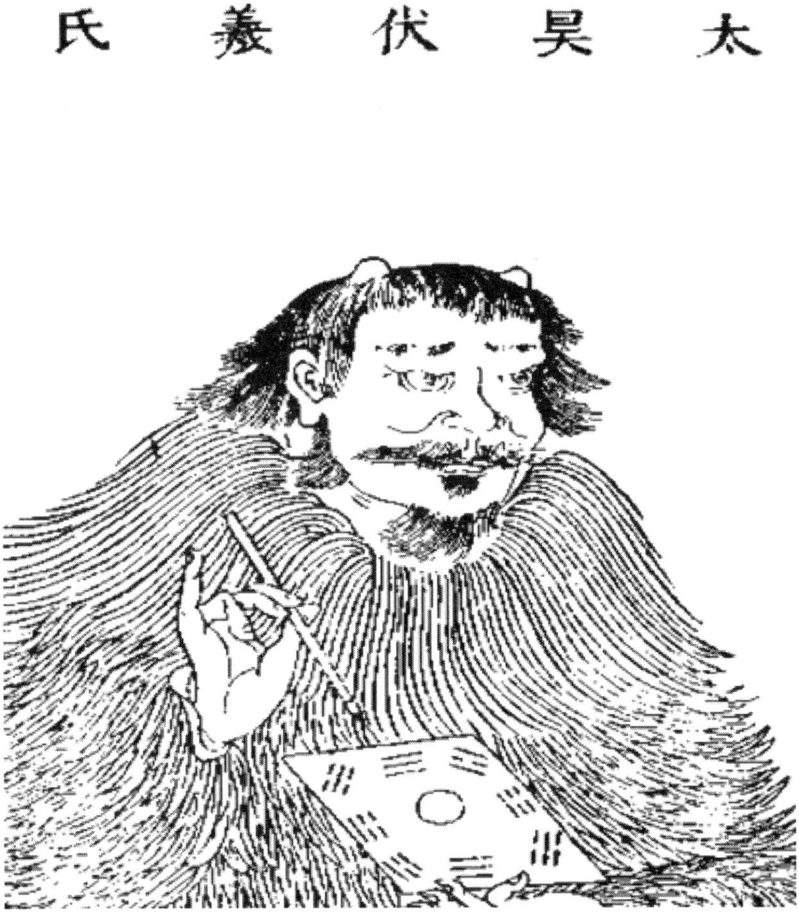

※ **출처:** 『삼재도회(三才圖會)』「인물(人物)」 1권

그림 10-14 ■ 구망(句芒)

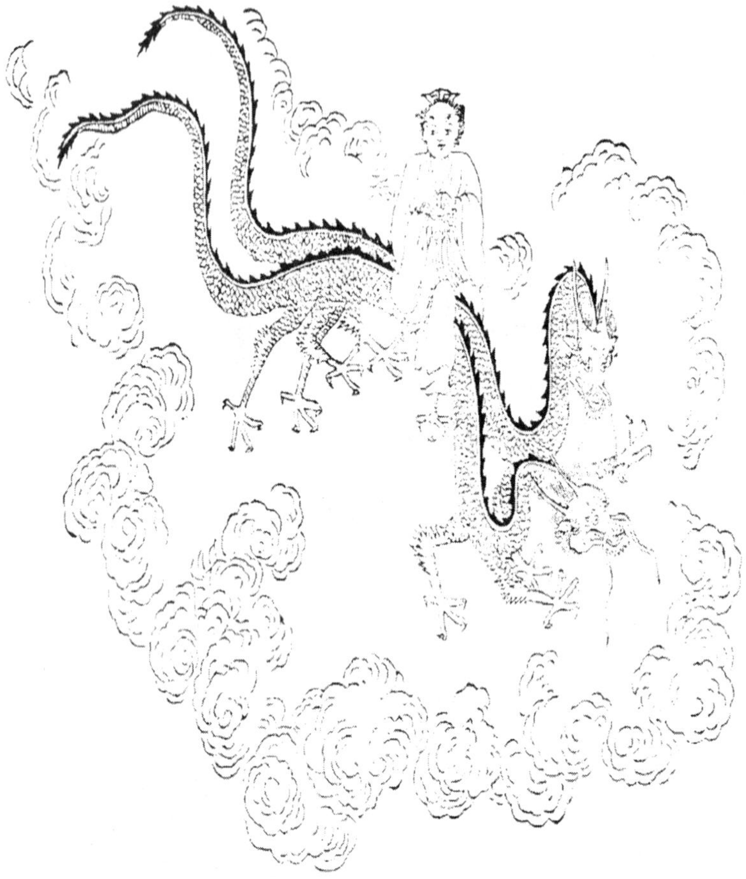

※ 출처: 『산해경석의(山海經釋義)』

그림 10-15 ▣ 염제(炎帝)

※ **출처:** 『삼재도회(三才圖會)』「인물(人物)」 1권

그림 10-16 ▣ 축융(祝融)

※ **출처:**『산해경석의(山海經釋義)』

그림 10-17 ▣ 소호(少昊)

※ **출처:** 『삼재도회(三才圖會)』「인물(人物)」 1권

그림 10-18 ■ 욕수(蓐收)

※ 출처: 『산해경석의(山海經釋義)』

그림 10-19 ▣ 전욱(顓頊)

※ **출처:** 『삼재도회(三才圖會)』「인물(人物)」 1권

그림 10-20 ■ 환구단(圜丘壇)

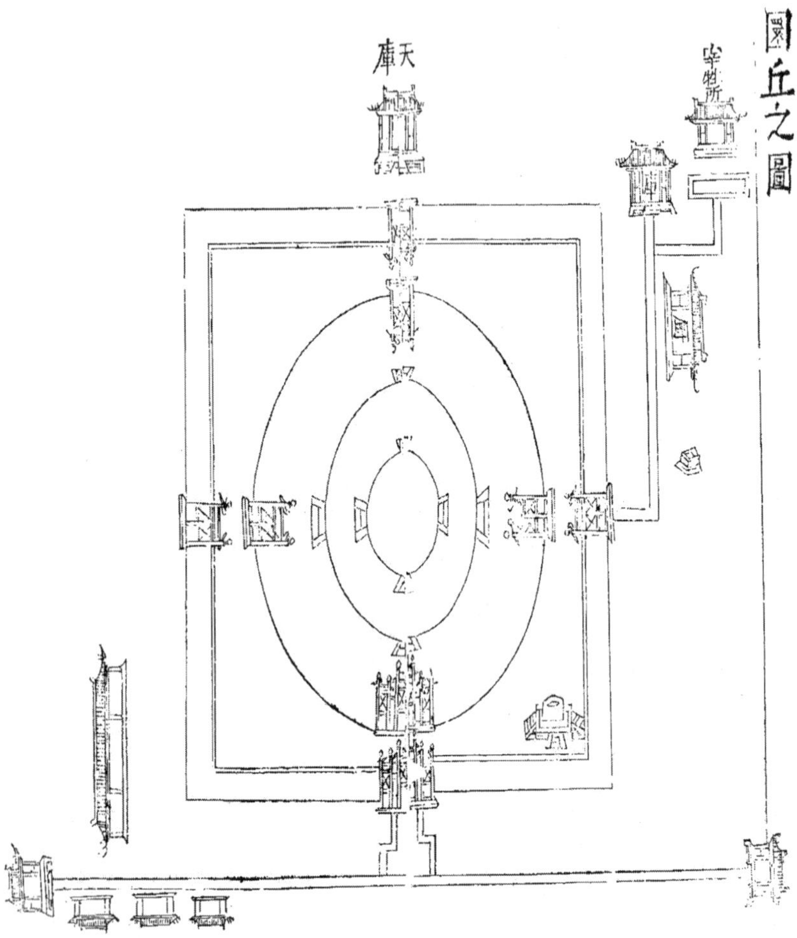

※ 출처: 『삼재도회(三才圖會)』「궁실(宮室)」 2권

그림 10-21 ■ 방구단(方丘壇)

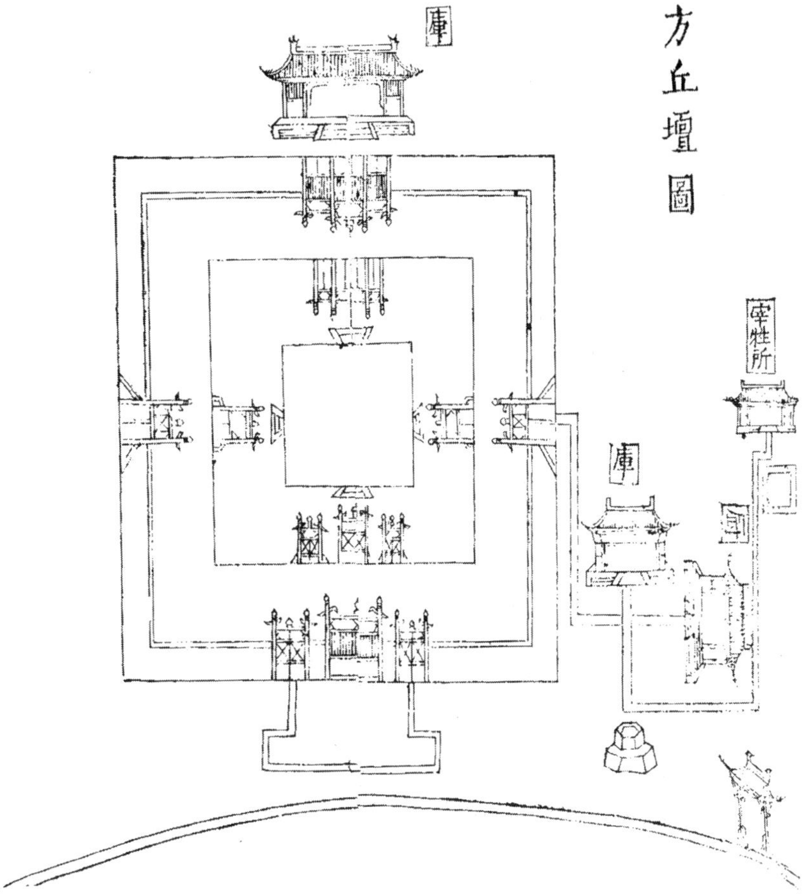

※ **출처:** 『삼재도회(三才圖會)』「궁실(宮室)」 2권

그림 10-22 ▣ 명당(明堂)

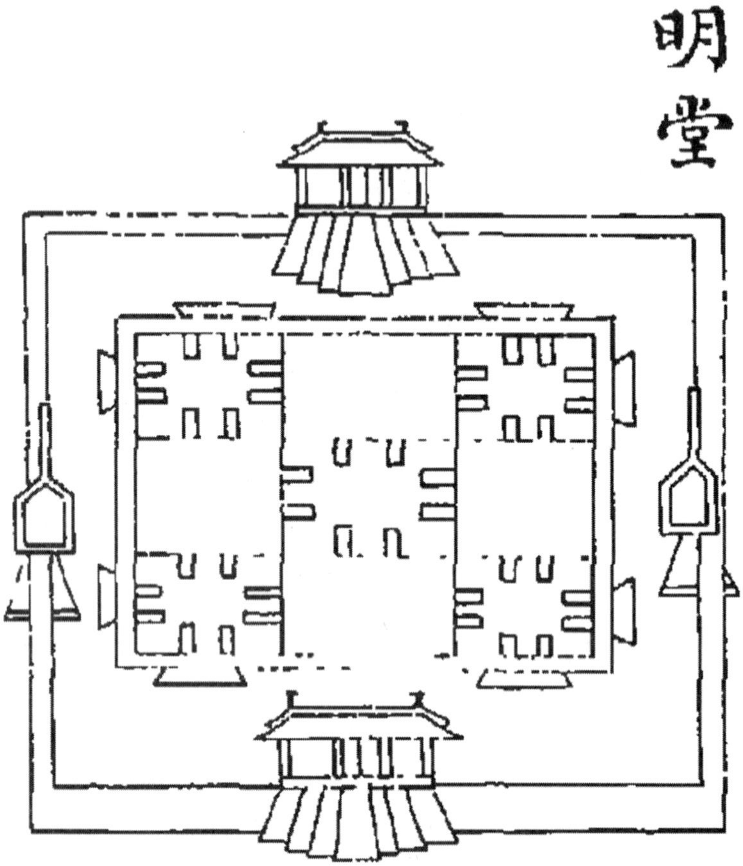

※ 출처: 『삼례도집주(三禮圖集注)』 4권

그림 10-23 ▣ 태미궁(太微宮: =太微垣)과 오제좌(五帝座: =帝座)

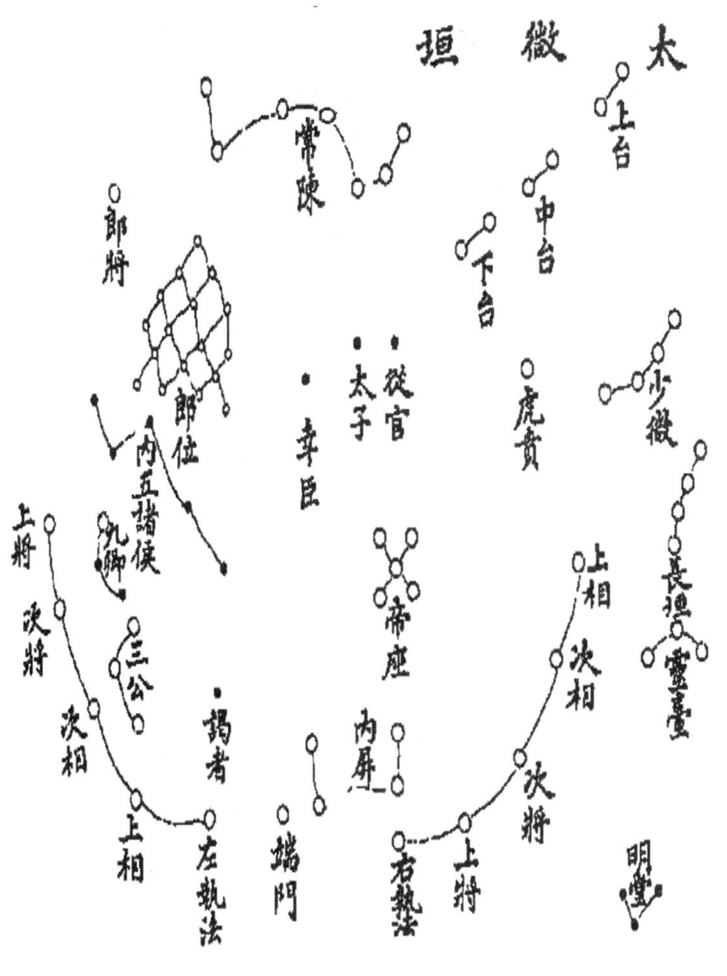

※ 출처: 『흠정사고전서(欽定四庫全書)』「도서편(圖書編)」 16권

그림 10-24 ■ 방명(方明)

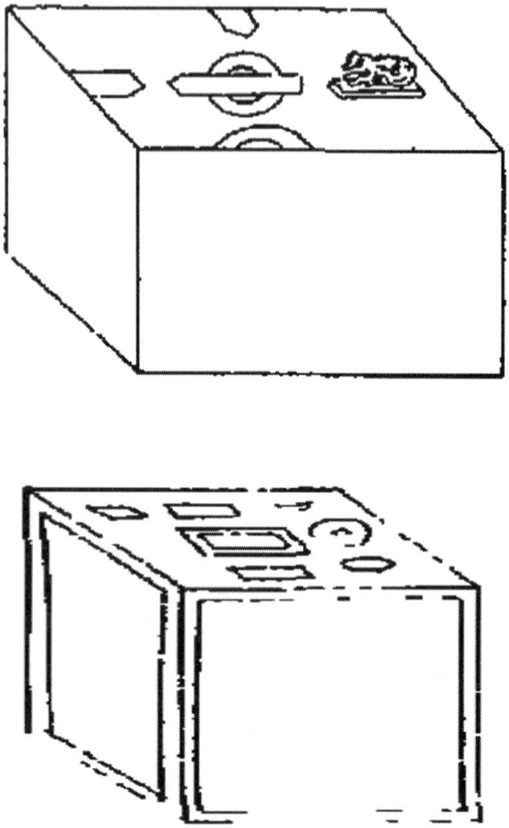

※ 출처: 상-『삼례도집주(三禮圖集注)』 11권
하-『육경도(六經圖)』 5권

그림 10-25 ▣ 백이(伯夷)

※ **출처:** 『삼재도회(三才圖會)』「인물(人物)」 4권

그림 10-26 ■ 이윤(伊尹)

※ **출처:** 『고성현상전략(古聖賢像傳略)』

그림 10-27 ▣ 유하혜(柳下惠)

※ **출처:** 『고성현상전략(古聖賢像傳略)』

聘義 人名 및 用語 辭典

ㄱ

◎ **가공언(賈公彦, ?~?)** : 당(唐)나라 때의 유학자이다. 정현(鄭玄)을 존숭하였다. 예학(禮學)에 조예가 깊었다. 『주례소(周禮疏)』, 『의례소(儀禮疏)』 등의 저서를 남겼으며, 이 저서들은 『십삼경주소(十三經注疏)』에 포함되었다.

◎ **가정본(嘉靖本)** : 『가정본(嘉靖本)』에는 간행한 자의 정보가 기록되어 있지 않다. 『십삼경주소(十三經注疏)』의 판본이다. 20권으로 구성되어 있으며, 각 권의 뒤편에는 경문(經文)과 그에 따른 주(注)를 간략히 기록하고 있다. 단옥재(段玉裁)는 이 판본이 가정(嘉靖) 연간에 송본(宋本)을 모방하여 간행된 것이라고 여겼다.

◎ **감본(監本)** : 『감본(監本)』은 명(明)나라 국자감(國子監)에서 간행한 『십삼경주소(十三經注疏)』의 판본이다.

◎ **개(介)** : '개'는 부관을 뜻한다. 빈객(賓客)이 방문했을 때 주인(主人)과 빈객 사이에서 진행되는 절차들을 보좌했던 자들이다. 계급에 따라서 '개'를 두는 숫자에도 차이가 났다. 가령 상공(上公)은 7명의 '개'를 두었고, 후작이나 백작은 5명을 두었으며, 자작과 남작은 3명의 개를 두었다. 『예기』 「빙의(聘義)」편에는 "上公七介, 侯伯五介, 子男三介."라는 기록이 있다.

◎ **개성석경(開成石經)** : 『개성석경(開成石經)』은 당(唐)나라 만들어진 석경(石經)을 뜻한다. 돌에 경문(經文)을 새겼기 때문에, '석경'이라고 부른

다. 당나라 때 만들어진 '석경'은 대화(大和) 7년(A.D.833)에 만들기 시작하여, 개성(開成) 2년(A.D.837)에 완성되었기 때문에, '개성석경'이라고도 부르는 것이다.

◎ **견전(遣奠)** : '견전'은 장차 장례(葬禮)를 치르고자 할 때, 지내게 되는 전제사[奠祭]를 뜻한다.

◎ **고(孤)** : '고'는 고대의 작위이다. 천자에게 소속된 '고'는 삼공(三公) 밑의 서열에 해당하며, 육경(六卿)보다 높았다. 고대에는 소사(少師)·소부(少傅)·소보(少保)를 삼고(三孤)라고 불렀다.

◎ **고문(皐門)** : '고문'은 천자의 궁(宮)에 설치된 문들 중에서 가장 바깥쪽에 설치하는 문이다. 높다는 의미의 '고(高)'자가 '고(皐)'자와 통용되므로, 붙여진 명칭이다. 『시』「대아(大雅)·면(緜)」편에는 "迺立皐門, 皐門有伉."이라는 용례가 있고, 『예기』「명당위(明堂位)」편의 "大廟, 天子明堂. 庫門, 天子皐門. 雉門, 天子應門."이라는 기록에 대해, 정현의 주에서는 "皐之言高也."라고 풀이했다.

◎ **고문(庫門)** : '고문'에 대해서는 크게 두 가지 해설이 있다. 첫 번째는 치문(雉門)에 대한 해설처럼, 제후의 궁(宮)에 있는 문으로, 천자의 궁에 있는 고문(皐門)에 해당한다고 보는 의견이다. 이것은 치문과 마찬가지로 『예기』「명당위(明堂位)」편의 "大廟, 天子明堂. 庫門, 天子皐門. 雉門, 天子應門."이라는 기록에 근거한 해설이다. 손희단(孫希旦)의 『집해(集解)』에서는 이 문장 및 『시(詩)』, 『서(書)』, 『예(禮)』, 『춘추(春秋)』에 나타난 기록들을 근거로, 천자 및 제후는 실제로 3개의 문(門)만 설치했다고 풀이한다. 그러나 정현은 이 문장에 대해서, "言廟及門如天子之制也. 天子五門, 皐庫雉應路. 魯有庫雉路, 則諸侯三門與."라고 풀이하였다. 즉 종묘(宗廟) 및 문(門)에 대한 제도에서, 천자와 제후 사이에는 차등이 있다. 따라서 천자는 5개의 문을 궁에 설치하는데, 그 문들은 고문(皐門), 고문(庫門), 치문(雉門), 응문(應門), 노문(路門)이다. 제후의 경우에는 천자보다 적은 3개의 문을 궁에 설치하는데, 그 문들은 고문(庫門), 치문(雉門), 노문(路門)이다. 두 번째 설명은 천자의 궁에 설치된 문들 중에서, 치문(雉門) 밖에 설치하는 문으로 해석하는 의견이다. 즉 이때의 고문(庫門)은 치문과 고문(皐門) 사이에 설치하는 문이 된다. 『예기』「교특생(郊特牲)」편에는 "獻命庫門之內, 戒百官也."라는 기록이 있는데, 이에 대한 정현의 주에서는 "庫門,

在雉門之外. 入庫門則至廟門外矣."라고 풀이하고 있다.

◎ **고문송판(考文宋板)** : 『고문송판(考文宋板)』은 일본 학자 산정정(山井鼎) 등이 출간한 『칠경맹자고문보유(七經孟子考文補遺)』에 수록된 『예기정의(禮記正義)』를 뜻한다. 산정정은 『예기정의』를 수록할 때, 송(宋)나라 때의 판본을 저본으로 삼았다.

◎ **고삭(告朔)** : '고삭'은 '곡삭'이라고도 읽는다. 천자가 계동(季冬) 때 다음 해의 달력을 내려준 것을 뜻한다. 천자가 제후에게 달력인 삭(朔)을 반포하게 되면, 제후는 그것을 조묘(祖廟)에 보관하였다가 삭일(朔日)에 이르러 묘(廟)에서 고(告)제사를 지내고, 그것을 꺼내서 시행하게 되는데, 이러한 의식 자체를 '고삭'으로 부르기도 했다. 따라서 '고삭'은 매월 초하루마다 지내는 제사를 범칭하는 용어로도 사용된다. 『주례』「춘관(春官)·대사(大史)」편에는 "頒告朔于邦國."이라는 기록이 있고, 이에 대한 정현의 주에서는 "天子頒朔于諸侯, 諸侯藏之祖廟, 至朔朝于廟, 告而受行之."라고 풀이했다.

◎ **곡(斛)** : '곡'은 곡(轂)이라고도 기록한다. '곡'은 곡식의 양을 재는 기구이자, 그 수량을 표시하는 단위였다. 지역 및 각 시대마다 다소 차이를 보이는데, 고대에는 10두(斗)가 1곡이었다. 『의례』「빙례(聘禮)」편에는 "十斗曰斛."이라는 기록이 있다. 한편 1두(斗) 2승(升)을 1곡이라고도 한다.

◎ **곡(轂)** : =곡(斛)

◎ **곡벽(穀璧)** : '곡벽'은 조회 때 천자 및 각 신하들이 잡게 되는 육서(六瑞) 중의 하나이다. 자작이 잡던 벽(璧)이다. 곡식을 무늬로 새겨 넣었기 때문에 '곡(穀)'자를 붙여서 '곡벽'이라고 부르는 것이다. '벽'의 지름은 5촌(寸)이었다.

◎ **공수(空首)** : '공수'는 구배(九拜) 중 하나이다. 절을 하며 머리가 손을 포갠 곳에 닿도록 하는 것이니, '배수(拜手)'라고도 부른다.

◎ **공씨(孔氏)** : =공영달(孔穎達)

◎ **공안국(孔安國, ?~?)** : 전한(前漢) 때의 학자이다. 자(字)는 자국(子國)이다. 고문상서학(古文尚書學)의 개조(開祖)로 알려져 있다. 『십삼경주소(十三經注疏)』의 『상서정의(尚書正義)』에는 공안국의 전(傳)이 수록되어 있는데, 통상적으로 이 주석은 후대인들이 공안국의 이름에 가탁하여 붙인 문장으로 인식되고 있다.

◎ **공영달(孔穎達, A.D.574~A.D.648)** : =공씨(孔氏). 당대(唐代)의 경학자이

다. 자(字)는 중달(仲達)이고, 시호(諡號)는 헌공(憲公)이다. 『오경정의(五經正義)』를 찬정(撰定)하는데 중심적인 역할을 했다.

◎ **관(祼)** : '관'은 본래 향기로운 술을 땅에 부어서 신을 강림시키는 의식인데, 조회를 온 제후 등을 대면하며 관(祼)을 시행하면, 술잔에 향기로운 술을 따라서 빈객을 공경한다는 뜻을 나타내기도 했다. 즉 본래는 제사의 절차였지만, 이러한 절차에 기인하여 빈객에게 따라준 술을 빈객이 마시는 것까지도 관(祼)이라고 불렀다.

◎ **교감기(校勘記)** : 『교감기(校勘記)』는 완원(阮元)이 학자들을 모아서 편차했던 『십삼경주소교감기(十三經註疏校勘記)』를 뜻한다.

◎ **교기(校記)** : 『교기(校記)』는 손이양(孫詒讓)이 지은 『십삼경주소교기(十三經注疏校記)』를 뜻한다.

◎ **교묘(郊廟)** : '교묘'는 고대에 천자가 천지(天地) 및 조상에게 제사지내던 제례(祭禮)를 가리키기도 하며, 그러한 제례가 이루어지는 장소 및 그 때 사용되는 음악을 가리키기도 한다. '교묘'에서의 교(郊)자는 천지에 대한 제사를 뜻하는데, 천(天)에 대한 제사는 '남쪽 교외[南郊]'에서 시행되었고, 지(地)에 대한 제사는 '북쪽 교외[北郊]'에서 시행되었다. 그렇기 때문에 '교'자가 천지에 대한 제사를 뜻하게 된 것이다. '묘(廟)'자는 종묘(宗廟)를 뜻하므로, 선조에 대한 제사를 가리킨다. 따라서 '교묘'라고 용어가 천지 및 조상신에 대한 제사를 뜻하게 된다. 『서』「우서(虞書)·순전(舜典)」편에는 "汝作秩宗."이라는 기록이 있는데, 이에 대한 공안국(孔安國)의 전(傳)에서는 "秩, 序. 宗, 尊也. 主郊廟之官."이라고 풀이하였고, 이 문장에 나오는 '교묘'에 대해 공영달(孔穎達)의 소(疏)에서는 "郊謂祭天南郊, 祭地北郊. 廟謂祭先祖, 卽周禮所謂天神人鬼地祇之禮是也."라고 풀이하였다.

◎ **교빈(交擯)** : '교빈'은 빙문(聘問) 등의 의례에서, 상대방이 도착했을 때, 문 앞에 부관에 해당하는 개(介)나 빈(擯) 등이 도열하여, 명령을 전달하는 것을 뜻한다.

◎ **구곡(九穀)** : '구곡'은 아홉 종류의 주요 농작물을 뜻한다. 아홉 가지 농작물에 해당하는 품목에는 시대마다 차이가 있다. 고대 기록과 관련하여 『주례』「천관(天官)·대재(大宰)」편에는 "三農生九穀."이라는 기록이 있는데, 이에 대한 정현의 주에서는 "司農云, '九穀, 黍·稷·秫·稻·麻·大小豆·大小麥.' 九穀無秫·大麥, 而有粱·苽."라고 풀이했다. 즉 정사농(鄭

司農)은 '구곡'을 메기장[黍]·차기장[稷]·차조[秫]·쌀[稻]·마(麻)·대두(大豆)·소두(小豆)·대맥(大麥)·소맥(小麥)으로 보았으며, 정현은 차조[秫]와 대맥(大麥)을 제외하고, 대신 조[粱]·줄[苽]이 해당한다고 여겼다.

◎ 구덕(九德) : '구덕'은 구공(九功)의 덕(德)을 뜻하니, 구체적으로는 육부(六府)와 삼사(三事)의 덕을 가리킨다. '육부'는 수(水), 화(火), 금(金), 목(木), 토(土), 곡(穀)을 뜻하고, '삼사'는 정덕(正德), 이용(利用), 후생(厚生)을 뜻한다. 『국어(國語)』「주어하(周語下)」편에는 "夫六, 中之色也, 故名之曰黃鍾, 所以宣養六氣九德也."이라는 기록이 있고, 이에 대한 위소(韋昭)의 주에서는 "九德, 九功之德, 水·火·金·木·土·穀·正德·利用·厚生."이라고 풀이했다. 한편 '구덕'은 관대하면서도 엄숙하고, 유순하면서도 꼿꼿하며, 조심스러우면서도 공손하고, 혼란을 다잡으면서도 공경스러우며, 유순하면서도 굳세고, 강직하면서도 온화하고, 요점을 잘 지키면서도 의로움을 지키며, 굳건하면서도 독실하고, 용맹하면서도 의로움을 좇는 것이다. 『서』「우서(虞書)·고요모(皐陶謨)」편에는 "皐陶曰, 都, 亦行有九德, 亦言其人有德. 乃言曰, 載采采. 禹曰, 何. 皐陶曰, 寬而栗, 柔而立, 愿而恭, 亂而敬, 擾而毅, 直而溫, 簡而廉, 剛而塞, 彊而義, 彰厥有常, 吉哉."라는 기록이 있다.

◎ 구망(句芒) : '구망'은 오행(五行) 중 목(木)의 기운을 주관하는 천상의 신(神)이다. 목(木)의 기운을 담당했기 때문에, 그 관부의 이름을 따서 목관(木官)이라고도 부르고, 관부의 수장이라는 뜻에서 목정(木正)이라고도 부른다. '구망'은 소호씨(少皞氏)의 아들 또는 후손으로 알려져 있으며, 이름은 중(重)이었다고 전해진다. 생전에 목덕(木德)의 제왕이었던 태호(太皞: =伏羲氏)를 보좌하였고, 죽은 이후에는 목관(木官)의 신이 되었다고도 전해진다. '오행' 중 목(木)의 기운은 각 계절 및 방위와 관련되어, '구망'은 봄과 동쪽에 해당하는 신이라고도 부른다. 다만 목덕(木德)을 주관했던 상위의 신은 '태호'이고, '구망'은 태호를 보좌했던 신이다. 『예기』「월령(月令)」편에는 "其帝, 太皞, 其神, 句芒."이라는 기록이 있는데, 이에 대한 정현의 주에서는 "句芒, 少皞氏之子, 曰重, 爲木官."이라고 풀이했다. 『여씨춘추(呂氏春秋)』「맹춘기(孟春紀)」편에는 "其帝, 太皞, 其神, 句芒."이라는 기록이 있는데, 이에 대한 고유(高誘)의 주에서는 "句芒, 少皞氏之裔子曰重, 佐木德之帝, 死爲木官之神."이라고 풀이했다. 한편 『춘추좌씨전』「소공(昭公) 29년」편에는

"木正曰句芒."이라는 기록이 있다.

◎ 구벌(九伐) : '구벌'은 아홉 종류의 죄악에 대해 토벌하는 조치를 뜻한다. 첫 번째는 약소국을 업신여기고 침범하면 그 땅을 삭감하여 강성해지지 못하게 하는 것이다. 두 번째는 현명한 자와 백성들에게 해악을 끼치면 군대를 이끌고 그 나라의 국경으로 들어가 북을 울리며 겁을 주는 것이다. 세 번째는 내적으로 폭정을 시행하고 외적으로 다른 나라를 침범하면 그 군주를 내치고 다른 군주를 세우는 것이다. 네 번째는 백성들이 황망하게 되어 흩어지게 된다면 그 땅을 삭감하는 것이다. 다섯 번째는 견고한 성벽이나 험준한 지형을 믿고 복종하지 않는다면 군대를 이끌고 국경으로 들어가되 병력을 조금만 사용하여 본보기를 보여주는 것이다. 여섯 번째는 친족을 죽이거나 해를 끼치면 잡아서 죄를 다스리는 것이다. 일곱 번째는 자신의 군주를 죽인 자가 발생하면 그를 찾아내 사형에 처하는 것이다. 여덟 번째는 명령에 어기고 정령을 경시한다면 국경을 통제하여 이웃 나라와의 소통을 단절시키는 것이다. 아홉 번째는 인륜을 문란하게 만들면 사형에 처해 제거하는 것이다.

◎ 구법(九法) : '구법'은 제후국들을 다스렸던 아홉 종류의 조치를 뜻한다. 첫 번째는 제후국들의 봉지와 그 경계를 확정하는 것이다. 두 번째는 제후와 그들의 신하가 따라야 하는 예법을 구별하여 신분질서를 확정하는 것이다. 세 번째는 현명한 자와 공적을 세운 자를 등용하고 작위를 올려주는 것이다. 네 번째는 일정 지역의 제후들을 통괄할 수 있는 대표를 세우는 것이다. 다섯 번째는 금령이나 감시와 조사를 통해 군대의 제도를 바로잡는 것이다. 여섯 번째는 바쳐야 하는 세금이나 공물을 정하는 것이다. 일곱 번째는 소속된 백성들의 수를 계산하여 부리는 것이다. 여덟 번째는 신분에 따라 토지를 차등적으로 분배하여 다스리도록 하는 것이다. 아홉 번째는 제후국간에 서열을 정하여 다스리고 복종하도록 만드는 것이다.

◎ 구성(九成) : '구성'은 아홉 번 연주를 한다는 뜻이다. 『서』「우서(虞書)·익직(益稷)」편에는 "簫韶九成, 鳳凰來儀."라는 기록이 있고, 이에 대한 공영달(孔穎達)의 소(疏)에서는 "成猶終也, 每曲一終, 必變更奏. 故經言九成, 傳言九奏, 周禮謂之九變, 其實一也."라고 풀이했다. 즉 '구성'이라고 할 때의 성(成)자는 한 악곡을 끝낸다는 뜻으로, 매 악곡마다 연주를 끝내게 되면, 반드시 새롭게 바꿔서 다시 연주를 시작한다. 그렇

기 때문에 '구성'이라고 한 것이며, 공안국(孔安國)의 전(傳)에서는 이것을 구주(九奏)라고 풀이하고, 『주례』에서는 구변(九變)이라고 기록하고 있는데, 이 세 용어의 뜻은 같다.

◎ 구의(九儀) : '구의'는 천자가 제후들이 조빙(朝聘)하러 찾아왔을 때 접대하는 아홉 가지 의례절차를 뜻한다. 명(命)에는 공(公), 후(侯), 백(伯), 자(子), 남(男) 다섯 종류가 있고, 작(爵)에는 공(公), 경(卿), 대부(大夫), 사(士) 네 종류가 있다.

◎ 구장(九章) : '구장'은 의복에 수 놓았던 9가지의 문양을 말한다. 『주례』「춘관(春官)·사복(司服)」편에는 "享先王則袞冕"이란 기록이 있는데, 이에 대한 정현의 주에서는 "冕服九章, 登龍於山, 登火於宗彝, 尊其神明也. 九章, 初一曰龍, 次二曰山, 次三曰華蟲, 次四曰火, 次五曰宗彝, 皆畫以爲繢, 次六曰藻, 次七曰粉米, 次八曰黼, 次九曰黻, 皆希以爲繡, 則袞之衣五章, 裳四章, 凡九也."이라고 풀이했다. 즉 '구장'은 용(龍), 산(山), 화충(華蟲), 화(火), 종이(宗彝)라는 상의에 수 놓는 5가지 문양과 조(藻), 분미(粉米), 보(黼), 불(黻)이라는 하의에 수 놓는 4가지 문양이다.

◎ 국자(國子) : '국자'는 천자 및 공(公), 경(卿), 대부(大夫)의 자제들을 말한다. 때론 상황에 따라 천자의 태자(太子) 및 왕자(王子)를 포함시키지 않는 경우도 있다. 『주례』「지관(地官)·사씨(師氏)」편에는 "以三德敎國子"라는 기록이 있고, 이에 대한 정현의 주에서 "國子, 公卿大夫之子弟."라고 풀이한 용례와 『한서(漢書)』「예악지(禮樂志)」편에서 "朝夕習業, 以敎國子. 國子者, 卿大夫之子弟也."라고 풀이한 용례가 바로 여기에 해당한다. 그러나 이것은 천자에 대한 언급을 가급적 회피했기 때문에, 생략하여 기술하지 않은 것이다. 청대(淸代) 유서년(劉書年)의 『유귀양설경잔고(劉貴陽說經殘稿)』「국자증오(國子證誤)」편에서 "國子者, 王大子, 王子, 諸侯公卿大夫士之子弟, 皆是, 亦曰國子弟."라고 풀이하고 있는 것처럼, '국자'에는 천자의 태자와 왕자들까지도 포함된다.

◎ 궁규(躬圭) : '궁규'는 백작이 들게 되는 규(圭)이다. 사람의 형상을 새겨 넣었기 때문에 '궁규'라고 부르는 것이며, 그 무늬는 신규(信圭)에 비해 거칠다. 신중하게 행동하여 자신의 몸을 잘 보호하고자 이러한 형상을 새겨 넣은 것이다. 그리고 '궁규'의 길이는 7촌(寸)이 된다. 『주례』「춘관(春官)·대종백(大宗伯)」편에는 "侯執信圭. 伯執躬圭."라는 기록이 있고, 이에 대한 정현의 주에서는 "信當爲身, 聲之誤也. 身圭·躬

圭, 蓋皆象以人形爲瑑飾, 文有麤縟耳. 欲其愼行以保身. 圭皆長七寸."이라고 풀이했다.

◎ 궤식(饋食) : '궤식'은 음식을 바친다는 뜻이다. 고대에는 천자 및 제후들이 매월 초하루마다 종묘(宗廟)에서 음식을 바치는 의식을 치렀는데, 이것을 '궤식'이라고도 부른다. 『주례』「춘관(春官)·대종백(大宗伯)」편에는 "以饋食享先王."이라는 기록이 있다. 한편 조사(朝事)를 시행할 때, 조천(朝踐)을 끝낸 뒤, 생고기를 삶아서 재차 바치는 의식을 가리키기도 한다.

◎ 근우(覲遇) : '근우'는 제후가 가을과 여름에 천자를 조회하는 것을 뜻한다. '근우'의 '근(覲)'자는 제후가 가을에 천자를 찾아가 뵙는 것을 뜻하고, '우(遇)'자는 제후가 겨울에 천자를 찾아가 뵙는 것을 뜻한다. 『주례』「춘관(春官)·대종백(大宗伯)」편에는 "春見曰朝, 夏見曰宗, 秋見曰覲, 冬見曰遇."라는 기록이 있다.

◎ 금로(金路) : '금로'는 금로(金輅)라고도 부른다. 천자가 사용하는 다섯 가지 수레 중 하나이다. 금(金)으로 수레를 치장했기 때문에, '금로'라고 부르게 되었다. 대기(大旂)라는 깃발을 세웠고, 빈객(賓客)을 접대하거나, 동성(同姓)인 자를 분봉할 때 사용하였다. 『주례』「춘관(春官)·건거(巾車)」편에는 "金路, 鉤樊纓九就, 鉤, 樊纓九就, 建大旂, 以賓, 同姓以封."라는 기록이 있고, 이에 대한 정현의 주에서는 "金路, 以金飾諸末."이라고 풀이했다.

◎ 금로(金輅) : =금로(金路)

◎ 금화응씨(金華應氏, ?~?) : =응용(應鏞)·응씨(應氏)·응자화(應子和). 이름은 용(鏞)이다. 자(字)는 자화(子和)이다. 『예기찬의(禮記纂義)』를 지었다.

ㄴ

◎ 남송석경(南宋石經) : 『남송석경(南宋石經)』은 송(宋)나라 고종(高宗) 때 돌에 새긴 『십삼경주소(十三經注疏)』의 판본이다. 그러나 『예기(禮記)』에 대해서는 「중용(中庸)」 1편만을 기록하고 있다.

◎ 남전여씨(藍田呂氏, A.D.1040~A.D.1092) : =여대림(呂大臨)·여씨(呂氏)·여여숙(呂與叔). 북송(北宋) 때의 학자이다. 이름은 대림(大臨)이고, 자(字)는 여숙(與叔)이며, 호(號)는 남전(藍田)이다. 장재(張載) 및 이정(二程)

형제에게서 수학하였다. 저서로는 『남전문집(藍田文集)』 등이 있다.

◎ 내수(內羞) : '내수'는 궁내(宮內)에서 왕(王) 및 세자(世子)를 위해 사용되는 음식을 뜻한다.

◎ 노문(路門) : '노문'은 고대 궁실(宮室) 건축물 중에서도 가장 안쪽에 있었던 정문이다. 여러 문들 중에서 노침(路寢)에 가장 가까운 위치에 있었기 때문에, '노문'이라는 명칭이 붙게 되었다. 『주례』「동관고공기(冬官考工記)·장인(匠人)」편에는 "路門不容乘車之五个."라는 기록이 있는데, 이에 대한 정현의 주에서는 "路門者, 大寢之門."라고 풀이하였고, 가공언(賈公彦)의 소(疏)에서는 "路門以近路寢, 故特小爲之."라고 풀이하였다.

◎ 노침(路寢) : '노침'은 천자나 제후가 정무를 처리하던 정전(正殿)이다. 『시』「노송(魯頌)·민궁(閟宮)」편에는 "松桷有舄, 路寢孔碩."이라는 기록이 있는데, 이에 대한 모전(毛傳)에서는 "路寢, 正寢也."라고 풀이했고, 『문선(文選)』에 수록된 장형(張衡)의 '서경부(西京賦)'에는 "正殿路寢, 用朝群辟."이라는 기록이 있는데, 이에 대한 설종(薛綜)의 주에서는"周曰路寢, 漢曰正殿."이라고 하여, 주(周)나라에서는 '정전'을 '노침'으로 불렀다고 풀이했다.

◎ 뇌례(牢禮) : '뇌례'는 소[牛], 양[羊], 돼지[猪] 등의 세 가지 희생물을 써서, 빈객(賓客)을 대접하는 예(禮)를 말한다. 『주례』「천관(天官)·재부(宰夫)」편에는 "凡朝覲會同賓客, 以牢禮之法, 掌其牢禮委積膳獻飮食賓賜之飧牽, 與其陳數."라는 기록이 있고, 이에 대한 정현의 주에서는 "牢禮之法, 多少之差及其時也. 三牲牛羊豕具爲一牢."라고 풀이하였다. 또 『주례』「지관(地官)·우인(牛人)」편에는 "凡賓客之事, 共其牢禮積膳之牛."라는 기록이 있고, 이에 대한 정현의 주에서는 "牢禮, 飧饔也."라고 풀이하였다.

ㄷ

◎ 대빙(大聘) : '대빙'은 본래 제후가 경(卿)을 시켜서 매해 천자를 찾아뵙는 것을 뜻한다. 제후는 천자에 대해서, 매년 소빙(小聘)을 하고, 3년에 1번 '대빙(大聘)'을 하며, 5년에 1번 조(朝)를 한다. 소빙을 할 때에는 대부(大夫)를 시키고, 조를 할 때에는 제후가 직접 찾아간다. 『예기』「왕제

(王制)」편에는 "諸侯之於天子也, 比年一小聘, 三年一大聘, 五年一朝."라는 기록이 있고, 이에 대한 정현의 주에서는 "比年, 每歲也. 小聘使大夫, 大聘使卿, 朝則君自行."이라고 했다.

◎ **대상(大常)** : '대상'은 상(常) 또는 태상(太常)이라고도 부른다. 군주가 사용하는 깃발 중 하나이다. 해[日]와 달[月]을 수놓았으며, 정폭으로 깃발을 만들고, 깃술을 달았다. 『주례』「춘관(春官)·건거(巾車)」편에는 "建大常, 十有二斿."라는 기록이 있고, 이에 대한 정현의 주에서는 "大常, 九旗之畫日月者, 正幅爲縿, 斿則屬焉."이라는 기록이 있다.

◎ **대상(大喪)** : '대상'은 천자(天子)·왕후(王后)·세자(世子) 등의 상(喪)을 가리킨다. 이들은 가장 존귀한 자들에 해당하기 때문에, 그들에 대한 상(喪) 또한 '대(大)'자를 붙여서, '대상'이라고 부르는 것이다. 『주례』「천관(天官)·재부(宰夫)」편에는 "大喪小喪, 掌小官之戒令, 帥執事而治之."라는 기록이 있는데, 이에 대한 정현의 주에서는 "大喪, 王·后·世子之喪也."라고 풀이했다. 한편 '대상'은 부모의 상(喪)을 가리키기도 한다. 부모는 자식의 입장에서 가장 중대한 대상에 해당하기 때문에, 부모의 상(喪)을 '대상'이라고 부르는 것이다. 『춘추공양전』「선공(宣公) 1년」편에는 "古者臣有大喪, 則君三年不呼其門."이라는 용례가 있다.

◎ **대종백(大宗伯)** : =종백(宗伯)

◎ **도비(都鄙)** : '도비'는 천자의 수도에 있는 신하 및 자제들의 채지(采地)를 뜻한다. 『주례』「천관(天官)·대재(大宰)」편에는 "以八則治都鄙."라는 기록이 있는데, 이에 대한 정현의 주에서는 "都鄙, 公卿大夫之采邑, 王子弟所食邑."이라고 풀이했고, 손이양(孫詒讓)의 정의(正義)에서는 "凡公卿大夫貴戚有功德, 得世祿者, 皆頒邑以爲其祿, 是謂采邑. 在王子弟無官者, 雖無祿, 而得以恩澤食邑"이라고 풀이했다.

◎ **돈해(豚解)** : '돈해'는 고대에 제사를 지내며 희생물을 해체할 때 4개의 다리, 1개의 등골, 2개의 갈비로 나눠 총 7개 덩어리로 만드는 것을 뜻한다.

◎ **두(斗)** : '두'는 곡식 등의 양을 재는 기구이자, 그 수량을 표시하는 단위였다. 지역 및 각 시대마다 다소 차이를 보이는데, 고대에는 10승(升)이 1두였다.

◎ **두예(杜預, A.D.222~A.D.284)** : =두원개(杜元凱). 서진(西晉) 때의 유학자이다. 경조(京兆) 두릉(杜陵) 출신이다. 자(字)는 원개(元凱)이다. 『춘추경전집해(春秋經典集解)』를 저술하였는데, 이 책은 현존하는 『춘

추(春秋)』의 주석서 중 가장 오래된 것이며, 『십삼경주소(十三經注疏)』의 『춘추좌씨전정의(春秋左氏傳正義)』에도 채택되어 수록되었다.

◎ 두자춘(杜子春, B.C.30?~A.D.58?) : 후한(後漢) 때의 학자이다. 유흠(劉歆)에게서 수학하였다. 정중(鄭衆)과 가규(賈逵)에게 학문을 전수하였다.

ㅁ

◎ 마씨(馬氏) : =마희맹(馬晞孟)

◎ 마언순(馬彦醇) : =마희맹(馬晞孟)

◎ 마희맹(馬晞孟, ?~?) : =마씨(馬氏)·마언순(馬彦醇). 자(字)는 언순(彦醇)이다. 『예기해(禮記解)』를 찬술했다.

◎ 면복(冕服) : '면복'은 대부(大夫) 이상의 계층이 착용하는 예관(禮冠)과 복식을 뜻한다. 무릇 길례(吉禮)를 시행할 때에는 모두 면류관[冕]을 착용하는데, 복장의 경우에는 시행하는 사안에 따라서 달라진다.

◎ 명규(命圭) : '명규'는 명규(命珪)라고도 부른다. '명규'는 본래 천자가 제후 및 대신(大臣)들에게 지급하였던 규(圭)를 뜻한다. 임명을 한다는 뜻에서 '명(命)'자를 붙여서 부르는 것이다. 신하들의 등급에 따라 지급하던 '명규'는 그 크기와 무늬가 각각 달랐다.

◎ 명당(明堂) : '명당'은 일반적으로 고대 제왕이 정교(政教)를 베풀던 장소를 지칭하는 용어로 사용되었다. 이곳에서는 조회(朝會), 제사(祭祀), 경상(慶賞), 선사(選士), 양로(養老), 교학(教學) 등의 국가 주요 업무가 시행되었다. 『맹자』「양혜왕하(梁惠王下)」편에는 "夫明堂者, 王者之堂也."라는 용례가 있고, 『옥태신영(玉台新詠)』「목난사(木蘭辭)」편에도 "歸來見天子, 天子坐明堂."이라는 용례가 있다. '명당'의 규모나 제도는 시대마다 다르다. 또한 '명당'이라는 건물군 중에서 남쪽의 실(室)을 가리키는 용어로도 사용되었다.

◎ 모본(毛本) : 『모본(毛本)』은 명(明)나라 말기 급고각(汲古閣)에서 간행된 『십삼경주소(十三經注疏)』의 판본이다. 급고각은 모진(毛晋)이 지은 장서각이었으므로, 이러한 명칭이 생겼다.

◎ 목로(木路) : '목로'는 목로(木輅)라고도 부른다. 천자가 사용하는 다섯 가지 수레 중 하나이다. 단지 옻칠만 하고, 가죽으로 덮지 않았으며, 다른 치장을 하지 않았기 때문에, '목로'라고 부르게 되었다. 대휘(大

麾)라는 깃발을 세웠고, 사냥을 하거나, 구주(九州) 지역 이외의 나라를 분봉해줄 때 사용하였다. 『주례』「춘관(春官)·건거(巾車)」편에는 "木路, 前樊鵠纓, 建大麾, 以田, 以封蕃國."이라는 기록이 있고, 이에 대한 정현의 주에서는 "木路, 不鞔以革, 漆之而已."라고 풀이했다.

◎ **목로(木輅)** : =목로(木路)

◎ **목록(目錄)** : 『목록(目錄)』은 정현이 찬술했다고 전해지는 『삼례목록(三禮目錄)』을 가리킨다. 『십삼경주소(十三經注疏)』에서 인용되고 있지만, 이 책은 『수서(隋書)』가 편찬될 당시에 이미 일실되어 존재하지 않았다. 『수서』「경적지(經籍志)」편에는 "三禮目錄一卷, 鄭玄撰, 梁有陶弘景注一卷, 亡."이라는 기록이 있다.

◎ **묵거(墨車)** : '묵거'는 별다른 장식을 하지 않고, 흑색으로 칠하기만 한 수레를 뜻한다. 주(周)나라 때에는 주로 대부(大夫)들이 탔다. 『주례』「춘관(春官)·건거(巾車)」편에는 "大夫乘墨車."라는 기록이 있고, 이에 대한 정현의 주에서는 "墨車, 不畫也."라고 풀이했다.

◎ **민본(閩本)** : 『민본(閩本)』은 명(明)나라 가정(嘉靖) 연간 때 이원양(李元陽)이 간행한 『십삼경주소(十三經注疏)』 판본이다. 한편 『칠경맹자고문보유(七經孟子考文補遺)』에서는 이 판본을 『가정본(嘉靖本)』으로 지칭하고 있다.

ㅂ

◎ **방각(方愨)** : =엄릉방씨(嚴陵方氏)

◎ **방구(方丘)** : '방구'는 방택(方澤)과 같은 말이다. 고대에 제왕이 땅에 제사를 지냈던 제단이다. 그 모양이 사각형이었기 때문에 '방(方)'자를 붙이고, 언덕처럼 흙을 쌓아서 만들었기 때문에 '구(丘)'자를 붙여서 부르는 것이다.

◎ **방명(方明)** : '방명'은 상하(上下)와 사방(四方)의 신명(神明)을 형상화한 것을 뜻한다. 신명(神明)을 형상화한 것이기 때문에, '명(明)'자를 붙이는 것이고, 상하(上下)와 사방(四方)을 형상화한 것이기 때문에, '방(方)'자를 붙여서, '방명'이라고 부르는 것이다. 나무를 이용해서 만들며, 사방 4척(尺)의 크기로 만들고, 여섯 가지 색깔로 만들고, 또 여섯 가지 옥을 설치한다. 고대에 제후가 천자를 조회하거나 회맹을 맺을

때, 또 천자가 제사를 지낼 때 설치했었다. 여섯 가지 색깔은 상하(上下) 및 사방(四方)을 형상화하기 위한 것으로, 동쪽에 해당하는 청색, 남쪽에 해당하는 적색, 서쪽에 해당하는 백색, 북쪽에 해당하는 흑색, 상에 해당하는 현색, 하에 해당하는 황색이 여기에 해당한다. 또 여섯 가지의 옥의 경우에도 상하(上下) 및 사방(四方)을 형상화하기 위한 것으로, 상에는 규(圭)를 설치하고, 하에는 벽(璧)을 설치하며, 남쪽에는 장(璋)을 설치하고, 서쪽에는 호(琥)를 설치하며, 북쪽에는 황(璜)을 설치하고, 동쪽에는 규(圭)를 설치한다. 『의례』「근례(覲禮)」편에는 "諸侯覲于天子, 爲宮方三百步, 四門, 壇十有二尋, 深四尺, 加方明于其上. 方明者, 木也, 方四尺. 設六色, 東方靑, 南方赤, 西方白, 北方黑, 上玄, 下黃. 設六玉, 上圭, 下璧, 南方璋, 西方琥, 北方璜, 東方圭."라는 기록이 있고, 이에 대한 정현의 주에서는 "方明者, 上下四方神明之象也."라고 풀이했으며, 가공언(賈公彦)의 소(疏)에서는 "謂合木爲上下四方, 故名方; 此則神明之象, 故名明. 此鄭解得名方明神之義也."라고 풀이했다.

◎ 방성부(方性夫) : =엄릉방씨(嚴陵方氏)

◎ 방씨(方氏) : =엄릉방씨(嚴陵方氏)

◎ 방악(方岳) : '방악'은 '방악(方嶽)' 또는 '사악(四嶽)'이라고도 부르며, 사방의 주요 산들을 뜻한다. 고대인들이 주요 산들로 오악(五嶽)을 두었는데, 그 중 중앙에 있는 숭산(嵩山)은 천자의 수도 부근에 있었으므로, '숭산'을 제외한 나머지 4개의 산을 '방악'이라고 부른 것이다. 동쪽 지역의 주요 산인 동악(東嶽)은 태산(泰山)이고, 남악(南嶽)은 형산(衡山: =霍山), 서악(西嶽)은 화산(華山), 북악(北嶽)은 항산(恒山)이 된다. 『춘추좌씨전』「소공(昭公) 4년」에 기록된 '사악(四嶽)'에 대해, 두예(杜預)의 주에서는 "東嶽岱, 西嶽華, 南嶽衡, 北嶽恒."이라고 풀이했다.

◎ 배정(陪鼎) : '배정'은 추가적으로 설치하는 정(鼎)을 뜻한다. 의식 행사 때 본래 차려내야 하는 음식들을 담은 정(鼎)은 정정(正鼎)에 해당하고, 그 이외에 추가적으로 차려내는 음식들을 담은 정(鼎)은 '배정'이 된다. 『춘추좌씨전』「소공(昭公) 5년」에는 "宴有好貨, 飧有陪鼎."이라는 기록이 있는데, 이에 대한 두예(杜預)의 주에서는 "陪, 加也. 加鼎所以厚殷勤."이라고 풀이했으며, 양백준(楊伯峻)의 주에서는 "據儀禮·聘禮, 賓始入客館, 宰夫卽設飧, 有九鼎, 牛鼎一·羊鼎一·豕鼎一·魚鼎一·腊鼎一·腸胃鼎一·膚鼎一·鮮魚鼎一·鮮腊鼎一. 陪鼎一曰羞鼎, 有三, 牛羹

鼎·羊羹鼎·豕羹鼎各一."이라고 풀이했다. 즉 『의례』「빙례(聘禮)」편의 기록에 따르면, 빈객(賓客)이 처음으로 숙소에 들어가게 되면, 음식을 담당하는 재부(宰夫)는 식사를 차려내게 되며, 9개의 정(鼎)을 설치한다. 소를 담은 정(鼎)이 1개이고, 양을 담은 정(鼎)이 1개이며, 돼지를 담은 정(鼎)이 1개이고, 물고기를 담은 정(鼎)이 1개이며, 말린 고기를 담은 정(鼎)이 1개이고, 창자와 위를 담은 정(鼎)이 1개이며, 고기를 잘게 저민 정(鼎)이 1개이고, 물고기 회를 담은 정(鼎)이 1개이다. 그리고 '배정'의 경우에는 '수정(羞鼎)'이라고도 부르는데, 3가지가 있으며, 소고기 국을 담은 정(鼎)이 1개이고, 양고기 국을 담은 정(鼎)이 1개이며, 돼지고기 국을 담은 정(鼎)이 1개이다.

◎ **번국(蕃國)** : '번국'은 본래 주(周)나라 때의 구주(九州) 밖의 나라들을 지칭하는 말이다. 후대에는 오랑캐 나라들을 범칭하는 용어로도 사용되었다. 주나라 때에는 구복(九服)으로 천하의 땅을 구획하였는데, 구복 중 육복(六服)까지는 중원 지역으로 구분되며, 육복 이외의 세 개의 지역은 오랑캐 땅으로 분류하였다. 이 세 개의 지역은 이복(夷服)·진복(鎭服)·번복(藩服)이며, 이 지역에 세운 나라를 '번국'이라고 부른다. 『주례』「추관(秋官)·대행인(大行人)」편에는 "九州之外, 謂之蕃國." 이라는 기록이 있는데, 이에 대한 손이양(孫詒讓)의 『정의(正義)』에서는 "職方氏九服, 蠻服以外, 有夷·鎭·藩三服. …… 是此蕃國卽職方外三服也."라고 풀이했다.

◎ **번영(樊纓)** : '번영'은 말을 수레에 연결할 때 사용하는 기물로, '번(樊)'은 말의 배를 감싸며 묶어두는 것이고, '영(纓)'은 말의 가슴 쪽에 걸어서 연결하는 가죽 끈이다.

◎ **별록(別錄)** : 『별록(別錄)』은 후한(後漢) 때 유향(劉向)이 찬(撰)했다고 전해지는 책이다. 현재는 일실되어 존재하지 않으며, 『한서(漢書)』「예문지(藝文志)」편을 통해서 대략적인 내용만을 추측해볼 수 있다.

◎ **병(秉)** : '병'은 용량을 재는 단위이다. 16두(斗)는 1수(籔)가 되고, 10수(籔)는 1병(秉)이 된다. 『의례』「빙례(聘禮)」편에는 "十斗曰斛, 十六斗曰籔, 十籔曰秉."이라는 기록이 있다.

◎ **복건(服虔, ?~?)** : 후한대(後漢代)의 유학자이다. 자(字)는 자신(子愼)이다. 초명은 중(重)이었으며, 기(祇)라고도 불렀다. 후에 이름을 건(虔)으로 고쳤다. 『춘추좌씨전(春秋左氏傳)』에 주석을 남겼지만, 산일되어

전해지지 않는다. 현재는 『좌전가복주집술(左傳賈服注輯述)』로 일집본이 편찬되었다.

◎ **빈(擯)** : '빈'은 빈객(賓客)이 방문했을 때, 주인(主人)의 부관이 되어, 빈객과의 사이에서 시행해야 할 일들을 도왔던 부관들을 뜻한다.

◎ **빙문(聘問)** : '빙문'은 국가 간이나 개인 간에 사람을 보내서 상대방을 찾아가 안부를 묻는 의식 절차를 통칭하는 말이다. 또한 제후가 신하를 시켜서 천자에게 보내, 안부를 묻는 예법을 뜻하기도 한다.

◎ **빙향(聘享)** : '빙향'은 빙문(聘問)의 의례를 시행하며 선물로 가지고 간 폐백을 바치는 의식이다. '빙문'을 하게 되면, 폐백을 받은 자는 상대방에게 반드시 연회를 베풀어주게 된다. 따라서 빙문(聘問)에서의 빙(聘)자와 연회를 뜻하는 향(享)자를 합쳐서, 이러한 의식을 '빙향'이라고 부르게 되었다. 『의례』「빙례(聘禮)」편에는 "受夫人之聘璋, 享玄纁."이라는 기록이 있고, 이에 대한 정현의 주에서는 "享, 獻也. 旣聘又享, 所以厚恩惠也."라고 풀이했다.

ㅅ

◎ **사교(四教)** : '사교'는 『시(詩)』, 『서(書)』, 『예(禮)』, 『악(樂)』 등 네 종류의 학과목을 뜻한다.

◎ **사립(四立)** : '사립'은 입춘(立春), 입하(立夏), 입추(立秋), 입동(立冬)을 합쳐 부르는 말이다. 『후한서(後漢書)』「채옹전(蔡邕傳)」편에는 "一事, 明堂月令, 天子以四立及季夏之節, 迎五帝于郊, 所以導致神氣, 祈福豊年."이라는 기록이 있는데, 이에 대한 이현(李賢)의 주에서는 "四立, 謂立春, 立夏, 立秋, 立冬."이라고 풀이하였다.

◎ **사망(四望)** : '사망'은 천자가 사방(四方)의 산천(山川)에게 망(望)제사를 지내는 것이다. 제사의 대상은 산천 중의 큰 것들로, 오악(五嶽)이나 사독(四瀆)과 같은 것이다. 산천에 대한 제사는 일일이 그곳마다 찾아가서 제사를 지낼 수 없기 때문에, 그곳이 바라보이는 곳에 제단을 쌓고 제사를 지낸다. 그렇기 때문에 그 제사를 '망'제사라고 부르는 것이다. 그리고 천자는 사방(四方)의 산천들에 대해서 모두 제사를 지내게 되므로 '사(四)'자를 붙여서 '사망'이라고 부르는 것이다. 『주례』「춘관(春官)·대종백(大宗伯)」편에는 "國有大故, 則旅上帝及四望."이라

는 기록이 있고, 이에 대한 가공언(賈公彦)의 소(疏)에서는 "言四望者, 不可一往就祭, 當四向望而爲壇遙祭之, 故云四望也."라고 풀이했다. 그리고 손이양(孫詒讓)의 『정의(正義)』에서는 "陳壽祺云, 山川之祭, 周禮四望, 魯禮三望. 其餘諸侯祀竟內山川, 蓋無定數, 山川之大者, 莫如五嶽四瀆."이라고 풀이했다.

◎ **사술(四術)** : '사술'은 『시(詩)』, 『서(書)』, 『예(禮)』, 『악(樂)』 등 네 종류 경전에 대한 학문을 뜻한다.

◎ **사위(四衛)** : '사위'는 사방의 위복(衛服)에 속한 제후국을 뜻한다. 위복은 채복(采服)과 요복(要服: =蠻服) 사이에 있는 땅을 뜻한다. 천자의 수도 밖으로 사방 2000리(里)와 2500리 사이에 있었던 땅을 가리킨다. '위복'의 '위(衛)'자는 수호한다는 뜻으로, 천자를 위해서 외부의 침입을 막는다는 의미이다. 따라서 이 지역에 속한 제후국들을 '사위'라고 부르는 것이다.

◎ **산제(散齊)** : '산제'는 산재(散齋)라고도 부른다. '산제'는 제사를 지낼 때 제사보다 앞서 7일 동안 수레도 몰지 않고, 음악도 연주하지 않으며, 조문도 하지 않으면서, 재계를 하는 것이다. 『예기』「제의(祭義)」편에는 "致齊於內, 散齊於外."라는 기록이 있고, 이에 대한 정현의 주에서는 "散齊, 七日不御不樂不弔耳."라고 풀이했다. 또한 『예기』「제통(祭統)」편에도 "散齊七日以定之, 致齊三日以齊之."라는 기록이 있다.

◎ **삼공(三公)** : '삼공'은 중앙정부의 가장 높은 관직자 3명을 합쳐서 부르는 말이다. '삼공'에 속한 관직명에 대해서는 각 시대별로 차이가 있다. 『사기(史記)』「은본기(殷本紀)」편에는 "以西伯昌, 九侯, 鄂侯, 爲三公."이라는 기록이 있다. 즉 은나라 때에는 서백(西伯)인 창(昌), 구후(九侯), 악후(鄂侯)들을 '삼공'으로 삼았다. 또한 주(周)나라 때에는 태사(太師), 태부(太傅), 태보(太保)를 '삼공'으로 삼았다. 『서』「주서(周書)·주관(周官)」편에는 "立太師·太傅·太保, 茲惟三公, 論道經邦, 燮理陰陽."이라는 기록이 있다. 한편 『한서(漢書)』「백관공경표서(百官公卿表序)」에 따르면 사마(司馬), 사도(司徒), 사공(司空)을 '삼공'으로 삼았다는 기록이 있다.

◎ **상(常)** : '상'은 자리의 크기가 1장(丈) 6척(尺)이 되는 것을 뜻한다. 『의례』「공사대부례(公食大夫禮)」편에는 "司宮具几與蒲筵常, 緇布純. 加萑席尋, 玄帛純. 皆卷自末."이라는 기록이 있는데, 이에 대한 정현의 주에서는 "丈六尺曰常."이라고 풀이했다.

◎ 상개(上介) : '상개'는 개(介) 중에서도 가장 직위가 높았던 자를 뜻한다. 빈객(賓客)이 방문했을 때, 빈객의 부관이 되어, 주인(主人)과의 사이에서 시행해야 할 일들을 도왔던 부관들을 '개'이라고 부른다.

◎ 상공(上公) : '상공'은 주(周)나라 제도에 있었던 관직 등급이다. 본래 신하의 관직 등급은 8명(命)까지이다. 주나라 때에는 태사(太師), 태부(太傅), 태보(太保)와 같은 삼공(三公)들이 8명의 등급에 해당했다. 그런데 여기에 1명을 더하게 되면 9명이 되어, 특별직인 '상공'이 된다. 『주례』「춘관(春官)·전명(典命)」편에는 "上公九命爲伯, 其國家宮室車旗衣服禮儀, 皆以九爲節."이라는 기록이 있고, 이에 대한 정현의 주에서는 "上公, 謂王之三公有德者, 加命爲二伯. 二王之後亦爲上公."이라고 풀이하였다. 즉 '상공'은 삼공 중에서도 유덕(有德)한 자에게 1명을 더해주어, 제후들을 통솔하는 '두 명의 백(伯)[二伯]'으로 삼았다. 또한 제후의 다섯 등급을 나열할 경우, 공작(公爵)을 '상공'이라고 부르기도 한다.

◎ 상로(象路) : '상로'는 상로(象輅)라고도 부른다. 천자가 사용하는 다섯 가지 수레 중 하나이다. 상아로 수레를 치장했기 때문에, '상로'라고 부르게 되었다. 대적(大赤)이라는 깃발을 세웠으며, 조회를 보거나, 이성(異姓)인 자를 분봉할 때 사용하였다. 『주례』「춘관(春官)·건거(巾車)」편에는 "象路, 朱樊纓, 七就, 建大赤, 以朝, 異姓以封."이라는 기록이 있고, 이에 대한 정현의 주에서는 "象路, 以象飾諸末."이라고 풀이했다.

◎ 상로(象輅) : =상로(象路)

◎ 상빈(上擯) : '상빈'은 빈(擯)들 중에서도 가장 직위가 높았던 자를 뜻한다. 빈객(賓客)이 방문했을 때, 주인(主人)의 부관이 되어, 빈객과의 사이에서 시행해야 할 일들을 도왔던 부관들을 '빈'이라고 부른다.

◎ 상서(庠序) : '상서'는 상(庠)과 서(序)를 합쳐서 부르는 말이다. '상'은 향(鄕) 밑의 행정단위인 당(黨)에 건립된 학교를 뜻하고, '서'는 향(鄕) 밑의 행정단위인 주(州)에 건립된 학교를 뜻한다. 주로 지방의 학교를 통칭하는 말로 사용된다.

◎ 서수(庶羞) : '서수'는 여러 종류의 맛좋은 음식들을 뜻한다. 수(羞)자는 맛좋은 음식을 뜻하고, 서(庶)자는 음식 종류가 많다는 뜻이다. 『의례』「공사대부례(公食大夫禮)」편에는 "上大夫庶羞二十, 加於下大夫以雉兎鶉駕."라는 기록이 있는데, 이에 대한 호배휘(胡培翬)의 정의(正義)에서는 학경(郝敬)의 말을 인용하여, "肴美曰羞, 品多曰庶."라고 풀이했다.

◎ 석(裼) : '석'은 고대에 의례를 시행할 때 하는 복장 방식 중 하나이다. 좌측 소매를 걷어 올려서, 안에 입고 있는 석의(裼衣)를 드러내는 것이다. 한편 '석'은 비교적 성대하지 않은 의식 때 시행하는 복장 방식으로도 사용되어, 좌측 소매를 걷어 올려서 공경의 뜻을 표하기도 했다.

◎ 석(石) : '석'은 용량을 재는 단위이다. 지역 및 각 시대마다 다소 차이를 보이는데, 고대에는 10두(斗)를 1석(石)으로 여겼다.

◎ 석경(石經) : 『석경(石經)』은 당(唐)나라 개성(開成) 2년(A.D.714)에 돌에 새긴 『십삼경주소(十三經注疏)』의 판본이다. 당나라 국자학(國子學)의 비석에 새겨졌다는 판본이 바로 이것을 가리킨다.

◎ 석량왕씨(石梁王氏, ?~?) : 자세한 이력이 남아 있지 않다.

◎ 석림섭씨(石林葉氏, ?~A.D.1148) : =섭몽득(葉夢得)·섭소온(葉少蘊). 남송(南宋) 때의 유학자이다. 자(字)는 소온(少蘊)이고, 호(號)는 몽득(夢得)이다. 박학다식했다고 전해지며, 『춘추(春秋)』에 대한 조예가 깊었다.

◎ 섭몽득(葉夢得) : =석림섭씨(石林葉氏)

◎ 섭소온(葉少蘊) : =석림섭씨(石林葉氏)

◎ 성균(成均) : '성균'은 고대의 태학(太學) 명칭이다. 오제(五帝) 때 태학의 명칭을 '성균'으로 정했다고 전해진다.

◎ 소뢰(少牢) : '소뢰'는 제사에서 양(羊)과 돼지[豕] 두 가지 희생물을 사용하는 것을 뜻한다. 『춘추좌씨전』「양공(襄公) 22년」편에는 "祭以特羊, 殷以少牢."라는 기록이 있는데, 이에 대한 두예(杜預)의 주에서는 "四時祀以一羊, 三年盛祭以羊豕. 殷, 盛也."라고 풀이하였다.

◎ 소빙(小聘) : '소빙'은 본래 제후가 대부(大夫)를 시켜서 매해 천자를 찾아뵙는 것을 뜻한다. 제후는 천자에 대해서, 매년 '소빙'을 하고, 3년에 1번 대빙(大聘)을 하며, 5년에 1번 조(朝)를 한다. 대빙을 할 때에는 경(卿)을 시키고, 조를 할 때에는 제후가 직접 찾아간다. 『예기』「왕제(王制)」편에는 "諸侯之於天子也, 比年一小聘, 三年一大聘, 五年一朝."라는 기록이 있고, 이에 대한 정현의 주에서는 "比年, 每歲也. 小聘使大夫, 大聘使卿, 朝則君自行."이라고 했다.

◎ 소소(簫韶) : '소소'는 대소(大韶)라고도 부른다. '대소'는 순(舜)임금 때의 악무(樂舞)이다. 주(周)나라에 와서 육무(六舞) 중 하나로 정착하였다.

◎ 소호씨(少皞氏) : '소호씨'는 소호씨(少昊氏)라고도 부르며, 전설상의 인물이다. 소호(少昊)라고도 부른다. 고대 동이족의 제왕으로, 황제(黃

帝)의 아들이었다고도 전해진다. 이름은 지(摯)인데, 질(質)이었다고도 한다. 호(號)는 금천씨(金天氏)이다. 소호(少皞)는 새의 이름으로 관직명을 지었다고 전해지며, 사후에는 서방(西方)의 신(神)이 되었다고 전해진다. 『춘추좌씨전』「소공(昭公) 17년」편에는 "郯子曰 我高祖少皞摯之立也, 鳳鳥適至, 故紀於鳥, 爲鳥師而鳥名."이라는 기록이 있는데, 이에 대한 두예(杜預)의 주에서는 "少皞, 金天氏, 黃帝之子, 己姓之祖也."라고 풀이했다.

◎ 속(束) : '속'은 견직물을 헤아리는 단위이다. 1'속'은 10단(端)을 뜻하는데, 1단의 길이는 1장(丈) 8척(尺)이 되며, 2단이 합쳐서 1권(卷)이 되므로, 10단은 총 5필이 된다. 『주례』「춘관(春官)·대종백(大宗伯)」편에는 "孤執皮帛."이라는 기록이 있고, 이에 대한 가공언(賈公彦)의 소(疏)에서는 "束者十端, 每端丈八尺, 皆兩端合卷, 總爲五匹, 故云束帛也."라고 풀이했다.

◎ 속백(束帛) : '속백'은 한 묶음의 비단으로, 그 수량은 다섯 필(匹)이 된다. 빙문(聘問)을 하거나 증여를 할 때 가져가는 예물(禮物) 등으로 사용되었다. '속(束)'은 10단(端)을 뜻하는데, 1단의 길이는 1장(丈) 8척(尺)이 되며, 2단이 합쳐서 1권(卷)이 되므로, 10단은 총 5필이 된다. 『주례』「춘관(春官)·대종백(大宗伯)」편에는 "孤執皮帛."이라는 기록이 있고, 이에 대한 가공언(賈公彦)의 소(疏)에서는 "束者十端, 每端丈八尺, 皆兩端合卷, 總爲五匹, 故云束帛也."라고 풀이했다.

◎ 손(飧) : '손'은 빈객이 처음 이르렀을 때, 간단히 음식을 차려서, 접대하는 것을 뜻한다.

◎ 수(籔) : '수'는 용량을 재는 단위이다. 16두(斗)는 1수(籔)가 된다.

◎ 순수(巡守) : '순수'는 '순수(巡狩)'라고도 부른다. 천자가 수도를 벗어나 제후의 나라를 시찰하는 것을 뜻한다. '순수'의 '순(巡)'자는 그곳으로 행차를 한다는 뜻이고, '수(守)'자는 제후가 지키는 영토를 뜻한다. 제후는 천자가 하사해준 영토를 대신 맡아서 수호하는 것이기 때문에, 천자가 그곳에 방문하여, 자신의 영토를 어떻게 관리하고 있는지를 시찰하게 된다. 『서』「우서(虞書)·순전(舜典)」편에는 "歲二月, 東巡守, 至于岱宗, 柴."라는 기록이 있고, 이에 대한 공안국(孔安國)의 전(傳)에서는 "諸侯爲天子守土, 故稱守. 巡, 行之."라고 풀이했으며, 『맹자』「양혜왕하(梁惠王下)」편에서는 "天子適諸侯曰巡狩. 巡狩者, 巡所守也."라고

기록하였다. 한편 『예기』「왕제(王制)」편에는 "天子, 五年, 一巡守."라는 기록이 있고, 『주례』「추관(秋官)·대행인(大行人)」편에는 "十有二歲王巡守殷國."이라는 기록이 있다. 즉 「왕제」편에서는 천자가 5년에 1번 순수를 시행하고, 「대행인」편에서는 12년에 1번 순수를 시행한다고 기록하고 있는데, 이러한 차이점에 대해서 정현은 「왕제」편의 주에서 "五年者, 虞夏之制也. 周則十二歲一巡守."라고 풀이했다. 즉 5년에 1번 순수를 하는 제도는 우(虞)와 하(夏)나라 때의 제도이며, 주(周)나라에서는 12년에 1번 순수를 했다.

◎ **습(襲)** : '습'은 고대에 의례를 시행할 때 하는 복장 방식 중 하나이다. 겉옷으로 안에 입고 있던 옷들을 완전히 가리는 방식이다. 한편 '습'은 비교적 성대한 의식 때 시행하는 복장 방식으로도 사용되어, 안에 있고 있는 옷을 드러내지 않음으로써, 공경의 뜻을 표하기도 했다.

◎ **승(升)** : '승'은 용량을 재는 단위이다. 지역 및 각 시대마다 다소 차이를 보이는데, 고대에는 10합(合)을 1승(升)으로 여겼고, 10승(升)을 1두(斗)로 여겼다. 『한서(漢書)』「율력지상(律曆志上)」편에는 "合龠爲合, 十合爲升."이라는 기록이 있다.

◎ **승빈(承擯)** : '승빈'은 상빈(上擯)의 부관 역할을 하는 자로써, 상빈을 돕는 빈(擯)을 뜻한다. '승(承)'자는 '승(丞)'자와 통용되므로, 승빈(丞擯)이라고도 부른다. 또한 부관 역할을 한다는 뜻에서, 좌빈(佐儐)이라고도 부른다.

◎ **시마복(緦麻服)** : '시마복'은 상복(喪服) 중 하나로, 오복(五服)에 속한다. 가장 조밀한 삼베를 사용해서 만든다. 이 복장을 입게 되는 기간은 상황에 따라서 차이가 있지만, 일반적으로 3개월이 된다. 친족의 백숙부모(伯叔父母)나 친족의 형제(兄弟)들 및 혼인하지 않은 친족의 자매(姊妹) 등을 위해서 입는다.

◎ **시빙(時聘)** : '시빙'은 천자에게 특별한 일이 발생했을 때, 제후들이 사신을 파견해서 빙문(聘問)하는 것을 뜻한다.

◎ **신규(信圭)** : '신규'는 신규(身圭)이다. '신(信)'자와 '신(身)'자의 소리가 비슷하기 때문에 잘못 전이된 것이다. '신규'는 후작이 들게 되는 규(圭)이다. 사람의 형상을 새겨 넣었기 때문에 '신규'라고 부르는 것이며, 그 무늬는 궁규(躬圭)에 비해 세밀하다. 신중하게 행동하여 자신의 몸을 잘 보호하고자 이러한 형상을 새겨 넣은 것이다. 그리고 '신규'의

길이는 7촌(寸)이 된다. 『주례』「춘관(春官)·대종백(大宗伯)」편에는 "侯執信圭. 伯執躬圭."라는 기록이 있고, 이에 대한 정현의 주에서는 "信當爲身, 聲之誤也. 身圭·躬圭, 蓋皆象以人形爲瑑飾, 文有麤縟耳. 欲其愼行以保身. 圭皆長七寸."이라고 풀이했다.

◎ 신주(神州) : '신주'는 곤륜(崑崙)의 동남쪽에 있는 사방 5000리(里)가 되는 땅을 가리킨다. 고대인들은 곤륜산이 세상의 중심에 위치한다고 생각하였고, 그 동남쪽에 있는 땅을 9등분한 것이 중국의 구주(九州)라고 여겼다. 『지통서(地統書)』「괄지상(括地象)」편에는 "地中央曰崑崙. …… 其東南方五千里曰神州."라는 기록이 있다.

◎ 십이율(十二律) : '십이율'은 여섯 개의 양률(陽律)과 여섯 개의 음률(陰律)을 합하여 부르는 말이다. 양성(陽聲: =陽律)은 황종(黃鐘), 대주(大簇), 고선(姑洗), 유빈(蕤賓), 이칙(夷則), 무역(無射)이며, 이것을 육률(六律)이라고도 부른다. 음성(陰聲: =陰律)은 대려(大呂), 응종(應鍾), 남려(南呂), 함종(函鍾), 소려(小呂), 협종(夾鍾)이며, 이것을 육동(六同)이라고도 부른다. '십이율'은 12개의 높낮이가 다른 표준음으로, 서양음악의 악조(樂調)에 해당한다. 고대에는 12개의 길이가 다른 죽관(竹管)으로 음의 높낮이를 보정했다. 관(管)의 높이에는 각각 일정한 길이가 있었다. 긴 관은 저음의 소리를 냈고, 짧은 관은 고음의 소리를 냈다. 관 중에는 대나무가 아닌 동으로 제작한 것도 있다. 그리고 '육동'은 또한 육려(六呂), 율려(律呂), 육간(六閒), 육종(六鍾)이라고도 부른다.

ㅇ

◎ 악본(岳本) : 『악본(岳本)』은 송(頌)나라 악가(岳珂)가 간행한 『십삼경주소(十三經注疏)』의 판본이다.

◎ 악정(樂正) : '악정'은 음악을 담당했던 관리들의 우두머리를 뜻한다. 정(正)자는 우두머리를 뜻하는 장(長)자와 같다. 한편 『주례』에는 '악정'이라는 직책은 보이지 않으며, 대신 대사악(大司樂)이라는 직책이 있다. 한편 『의례』「향사례(鄕射禮)」편에는 "樂正先升, 北面立于其西."라는 기록이 있는데, 이에 대한 가공언(賈公彦)의 소(疏)에서는 "案周禮有大司樂, 樂師, 天子之官. 此樂正, 諸侯及士大夫之官."이라고 풀이했다. 즉 '악정'은 제후 및 대부(大夫)의 관리였고, 천자에게는 대신 '대

사악'과 악사(樂師)라는 관리가 소속되어 있었다. 따라서 간혹 '악정'을 '대사악'과 같은 의미로 사용하기도 한다.

◎ 엄릉방씨(嚴陵方氏, ?~?) : =방각(方慤)·방씨(方氏)·방성부(方性夫). 송대(宋代)의 유학자이다. 이름은 각(慤)이다. 자(字)는 성부(性夫)이다. 『예기집해(禮記集解)』를 지었고, 『예기집설대전(禮記集說大全)』에는 그의 주장이 많이 인용되고 있다.

◎ 여대림(呂大臨) : =남전여씨(藍田呂氏)

◎ 여빈(旅擯) : '여빈'은 빙문(聘問) 등의 의례에서, 상대방이 도착했을 때, 문 앞에 부관에 해당하는 개(介)나 빈(擯) 등이 도열하는 것을 뜻한다. 그러나 개나 빈을 통해 말을 전달하지는 않는다.

◎ 여수(旅酬) : '여수'는 본래 제사가 끝난 후에, 제사에 참가했던 친족 및 빈객(賓客)들이 술잔을 들어 술을 마시고, 서로 공경의 예(禮)를 표하며, 잔을 권하는 의례(儀禮)이다. 연회에서도 서로에게 술을 권하는 절차를 '여수'라고 부른다.

◎ 여씨(呂氏) : =남전여씨(藍田呂氏)

◎ 여여숙(呂與叔) : =남전여씨(藍田呂氏)

◎ 염제(炎帝) : '염제'는 신농(神農)이다. 소전(少典)의 아들이고, 오행(五行)으로 구분했을 때 화(火)를 주관하며, 계절로 따지면 여름을 주관하고, 방위로 따지면 남쪽을 주관하는 자이다. 『여씨춘추(呂氏春秋)』「맹하기(孟夏紀)」편에는 "其日丙丁, 其帝炎帝."이라는 기록이 있고, 이에 대한 고유(高誘)의 주에서는 "炎帝, 少典之子, 姓姜氏, 以火德王天下, 是爲炎帝, 號曰神農, 死託祀於南方, 爲火德之帝."라고 풀이했다. 한편 '염제'는 신농의 후손들을 지칭하기도 한다. 『사기(史記)』「봉선서(封禪書)」편에는 "神農封泰山, 禪云云; 炎帝封泰山, 禪云云."라는 기록이 나오는데, 이에 대한 『사기색은(史記索隱)』의 주에서는 "神農後子孫亦稱炎帝而登封者, 律曆志, '黃帝與炎帝戰於阪泉', 豈黃帝與神農身戰乎? 皇甫謐云炎帝傳位八代也."라고 풀이했다. 즉 신농의 자손들 또한 시조의 명칭에 따라서 '염제'라고 부르기도 하는데, 『사기』「율력지(律曆志)」편에는 황제(黃帝)와 '염제'가 판천(阪泉)에서 전쟁을 벌였다는 기록이 있는데, 어떻게 시대가 다른 두 사람이 직접 전쟁을 할 수 있는가? 황보밀(皇甫謐)은 이 문제에 대해서 여기에서 말하는 '염제'는 신농의 8대손이라고 풀이했다.

◎ 영위앙(靈威仰) : '영위앙'은 참위설(讖緯說)을 주장했던 자들이 섬기던 오제(五帝) 중 하나이다. 동방(東方)의 신(神)이자, 봄을 주관하는 신이다. 『예기』「대전(大傳)」편에는 "禮, 不王不禘, 王者禘其祖之所自出, 以其祖配之."라는 기록이 있는데, 이에 대한 정현의 주에서는 "王者之先祖皆感大微五帝之精以生. 蒼則靈威仰, 赤則赤熛怒, 黃則含樞紐, 白則白招拒, 黑則汁光紀."라고 풀이하였다.

◎ 예제(醴齊) : '예제'는 오제(五齊) 중 하나이다. 비교적 탁한 술에 해당한다. 술이 익고 나서 앙금을 한 차례 걸러낸 것으로 염주(恬酒)와 같은 술이다.

◎ 오계공(敖繼公, ?~?) : 원(元)나라 때의 학자이다. 자(字)는 군선(君善)·군수(君壽)이다. 이름이 계옹(繼翁)이었다고 하기도 한다. 저서로는 『의례집설(儀禮集說)』 등이 있다.

◎ 오미(五味) : '오미'는 다섯 가지 맛을 뜻한다. 맛의 종류를 총칭하는 용어로도 사용된다. '오미'는 구체적으로 산(酸: 신맛), 고(苦: 쓴맛), 신(辛: 매운맛), 함(鹹: 짠맛), 감(甘: 단맛)을 가리킨다. 『예기』「예운(禮運)」편에는 "五味, 六和, 十二食, 還相爲質也."라는 기록이 있는데, 이에 대한 정현의 주에서는 "五味, 酸, 苦, 辛, 鹹, 甘也."라고 풀이하였다.

◎ 오성(五聲) : '오성'은 오음(五音)이라고도 하며, 일반적으로 궁(宮), 상(商), 각(角), 치(徵), 우(羽) 다섯 가지 음을 뜻한다. 당(唐)나라 이후에는 또한 합(合), 사(四), 을(乙), 척(尺), 공(工)으로 부르기도 했다. 『맹자』「이루상(離婁上)」편에는 "不以六律, 不能正五音."이라는 기록이 있는데, 이에 대한 조기(趙岐)의 주에서는 "五音, 宮商角徵羽"라고 풀이하였다.

◎ 옥작(玉爵) : '옥작'은 옥(玉)을 가공하여 만든 술잔이다. 『예기』「곡례상(曲禮上)」편에는 "飮玉爵者弗揮."라는 기록이 있는데, 이에 대한 공영달(孔穎達)의 소(疏)에서는 "玉爵, 玉杯也."라고 풀이했다.

◎ 옹희(饔餼) : '옹희'는 빈객(賓客)과 상견례(相見禮)를 하고 나서 성대하게 음식을 마련해 접대하는 것을 뜻한다. 『주례』「추관(秋官)·사의(司儀)」편에는 "致飧如致積之禮."라는 기록이 있는데, 이에 대한 정현의 주에서는 "小禮曰飧, 大禮曰饔餼."라고 풀이하였다. 즉 '옹희'와 '손'은 모두 빈객 등을 접대하는 예법들인데, '옹희'는 성대한 예법에 해당하여, '손'보다도 융숭하게 대접하는 것이다.

◎ 왕인지(王引之, A.D.1766~A.D.1834) : 청(淸)나라 때의 훈고학자이다. 자

(字)는 백신(伯申)이고, 호(號)는 만경(曼卿)이며, 시호(謚號)는 문간(文簡)이다. 왕념손(王念孫)의 아들이다. 대진(戴震), 단옥재(段玉裁), 부친과 함께 대단이왕(戴段二王)이라고 일컬어졌다. 『경전석사(經傳釋詞)』, 『경의술문(經義述聞)』 등의 저술이 있다.

◎ **왕후(王后)** : '왕후'는 천자의 본부인을 뜻한다. 후대에는 황후(皇后)라고 부르기도 하였다. 고대에는 천자(天子)를 왕(王)이라고 불렀기 때문에, 천자의 부인을 '왕후'라고 부른다. 또한 '왕'자를 생략하여 '후(后)라고도 부른다.

◎ **요복(要服)** : '요복'은 위복(衛服)과 이복(夷服) 사이에 있는 땅을 뜻한다. 천자의 수도 밖으로 사방 2500리(里)와 3000리 사이에 있었던 땅을 가리킨다. '요복'의 '요(要)'자는 결속시킨다는 뜻으로, 중원의 문화를 수호하며 지킨다는 의미이다. '복(服)'자는 천자를 위해 복종한다는 뜻이다. 한편 '요복'은 '만복(蠻服)'이라고도 부른다. '만복'의 '만(蠻)'자는 오랑캐들의 지역과 인접해 있기 때문에 붙여진 명칭으로, 교화를 베풀어 오랑캐들도 교화되도록 한다는 뜻이다. 『서』「우서(虞書)·우공(禹貢)」편에는 "五百里<u>要服</u>."이라는 기록이 있고, 이에 대한 공안국(孔安國)의 전(傳)에서는 "綏服外之五百里, 要束以文敎."라고 풀이했으며, 『주례』「하관(夏官)·직방씨(職方氏)」편에는 "又其外方五百里曰衛服, 又其外方五百里曰<u>蠻服</u>, 又其外方五百里曰夷服."이라는 기록이 있고, 이에 대한 가공언(賈公彦)의 소(疏)에서는 "言蠻者, 近夷狄, 蠻之言縻, 以政敎縻來之, 自北已下皆夷狄."이라고 풀이했다.

◎ **욕수(蓐收)** : '욕수'는 오행(五行) 중 금(金)의 기운을 주관하는 천상의 신(神)이다. 금(金)의 기운을 담당했기 때문에, 그 관부의 이름을 따서 금관(金官)이라고도 부르고, 관부의 수장이라는 뜻에서 금정(金正)이라고도 부른다. '욕수'는 소호씨(少皞氏)의 아들 또는 후손으로 알려져 있으며, 이름은 해(該)였다고 전해진다. 생전에 금덕(金德)의 제왕이었던 소호(少皞: =金天氏)를 보좌하였고, 죽은 이후에는 금관(金官)의 신이 되었다고도 전해진다. '오행' 중 금(木)의 기운은 각 계절 및 방위와 관련되어, '욕수'는 가을과 서쪽에 해당하는 신이라고도 부른다. 다만 금덕(金德)을 주관했던 상위의 신은 '소호'이고, '욕수'는 소호를 보좌했던 신이다. 『예기』「월령(月令)」편에는 "其日庚辛, 其帝少皞, 其神<u>蓐收</u>."라는 기록이 있는데, 이에 대한 정현의 주에서는 "蓐收, 少皞氏之

子曰該, 爲金官."이라고 풀이했다. 『여씨춘추(呂氏春秋)』「맹추기(孟秋紀)」편에는 "其日庚辛, 其帝少皞, 其神蓐收."라는 기록이 있는데, 이에 대한 고유(高誘)의 주에서는 "少皞氏裔子曰該, 皆有金德, 死託祀爲金神."이라고 풀이했다.

◎ **운문(雲門)** : '운문'은 황제(黃帝) 시대에 만들어진 악무(樂舞) 중 하나라고 전해진다. 주(周)나라의 육무(六舞) 중 하나로 정착하였다. 주로 천신(天神)에게 제사를 지낼 때 사용되었다.

◎ **웅씨(熊氏)** : =웅안생(熊安生)

◎ **웅안생(熊安生, ?~A.D.578)** : =웅씨(熊氏). 북조(北朝) 때의 경학자이다. 자(字)는 식지(植之)이다. 『주례(周禮)』, 『예기(禮記)』, 『효경(孝經)』 등 많은 전적에 의소(義疏)를 남겼지만, 모두 산일되어 남아 있지 않다. 현재 마국한(馬國翰)의 『옥함산방집일서(玉函山房輯佚書)』에 『예기웅씨의소(禮記熊氏義疏)』 4권이 남아 있다.

◎ **원구(圓丘)** : '원구'는 환구(圜丘)라고도 부른다. 고대에 제왕이 동지(冬至)에 제천(祭天) 의식을 집행하던 곳이다. 자연적으로 형성된 언덕의 형상을 본떠서, 흙을 높이 쌓아올려 만들었기 때문에, '구(丘)'자를 붙여서 부른 것이며, 하늘의 둥근 형상을 본떴다는 뜻에서 '환(圜)' 또는 '원(圓)'자를 붙여서 부른 것이다. 『주례』「춘관(春官)·대사악(大司樂)」편에는 "冬日至, 於地上之圜丘奏之."라는 기록이 있고, 이에 대한 가공언(賈公彦)의 소(疏)에서는 "土之高者曰丘, 取自然之丘. 圜者, 象天圜也."라고 풀이했다.

◎ **원사(元士)** : '원사'는 천자에게 소속된 사(士) 계층 중 하나이다. '사' 계층은 상·중·하로 구분되어, 상사(上士), 중사(中士), 하사(下士)로 나뉜다. 다만 천자에게 소속된 '상사'에게는 제후에게 소속된 '상사'보다 높여서 '원(元)'자를 붙이게 된다. 그래서 '원사'라고 부르는 것이다.

◎ **원자(元子)** : '원자'는 본래 천자 및 제후의 적장자(嫡長子)를 가리키는 용어이다. 일반적인 장자(長子)를 가리키는 용어로도 사용되었다.

◎ **육덕명(陸德明, A.D.550~A.D.630)** : =육원랑(陸元朗). 당대(唐代)의 경학자이다. 이름은 원랑(元朗)이고, 자(字)는 덕명(德明)이다. 훈고학에 뛰어났으며, 『경전석문(經典釋文)』 등을 남겼다.

◎ **육려(六呂)** : '육려'는 12율(律) 중 음률(陰律)에 해당하는 임종(林鍾), 중려(仲呂), 협종(夾鍾), 대려(大呂), 응종(應鍾), 남려(南呂)를 가리키

는 용어이다. 육동(六同)이라고도 부른다.

◎ 육률(六律) : '육률'은 12율(律) 중 양률(陽律)에 해당하는 황종(黃鐘), 태주(大簇), 고선(姑洗), 유빈(蕤賓), 이칙(夷則), 무역(無射)을 가리키는 용어이다. 한편 12율과 같은 의미로도 사용되었다.

◎ 육복(六服) : '육복'은 천자의 수도를 제외하고, 그 이외의 땅을 9개의 지역으로 구분한 구복(九服) 중에서 6개 지역을 뜻하는데, 천자의 수도로부터 6개 복(服)까지는 주로 중국의 제후들에게 분봉해주는 지역이었고, 나머지 3개의 지역은 주로 오랑캐들에게 분봉해주는 지역이었다. 따라서 중국(中國)이라는 개념을 거론할 때 주로 '육복'이라고 말한다. 천하의 정중앙에는 천자의 수도인 왕기(王畿)가 있고, 그 외에는 순차적으로 6개의 '복'이 있는데, 후복(侯服), 전복(甸服), 남복(男服), 채복(采服), 위복(衛服), 만복(蠻服)이 여기에 해당한다. '후복'은 천자의 수도 밖으로 사방 500리(里)의 크기이며, 이 지역에 속한 제후들은 1년에 1번 천자를 알현하며, 제사 때 사용하는 물건을 바친다. '전복'은 '후복' 밖으로 사방 500리의 크기이며, 이 지역에 속한 제후들은 2년에 1번 천자를 알현하고, 빈객(賓客)을 접대할 때 사용하는 물건을 바친다. '남복'은 '전복' 밖으로 사방 500리의 크기이며, 이 지역에 속한 제후들은 3년에 1번 천자를 알현하고, 각종 기물(器物)들을 바친다. '채복'은 '남복' 밖으로 사방 500리의 크기이며, 이 지역에 속한 제후들은 4년에 1번 천자를 알현하고, 의복류를 바친다. '위복'은 '채복' 밖으로 사방 500리의 크기이며, 이 지역에 속한 제후들은 5년에 1번 천자를 알현하고, 각종 재목들을 바친다. '만복'은 '요복(要服)'이라고도 부르는데, '만복'이라는 용어는 변경 지역의 오랑캐들과 접해 있으므로, 붙여진 용어이다. '만복'은 '위복' 밖으로 사방 500리의 크기이며, 이 지역에 속한 제후들은 6년에 1번 천자를 알현하고, 각종 재화들을 바친다. 『주례』「추관(秋官)·대행인(大行人)」편에는 "邦畿方千里, 其外方五百里謂之侯服, 歲壹見, 其貢祀物, 又其外方五百里謂之甸服, 二歲壹見, 其貢嬪物, 又其外方五百里謂之男服, 三歲壹見, 其貢器物, 又其外方五百里謂之采服, 四歲壹見, 其貢服物, 又其外方五百里謂之衛服, 五歲壹見, 其貢材物, 又其外方五百里謂之要服, 六歲壹見, 其貢貨物."이라는 기록이 있다.

◎ 육사(六辭) : '육사'는 교류를 할 때 사용하게 되는 여섯 종류의 공식 문서 및 말을 뜻한다. 사(祠), 명(命), 고(誥), 회(會), 수(禱), 뢰(誄)가 여

기에 해당한다. 정사농(鄭司農)의 주장에 따르면, '사'는 '사(辭)'자가 되어야 하며, 사람과 대할 때 사용하는 말을 뜻하고, '명'은 외교 문서를 뜻하며, '고'는 훈계하는 말을 뜻하고, '회'는 관부의 수장이 관부에 소속된 관리들과 회의를 하며 명령을 내리는 말을 뜻하며, '수'는 신들에게 기도를 올릴 때 쓰는 말을 뜻하고, '뢰'는 죽은 자의 일대기를 열거하며 그 사람의 덕행을 가려내어 시호를 지을 때 쓰는 말을 뜻한다고 설명한다. 한편 정현은 '사'는 서로 교류를 할 때 쓰는 말을 뜻하고, '회'는 회맹을 하여 맹약을 맺을 때 쓰는 말을 뜻하며, '수'는 경사스러운 일에 축복을 기원하는 말을 뜻한다고 설명한다. 『주례』「춘관(春官)·대축(大祝)」편에는 "作六辭, 以通上下親疏遠近, 一曰祠, 二曰命, 三曰誥, 四曰會, 五曰禱, 六曰誄."라는 기록이 있고, 이에 대한 정현의 주에서는 "鄭司農云, '祠當爲辭, 謂辭令也. 命, 論語所謂爲命裨諶草創之. 誥, 謂康誥·盤庚之誥之屬也. …… 會, 謂王官之伯, 命事於會, 胥命于蒲, 主爲其命也. 禱, 謂禱於天地·社稷·宗廟·主爲其辭也. …… 誄, 謂積累生時德行, 以錫之命, 主爲其辭也.' 玄謂一曰祠者, 交接之辭. …… 會, 謂會同盟誓之辭. 禱, 賀慶言福祚之辭."라고 풀이했다.

◎ 육사(六師) : '육사'는 '육군(六軍)'이라고도 부른다. 주(周)나라 때 천자가 통솔했던 여섯 단위의 군대를 뜻한다. '사(師)'는 본래 군대의 단위를 뜻하는 것으로, 1사(師)는 12,500명으로 구성된다. 후대에는 천자의 군대를 지칭하는 용어로도 사용되었다.

◎ 육생(六牲) : '육생'은 여섯 가지 가축이다. 말[馬], 소[牛], 양(羊), 돼지[豕], 개[犬], 닭[雞]을 뜻한다. 『주례』「천관(天官)·선부(膳夫)」편에는 "凡王之饋, 食用六穀, 膳用六牲."이라는 기록이 있고, 이에 대한 정현의 주에서는 "六牲, 馬牛羊豕犬雞也."라고 풀이했다.

◎ 육원랑(陸元朗) : =육덕명(陸德明)

◎ 은국(殷國) : '은국'은 주(周)나라 때 천자가 제후국에 머물게 되면, 그것을 기회로 주변의 제후들을 불러 모아서 성대한 조회(朝會)의 의례를 시행하였는데, 이러한 행사를 '은국'이라고 부른다. '은국'의 '은(殷)'자는 성대하다는 뜻이다. 『주례』「추관(秋官)·대행인(大行人)」편에는 "十有二歲, 王巡狩·殷國."이라는 기록이 있는데, 이에 대한 손이양(孫詒讓)의 『정의(正義)』에서는 "殷國者, 謂王出在侯國而行殷見之禮也 …… 即於所至之國徵諸侯而行朝會之禮, 皆謂之殷國."이라고 풀이했다.

◎ **은조(殷頫)** : '은조'는 하나의 복(服)에 속한 제후들이 조회를 하는 해에 다른 복(服)에 속한 제후들도 사신을 보내 천자를 찾아뵈어, 대규모로 조회하는 것을 뜻한다.

◎ **응문(應門)** : '응문'은 궁(宮)의 정문을 가리킨다. 『시』「대아(大雅)·면(緜)」편에는 "迺立應門, 應門將將."이라는 기록이 있는데, 이에 대한 모전(毛傳)에서는 "王之正門曰應門."이라고 풀이하였다.

◎ **응씨(應氏)** : =금화응씨(金華應氏)

◎ **응용(應鏞)** : =금화응씨(金華應氏)

◎ **응자화(應子和)** : =금화응씨(金華應氏)

◎ **이거(貳車)** : '이거'는 해당 주인이 타는 수레를 뒤따르는 수레이다. '부거(副車)'라고 부른다. 조회나 제사 등에 사용하는 부거를 '이거'라고 부르며, 전쟁과 사냥 등에 사용하는 부거를 '좌거(佐車)'라고 부른다. 『예기』「소의(少儀)」편에는 "乘貳車則式, 佐車則否."라는 기록이 있고, 이에 대한 정현의 주에서는 "貳車·佐車, 皆副車也. 朝祀之副曰貳, 戎獵之副曰佐."라고 풀이했다.

◎ **인(仞)** : '인'은 '인(刃)'이라고도 기록하며 길이를 재는 단위이다. 7척(尺)이 1인(仞)이 된다. 일설에는 8척(尺)을 1인(仞)이라고도 한다. 『논어』「자장(子張)」편에서는 "夫子之牆數仞, 不得其門而入者, 不見宗廟之美, 百官之富, 得其門者或寡矣."라고 했는데, 이에 대한 하안(何晏)의 『집해(集解)』에서는 "七尺曰仞也"라고 풀이했고, 『의례』「향사(鄕射)」편에는 "杠長三仞."이라고 했는데, 이에 대한 정현의 주에서는 "七尺曰仞."이라고 풀이했다. 한편 『한서(漢書)』「식화지상(食貨志上)」편에는 "神農之教曰: 有石城十仞, 湯池百步, 帶甲百萬而亡粟, 弗能守也."라고 했는데, 이에 대한 안사고(顏師古)의 주에서는 "應劭曰: '仞, 五尺六寸也.' 師古曰: '此說非也. 八尺曰仞, 取人申臂之一尋也.'"라고 풀이했다.

◎ **잉작(媵爵)** : '잉작'은 술을 따라주는 예법 절차 중 하나이다. 연례(燕禮)를 실시할 때, 술을 따라주는 절차가 끝나면, 재차 명령을 하여, 군주에게 술을 따르도록 시키는데, 이것을 '잉작'이라고 부른다. 또한 '잉작'의 시점을 서로 술을 따라서 주고받는 절차의 시작으로 삼기도 한다. 『의례』「연례(燕禮)」편에는 "小臣自阼階下, 請媵爵者, 公命長."이라는 기록이 있고, 호배휘(胡培翬)의 『정의(正義)』에서는 "李氏如圭云: 媵爵者, 獻酬禮成, 更擧酒於公, 以爲旅酬之始"라고 풀이했다.

ㅈ

◎ **장락진씨(長樂陳氏)** : =진상도(陳祥道)

◎ **장자(張子)** : =장재(張載)

◎ **장재(張載,** A.D.1020~A.D.1077) : =장자(張子)·장횡거(張橫渠). 북송(北宋) 때의 유학자이다. 북송오자(北宋五子) 중 한 사람으로 칭해진다. 자(字)는 자후(子厚)이다. 횡거진(橫渠鎭) 출신으로, 이곳에서 장기간 강학을 했기 때문에 횡거선생(橫渠先生)으로 일컬어지기도 한다.

◎ **장횡거(張橫渠)** : =장재(張載)

◎ **전(旃)** : '전'은 전(旜)이라고도 기록하는데, 본래 고(孤)나 경(卿) 등이 사용하는 깃발을 뜻한다. 순색의 비단을 이용하여 만든 깃발이며, 별다른 장식을 사용하지 않고, 굽어 있는 깃대를 사용하게 된다. 『주례』「춘관(春官)·사상(司常)」편에는 "掌九旗之物名, 各有屬以待國事. 日月爲常, 交龍爲旂, 通帛爲旜, 雜帛爲物, 熊虎爲旗, 鳥隼爲旟, 龜蛇爲旐, 全羽爲旞, 析羽爲旌."이라는 기록이 있다.

◎ **전(旜)** : =전(旃)

◎ **전욱(顓頊)** : '전욱'은 고양씨(高陽氏)라고도 부른다. '전욱'은 고대 오제(五帝) 중 하나이다. 『산해경(山海經)』「해내경(海內經)」편에는 "黃帝妻雷祖, 生昌意, 昌意降處若水, 生韓流. 韓流, …… 取淖子曰阿女, 生帝顓頊."이라는 기록이 있다. 즉 황제(黃帝)의 처인 뇌조(雷祖)가 창의(昌意)를 낳았는데, 창의가 약수(若水)에 강림하여 거처하다가, 한류(韓流)를 낳았다. 다시 한류는 아녀(阿女)를 부인으로 맞이하여 '전욱'을 낳았다. 또한 『회남자(淮南子)』「천문훈(天文訓)」편에는 "北方, 水也, 其帝顓頊, 其佐玄冥, 執權而治冬."이라는 기록이 있다. 즉 북방(北方)은 오행(五行)으로 배열하면 수(水)에 속하는데, 이곳의 상제(上帝)는 '전욱'이고, 상제를 보좌하는 신(神)은 현명(玄冥)이다. 이들은 겨울을 다스린다. 또한 '전욱'과 관련하여 『수경주(水經注)』「호자하(瓠子河)」편에는 "河水舊東決, 逕濮陽城東北, 故衛也, 帝顓頊之墟. 昔顓頊自窮桑徙此, 號曰商丘, 或謂之帝丘."라는 기록이 있다. 즉 황하의 물길은 옛날에 동쪽으로 흘러서, 복양성(濮陽城)의 동북쪽을 경유하였는데, 이곳은 옛 위(衛) 지역으로, '전욱'이 거처하던 터이며, 예전에 '전욱'이 궁상(窮桑) 땅으로부터 이곳으로 옮겨왔기 때문에, 이곳을 상구(商丘)

또는 제구(帝丘)라고도 부른다.

◎ 절조(折俎) : '절조'는 제사나 연회를 시행할 때, 희생물을 도축하여, 사지를 해체하고, 그런 뒤에 도마 위에 올리게 되는데, 이 도마를 '절조'라고 부른다.

◎ 정강성(鄭康成) : =정현(鄭玄)

◎ 정씨(鄭氏) : =정현(鄭玄)

◎ 정사농(鄭司農) : =정중(鄭衆)

◎ 정중(鄭衆, ?~A.D.83) : =정사농(鄭司農). 후한(後漢) 때의 경학자이다. 자(字)는 중사(仲師)이다. 부친은 정흥(鄭興)이다. 부친에게 『춘추좌씨전(春秋左氏傳)』의 학문을 전수받았다. 또한 그는 대사농(大司農) 등의 관직을 역임하였기 때문에, '정사농'이라고도 불렀다. 한편 정흥과 그의 학문은 정현(鄭玄)에게 많은 영향을 주었기 때문에, 후대에서는 정현을 후정(後鄭)이라고 불렀고, 정흥과 그를 선정(先鄭)이라고도 불렀다. 저서로는 『춘추조례(春秋條例)』, 『주례해고(周禮解詁)』 등을 지었다고 하지만, 현재는 전해지지 않았다.

◎ 정지(鄭志) : 『정지(鄭志)』는 정현(鄭玄)과 그의 제자들이 오경(五經)에 대해서 문답을 주고받은 내용을 기록한 문헌이다. 『논어』의 형식에 의거하여, 정현의 제자들이 편찬하였다. 『후한서(後漢書)』「장조정열전(張曹鄭列傳)」편에는 "門人相與撰玄荅諸弟子問五經, 依論語作鄭志八篇."라는 기록이 있다.

◎ 정현(鄭玄, A.D.127~A.D.200) : =정강성(鄭康成)·정씨(鄭氏). 한대(漢代)의 유학자이다. 자(字)는 강성(康成)이다. 『주역(周易)』, 『상서(尙書)』, 『모시(毛詩)』, 『주례(周禮)』, 『의례(儀禮)』, 『예기(禮記)』, 『논어(論語)』, 『효경(孝經)』 등에 주석을 하였다.

◎ 조(兆) : '조'는 고대에 사교(四郊)에 설치했던 일종의 제단(祭壇)이다. 또한 사교(四郊)에서 제사를 지내는 장소를 뜻한다. 『예기』「표기(表記)」편에는 "詩曰, 后稷兆祀, 庶無罪悔, 以迄于今."이라는 기록이 있고, 이에 대한 정현의 주에서는 "兆, 四郊之祭處也."라고 풀이했다. 한편 『예기』「예기(禮器)」편에는 "有以下爲貴者, 至敬不壇, 埽地而祭."라는 기록이 있다. 즉 지극히 공경을 표해야 하는 제사에서는 제단을 쌓지 않고, 단지 땅만 쓸고서 제사를 지낸다는 뜻이다. 이 문장에 대해 진호(陳澔)의 『집설(集說)』에서는 "封土爲壇, 郊祀則不壇, 至敬無文也."라

고 풀이한다. 즉 흙을 높게 쌓아서 제단을 만들게 되는데, 교사(郊祀)와 같은 경우는 지극히 공경을 표해야 하는 제사에 해당하므로, 제단을 만들지 않는다. 그 이유는 이러한 제사에서는 화려한 꾸밈을 하지 않기 때문이다. 한편『예기』「예기」편의 문장에 대해 공영달(孔穎達)의 소(疏)에서는 "此謂祭五方之天, 初則燔柴於大壇, 燔柴訖, 於壇下掃地而設正祭, 此周法也."라고 설명한다. 즉 지극히 공경을 표해야 하는 제사는 오방(五方)의 천신(天神)들에게 지내는 제사를 뜻하는데, 제사 초반부에는 태단(太壇)에서 섶을 태워서 신들에게 알리고, 섶 태우는 일이 끝나면, 제단 아래에서 땅을 쓸고, 본격적인 제사를 지내게 되는데, 이것은 주(周)나라 때의 예법에 해당한다.

◎ **조근(朝覲)** : '조근'은 군주가 신하를 만나보는 예법(禮法)을 뜻한다. 군주가 신하를 만나보는 예법에는 조(朝), 근(覲), 종(宗), 우(遇), 회(會), 동(同) 등이 있었는데, 이것을 총칭하여 '조근'으로 부르기도 한다. 한편 '조근'은 신하가 군주를 찾아뵙는 예법을 뜻하기도 한다. 고대에는 제후가 천자를 찾아뵐 때, 각 계절별로 그 명칭을 다르게 불렀다. 봄에 찾아뵙는 것을 조(朝)라고 부르며, 여름에 찾아뵙는 것을 종(宗)이라고 부르고, 가을에 찾아뵙는 것을 근(覲)이라고 부르며, 겨울에 찾아뵙는 것을 우(遇)라고 부른다. '조근'은 이러한 예법들을 총칭하는 말이다.

◎ **조묘(祧廟)** : '조묘'는 천묘(遷廟)와 같은 뜻이다. '천묘'는 대수(代數)가 다한 신주(神主)를 모시는 묘(廟)를 뜻한다. 예를 들어 天子의 경우, 7개의 묘(廟)를 설치하는데, 가운데의 묘에는 시조(始祖) 혹은 태조(太祖)의 신주(神主)를 모시며, 이곳의 신주는 다른 곳으로 옮기지 않는 불천위(不遷位)에 해당한다. 그리고 좌우에는 각각 3개의 묘(廟)를 설치하여, 소목(昭穆)의 순서에 따라 6대(代)의 신주를 모신다. 현재의 천자가 죽게 되어, 그의 신주를 묘에 모실 때에는 소목의 순서에 따라 가장 끝 부분에 있는 묘로 신주가 들어가게 된다. 만약 소(昭) 계열의 가장 끝 묘에 새로운 신주가 들어서게 되면, 밀려나게 된 신주는 바로 위의 소 계열 묘로 들어가게 되고, 최종적으로 밀려나서 더 이상 갈 곳이 없는 신주는 '천묘'로 들어가게 된다. 또한 '천묘'는 위에서 서술한 것처럼 신구(新舊)의 신주가 옮겨지게 되는 의식 자체를 지칭하기도 하며, '천묘'된 신주 자체를 가리키기도 한다. 주(周)나라 때에는 문왕(文王)과 무왕(武王)의 묘를 '천묘'로 사용하였다.

◎ 조복(朝服) : ‘조복’은 군주와 신하가 조회를 열 때 착용하는 복장을 뜻한다. 중요한 의식을 치를 때 착용하는 예복(禮服)을 가리키기도 한다.

◎ 조빙(朝聘) : ‘조빙’은 본래 제후가 주기적으로 천자를 찾아뵙는 것을 뜻한다. 고대에는 제후가 천자에 대해서 매년 1번씩 소빙(小聘)을 했고, 3년에 1번씩 대빙(大聘)을 했으며, 5년에 1번씩 조(朝)를 했다. ‘소빙’은 제후가 직접 찾아가지 않았고, 대부(大夫)를 대신 파견하였으며, ‘대빙’ 때에는 경(卿)을 파견하였다. ‘조’에서만 제후가 직접 찾아갔는데, 이것을 합쳐서 ‘조빙’이라고 부른다. 춘추시대(春秋時代) 때에는 진(晉)나라 문공(文公)과 같은 패주(霸主)에게 ‘조빙’을 하기도 하였다. 『예기』「왕제(王制)」편에는 “諸侯之於天子也, 比年一小聘, 三年一大聘, 五年一朝.”라는 기록이 있고, 이에 대한 정현의 주에서는 “比年, 每歲也. 小聘, 使大夫, 大聘, 使卿, 朝, 則君自行. 然此大聘與朝, 晉文霸時所制也.”라고 풀이했다. 후대에는 서로 찾아가서 만나보는 것을 ‘조빙’이라고 범칭하기도 했다.

◎ 조빙(覜聘) : ‘조빙’은 신하가 군주를 찾아뵙거나 서로 만나볼 때의 예법에 해당한다. 찾아갈 때 딸려오는 대부(大夫) 무리가 많을 때 그것을 ‘조(覜)’라고 부르며, 무리가 적을 때에는 ‘빙(聘)’이라고 부른다. 『주례』「춘관(春官)·전서(典瑞)」편에는 “瑑圭璋璧琮, 繅皆二采一就, 以覜聘.”이라는 기록이 있고, 이에 대한 정현의 주에서는 “大夫衆來曰覜, 寡來曰聘.”이라고 풀이했다.

◎ 조사(朝事) : ‘조사’는 종묘(宗廟)의 제사를 지낼 때, 새벽에 지내는 제사 절차들을 가리킨다. 『예기』「제의(祭義)」편에는 “建設朝事, 燔燎羶薌.”이라는 기록이 있고, 이에 대한 진호(陳澔)의 『집설(集說)』에서는 “朝事, 謂祭之日, 早朝而行之事也.”라고 풀이했다.

◎ 조종(朝宗) : ‘조종’은 제후가 봄과 여름에 천자를 조회하는 것을 뜻한다. ‘조종’의 ‘조(朝)’자는 제후가 봄에 천자를 찾아가 뵙는 것을 뜻하고, ‘종(宗)’자는 제후가 여름에 천자를 찾아가 뵙는 것을 뜻한다. 『주례』「춘관(春官)·대종백(大宗伯)」편에는 “春見曰朝, 夏見曰宗, 秋見曰覲, 冬見曰遇.”라는 기록이 있다. 후대에는 신하가 군주를 찾아가 뵙는 것을 두루 지칭하는 용어로도 사용되었다.

◎ 존부성(存頫省) : ‘존부성’은 천자가 신하를 시켜서 제후국을 순시하던 예법이다. 존(存)은 1년에 한 차례 제후국을 두루 순시했던 예법이며, 부

(頫)는 3년에 한 차례 제후국을 두루 순시했던 예법이고, 성(省)은 5년에 한 차례 제후국을 두루 순시했던 예법이다. 이러한 것들을 간문(間問)이라고도 부른다. 『주례』「추관(秋官)·대행인(大行人)」편에는 "王之所以撫邦國諸侯者, 歲遍存, 三歲遍覜, 五歲遍省."이라는 기록이 있는데, 이에 대한 정현의 주에서는 "存·覜·省者, 王使臣於諸侯之禮, 所謂間問也."라고 풀이했으며, 『주례』「추관(秋官)·소행인(小行人)」편에는 "存·頫·省·聘·問, 臣之禮也."라는 기록이 있는데, 이에 대한 가공언(賈公彦)의 소(疏)에서는 "存·頫·省三者, 天子使臣撫邦國之禮."라고 풀이했다.

◎ 종백(宗伯) : '종백'은 대종백(大宗伯)이라고도 부른다. 주(周)나라 때에는 육경(六卿) 중 하나에 해당하는 고위 관직이었다. 『주례』의 체제 속에서는 춘관(春官)의 수장이 된다. 종묘(宗廟)에 대한 제사 등 주로 예제(禮制)와 관련된 일을 담당하였다. 후대의 관직체계에서는 예부(禮部)에 해당하기 때문에, 예부상서(禮部尙書)를 또한 '대종백' 혹은 '종백'이라고도 부른다. 『서』「주서(周書)·주관(周官)」편에는 "宗伯掌邦禮, 治神人, 和上下."라는 기록이 있다. 또 『주례』「춘관(春官)·종백(宗伯)」편에는 "乃立春官宗伯, 使帥其屬而掌邦禮, 以佐王和邦國."이라는 기록이 있는데, 이에 대한 정현의 주에서는 "宗伯, 主禮之官."이라고 풀이했다. 한(漢)나라 때에는 태재(太宰)라는 이름으로 관직명을 고치기도 했다. 한편 진(秦)나라 때에는 종실(宗室)의 일들을 담당하는 종정(宗正)이라는 관리가 있었는데, 한나라 때에는 이 관직명을 '종백'으로 고치기도 했다.

◎ 좌식(佐食) : '좌식'은 제사를 지낼 때, 시동의 옆에서 시동이 제사 음식을 흠향할 수 있도록 시중을 드는 사람이다. 『의례』「특생궤식례(特牲饋食禮)」편에는 "佐食北面, 立於中庭."이라는 기록이 있는데, 이에 대한 정현의 주에서는 "佐食, 賓佐尸食者."라고 풀이했다.

◎ 주자(冑子) : '주자'는 국자(國子)와 같은 뜻이다. 자 및 공(公), 경(卿), 대부(大夫)의 자제들을 말한다. 때론 상황에 따라 천자의 태자(太子) 및 왕자(王子)를 포함시키지 않는 경우도 있다. 『서』「우서(虞書)·순전(舜典)」편에는 "帝曰, 夔, 命汝典樂, 教冑子."라는 기록이 있는데, 이에 대한 공안국(孔安國)의 전(傳)에서는 "冑, 長也, 謂元子以下至卿大夫子弟."라고 풀이했다.

◎ 진규(鎭圭) : '진규'는 천자가 각종 의식 행사를 치를 때 잡게 되는 옥

(玉)으로 만든 규(圭)이다. 길이는 1척(尺) 2촌(寸)으로 만들며, '진(鎭)'자는 안정시킨다는 뜻이다. '진규'의 네 면에는 사방에 있는 주요 네 개의 산을 각각의 방향에 조각해 넣었다. 따라서 이러한 장식을 통해 천자가 사방을 평안하게 안정시킨다는 뜻을 나타내었다.

◎ **진상도(陳祥道, A.D.1159~A.D.1223)** : =장락진씨(長樂陳氏)·진씨(陳氏)·진용지(陳用之). 북송대(北宋代)의 유학자이다. 자(字)는 용지(用之)이다. 장락(長樂) 지역 출신으로, 1067년에 과거에 급제하여 태상박사(太常博士) 등을 지냈다. 왕안석(王安石)의 제자로, 그의 학문을 전파하는데 공헌하였다. 저서에는 『예서(禮書)』, 『논어전해(論語全解)』 등이 있다.

◎ **진씨(陳氏)** : =진상도(陳祥道)

◎ **진용지(陳用之)** : =진상도(陳祥道)

ㅊ

◎ **차개(次介)** : '차개'는 빈(擯)들 중 승빈(承擯)과 비슷한 역할을 하는 자로, 상개(上介)를 돕는 부관이다.

◎ **축관(祝官)** : '축관'은 고대에 제사의 축문이나 기도 등의 일을 담당했던 관리이다.

◎ **축융(祝融)** : '축융'은 전설시대에 존재했다고 전해지는 고대 제왕 중 한 명이다. 삼황(三皇) 중 한 명이다. '삼황'에 속한 인물들에 대해서 대부분 복희(伏羲)와 신농(神農)이 포함된다고 주장한다. 그러나 나머지 1명에 대해서는 이견(異見)이 많은데, 어떤 자들은 수인(燧人)을 포함시키기도 하고, 또 어떤 자들은 여왜(女媧)를 포함시키기도 하며, 또 어떤 자들은 '축융'을 포함시키기도 한다. 『잠부론(潛夫論)』「오덕지(五德志)」편에는 "世傳三皇五帝, 多以爲伏羲·神農爲二皇, 其一者或曰燧人, 或曰祝融, 或曰女媧, 其是與非未可知也."라는 기록이 있다. 한편 '축융'은 신(神)을 뜻하기도 한다. 고대인들은 '축융'을 전욱씨(顓頊氏)의 후손이며, 노동(老童)의 아들인 오회(吳回)로 여겼다. 또한 생전에는 고신씨(高辛氏)의 화정(火正)이 되었으며, 죽어서는 화관(火官)의 신이 되었다고 생각했다. 즉 고대에는 오행설(五行說)이 유행하여, 오행마다 주관하는 신들이 있었다고 여겨졌다. 그중 신농(神農)은 화(火)를 주관한다고 여겨졌고, '축융'은 신농의 휘하에서 '화'의 운행을

돕는 신으로 여겨졌다. 『예기』「월령(月令)」편에는 "其日丙丁, 其帝炎帝, 其神祝融."이라는 기록이 있고, 『여씨춘추(呂氏春秋)』「맹하기(孟夏紀)」편에는 "其神祝融."이라는 기록이 있는데, 이에 대한 고유(高誘)의 주에서는 "祝融, 顓頊氏後, 老童之子吳回也, 爲高辛氏火正, 死爲火官之神."이라고 풀이했다. 또한 '축융'은 오방(五方) 중 남쪽을 다스리는 신으로 여겨졌다. 이러한 사유 또한 오행설에 근거한 것으로, 고대인들은 '오방'마다 각각의 방위를 주관하는 신들이 있었다고 여겼다. 그러나 해당하는 신들에 대해서는 이견(異見)이 존재한다. 이러한 기록들 중 『관자(管子)』「오행(五行)」편에는 "得奢龍而辯於東方, 得祝融而辯於南方."이라는 기록이 있고, 『한서(漢書)』「양웅전상(揚雄傳上)」편에는 "麗鉤芒與驂蓐收兮, 服玄冥及祝融."이라는 기록이 있는데, 이에 대한 안사고(顏師古)의 주에서는 "祝融, 南方神."이라고 풀이했다.

◎ 취(就) : '취'는 고대의 복식과 장식에 있어서, 다섯 가지 채색의 끈을 이용하여, 한 번 두르는 것을 뜻한다.

◎ 치문(雉門) : '치문'에 대해서는 크게 두 가지 해설이 있다. 첫 번째는 제후의 궁(宮)에 있는 문으로, 천자의 궁에 있는 응문(應門)에 해당한다는 주장이다. 두 번째는 천자의 궁에는 다섯 개의 문이 있는데, 그 중 네 번째 위치한 문으로, 바깥쪽에 위치한 문을 가리킨다는 주장이다. 첫 번째 주장은 『예기』「명당위(明堂位)」편의 "大廟, 天子明堂. 庫門, 天子皐門. 雉門, 天子應門."이라는 기록에 근거한 해설이다. 이 기록에 대한 손희단(孫希旦)의 『집해(集解)』에서는 유창(劉敞)의 말을 인용하여, "此經有五門之名, 而無五門之實. 以詩書禮春秋考之, 天子有皐, 應, 畢, 無皐, 雉, 路. 諸侯有庫, 雉, 路, 無皐, 應, 畢. 天子三門, 諸侯三門, 門同而名不同."이라고 했다. 즉 천자의 궁에는 5개의 문이 있다고 하지만, 실제적으로 천자나 제후는 모두 3개의 문만을 설치해었다. 『시(詩)』, 『서(書)』, 『예(禮)』, 『춘추(春秋)』에 나타난 기록들을 고증해 보면, 천자는 고(皐), 응(應), 필(畢)이라는 3개의 문을 설치하고, 고(皐), 치(雉), 노(路)라는 문은 없다. 또한 제후는 고(庫), 치(雉), 노(路)라는 3개의 문을 설치하고, 고(皐), 응(應), 필(畢)이라는 문은 없다. 두 번째 주장은 『주례』「천관(天官)·혼인(閽人)」편의 "閽人掌守王宮之中門之禁."이라는 기록에 근거한 해설이다. 이 기록에 대해 정현은 정사농(鄭司農)의 말을 인용하여, "王有五門, 外曰皐門, 二曰雉門, 三曰庫

門, 四曰應門, 五曰路門."이라고 풀이하였다. 즉 천자는 5개의 문을 설치하는데, 가장 안쪽에 있는 노문(路門)으로부터 응문(應門), 고문(庫門), 치문(雉門), 고문(皐門) 순으로 설치해 두었다.

◎ 치의(緇衣) : '치의'는 본래 검은색의 비단으로 만든 복장이다. 조복(朝服)으로 사용되기도 하였다. 『시』「정풍(鄭風)·치의(緇衣)」편에는 "緇衣之宜兮, 敝予又改爲兮."라는 기록이 있고, 이에 대한 모전(毛傳)에서는 "緇, 黑也, 卿士聽朝之正服也."라고 풀이했다. 한편 '치의'는 검은색으로 되어 있었기 때문에, 일반적으로 검은색의 옷을 가리키는 용어로도 사용되었다.

◎ 치제(致齊) : '치제'는 치재(致齋)라고도 부른다. '치제'는 제사를 지내기 이전 3일 동안 몸과 마음을 정숙하게 재계하는 의식이다. '치제' 이전에는 '산제(散齊)'를 하여 7일 동안 정숙하게 한다. '치제'는 그 이후 3일 동안 몸과 마음을 더욱 정숙하게 재계하여, 신과 소통할 수 있도록 준비하는 것이다. 『예기』「제통(祭統)」편에는 "故散齊七日以定之, 致齊三日以齊之. 定之之謂齊, 齊者精明之至也, 然後可以交于神明也."라는 기록이 있다.

◎ 친영(親迎) : '친영'은 혼례(婚禮)에서 시행하는 여섯 가지 예식(禮式) 중 하나이다. 사위될 자가 여자 집에 가서 혼례를 치르고, 자신의 집으로 데려오는 예식을 뜻한다.

ㅌ

◎ 타(秅) : '타'는 볏짚 등을 세는 단위이다. 손으로 움켜잡은 것은 1파(把)가 되는데, 400파는 1타가 된다.

◎ 태뢰(太牢) : '태뢰'는 제사에서 소[牛], 양(羊), 돼지[豕] 3가지 희생물을 갖춘 것을 뜻한다. 『장자』「지악(至樂)」편에는 "具太牢以爲膳."이라는 기록이 있는데, 이에 대한 성현영(成玄英)의 소(疏)에서는 "太牢, 牛羊豕也."라고 풀이하였다.

◎ 태호(太皞) : '태호'는 태호(太昊)라고도 부른다. '태호'는 복희(伏犧)를 가리킨다. 오행(五行)으로 구분했을 때 목(木)을 주관하며, 계절로 따지면 봄을 주관하고, 방위로 따지면 동쪽을 주관하는 자이다. 『여씨춘추(呂氏春秋)』「맹춘기(孟春紀)」편에는 "其帝, 太皞, 其神, 句芒."이라는

기록이 있고, 이에 대한 고유(高誘)의 주에서는 "太皞, 伏羲氏, 以木德王天下之號, 死祀於東方, 爲木德之帝."라고 풀이했다.

표

◎ 팔법(八法) : '팔법'은 관속(官屬), 관직(官職), 관련(官聯), 관상(官常), 관성(官成), 관법(官法), 관형(官刑), 관계(官計)를 뜻한다. 국가를 통치하기 위해 마련된 법(法)을 뜻하는 것으로, 앞서 열거했던 여덟 가지 항목들은 국가에 소속된 관리들과 백성들에게 통상적으로 적용되는 여덟 가지 법률 가리킨다. 첫 번째 '관속(官屬)'은 『주례』에 기록된 천관(天官), 지관(地官), 춘관(春官), 하관(夏官), 추관(秋官), 동관(冬官) 등 여섯 개의 관부를 뜻하는 말이며, 각각의 관부에는 60개의 관직이 소속되어 있다. 그렇기 때문에 '관속'이라고 부르는 것으로, 이러한 '관속'을 통해서 국가의 정치를 시행하게 된다. 두 번째 '관직(官職)'은 여섯 관부에서 각자 맡고 있는 직무를 뜻한다. 직무는 또한 그 분야에 따라 치직(治職), 교직(教職), 예직(禮職), 정칙(政職), 형직(刑職), 사직(事職) 등 여섯 가지로 나뉘는데, '관직'은 이러한 여섯 가지 직무를 통해 국가의 정치를 분야별로 구분하는 것이다. 세 번째 '관련(官聯)'은 국가의 큰 행사가 있을 때, 관련된 임무를 협조하여 함께 시행한다는 뜻으로, 이러한 '관련'을 통해 각 관부의 기능과 치적을 규합하게 된다. 네 번째 '관상(官常)'은 각 관부에게 고유하게 주어진 각자의 임무를 뜻한다. 이러한 임무들은 각 관부에서 일상적으로 시행하는 것들을 뜻한다. 다섯 번째 '관성(官成)'은 일종의 규범으로, 각 관부에서 업무를 처리하며 작성한 문서들이다. 각 사안마다 일을 처리하는 방식을 기록하여, 새로운 업무를 처리할 때 참고하여 따르게 된다. 여섯 번째 '관법(官法)'은 각 관부에서 따르고 있는 규율 및 법칙을 뜻한다. 즉 각 관부에서는 해당 부서의 규율 및 법칙에 따라 임무를 시행하며, 국가의 각 분야를 통치한다는 뜻이다. 일곱 번째 '관형(官刑)'은 각종 형벌 제도를 뜻한다. '관형'에 따라서 국가의 규율을 세우게 된다. 여덟 번째 '관계(官計)'는 각 관부의 치적을 평가하여 상벌을 시행하는 것이다. 『주례』「천관(天官)·대재(大宰)」편에는 "以八法治官府. 一曰官屬, 以擧邦治. 二曰官職, 以辨邦治. 三曰官聯, 以會官治. 四曰官常, 以聽官

治. 五曰官成, 以經邦治. 六曰官法, 以正邦治. 七曰官刑, 以糾邦治. 八曰官計, 以弊邦治."라는 기록이 있다.

◎ **팔음(八音)** : '팔음'은 여덟 가지의 악기들을 뜻한다. 여덟 종류의 악기에는 8종류의 서로 다른 재질이 사용되기 때문에, 붙여진 이름이다. 여기에서 여덟 가지 재질이란 통상적으로 쇠[金], 돌[石], 실[絲], 대나무[竹], 박[匏], 흙[土], 가죽[革], 나무[木]를 가리킨다. 『서』「우서(虞書)·순전(舜典)」편에는 "三載, 四海遏密八音."이란 기록이 있는데, 이에 대한 공안국(孔安國)의 전(傳)에서는 "八音, 金石絲竹匏土革木."이라고 풀이하였다. 또한 여덟 가지 재질에 따른 악기에 대해서 설명하자면, 금(金)에는 종(鐘)과 박(鎛)이 있고, 석(石)에는 경(磬)이 있으며, 토(土)에는 훈(塤)이 있고, 혁(革)에는 고(鼓)와 도(鼗)가 있으며, 사(絲)에는 금(琴)과 슬(瑟)이 있고, 목(木)에는 축(柷)과 어(敔)가 있으며, 포(匏)에는 생(笙)이 있고, 죽(竹)에는 관(管)과 소(簫)가 있다. 『주례』「춘관(春官)·대사(大師)」편에는 "皆播之以八音, 金石土革絲木匏竹."이라는 기록이 있는데, 이에 대한 정현의 주에서는 "金, 鐘鎛也. 石, 磬也. 土, 塤也. 革, 鼓鼗也. 絲, 琴瑟也. 木, 柷敔也. 匏, 笙也. 竹, 管簫也."라고 풀이하였다.

◎ **팔칙(八則)** : '팔칙'은 제사(祭祀), 법칙(法則), 폐치(廢置), 녹위(祿位), 부공(賦貢), 예속(禮俗), 형상(刑賞), 전역(田役)을 뜻한다. 도비(都鄙)를 다스리던 여덟 가지 법령을 의미한다. '제사'는 채지(采地)에 포함된 대상들에 대해서 제사를 지냄으로써 귀신들을 좋은 쪽으로 인도하는 것이다. '법칙'은 관부에서 따르고 있는 제도이니, 제도에서 벗어나지 않게끔 하여 관부를 좋은 쪽으로 인도하는 것이다. '폐치'는 잘못을 저질렀거나 무능한 자라면 물러나게 하고 현명하고 유능한 자라면 등용하는 것으로, 이를 통해 아전들을 좋은 쪽으로 인도하는 것이다. '녹위'는 학사(學士)들 중에서 뛰어난 행실과 학문적 성취가 높은 자를 가려서 녹봉과 작위를 주는 것으로, 이를 통해 학사들을 좋은 쪽으로 인도하는 것이다. '부공'은 채지(采地)의 백성들에게서 세금을 거두고, 관부에서 재화의 쓰임을 절제함으로써 재화의 쓰임을 좋은 쪽으로 인도하는 것이다. '예속'은 예법에 따라 풍속을 변화하고, 백성들이 그에 따라 행동하도록 만들어서 백성들을 좋은 쪽으로 인도하는 것이다. '형상'은 죄를 지은 자에게는 형벌을 부여하고 공을 이룬 자에게는 상을 하사하여 백성들을 좋은 쪽으로 인도하고 위엄을 외경하게 만드는

것이다. '전역'은 사냥을 하며 백성들을 동원할 때, 그들이 농사를 지어야 할 시기를 놓치지 않게끔 하여 대중들을 좋은 쪽으로 인도하는 것이다. 『주례』「천관(天官)·대재(大宰)」편에는 "以八則治都鄙: 一曰祭祀, 以馭其神; 二曰法則, 以馭其官; 三曰廢置, 以馭其吏; 四曰祿位, 以馭其士; 五曰賦貢, 以馭其用; 六曰禮俗, 以馭其民; 七曰刑賞, 以馭其威; 八曰田役, 以馭其衆."이라는 기록이 있다.

◎ **편가(偏駕)** : '편가'는 제후가 타는 수레를 뜻하는 용어이다.

◎ **포벽(蒲璧)** : '포벽'은 조회 때 천자 및 각 신하들이 잡게 되는 육서(六瑞) 중의 하나이다. 남작이 잡던 벽(璧)이다. '포(蒲)'는 자리를 짜는 왕골을 뜻하는데, 왕골이 만개하여 꽃을 피운 모습을 무늬로 새겨 넣었기 때문에 '포벽'이라고 부르는 것이다. '벽'의 지름은 5촌(寸)이었다.

◎ **피변복(皮弁服)** : '피변복'은 호의(縞衣)라고도 부르며, 주로 군주가 조회를 하거나 고삭(告朔)을 할 때 착용하는 복장이다. 흰색 비단으로 만들었으며, 옷에 착용하는 관(冠) 또한 백색 사슴 가죽으로 만들었다. 『의례』「기석례(旣夕禮)」편에는 "薦乘車, 鹿淺幦, 干笮革靾, 載旜載皮弁服, 纓轡貝勒, 縣于衡."이라는 기록이 있고, 이에 대한 정현의 주에서는 "皮弁服者, 視朔之服."이라고 풀이했다.

ㅎ

◎ **하정(夏正)** : '하정'은 하(夏)나라의 정월(正月)을 뜻한다. 이러한 뜻에서 파생되어 하나라의 역법(曆法)을 지칭하기도 한다. 하력(夏曆)을 기준으로 두었을 때, 은(殷)나라는 12월을 정월로 삼았으며, 주(周)나라는 11월을 정월로 삼았다. 『사기(史記)』「역서(曆書)」편에서는 "秦及漢初曾一度以夏曆十月爲正月, 自漢武帝改用夏正后, 曆代沿用."이라고 하여, 진(秦)나라와 전한초기(前漢初期)에는 하력에서의 10월을 정월로 삼았다가, 한무제(漢武帝)부터는 다시 하력을 따랐다고 전해진다. 또한 '하력'은 농력(農曆)이라고도 부르는데, '하력'에 기준을 두었을 때, 농사의 시기와 가장 잘 맞았기 때문이다. 따라서 역대 왕조에서 역법을 개정할 때에는 '하력'에 기준을 두게 되었다.

◎ **하휴(何休, A.D.129~A.D.182)** : 전한(前漢) 때의 금문경학자(今文經學者)이다. 자(字)는 소공(邵公)이다. 『춘추공양전해고(春秋公羊傳解詁)』를

지었으며, 『효경(孝經)』, 『논어(論語)』 등에 대해서도 주를 달았고, 『춘추한의(春秋漢議)』를 짓기도 하였다.

◎ **함추뉴(含樞紐)** : ‘함추뉴’는 참위설(讖緯說)을 주장했던 자들이 섬기던 오제(五帝) 중 하나이다. 중앙(中央)을 주관하는 신(神)이자 계절 중 중앙 계절을 주관하는 신이다. 『예기』「대전(大傳)」편에는 “禮, 不王不禘, 王者禘其祖之所自出, 以其祖配之.”라는 기록이 있는데, 이에 대한 정현의 주에서는 “王者之先祖皆感大微五帝之精以生. 蒼則靈威仰, 赤則赤熛怒, 黃則含樞紐, 白則白招拒, 黑則汁光紀.”라고 풀이하였다.

◎ **혁로(革路)** : ‘혁로’는 혁로(革輅)라고도 부른다. 천자가 사용하는 다섯 가지 수레 중 하나이다. 전쟁용으로 사용했던 수레인데, 간혹 제후의 나라에 순수(巡守)를 갈 때 사용하기도 하였다. 가죽으로 겉을 단단하게 동여매서 고정시키고, 옻칠만 하고, 다른 장식을 하지 않았기 때문에, ‘혁로’라고 부르는 것이다. 『주례』「춘관(春官)·건거(巾車)」편에는 “革路, 龍勒, 條纓五就, 建大白, 以卽戎, 以封四衛.”라는 기록이 있고, 이에 대한 정현의 주에서는 “革路, 鞔之以革而漆之, 無他飾.”이라고 풀이했다.

◎ **혁로(革輅)** : =혁로(革路)

◎ **현명(玄冥)** : ‘현명’은 오행(五行) 중 수(水)의 기운을 주관하는 천상의 신(神)이다. 수(水)의 기운을 담당했기 때문에, 그 관부의 이름을 따서 수관(水官)이라고도 부르고, 관부의 수장이라는 뜻에서 수정(水正)이라고도 부른다. ‘오행’ 중 수(水)의 기운은 각 계절 및 방위와 관련되어, ‘현명’은 겨울과 북쪽에 해당하는 신이라고도 부른다. 다만 수덕(水德)을 주관했던 상위의 신은 전욱(顓頊)이었고, ‘현명’은 ‘전욱’을 보좌했던 신이다. 한편 다른 오관(五官)의 신들과 달리, ‘현명’에 해당하는 인물에 대해서는 이견(異見)이 있다. 『예기』「월령(月令)」편에는 “其日壬癸, 其帝顓頊, 其神玄冥.”이라는 기록이 있는데, 이에 대한 정현의 주에서는 “玄冥, 少皡氏之子曰脩, 曰熙, 爲水官.”이라고 풀이한다. 즉 소호씨(少皡氏)의 아들 중 수(脩)와 희(熙)라는 인물이 있었는데, 이들은 생전에 수관(水官)이 되어 공덕(功德)을 쌓았고, 죽어서는 ‘현명’에 배향되었다고 설명한다. 『여씨춘추(呂氏春秋)』「맹동기(孟冬紀)」편에는 “其日壬癸, 其帝顓頊, 其神玄冥.”이라는 기록이 있는데, 이에 대한 고유(高誘)의 주에서는 “玄冥, 官也. 少皡氏之子曰循, 爲玄冥師, 死祀爲水神.”이라고 풀이한다. 즉 ‘현명’은 관직에 해당하는데, ‘소호씨’

의 아들이었던 순(循)이 생전에 '현명'이라는 관부의 수장을 지냈기 때문에, 그가 죽었을 때에는 수신(水神)으로 배향을 했다는 뜻이다.

◎ **현주(玄酒)** : '현주'는 고대의 제례(祭禮)에서 술 대신 사용한 물[水]을 뜻한다. '현주'의 '현(玄)'자는 물은 흑색을 상징하므로, 붙여진 글자이다. '현주'의 '주(酒)'자의 경우, 태고시대 때에는 아직 술이 없었기 때문에, 물을 술 대신 사용했다. 따라서 후대에는 이 물을 가리키며 '주'자를 붙이게 된 것이다. '현주'를 사용하는 것은 가장 오래된 예법 중 하나이므로, 후대에도 이러한 예법을 존숭하여, 제사 때 '현주' 또한 사용했던 것이며, '현주'를 술 중에서도 가장 귀한 것으로 여겼다. 『예기』「예운(禮運)」편에는 "故玄酒在室, 醴醆在戶."라는 기록이 있는데, 이에 대한 공영달(孔穎達)의 소(疏)에서는 "玄酒, 謂水也. 以其色黑, 謂之玄. 而太古無酒, 此水當酒所用, 故謂之玄酒."라고 풀이했다.

◎ **호천상제(昊天上帝)** : '호천상제'는 호천(昊天)과 상제(上帝)로 구분하여 해석하기도 하며, '호천상제'를 하나의 용어로 해석하기도 한다. 후자의 경우 '호천'이라는 말은 '상제'를 수식하는 말이다. 고대에는 축호(祝號)라는 것을 지어서 제사 때의 용어를 수식어로 꾸미게 되는데, '호천상제'의 경우는 '상제'에 대한 축호에 해당하며, 세분하여 설명하자면 신(神)의 명칭에 수식어를 붙이는 신호(神號)에 해당한다. 『예기』「예운(禮運)」편에는 "作其祝號, 玄酒以祭, 薦其血毛, 腥其俎, 孰其殽."라는 기록이 있고, 이에 대한 진호(陳澔)의 주에서는 "作其祝號者, 造爲鬼神及牲玉美號之辭. 神號, 如昊天上帝."라고 풀이했다. '호천'과 '상제'로 풀이할 경우, '상제'는 만물을 주재하는 자이며, '상천(上天)'이라고도 불렀다. 고대인들은 길흉(吉凶)과 화복(禍福)을 내릴 수 있는 능력을 갖추고 있었다고 생각하였다. 한편 '상제'는 오행(五行) 관념에 따라 동·서·남·북·중앙의 구분이 생기면서, 천상을 각각 나누어 다스리는 오제(五帝)로 설명되기도 한다. '호천'의 경우 천신(天神)을 뜻하는데, '상제'와 비슷한 개념이다. '호천'을 '상제'보다 상위의 개념으로 해석하여, 오제 위에서 군림하는 신으로 해석하는 경우도 있다.

◎ **환규(桓圭)** : '환규'는 조회 때 천자 및 각 신하들이 잡게 되는 육서(六瑞) 중의 하나이다. 공작이 잡던 규(圭)이다. 한 쌍의 기둥을 '환(桓)'이라고 부르는데, 이 무늬를 '규'에 새겼기 때문에, '환규'라고 부른다. '규'의 길이는 9촌(寸)으로 만들었다.

◎ 황간(皇侃, A.D.488~A.D.545) : =황씨(皇氏). 남조(南朝) 때 양(梁)나라의 경학자이다. 『주례(周禮)』, 『의례(儀禮)』, 『예기(禮記)』 등에 해박하여, 『상복문구의소(喪服文句義疏)』, 『예기의소(禮記義疏)』, 『예기강소(禮記講疏)』 등을 지었지만, 현재는 전해지지 않는다. 그 일부가 마국한(馬國翰)의 『옥함산방집일서(玉函山房輯佚書)』에 수록되어 있다.

◎ 황씨(皇氏) : =황간(皇侃)

◎ 황제(黃帝) : '황제'는 헌원씨(軒轅氏), 유웅씨(有熊氏)이라고도 부른다. 전설시대에 존재했다고 전해지는 고대 제왕(帝王)이다. 소전(少典)의 아들이고, 성(姓)은 공손(公孫)이다. 헌원(軒轅)이라는 땅의 구릉 지역에 거주하였기 때문에, 그를 '헌원씨'라고도 부르는 것이다. 또한 '황제'는 희수(姬水) 지역에도 거주를 하였기 때문에, 이 지역의 이름을 따서 성(姓)을 희(姬)로 고치기도 하였다. 그리고 수도를 유웅(有熊) 땅에 마련하였기 때문에, 그를 '유웅씨'라고도 부르는 것이다. 한편 오행(五行) 관념에 따라서, 그는 토덕(土德)을 바탕으로 제왕이 되었다고 여겼는데, 흙[土]이 상징하는 색깔은 황(黃)이므로, 그를 '황제'라고 부르는 것이다. 『역』「계사하(繫辭下)」편에는 "神農氏沒, 黃帝·堯·舜氏作, 通其變, 使民不倦."이라는 기록이 있는데, 이에 대한 공영달(孔穎達)의 소(疏)에서는 "黃帝, 有熊氏少典之子, 姬姓也."라고 풀이했다. 한편 '황제'는 오제(五帝) 중 하나를 뜻한다. 오행(五行)으로 구분했을 때 토(土)를 주관하며, 계절로 따지면 중앙 계절을 주관하고, 방위로 따지면 중앙을 주관하는 신(神)이다. 『여씨춘추(呂氏春秋)』「계하기(季夏紀)」편에는 "其帝黃帝, 其神后土."라는 기록이 있고, 이에 대한 고유(高誘)의 주에서는 "黃帝, 少典之子, 以土德王天下, 號軒轅氏, 死託祀爲中央之帝."라고 풀이했다.

◎ 황천(皇天) : '황천'은 천신(天神)을 높여 부르는 말로, 황천상제(皇天上帝)를 뜻한다. '황천상제'는 또한 상제(上帝), 천제(天帝) 등으로 지칭되기도 한다. 한편 '황천'과 '상제'를 별개의 대상으로 풀이하기도 한다.

◎ 회동(會同) : '회동'은 제후들이 천자를 찾아뵙는 예법을 통칭하는 용어이다. 또한 각 계절마다 정기적으로 찾아뵙는 것을 회(會)라고 부르고, 제후들이 대규모로 찾아뵙는 것을 동(同)이라고 불러서, 구분을 짓기도 한다. 각종 회견 등을 가리키는 용어로도 사용된다. 『시』「소아(小雅)·거공(車攻)」편에는 "赤芾金舄, 會同有繹."이라는 기록이 있는데, 이에 대한 모전(毛傳)에서는 "時見曰會, 殷見曰同. 繹, 陳也."라고 풀이했다.

번역 참고문헌

- 『禮記』, 서울 : 保景文化社, 초판 1984 (5판 1995) / 저본으로 삼은 책이다.
- 『禮記正義』 1~4(전4권, 『十三經注疏 整理本』 12~15), 北京 : 北京大學出版社, 초판 2000 / 저본으로 삼은 책이다.
- 朱彬 撰, 『禮記訓纂』 上·下(전2권), 北京 : 中華書局, 초판 1996 (2쇄 1998) / 저본으로 삼은 책이다.
- 孫希旦 撰, 『禮記集解』 上·中·下(전3권), 北京 : 中華書局, 초판 1989 (4쇄 2007) / 저본으로 삼은 책이다.
- 服部宇之吉 評點, 『禮記』, 東京 : 富山房, 초판 1913 (증보판 1984) / 鄭玄 注 번역에 대해 참고했던 서적이다.
- 竹內照夫 著, 『禮記』 上·中·下(전3권), 東京 : 明治書院, 초판 1975 (3판 1979) / 經文에 대한 이해에 참고했던 서적이다.
- 市原亨吉 외 2명 著, 『禮記』 上·中·下(전3권), 東京 : 集英社, 초판 1976 (3쇄 1982) / 經文에 대한 이해에 참고했던 서적이다.
- 陳澔 注, 『禮記集說』, 北京 : 中國書店, 초판 1994 / 『集說』에 대한 번역에 참고했던 서적이다.
- 王文錦 譯解, 『禮記譯解』 上·下(전2권), 北京 : 中華書局, 초판 2001 (4쇄 2007) / 經文 및 주석 번역에 참고했던 서적이다.
- 錢玄·錢興奇 編著, 『三禮辭典』, 南京 : 江蘇古籍出版社, 초판 1998 / 용어 및 器物 등에 대해 참고했던 서적이다.
- 張撝之 外 主編, 『中國歷代人名大辭典』 上·下권(전2권), 上海 : 上海古籍出版社, 초판 1999 / 인명에 대해 참고했던 서적이다.
- 呂宗力 主編, 『中國歷代官制大辭典』, 北京 : 北京出版社, 초판 1994 (2쇄 1995) / 관직명에 대해 참고했던 서적이다.
- 中國歷史大辭典編纂委員會 編纂, 『中國歷史大辭典』 上·下(전2권), 上海 : 上海辭書出版社, 초판 2000 / 용어 및 인명에 대해 참고했던 서적이다.

- 羅竹風 主編, 『漢語大詞典』 1~12(전12권), 上海 : 漢語大詞典出版社, 초판 1988 (4쇄 1995) / 용어에 대해 참고했던 서적이다.
- 王思義 編集, 『三才圖會』 上·中·下(전3권), 上海 : 上海古籍出版社, 초판 1988 (4쇄 2005) / 器物 등에 대해 참고했던 서적이다.
- 聶崇義 撰, 『三禮圖集注』 (四庫全書 129책) / 器物 등에 대해 참고했던 서적이다.
- 劉績 撰, 『三禮圖』 (四庫全書 129책) / 器物 등에 대해 참고했던 서적이다.

역자 **정병섭(鄭秉燮)**

- 1979년 출생
- 2002년 성균관대학교 유교철학과 졸업
- 2004년 성균관대학교 대학원 유학과 석사
- 2013년 성균관대학교 대학원 유학과 철학박사
- 현재 『역주 예기집설대전』 완역을 위해 번역중이며, 이후 『의례』, 『주례』, 『대대례기』 시리즈 번역과 한국유학자들의 예학 관련 저작들의 번역을 계획 중이다.

예기집설대전 목록

제1편 곡례 상❶❷
제2편 곡례 하
제3편 단궁 상❶❷
제4편 단궁 하❶❷
제5편 왕제
제6편 월령
제7편 증자문
제8편 문왕세자
제9편 예운
제10편 예기
제11편 교특생❶❷
제12편 내칙
제13편 옥조❶❷
제14편 명당위
제15편 상복소기
제16편 대전
제17편 소의
제18편 학기
제19편 악기
제20편 잡기
제21편 잡기
제22편 상대기
제23편 제법
제24편 제의
제25편 제통
제26편 경해
제27편 애공문
제28편 중니연거
제29편 중니한거
제30편 방거
제31편 중용
제32편 표기
제33편 치의
제34편 분상
제35편 문상
제36편 복문
제37편 간전
제38편 삼년문
제39편 심의
제40편 투호
제41편 유행
제42편 대학
제43편 관의
제44편 혼의
제45편 향음주의
제46편 사의
제47편 연의
제48편 빙의
제49편 상복사제

譯註

禮記集說大全 聘義

編 陳澔(元)

附 正義 · 訓纂 · 集解

초판 인쇄 2017년 9월 22일
초판 발행 2017년 9월 29일

역　　자 | 정 병 섭
펴 낸 이 | 하 운 근
펴 낸 곳 | 學古房

주　　소 | 경기도 고양시 덕양구 통일로 140 삼송테크노밸리 A동 B224
전　　화 | (02)353-9908 편집부(02)356-9903
팩　　스 | (02)6959-8234
홈페이지 | http://hakgobang.co.kr/
전자우편 | hakgobang@naver.com, hakgobang@chol.com

등록번호 | 제311-1994-000001호

ISBN　978-89-6071-705-3　94150
　　　978-89-6071-267-6　(세트)

값 : 40,000원

이 도서의 국립중앙도서관 출판예정도서목록(CIP)은 서지정보유통지원시스템 홈페이지(http://seoji.nl.go.kr)와 국가자료공동목록시스템(http://www.nl.go.kr/kolisnet)에서 이용하실 수 있습니다. (CIP제어번호 : CIP2017024580)